DERSOU OUZALA

© TRANSBORÉAL, 3e édition, 2022
(1re édition, 2021)
ISBN : 978-2-36157-304-1
DÉPÔT LÉGAL : août 2022

Visuel de couverture : Mosfilm/Russie
Graphisme de couverture : Léopoldine d'Hardivilliers
Cartographie et choix iconographiques : Marc Alaux
Collaboration éditoriale : Justine Brun & Émilie Talon
Relecture : Émeric Fisset & François Lantz
Mise en pages : Émeric Fisset

Édition originale : Vladimir Arseniev, *Sobranie sočinenij*, t. I : *Po Ussurijskomu kraju & Dersu Uzala* [1921 et 1923], Vladivostok, Rubež, 2007

UN AUTEUR SOUTENU PAR LE CNL

BIBLIOTHÈQUE RUSSE

Ce livre a été publié dans le cadre du projet la « Bibliothèque russe », dont le logotype a été dessiné par Mikhaïl Chemiakine.
La « Bibliothèque russe » est placée sous le haut patronage de l'Académie française.

Ouvrage publié avec le soutien de l'Institut de traduction (ANO Institut Perevoda), Russie.

ИНСТИТУТ ПЕРЕВОДА
AD VERBUM

VLADIMIR ARSENIEV

DERSOU OUZALA

TRADUIT PAR YVES GAUTHIER

ÉDITIONS TRANSBORÉAL
48° 50' N. * 2° 20' E.

AVERTISSEMENT

1. La présente traduction est conforme à l'édition originale de référence en deux volumes (1921 et 1923), la seule édition qui n'ait jamais été ni abrégée, ni expurgée, ni censurée :
   - Arsen'ev (Vladimir Klavdievič), *Po Ussurijskomu kraju (Dersu Uzala) : Putešestvie v gornuju oblast' Sixotè-Alin'*, Vladivostok, V. K. Arsen'ev, imp. Èxo, 1921 ;
   - Arsen'ev (Vladimir Klavdievič), *Dersu Uzala : Iz vospominanij o putešestvii po Ussurijskomu kraju v 1907 g.*, Vladivostok, Svobodnaja Rossija, coll. « Biblioteka Svobodnoj Rossii » n° 20, 1923.

   Cette édition, que le traducteur tient pour canonique, fut restituée quatre-vingt-quatre ans plus tard avec une rigueur académique avérée grâce aux efforts de la Société d'étude de la région du fleuve Amour (OIAK) :
   - Arsen'ev (Vladimir), *Sobranie sočinenij*, t. I : *Po Ussurijskomu kraju & Dersu Uzala*, éd. OIAK, Vladivostok, Rubež, 2007.

   Le traducteur a travaillé à partir de cette version restituée.

2. L'éditeur remercie vivement la Société russe de géographie – Société d'étude de la région de l'Amour (Vladivostok), section du Primorié, qui l'a autorisé, aux seules fins de la présente édition, à reproduire les photographies et documents de la collection personnelle de Vladimir Arseniev qu'elle détient.

3. Les mots, noms et toponymes d'origine russe sont romanisés selon les principes de translittération usuellement pratiqués dans la typographie française du XXe siècle.

4. Les mots, noms, toponymes d'origine chinoise figurent en transcription de l'École française d'Extrême-Orient (EFEO), contemporaine d'Arseniev, créée par le jésuite sinologue Séraphin Couvreur en 1902 et employée durant la première moitié du XXe siècle. Ceci à l'exception des mots ancrés dans la langue française sous une orthographe consacrée (exemple : le lac Khanka).

5. Aux pages 743-749, les notes en caractères romains proviennent de l'édition originale (1921 et 1923, rédacteur P. Chkourkine). Les notes ou ajouts qui figurent en italique sont du traducteur.

6. Pour la conversion des différentes mesures russes, voir la table de conversion en page 751.

7. On trouvera un index des hydronymes et toponymes actuels aux pages 753-761.

8. Un gros travail d'homogénéisation et de vérification a été fourni par l'éditeur quant à la taxonomie latine des espèces animales et végétales. Le dernier terme avec une majuscule, qui est le nom de l'inventeur, a été maintenu en italique. Toutefois, à titre d'exemple, *Lonicera edulis Turcz.* n'a pas été modernisé en *Lonicera cærulea Turcz.* ni *Coluber schrenckii Strauch* en *Elaphe schrenckii Strauch.*

9. Pour son travail de préparation et son texte de présentation, le traducteur s'est nourri des œuvres russes suivantes :
   - BORDAKOV Piotr sous le pseudonyme de PETROV A. G. (assistant d'Arseniev), *Dans la taïga*, Alma-Ata, Presses centrales du Kazakhstan, 1949 ;

- Egortchev Ivan, *Arseniev, cet inconnu*, Vladivostok, éd. Dalizdat, 2016 ;
- Egortchev Ivan, *Les Mystères de Dersou Ouzala*, Vladivostok, Presses universitaires de l'Extrême-Orient, 2014 ;
- Khisamutdinov Amir, *Les Amis de V. K. Arseniev et les « ennemis du peuple »*, Vladivostok, Presses universitaires de Vladivostok, 2020 ;
- Khisamutdinov Amir, *Vladimir Klavdievitch Arseniev (1872-1930)*, Moscou, éd. Naouka, 2004 ;
- Korovachko Alexeï, Sur *les traces de Dersou Ouzala*, Moscou, éd. Vetché, 2016 ;
- Soumachedov Boris, *Crucifié dans l'antre de la taïga*, Moscou, éd. Izvestia, 2015.

Le traducteur et l'éditeur dédient leur travail au centenaire de la première parution de *Dersou Ouzala*.

Vladimir Arseniev et Dersou Ouzala (1906).

INTRODUCTION

« Tu es mon maître et mon consolateur, tu es mon Église et ma Patrie, ô forêt douce qui bruisses et murmures… » Tel est le 18e commandement de Vladimir Arseniev à son fils adolescent (1913). Dans le même élan, l'aventurier écrivain demande à sa femme de faire graver cette phrase sur sa pierre tombale, quand viendra l'heure. La forêt comme horizon, la forêt comme testament… Elle présidera à sa vie, à son action et à son œuvre. Il la voulait vierge et sauvage pour en être le découvreur. Le récit qu'on va lire est une mise en mots de la forêt des premiers matins du monde, une mise en garde contre sa dégradation, une mise en abyme d'un journal d'explorateur dans un roman d'hommage à un authentique coureur des bois, le chasseur animiste Dersou Ouzala.

À peine entré dans la vie, en 1872, Arseniev « joue à la forêt » et son imagination se peuple de livres. « … Petit garçon, il se gave de romans de Jules Verne et de Fenimore Cooper qui ont formé plus d'une génération d'explorateurs. Déjà, son idole est le grand Prjevalski. Il prend plaisir à dessiner des pistes sur les cartes. Quand les parents sortent le soir, le jeu favori des enfants est d'improviser une tente au milieu de la pièce avec chaises et couvertures, et l'aventure commence, ils se voient en voyageurs et chasseurs. » Ces lignes sont tirées des premières pages de l'un des nombreux livres d'Amir Khisamutdinov, *Les Amis de V. K. Arseniev et les « ennemis du peuple »* (Presses universitaires de Vladivostok, 2020), éminent biographe de l'explorateur qu'il nous plaît de citer d'entrée tant son aide nous fut précieuse pour nous piloter dans les archives de l'OIAK, Société d'étude de la région de l'Amour. En résumé, ce garçon rêve de lointain.

Mais Mikhaïl Prichvine, qui est à la forêt russe ce que Thoreau est à Walden, fait un résumé plus savant : « La soif de lointain, qui s'est révélée avec autant d'éclat chez Colomb et que Cervantès a su incarner d'une manière aussi poétique, produit deux types de protagonistes : pour Colomb, c'est lui-même, découvreur de l'Amérique, et Amerigo Vespucci, qui en a entrepris l'exploration ; pour Cervantès, c'est Don Quichotte et Sancho. Le géographe Arseniev appartient à la première catégorie, celle des Colomb-Don Quichotte, de l'espèce des précurseurs effrénés dans leur élan vers l'inconnu. Comme l'exigeait la nature de son âme, il a dû endurer les difficultés qui en découlaient. D'autres difficultés lui sont venues du fait qu'étant un poète authentique en son âme, il a dû crucifier sa poésie sur le lit de Procuste de l'exploration géographique » (*Journal intime*, 7 janvier 1948).

Ce Colomb, géographe et poète tourmenté, naît à Saint-Pétersbourg le 10 septembre 1872 dans la famille d'un employé des chemins de fer. Il se forme à l'École militaire des Junkers (Saint-Pétersbourg, Novotcherkassk) dont il retiendra surtout l'enseignement de Mikhaïl Grum-Grjimailo, géographe, qui rentre alors d'une mission d'exploration dans le Pamir et les Tian Shan aux côtés de son frère Grigori, savant de haute renommée. Sa première affectation est pour Lomza, royaume de Pologne, empire de Russie, de 1896 à 1900. Ces quatre années sont marquées par son mariage avec Anna Kadachevitch (1879-1963) et par la naissance de son fils Vladimir (1900-1987). Sur l'armée, il écrira ceci : « J'ai observé la vie militaire, et elle m'a déçu. Alors j'ai consacré mes loisirs aux livres qui m'ont éclairé l'esprit et m'ont appris à respecter non pas l'uniforme sur l'homme, mais l'homme lui-même, quels que soient son habillement et son origine sociale. » Avec son « esprit éclairé », il est pressenti pour l'Académie de l'État-major. Au lieu de quoi le lieutenant demande à être muté « soit dans le Guandong, soit dans le district de l'Amour » : il n'a donc pas trahi sa « soif de lointain ».

La hiérarchie hausse les épaules et rédige ses certificats: « 1/appréciation morale: excellente; 2/qualités de service: consciencieux, remplit correctement ses obligations de greffier de régiment; 3/apte à commander une compagnie et formé pour cela; 4/conclusion générale: militaire éminent. » À peine muté, il signe ses premiers faits d'armes dans l'écrasement de la révolte des Boxers (1900-1901), mais n'affichera pas sa médaille d'argent sous le pouvoir soviétique, ne voulant pas être accusé d'avoir contribué à noyer dans le sang un « mouvement de libération nationale ».

En 1905, le lieutenant d'hier est passé capitaine. Au sein du fort de Vladivostok, il a rempli la charge de chef de bataillon dans le contexte tendu de la guerre russo-japonaise. S'il adhère à la Société des chasseurs et s'il est admis membre actif de la Société d'étude de la région de l'Amour, c'est pour mieux connaître cette terre qui entoure la cité: la nature lèche encore les abords de la ville d'aussi près que les eaux du golfe de la Corne d'Or. Arseniev a déjà reçu le baptême de la taïga extrême-orientale en accomplissant « des missions vivantes et passionnantes. Longues excursions, nuits à la belle étoile, chevauchées, parties de chasse, prospection des chemins et des sentes, escalades, descentes en cordée, exercices de tir et de natation, tout pour développer le sens de l'initiative. » Un sens de l'initiative dont il pourra donner la pleine mesure quand, en décembre 1905, il se verra affecté au district militaire de Khabarovsk, puis, dans la foulée, attaché au bureau des missions de reconnaissance. Son horizon se rapproche.

Les lecteurs de biographies le savent bien: tous les destins réussis, si tragiques qu'ils soient, portent la marque d'une rencontre décisive avec un père symbolique, une figure tutélaire, un mentor parfois. Dans la vie d'Arseniev, cette figure sera celle du général-gouverneur Pavel Unterberger (1841-1921), conservateur dur et tranché, serviteur du tsar par excellence avec ses grosses moustaches en brosse et sa physionomie rebondie, mais qui prêche une foi persuasive dans la science géographique comme moteur du développement de l'Extrême-Orient russe impérial: la colonisation, le chemin de fer, l'exploitation des ressources, la sûreté des frontières – « un général manager », dirait-on dans la Russie d'aujourd'hui. L'idée d'ordonner des missions d'exploration vient de lui, donc « d'en bas », car le temps n'est plus des tsars ou tsarines cosmographes que furent, par exemple, Pierre Ier ou Catherine II. Dans un contexte où la guerre russo-japonaise vient de mettre à mal l'Empire russe, le projet est motivé par des considérations stratégiques, mais la science y a quand même sa place. Ces missions, le général Unterberger choisit de les assigner au capitaine Arseniev qui, en 1902, s'était déjà fait remarquer pour sa conduite d'expéditions entre Vladivostok et les rives du lac Khanka – la première partie de ce livre –, et surtout pour les comptes rendus savants qu'il en avait rapportés.

Telle que rattachée à la Russie depuis le traité de Pékin de 1860, la région de l'Oussouri offre alors un espace d'environ 215 000 km² où l'actuel Royaume-Uni logerait presque entier. C'est là que l'Asie russe vient tomber dans la mer du Japon en un bourrelet recouvert de taïga et hérissé de *sopka*, ces hauteurs sibériennes qui ne sont ni des « collines » ni des « montagnes », bien qu'elles puissent l'être par endroits jusqu'à s'élever en volcans dans la péninsule du Kamtchatka, et dont le mamelonnement ne dépayserait pas un Auvergnat. (Le traducteur reconnaît avec dépit que ce vieux mot russe – *sopka* –, venu de la mer Blanche avec les premiers conquérants de l'Asie septentrionale, n'a pu trouver ici son équivalent.) Sur la carte, la région de l'Oussouri ressemble à une grosse lèvre continentale tendue vers l'île de Sakhaline et l'archipel japonais, avec ses deux commissures : la péninsule Mouraviev-Amourski au sud (Vladivostok) et le liman de l'Amour au nord (Nikolaïevsk-sur-Amour). Ce vaste champ de *sopka* possède un trône et pour tout dire un joyau : le massif du Sikhotè-Alin, chaîne de montagnes longue de 1 200 kilomètres et large de 250 kilomètres, dont les dix premières cimes culminent à 1 757-2 090 mètres ; du sud au nord, elle s'élève en ligne de partage des eaux entre le bassin de l'Amour et la mer du Japon. Le Sikhotè-Alin sera le grand théâtre d'exploration de Vladimir Arseniev, le cœur géographique de son œuvre, le héros de ses livres.

Le jeune officier est arrivé à Vladivostok par une voie ferrée neuve, mais qui vitalise déjà le développement de la région avec une énergie considérable. La colonisation s'organise, la population afflue – principalement d'Ukraine et de Russie européenne –, l'exploitation des ressources se capitalise et s'industrialise, le territoire se militarise, l'État s'installe. La « civilisation », qui en prend pour son grade sous la plume d'Arseniev, investit et envahit l'espace. À mesure qu'elle s'étend, elle dérange ceux qui l'ont devancée : le tigre, l'autochtone, le vieux-croyant schismatique, l'immigré chinois ou coréen, le cueilleur de ginseng, le pêcheur de perles, le chercheur d'or, le trappeur, le cultivateur de riz et de millet, le brigand… autant de personnages dont le présent ouvrage offre une galerie de portraits poignante d'humanité.

« Vierge », la région ne l'est donc pas tout à fait, mais nul n'est jamais le premier : ni Colomb en Amérique, précédé par les Vikings et les morutiers malouins, ni Bruce aux sources du Nil, devancé par le jésuite Páez, ni Béring passant « son » détroit quatre-vingts ans après le petit cosaque Dejnev, collecteur de rohart, ni Arseniev marchant dans les pas d'hommes qu'il admire comme Prjevalski, Boudichtchev et Maximovitch. Pour l'heure ce territoire, bien que reconnu par la cosmographie académique, n'est ni exploré, ni cartographié, ni topographié. On en ignore l'hydrographie, l'orographie, la botanique, la faune, l'ethnographie. Des milliers et des milliers de verstes carrées n'ont jamais été foulées par le pied de l'homme, et nul ne fera à Vladimir Arseniev le procès de la fausse découverte. Il marche dans l'inconnu.

C'est ainsi qu'il remplit deux longues missions d'étude, en 1906 et 1907, dans les circonstances épiques dont foisonnent les pages que nous présentons ici. Ce livre, né au terme d'une gestation longue d'au moins dix ans, en est l'aboutissement. Il ne relate pas l'expédition suivante, qui dure dix-neuf mois (1908-1910, dans le nord du district de l'Oussouri entre le port d'Imperatorskaïa-Gavan, la baie de Castries, le village de Sofiïskoïé, la ville de Khabarovsk et la rivière Khor), mais les épreuves qu'elle lui fera subir en influenceront fortement l'écriture. Il écrira à un ami :

« Le premier voyage a duré 180 jours [1906], le deuxième, 210 [1907] et le troisième, 19 mois [1908-1910]. D'après mes calculs, ma dernière expédition a été marquée au total par 4 mois et 6 jours de halte contre 14 mois et 24 jours de route. À quatre reprises, j'ai failli mourir de faim. Une fois, nous avons mangé du cuir, une autre fois, des algues et des coquillages. La dernière famine aura été la plus terrible. Elle a duré vingt et un jours. Vous souvenez-vous de ma chienne préférée Alpa ? Je l'ai mangée dans une crise de faim et elle nous a sauvés. Par trois fois je me suis noyé, à deux reprises j'ai dû faire face à des attaques de bêtes sauvages (un tigre et un ours). Les neiges profondes ont bien failli avaler le détachement entier. À bout de forces, nous avons regagné l'Amour en 1910. Soixante-seize jours durant, nous avons marché skis aux pieds en tirant les traîneaux… Maintenant que j'ai cessé de voyager, je veux faire partager ce que j'ai vu. »

À son retour, il est nommé directeur du musée d'Études régionales de Khabarovsk, filiale de la Société russe de géographie, poste qu'il gardera pendant presque dix ans jusqu'en 1919. Il séjourne longuement à Saint-Pétersbourg et Moscou où la jalouse coterie des savants le déçoit tout en le confortant dans sa vocation extrême-orientale. Dans les faits, sa carrière se « démilitarise », mais il se plaint surtout qu'elle se « bureaucratise » : le nouveau gouverneur de la région Nikolaï Gondatti, moins bienveillant que le précédent, l'assigne à des tâches administratives qui le rebutent, notamment au Bureau du repeuplement, l'instance de colonisation du bassin de l'Amour. C'est pourtant à cette époque qu'il doit accomplir les missions les plus batailleuses en dirigeant des « expéditions secrètes » de traque des braconniers et des « Barbes rouges », ces fameux *honghoutse* qui briguent en bandes armées au nord de la Chine et sur les marches oussouriennes de l'Empire russe, ceci dans un climat de western sibérien (1911-1913). Comme de juste, l'explorateur concurrence en lui le guerrier : il ramènera non seulement des colonnes de prisonniers, mais aussi des caisses de matériaux ethnographiques et archéologiques, et ses deux premières monographies – *Précis militaro-géographique et militaro-statistique du district de l'Oussouri, 1900-1911*, Khabarovsk, 1912 ; *Les Chinois dans le district de l'Oussouri*, Khabarovsk, 1914.

Une grande rencontre que celle, en septembre 1913, de Vladimir Arseniev et Fridtjof Nansen. Le Norvégien, qui restera comme l'un des étrangers les plus aimés des Russes, est de passage à Khabarovsk sur le chemin de Vladivostok. Deux ans plus tard, il sort en traduction russe le récit de sa traversée de la Sibérie, *Dans le pays du futur* (Pétrograd), illustré de photographies prises sur le vif avec un rare sens de l'instant : ces chercheurs d'or chinois dont le regard, comme jaillissant du papier, vous interroge à cent ans de distance… Arseniev le mène au musée : « Il y avait une foule de choses à apprendre sous la conduite de ce savant cicérone que s'avérait être le capitaine V. Arseniev, fin connaisseur de la contrée et voyageur chevronné. » Le cicérone soumet au jugement de l'explorateur polaire son projet de naufrage volontaire dans l'Arctique, en Nouvelle-Sibérie, à des fins d'études ethnographiques, selon le modèle de son idole Nikolaï Mikloukho-Maklaï qui avait vécu une expérience semblable chez les Papous. Épistolairement, Nansen et Arseniev ne se quitteront plus jusqu'à leur mort survenue dix-sept ans plus tard, la même année. Et le Norvégien, devenu lauréat du prix Nobel de la Paix en 1922, promouvra le travail du « savant cicérone » en préfaçant une belle édition allemande de ce même *Dersou Ouzala* que nous offrons ici à la lecture en français, *In der Wildnis Ostsibiriens* (Berlin, 1924). Autrement dit : c'est Nansen qui révèle Arseniev au monde.

Dans les cinq années qui suivent, Vladimir Arseniev voyage moins : le gouverneur Gondatti l'en empêche et répond « *niet* » à ses projets d'exploration. D'abord mobilisé pour les fronts de la Première Guerre, il est aussitôt renvoyé à son poste. En revanche, il écrit beaucoup. Nous tenons ici un livre né de cette immobilité forcée.

Arseniev se penche sur ses notes de voyage des années 1906-1907. Dans la veine traditionnelle de l'exploration savante, il avait tenu son journal en y consignant des faits, des événements, des observations géographiques, des relevés, des mesures, et en dessinant ce qui pouvait l'être. Maintenant, il balance peut-être entre le genre du compte rendu d'expédition et du récit d'aventure, ne sachant trop s'il doit donner la parole à la science ou à l'âme. Il est vrai qu'aucun témoignage ne vient refléter une telle hésitation qui relève de l'intimité profonde de l'écrivain ; mais nous voyons que le récit qu'il en tire, bien qu'il se nourrisse rigoureusement des lignes de son journal comme l'ont montré tant de travaux de collationnement, va d'entrée s'architecturer autour de la personne héroïsée de son guide, Dersou Ouzala (de l'ethnie des Nanaïs ou « Goldes », selon l'ethnonyme de l'époque, une branche de la famille manchoue-toungouse). Le récit s'élève en roman d'amitié.

Que Dersou soit un personnage réel ne fait aucun doute. Son existence est avérée par mille témoignages, documents, photographies et notes dans le journal de route de l'explorateur. Voici ce qu'Arseniev écrit le 3 août 1906, jour de la première apparition du chasseur, sur une double page de son cahier ici publiée en entrée de la première partie, p. 36-37. On comprendra qu'il s'agit de phrases brutes, consignées à la hâte. « Le soir, comme nous étions assis devant le feu, mes deux chasseurs sont rentrés en me disant qu'un chasseur golde était arrivé par le col du Li-Fouking, là où se trouvaient les deux chasseurs, et qu'il leur avait annoncé que tout allait bien. Ce Golde avait promis de venir au bivouac. Et tard dans la soirée, vers 9 heures, ce Golde est arrivé. "Bonjour", a dit quelqu'un dans mon dos. Je me suis retourné. Il y avait là, debout près d'une souche, un homme d'un certain âge, plutôt petit, ramassé, la poitrine bombée, les jambes un peu torses. Sa face plate était halée, et des rides aux yeux, sur le front et les joues disaient éloquemment qu'il avait près de 50 ans. Une maigre moustache châtain, une barbe effilochée, des pommettes saillantes révélaient en lui le Golde. Il a posé la crosse de son fusil à terre et s'est mis à fumer. Il portait un blouson de toile rêche, un pantalon de Mantsé [de Chinois] et des bottes *ouly* [bottes en peau d'élan]. Il avait un bâton fourchu à la main, attribut obligé du chasseur indigène. Ses petits yeux, un peu vitreux aux commissures, semblaient pleins de vie et brillaient d'intelligence, de vivacité d'esprit et de fierté. Nous lui avons demandé qui il était. Avec une pointe de fierté, il nous a répondu qu'il n'était pas chinois, mais golde. Il a passé toute la soirée avec nous en nous racontant plein de choses intéressantes sur sa vie d'errance et de vagabondage. Nous lui avons proposé de l'engager moyennant salaire, habillement et nourriture. Le Golde, après réflexion, a décidé de nous donner sa réponse le lendemain. Son prénom est Dersou, et son nom de famille Ouzala. Je lui ai demandé comment ça se traduisait en russe, il m'a répondu que ça ne voulait rien dire, que c'étaient juste des noms. »

Personnage bien réel, donc, mais Arseniev en fera le roman que voici au moyen de techniques proprement littéraires. Pour commencer, il met en scène la première rencontre six ans avant l'événement (1902 et non 1906), en la plaçant dans un autre lieu pour les besoins du récit. Quand survient la séparation, il se fait un vide, et ce manque génère un effet d'attente et de nostalgie que l'auteur impose au lecteur : ah ! si Dersou était là. En l'absence du Golde, les dangers de la taïga deviennent plus palpables. Cela permet des retrouvailles cathartiques – joyeuses et magnifiques – après une longueur savamment dosée, dans le respect des règles classiques de la dramaturgie. Ainsi, les aventures partagées de la première partie du présent livre sont le fruit d'une construction fabulée, l'auteur ayant forgé un personnage littéraire à partir des nombreux guides dont il s'était attaché les services au fil des campagnes et des années. Le nom même du héros est remodelé pour en enjoliver la consonance, la vraie forme étant Derču Odzjal, mais Arseniev, sentant peut-être que la consonne affriquée *dz* choque l'oreille et les yeux du lecteur, se rallie à l'arrangement phonique qu'en font d'instinct ses cosaques. Dersou Ouzala… « Mon Dersouk », dit affectueusement l'auteur. Il est de ces noms dont la seule musique promet un roman.

Aux yeux du narrateur – qu'il est permis de confondre avec Arseniev –, Dersou incarne la science ancestrale de la forêt. Il fait l'initiation du capitaine, lui apprend à « lire la nature dans le texte original », selon la belle expression russe. Il lui enseigne l'art de la survie, le devoir sacré d'hospitalité, le respect de la taïga, son éthique et ses tabous, la pratique de ce qu'on appellerait aujourd'hui la chasse raisonnée, la météorologie populaire, la médecine ancestrale, la philosophie animiste, l'histoire et les mythes de son peuple. En maintes circonstances, il sauve la vie du narrateur. En un sens, Arseniev magnifie Dersou. L'écrivain critique d'art Piotr Gnieditch lui écrit de Léningrad en 1924 : « Que vous placiez la figure du sauvage très au-dessus de vos compagnons européens, c'est bien. [...] Il est possible que votre héros soit quelque peu idéalisé. Vous ne montrez pas ses côtés négatifs (purement extérieurs). Or j'imagine que, de votre point de vue d'Européen, il était malpropre, salissant, crachait par terre, avait les mains sales, sentait parfois mauvais... De cela, pas la moindre allusion. Et pourtant la pureté de son âme rachète ces défauts dont il faut savoir parler tout aussi simplement et objectivement que des vertus. » Toutefois, c'est à son journal qu'Arseniev laisse « la simplicité et l'objectivité » : « Sachant que mon guide [Dersou] s'était soûlé comme à la noce, je devais planter le bivouac avant la tombée du jour. Dersou faisait délibérément grève, mais je l'ai convaincu de marcher jusqu'au prochain point d'eau... » On lui découvre aussi d'autres « côtés négatifs » sous la plume d'un étudiant paléontologue engagé par l'explorateur, Piotr Bordakov, futur professeur d'université, celui-là même qu'Arseniev mentionne assez mystérieusement à la fin du présent ouvrage comme l'auteur de « Dersou Ouzal, Récit de Noël » (revue *Younaïa Rossia*, 1914) : « De temps en temps, il sortait de sa veste une blague d'opium dont il avalait une miette. Aux reproches qu'on lui faisait, il répondait : "Après opium, mange mieux." » Même réserve de la part d'Anna Arsenieva, la femme de l'explorateur, un demi-siècle après les faits (elle se confie à Guéorgui Permiakov, *Par les pistes du ginseng*, Khabarovsk, 1965) : « C'était un Golde fort, très sale, avec une pipe. Il fumait une espèce de tabac à lui, horriblement pestilentielle. Sa pipe ne quittait jamais sa bouche. Il avait un vieux fusil et un balluchon-sac à dos. Très sale, tout ça. Dersou et moi, on se disait *tu*. Le Golde ne voulait pas se tenir sur une chaise, seulement par terre. Il vivait à la cuisine, refusait d'aller aux bains : il avait oublié ce que c'était. Ou plutôt non, il y avait une arrière-cuisine pour les gens de service. C'était là qu'il vivait.

Ça empestait terriblement… Il a vécu chez nous tout l'hiver. Il aimait la vodka. Volodia [Vladimir Arseniev], qui l'appelait "mon Dersouk", le dissuadait de trop boire. Quand il buvait, il se mettait à chanter. À pleine voix, dans sa langue à lui. Des choses lugubres à vous décrocher les icônes. Je lui donnais des assiettes, un couteau, des fourchettes et des cuillères. Il ne s'en servait pas beaucoup, sauvage comme il était. » Rien de cela ne transpire dans les pages du roman. Transpirent en revanche le bonheur d'être avec Dersou et le chagrin d'être sans lui. Transpirent l'admiration et la confiance à un degré de sincérité indubitable. Que dira Arseniev quand, vingt ans après la perte de son ami, lui-même se sentira à l'article de la mort ? « Mon vœu est de mettre une dernière main à mes travaux scientifiques et de partir, de partir au loin, de partir pour toujours, de rejoindre Dersou ! » (lettre à l'historien de la littérature Fedor Aristov). Il en va de l'amitié comme de l'amour : elle passe par l'idéalisation de l'autre. Par son héroïsation. Quand l'autre vous a sauvé cent fois la vie et qu'il vous a tant donné, le vent emporte les vilaines odeurs de pipe qui s'accrochent encore peut-être aux pages du journal de route, mais pas à celles du roman.

Le genre du journal romancé concilie, voire réconcilie parfaitement les deux Arseniev. Car il y a chez lui l'obsession d'inscrire cette terre dans le thesaurus de la science encyclopédique ; mais il y a aussi, dans une égale mesure, un art de la promenade, un lyrisme, une quête de contemplation, un goût de l'aventure. Ce récit hybride, original, qui marie d'une manière « œcuménique » les « religions » du savoir et du cœur, est le fruit de l'action conjuguée de deux passions.

Or, cela fait un style. La langue préserve la simplicité d'expression naturelle du diariste ; elle exclut les grandes tournures, les fioritures, le fard lexical, le désir de plaire, car l'auteur nous parle comme à lui-même ; elle prend le chemin le plus court de la pensée à la phrase ; elle possède la richesse et la précision du vocabulaire des naturalistes ; elle respecte la couleur des personnages – le cosaque, le chasseur, l'indigène, le vieux-croyant ; elle ne laisse rien sans son nom exact – pas un arbre, pas un oiseau, pas une brindille, pas une roche, car explorer, c'est savoir nommer ce que l'on voit; elle obéit aux règles établies de la narration écrite, mais, par son rythme et sa sobriété de principe, ne s'écarte guère de la narration orale. Sur ce point, les témoignages convergent: Arseniev est un conférencier-conteur, un orateur à succès, un parleur. Son ami Mark Azadovski a pu écrire à ce sujet: « Avant de s'atteler à l'écriture littéraire de ses souvenirs sur Dersou, Vladimir Klavdievitch n'aimait rien tant que de les raconter. J'ai d'abord écouté son livre futur en entier, je n'exagère pas, sous la forme des récits remarquables qu'il nous en faisait, avant de le lire. » C'est d'ailleurs une méthode courante d'élaboration d'une histoire que de la « tester » à l'oral avant de la coucher sur le papier. Si le roman n'était pas passé par ce long chemin – le journal de route, le récit parlé –, il n'aurait pas la singularité de langue qu'on lui connaît. À l'inverse, le conteur n'aurait peut-être pas subjugué son public avec un tel pouvoir de séduction si la chose racontée n'avait pas été servie par un travail d'écriture aussi exigeant. Cercles savants de Saint-Pétersbourg ou de Moscou, bivouacs entre cosaques au cœur de la taïga, salons de Vladivostok... l'écrivain avait de quoi fourbir sa plume, et beaucoup de gens lui auront jalousé ce don-là, à commencer par sa propre épouse Anna: « Après les conférences, Volodia était encerclé de femmes cocotées de parfum, attifées, le buste haut... »

Dans un roman d'aventure autobiographique, la mise en scène de soi appartient aussi au domaine de la littérature. Comment ne pas noter à ce propos que le narrateur, qui fait tant pour héroïser son guide, se « déshéroïse » en retour ? Il avoue ses peurs, ses erreurs, ses petites lâchetés, ses sentiments de culpabilité. Quand il manque de tuer Dersou par un coup de fusil maladroit, il ne se trouve aucune justification, hormis la preuve d'amitié que l'accident révèle au point que l'on puisse interpréter la chose comme un élément de stratégie narrative d'exaltation de cette amitié. Magnifique est la scène où des paysans chinois prennent l'un de ses cosaques pour le chef, parce qu'il crie beaucoup, et refusent de satisfaire à la demande du narrateur, parce qu'il ne crie pas; alors ce dernier réveille son soldat pour que l'ordre soit donné (crié !) et bien reçu.

Il ressort de cette mise en retrait subtile une expression d'altruisme, un culte de la confiance en l'autre et la conviction que la hiérarchie n'est pas le moteur des grandes entreprises, tout cela étant exprimé par des moyens non déclaratifs, mais, répétons-le, proprement narratifs. Hors du champ du roman, la biographie d'Arseniev nous apprend au contraire qu'il est regardé par les gens comme un meneur d'hommes et d'idées, et par la population indigène, comme un justicier. En 1925, deux Orotches couvrent à pied la distance de 700 kilomètres à travers une taïga inextricable pour dénoncer la triste condition de leur tribu. Une fois à Khabarovsk, ils demandent à rassurer leurs familles par télégramme au village de Toumnine, qui saura transmettre. Quand Arseniev commence à rédiger le message, l'un d'eux l'arrête et dit : « Non, écris plutôt ça : Khabarovsk arrivés, Arseniev trouvé ». « Trouver Arseniev », dans leur esprit, c'est obtenir gain de cause. Antihéros pour lui-même, héros pour les autres.

Humaniste est le narrateur, humaniste est le roman. Chez Arseniev, le mal n'est jamais dans le camp d'une ethnie, d'un peuple ou d'une communauté. Le mal, c'est le lucre, la violence cupide ou « gratuite » faite aux gens, aux animaux, à la nature, et le défaut d'hospitalité. Tel vieux-croyant est bon par son éthique du travail et de la terre, mais condamnable pour ses préjugés religieux : « Je suis un juste chrétien de l'Église des apôtres, alors que lui [Dersou] ? À la place d'une âme, il n'a que de la friche… » Tel Chinois est blâmable de claquer sa porte au nez du voyageur, tel autre est magnifique : « C'était un vieillard de haute taille, légèrement voûté, à la longue barbe grise, à la face pétrie de bonté. […] Le Chinois nous salua à la façon de son peuple. Chaque mouvement, chaque geste était empreint d'hospitalité. »

D'aucuns critiqueront Arseniev pour ses longueurs. Le brillant écrivain et journaliste Vassili Avtchenko (Vladivostok, né en 1980) écrit notamment : c'est « un auteur austère, laconique, mais derrière l'observateur sourcilleux se cache une âme lyrique : "Les nuages amoncelés au ponant irradiaient des contours si lumineux qu'ils semblaient forgés d'un métal en fusion", "subjugué par le spectacle de la nature…" Puis rebelote, des kilomètres de mots latins et de termes spéciaux, comme si l'auteur cherchait à se ressaisir : il n'est pas un poète qui se promène, mais le chef d'un détachement de soldats. Lequel lit à voix haute des contes de Pouchkine au bivouac et, pour fêter Noël, emporte dans la taïga des papillotes à pétards et des cônes dorés… » Des « kilomètres de mots latins », l'expression, un peu taquine, requiert un commentaire. Que l'on arrache au livre ces lignes descriptives, cette mise en mots savants d'une terre à peine déflorée, et c'est la moitié d'Arseniev qui s'écroule : sa part d'explorateur héritier de Prjevalski, de « précurseur effréné », pour reprendre le mot de Prichvine. N'est-ce pas cela que ce même Prichvine appelle, mais sans la condamner, la « crucifixion de sa poésie sur le lit de Procuste de l'exploration géographique » ?

De même, le narrateur déroule une énumération vertigineuse d'hydronymes et toponymes. En cela aussi il reste explorateur, car voyager sans décrire, inscrire, transcrire est contraire à sa culture savante. Laisser une rivière ou une colline sans nom serait sacrilège à ses yeux. D'autant que ces noms chantent : « vallée aux champs de sable », « rivière aux crapauds », « rivière à la vase séchée », « petite montagne pointue semblable à un burin », « vallée ayant la forme d'un soc de charrue », « vallée des poires à grosse peau », le reste à l'avenant. Ces noms parlent, ils nous disent l'imaginaire de qui les inventa. Noms autochtones d'abord, sinisés souvent, bien ou mal russifiés… Ils sont manchous, oudihés, nanaïs, orotches, russes parfois, et, à ce titre, traduisent l'histoire chaotique et changeante de la région, reflètent une topographie populaire, quelquefois approximative. Arseniev connaît le chinois, mais mal, bien meilleure est sa connaissance de la langue oudihée. Son collègue et rédacteur Pavel Chkourkine (1868-1943), en revanche, est un orientaliste passionné qui fait beaucoup pour mettre bon ordre dans ce foisonnement toponymique. Rétrospectivement, le tableau se complique avec la grande réforme toponymique opérée par les Soviétiques en 1972 pour tourner la dernière page du chapitre chinois. Quand c'était possible, nous avons fait mention de la toponymie actuelle.

Sur la question des énumérations toponymiques, il nous plaît de donner raison à Umberto Eco plaidant pour les « listes » de Joyce, Hugo, Rabelais, etc. : « L'immensité de cette liste de toponymes n'a pour but que de suggérer l'immensité… » du Far East russe (*Les Confessions d'un jeune romancier*, Grasset, p. 171).

D'innombrables chercheurs ont remonté les pistes de Vladimir Arseniev, et pourtant bien des lieux, des rivières et des vallées manquent aujourd'hui à l'appel. Premièrement, parce que l'explorateur, avec si peu de moyens, s'attaquait à une tâche plus grande que lui et laissait fatalement quelques erreurs dans ses cahiers ; deuxièmement, parce la nature est en lutte perpétuelle. Des orages font tomber des montagnes, déplacent, voire inversent des torrents. Des rivières primesautières changent de lit. Des forêts brûlent et repoussent autrement, ou ne repoussent plus. Lire Arseniev, c'est assister au théâtre mouvementé, tragique souvent, pastoral rarement, des éléments naturels en guerre dans un contexte où un héros négatif fait son entrée en scène pour tout renverser : l'homme civilisé. Ce dernier va chasser Dersou de ses terres, qui s'en désespère en fumant tristement sa pipe. Là encore, ce livre est un plaidoyer pour Dersou.

Non que Dersou ne sache pas se défendre ! Sa parole, au contraire, est servie par une langue efficace. Avec peu de mots, il va toujours jusqu'au bout de son message. Il est vrai pourtant qu'il parle un sabir sibérien qui requiert une gymnastique de traduction un peu périlleuse. La linguiste américaine Johanna Nichols (née en 1946) le définit ainsi : « Dersou est présenté comme parlant un pidgin russe dont les stéréotypes sont l'impératif en tant que forme verbale finie invariable, *moïa* et *tvoïa* [adjectifs possessifs au féminin] en tant que formes invariables de pronoms à la première et à la deuxième personne, et l'absence totale de déclinaison des substantifs » (« Stereoty Interethnic Communication : The Siberian Native in Soviet Literature » in *Between Heaven and Hell, The Myth of Siberia in Russian Culture*, New York, 1993). Un schéma évidemment non reproductible dans une tierce langue. Le mystère est que la parole de Dersou ne dégrade ni son locuteur ni l'auteur ;

à aucun moment elle ne verse dans le travers de ce que nous appellerions le parler « petit nègre » ; elle est simple et touchante. L'autre mystère est que Dersou s'exprime d'une façon strictement semblable par la bouche ou la plume de différents témoins, et l'on ne sait plus si l'on doit saluer Arseniev pour sa fidélité à l'idiome, ou le blâmer pour l'absence de touche personnelle. Incontestablement, J. Nichols a vu juste : ce « Chinese pidgin Russian » est une réalité linguistique extérieure à Dersou, et magistralement remise en récit.

Dersou Ouzala entrera dans l'histoire comme la grande œuvre de Vladimir Arseniev. Mais là ne s'arrête pas la vie de l'explorateur qui rechausse ses bottes pour conduire plusieurs expéditions : le Kamtchatka en 1918, 1922 et 1928, les îles du Commandeur en 1923 et autres missions. Il occupe divers postes dans l'inspection, la surveillance, la gestion de la pêche et de la chasse aux gibiers marins ; et, comme avant, travaille pour les musées, la Société de géographie, les cercles savants.

« Comme avant », non. À l'automne 1918, il rase sa moustache. « Mais pourquoi ? lui demande sa femme Anna. — Parce que j'ai pris fait et cause pour la révolution », lui renvoie-t-il. L'anecdote semble authentique, mais elle ne traduit pas une position affirmée. Rappelons que l'un des derniers paragraphes de *Dersou* renferme une phrase pleine d'amertume : « La tromperie commence par le commerce, viennent ensuite l'usure, l'esclavage, le vol, le pillage, l'homicide, la guerre enfin avec la révolution et leur cortège d'horreurs. Est-ce bien cela la civilisation ? » Cette phrase n'est pas celle d'un « révolutionnaire ». En voici une autre qui, plus fataliste, lui ressemble davantage : « La révolution pour tous, y compris pour moi ! Après une courte réflexion, j'ai choisi de partager le sort de mon peuple. »

Quelque distance qu'il mette entre la révolution et sa personne, ce sont des années turbulentes. Pendant la guerre civile, le pouvoir change dix fois de main à Vladivostok. Loin de là, en Ukraine, ses parents sont massacrés avec ses sœurs et l'un de ses frères par des bandits que le désordre social enfièvre. C'est la fin tragique d'une grande famille. Se brise aussi sa petite famille, l'année d'après, en 1919, quand il divorce d'avec sa femme Anna. En officier, il prend sur lui les torts, met en scène un adultère à l'hôtel Versailles de Vladivostok en louant les services d'une dame de compagnie et d'un photographe, car c'est encore l'Église qui dissout les mariages. La même année, il épouse Margarita Solovieva (1892-1938), russe par son père, française par sa mère.

En 1920 naît leur fille Natacha. Un an plus tard – 1921 –, c'est un livre qu'ils font naître : *À travers la région de l'Oussouri*, c'est-à-dire le Livre I de l'histoire de Dersou, qui correspond aux première et deuxième parties du présent ouvrage, ceci quatre ans après l'achèvement du manuscrit. Toute la nouvelle famille s'est investie dans l'événement : Margarita par son implication intellectuelle dans l'œuvre de son mari, comme première lectrice ; et son père, Nikolaï Soloviev, par sa contribution financière au crédit des Presses de l'Écho, une imprimerie de Vladivostok. Deux ans plus tard paraîtra le Livre II, la troisième partie, sous le titre *Dersou Ouzala* aux éditions Libre Russie, Vladivostok. Les deux volumes sont d'une qualité typographique médiocre dans un contexte critique de pénurie de papier. On imprime alors des livres sur du papier journal.

Cette première édition devait ne jamais reparaître intégralement avant l'année 2007. Bientôt sortira une version abrégée sous le titre *Dersou Ouzala*, puis, après la guerre, pléthore de versions – abrégées ou « intégrales » – à des millions d'exemplaires.

Coupée aux deux tiers, l'édition « digest » (1926) indigne Arseniev : on ne lui a pas demandé son avis. Le texte est certes allégé de ses « longueurs » et, par là même, rendu plus dynamique, mais il est aussi débarrassé des digressions lyriques, des couchers de soleil, des conversations « futiles » autour du feu, des considérations philosophiques et religieuses. Or, il arrive souvent qu'une « longueur » descriptive et fleurie de mots latins remplisse en vérité une fonction dramatique. Exemple : en marchant vers Kokcharovka (1906, voir p. 145-147), le détachement se perd et souffre de la faim. Encore quelques jours – quelques heures peut-être –, et il périra. Et que fait Arseniev dans une situation aussi critique ? De la botanique latine : la science d'abord, et tant pis pour la mort.

Il est évident qu'une telle coupure désamorce la force suggestive de la scène.

La version abrégée rendra néanmoins de longs services à l'œuvre. C'est elle qui paraît à Paris en 1939, chez Payot, dans l'heureuse traduction de Pierre Wolkonsky, reprise ensuite par de nombreux éditeurs français. Et c'est après lecture de la version abrégée que Maxime Gorki écrira à Vladimir Arseniev en volant à son secours quatre ans après Nansen : « Je suis subjugué par la force expressive de votre roman. Vous avez réussi à faire la synthèse de Brehm et de Cooper. Croyez-moi, ce n'est pas un mince compliment ! Votre Golde est magistral, encore plus vivant à mes yeux que le trappeur du *Lac Ontario* [de Cooper], encore plus littéraire » (1928).

Plus pernicieuse est la censure de l'édition prétendument « intégrale ». Parfois, il s'agit de détails. Ainsi, le narrateur se voit privé du droit d'écrire « *mes* soldats », car l'adjectif possessif est censé signer la mentalité d'un officier du tsar. Mais, le plus souvent, la coupure est politique. On a supprimé des scènes longtemps considérées comme « mal vues » : portraits de vieux-croyants, de chercheurs d'or, d'officiers de l'ancien régime ; considérations morales sur l'animisme, l'exploitation mercantile de la nature, la cruauté des hommes ; développements naturalistes. Quelquefois, il s'agit de propos désespérés sur l'avenir du monde naturel : « Quand la protection des forêts et la chasse réglementée arriveront jusqu'ici, il sera trop tard… » ; « Bientôt Mantsés tout détruit, dit-il. Moi pense, encore dix ans, et renne, zibeline, écureuil, tout disparaître… » ; « Jamais je n'avais vu pire prédation… »

Même la nuit de Noël a été caviardée ! Qu'on en juge à ce coup de ciseaux : « Or, à l'heure où les malheureux plébéiens n'avaient d'autre perspective que l'horreur et la mort, une "aube nouvelle" avait pointé à l'Orient, en Palestine. Cette aube nouvelle, c'était la parole du Christ. Les fusiliers m'écoutaient avec une grave attention. Puis je leur montrai la constellation de Cassiopée où se trouvait l'étoile qui, de l'avis des savants, avait conduit les mages auprès du Sauveur. »

En un mot, le grand roman de Vladimir Arseniev saignait de mille coupures. C'est pour les réparer que nous en présentons ici, cent ans après la première parution, une version réhabilitée dans son intégralité originelle.

Les années qui suivent la publication de *Dersou* ressemblent à une course après le temps. « Il ne me reste plus guère qu'une dizaine d'années à travailler. Après, on aura beau me passer au pressoir, plus une goutte ne sortira. [...] Je ne répugnerais pas à prendre un petit emploi de relieur d'archives, pourvu que je puisse me libérer à 3 heures de l'après-midi pour mes activités favorites qui sont le sens de ma vie... » On voit bien que l'homme n'est plus en paix avec lui-même. Ni non plus avec son temps : « La première fois que je suis arrivé dans le pays, les environs de Vladivostok étaient couverts de forêts où couraient toutes sortes de bêtes sauvages. [...] Vingt-huit ans plus tard, j'y suis retourné. J'y ai trouvé des jeunes gens, garçons et filles, venus là en automobile... [...] Pour la première fois de ma vie, j'ai ressenti que nous étions des gens d'époques différentes et qu'il n'y avait pas de compréhension possible entre nous. [...] Ils étaient entièrement dans le présent, et moi, dans le passé... »

La politique aussi le rattrape. À partir de 1922, il doit pointer chaque mois au bureau de la Sûreté d'État comme ex-colonel de l'armée du tsar. On l'en dispensera deux ans plus tard pour cause de « loyauté ». Pour lui et tous ses semblables, la question se pose de l'émigration. Il connaît les sentes secrètes qui le mèneraient à Harbin. Mais il reste un homme amoureux de sa région. « On ne s'évade pas de son destin », dit une expression russe.

En 1926, convocation au Guépéou (la Sûreté). Arseniev a été dénoncé par un étudiant en anthropogéographie comme fauteur de « propagande hostile » au pouvoir. Il reconnaît avoir dit : « Les Russes sont étonnamment échevelés, anarchistes par nature : anarchistes dans les choses sérieuses et anarchistes dans les broutilles. » Sa note explicative est brillante de sincérité. On le relâche, mais : « J'ai décidé fermement de renoncer à tout échange avec l'intelligentsia locale et de consacrer le restant de mes jours à l'étude des matériaux collectés, dont beaucoup présentent une grande valeur pour l'humanité. J'ai 54 ans, les années filent, mes forces déclinent. Peut-être n'ai-je plus que quelques années à vivre.» Dénoncé et calomnié, Arseniev le sera aussi par un jeune jaloux de son aura, qui lui voue une haine shakespearienne: Albert Lipski (1890-1973), surnommé «l'ethnographe au pistolet» parce qu'il mène une double carrière dans la science et la police politique. «Il ne dessoûlait pas, se souvient la linguiste Alexandra Poutintseva (1903-1993). Un jour, à propos d'Arseniev [déjà décédé], il a dit qu'il n'était pas mort par hasard, [...] que les tchékistes l'auraient bien jeté en prison, mais qu'ils en avaient été empêchés par son immense popularité dans le pays et dans le monde. Là-dessus, Lipski a ricané, a vidé un verre et a dit que les tchékistes avaient aidé Arseniev à partir pour le Bouni [le pays des morts dans la mythologie toungouse], et pas de remords.»

Arseniev «part pour le Bouni» le 4 septembre 1930, à Vladivostok, où des milliers de gens affluent à ses obsèques.

Commencent alors des années noires de répression. On pratique même le dénigrement *post mortem* avec une virulente critique du savant explorateur, qualifié de «porte-parole de la conception du chauvinisme étatiste» (*Krasnoïé Znamia*, 23 août 1931). D'autres accusations suivront. Biographe d'Arseniev, Amir Khisamutdinov a étudié le cercle épistolaire des amis et correspondants de son héros. Quelques noms mis à part, son carnet d'adresses est rempli de destins brisés: à qui l'émigration, à qui le poteau, à qui la prison, à qui la relégation. Fusillé aussi, le généreux entrepreneur Eugen Pëppel (1877-1937) qui avait pris sur lui de financer l'édition allemande de *Dersou* en la faisant préfacer par Nansen: pour fuir les nazis de son pays, ce communiste allemand s'était réfugié à Moscou où il fut arrêté et exécuté.

Margarita et Natacha Arsenieva: on ne peut écrire ces deux noms sans avoir la gorge serrée. Le sort qui les guette est terrible. En 1934, la veuve d'Arseniev, Margarita, est arrêtée. On l'accuse d'être impliquée dans une «organisation contre-révolutionnaire et d'espionnage au profit du Japon et de l'Allemagne » autrefois dirigée par son mari. Elle résiste comme une lionne et, chose rarissime, ne fait pas d'aveux. Elle sort de prison l'année d'après. Mais on la rattrape en 1937 pour « activité contre-révolutionnaire, espionnage et sabotage ». Un an plus tard, elle est fusillée. Sa fille Natacha vit d'expédients. Brillante, elle se brise. On la jette en prison pour « aménagement de maison close » sur dénonciation mensongère ; puis c'est dix ans de camp pour antisoviétisme : elle vengeait sa mère en déchiffrant le sigle SSSR (URSS en russe) par les mots *Smert' Stalina Spasët Rossiju*, « la Mort de Staline Sauvera la Russie ». Elle meurt à 50 ans, aigrie, meurtrie, malheureuse, quel injuste destin !

On dira : un passé lointain. Mais qui dira qu'il s'est cicatrisé ? Telle est l'œuvre d'Arseniev : lointaine et présente. Ces forêts qui brûlent et cette faune qui périt par la faute des hommes qui les bafouent, ces peuples uniques qu'on acculture, ces vieux savoirs qu'on méprise, cette planète qu'on abîme… C'est Dersou, c'est nous.

Yves Gauthier

Margarita Nikolaïevna Arsenieva, épouse de V. Arseniev, et leur fille Natacha, dans leur datcha de Sedanka (Vladivostok) (1923).

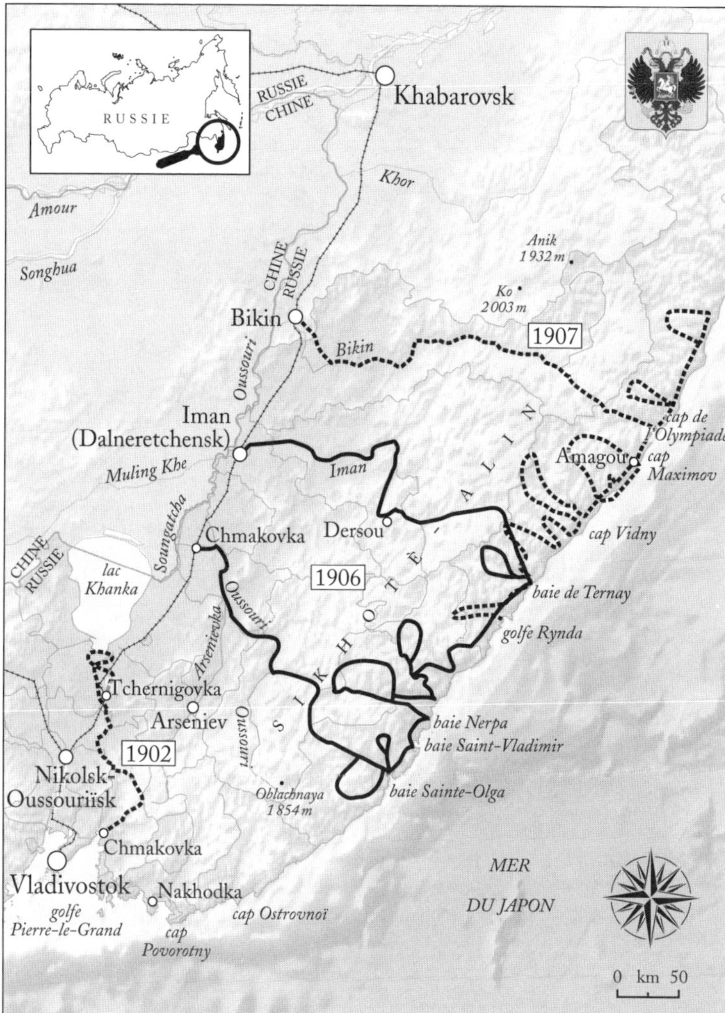

Itinéraire des expéditions de 1902, 1906 et 1907.

LIVRE I

PREMIÈRE PARTIE

~ 1902

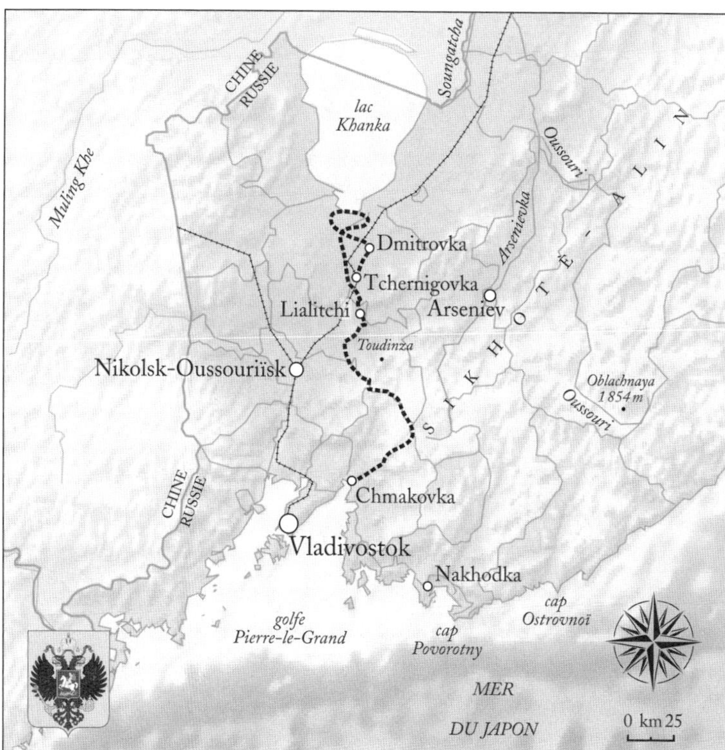

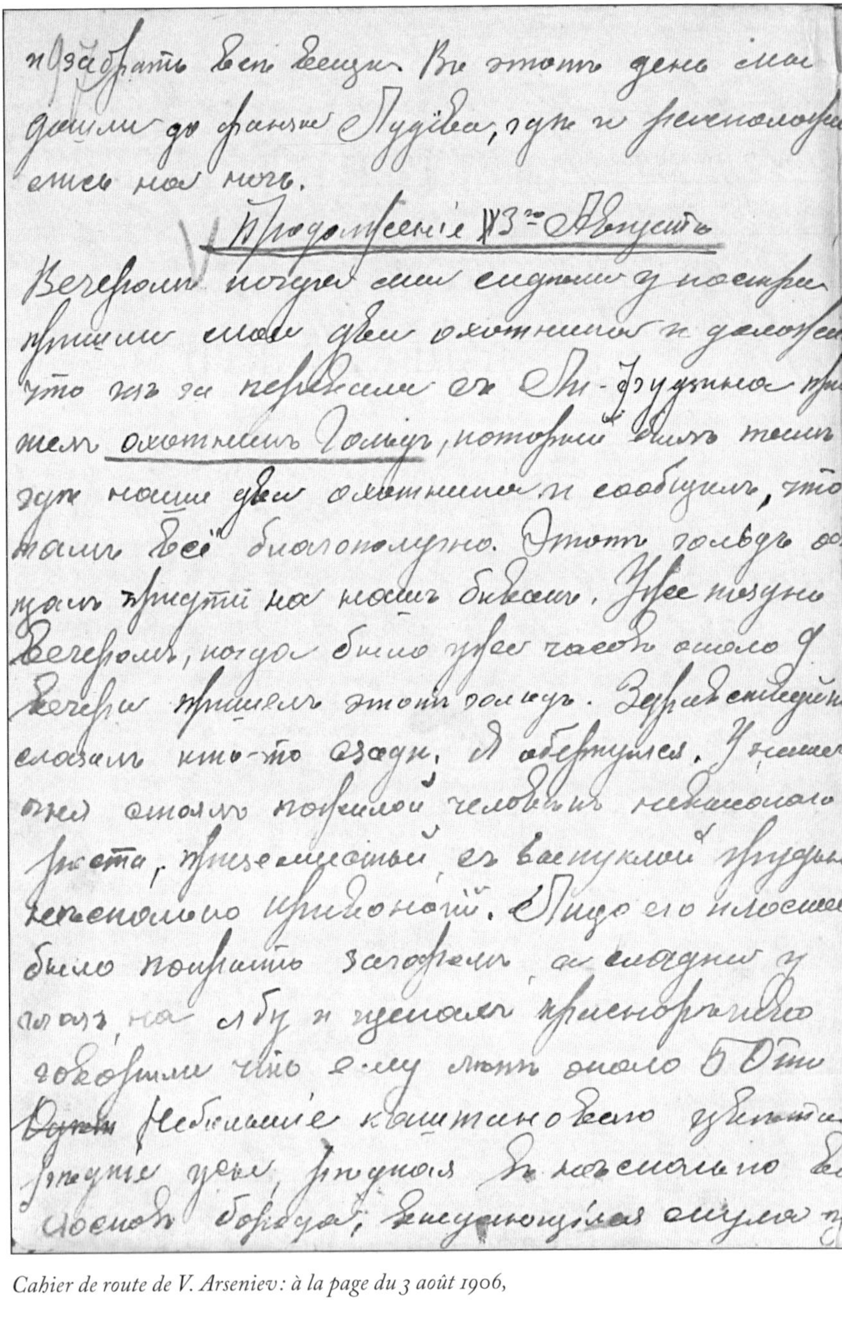

и забрать все вещи. Въ этотъ день мы
дошли до фанзы Пудзёва, гдѣ и располо-
жились на ночь.

Продолженіе 3го Августа

Вечеромъ когда мы сидели у костра
пришли наши двое охотниковъ и доложили
что их за перевалом съ Ли-Фудзина при-
шелъ охотникъ Гольдъ, который былъ тамъ
гдѣ наши двое охотниковъ и сообщилъ, что
тамъ всё благополучно. Этотъ гольдъ об-
жалъ пути на нашъ бивакъ. Уже поздно
вечеромъ, когда было уже часовъ около 9
вечера пришелъ этотъ гольдъ. Здравствуй капитана
сказалъ кто-то сзади. Я обернулся. У огня
стоялъ пожилой человѣкъ невысокаго
роста, приземистый съ выпуклой грудью
несколько кривоногой. Лицо его плоское
было покрыто загаромъ, а складки у
глазъ на лбу и щекахъ краснорѣчиво
говорили что ему лѣтъ около 50ти
~~Одеж~~ Небольшие каштановаго цвѣта
рѣдкіе усы, рѣдкая и несколько [illegible]
[illegible] борода, [illegible]

Cahier de route de V. Arseniev: à la page du 3 août 1906,

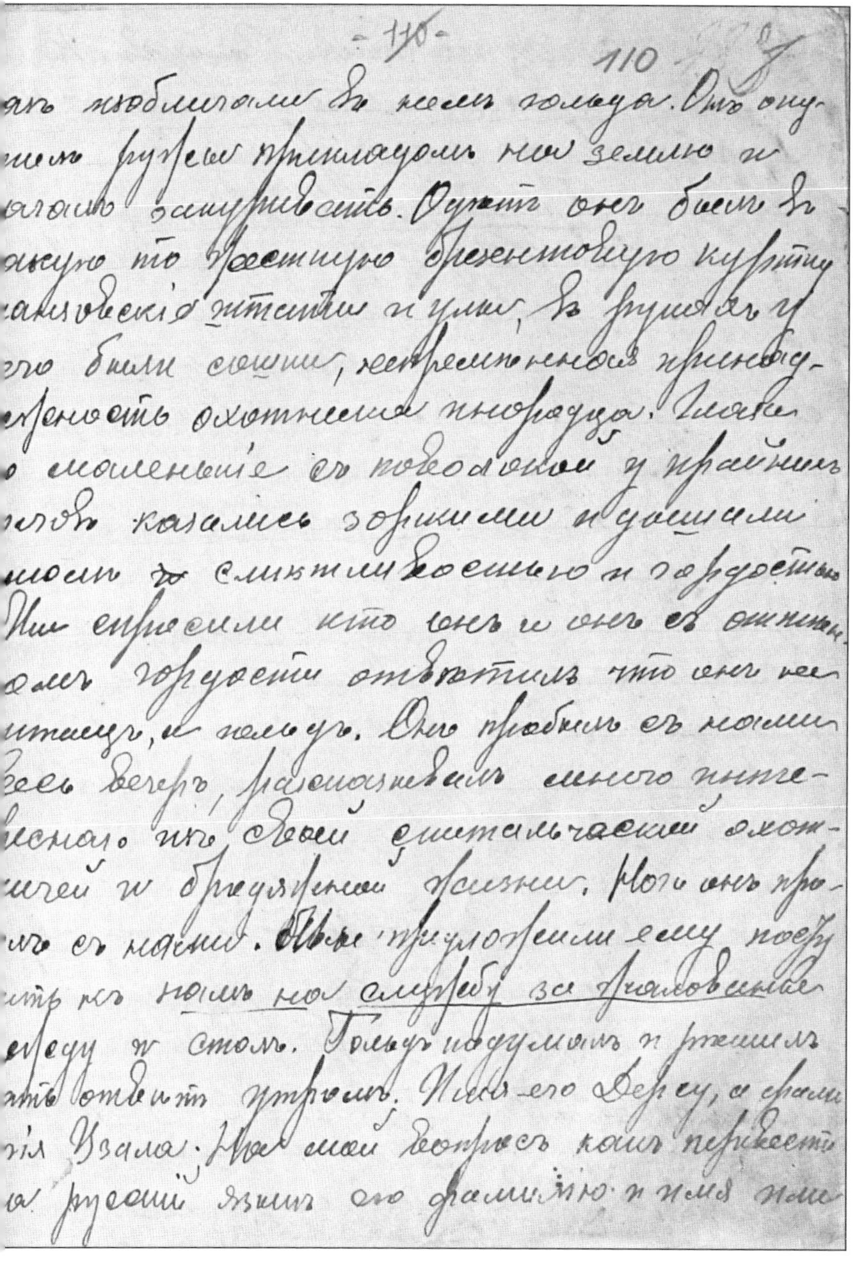

-110-

110

...акъ любовались въ немъ гольда. Онъ опу-
стилъ ружьё прикладомъ на землю и
началъ закуривать. Одетъ онъ былъ въ
какую то короткую брезентовую куртку
...ановскія штаны и унты; въ рукахъ у
него были сошки, неотъемлемая принадле-
жность охотника инородца. Глаза
его маленькія съ поволокой у крайнихъ
угловъ казались зоркими и дышали
умомъ съ смышленостью и гордостью.
Мы спросили кто онъ и онъ съ оттенк-
омъ гордости ответилъ что онъ не
китаецъ, а гольдъ. Онъ пробылъ съ нами
весь вечеръ, разсказывалъ много инте-
реснаго изъ своей скитальческой охот-
ничей и бродяжной жизни. Ночь онъ про-
велъ съ нами. Мы предложили ему пое-
хать къ намъ на службу за проводника
беседу о томъ. Гольдъ подумалъ и решилъ
что ответитъ утромъ. Имя его Дерсу, а фами-
лія Узала. На мой вопросъ какъ перевести
на русскій языкъ его фамилію и имя он...

récit de sa première rencontre avec D. Ouzala (1906) (voir traduction p. 18-19).

V. Arseniev opère un relevé de terrain (1907).

1. LA RAVINE DE VERRE

La baie de Mait'ong – Le village de Chkotovo – La rivière Peitch'a – Rencontre avec une panthère – Les monts Ta-Tien-Chan – Les cerfs wapitis

C'ÉTAIT EN 1902. En mission avec un groupe de chasseurs, je remontais la rivière K'imouho qui se jette en baie de l'Oussouri près du village de Chkotovo. Mon détachement se composait de six fusiliers sibériens et de quatre chevaux bâtés. Ma mission avait pour objectif de prospecter le secteur de Chkotovo à des fins militaires, ainsi que d'explorer les cols des monts Ta-Tien-Chan[1] où quatre rivières prennent leur source : le K'imou, le Maiho, le Taopiho et le Liefou. Puis je devais inspecter les sentes aux alentours du lac Khanka et du chemin de fer de l'Oussouri.

La chaîne montagneuse en question commence près de l'Iman et s'étire au sud parallèlement à la rivière Oussouri, du nord-nord-est au sud-sud-ouest, avec, à l'ouest, la rivière Soungatcha et le lac Khanka, et, à l'est, la rivière Taopiho. Plus loin, elle fourche. Une branche court vers le sud-ouest en formant l'arête de la Riche Crinière – Bogataïa Griva – le long de la péninsule Mouraviev-Amourski ; et l'autre file vers le sud pour rejoindre une dorsale formant la ligne de partage des eaux entre les rivières Taopiho et Souch'ang[2].

La partie supérieure de la baie de l'Oussouri s'appelle la baie de Mait'ong. Autrefois, comme on peut le voir au premier coup d'œil, elle s'enfonçait beaucoup plus loin dans le continent. Désormais, les lignes côtières sont en retrait d'environ 5 verstes à l'intérieur des terres. L'embouchure de la rivière T'angkeoutse se situait à l'actuel emplacement des lacs Sang et El-Pouza, alors que celle de la rivière Maiho[3] se trouvait en amont, à l'endroit même où la voie ferrée la traverse aujourd'hui. Cette étendue de 22 verstes carrées se présente comme une dépression marécageuse pleine d'alluvions charriées par les rivières Maiho et T'angkeoutse. Çà et là subsistent de petits lacs parmi les marécages, qui gardent la marque des points les plus profonds. Ce lent processus de recul de la mer au profit des terres se poursuit aujourd'hui encore. Bientôt, la baie de Mait'ong connaîtra le même sort. Déjà ses eaux n'ont guère de profondeur. Ses rives ouest sont faites de porphyres, et les rives est, de sédiments tertiaires : granites et syénites abondent dans la vallée de Maiho, alors que les basaltes prolifèrent à l'est de celle-ci[4].

Mon point de départ était le village de Chkotovo, à l'embouchure de la rivière K'imouho, rive droite. Sa fondation remonte à 1864. Incendié par les *honghoutse*[5] en 1868, il revint à la vie l'année d'après. En 1870, Prjevalski y dénombra 6 foyers et 34 âmes des deux sexes[6]. Je trouvai quant à moi un village d'une certaine importance[7].

Nous y passâmes deux journées pleines à visiter les environs et à ordonner les préparatifs pour la suite du voyage. Longue de 30 verstes, la rivière K'imouho coule longitudinalement et ne reçoit qu'un seul affluent, sur sa droite, la Peitch'a. Nouveaux arrivants sur ces terres, les gens d'ici appellent « ravine de verre » la vallée de ce cours d'eau. Le surnom vient d'une fanza[8] de chasseur chinoise dont la fenêtre était montée d'un petit morceau de verre. Il faut dire qu'à cette époque il n'existait aucune verrerie dans la région de l'Oussouri et que, pour cette raison, dans les coins les plus reculés, l'on tenait le verre pour un bien de grand prix. Au cœur des monts et des bois, le verre servait de monnaie d'échange. On pouvait troquer une bouteille vide contre de la farine, du sel, du riz noir et même de la fourrure. Les anciens racontent qu'en période de conflit les ennemis s'introduisaient les uns chez les autres pour briser la vaisselle de verre. On ne s'étonnera pas d'apprendre, après cela, qu'un morceau de verre était regardé comme un luxe sur la fenêtre d'une fanza chinoise[9]. La chose attira l'attention des pionniers pour qui le site entier devint « de verre », et pas seulement la fanza ou la rivière.

Passé le village de Novorossiïsk, la route de campagne qui remonte la vallée du K'imouho au départ de Chkotovo se prolonge en un sentier par lequel on peut rejoindre aussi bien le Souch'ang que la rivière Kangouza en direction du village de Novonéjine. Comme la route passe plusieurs fois d'une rive à l'autre, elle est impraticable en période de crue.

Partis tôt de Chkotovo, nous atteignîmes la ravine de Verre le jour même et l'enfilâmes aussitôt. La rivière Peitch'a coule droit dans le sens ouest-sud-ouest et n'oblique à l'ouest qu'à proximité de son embouchure. La ravine présente une largeur inégale, tantôt resserrée à une cinquantaine de sagènes, tantôt évasée sur plus d'une demi-verste. Comme la plupart des vallées de la région de l'Oussouri, elle est étonnamment plane. Les monts qui l'entourent, couverts de chênes noueux, tombent en pentes abruptes. Entre la plaine et les montagnes, la démarcation se révèle extrêmement nette, témoignage de processus érosifs considérables. Autrefois beaucoup plus creuse, la vallée s'est remplie d'apports alluvionnaires.

Plus nous nous enfoncions dans les montagnes, plus riche était la végétation. D'épaisses forêts mélangées, riches en cèdres, supplantaient des chênaies clairsemées. Nous nous laissions conduire par un petit sentier de chasseurs et chercheurs de ginseng chinois. Deux jours plus tard, nous étions à la « fanza de verre », mais n'en trouvâmes que des ruines. Chaque jour, l'état du sentier empirait. On voyait bien que nul ne l'avait emprunté depuis longtemps. Des herbes l'envahissaient, des chablis l'encombraient. Bientôt, nous le perdîmes. Nous tombions sur des pistes de bêtes dont nous profitions aussi longtemps qu'elles nous menaient dans la direction voulue mais, la plupart du temps, nous marchions en terrain sauvage. Au soir du troisième jour, nous arrivâmes au pied des Ta-Tien-Chan qui, disposés méridiennement, s'élèvent à une altitude moyenne de presque 2 450 pieds. Je laissai là mes hommes et, accompagné du sous-officier Olentiev, escaladai un relief pour voir si le col était encore loin. De là-haut, on voyait nettement les montagnes environnantes. Il s'avéra que la ligne de partage des eaux n'était qu'à 2 ou 3 verstes. À l'évidence, nous ne pouvions y être avant le soir ; et quand bien même y serions-nous parvenus, nous risquions de passer la nuit sans eau, car les sources de montagne, à cette saison, se tarissaient presque entièrement. Je décidai donc de bivouaquer à l'endroit où nous avions laissé les chevaux, et de reprendre la route vers le col le lendemain, quand nous aurions récupéré.

J'avais pour habitude de ne jamais pousser la marche jusqu'au crépuscule et de monter le camp de manière à profiter du soleil pour planter les tentes et ramasser du bois à la lumière du jour. Le temps que les fusiliers fissent le bivouac, je m'en fus inspecter les environs. Pour ce genre d'excursion, j'allais toujours accompagné du sous-officier Polycarpe Olentiev, excellent chasseur et homme remarquable. Il avait alors 26 ans. Moyen de taille et bien charpenté. Qu'on y ajoute des cheveux roux, une face aux traits épais, de fines moustaches, et l'on se fera une certaine idée de son visage. Olentiev était optimiste. Même dans les situations désagréables, il ne se départait pas de sa bonne humeur et s'efforçait de me persuader que « tout [allait] pour le mieux dans le meilleur des mondes ». Après avoir laissé des consignes, nous prîmes nos fusils et partîmes en reconnaissance.

Le soleil ne s'était pas plus tôt caché à l'horizon, mordorant encore de ses rayons la crête des montagnes, que des ombres crépusculaires s'allongèrent dans les vallées. Les cimes des arbres au feuillage jaunissant juraient avec le fond pâle du ciel. Les oiseaux, les insectes, l'herbe sèche, l'air lui-même, bref, tout dénotait l'approche de l'automne.

Ayant franchi une crête assez basse, nous entrâmes dans la vallée voisine enfouie dans une forêt épaisse que le lit large et sec d'un torrent coupait d'un côté à l'autre. Là, chacun prit sa route. Je longeai une bande de galets à gauche ; et Olentiev, à droite. À peine deux minutes plus tard, un tir retentit de son côté. M'étant retourné, j'ai vu quelque chose de souple et de coloré fendre l'air. Je me précipitai vers Olentiev. Il approvisionnait son fusil à la hâte, mais, comme par un fait exprès, une cartouche s'était bloquée dans le magasin, et la culasse ne voulait plus s'armer.

Je lui demandai :

— Qui as-tu tiré ?

— Un tigre, apparemment. Il était perché sur un arbre. J'ai bien visé, je crois que je l'ai touché.

Enfin, la cartouche coincée se laissa extraire. Olentiev rechargea son fusil, et nous allongeâmes un pas prudent vers l'endroit où le fauve s'était caché. Le sang sur l'herbe sèche attestait qu'il avait bel et bien été blessé. Soudain, Olentiev stoppa net et tendit l'oreille. Devant, sur la droite, on entendait un râle. À travers un fourré de bruyère, on ne voyait rien. Un gros tronc tombé à terre nous barrait le chemin. Olentiev allait enjamber le chablis, mais l'animal blessé lui lança une sommation et se jeta sur lui. Hâtivement, Olentiev tira à bout portant sans même prendre le temps d'épauler, et fit mouche. La balle se logea dans le crâne du fauve qui s'écroula sur l'arbre, la tête et les pattes antérieures suspendues d'un côté, et l'arrière-train de l'autre. L'animal eut encore quelques convulsions, puis il mordit la terre. Alors son centre de gravité se déplaça, et il glissa lentement vers l'avant pour choir de toute sa masse aux pieds du chasseur.

Du premier coup d'œil, je reconnus une panthère mandchoue[10] *(Felis orientalis Schleg.)* que les gens d'ici appellent *bars*, superbe félin comptant parmi les plus gros de l'espèce. Du museau à l'extrémité de la queue, son corps faisait une longueur de 4 pieds et 8 pouces. Blanc sur le ventre, jaune rouillé sur les flancs et le dos, le pelage de la panthère présentait des taches noires disposées côte à côte, comme les rayures d'un tigre. Petites et continues sur les flancs, les pattes et la tête, elles étaient grosses et circulaires sur le cou, le dos et la queue.

Dans la région de l'Oussouri, la panthère ne persiste guère qu'au sud du pays, surtout dans les districts du Soueifen, de Possiet et de la Barabachevka. Elle se nourrit principalement de cerf sika, de chevreuils et de faisans. Il s'agit d'un animal extrêmement rusé et prudent. Pour échapper à l'homme, la panthère grimpe à un arbre en choisissant une branche qui se trouve à l'opposé de ses empreintes au sol, c'est-à-dire à l'abri de la ligne de mire du chasseur. Elle s'y couche de tout son long, la tête posée sur ses pattes, et se fige dans cette position, sachant pertinemment que son corps tapi sur la branche sera moins visible dans le prolongement de sa tête que de côté.

Dépiauter l'animal nous prit plus d'une heure. Au moment du retour, le crépuscule était déjà bien avancé. Au bout d'une longue marche, nous aperçûmes enfin les feux du bivouac et, entre les branches, des silhouettes humaines qui, en bougeant, éclipsaient les flammes. Les fusiliers entourèrent la panthère et l'examinèrent en faisant des commentaires à la cantonade. La conversation dura jusqu'à la nuit.

Nous reprîmes la route le lendemain. La vallée s'étrécissant, nous avions de plus en plus de peine à marcher. En pleine terre sauvage, notre seul souci était de ne pas tourner en rond.

Un guide se doit toujours de marcher loin devant, en faisant preuve d'un sens poussé de l'orientation. Il lui faut choisir les directions les plus opportunes tout en évitant les escarpements coûte que coûte, ayant bien à l'esprit que les hommes passeront par où passent les chevaux, mais qu'un cheval ne passera pas forcément par où un homme est passé. Un guide évitera de tourner en rond pour ne pas épuiser bêtement les hommes et les chevaux, mais son devoir est de contourner les éboulements et les chablis. En tant que chef du détachement, il m'appartenait de tenir ce rôle difficile. J'ignore dans quelle mesure je sus m'en acquitter. Pas trop mal, je crois.

À l'heure méridienne, nous atteignîmes la crête après une côte abrupte et laborieuse. Les chevaux peinaient dans la montée. Sous l'effort, leurs jambes flageolaient, ils tombaient, poussaient des soufflements pénibles, saccadés, les naseaux dilatés. Pour leur faciliter la progression, on dut avancer par zigzags en marquant des haltes fréquentes afin de rajuster les bâts. Le mont enfin escaladé, on ordonna un repos d'une demi-heure. En marchant par une crête boisée, nous devions toujours jouer la prudence, nous arrêter fréquemment, scruter les alentours pour ne pas nous perdre en chemin, surtout dans le brouillard. Si un marcheur ingénu se repère aux cimes hautes qu'il voit devant lui, il se perdra à coup sûr. Partout se dressent des sommets sur des chaînons secondaires qu'on a tôt fait de confondre avec la chaîne principale, et c'est l'égarement. J'ai souvenir d'avoir commis plusieurs fois ce genre d'erreurs. Pour ne pas les répéter, j'ordonnai à mes hommes de s'arrêter et, choisissant un grand cèdre, me juchai sans peine sur la plus haute de ses branches.

De là-haut, j'avais à mes pieds la chaîne des Ta-Tien-Chan. Elle courait vers le nord en tirant légèrement sur l'est. Ici, elle montrait des formes vagues et confuses, mais, plus à l'est (vraisemblablement sur le cours supérieur du Taopiho et du Woulah[11]), elle était haute et majestueuse. Ses pentes ouest paraissaient escarpées et abruptes ; côté est, elles semblaient plus douces. À gauche se profilaient au loin le Maiho et le K'imou ; à droite, la structure complexe du bassin du Souch'ang. De ce côté-là, le relief était si accidenté que je mis beaucoup de temps à comprendre dans quel sens coulaient les rivières et à quel bassin elles se rapportaient. Droit devant moi, à quelque 5 verstes, se dressait un mont en cloche. Je le choisis comme point de repère.

Le sommet des Ta-Tien-Chan est revêtu d'une forêt claire aux arbres forts, grâce à quoi nous marchions d'une allure assez rapide avec nos chevaux bâtés. Une fois, nous effarouchâmes deux cerfs, un mâle et une femelle. Ils firent quelques bonds de côté puis se statufièrent, les têtes tournées dans notre direction. L'un de mes gars voulut tirer, mais je l'en empêchai : c'était une pitié de tuer des animaux aussi magnifiques. Nous avions assez de vivres, et nos chevaux portaient si lourd que, de toute façon, nous n'aurions pu en coltiner davantage. Durant quelques minutes, j'admirai les cerfs. Enfin le mâle, n'y tenant plus, poussa un cri bref et, la ramure plaquée sur le dos, détala par bonds puissants en travers de la pente.

Le cerf noble du bassin de l'Amour est appelé *izioubr (Cervus canadensis luehdorfi Bolau)*, c'est-à-dire cerf wapiti. Ce bel animal aux lignes élancées fait 6 pieds de longueur, et 4,5 de hauteur. Son poids peut atteindre les 12 pouds. Brun clair en été, son pelage tire sur le gris en hiver, avec une luisance blanc jaune à la croupe.

Son cou long et fort, orné d'une crinière chez les mâles, porte une jolie tête aux longues oreilles mobiles et tubulaires. Sa ramure en fourche possède deux andouillers droits et plusieurs épois. Les bois tombent en hiver pour repousser au printemps avec, chaque fois, un époi de plus. Ainsi peut-on déterminer l'âge du cerf au nombre de ses ramifications en y rajoutant l'année où, jeune faon, il va sans corne. Il y a pourtant une limite au nombre d'andouillers. En principe, un mâle ne peut en avoir plus de sept. N'augmentent ensuite que le poids de la ramure, sa taille et son épaisseur. On appelle « bois de velours » les jeunes cornes de printemps qui, pleines de sang, n'ont pas encore durci.

Dans la région de l'Oussouri, le cerf noble habite au sud de la contrée dans la vallée de la rivière et de ses affluents, sans s'étendre aux forêts résineuses du Sikhotè-Alin. Sur le littoral, on le rencontre jusqu'au cap de l'Olympiade.

L'été, le wapiti affectionne les pentes ombragées des montagnes boisées ; l'hiver, il recherche le soleil et les vallées, la taïga de plaine où alternent clairières et boqueteaux. Sa nourriture estivale de prédilection est la lespédèze ; pour l'hiver, les jeunes pousses de tremble, de peuplier et de bouleau nain.

À midi, nous fîmes une grande pause. D'après mes estimations, nous n'étions plus très loin de la montagne en cloche.

En campagne, il faut savoir compter non pas tant avec les forces des hommes qu'avec celles des animaux de bât. Ceux-ci portant de lourdes charges, il convient de les délester à la faveur des haltes un tant soit peu prolongées.

Dès que les chevaux furent dessellés, on les libéra. L'herbe étant verte sous les feuilles, ils avaient plus ou moins de quoi brouter.

2. RENCONTRE AVEC DERSOU

Bivouac en forêt
– Un visiteur nocturne – Une nuit
sans dormir – À l'aube

Le repos terminé, notre détachement se remit en marche. Cette fois, nous pénétrâmes dans un bois de chablis qui nous ralentit fortement. Vers 4 heures, nous approchâmes d'un escarpement. Je laissai hommes et chevaux sur place pour monter seul et scruter les lieux.

Quand il s'impose de grimper à un arbre, on doit le faire soi-même. Surtout, ne pas confier la tâche aux fusiliers. Ce sont les observations personnelles qui comptent. Si pertinent que soit le récit du soldat sur ce qu'il a vu, on ne saurait se fier à ses dires pour prendre les repères.

Ce que je vis d'en haut dissipa aussitôt mes doutes. La montagne en cloche où nous étions à cet instant se présentait bel et bien comme le nœud orographique que nous cherchions. À l'ouest s'étirait une haute chaîne dont les versants nord étaient à pic. Et, de l'autre côté de la ligne de partage des eaux, les vallées tendaient principalement vers le nord-ouest. J'en déduis que c'était la source de la rivière Liefou.

Le soleil était bas dans le ciel lorsque je rejoignis mon détachement. Il fallait faire vite pour trouver une eau dont les hommes et les bêtes avaient un grand besoin. D'abord douce, la descente de la montagne en cloche se fit raide. Les chevaux s'affaissaient sur leur arrière-train. Les bâts glissaient vers l'avant, et, n'eût été le harnais de croupière, les sacs leur seraient passés par-dessus le garrot. Nous dûmes faire de longs zigzags, ce qui n'était pas une mince affaire à travers une multitude de chablis.

Le col à peine franchi, nous trouvâmes des ravins. Un relief extrêmement accidenté. Ravins profonds encombrés de souches, ruissellements et rochers couverts de mousse, on se serait cru dans la nuit de Walpurgis. Impossible d'imaginer un lieu plus sauvage et plus hostile que cette gorge.

Parfois, montagnes et forêts ont un air engageant et joyeux. Pour un peu, on y resterait. Parfois, au contraire, les monts semblent lugubres. Or, chose étrange ! cette sensation n'est jamais individuelle ou subjective, mais toujours partagée par l'ensemble du détachement. J'ai pu le vérifier maintes fois, et maintenant encore. Il y avait quelque chose d'angoissant dans ce paysage, un sentiment d'horreur et de tourment que tout le monde appréhendait d'une égale façon.

— Bah ! disaient mes fusiliers[12], on passera la nuit vaille que vaille. On ne va pas séjourner ici toute l'année. Et, demain, on trouvera un coin plus chouette.

Je ne voulais guère m'attarder, mais nous n'avions pas le choix. Bientôt la tombée du jour, il fallait faire vite. Un torrent grondait au fond de la gorge. Je m'y rendis et, avisant un replat, j'y fis planter les tentes.

Le silence majestueux de la sylve fut aussitôt troublé par des cognements de haches et des voix d'hommes. Les fusiliers se mirent à apporter du bois, à débâter les chevaux et à préparer le dîner.

Pauvres chevaux ! Parmi les pierres et les troncs morts, ils allaient rester le ventre vide. Mais si nous tombions le lendemain sur des fanzas agricoles, nous pourrions les nourrir normalement.

La tombée du jour vient vite en forêt. À l'ouest, des lambeaux de ciel pâle perçaient encore la ramure épaisse des conifères ; plus bas s'étalaient déjà les ombres de la nuit. À mesure que le feu prenait, une lumière de plus en plus vive arrachait à l'obscurité des arbustes et des troncs d'arbres. Un pika siffleur émergea d'un éboulis et voulut pousser un cri perçant mais, effrayé par je ne sais quoi, replongea dans son terrier pour ne plus se montrer.

Enfin, doucement, le bivouac se calma. Après le thé, chacun vaqua à ses occupations : qui nettoyait son fusil, qui réparait une bastine ou reprisait ses habits, ce n'était pas le travail qui manquait. Ceci fait, les fusiliers se couchèrent. Bien serrés les uns contre les autres avec leurs manteaux pour couvertures, ils s'endormirent comme des souches. Ne trouvant pas de quoi brouter dans la forêt, les chevaux revinrent au bivouac et, têtes tombantes, se mirent à somnoler. Seuls Olentiev et moi ne dormions pas. Je consignais dans mon journal le chemin parcouru ; l'autre réparait ses chaussures. Vers 10 heures du soir, je refermai mon cahier et me blottis près du feu en m'enroulant dans une cape de feutre. Par l'effet de la chaleur qui s'élevait avec la fumée, les branches du vieux sapin sous lequel nous dormions se balançaient, tantôt cachant le ciel obscur parsemé d'étoiles, tantôt le découvrant. Les troncs des arbres semblaient pareils à une longue colonnade qui s'enfonçait dans la forêt jusqu'à se fondre avec les ténèbres de la nuit.

Soudain, les chevaux relevèrent la tête et tendirent les oreilles ; puis ils se calmèrent et retombèrent dans leur somnolence. N'y prêtant guère d'attention, nous continuions la conversation. Quelques minutes passèrent. Je posai une question à Olentiev mais, n'ayant pas eu de réponse, me tournai vers lui. Debout, sur ses gardes, il cachait de sa main la lumière du feu et regardait à l'écart.

— Qu'y a-t-il ? lui demandai-je.

— Quelqu'un descend de la montagne, me répondit-il dans un filet de voix.

Lui et moi ouvrîmes grand nos oreilles, mais alentour régnait l'un de ces silences dont la forêt a le secret par les froides nuits d'automne. Tout à coup, des cailloux roulèrent sur la pente.

— C'est sans doute un ours, dit Olentiev en chargeant son fusil.

— Pas tirer ! Moi être gens !... entendit-on du fond de l'obscurité.

Quelques minutes plus tard, un homme entrait dans notre camp.

Il portait une veste en peau de renne corroyée et un pantalon fait de même. Une espèce de bandeau sur la tête, des *ounty*[13] aux pieds, un gros balluchon sur le dos et, dans les mains, un bâton et un vieux Berdan au long canon.

— Bonjour toi, capitaine ! me lança le visiteur.

Puis il posa son fusil contre un arbre, ôta sa besace et, en s'épongeant la face avec la manche de sa chemise, s'assit près du feu. Maintenant, je pouvais le dévisager. Il devait avoir dans les 45 ans. Pas très grand, trapu et plutôt fort physiquement. La poitrine bombée, les bras robustes et musclés, les jambes légèrement arquées. Il avait le visage mat typique d'un indigène : pommettes saillantes, nez petit, paupières plissées à la mongole, bouche large à la denture solide. De petites moustaches roux foncé bordaient sa lèvre supérieure. Une barbichette roussâtre ornait son menton. Le plus remarquable, c'étaient ses yeux : non pas marron mais gris sombre, un regard calme avec une pointe de naïveté qui montrait de la détermination, un caractère franc et bienveillant.

L'inconnu ne nous dévisageait pas comme nous le dévisagions. Il tira une blague à tabac du revers de sa veste, bourra une pipe et se mit à fumer en silence. Sans lui demander d'où il venait ni qui il était, je lui offris à manger, comme le veut l'usage dans la taïga.

— Merci, capitaine. Veux manger très fort, moi pas mange aujourd'hui.

Pendant qu'il mangeait, je continuais de l'observer. Un couteau de chasseur pendait à sa ceinture. À l'évidence, chasseur il était. Il avait des mains calleuses, couvertes d'écorchures. Des blessures semblables, mais plus profondes, creusaient son visage : l'une sur le front, l'autre sur la joue près de l'oreille. L'inconnu ôta son bandeau, et je vis sur sa tête d'épais cheveux foncés qui poussaient en désordre et retombaient en mèches longues sur les côtés.

Notre visiteur avait l'âme d'un taiseux. Enfin, Olentiev ne put s'empêcher de lui demander sans détour :

— Tu es chinois ou coréen ?

— Moi golde, répondit l'autre brièvement.

Je le relançai :

— Tu es sans doute un chasseur ?

— Oui. Chasser, pas d'autre travail, pêcher jamais, chasser toujours.

— Et tu vis où ? continuait Olenski.

— Pas de maison. Toujours courir la montagne. Faire le feu, poser la tente et dormir ! Toujours chasser, comment vivre dans maison ?

Puis il nous raconta qu'aujourd'hui, en chassant des wapitis, il avait touché une femelle, mais légèrement. Alors qu'il pistait la bête blessée, il était tombé sur nos traces qui menaient dans le ravin. À la nuit tombée, il avait aperçu le feu et marché droit vers le camp.

— Moi marche doucement, dit-il. Moi pense : quelles gens marcher si loin dans montagne ? Et moi vois : capitaine là, cosaque là. Alors marcher tout droit.

— Comment tu t'appelles ? demandai-je à l'inconnu.

— Dersou Ouzala.

L'homme m'intrigua. Il y avait en lui quelque chose de particulier, d'original. Il parlait simplement, doucement, un comportement modeste, sans flagornerie… La conversation se prolongea. Il me raconta longuement sa vie, et plus il me parlait, plus il m'était sympathique. J'avais devant moi un chasseur du monde primitif qui, ayant passé sa vie entière dans la taïga, ignorait tout des vices engendrés par la civilisation urbaine. Il m'apprit qu'il vivait de son fusil, qu'il troquait le produit de sa chasse auprès des Chinois contre du tabac, du plomb et de la poudre, et que le Berdan lui venait de son père. Puis il me dit qu'il était maintenant âgé de 53 ans, n'avait jamais eu de maison, vivait toujours à ciel ouvert et, l'hiver seulement, se construisait une yourte avec de l'écorce de bouleau ou autre. Les premiers éclairs de ses souvenirs d'enfance étaient une rivière, une hutte, un feu, son père, sa mère, sa petite sœur.

— Tous morts depuis longtemps, dit-il, pensif, en achevant son récit. (Un silence, puis il reprit.) Avant moi aussi j'ai femme, fils et fillette. Variole tuer tout le monde. Moi seul maintenant…

Au souvenir des peines endurées, son visage se fit triste. Je songeai à le consoler, mais que valaient mes paroles de consolation pour cet homme seul à qui la mort avait arraché sa famille, unique consolation de la vieillesse ? Il ne répondit rien, ne faisant que baisser la tête. J'avais envie de lui marquer ma compassion et de faire quelque chose pour lui ; je ne savais quoi. Enfin, une idée me vint : je lui proposai d'échanger son vieux fusil contre un neuf, mais il refusa en disant qu'il tenait à son Berdan en souvenir de son père, qu'il y était habitué et que cette arme frappait très bien. Il tendit le bras vers l'arbre, prit son fusil et se mit à en caresser la monture.

Les étoiles avaient tourné dans le ciel, indiquant qu'on était déjà loin de minuit. Les heures filaient, mais nous parlions toujours devant le feu. De nous deux, Dersou parlait le plus. Moi, je l'écoutais, et je l'écoutais avec plaisir. Il me parlait de sa chasse, me raconta qu'il avait été capturé par les *honghoutse*, mais s'était évadé. Il me parla de ses rencontres avec les tigres, me disant qu'on ne devait pas tirer dessus parce que c'étaient des proies interdites qui protégeaient le ginseng contre l'homme. Il me parla des mauvais esprits, des rivières en crue, etc.

Une fois, un tigre l'avait attaqué et blessé gravement. Sa femme était partie sur ses traces jusqu'à le retrouver exsangue au bout de plusieurs jours. Le temps de sa convalescence, elle avait chassé.

Puis je l'interrogeai sur la contrée où nous étions. Il me dit que la rivière Liefou prenait ici sa source et que nous trouverions le lendemain une première fanza de trappeur.

L'un des fusiliers se réveilla, nous jeta un regard étonné, marmonna dans sa barbe, sourit et se rendormit.

Il faisait encore nuit sur la terre et dans le ciel, mais l'on sentait déjà pointer l'aube par où montaient toujours de nouvelles étoiles. Il se forma une rosée abondante, signe tangible du beau temps à venir. Alentour régnait un fervent silence. La nature aussi semblait se reposer.

Une heure plus tard, on vit le levant se pourprer. Je consultai ma montre. Six heures du matin. Il fallait réveiller le soldat de service. Je le secouai par l'épaule. Le garçon se mit sur son séant et s'étira. Ébloui par la lumière vive du feu, il grimaça. Puis, avisant Dersou, il lâcha moqueur :

— Ça alors ! Quel drôle de bonhomme…

Sur ce, il se chaussa.

Du noir, le ciel vira au bleu foncé, puis au gris, vaguement trouble. Les ombres de la nuit se replièrent dans les fourrés et les ravins. Le bivouac ne tarda pas à s'animer : les hommes se mirent à parler, les chevaux sortirent de leur torpeur, un pika partit d'un cri perçant bientôt repris par un autre en contrebas, on entendit un pivert pépier, un pic noir jouer de la crécelle. La taïga s'éveillait. Chaque minute se faisait plus lumineuse. Soudain, d'éclatants rayons de soleil jaillirent en gerbe de derrière les sommets, et la forêt entière s'éclaira. Notre bivouac avait changé d'aspect maintenant. À la place du pétillant feu de camp s'étalait une cendre dont on ne voyait presque plus la braise. Des boîtes de conserve vides jonchaient le sol. De la tente ne restaient que les piquets sur l'herbe aplatie.

Le détachement de V. Arseniev. En haut : l'auteur à gauche ; à ses côtés : A. Merzliakov ; au centre : la chienne Alpa (1906).

3. LA CHASSE AUX SANGLIERS

L'étude des empreintes – Sollicitude envers le marcheur des bois – Une fanza de trappeur – Le mont T'outingtse et le cours supérieur de la rivière Liefou – Les sangliers – L'animisme de Dersou – Un rêve

Après le thé, les fusiliers bâtèrent les chevaux. Dersou aussi se prépara. Il enfila sa besace, prit son bâton et son Berdan. Quelques minutes plus tard, notre détachement se mit en marche. Dersou allait avec nous.

La gorge que nous longions était longue et tortueuse. D'autres gorges semblables s'y abouchaient à gauche comme à droite, d'où les flots se versaient à grand bruit. La ravine, qui allait s'élargissant, se développait en vallée. Là, les arbres portaient de vieilles entailles qui nous conduisirent à un sentier.

Le Golde marchait devant en regardant attentivement sous ses pieds. Parfois, il se penchait à terre et remuait les feuilles avec ses mains.

— Qu'y a-t-il ? lui demandai-je.

Dersou s'arrêta et me dit que c'était là un chemin de marcheur et non de cheval, qu'il desservait des pièges à zibeline, qu'un homme l'avait emprunté quelques jours plus tôt, vraisemblablement un Chinois.

Les paroles du Golde nous stupéfièrent. Nous voyant incrédules, il s'exclama :

— Comment vous pas comprendre ? Regardez vous-mêmes !

Il pointa de tels indices que nos doutes volèrent en éclats. Les choses étaient si claires, si simples... Je m'étonnai de ne pas les avoir remarquées plus tôt. Premièrement, le sentier ne présentait aucune trace de cheval ; deuxièmement, les branches qui le bordaient étaient indemnes, alors que nos chevaux, qui progressaient à grand-peine, ne cessaient de les abîmer avec leurs bâts. Ensuite, les tournants étaient si serrés que les bêtes, ne pouvant les passer, devaient se frayer un chemin de contournement. À travers les torrents, les empreintes suivaient les billes de bois, et nulle part les traces n'allaient dans l'eau. Les chablis barrant le passage n'avaient pas été coupés : nous passions sans entraves et menions nos chevaux par des voies détournées.

Autant de preuves que la sente n'était pas faite pour les porte-bât.

— Une seule gens passer il y a longtemps, dit Dersou qui semblait se parler à lui-même. Gens plus passer maintenant. Pleuvoir.

Et il se mit à calculer le jour de la dernière pluie.

Nous suivîmes le sentier deux heures durant. Petit à petit, les résineux cédaient la place à des essences mélangées. On rencontrait de plus en plus de peupliers, d'érables, de trembles, de bouleaux et de tilleuls. Je voulais marquer un deuxième repos, mais Dersou me conseilla de pousser la marche un peu plus loin.

— Nous bientôt trouve cabane, dit-il en désignant des arbres écorcés.

Je compris tout de suite. Cela voulait dire que ce à quoi l'écorce était destinée se trouvait près d'ici. Nous pressâmes le pas et, dix minutes plus tard, aperçûmes au bord d'un torrent une petite cabane couverte d'un toit à pente unique, construite par des chasseurs ou des chercheurs de ginseng. Après l'avoir inspectée, notre nouvel ami confirma qu'un Chinois était passé par là quelques jours plus tôt et qu'il avait dormi dans cette cabane, comme l'attestaient la cendre tassée par la pluie, une litière d'herbes et de vieilles genouillères en *daba*[14] laissées par terre. Il m'apparut alors que Dersou n'était pas un homme ordinaire. J'avais devant moi un maître du pistage et ne pus m'empêcher de songer aux héros de Cooper et de Mayne Reid.

Il fallait faire manger les chevaux. Je décidai d'en profiter pour m'allonger à l'ombre d'un cèdre où je m'endormis sur-le-champ. Deux heures plus tard, Olentiev me réveilla. En ouvrant les yeux, je vis que Dersou avait fendu du bois, ramassé de l'écorce de bouleau et rangé le tout dans la cabane.

Pensant qu'il voulait y mettre le feu, je tentai de l'en dissuader. Mais l'autre, en guise de réponse, me demanda une pincée de sel et une poignée de riz. Curieux de voir ce qu'il allait en faire, je fis apporter ce qu'il demandait. Le Golde enveloppa soigneusement des allumettes dans une écorce de bouleau, répéta l'opération avec le sel et le riz, puis suspendit l'ensemble à l'intérieur. Dehors, il rajusta le bardage d'écorce à la cabane et se prépara pour la route.

— Tu as sans doute l'intention de revenir ici ? demandai-je au Golde.

Comme il secouait la tête, je lui demandai pour qui étaient le riz, le sel et les allumettes.

— Quelqu'un d'autre venir, répondit Dersou. Lui trouve cabane, trouve bois sec, trouve allumettes, trouve manger, lui pas perdu.

Il me souvient que ces mots me frappèrent. Ils me laissaient songeur… Le Golde témoignait de la sollicitude envers un inconnu qu'il ne verrait jamais et qui, de son côté, ne saurait rien de son pourvoyeur de bois et de nourriture. Je songeai que mes fusiliers, quand ils levaient le camp, jetaient toujours l'écorce au feu. Non par espièglerie, mais comme ça, pour s'amuser, et je ne les en empêchais pas. Ce sauvage était bien plus philanthrope que moi. Qu'est-ce que la culture ? Ne confondons-nous pas deux notions différentes, la culture matérielle et celle de l'esprit ?… De la sollicitude envers le marcheur !… Pourquoi cette générosité, cette marque d'attention à l'égard d'autrui s'était-elle éteinte dans le cœur des gens de la ville, alors qu'elle avait jadis existé, incontestablement ?

— Votre noblesse, les chevaux sont prêts. Il faudrait qu'on y aille.

C'était Olentiev qui m'arrachait à mes pensées.

— Oui, allons-y… En route ! lançai-je aux fusiliers en prenant la tête de la marche.

En fin de journée, nous arrivâmes à la confluence de deux rivières. Là commençait le Liefou à proprement parler. À cet endroit, il est large de 3-4 sagènes et développe une vitesse de 60-70 sagènes à la minute. Inégale, sa profondeur varie de 1 à 2 pieds.

Le dîner pris, je me couchai et m'endormis aussitôt.

Quand je me réveillai le lendemain matin, tout le monde était déjà debout. Aussitôt, je fis embâter les chevaux. Pendant que mes hommes s'affairaient au chargement, je sortis ma planchette et m'engageai sur le chemin en compagnie du Golde.

Passé notre campement, la vallée obliquait vers l'ouest. Une pente raide sur le versant gauche, douce sur le droit. De verste en verste, la sente allait s'élargissant et s'améliorant. Nous tombâmes sur un arbre abattu à la hache. Dersou s'en approcha, l'examina et me dit :

— Abattu printemps. Deux gens travailler. Un grand, hache mauvaise ; l'autre petit, hache coupante.

Il n'y avait pas de secrets pour cet homme étonnant. Tel un voyant, il savait tout. Dès lors, je me promis d'être plus attentif et de m'appliquer à déchiffrer moi-même les traces. J'aperçus bientôt une souche entaillée à la hache, entourée d'une multitude d'éclats résineux. Quelqu'un, visiblement, avait coupé du bois d'allumage. Mais la suite ? La suite, je n'arrivais pas à l'imaginer.

— Fanza proche, dit le Golde comme pour répondre à mes interrogations.

En effet, nous rencontrâmes bientôt des arbres écorcés (je savais maintenant ce que cela voulait dire), et, à une centaine de sagènes, une fanza de trappeur au bord de l'eau dans une petite clairière. C'était une modeste construction d'argile battue avec un toit d'écorce. Elle était vide, comme on le devinait à la vue du pieu qui en bloquait la porte de l'extérieur. Un petit potager avoisinait la fanza, labouré par les cochons sauvages. À gauche, un oratoire à idoles, en bois, regardait le sud comme il se doit.

L'aménagement intérieur était fruste. Un marmiton en fer enchâssé dans un poêle bas d'où s'échappaient des conduits pour chauffer les planches-couchettes, deux ou trois auges creusées à l'herminette, un puisoir, un hachoir en fer, une cuillère en métal, une brosse à curer la marmite, deux bouteilles empoussiérées, des guenilles, un ou deux petits bancs, une lampe à huile et des lambeaux de fourrure éparpillés sur le sol, et voilà tous les ustensiles.

De là, trois sentiers remontaient le Liefou. Nous étions arrivés par le premier; l'autre menait dans les montagnes vers l'est, et le troisième allait vers l'ouest. Celui-ci, praticable à cheval, était le plus battu des trois. Nous l'empruntâmes. Laissant les longes pliées sur les cous des chevaux, les hommes leur permirent d'aller librement. Les animaux marchaient intelligemment en s'efforçant de ne pas accrocher les arbres avec leurs bâts. Sur les sols marécageux ou caillouteux, ils veillaient à ne pas sauter, mais à poser prudemment le sabot pour sonder la terre avant d'allonger un pas plus franc, une agilité propre aux chevaux d'ici habitués à marcher bâtés dans la taïga.

Passé la fanza de trappeur, le Liefou se mit à tourner légèrement vers le nord-est. Une demi-douzaine de verstes plus loin, nous atteignîmes des fanzas agricoles situées sur la rive droite de la rivière au pied d'une haute montagne que les Chinois appellent T'outingtse.

L'apparition inattendue d'un détachement militaire troubla les Chinois. Je priai Dersou de leur dire de continuer leur travail sans avoir peur de nous.

Je voulais voir comment ces Chinois vivaient dans la taïga et ce qu'ils y faisaient.

Pelleteries étirées pour le séchage, ramures de cerf wapiti entassées dans un abri, bois de velours à l'étendoir, sacs de bile d'ours, fœtus de renne, fourrures de lynx, de martre, de zibeline et d'écureuil, matériel de piégeage, voilà qui montrait que les Chinois d'ici travaillaient moins dans l'agriculture que dans la chasse et la trappe. Des lopins de terre cultivée jouxtaient les fanzas. Ils semaient le blé, le millet[15] des oiseaux et le maïs. Ils se plaignaient des sangliers, disant que des hardes entières, dernièrement, avaient déboulé des montagnes en dévastant les champs. Ils avaient donc dû récolter des légumes encore verts, mais, maintenant que les glands tapissaient le sol, les cochons sauvages s'étaient retirés dans les chênaies.

Comme le soleil était encore haut dans le ciel, je m'avisai de gravir le mont T'outingtse pour scruter les environs. Dersou m'accompagna. Voulant marcher légers, nous ne prîmes que nos fusils.

Le mont T'outingtse se présente comme un massif surplombant à pic la vallée du Liefou ; côté nord, il est crevassé de profondes ravines. Les feuilles jaunissantes tombaient déjà à terre. Partout la forêt commençait à s'éclaircir. Seules les chênaies gardaient leurs parures pâles et à moitié desséchées.

La montée fut raide. Par deux fois nous dûmes nous asseoir pour un temps de repos avant de reprendre l'ascension. La terre nous apparut scarifiée de part en part. Dersou s'arrêtait souvent pour étudier les traces. Il en inférait l'âge des animaux, le sexe, discernait les empreintes d'un sanglier boiteux, repéra l'endroit d'un duel où un spécimen en avait chassé un autre. En l'écoutant, j'imaginai tangiblement la scène. Je trouvai étrange de ne pas avoir observé d'empreintes précédemment, ou alors je ne voyais que la direction suivie par les bêtes, mais cela ne me disait rien de plus.

Une heure plus tard, nous étions sur le sommet ébouleux de la montagne. Assis sur des pierres, nous examinions les alentours.

À l'est s'élevait la ligne de partage des eaux entre le bassin de la rivière Liefou et le cours du Taopiho. Une autre chaîne de montagnes s'étirait d'est en ouest et faisait frontière entre le Liefou et le Maiho. Au sud-est, là où les deux montagnes se rejoignaient, se dressait le relief en dôme des Ta-Tien-Chan.

Le mont T'outingtse offrait une vue dégagée sur le bassin du Liefou supérieur qui se composait de trois rivières d'égale grandeur. Deux d'entre elles confluaient plus en amont et coulaient à partir de l'est-sud-est ; la troisième, que nous longions, courait dans le sens méridien. Les sources des trois partaient de plusieurs torrents convergents. D'un point de vue topographique, les monts du Liefou supérieur se présentaient comme des hauteurs planes aux parois escarpées, couvertes d'une épaisse forêt mélangée, avec une forte prédominance de résineux.

À proximité des fanzas agricoles, le Liefou décrit une boucle modérée due à la présence d'un éperon saillant du massif sud.

Puis la rivière tire vers le midi et, après avoir tourné le T'outingtse, reprend la direction du nord-est qu'elle garde jusqu'au lac Khanka où elle se jette. En face du T'outingtse, le Liefou reçoit un autre affluent, la rivière Otradnaïa, « la Joyeuse ». C'est par là que passe le chemin de porte-bât vers le Maiho.

— Regarde, capitaine, me dit Dersou en me montrant la pente opposée de la ravine. Qu'est-ce que c'est ?

Je regardai dans la direction indiquée et remarquai une espèce de tache sombre. Croyant y voir l'ombre d'un nuage, je lui fis part de ma supposition. Il se mit à rire en pointant le doigt vers le ciel. Je levai les yeux. Le ciel était absolument serein : pas le moindre nuage dans un bleu infini. Au bout de quelques minutes, la tache changea de forme et se décala légèrement.

À mon tour de questionner le Golde :

— Qu'est-ce que c'est ?

— Toi pas comprends, répondit-il. Il faut aller voir.

Nous prîmes la descente. Je ne tardai pas à remarquer que la tache aussi se déplaçait à notre rencontre. Une dizaine de minutes plus tard, le Golde s'assit sur une pierre et, d'un signe, me pria de l'imiter.

— Nous attends ici, dit-il. Assis doucement. Rien rien casser. Rien dire aussi.

Et l'attente commença. Bientôt, la tache reparut. Elle avait beaucoup grandi. Et maintenant je pouvais en distinguer les éléments. C'étaient des créatures vivantes qui bougeaient à chaque instant.

— Des sangliers ! m'exclamai-je.

Eh oui, c'étaient bien des cochons sauvages. Une bonne centaine. Certains s'écartaient, puis revenaient sur-le-champ. Il apparut bientôt possible de discerner distinctement chaque animal.

— Un de ces gens vraiment gros, articula doucement Dersou.

N'ayant pas compris de quelle « personne » il voulait parler, je le considérai d'un œil perplexe.

Le dos d'un énorme sanglier se détachait de la harde comme un monticule. Il dépassait ses congénères et devait bien peser dans les 15 pouds. Le troupeau se rapprochait de minute en minute. Déjà l'on entendait le bruissement des feuilles sèches brassées par des centaines de sabots, le craquement des branches, le cri brutal des mâles, le grognement des laies, le hurlement des marcassins.

— Le gros pas s'approche, dit Dersou.

Cette fois encore, je ne le compris pas.

Le gros sanglier se mouvait au centre de la harde. Beaucoup de ses congénères vagabondaient de-ci de-là, certains loin du groupe, et même quand la distance se creusait à l'extrême entre les solitaires et nous, le verrat restait hors de portée de fusil. Nous ne bougions pas. Soudain, l'un des sangliers leva le groin. Il mâchait quelque chose. Je revois encore sa grosse tête, ses oreilles à l'affût, ses yeux féroces, son boutoir nerveux, ses deux narines et ses défenses blanches. L'animal se pétrifia, cessa de manger et nous fixa de ses vilains yeux interrogateurs. Enfin, il comprit le danger et poussa un cri furieux. En un éclair, la harde détala avec force bruits et soufflements. Ce fut à cet instant que retentit le tir. Un cochon s'écroula.

Le fusil de Dersou fumait entre ses mains. Des branches craquèrent pendant quelques secondes encore dans la forêt, puis le calme revint.

Le sanglier qui habite dans l'Oussouri *(Sus leucomystax continentalis Nehring)* est une espèce proche du porc sauvage japonais. Il pèse jusqu'à 18 pouds et sa taille peut atteindre 7 pieds de longueur et 3,5 de hauteur. Son pelage présente une dominante brune, avec une échine et des pattes noires. Les marcassins portent toujours des rayures longitudinales. Le corps du sanglier est ovale, resserré aux flancs, monté sur quatre pattes robustes. Un cou court et puissant. Une tête en forme de pointe. Son museau se termine par un groin dur et mobile qui lui permet de fouir la terre. Le sanglier appartient à la famille des bunodontes, mais outre les molaires, les mâles sont armés de crocs pointus qui grandissent avec l'âge, courbés vers l'arrière, et s'allongent jusqu'à 8 pouces. Comme l'animal aime se frotter aux troncs des sapins, des cèdres[16] et des mélèzes, son poil dru est souvent collé de résine. À la saison des froidures automnales, il se bauge dans la souille. Alors l'eau gèle à ses soies. Les glaçons s'épaississent jusqu'à former parfois une couche de glace telle qu'il se trouve entravé dans ses mouvements.

La zone de déploiement des cochons sauvages en Oussouri est étroitement liée au déploiement du cèdre, du noyer, du noisetier et du chêne. La frontière nord de la région part du cours inférieur du Hongari, coupe le cours moyen de l'Aniouï, le cours supérieur du Khor et la source du Bikin. De là, elle traverse les monts Sikhotè-Alin au nord vers le cap de la Dormition. On trouve des sangliers solitaires dans les vallées du Koppi, de la Khadia et du Toumnine. Cet animal est extrêmement mobile et fort. Il voit et entend merveilleusement et possède un bon odorat. Blessé, le sanglier devient très dangereux. Malheur au chasseur irréfléchi qui se hasarderait à pister une bête touchée. En pareil cas, l'animal se couche sur ses propres traces, la tête tournée vers son poursuivant sur lequel il se jette dès qu'il le voit, d'un bond si impétueux que l'autre n'a même pas le temps d'épauler pour tirer.

Le sanglier tué par le Golde était un ragot de 2 ans. Je demandai au vieil homme pourquoi il n'avait pas choisi un verrat.

— Lui gens trop vieux, dit-il du sanglier à grès. Lui mal mange, viande très très peu goût.

Que les sangliers fussent des « gens » pour Dersou me stupéfiait. Je l'interrogeai à ce sujet.

— Eux gens malgré tout, mais sous autre chemise. Eux comprend quand nous ruser, eux comprend quand nous fâchés, eux tout comprend ! Eux pareils à gens…

Je compris. Homme du monde primitif, Dersou posait un regard animiste sur les choses et, pour cette raison, prêtait une âme humaine à tout ce qu'il voyait.

Nous ne vîmes pas le jour décliner tant nous avions passé de temps sur la montagne. Les nuages amoncelés au ponant irradiaient des contours si lumineux qu'ils semblaient forgés d'un métal en fusion. Les rayons du soleil les perçaient puis, en éventail, se diffractaient dans le ciel.

Dersou dépeça le sanglier en un tournemain et le chargea sur ses épaules, puis nous prîmes le chemin du retour. Une heure plus tard, nous étions au bivouac.

Gêné par la promiscuité et la fumée des fanzas chinoises, je choisis de dormir à la belle étoile avec Dersou.

— Moi pense, dit-il en levant les yeux vers le ciel, nuit chaude, demain soir pluie !…

Je fus long à m'endormir. Toute la nuit durant, j'eus la vision d'un groin de sanglier aux narines dilatées. Je ne voyais rien d'autre que ces narines. Elles m'apparaissaient comme de petits trous qui, soudain, s'agrandissaient. Ce n'était plus une tête de sanglier, mais une montagne, et les narines étaient des grottes avec, à l'intérieur de ces grottes, d'autres sangliers aux groins percés de narines.

Quelle chose étrange que le cerveau humain… Sur les mille impressions que l'on recueille dans la journée, sur la multitude de phénomènes et d'objets que le regard croise, on ne retient qu'une seule chose, souvent dérisoire, voire secondaire ou fortuite. Je garde de certains lieux où rien ne m'est arrivé un souvenir plus marquant que d'autres où, pourtant, quelque chose s'est passé. Et ma mémoire, mystérieusement, fixe un arbre ordinaire, une fourmilière, une feuille jaunie, un échantillon de mousse… Ainsi me semble-t-il que je pourrais les dessiner avec force détails.

4. PÉRIPÉTIE DANS UN VILLAGE CORÉEN

Dersou prédit le temps – Échauffourée – L'indifférence des Coréens – Le village de Kazakiévitchevo – Excursion sur les terrasses alluviales – Dersou s'installe pour la nuit – Un sentier vers le village de Lialitchi – Bivouac près de Lialitchi

Au matin, je me réveillai après les autres. L'absence du soleil fut la première chose qui me sauta aux yeux. De gros nuages emplissaient le ciel. Voyant les fusiliers ranger le matériel à la hâte pour empêcher la pluie de le mouiller, Dersou dit :

— Pas se presser. Nous bien marche dans la journée. Pluie dans le soir.

Je lui demandai ce qui lui faisait dire qu'il ne pleuvrait pas dans la journée.

— Vois par toi-même, répondit le Golde. Vois, petits oiseaux aller de-ci de-là, jouer, manger. Quand pluie vient vite, eux ne pas bouge, comme dormir.

En effet, j'avais déjà remarqué qu'il régnait avant la pluie une ambiance morose et calme ; là, c'était tout le contraire : la vie battait son plein dans la forêt, piverts, geais et casse-noix se parlaient de partout, et les sittelles, affairées, s'en donnaient à cœur joie.

Après avoir interrogé le Chinois sur la route à prendre, nous nous mîmes en marche.

Passé le mont T'ou-Ting-Tse, la vallée du Liefou s'élargit aussitôt (jusqu'à 1 ou 2 verstes). Là commençait la zone habitée. Vers 2 heures de l'après-midi, nous atteignîmes le village de Nikolaïevka qui comptait alors 36 feux. Après un temps de repos, j'ordonnai à Olentiev d'acheter de l'avoine pour nourrir les chevaux à satiété, puis je repartis devant avec Dersou, pressé de gagner le village coréen de Kazakiévitchevo pour y passer la nuit sous un toit.

Par les mornes journées d'automne, le crépuscule vient toujours vite. Vers 5 heures, il se mit à pluvioter. Nous pressâmes le pas. Bientôt, la route fourcha. Une branche passait la rivière, l'autre, que nous prîmes, semblait mener aux montagnes. Nous tombâmes en marchant sur d'autres routes qui coupaient la nôtre dans toutes les directions. À l'approche du village coréen, la nuit était déjà noire.

Ce fut alors que les fusiliers, ayant atteint la fourche et ne sachant quel chemin prendre, donnèrent deux coups de fusil. Je répondis de même, craignant que mes compagnons se perdissent. Soudain, un cri retentit dans la fanza voisine. L'instant d'après, quelqu'un tira par la fenêtre : une détonation, puis une autre, puis une troisième. Quelques minutes plus tard, une fusillade éclata dans tout le village. Je n'y comprenais rien : pluie, cris et mousquetade !... Pourquoi ce tintamarre ? Tout à coup, une lumière jaillit de derrière une fanza. Un Coréen portait une torche à pétrole dans une main, un Berdan dans l'autre. Il courait en criant des choses dans son idiome. Nous nous précipitâmes à sa rencontre. Rougeâtre et vacillant, bondissant de flaque en flaque, le feu de sa torche éclairait sa face convulsée par la peur. Quand il nous vit, le Coréen jeta son flambeau à terre, tira sur Dersou à bout portant et s'enfuit. Le pétrole se répandit, s'enflamma et se mit à cracher un feu fumant.

Je demandai à Dersou :

— Pas blessé ?

— Non, dit-il en ramassant la torche.

Pendant qu'on lui tirait dessus, je le vis bien campé sur ses deux jambes, agitant la main et lançant des cris aux Coréens. Au bruit de la fusillade, Olentiev crut que nous étions aux prises avec les *honghoutse*. Alors, laissant la conduite des chevaux à deux de ses hommes, il se lança à notre rescousse avec le reste de la troupe. Quand enfin cessèrent les tirs venant de la fanza voisine, Dersou entama les pourparlers avec les Coréens, mais rien n'y faisait : ceux-ci refusaient de nous ouvrir. On eut beau les exhorter, ils proféraient des injures et menaçaient de faire le feu.

En désespoir de cause, il fut décidé de bivouaquer. Nous fîmes des feux de camp le long de la rivière et entreprîmes de planter les tentes. Il y avait là une vieille fanza désaffectée avec, non loin, des tas de bois stockés pour l'hiver par les Coréens. Au village, la fusillade dura encore longtemps. Et les fanzas isolées tirèrent toute la nuit. Contre qui ? Les villageois eux-mêmes n'en savaient rien. Mes fusiliers mêlaient des rires à leurs jurons.

Une journée de repos fut décrétée pour le lendemain. Je priai mes hommes de vérifier les embâtages, de sécher les effets mouillés et de nettoyer les fusils.

La pluie cessa, un vent frais de nord-ouest dispersa les nuages, et le soleil se montra…

Une fois habillé, je m'en fus visiter le village.

En principe, après l'échauffourée de la veille, les Coréens auraient dû venir à notre bivouac pour voir les hommes sur lesquels ils avaient tiré. Mais non. Deux villageois sortirent de la fanza voisine, vêtus de blousons blancs à manches larges et de culottes bouffantes en gros coton blanc, avec aux pieds des chaussures de cordes tressées. Ils ne nous payèrent même pas d'un regard. Près d'une autre fanza, un vieillard assis torsadait des fils. À mon approche, il leva le nez et me considéra d'un œil qui ne dénotait ni curiosité ni étonnement. En marchant, nous tombâmes sur une femme qui portait une jupe blanche et un gilet blanc, la poitrine à l'air. Avec une cruche en terre cuite pleine d'eau sur la tête, elle passa son chemin sans s'écarter. Et partout je rencontrai cette indifférence dont les Coréens avaient le secret. « Le pays du Matin calme », me dis-je en pensant au nom dont on affublait la Corée. Une quiétude qui ressemblait fort à de l'hébétude. Ici, la vie semblait entièrement supplantée par des mouvements mécaniques.

Les Coréens vivent par hameaux. Leurs fanzas se tiennent à bonne distance les unes des autres, chacune se trouvant entourée de ses propres champs et potagers. Voilà pourquoi le moindre village coréen occupe un espace de plusieurs verstes carrées[17].

En revenant au bivouac, je suis entré dans une fanza aux murs minces enduits d'argile à l'intérieur comme à l'extérieur. Elle possédait trois portes avec des fenêtres à claires-voies encollées de papier. Son toit de chaume à quatre pentes était emmaillé d'un tressage d'herbes sèches.

Les fanzas coréennes se ressemblent toutes. À l'intérieur chauffe un poêle d'argile appelé *kang* qui occupe plus de la moitié de l'habitation. Des tuyaux passent dessous, qui réchauffent le sol dans les pièces en répartissant la chaleur de part en part. La fumée s'échappe à l'extérieur par un grand tronc d'arbre vide et creux faisant office de cheminée. La partie habitable est celle où se trouve le *kang*, l'autre moitié, au sol en terre battue, étant laissée aux poules, aux chevaux et au bétail. Les pièces à vivre sont cloisonnées et tapissées de nattes impeccables. Une chambre pour les femmes et les enfants, les autres pour les hommes et les visiteurs.

J'avisai dans la fanza la femme que nous avions croisée avec une cruche sur la tête. Accroupie, elle versait de l'eau dans une marmite avec un puisoir en bois, ce qu'elle faisait lentement, levant haut le récipient et le vidant d'une étrange façon, par-dessus le poignet, sur sa droite. Après m'avoir jeté un regard indifférent, elle continua sa tâche en silence. Assis sur le *kang*, un homme d'une cinquantaine d'années fumait la pipe. Il ne bougea pas d'un poil ni ne répondit à mes salutations. Je m'assis pour moins d'une minute, puis m'en fus rejoindre mes compagnons.

Le déjeuner pris, je partis explorer les alentours et traversai la rivière pour gravir une hauteur. C'était une ancienne terrasse alluviale, haute de 10 à 12 sagènes, composée de sables aux niveaux inférieurs, et de lave poreuse en couche supérieure. Les grandes cavités de cette lave attestaient une forte concentration de gaz au moment de l'éruption. Un minéral de couleur noire et gris bleu emplissait nombre de trous.

Du haut de la terrasse s'ouvrait à moi une vue magnifique sur la vallée du Liefou. La rive droite était basse, où se nichait le village coréen. À cet endroit, la rivière recevait quatre affluents : le Petit-Liefou et le P'itch'engtsou, à gauche, l'Ivanovka et la Loubianka, à droite. Entre les embouchures de ces deux dernières se trouvait le village russe d'Ivanovskoïé[18], fort de presque 200 feux, perché sur une terrasse alluviale ancienne, pareille à l'autre. Plus loin, la vallée revêtait des formes incertaines avec des collines à pentes douces, peu saillantes, boisées de chênes et de bouleaux noirs épars.

Je parcourus les lieux durant une heure ou deux avant de revenir au même surplomb par un jour finissant. De petits nuages roses et légers se mouvaient lentement dans le ciel. De lointaines montagnes semblaient se violacer sous les feux du couchant. Les arbres effeuillés se paraient d'un gris monotone. Comme de juste, le calme régnait dans le village coréen. Des fumées blanches spiralées s'échappaient par les longues cheminées des fanzas. Elles s'échevelaient vite dans l'air frais du soir. Les silhouettes blanches des Coréens papillotaient çà et là au bord de l'eau. Un feu brûlait en contrebas. C'était notre bivouac.

À mon retour, la nuit tombait déjà. Les eaux de la rivière semblaient noires, qui reflétaient, tranquilles, la flamme du feu de camp et les astres scintillant dans le ciel. Les fusiliers étaient assis autour du feu. L'un d'eux parlait, les autres riaient.

— Au dîner ! jeta le cantinier.

D'emblée cessèrent les blagues et les rires.

Le thé bu, je m'assis près du feu pour consigner mes observations dans mon journal. Dersou mettait de l'ordre dans son balluchon et entretenait la flamme.

— Petit petit froid, dit-il en relevant les épaules.

— Va donc dormir dans la fanza, lui dis-je.

— Pas envie. Moi toujours dors comme ça.

Puis il planta derrière son dos quelques tiges de saule sur lesquelles il tendit une toile de tente et, assis sur une peau de chèvre qu'il avait étalée à même la terre, alluma sa pipe. Quelques minutes plus tard, j'entendis un léger ronflement. Il dormait, la tête sur la poitrine, les bras pendants, la pipe éteinte sur ses genoux, échappée de sa bouche… Et comme ça toute la vie, me dis-je. Au prix de quel labeur éreintant et de quelles privations cet homme subvenait-il à ses besoins ? Mais, à l'instant même, une pensée nouvelle me traversa l'esprit : eût-il compris combien notre culture européenne tant vantée reposait sur l'exploitation des uns par d'autres, il n'aurait assurément pas accepté de l'échanger contre sa liberté. À sa façon, Dersou était heureux.

Non loin, la rivière bruissait sourdement. Un chien aboyait à l'autre bout du village. Un enfant pleurait dans une fanza. Enroulé dans ma capote, le dos au feu de camp, je m'endormis délicieusement.

Le lendemain, nous étions debout aux premiers feux de l'aube. Durant la nuit, nos chevaux s'en étaient allés dans la montagne en quête d'herbes fraîches, n'ayant pas trouvé de fourrage sur les labours des Coréens. Pendant qu'on les recherchait, le cantinier prépara la bouillie et le thé. Quand les fusiliers revinrent au camp avec les chevaux, j'avais bouclé mes préparatifs. Nous prîmes la route à 8 heures.

Au départ du village coréen de Kazakiévitchevo, deux routes suivent la vallée du Liefou. L'une d'elles, par des voies détournées, mène au village d'Ivanovskoïé ; l'autre, peu fréquentée et par endroits marécageuse, longe la rive gauche. J'optai pour celle-ci.

Plus nous marchions, plus la vallée revêtait le caractère d'une prairie. À l'évidence, c'était la fin des montagnes qui s'écartaient au loin, laissant la place à de larges et douces pentes recouvertes d'arbrisseaux. Il poussait là, ensemble ou isolément, des chênes et des tilleuls propres au bois de combustion dont les cimes étaient mortes par l'effet du gel. Avec, au bord de l'eau, des implantations de saules, d'aulnes et de merisiers.

Notre sente se mit à tirer sur la gauche en direction des montagnes, nous éloignant de la rivière sur quelque 4 verstes. N'ayant pu atteindre ce jour-là le village de Lialitchi[19], nous passâmes la nuit à 6 verstes de celui-ci au bord d'un petit torrent tortueux.

Au soir, assis devant le feu avec Dersou, je l'entretins de la suite de notre périple le long du Liefou. J'avais très envie de voir le lac Khanka dont N. Prjevalski avait chanté les vertus. Le Golde m'apprit que, plus loin, la route tournait au marécage. Il me conseilla de laisser les chevaux et une partie des hommes à Lialitchi, puis de continuer en barque. Sage conseil. Je décidai de m'y ranger en ne faisant que changer le lieu de stationnement du groupe.

5. LE COURS INFÉRIEUR DE LA RIVIÈRE LIEFOU

Une mer d'herbes – Migration des oiseaux à l'automne – Dersou comme tireur – Le village de Khalkidon – Eau vivante, feu vivant – La faune à plumes des marécages – Un segment de terre noyé dans l'ombre – Un état pénible au réveil – Changement de temps

Le lendemain matin, je ne pris avec moi qu'Olentiev et le fusilier Martchenko, ordonnant aux autres de se rendre à Tchernigovka pour y attendre mon retour. Grâce à l'entremise du doyen de village, nous trouvâmes très vite une barque à fond plat qui nous coûta 12 roubles et deux bouteilles de vodka. La journée entière fut consacrée à l'équipement de l'embarcation. Dersou fabriqua lui-même les rames, bricola des tolets avec des chevilles de bois, confectionna des sièges et prépara des perches. Admiratif, je regardais ses mains abattre la besogne. Jamais un mouvement inutile, mais des gestes calculés qui s'enchaînaient sans le moindre raté. On voyait bien qu'à l'école de la vie il avait appris à faire les choses avec énergie et efficacité, sans perdre inutilement son temps. Par hasard, nous trouvâmes du pain séché dans une isba. Il ne nous en fallait pas davantage, ayant déjà le reste en quantité suffisante : thé, sucre, sel, gruaux et conserves. Le soir même, sur les conseils du Golde, le tout fut chargé dans la barque, et nous passâmes la nuit sur la berge. Elle fut froide et venteuse. Faute de bois, nous ne pûmes faire un grand feu. Transis, nous ne dormions presque pas. Quoi que je fisse pour m'envelopper dans ma capote, la bise trouvait toujours un interstice où s'engouffrer, et je frissonnais à l'épaule, aux flancs, dans le dos. Médiocres, les bûches crépitaient en crachant des étincelles aux quatre vents. Le feu troua la couverture de Dersou. Dans un demi-sommeil, je l'entendais pester contre les bûches qu'à sa façon il appelait « vilaines gens ».

— Lui brûle comme ça sans arrêt, crier sans arrêt, lançait-il à la cantonade en imitant de sa voix le crépitement des bûches. Il faut toujours être dessus.

Après quoi j'entendis un plouf dans la rivière, suivi d'un sifflement de braise. À l'évidence, le vieux avait jeté un tison à l'eau. Puis, me sentant plus ou moins réchauffé, je parvins à m'endormir.

Réveillé dans la nuit, je vis Dersou assis devant le feu qu'il était en train de surveiller. Le vent attisait la flamme de partout. Par-dessus ma capote, j'avais la couverture du Golde : voilà donc pourquoi je m'étais réchauffé. Les fusiliers aussi étaient recouverts de sa toile de tente, en plus de leurs manteaux. Je proposai à Dersou de prendre ma place, mais il refusa.

— Mieux vaut pas, capitaine. Dors, moi garde feu. Lui très vilain, ajouta-t-il en montrant les bûches.

Plus je l'observais de près, plus cet homme me plaisait. Chaque jour, je découvrais en lui de nouvelles qualités. J'avais toujours cru que l'égoïsme était la marque spécifique de l'homme sauvage, les Européens se montrant seuls capables d'humanité, de philanthropie et d'attention à l'égard des intérêts d'autrui. Et si je me trompais ?... Sur ces pensées, je me rendormis jusqu'à l'aube.

Il faisait déjà jour lorsque Dersou nous réveilla. Il avait fait du thé et grillé de la viande. Après le petit-déjeuner, j'envoyai hommes et chevaux au village de Tchernigovka, puis, une fois la barque mise à l'eau, nous prîmes la route.

Poussée par les perches, notre embarcation descendait aisément la rivière. Au bout de quelque 5 verstes, nous atteignîmes le pont de chemin de fer et fîmes une halte. Dersou raconta que, petit garçon, il avait fréquenté les lieux avec son père. On venait ici chasser la chèvre. Bien qu'il eût déjà entendu parler de la voie ferrée auprès des Chinois, il ne l'avait encore jamais vue.

Nous reprîmes la route après un bref repos. Au-delà de la voie ferrée, plus de montagnes. Je débarquai et gravis le relief le plus proche pour scruter une dernière fois les alentours. Ce fut un beau panorama qui s'offrit à mes yeux. Derrière moi, à l'est, les monts se pressaient les uns contre les autres ; au sud, des feuillus parsemaient des collines à pentes douces ; au nord, des étendues herbeuses s'étiraient à perte de vue. J'eus beau ouvrir l'œil, je n'en voyais pas la fin. La plaine basse courait jusqu'au-delà de l'horizon. Parfois, le vent la balayait. Alors l'herbe s'agitait et ondoyait, pareille à la mer. Çà et là végétaient quelques bouleaux et autres arbres, isolément ou par boqueteaux. Du haut de l'escarpement où j'étais, on voyait la rivière Liefou dérouler son cours dans le lointain à travers les foisonnantes aulnaies et saulaies qui la bordaient. D'abord, elle se dirigeait vers le nord-est, mais avant d'atteindre les hauteurs qui se profilaient à l'ouest à une huitaine de verstes, elle tournait vers le nord en tirant légèrement vers l'est, liserée sur les deux rives d'une multitude de filets d'eau, bras morts, anses et petits lacs. Une dépression d'apparence désertique, sans vie. Par endroits, des flaques d'eau brasillaient avec éclat sous le soleil, preuve que la vallée du Liefou, en période pluvieuse, était facilement sujette aux inondations.

Dans cette immense étendue, deux affluents gauches paient tribut au Liefou : le Sandougan et le Hongwouhotsou. Ce dernier roule ses eaux par une vallée aussi basse et marécageuse que le Liefou.

À midi, nous étions au pied d'un autre surplomb de la rive gauche du Liefou. Un bois clairsemé recouvrait la colline, haute de 60 à 70 sagènes : chênes, bouleaux, tilleuls, érables, noyers et acacias. De là partait une sente qui menait certainement au village de Voznessienskoïé, plus à l'ouest, à une douzaine de verstes.

Nous couvrîmes à peu près la même distance dans l'après-midi, et plantâmes le bivouac de bonne heure.

Las d'être si longtemps restés assis dans la barque, nous avions envie de nous dégourdir les jambes. Je brûlais de courir la prairie. Pendant qu'Olentiev et Martchenko s'occupaient du bivouac, Dersou et moi partîmes chasser. Au premier pas que nous fîmes, l'herbe nous envahit de toutes parts, si épaisse et si haute qu'un homme semblait s'y noyer. Sous nos pieds, de l'herbe ; devant et derrière, de l'herbe ; sur les côtés, encore de l'herbe ; partout de l'herbe, à l'exception du ciel bleu au-dessus de nos têtes. Nous avions l'impression de marcher sur le fond d'une mer herbeuse, et cette impression se renforça quand, perché sur une motte, je vis la steppe ondoyer. Timidement, craintivement, je replongeai dans l'herbe et poussai plus loin la marche. On pouvait s'y perdre aussi facilement que dans une forêt. Nous perdions parfois notre chemin, mais parvenions aussitôt à le rattraper. Dès que je trouvais le moindre monticule, je montais dessus. Alors Dersou prenait une brassée de graminées et d'armoises qu'il plaquait à terre. Je regardais droit devant et sur les côtés : alentour s'étirait à l'infini un océan d'herbes battu par la houle.

Les espèces dominantes d'herbes étaient : les roseaux *(Phragmites communis Trin.)* qui atteignaient jusqu'à 10 pieds de hauteur ; le calamagrostis *(Calamagrostis villosa Mutel)*, 5 pieds ; l'armoise *(Artemisia vulgaris)*, 8 pieds ; l'*Arundinella anomala Steudel* ; le *Miscanthus sacchariflorus*, etc. Parmi les essences croissant au bord de l'eau, relevons le saule *(Salix viminalis Lin.)*, le tremble *(Populus tremula Lin.)*, le bouleau blanc *(Betula latifolia Tausch)*, l'aulne *(Alnus hirsuta Turcz.)*, et d'autres encore.

La faune de ces steppes marécageuses se compose principalement d'animaux à plumes. Qui ne s'est jamais trouvé sur le cours inférieur du Liefou en période de migration ne peut imaginer ce qu'on y voit. Des milliers et des milliers d'oiseaux s'étiraient vers le sud, par volées grandes ou petites. Certains allaient dans le sens contraire, d'autres filaient transversalement. Les colonnes tantôt s'élevaient en l'air, tantôt se laissaient descendre, toutes striant le ciel, qu'elles fussent proches ou lointaines, surtout en bas, à l'horizon qui paraissait tendu d'une toile d'araignée. Cela me subjuguait. C'étaient les aigles qui volaient le plus haut. Les ailes déployées, puissantes, ils planaient en décrivant de larges cercles. Les distances leur importaient peu ! Certains tournoyaient à une altitude telle qu'on les distinguait à peine. Plus bas volaient les oies, à une hauteur néanmoins respectable. Prudents par nature, ces oiseaux fendaient l'air en ordre rectiligne, battant des ailes à contre-mesure et remplissant le ciel de leurs cris perçants. Bernaches et cygnes les côtoyaient. Plus près de la terre étaient les canards, bruyants et pressés. Il y avait là des volées de pesants colverts, facilement reconnaissables au sifflement de leurs ailes, et, à ras de terre, des sarcelles et autres espèces de petite taille. Parfois se montraient buses et crécerelles. Ces falconidés dessinaient de jolis ronds dans l'air et faisaient de longs surplaces à l'affût de leurs proies à terre, l'œil acéré, l'aile trépidante. De temps à autre, ils s'écartaient, reprenaient leurs rondes et, pliant soudain les ailes, piquaient vers le sol puis, ayant frôlé l'herbe, remontaient prestement dans les airs. Blanches comme neige, des mouettes agiles, gracieuses, et des sternes élégantes, véloces, pailletaient l'azur du ciel. Les courlis volaient avec légèreté en exécutant des virevoltes d'une étonnante beauté. Des harles au long bec, en plein vol, jetaient des regards de-ci de-là, comme en quête d'un endroit où se poser. Des pluviers marins préféraient ne pas quitter les dépressions marécageuses : sans doute se laissaient-ils guider par des nappes d'eau stagnante. Et cette masse immense filait vers le sud. Un tableau majestueux !

Soudain – je ne sais d'où – surgirent deux chevreuils à une soixantaine de pas. À peine les voyait-on à travers l'herbe grasse. Seules papillotaient leurs têtes aux grandes oreilles écartées et les taches blanches qui mouchetaient leurs postérieurs. À grands bonds, ils s'éloignèrent d'environ cent cinquante pas et stoppèrent net. Je donnai un coup de fusil et manquai la cible. La détonation fut reprise par un écho roulant qui fusa dans la vallée. Arrachés à l'eau, des milliers d'oiseaux s'envolèrent dans tous les sens avec force cris. Les chevreuils effarouchés détalèrent. Ce fut alors que Dersou les mit en joue. Au moment où la tête de l'un d'eux émergea des herbes, il pressa la queue de détente. Quand la fumée se fut dissipée, les animaux avaient disparu. Alors le Golde réarma son fusil et s'avança tranquillement. Je le suivis en silence. Dersou se retourna, puis fit demi-tour, partit de côté, revint de nouveau sur ses pas. On voyait bien qu'il cherchait quelque chose.

Je lui posai la question :

— Après qui marches-tu ?

— Le chevreuil.

— Mais il s'est sauvé…

— Non, répondit-il avec assurance. Moi touche sa tête.

Je me mis à mon tour à la recherche de l'animal mort, bien que le Golde me laissât incrédule. Selon moi, il se trompait. Au bout d'une dizaine de minutes, le chevreuil fut retrouvé, la tête bel et bien perforée d'une balle. Dersou le chargea sur ses épaules et, doucement, prit le chemin du retour. Quand nous arrivâmes au bivouac, la nuit tombait déjà.

Le crépuscule tenta encore de lutter contre l'obscurité envahissante mais, trop faible pour lui résister, il battit en retraite et disparut à l'horizon. D'emblée les étoiles s'allumèrent dans le ciel, heureuses de voir enfin le soleil leur accorder la liberté. Un bouquet d'arbres se profilait en noir près du cours d'eau. Impossible maintenant d'en reconnaître les essences tant ils se ressemblaient tous. On voyait, à travers eux, la lumière de notre feu de camp. Une soirée douce et fraîche. On entendit une passée de canard se poser à grand bruit sur l'eau, non loin de là. C'étaient des sarcelles, à en juger par leur façon de voler.

Le dîner pris, Dersou et Olentiev entreprirent de dépecer le chevreuil, et je me mis à mon journal. Quand j'eus fini, je me couchai, mais fus long à m'endormir. Dès que je fermais les yeux, je voyais s'agiter une toile d'araignée : une mer d'herbe ondoyante et d'innombrables volées d'oies et de canards. Peu avant l'aube, enfin, le sommeil me gagna.

Le lendemain, nous nous levâmes de bonne heure, avalâmes notre thé, puis, une fois notre barda chargé dans la barque, reprîmes le cours du Liefou dans le sens avalant. Plus nous descendions, plus la rivière se faisait limoneuse. Les « tortilles » (ainsi les gens du pays appelaient-ils les méandres) décrivaient des cercles presque complets, revenant en arrière et repartant de l'avant. Nulle part la rivière ne coulait vraiment droit.

En son cours inférieur, le Liefou recueille deux petits affluents sur sa droite : la Monastyrka et la Tchernigovka. Une multitude de riviérettes et de longs bras morts l'approchent perpendiculairement, transversalement ou parallèlement, en formant un système hydrographique complexe. À quelque 8 verstes en aval de la Monastyrka, des montagnes viennent friser le Liefou. La dernière est un relief qui n'a pas de nom, haut de 147 sagènes. À son pied se nichait le village de Khalkidon, dernière localité russe. Plus au nord, il n'y avait pas d'habitations jusqu'au lac Khanka.

Comme nos provisions de bouche s'épuisaient, nous devions les compléter. Nous tirâmes la barque à terre et prîmes le chemin du village. Une rue large aux maisons espacées le traversait en son milieu. Les paysans – des anciens pour la plupart – avaient la jouissance d'une déciatine de terre. J'entrai dans la première isba que je rencontrai. On ne pouvait pas dire que la cour était propre ; on ne pouvait pas dire non plus que la maison l'était. Des ordures, des objets dispersés, une clôture bringuebalante, une porte dégondée, tout cela attestait que les habitants n'avaient guère d'affection pour l'ordre. Quand nous fûmes dans la cour, une femme sortit à notre rencontre avec un enfant dans les bras. Elle recula d'un air farouche et répondit timidement à mes salutations.

Mon attention se porta spontanément sur les fenêtres qui étaient à châssis doubles et à vitres quadruples. Entre les carreaux inférieurs, une espèce de matière gris jaune remplissait l'espace presque à mi-hauteur. Croyant d'abord à des copeaux, je demandai à la femme pourquoi on les avait mis là.

— Des copeaux, ça ? dit-elle. Que non. Des moustiques.

Je m'en approchai. C'étaient, en effet, des moustiques desséchés. Il y en avait au moins 3 ou 4 livres.

Elle continua :

— Les fenêtres doubles, c'est notre seule défense. Ils se glissent entre les vitres et finissent par crever là. Dans l'isba, on met des crache-fumée un peu partout et on dort dans des moustiquaires.

— Vous devriez brûler l'herbe dans les marais, lui dit le fusilier Martchenko.

— On a essayé, mais rien n'y fait. Les moustiques, ça sort de l'eau. Ça ne craint pas le feu. L'été, l'herbe est humide et ne brûle pas.

Vint alors Olentiev pour nous annoncer qu'il avait acheté du pain. Après un tour complet du village, nos pas nous ramenèrent à la barque. Entre-temps, Dersou avait fait une grillade de viande et préparé le thé. Les gosses du coin déboulèrent. Ils se mirent à l'écart pour nous épier de leurs yeux curieux.

Au bout d'une demi-heure, nous reprîmes la route. Je me retournai. Massés sur la berge, les gamins nous suivaient du regard. La rivière marqua un tournant, et le village disparut de notre champ de vision.

Il m'était difficile de repérer le lit principal du Liefou dans le labyrinthe de ses multiples affluents. Ici, la largeur de la rivière variait de 8 à 40 sagènes. Dans sa course, elle se séparait de grands bras morts d'où partaient de longs canaux, étroits et profonds, qui communiquaient avec des lacs, marécages ou riviérettes qui, à leur tour, revenaient payer tribut au Liefou. À mesure que nous progressions vers le lac Khanka, le courant faiblissait. Les perches avec lesquelles les fusiliers faisaient avancer la barque s'enlisaient si fort qu'elles s'échappaient des mains. À cet endroit, la profondeur du Liefou se révélait très irrégulière. Tantôt la barque s'engravait sur un banc, tantôt la perche disparaissait presque entièrement sous l'eau tant le fond était bas.

Autour des berges, le sol était plus ou moins ferme ; mais dès qu'on s'en écartait, on tombait dans un marécage. Sous la broussaille se cachaient de petits lacs étirés en longueur. Avec les fourrés de saules et d'aulnes qui les bordaient, ils attestaient que le Liefou avait souvent changé de lit. Le soir venu, n'étant plus très loin de la rivière Tchernigovka, nous plantâmes le bivouac sur une étroite bande de terre qui la séparait d'un autre petit cours d'eau.

Ce jour-là, les oiseaux migraient avec une intensité singulière. Olentiev tua quelques canards qui nous fournirent un excellent dîner. À la tombée de la nuit, la migration cessa. D'emblée régna le silence. Ces steppes paraissaient sans vie, alors qu'il n'était pas un lac, pas une anse, pas un ruisseau où ne dormissent des volées de cygnes, d'oies, de harles, de canards ou autres sauvagines.

Quand Olentiev et Martchenko se furent couchés, Dersou et moi restâmes à discuter, comme à l'accoutumée. La bouilloire, oubliée sur le feu, se rappelait à notre attention en sifflant. Dersou la poussa un peu, mais elle bourdonnait toujours. Il la poussa encore. Alors la bouilloire se mit à chanter d'une voix fluette.

— Ça trop crie ! dit Dersou. Vilaines gens !

Sur ce, il se leva d'un bond et versa l'eau bouillante sur la terre.

Interloqué, je lui demandai :

— Quelles gens ?

— L'eau, répondit-il simplement. Elle ça peut crier, elle ça peut pleurer, elle ça peut même jouer.

Longtemps encore cet homme du monde primitif me parla de sa vision des choses. Il voyait en l'eau une force vivante, il voyait son courant silencieux et l'entendait pleurer furieusement pendant les inondations.

— Regarde, dit Dersou en désignant le feu. Lui gens aussi.

Je levai les yeux sur le feu de camp. Le bois crépitait, jetait des étincelles. Les flammes jaillissaient, longues ou courtes, rutilantes ou pâlissantes. Les braises dessinaient des châteaux et des grottes, puis s'effondraient et renaissaient. Dersou se tut. Je restai longtemps assis à contempler le « feu vivant ».

Floc, un poisson battit bruyamment l'eau. Je tressaillis et portai le regard sur Dersou. Il sommeillait assis. Le calme régnait toujours sur la steppe. Minuit, disaient les étoiles. Je rajoutai du bois au feu et réveillai le Golde. Lui et moi nous couchâmes.

Le lendemain matin, tout le monde se réveilla de bonne heure. Cela se fit d'instinct, spontanément.

Dès que l'aube allongea ses feux, le règne des bêtes à plumes prit son envol vers le sud en tintamarrant. Les oies d'abord, puis les cygnes, les canards et le reste des migrateurs volants. Pour commencer, ils volèrent à ras de terre ; mais plus la lumière rayonnait, plus ils montaient dans le ciel.

Au lever du soleil, nous étions déjà à une huitaine de verstes du bivouac et avions atteint le mont Tch'antingtse, recouvert d'ormes et de trembles. À son pied coulait la petite rivière Hiaohotse. Ici, la vallée du Liefou ne dépassait pas les 40 verstes de large. Côté rive gauche, des marécages s'étiraient sans discontinuer sur d'immenses espaces. Le Liefou éclatait en une multitude de bras longs de plusieurs dizaines de verstes. Ces bras éclataient à leur tour en cours d'eau qui, eux aussi, se ramifiaient. Ces derniers se déployaient de part et d'autre de la rivière en une large bande, formant un labyrinthe où l'on eût tôt fait de se perdre si, attiré par un bras latéral, l'on avait quitté le cours principal dans l'espoir d'un raccourci. Outre le Hiaohotse déjà cité, le Liefou recevait deux petites rivières : la Liouganka à droite et la Hiaotsekawou à gauche. Il n'y avait plus d'autre affluent en aval jusqu'au lac Khanka.

Nous suivions le cours principal que nous ne quittions qu'en cas d'extrême nécessité pour le rejoindre dès que possible. Dans ces bras de rivière envahis de saules et de roseaux, on ne voyait plus notre barque. Nous progressions doucement. Quelquefois – ce n'était pas rare – nous approchions les oiseaux à portée de fusil, et prenions le temps de les observer longuement.

Je remarquai un héron blanc à pattes noires et au bec jaune vert, qui arpentait cérémonieusement le bord des berges, dodelinant de la tête en cadence et scrutant le fond de la rivière. Lorsqu'il eut avisé notre embarcation, l'oiseau fit deux bonds et s'envola lourdement pour se poser sur un bras voisin. Puis nous vîmes un butor. Plumage gris jaune, bec jaune sale, yeux jaunes et pattes du même jaune, tout cela lui donnait un aspect étonnamment disgracieux. Lugubre, l'oiseau marchait voûté sur le sable, harcelant un huîtrier-pie plein d'entrain et industrieux qui s'écartait de quelques coups d'aile, mais l'autre aussitôt poussait la marche dans sa direction et, au moment de s'en approcher, se lançait dans la course en s'efforçant de le piquer de son bec pointu. Quand il aperçut la barque, le butor se tapit dans l'herbe, tendit le cou et, relevant la tête, se statufia. En passant devant, Martchenko lui tira dessus mais le manqua, bien que la balle le frôlât de si près qu'elle abîma les joncs près de lui. Le butor ne marqua pas un tressaillement. Dersou partit d'un grand rire.

— Lui très rusé. Toujours tromper comme ça, dit-il.

De fait, le butor était devenu invisible. Son plumage et son bec pointé en l'air se confondaient avec l'herbe.

Plus loin, nous fûmes témoins d'une autre scène. Un martin-pêcheur solitaire se tenait sur une branche de saule au ras de l'eau, près de la berge. Cet oiselet à grande tête et à grand bec semblait sommeiller. Tout à coup, il plongea et reparut à la surface avec un petit poisson au bec. Sa proie avalée, il se percha sur une branche et reprit sa somnolence mais, au bruit de la barque qui approchait, il fila à tire-d'aile le long de la berge. Son plumage lança des éclats bleu marine. Puis, un peu plus loin, il se posa sur un arbrisseau ; et s'éloigna encore avant de disparaître tout à fait à un tournant de la rivière.

Une ou deux fois, nous tombâmes sur des foulques macroules, poules noires plongeuses à grosses pattes capables de marcher aisément sur des feuilles de plantes aquatiques. Dans les airs, elles paraissaient impotentes : on voyait bien qu'elles n'étaient pas dans leur élément. Quand elles volaient, leurs pattes pendillaient gauchement. On avait l'impression qu'elles venaient à peine de quitter leur nid et n'avaient pas encore appris à tenir correctement sur leurs ailes.

Dans les eaux stagnantes, on rencontrait parfois des grèbes huppés avec leurs « oreilles » de côté et leurs « collerettes » de plumes colorées. Au lieu de s'envoler, ils essayaient de se cacher dans l'herbe ou de plonger dans l'eau.

Il faisait un temps clément. C'était l'une de ces douces journées d'automne comme on en voit souvent au mois d'octobre dans le sud de l'Oussouri. Un ciel serein, limpide. Une légère brise d'ouest. Mais un temps trompeur. Car après commencent des vents froids du nord-ouest, et plus longue est la trêve, plus rude sera le changement.

Vers 11 heures du matin, nous fîmes une grande halte près de la rivière Liouganka. Après le déjeuner, les hommes se couchèrent pour un temps de repos, et je m'en fus flâner sur la rive. Où que portât mon regard, je ne voyais qu'herbes et marécages. À l'ouest, au loin, des montagnes se profilaient confusément dans la brume. Ici ou là, de maigres massifs buissonneux se détachaient en taches sombres, pareils à des oasis éparses dans ces plaines sans forêt.

En chemin, j'effrayai une grosse chouette des marais, cet « oiseau de nuit des libres espaces » qui, dans la journée, se cache toujours dans l'herbe. Effarouchée, elle donna quelques coups d'aile et, un peu plus loin, se coula dans le marécage. Quand je m'assis pour me reposer près d'une broussaille, j'entendis soudain un léger bruissement. Je tressaillis et me retournai. Vaine peur, c'étaient des fauvettes. Elles voletaient dans les marais, hochant la queue à tout instant. Je vis ensuite deux troglodytes mignons. Ces ravissants petits oiseaux roux chamarrés se dissimulaient dans les fourrés, puis déboulaient soudainement de l'autre côté pour s'enfouir de nouveau sous l'herbe sèche. Il y avait parmi eux un bruant jaune qui ne cessait de grimper aux roseaux en inclinant la tête et en me jetant des regards interrogateurs. Et bien d'autres petits oiseaux dont j'ignorais les noms.

Au bout d'une heure, j'étais de retour parmi les miens. Martchenko, qui avait préparé le thé, attendait mon retour. Après avoir étanché notre soif, nous reprîmes notre voyage en barque. Pour compléter mon journal, j'interrogeai Dersou sur les animaux qu'il avait vus dans la vallée du Liefou depuis que les marécages succédaient aux montagnes. Il me répondit qu'on y voyait chevreuils, chiens viverrins, blaireaux, loups, renards, lièvres, furets, loutres, rats d'eau, ragondins, mulots et musaraignes.

Dans l'après-midi, nous couvrîmes encore une douzaine de verstes avant d'installer le bivouac sur l'une des nombreuses îles.

Nous eûmes alors l'occasion d'observer à l'est un segment de terre plongé dans l'ombre. Le crépuscule s'irisait de couleurs vives. D'abord pâle, il tourna à l'émeraude ; puis, sur ce fond vert, deux rayons jaune clair jaillirent de l'horizon, pareils à deux piliers divergents. Quelques minutes plus tard, ils disparurent. Le vert du soir se fit orange, puis rouge. Il se produisit une manifestation ultime quand l'horizon pourpre s'assombrit, comme envahi de fumée. Le coucher du soleil précipita dans l'ombre un segment de terre à l'est, étiré entre les confins nord et sud. Le bord extérieur du segment était pourpre, et plus le soleil baissait, plus l'ombre grandissait. Bientôt le pourprin se mêla au rougeoiement crépusculaire à l'ouest, et la nuit se fit noire.

Alors que je m'émerveillais du tableau, j'entendis Dersou bougonner.

— Comprends pas!

Me sentant visé par la remarque, je l'interrogeai.

— Mauvais, dit-il en montrant le ciel. Moi pense que bientôt gros vent.

La soirée fut courte devant le feu. Comme nous étions debout depuis l'aube et que la journée nous avait éreintés, nous nous couchâmes dès le dîner pris. Avant le lever du jour, nous eûmes le sommeil tourmenté, nos corps pris de langueur et d'indolence, avec de la mollesse dans nos mouvements. Voyant que cet état touchait tout le monde, j'émis la crainte d'une vague de fièvre ou d'un empoisonnement, mais Dersou me rassura, disant qu'il en était toujours ainsi quand le temps tournait. À contrecœur nous déjeunâmes, à contrecœur nous prîmes le départ. Le temps était doux. Pas le moindre vent. Immobiles, les roseaux semblaient somnoler. Les montagnes lointaines, jusque-là nettement visibles, nageaient dans les ténèbres. De minces filets nuageux s'étiraient dans le ciel pâle, et des couronnes se firent jour autour du soleil. Je constatai que la vie ne battait plus son plein comme la ø. Oies, canards et petits oiseaux avaient disparu du paysage. Seuls planaient les pygargues, sans doute hors de portée des changements atmosphériques qui semaient somnolence et apathie parmi les animaux terrestres.

— C'est rien! disait Dersou. Moi pense: moitié de soleil perdue, et le vent trouver l'autre.

Je lui demandai pourquoi les oiseaux avaient cessé de voler, et il me répondit par un long exposé sur les migrations.

Selon lui, les oiseaux se plaisaient à voler contre le vent. Par calme plat et par temps chaud, ils ne décollaient pas des marécages. Si le vent venait à leur souffler dans le dos, ils prenaient froid, car le souffle s'insinuait sous leurs plumes. Alors ils se blottissaient dans les herbes. Seule une chute de neige malencontreuse pouvait les forcer à prendre les airs en dépit de la bise et de la froidure.

Plus nous approchions du lac Khanka, plus la plaine tournait au marécage. Les arbres bordant les cours d'eau furent supplantés par de rares et maigres arbustes. Comme le courant faiblissait, la végétation s'en ressentit. Lys, lotus, boutons-d'or, châtaignes d'eau… L'herbe se faisait parfois si épaisse que la barque ne passait plus, ce qui nous contraignait à d'amples détours. Une fois, nous étant perdus, nous fûmes pris dans un cul-de-sac. Olentiev voulut sauter de la barque, mais il n'avait pas plus tôt posé un pied à terre qu'il s'enlisa jusqu'au genou. Alors nous fîmes demi-tour et entrâmes dans un lac où, par hasard, nous pûmes rattraper le lit de la rivière. Quand le labyrinthe fut derrière nous, il nous parut réjouissant de nous en tirer à si bon compte. De jour en jour, il devenait plus difficile de s'orienter.

S'il était possible auparavant de suivre le tracé de la rivière aux arbres, il n'y avait désormais même plus d'arbustes. Conséquemment, on n'aurait su dire si le cours d'eau prenait à gauche ou à droite à quelques sagènes de là.

La prédiction de Dersou se réalisa. À midi se leva un vent du sud, qui alla s'intensifiant et tourna bientôt à l'ouest. Oies et canards s'envolèrent à ras de terre.

À un endroit, nous trouvâmes beaucoup de bois flotté apporté par les crues. C'était quelque chose à ne pas négliger sur une rivière comme le Liefou, au risque de passer la nuit sans combustible. Quelques instants plus tard, nous déchargions la barque, et Dersou s'occupait de la tente et du feu.

Maintenant, le lac Khanka n'était plus loin. Je savais que la rivière se déroutait vers le nord-est pour se jeter dans le coin oriental de la baie aux Cygnes, ainsi nommée parce qu'elle abritait beaucoup de ces oiseaux à la saison des migrations. La baie faisait entre 5 et 7 verstes de long, et presque 1 de large. Ses eaux peu profondes communiquaient avec le lac par un étroit goulot. Aussi, pour atteindre le Khanka en barque, il nous fallait encore parcourir une quinzaine de verstes, contre 2,5 ou 3 en coupant à travers la steppe. Il fut donc décidé que Dersou et moi partirions à pied le lendemain pour revenir avant la nuit. Olentiev et Martchenko attendraient notre retour au bivouac.

La soirée nous laissa beaucoup de temps libre. Assis devant le feu, nous buvions le thé et conversions entre nous. Le bois sec nourrissait une flamme éclatante. Les roseaux se balançaient en bruissant fort, et le vent n'en paraissait que plus sévère, quel qu'il fût en réalité. Le ciel s'enténébra, à peine y voyait-on les étoiles les plus grosses. Du lac, le battement du ressac résonnait à nos oreilles. Au matin, des nuages s'étagèrent au-dessus de nos têtes. Maintenant, le vent venait du nord-ouest. Le temps s'était quelque peu détérioré, mais pas au point d'empêcher notre excursion.

V. Arseniev (au centre) parmi des Oudihés de l'Anioui (1908-1910).

6. BLIZZARD SUR LE LAC KHANKA

Histoire et géographie du lac Khanka – La grande hâte des oiseaux migrateurs – Perdus – Blizzard – Une hutte en herbe – Retour au bivouac

Le lac Khanka (Kenka en langue golde) présente un contour légèrement oviforme. Situé entre 44° 36' et 45° 2' de latitude nord, il est disposé de telle sorte que sa base ovale tend vers le nord, et sa pointe, vers le sud. Sur les côtés, l'ovale tend à se cintrer. Sa largeur varie de 30 à 60 verstes. Son pourtour est de 250 verstes, et sa longueur, de 80. Cela donne une superficie de 2 300 verstes carrées.

Au nord, le Khanka possède un appendice appelé Petit-Khanka (Hiaohou en chinois, et Dabuku en golde). Long de 15 verstes et large de 2,5, il est séparé du grand lac par une simple et unique langue de sable qui, jadis, permettait la liaison entre la Mandchourie et l'Oussouri. La partie supérieure du lac Khanka (le quart environ) appartient à la Chine. La frontière entre les deux États passe en ligne droite de l'embouchure de la rivière Tour (Paiminghouo) à la rivière Soungatcha (Songatch'ang) émissaire du lac Khanka par 45° 27' de latitude nord et 150° 10' de longitude est à partir du méridien de Ferro[20], à une altitude de 43 sagènes au-dessus du niveau de la mer.

Sous la dynastie Liao, le lac Khanka s'appelait Beiqinghai, et maintenant Khanka, Peik'inghai et Hingk'aihou, ce qui signifie le « lac de la Prospérité ». Il y a lieu de penser que le nom Khanka provient d'un autre mot, à savoir *hanghai*, « dépression ». C'est par ce vocable que les Chinois désignaient tout terrain creux qu'il fût sec ou rempli d'eau. Ainsi dénomment-ils, par exemple, la partie ouest du désert du Taklamakan. En effet, le lac Khanka et ses berges se présentent bel et bien comme une cuvette, et le nom Hanghai lui sied à merveille. Par la suite, les Russes l'ont baptisé Khanka. Les paysans locaux vont même plus loin en disant Khankhan.

Les marécages omniprésents au nord, à l'ouest et au sud du lac sont là pour nous rappeler qu'autrefois celui-ci était autrement étendu. L'embouchure du Liefou se trouvait quelque part à proximité du Khalkidon, voire plus au sud. Selon toute vraisemblance, la rivière Soungatcha[21] n'existait même pas ; et le Khanka n'était rattaché à l'Oussouri que par un simple bras. À l'heure actuelle, l'altitude du lac Khanka ne dépasse pas les 25 sagènes. La hauteur moyenne de la crête qui sépare du lac le bassin du Soueifen est de 90 sagènes. Voilà qui explique l'abondance de marécages dans les vallées du bassin intérieur. La rive la plus ancienne du Khanka s'étire à l'ouest. Aux endroits dénudés, on y voit de l'argile d'origine tertiaire. Les localités les plus vieilles du lac sont Touri-Rog et Kamen-Rybolov. Le dernier village chinois s'appelait Hongt'ou-Naitse. Le Khanka, comme tous les lacs traversés par une rivière, se fait de moins en moins profond : pas plus de 5 sagènes. Ce lent processus d'ensablement et d'envasement se poursuit de nos jours. Ayant peu de fond, le lac se montre très agité. Même faible, la vague fait battre le ressac non seulement le long des rives, mais aussi au large.

Après avoir laissé quelques consignes, Dersou et moi nous mîmes en route. Comme nous formions l'intention de revenir au soir, nous laissâmes le superflu au bivouac. À tout hasard, j'enfilai un sarrau sous ma veste. Quant à Dersou, il emportait une toile de tente et deux paires de chaussettes de fourrure.

En chemin, il n'arrêtait pas de lever les yeux vers le ciel, en ronchonnant. Puis il me demanda :

— Alors, capitaine, nous retourne bientôt, ou pas ? Moi pense : nuit vilaine.

Je lui répondis que le Khanka n'était plus loin et que je n'avais pas l'intention de m'y éterniser.

Dersou était d'un naturel conciliant. Il se laissait toujours convaincre facilement. En cas de danger, il se faisait un devoir de nous prévenir ; mais s'il voyait qu'on n'en tenait pas compte, il se rangeait sans piper.

— D'accord, capitaine, me répondit-il. À toi de voir. Moi va comme ça va.

C'était sa manière habituelle de signifier son accord.

On ne pouvait avancer qu'au bord des cours d'eau et des lacs, où la terre était plus ferme. Nous suivions la rive gauche de la petite rivière où nous bivouaquions, mais celle-ci, après avoir longtemps coulé dans la bonne direction, tourna brusquement dans le sens contraire. Nous la laissâmes, traversâmes un petit marécage et atteignîmes bientôt le bord d'un autre bras étroit, quoique très profond. Quand nous l'eûmes sauté, nous reprîmes notre marche dans la roselière. Il me souvient ensuite d'un nouveau ruisseau sur notre gauche, dont nous suivîmes la rive droite. Voyant qu'il virait plein sud, nous choisîmes de nous en écarter pour couper à travers la friche, contournant les flaques d'eau croupie et sautant de motte en motte. Environ 3 verstes parcourues de la sorte. Enfin, je marquai un arrêt pour prendre mes repères. Maintenant, il soufflait un vent du nord qui venait, précisément, du lac Khanka. Le roseau ployait en bruissant fortement. Parfois, la bourrasque le plaquait au sol, et la vue se dégageait devant nous. Au nord, l'horizon s'obscurcissait d'une espèce de fumée. Le soleil perçait diffusément à travers de gros nuages ; il me semblait y déceler un augure. Enfin, nous aperçûmes le Khanka. Il moutonnait et tempêtait.

Dersou attira mon attention sur les oiseaux. Quelque chose en eux l'inquiétait. Ce n'était pas une migration paisible, mais une fuite précipitée. Ça volait « en masse et en désordre », pour parler comme les chasseurs. Les oies rasaient la terre. Elles avaient un drôle d'air quand, filant à notre rencontre, elles traversaient notre champ de vision. À cet instant, elles ressemblaient à d'antiques lézards volants. On ne voyait ni queues ni pattes, mais des créatures écourtées qui battaient de leurs longues ailes et se rapprochaient à une vitesse inouïe. Dès qu'elles nous voyaient, les oies montaient promptement dans les airs, mais, une fois le danger passé, redescendaient groupées.

Vers midi, Dersou et moi étions au Khanka. Une mer douce qui, maintenant, prenait un air menaçant. Ça bouillait comme une marmite. Après une longue marche à travers les marécages herbeux, contempler la libre immensité des flots faisait beaucoup de bien. Assis sur le sable, j'observais l'eau. Il y avait quelque chose de fascinant dans le ressac. On pouvait rester des heures à regarder les vagues battre la rive.

Le lac était désert. Pas une voile, pas une barque. Une heure se passa, nous arpentions la rive et tirions sur les oiseaux.

— Canard plus bouge, dit Dersou à voix haute.

En effet, les oiseaux avaient brusquement interrompu leur migration. Les ténèbres qui jusque-là barraient l'horizon bouchèrent soudain le ciel. On ne voyait plus le soleil.

Quelques nuages blanchâtres faisaient la course sur fond de ciel sombre. Leurs bords s'échevelaient comme du coton sale.

— Capitaine ! me dit Dersou. Nous demi-tour, et vite. Moi petit petit peur.

En effet, il fallait songer à rentrer au bivouac. Après avoir changé de chaussures, nous tournâmes les talons. En entrant dans les fourrés, je lançai un regard en arrière pour voir le lac une dernière fois. Pareil à une bête enchaînée, il bondissait entre ses rives en soulevant des paquets d'écume jaunâtre.

— Niveau de l'eau monte, fit Dersou en examinant un ruisseau.

C'était vrai. Un vent fort repoussait l'eau à l'embouchure du Liefou. Il débordait maintenant et commençait à inonder la plaine. Nous tombâmes bientôt sur une grosse rivière qui nous barra la route. L'endroit me sembla inconnu. Dersou non plus n'en avait pas souvenir. Il s'arrêta, réfléchit un instant et obliqua à gauche. La rivière tourna et s'éloigna. De là, nous prîmes la direction du sud. Quelques minutes plus tard, nous pataugions dans un marécage. Il nous fallut alors revenir à la rivière. Ayant pivoté à droite, nous fûmes surpris par un autre cours d'eau que nous dûmes passer à gué. Puis, marchant vers l'est, nous tombâmes dans un bourbier. Enfin, nous mîmes les pieds sur une bande de terre sèche qui traversait le marécage à la manière d'un pont. Nous la suivîmes d'un pas prudent. Après une demi-verste, nous pénétrâmes dans un endroit sec et très herbu. La zone marécageuse était derrière nous.

Je consultai ma montre. Quatre heures de l'après-midi, et pourtant l'on aurait pu croire que la nuit venait de tomber.

De lourds nuages, plus bas qu'auparavant, filaient plein sud. D'après mon estimation, le Liefou n'était plus qu'à 2,5 verstes, pas davantage. Pour point de repère, nous prenions la colline solitaire devant laquelle nous bivouaquions. Impossible de nous perdre ; au pire, nous aurions du retard. Or, soudainement, un lac assez grand se mit en travers de notre chemin. Il fut décidé de le contourner, mais il s'étirait en longueur. Alors, nous prîmes à gauche. Au bout de cent cinquante pas, nous fûmes stoppés par un cours d'eau abouché au lac en angle droit. Nous courûmes dans le sens opposé pour retomber aussitôt sur le sol mouvant des marais. Là, je décidai de retenter ma chance du côté droit. Très vite, pourtant, de l'eau fit floc sous nos pieds. Plus loin, tout n'était que flaques. Je dus me rendre à l'évidence que nous étions de nouveau perdus.

L'affaire prenait une vilaine tournure. Je proposai au Golde de revenir sur nos pas jusqu'à la bande de terre qui nous avait conduits sur cette île. Dersou acquiesça. Nous rebroussâmes chemin, mais impossible de retrouver le passage.

Soudain, le vent tomba. De loin en loin grondait le lac Khanka. Le jour finissait, et quelques flocons se mirent à tourbillonner dans l'air. Le calme ne dura qu'un moment. Puis s'abattit la trombe. La neige redoubla.

« Nous sommes bons pour passer la nuit là », me dis-je. Mais, l'instant d'après, je songeai qu'il n'y avait pas de bois mort sur cette île : pas un arbrisseau ni le moindre buisson. Rien que de l'herbe et de l'eau. Je pris peur et interrogeai Dersou :

— Que va-t-on faire ?

— Moi très peur, répondit-il.

Alors seulement je pris conscience de l'horreur de notre situation. Il nous fallait passer la nuit en plein blizzard sans feu ni vêtements chauds. Je plaçais tous mes espoirs en Dersou. Il était mon seul salut.

— Écoute, capitaine ! me dit-il. Écoute bien. Faut travailler vite. Si pas travail, nous foutus. Vite coupe herbes.

Pourquoi cela ? Je ne lui posai pas la question. Je ne comprenais qu'une seule chose : « vite couper herbes ». Nous jetâmes à terre notre attirail pour nous atteler à la tâche dans la plus grande fébrilité. Le temps que je cueillisse une brassée d'herbes qui logeait dans une seule main, Dersou ramassait largement de quoi remplir deux bras d'un coup. Le vent soufflait par rafales avec une force telle que nous tenions à peine sur nos deux jambes. Déjà le gel rigidifiait mes vêtements. Dès que nous posions une botte à terre, la neige la recouvrait. À certains endroits, Dersou m'interdit de couper l'herbe. Il se fâchait fort quand je ne faisais pas ce qu'il me disait.

— Toi pas comprends ! criait-il. Toi écoute, toi travaille. Moi comprends.

Il ôta les lanières de nos fusils et prit sa ceinture. On trouva aussi un bout de ficelle dans l'une de mes poches. Il plia le tout et le rangea sous son gilet. Grâce à la neige, on pouvait encore discerner certaines formes au sol. Dersou se démenait avec une énergie déconcertante. Dès que je cessais le travail, il me criait de me presser avec des inflexions de peur et d'indignation dans la voix. Alors, reprenant le couteau, je m'exténuais à la tâche. La neige collait à ma chemise et se mettait à fondre, je sentais des filets glacés couler dans mon dos. Nous passâmes ainsi, je crois, plus d'une heure à couper l'herbe. Le vent cinglant et la neige mordante nous lacéraient le visage. J'avais les mains transies. En soufflant dessus pour les réchauffer, je laissai échapper mon couteau. Alors Dersou, voyant que j'avais cessé le travail, me cria :

— Capitaine ! Travaille ! Moi très peur ! Bientôt foutus !

Je lui dis que j'avais perdu mon couteau.

— Arrache herbe avec mains ! me lança-t-il en tentant de couvrir le bruit du vent.

Machinalement, presque inconsciemment, les mains meurtries, j'entrepris de casser les joncs, mais, craignant d'arrêter le travail, je continuai jusqu'au bout de mes forces. Je vis tourner des chandelles et je me mis à claquer des dents, comme dans un accès de fièvre. Mes habits trempés se plissaient et craquaient. Je tombai en proie à une sorte de somnolence. « Ainsi meurt-on de gel… » Telle fut la pensée qui me traversa l'esprit, puis je sombrai dans une espèce d'inconscience.

Combien de temps dura cet état d'évanouissement, je l'ignore. Soudain, je sentis qu'on me secouait par l'épaule. Je recouvrai mes esprits et vis Dersou qui, debout, se penchait sur moi.

— Mets-toi à genoux, me dit-il.

Je lui obéis en m'appuyant sur mes bras. Alors Dersou m'enveloppa de sa toile de tente qu'il se mit à couvrir d'herbe. La chaleur se fit d'emblée. De l'eau se mit à goutter. Longtemps Dersou s'affaira autour, il ramenait de la neige et la tassait avec les pieds. Réchauffé, je sombrai dans un état de somnolence oppressée. J'eus l'impression de beaucoup dormir. Soudain, j'entendis la voix de Dersou :

— Capitaine ! Pousse-toi...

Je fis l'effort de me serrer de côté. Le Golde se glissa sous la tente, se coucha près de moi et se mit à nous couvrir, lui et moi, de sa veste en cuir. En tâtonnant de la main, je sentis à mes pieds des bottes de fourrure.

— Merci, Dersou, lui dis-je. Pense à te couvrir d'abord.

— C'est bon, c'est bon, capitaine. Pas besoin peur maintenant. Moi bien attache, solide. Pas casse avec vent.

Plus la neige nous recouvrait, plus la chaleur s'infusait dans notre hutte improvisée. Ça ne gouttait plus d'en haut. Au-dehors, le vent hurlait. On aurait dit des sirènes, des battements de cloches, le son du glas. Puis je crus voir des danses en rêve. Je tombais lentement de plus en plus bas, je ne sais où. Enfin, je plongeai dans un long et profond sommeil... Nous dormîmes probablement une douzaine d'heures. Je me réveillai dans le noir et le silence. Soudain, je découvris que j'étais seul.

— Dersou ! m'écriai-je effrayé.

Sa voix me répondit du dehors :

— Ours ! Debout, ours ! Retourne à ta tanière. Trop longtemps dormi dans tanière étrangère.

Je m'extirpai au grand air aussi vite que je pus et, malgré moi, me cachai les yeux de la main. La blancheur de la neige m'éblouit. L'air était frais, transparent. Il gelait. Des nuages en lambeaux filaient dans le ciel. On voyait par endroits des coins de ciel bleu. Et bien que le temps restât maussade, le soleil promettait de percer bientôt. Couchée sous le poids de la neige, l'herbe formait des rainures. Dersou avait ramassé des brindilles et allumé un petit feu pour y mettre mes bas-de-chausses à sécher.

Je compris pourquoi Dersou m'avait interdit de couper l'herbe à certains endroits. C'était pour la torsader et mailler le toit de la hutte à l'aide de ceintures et de ficelles afin d'en empêcher la dispersion aux quatre vents. Je commençai par remercier Dersou de m'avoir sauvé la vie.

— Ensemble marche, ensemble travaille. Merci pas la peine.

Et, comme pour changer de sujet, il me dit :

— Beaucoup gens morts cette nuit.

Les « gens » dont parlait Dersou, je compris que c'étaient des animaux à plumes.

Puis nous démontâmes notre chapiteau d'herbes, prîmes nos fusils et partîmes à la recherche du passage de terre sèche. Il se trouva que nous avions dormi tout près. Une fois le marécage traversé, nous marchâmes un moment vers le lac Khanka et prîmes à l'est la direction de la rivière Liefou.

Après le blizzard, la steppe semblait déserte et sans vie. Oies, canards, mouettes, harles… tous disparus. Des marais enneigés dessinaient de grosses taches blanches sur un fond jaune marron. Nous avions la marche aisée : la terre humide, gelée maintenant, supportait le poids de nos pas. Nous fûmes bientôt à la rivière. Une heure plus tard, nous arrivions au bivouac.

Olentiev et Martchenko ne s'inquiétaient pas de notre sort, pensant que nous avions trouvé un toit pour la nuit au bord du lac Khanka. Je me rechaussai, m'abreuvai d'un grand thé puis, couché près du feu, m'endormis. Dans mon rêve, je me revis en plein marécage dans les éléments déchaînés d'une tempête de neige. Je poussai un cri et rejetai ma couverture. C'était le soir. Des étoiles, lumineuses, brillaient dans le ciel. La Voie lactée s'étirait en longueur. Le vent qui s'était déclaré dans la nuit attisait la flamme en semant des étincelles. Dersou dormait de l'autre côté du feu. Martchenko, qui avait fait le dîner, s'apprêtait à nous réveiller tous les deux.

7. AU REVOIR DERSOU

Vers le village de Dmitrovka – Dersou prend soin de la barque – Le bivouac du Golde à l'écart du village – Les plans de Dersou – Nos adieux – Retour à Vladivostok

Le lendemain matin, le gel frappa fort. Partout l'eau se changeait en glace. La rivière charriait des paquets de cristaux. Le passage des bras du Liefou nous prit une bonne heure. Nous tombions souvent dans des culs-de-sac qui nous obligeaient à faire demi-tour. Au bout de 1 verste ou 2, nous bifurquâmes sur un bras d'eau contigu, étroit et sinueux, qui confluait avec le lit principal de la rivière au pied d'une *sopka*, colline conique, solitaire, sous une chênaie. Nous y passâmes la nuit. Ce fut notre dernier bivouac. De là, nous allions marcher vers Tchernigovka où le reste des hommes nous attendait avec les chevaux. En levant le camp, Dersou pria Olentiev de l'aider à tirer la barque sur la rive. Soigneusement, il la nettoya de son sable, la frotta avec des herbes, la retourna et la monta sur cales. Cela, je l'avais compris, pour qu'un « gens » de passage pût s'en servir en cas de besoin.

Au matin, nous fîmes nos adieux au Liefou et, dans l'après-midi du même jour, atteignîmes le village de Dmitrovka, situé de l'autre côté de la ligne ferroviaire de l'Oussouri. En traversant la voie, Dersou s'arrêta, toucha les rails de la main, regarda d'un côté, puis de l'autre, et dit :

— Eh !… Moi entends parler de ça : partout gens parle. Compris maintenant.

Nous logeâmes chez des villageois, mais le Golde ne voulait pas entrer dans une isba. Fidèle à ses habitudes, il s'en fut dormir à la belle étoile. Comme je m'ennuyai de lui dans la soirée, j'allai à sa recherche.

Bien que la nuit fût noire, on distinguait encore certaines formes à la faveur de la neige qui venait de tomber. Les poêles chauffaient dans toutes les isbas. La fumée blanchâtre qui se dérobait par les cheminées s'effilait tranquillement vers le ciel. Le village entier crachait des panaches. Par les fenêtres, la lumière s'échappait au-dehors en éclairant les congères. Au loin, « au ban du monde », j'aperçus une flamme au bord d'un torrent. Devinant que c'était le bivouac de Dersou, j'y dirigeai mes pas et trouvai le Golde qui, assis devant le feu de camp, s'abandonnait à ses pensées.

— Viens à l'isba boire un thé, lui dis-je.

Sans me répondre, il me demanda :

— Où aller demain ?

Je lui dis que nous irions à Tchernigovka et, de là, à Vladivostok, où je l'invitais. Je lui promis de revenir bientôt dans la taïga, lui proposai une solde... Cela nous laissa songeurs. J'ignore ce qu'il pensait, mais je sentis un brin de tristesse s'insinuer dans mon cœur. Je me mis à lui parler des commodités et des avantages de la vie en ville. Il m'écoutait en silence. Enfin, il soupira et dit :

— Non, merci, capitaine ! Vladivostok, pas pour moi. À quoi moi travaille ? Pas chasser, pas courir zibeline ; vivre ville, c'est vite mourir.

En effet, me dis-je, un homme des bois ne survivra pas en ville. Ne suis-je pas en train de lui faire du tort en le détournant du chemin qui est le sien depuis toujours ?

Dersou se tut. Apparemment, il se demandait ce qu'il allait faire désormais. Puis, comme pour répondre à ses propres pensées, il dit :

— Moi demain marche droit. (Il tendit la main vers l'est.) Marche quatre soleils. Passe Taopiho, puis passe Woulaho, puis Fouking, Dzoub-Guyn[22], et la mer. Entends dire que beaucoup beaucoup de choses côté mer : zibeline, renne aussi.

Longtemps nous restâmes à converser près du feu par une nuit calme et gelée. De temps à autre, un petit vent faisait bruisser les feuilles de la chênaie qui tenaient encore aux branches. Le village dormait déjà depuis longtemps, seule brillait une lumière dans la maison où j'étais descendu avec mes fusiliers. Minuit, disait Orion. Enfin, je me levai, fis au revoir au Golde et revins à l'isba pour me coucher. Une étrange mélancolie s'empara de moi. Je m'étais attaché à Dersou en si peu de temps. Et cela me coûtait, maintenant, de le quitter. Là-dessus, je m'assoupis.

Ma première pensée du lendemain fut que Dersou devait partir. Après un bon thé, je remerciai les maîtres de la maison et sortis. Mes fusiliers se tenaient prêts au départ. Dersou aussi attendait parmi eux. Du premier coup d'œil, je constatai qu'il était paré pour un long voyage : balluchon bien rempli, ceinture serrée, *ounty* impeccables.

À 1 verste environ de Dmitrovka, Dersou s'arrêta. Venait le moment pénible des adieux.

— Adieu, Dersou ! lui dis-je en lui serrant la main. Je te souhaite le meilleur. Jamais je n'oublierai ce que tu as fait pour moi. Adieu ! On se reverra peut-être.

Dersou dit au revoir aux fusiliers, puis il me fit un signe de tête et s'enfonça à gauche dans la broussaille. Immobiles, nous le regardions s'éloigner. À une centaine de sagènes de là se dressait une petite colline buissonneuse. Il l'atteignit au bout de cinq minutes. Sur le fond clair du ciel, sa silhouette se détachait nettement avec son balluchon aux épaules, ses bâtons et son fusil dans les mains. À cet instant, un soleil rayonnant surgit de derrière les montagnes, qui illumina le Golde. Quand l'homme eut gravi un pli du relief, il s'arrêta, se retourna, nous fit un signe de la main et disparut de l'autre côté. C'était comme si quelque chose se déchirait dans ma poitrine. Je sentis que je perdais un être proche.

— C'est quelqu'un de bien, dit Martchenko.

— Oui, ils sont rares, les gens comme ça, répondit Olentiev.

Adieu, Dersou, pensais-je, tu m'as sauvé la vie. Je ne l'oublierai jamais.

Au crépuscule, nous rejoignîmes le détachement à Tchernigovka. Et, le soir même, je partis reprendre mon service à Vladivostok.

LIVRE I
(SUITE)

DEUXIÈME PARTIE

~ 1906

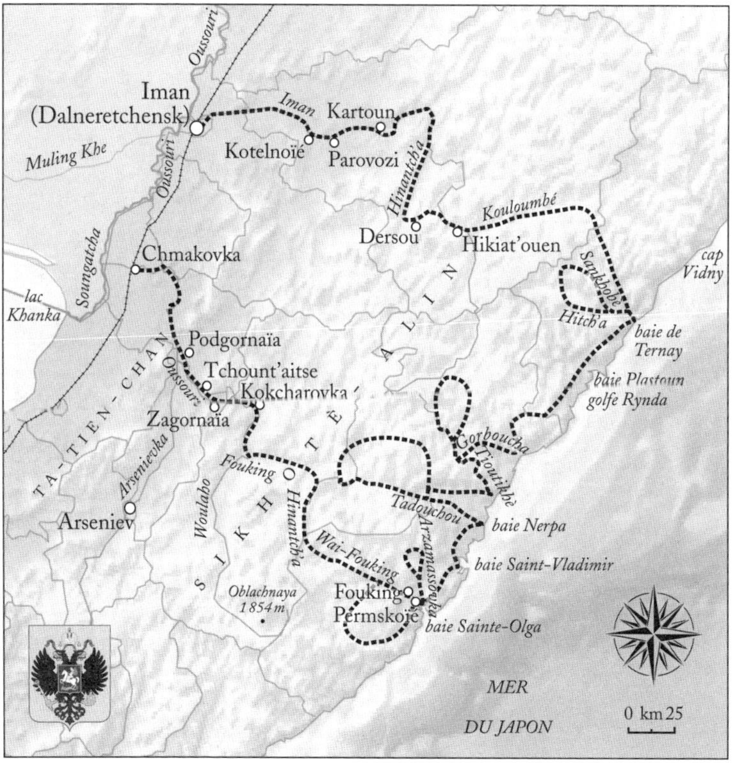

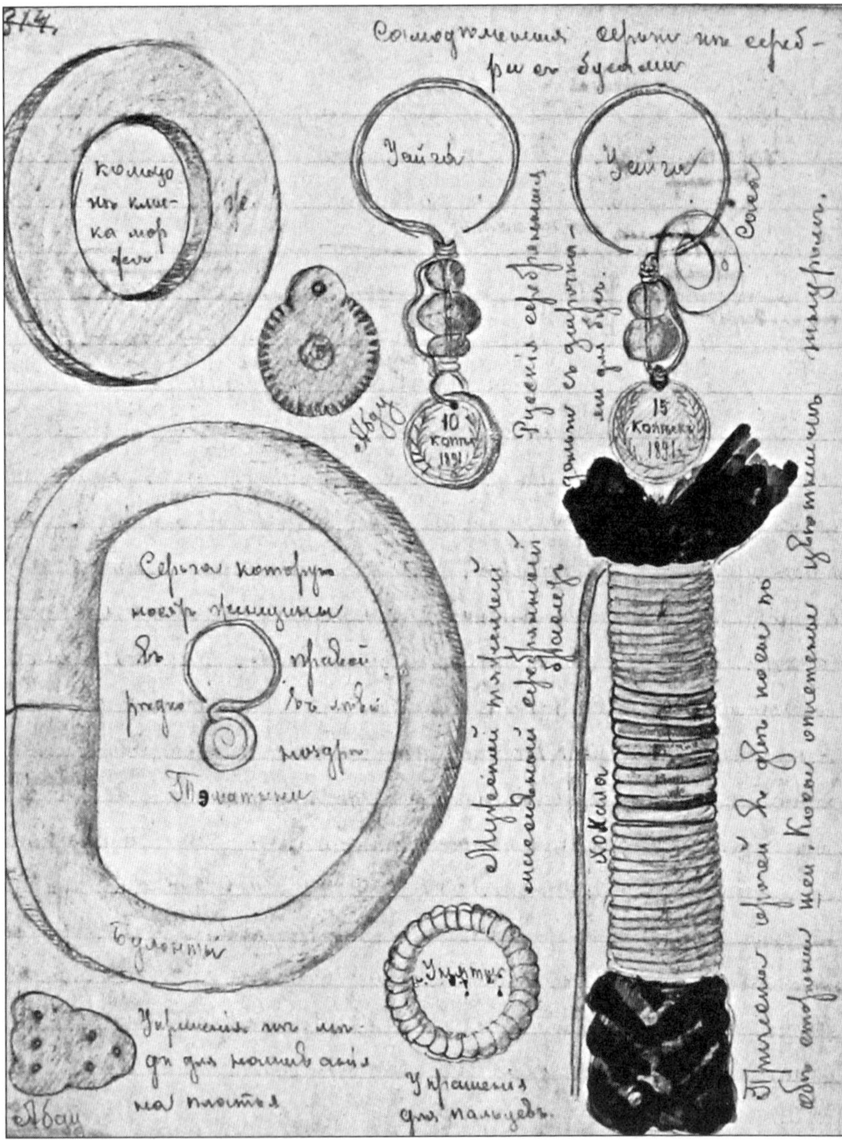

Самодѣльныя серьги изъ серебра съ бусами
10 копѣ 1891
15 копѣекъ 1891
Абау
Украшенія для пальцевъ

Cahier de route de V. Arseniev: dessins de parures indigènes (1907).

Arseniev posant en tenue de chasseur orotche dans le musée de Khabarovsk qu'il dirige (s.d.).

1. NOUVELLE EXPÉDITION – PRÉPARATIFS

Ordre de mission – Dotation – Les membres du détachement – Les charges de bât – Le matériel scientifique – Chaussures et habillement – Moustiquaires – Provisions de bouche

« UNE EXPÉDITION EST DÉPÊCHÉE pour toute la durée de l'été et de l'automne afin d'explorer la chaîne du Sikhotè-Alin et la bande côtière de la baie Sainte-Olga en direction du nord aussi longtemps que possible, ainsi que le cours supérieur de l'Oussouri et le bassin de la rivière Iman, sous le commandement et la direction du capitaine Arseniev, 29e régiment d'infanterie de Sibérie orientale, secondé par Granatman, lieutenant du même régiment, par le porte-enseigne Anofriev et par le caporal du génie Merzliakov. Seront aussi inclus dans les effectifs de l'expédition sept militaires du rang du 24e régiment d'infanterie de Sibérie orientale et quatre cosaques de la division cosaque de l'Oussouri[1]. Au vu des conditions exceptionnelles de la mission, les pouvoirs disciplinaires du chef d'expédition sont élevés aux prérogatives de commandant de bataillon. Tous les officiers et militaires de grades inférieurs susmentionnés sont affectés à l'expédition à compter du 15 mai de cette année. »

Tel fut l'ordre n° 404 signé par le général du génie P. F. Unterberger, sénateur, gouverneur général et commandant militaire du district, en date du 22 mai 1906.

Outre les noms mentionnés dans l'ordre de mission, l'expédition comprenait : le général-lieutenant P. K. Routkovski, à l'époque chef d'état-major du district, et le chef forestier N. A. Paltchevski, en qualité de botaniste.

Le gouverneur général allouait la somme de 3 000 roubles à la mission. À la fin de l'expédition, il s'avéra que les dépenses s'étaient réparties de la façon suivante :

1/organisation du chargement, 503,58 roubles ;
2/frais de marche, 1 009,28 ;
3/fourrage, 534,52 ;
4/provisions de bouche, 715,36 ;
5/rémunération des guides et truchements, 541,72.

Dépassement des frais, 214,46 roubles.

L'expédition devait remonter les rivières Oussouri, Woulaho et Fouking avec des cartes de 10 verstes, voire 40 verstes pour la zone côtière, éditées en 1889.

À cette époque, les renseignements sur la partie centrale du Sikhotè-Alin étaient extrêmement minces et se bornaient à quelques missions fortuites de repérage. Pour le littoral d'outre-Oussouri, on ne disposait que d'informations fragmentaires venant des officiers de marine ayant visité les lieux à de rares occasions pour sonder les criques et les baies.

Les préparatifs commencèrent à la mi-mars et durèrent environ deux mois. Il me fut permis de recruter moi-même les fusiliers dans toutes les unités du district, à l'exception du génie et de l'artillerie de fortification. Grâce à cela, je pus engager les meilleurs hommes, principalement des Sibériens des provinces de Tobolsk et du Ienisseï. Certes, c'étaient des gens un peu taciturnes et plutôt bourrus, mais qui, depuis petits, savaient faire face à l'adversité.

Il y a toujours beaucoup de volontaires pour partir en expédition. On inscrit tout le monde, puis l'on se renseigne auprès des chefs de compagnie pour éliminer ceux qui veulent en être à la seule fin de s'échapper de leur unité. Ensuite, on écarte les citadins et les commerçants. Au bout du compte ne restent que les chasseurs et les pêcheurs. Lors du recrutement, on veille à ce que le candidat sache nager et maîtrise un artisanat. Et bien qu'il ne me fallût que 12 hommes, j'en enrôlai moitié plus pour renvoyer les 6 plus faibles quand l'occasion s'en présenterait.

Hormis les soldats, les expéditions suscitent toujours beaucoup de candidats extérieurs, autant de « messieurs » qui considèrent les voyages comme de joyeuses promenades, et qui refusent d'en admettre la pénibilité. Ils imaginent des caravanes, des tentes, des feux de camp, de bons repas, un ciel clément, mais oublient la pluie, la moustiquaille, les jeûnes forcés et mille autres privations auxquelles s'expose quiconque s'enfonce dans le vide forestier, une fois passé le dernier village.

S'il y a toujours beaucoup de volontaires, l'on se retrouve en général avec seulement deux ou trois personnes au point de ralliement. La veille du départ, on commence à recevoir des lettres qui vous disent en substance : « Par suite d'un changement de circonstances, je ne suis plus en mesure de partir… » et le reste à l'avenant. Puis ce sont des télégrammes d'un contenu semblable que l'on reçoit au point de ralliement. Enfin, deux hommes arrivent. L'un a l'allure d'un chasseur du dimanche ; et l'autre, l'air modeste, sérieux, jauge du regard tout ce qu'il voit. Le premier parle beaucoup, critique à tout-va d'une langue acerbe et chevauche en tête du détachement avec des airs de vieux briscard ; mais ceci tant qu'il ne se lasse pas de ne rien faire et tant que le ciel est favorable à la marche. Dès qu'une goutte de pluie lui tombe sur le nez ou que les moustiques apparaissent, il tourne bride en maudissant le jour où l'idée lui est venue de prendre part au voyage. Quant à l'autre participant, que j'ai qualifié de modeste, il marche en accomplissant sa besogne. Tout le monde finit par s'habituer à sa personne. Ces gens-là laissent toujours un heureux souvenir. Et ainsi cette fois : beaucoup de volontaires déclarés, mais peu de partants – uniquement ceux que je viens de mentionner.

Quelques mots maintenant sur le chargement des porte-bât. Le détachement comptait douze chevaux. Il est très important que les hommes étudient bien les bêtes, et que les bêtes, inversement, s'habituent aux hommes. Aussi convient-il de s'y prendre à l'avance pour initier les fusiliers aux soins du cheval, à l'art de l'embâtage et du harnachement, mais aussi pour habituer l'animal au port des lourdes charges, etc. Pour cette raison, le rassemblement se fait à une quinzaine de jours du départ.

Bastines, bricoles et avaloires furent ajustés aux chevaux avec précaution, aussi bien pour le portage de charges lourdes que pour la monte. Du reste, tous les gradés du détachement allaient à pied, et presque personne ne se mettait en selle. Pour ne pas trop forcer sur les sous-ventrières, on utilisait des surfaix à anneaux tirés en arrière par des lanières de selle. On prêtait une attention particulière aux arçons : arcades hautes, quartiers à bonne courbure, tapis de selle taillés dans le meilleur feutre, épais et doux. Dans ce genre de situation, on ne lésine pas sur la dépense. Ce qui n'a pas été fait sur le site de ralliement ne sera jamais rattrapé par la suite. Licous solides avec anneaux en fer, sacoches et entraves, matériel de forge, clous, réserves de fers (trois paires par cheval), clochette pour le cheval de tête qui mène la bande aux pâtures, tout cela complétait le harnachement. De plus, un bonnet-oreille fut cousu pour chaque animal, sans lequel les chevaux souffraient terriblement des moucherons qui envahissaient les oreilles et les dévoraient jusqu'au sang.

Les bâts se présentaient comme des sacs de toile et des caisses de voyage recouvertes de cuir peint. Longues de 28 pouces, ces caisses en faisaient 14 de haut et de large. Facilement transportables à dos de cheval, elles ont l'avantage de loger facilement sur les traîneaux et les embarcations indigènes. On s'en servait aussi de sièges et de tables. À condition de ne pas brasser les affaires et de ne pas les changer de place, on sait très vite où est quoi, ce qui permet, en cas de besoin, de ne débâter que l'animal porteur de l'effet recherché.

Outre les chevaux, nous avions aussi deux chiens : le mien, un chien d'arrêt nommé Alpa, et celui du détachement, le chien de trappeur Léchi, qui ressemblait à un loup par sa constitution et la couleur de son pelage.

L'outillage scientifique de l'expédition consistait dans les accessoires suivants : une boussole Smalchalder, un podomètre, un chronomètre, deux baromètres anéroïdes, des hypsomètres, des thermomètres eau et air, un anémomètre, un marteau et un compas de géologue, une roulette de mesure, un appareil photographique, des cahiers, des crayons et du papier. Il y avait aussi des boîtes entomologiques, du matériel et des solutions de conservation, une presse, du papier de séchage pour les prélèvements botaniques, des bocaux de formol, etc. À cela s'ajoutait un tas d'ustensiles de campagne, tels que : marmites, bouilloires, haches, scies à tronçonner, pelles de sapeur, fer à souder, varlope, pinces, limes, etc.

Tous les hommes étaient armés de fusils à trois lignes[2], sans baïonnette, conçus pour la cavalerie et portables à la ceinture. Chacun se voyait doté de 300 cartouches dont 50 sur soi, le reste étant réparti sur les bases de réapprovisionnement installées le long du littoral. Le détachement disposait en outre de deux carabines de type Mauser et Winchester, d'un Francotte de petit calibre, d'un Sauer de chasse à plomb, à canon double, et de deux revolvers Nagant.

L'équipement des hommes tenait en ceci : couteaux finlandais, cartouchières en guise de ceintures, cordes tressées d'une sagène de long avec anneaux, bourses de cuir pour la pacotille (aiguilles, fils, crochets, clous, etc.). Aux fourre-tout de toile contenant leur propre linge, les fusiliers avaient recousu les bretelles pour mieux les porter sur le dos. Le poids du chargement bâté de chaque membre de l'expédition s'élevait à 30 ou 40 livres. Le reste du matériel avait été expédié par mer au poste Sainte-Olga. La tenue d'été de nos fusiliers consistait dans des culottes larges, des chemises en tissu de camouflage et des casquettes légères. L'été, les manchettes servaient de protection contre les moustiques et les moucherons ; l'hiver, elles empêchaient l'air froid de pénétrer sous les vêtements. En guise de bottes, on avait confectionné des *ounty* à la façon des autochtones. Il n'y avait pas plus pratique. Certes, ils se trempaient vite ; mais ils séchaient vite également. Du genou au pied, on s'enveloppait la jambe de bandes de tissu. Au début, cela ne marchait pas : les molletières se relâchaient et descendaient ; quand on les tendait trop fort, elles serraient le mollet ; puis le tissu finissait par se distendre, et les hommes s'habituaient. Ils faisaient la route d'un trait sans avoir à remonter les bandes. Pour l'hiver, on avait prévu manteaux, blousons chauds, molletons, culottes bouffantes en poil de chameau, genouillères de toile, bas de laine, capuchons *bachlyk*, moufles et toques *papakha*; on portait aux pieds les mêmes *ounty* que l'été, mais de taille plus grande, ainsi pouvait-on les bourrer d'herbe sèche et les chausser avec des bandes molletières.

D'expérience, je savais qu'on ne faisait un travail vraiment efficace qu'à condition de bien dormir la nuit. S'il est encore possible de se défendre des moustiques dans la journée, on ne peut échapper aux petits moucherons dans la soirée. Ces créatures abominables vous empêchent de fermer l'œil. Alors, à bout de nerfs, on attend que le jour se lève. La seule protection possible, c'est la moustiquaire. Faite à partir d'un tulle blanc de Chine, elle laisse passer l'air tout en stoppant les insectes. On la fabrique en cousant deux bandes de 15 pieds chacune. Les moustiquaires font 9 archines de long, 3,5 de large et 5 pieds de haut. Elles étaient conçues de telle sorte qu'en les dressant de l'intérieur avec des montants transversaux et en les attachant aux arbres par des anneaux, on obtenait une sorte de cloche sous laquelle on pouvait s'asseoir, se coucher, travailler. En cas de pluie, on tendait par-dessus une toile à deux versants. Pour toute literie, chacun disposait d'un feutre doublé d'une toile étanche, côté sol. Une couverture y était cousue par les bords. Ainsi, les moustiquaires protégeaient les hommes de la pluie, des vents froids et des bestioles infernales. Les membres du détachement en mission scientifique jouissaient d'une moustiquaire individuelle, alors que les fusiliers en avaient une pour deux. De ce fait, leurs couvertures étaient plus larges. À l'automne, quand les nuits se faisaient plus froides et que les insectes disparaissaient, on remplaçait les moustiquaires par des tentes à versant unique devant lesquelles on alignait des feux de camp, source de chaleur et de lumière.

Quelques mots maintenant sur les vivres. Prévus pour six mois, ils comprenaient : farine, biscuits, riz, millet, huile d'exportation, briques végétales séchées, sel, conserves de viande en petites quantités, poivre, pois en poudre, extraits de canneberge, sucre et thé. Les caisses de provisions furent expédiées d'avance vers les bases de réapprovisionnement et débarquées à l'embouchure des rivières Tadouchou, Tioutikhè, dans les baies de Djiguit et de Ternay. Là où des Chinois vivaient à proximité, on remisait les caisses dans des fanzas ; là où la côte était inhabitée, on se contentait de les mettre en tas en les recouvrant d'une grosse toile avec un piquet pour marquer l'emplacement.

On ne prenait de pain dur qu'en saison sèche, l'automne et l'hiver. Car, l'été, le pain séché absorbait avidement l'humidité de l'air, et plus on le recouvrait de toile, plus il s'abîmait. Même chose avec la poudre de viande : vingt-quatre heures après l'ouverture de la boîte, elle commence à se grumeler ; encore un jour, et elle s'avarie en donnant une mauvaise odeur. On séchait la viande en fines lamelles. Certes, elle prenait beaucoup de place et n'échappait pas à la putréfaction, mais du moins pouvait-on la consommer. Il suffisait de la flamber avant de la mettre à la marmite ; alors, la moisissure brûlait, et la chair devenait tendre et mangeable. Transportés dans des boîtes en zinc spéciales, la poudre de blanc d'œuf et le chocolat faisaient partie de la réserve de survie. Les boîtes en fer-blanc ne sont pas pratiques. Elles se cassent facilement. À la moindre fissure, la nourriture se détériore. Bien plus facile est la conservation de la farine blanche. Il convient pour cela de plonger deux fois un sac de farine dans de l'eau et de le mettre à sécher sans l'ouvrir. L'eau qui traverse la toile forme une pâte d'un doigt d'épaisseur. La croûte ainsi obtenue se révèle parfaitement étanche à l'humidité ; en même temps, le sac durcit et cesse de se déchirer en chemin.

Le détachement disposait d'une bonne boîte à pharmacie de campagne avec une trousse d'instruments chirurgicaux (rasoirs, ciseaux, pinces, bistouris, aiguilles, soie, porte-aiguilles, poire auriculaire, rince-œil, seringue de Pravaz) et une importante quantité de matériel de pansement.

Le 14 mai, tout était prêt. Le 15, on envoya hommes et chevaux par chemin de fer, et, le 16, tous les autres membres de l'expédition quittèrent la ville de Khabarovsk. Nous avions fixé pour lieu de ralliement la gare de Chmakovka, au sud du point où la ligne ferroviaire franchit la rivière Oussouri.

Scène de bivouac (s.d.).

2. AU POINT DE RALLIEMENT

Le travail du voyageur – Le départ – La rivière Oussouri – La végétation autour de la station ferroviaire de Chmakovka – Les reptiles – Les rongeurs – Les oiseaux

Charge au voyageur de répondre aux exigences suivantes : 1/savoir organiser une expédition en effectuant sur place tous les préparatifs bien avant le départ ; 2/savoir composer des collections ; 3/tenir un journal ; 4/faire preuve de discernement, séparer le bon grain de l'ivraie ; 5/rapporter les collections et 6/traiter les matériaux collectés.

Surtout, ne pas remettre cette dernière tâche aux calendes grecques. Pour cela, il faut du temps libre. Nous autres Russes avons tendance à pécher de ce côté-là. Habituellement, quand on reprend son service au retour d'un voyage, on se voit accablé d'un travail sans aucun rapport avec l'affaire dont on a la charge. Pour cette raison, l'exploitation des journaux de route se fait par à-coups sur un temps de loisir qui, soit dit en passant, se révèle à peine suffisant pour récupérer la fatigue de la journée.

Qu'est-ce que voyager ? En quoi consiste le travail de l'explorateur ? Malheureusement, il n'existe point de catéchisme sur la question. Beaucoup dépend de la personnalité du voyageur et de son niveau de préparation scientifique. Encore faut-il éprouver de l'intérêt pour la contrée concernée tout en ayant la certitude que c'est bien là, et nulle part ailleurs, qu'on trouvera des matériaux de valeur. Seule la juste observation des choses peut révéler un lien de cause à effet ; alors seulement un fait jusque-là anodin apparaîtra comme prépondérant. Et uniquement par la vertu de la connaissance et de l'expérience. Il apparaît fondamental qu'un débutant puisse travailler sous la direction d'une personne expérimentée qui, d'entrée, lui indiquera les méthodes d'investigation à suivre.

Ayant d'ores et déjà passé la première période, celle des préparatifs, nous en venions au voyage proprement dit. La veille du départ, les tracas et les soucis ne manquent jamais. Il faut penser à tout, veiller à ne rien oublier, envoyer des télégrammes, faire ses sacs, présenter des comptes rendus ici ou là par téléphone, etc. On passe une journée entière à courir la ville, à voir la hiérarchie, à donner des consignes. La soirée est consacrée au courrier. On ne dort presque pas de la nuit, taraudé que l'on est par une seule pensée : a-t-on tout fait ? a-t-on tout pris ? Le lendemain matin, à la première lueur, on est déjà sur le pied de guerre. Puis, enfin, la cloche de gare sonne, le sifflet retentit, le train s'ébranle. À cet instant, on se sent délivré d'un poids inouï. On laisse tous les tracas derrière soi. À l'idée de passer une année entière hors de la bulle des états-majors, des bureaux et chancelleries, une année entière à l'abri des ordres de service et des coups de téléphone, l'on éprouve une espèce de quiétude. On se sent libre. On s'attelle à la tâche avec plaisir et l'on se prend à déployer des trésors d'énergie.

Nous disposions d'une voiture entière accrochée en queue de convoi. Comme personne ne nous gênait, nous prîmes nos aises. La journée se passa en causeries amicales, nous examinions les cartes et faisions des plans d'avenir.

Le temps était maussade. Une pluie incessante. De part et d'autre de la voie ferrée s'étiraient de vastes marécages hérissés de mottes, détrempés et liserés d'une végétation rabougrie. On voyait défiler au-dehors des arbres clairsemés, des poteaux télégraphiques, des creux. C'était monotone. Quand enfin tomba le jour, on alluma les bougies. Harassé par les tracas des derniers jours, bercé par le balancement du wagon et le martèlement rythmé des roues, tout le monde sombra bientôt dans le sommeil.

Nous arrivâmes le lendemain à la station ferroviaire de Chmakovka, notre point de ralliement. Là devait commencer notre voyage. La pluie avait cessé durant la nuit, et le ciel s'était éclairci. Le soleil rayonnait. Le feuillage trempé brillait comme du vernis.

La terre exhalait de la vapeur… Les fusiliers nous accueillirent et nous indiquèrent notre logement.

Le reste de la journée se passa en rangement et préparation des bâts.

Le lendemain 18 mai, ce fut quartier libre pour les cosaques et les fusiliers. Ils apprêtèrent leurs *ounty*, se cousirent des genouillères, bouclèrent leurs cartouchières et, d'une façon générale, mirent une dernière main à leur paquetage. Dans ce genre de situation, l'expérience personnelle passe avant le reste. Il importe surtout de ne pas négliger l'essentiel, sachant que les petits désagréments s'arrangeront d'eux-mêmes.

Profitant d'un moment de liberté, P. K. Routkovski et moi partîmes inspecter les alentours.

À cet endroit, la rivière Oussouri est extrêmement sinueuse. L'eût-on étirée sur la carte qu'elle se fût révélée deux fois plus longue. Elle ne recevait guère d'affluents ; cet effet de dentelle ne tenait qu'à la multitude de ses méandres.

Tant qu'elles coulent par des vallées transversales, presque toutes les rivières du bassin de l'Oussouri présentent un cours relativement rectiligne. Mais dès qu'elles arrivent en plaine, elles commencent à serpenter. La chose est d'autant plus étonnante que la structure des rives est partout la même : petite couche de tchernoziom sous un tapis végétal, puis terre sablonneuse, puis, plus bas, strates limoneuses entrecoupées de galets. Ce qui, selon moi, s'explique ainsi : le temps qu'elle coule dans les montagnes, la rivière ne peut guère dévier son cours. Abrupt, le talweg agit de telle sorte que l'eau file à vive allure en emportant tout sur son passage et en traçant un cours droit. La rivière produit à la fois un effet de scie et de lime. En plaine, c'est tout autre chose. Là, le courant faiblit notablement, le fond devient plus régulier, et les rives, plus constantes. Dans ces conditions, il suffit de peu de choses pour en infléchir la direction. Par exemple : une accumulation accidentelle d'argile ou de galets dans un environnement de sables meubles. D'où l'irrégularité du « tortillage » qui change à chaque crue : la rivière forme de nouveaux coudes et son ancien cours s'ensable. Très souvent, le vieux lit se bouche en formant des bras morts, comme nous le constations ce jour-là sur l'Oussouri. Les alluvions contiennent beaucoup d'argile, ce qui explique le caractère marécageux de la vallée.

L'été 1906 fut pluvieux. Les terres basses regorgeaient d'eau. N'étaient les arbres émergés, on aurait pu les prendre pour des lacs. Du village de Nijné-Mikhaïlovskoïé à la petite rivière Kabarga, les marécages s'étirent le long de la rive droite de l'Oussouri ; et plus en amont, sur les deux rives, vers le village de Nijné-Romanovskoïé (Ouspenka), malgré une présence plus marquée du côté gauche. Deux collines se dressent là au milieu de la plaine, qui portent encore d'anciens signes trigonométriques : la colline nord (hauteur 171 sagènes), appelée le mont de l'Ours, et la colline sud (hauteur 102 sagènes), qui a gardé son nom chinois de Han-to ting-tse sseu. Entre ces deux hauteurs se trouvent les sources minérales de Chmakovka. Il semble qu'autrefois le mont de l'Ours était relié à la chaîne Tyrydynza, mais que l'Oussouri les a séparés par la suite.

Les marécages de l'Oussouri comptent de nombreuses *relka*[3] aux terres fertiles labourées par les paysans. À 5 verstes à l'est de la rivière commencent les montagnes. Dix ans auparavant, elles étaient couvertes de bois dont il ne reste rien. On ne saurait qualifier de forêt la végétation sylvestre que nous voyons aujourd'hui dans la vallée de l'Oussouri. Cette pitoyable verdure se compose principalement de tilleuls *(Tilia mandshurica Rupr. & Maxim.)*, de bouleaux noirs et blancs (*Betula daurica Pal.* et *B. japonica H. Winke*) et de demi-arbrisseaux en phase de croissance : aulnes *(Alnus hirsuta Turcz.)*, saules *(Salix triandra Lin.)*, ainsi que d'un arbuste à larges ramures *(Securinega ramiflora Müll. Arg.)* semblable à la lespédèze.

Les troncs noirs, les souches carbonisées et l'absence de jeunes arbres témoignent de fréquents incendies. À proximité d'une voie ferrée, il ne pourrait en être autrement.

Les angiospermes poussent ici en massifs tellement uniformes qu'aucune communauté oikologique[4] ne semble s'être produite. L'on voit des espaces foisonnant exclusivement tantôt d'armoises

(Artemisia vulgaris Lin.), tantôt de trèfles blancs rampants *(Trifolium repens Lin.)*, tantôt de roseaux *(Phragmites communis Trin.)*, tantôt d'iris *(Iris uniflora Pal.)*, de muguets *(Convallaria majalis Lin.)*, etc.[5]

En raison de la forte humidité dominant alentour, les *relka* sont devenues un lieu de refuge pour différentes espèces animales de petite taille. Sur une *relka*, j'ai aperçu deux couleuvres *(Coluber rufodorsatus Cantor)* et un serpent venimeux fer de lance *(Ancistrodon blomhoffii Boie)*. Sur une autre s'étaient rassemblés, comme d'un commun accord, des rongeurs et des insectivores : campagnols roussâtres *(Evotomys rutilus Pal.)*, campagnols nordiques *(Microtus œconomus Pal.)* et musaraignes de l'Oussouri *(Sorex tscherskii Ogn.)*.

Il y avait à l'écart de la voie ferrée un vaste plan d'eau près duquel se tenaient quelques étourneaux gris. Par nature criards, ces oiseaux étaient muets en ce moment. Ils barbotaient en s'efforçant de s'asperger avec leurs ailes. Des bruants à oreillons se montraient près des champs cultivés. Ils sautillaient le long du sentier et laissaient les gens s'approcher, mais, dès que les chiens accouraient, s'envolaient avec force bruit pour se percher sur l'arbre ou l'arbuste le plus proche. À l'orée d'un bois, j'entrevis un petit oiseau gris. P. K. Routkovski l'abattit au fusil. C'était une chouette d'Asie orientale, de l'espèce que les Chinois appellent *li-ou* et qui est censée écarter les chercheurs de ginseng des lieux où se cache la précieuse racine.

Quelques faucons kobez de l'Amour, au plumage bleuté, faisaient la chasse aux insectes en tournoyant brutalement dans les airs. Certains d'entre eux, perchés sur des mottes, posaient un œil indifférent sur les gens qui passaient devant eux.

À notre retour à la station, le soir descendait déjà. Un incessant tintamarre emplissait l'air tiède du printemps. Un concert de grenouilles retentissait du côté des marais, les chiens aboyaient au village, une clochette, quelque part, tintait dans les champs.

Demain, grand départ. Quelque chose nous attend !

Scène de franchissement d'un cours d'eau (1906 ou 1907).

3. EN REMONTANT L'OUSSOURI

Comment s'organise une journée de marche – Le village d'Ouspenka – Le passage de la rivière Oussouri – Les rivières Taopiho et Woulaho – Marécages – Chasse aux abeilles – Lutte des abeilles contre les fourmis – Le lièvre de Mandchourie – Les Goldes de la tribu de Ioukomik – Brume sèche

Entre les membres de l'expédition, le travail se répartissait comme suit. Le lieutenant Granatman se voyait assigner la charge de l'intendance et du fourrage pour les chevaux. Merzliakov devait remplir des missions à l'écart du chemin principal. Je prenais sur moi les études ethniques et les relevés de terrain. Quant à N. A. Paltchevski, il partait directement pour la baie Sainte-Olga où il entendait herboriser dans l'attente du détachement qu'il suivrait le long du littoral.

Parlons maintenant de l'organisation de la journée. Désigné pour deux semaines, l'homme de service se levait le premier. Il préparait la bouillie et le thé, puis, une fois le petit-déjeuner prêt, réveillait les autres. Les préparatifs prenaient près d'une heure. Entre 7 et 8 heures du matin, on se mettait en route. Vers midi, on faisait une grande halte. Débâtés, les chevaux allaient brouter. On ne mangeait chaud que deux fois par jour, le matin et le soir, mais, dans la journée, on prenait un thé avec du pain séché ou des galettes de farine cuites de la veille. À 1 heure, on se remettait en chemin jusqu'à 4 heures environ. J'avais près de moi un fusilier de service qui portait le matériel dont je pouvais avoir besoin en marche : fusil, petite pelle de tranchée, hachette, appareil photographique, etc.

En une journée, on couvrait de 15 à 25 verstes en fonction du terrain, du temps et du travail à faire en route. Pour le bivouac, on s'installait toujours au bord d'un cours d'eau. Le temps de préparer le dîner et de dresser les tentes, je traçais le parcours effectué, cependant que mes camarades mettaient les herbes à sécher, disséquaient les oiseaux, rangeaient les insectes dans leurs boîtes et numérotaient les échantillons géologiques. Vers 5 heures, l'on déjeunait et dînait en même temps. Ceci fait, je partais en excursion avec un fusil dans les mains, en m'aventurant parfois si loin que je ne rentrais pas toujours avant la nuit. L'obscurité me rattrapait en chemin, et ces marches en forêt par des nuits de lune m'ont marqué à jamais. Vers 9 heures du soir, nous prenions notre dernier thé, puis les fusiliers vaquaient à leurs occupations : entretien des fusils, des habits, des chaussures, des selles… Je mettais ce moment à profit pour consigner mes observations dans mon journal.

En voyage, on n'a jamais le temps de s'ennuyer. À l'heure du bivouac, éreintés par une journée de marche, les hommes tenaient à peine sur leurs jambes. Dans ces conditions, la tente, le feu de camp et la couverture apparaissent comme la plus belle chose de la terre qu'aucun hôtel ne saurait égaler à la ville. L'on avale alors un thé brûlant et l'on se glisse dans son sac de couchage pour s'endormir comme seuls les gens fatigués peuvent le faire. La nuit, le bivouac était gardé par une sentinelle qui tenait les chevaux à l'œil, nourrissait le feu et veillait sur les dormeurs.

On marchait tous les jours. Les journées de repos ne survenaient qu'en cas d'imprévu : un cheval de malade, par exemple, ou une selle de cassée. Si le pays présentait de l'intérêt, on s'arrêtait pour deux jours, voire plus. D'expérience, il s'avéra que marcher par temps de forte pluie n'allait pas à notre avantage parce qu'on n'avançait guère, que les hommes et les chevaux se fatiguaient vite, que les selles s'abîmaient, que ma planchette prenait l'eau, etc. La conséquence était qu'on marchait sous la pluie pour passer ensuite une journée de soleil sur place à se sécher. Donc, les jours de fortes précipitations, on reste sous la tente à classer les relevés de terrain, à mettre le journal de route à jour, à faire des calculs, bref, à rattraper le retard accumulé pour telle ou telle raison.

Le 19 mai, jour du grand départ, nous fûmes debout de bonne heure, mais prîmes la route assez tard. C'est là chose naturelle.

Les premiers préparatifs traînent toujours en longueur. Par la suite, en voyage, tout le monde prend le pli : chacun connaît son cheval, ses bâts, le matériel à sa charge, ce qu'il faut ranger d'abord ou après, les objets utiles en route ou au bivouac.

Tous les membres de l'expédition prirent le départ de gaîté de cœur, d'un pied alerte.

C'était par une chaude journée de soleil. Pas un nuage dans le ciel, mais l'on sentait l'air gorgé d'humidité.

Entre les villages de Chmakovka et Ouspenka, un chemin boueux se faufilait parmi les longs contreforts du mont Han-to ting-tse sseu dont les ponts avaient été détruits par les brûlis printaniers. Pour cette raison, le passage des rivières qui nous coupaient la route ne fut pas chose aisée.

Les escarpements présentaient une végétation semblable à celle que l'on rencontrait le long de la voie ferrée : un bois clairsemé de tilleuls, chênes et bouleaux. Au milieu d'étendues pelées, ces arbres épars faisaient figure de forêt dense.

Vers 3 heures de l'après-midi, notre détachement s'approchait déjà de la rivière Oussouri. Un œil expert eût deviné d'emblée que nous en étions à notre première sortie. Les chevaux formaient une file de plus en plus étirée, les selles ne cessaient de glisser, les sous-ventrières se détachaient, les hommes s'arrêtaient pour se rechausser. Quiconque a beaucoup voyagé comprendra que c'est dans l'ordre des choses. Chaque jour qui passe, ces arrêts se font de plus en plus rares, tout s'arrange progressivement, et les marches des jours suivants s'accomplissent sans accroc. Là encore, l'expérience de chacun a son importance.

Au début d'un long voyage, il ne faut jamais couvrir de longues distances, mais avancer par petites étapes en observant des haltes fréquentes. Hommes et chevaux finissent par s'adapter, les animaux allongent un pas plus vif sans qu'il soit nécessaire de les aiguillonner.

Pour le village, notre arrivée à Ouspenka fut tout un événement. On voyait débouler des gamins qui, laissant tomber leurs jeux, passaient en trombe les portails de leurs jardins. Des faces timorées de femmes se profilaient aux fenêtres. Cessant le travail, les paysans rivaient leur regard sur le détachement en marche.

Le village d'Ouspenka est perché sur les hautes terrasses de la rive gauche de l'Oussouri. Fondé en 1891, il comptait alors près de 180 feux.

Comme c'étaient les vacances, on nous logea dans l'école. Les chevaux furent parqués dans la cour, le matériel et les selles trouvèrent place sous le préau.

Dans la soirée, les vieux du village vinrent nous voir. Ils nous racontèrent leur vie dans ce pays, nous parlèrent de la route et nous donnèrent des conseils.

Le lendemain, nous reprenions notre marche. Passé le village, la route nous mena à l'Oussouri. La vallée entière se trouvait inondée. Les reliefs ressemblaient à des îles. Dans cette masse d'eau, le lit de la rivière se signalait par un courant rapide, ainsi que par les arbres qui en longeaient les rives. En temps ordinaire, l'Oussouri présente une largeur d'une centaine de sagènes, une profondeur de 2 sagènes et un débit de 3,5 verstes à l'heure. Les paysans qui nous accompagnaient nous apprirent qu'en période de crue les communications avec les villages voisins ne se faisaient plus par la route, mais au moyen de barques.

Après concertation, nous décidâmes de remonter la rivière jusqu'à trouver un endroit où son cours convergeât en un seul et même lit afin de tenter la traversée avec les chevaux.

À l'aube, il nous sembla que le temps serait à la pluie, mais, sur les coups de 10 heures, le ciel s'éclaircit. Ce fut alors que nous vîmes ce que nous cherchions. À quelque 5 verstes de nous, la rivière faisait confluer ses bras en un seul et même lit. Grâce à une multitude de *relka* à sec, nous pouvions nous en approcher au plus près. Encore fallait-il contourner les marécages et descendre dans la vallée au pied du mont Kabarga.

Les chevaux avaient enfin acquis l'instinct de troupeau, ils ne ruaient plus, ne se mordaient plus entre eux. On ne menait par la longe que le premier de la file, et les autres suivaient. L'un des fusiliers fermait la marche pour aiguillonner les traînards ou ceux qui s'écartaient.

Quand nous eûmes atteint le mont Kabarga, nous obliquâmes à l'est vers la fanza Heoutien, située de l'autre côté de l'Oussouri, à l'embouchure de la rivière Chet'ouho[6]. D'une *relka* à l'autre, en contournant les trous marécageux, nous atteignîmes bientôt un bois qui poussait sur la rive. Et là, par bonheur, nous trouvâmes une barque appartenant à des Chinois. Toute passoire qu'elle fût, elle allait nous faciliter la traversée. Il nous fallut près d'une heure pour la réparer. Après l'avoir calfatée tant bien que mal et rafistolée avec des clous, nous bricolâmes des tolets avec des tiges de bois dotées de boucles en ficelle. Quand tout fut prêt, nous entreprîmes le passage : le chargement d'abord, les hommes ensuite. Maintenant, c'était le tour des chevaux. Comme ils ne voulaient pas entrer dans l'eau, quelqu'un dut nager avec eux. Ce fut le cosaque Kojevnikov qui se dévoua. Il se dévêtit entièrement, enfourcha la meilleure monture, un étalon blanc, et s'avança hardiment dans la rivière. Dès que l'animal perdit « pied », le cavalier se jeta à l'eau et, la main agrippée à sa crinière, se mit à nager à ses côtés. Les autres chevaux suivirent. De la rive où nous étions, nous voyions Kojevnikov encourager l'étalon en lui flattant le cou. Les chevaux nageaient en renâclant, les narines dilatées, les dents exhibées. Bien que le courant les fît dériver, ils progressaient vite.

Kojevnikov allait-il réussir à atteindre le but avec ses chevaux ?

Plus en aval proliféraient arbres et buissons. Des amas de chablis encombraient la rive qui devenait de plus en plus abrupte. Dix minutes plus tard, son étalon eut « pied ». On vit émerger son échine, son dos, sa croupe, ses jambes. L'eau ruisselait de sa crinière et de sa queue. Le cosaque l'enfourcha aussitôt et, à cheval, gagna la terre ferme.

Mais certains chevaux, plus faibles que les autres, nageaient plus lentement, de telle sorte que le troupeau s'étirait au fil de l'eau. Au moment où l'étalon de Kojevnikov posait le sabot sur la rive, le dernier cheval nageait encore au milieu du cours d'eau. Il devenait évident que les flots l'emporteraient. L'animal avait beau lutter de toutes ses forces contre le courant, il dérivait de plus en plus. Ce qu'ayant vu, Kojevnikov attendit les autres chevaux, puis au grand galop, longea la rivière dans le sens avalant. Enfin, avisant un endroit dégagé de chablis, il s'approcha de la berge à travers les buissons, se plaça bien en vue du cheval nageur et se mit à l'appeler à grands cris, mais le grondement des flots couvrit sa voix. Alors l'étalon blanc monté par le cosaque leva la tête et, aux aguets, scruta le cours d'eau. Tout à coup, il poussa un hennissement qui roula sur la rivière. À ce cri, l'animal nageur changea de direction. Quelques minutes plus tard, il se hissait sur la rive. Le cosaque le laissa reprendre son souffle avant de lui passer un licol pour le ramener au troupeau. Entre-temps, la barque avait déjà transporté les hommes et le chargement d'une rive à l'autre.

De la fanza Heoutien où elle venait de débarquer, l'expédition se mit à remonter la rive du Chet'ouho pour atteindre les montagnes au plus vite en s'efforçant d'éviter les marécages.

Longue de 45 verstes, la rivière Chet'ouho coule dans le sens latitudinal. La plupart de ses affluents lui apportent leur tribut sur sa gauche. À 3 verstes de l'Oussouri, ce petit cours d'eau s'évase en un canal large et profond.

Là se trouve la confluence du Taopiho et du Woulaho par 44° 58' de latitude nord et 8° 54' de longitude est à partir du méridien de Greenwich d'après Gamov[7]. Et là commence l'Oussouri à proprement parler, qui, jusqu'à la rivière Souch'ang, reçoit deux ruisseaux sur sa droite, le Guirma-Birou et le Kourma-Birou.

La rivière Taopiho (Houèbira en langue mandchoue) coule du sud-sud-ouest au nord-nord-est. Elle prend sa source dans les monts Ta-Tien-Chan qui, entre leurs cols, donnent naissance au Souch'ang et au Liefou. Sur son cours supérieur, elle est composée de trois rivières : le T'outakeou, l'Eultakeou, le Santakeou ; puis elle reçoit des affluents : à droite, le Sseutakeou, le Hannihotse, le Yentsekeou, le Tch'aot'angkeoutse ; à gauche, le Hamahotse, le Taopihotse, le Chet'ouho et le Woukodingtse. Le Taopiho court sur plus de 250 verstes, sa profondeur est de 5-6 pieds, et la vitesse de son courant approche les 4 verstes à l'heure.

Le Woulaho coule un temps du sud au nord, puis, à hauteur de la fanza Lingtapao, vire brusquement à l'ouest. Ici, ses eaux se jettent avec une telle force dans celles du Taopiho qu'elles les pressent contre la rive gauche, d'où la formation d'un long renfoncement en face de l'embouchure du Woulaho. Ce renfoncement et les deux rivières (Taopiho et Woulaho) dessinent avec l'Oussouri une figure cruciforme. En période de crue, il s'accumule ici une masse d'eau considérable. C'est en ces lieux que se fait l'inondation de la vallée de l'Oussouri. À partir de l'endroit où le Woulaho tourne vers l'ouest, une ribambelle de petits lacs s'étire au milieu des marécages, parallèlement à l'Oussouri, et ce jusqu'au canal du Chet'ouho dont il est question plus haut. Ces lacs et ce canal nous témoignent de l'ancien cours du Woulaho qui, autrefois, confluait avec le Taobiho bien plus en aval qu'aujourd'hui.

Maintenant qu'ils sentaient la terre ferme sous leurs pieds, les hommes et les chevaux marchaient d'un pas plus alerte. À midi, nous laissions déjà derrière nous le village de vieux-croyants de Podgornaïa qui comptait 25 feux. Comme il était encore tôt, on décida de ne pas s'y attarder. La route remontait la rivière Chet'ouho. À notre gauche, un bois ; à notre droite, un pré bas inondé. Il nous fallut encore franchir une petite rivière qui se faufilait dans un vallon plutôt étroit, mais fort marécageux. Les hommes sautaient de motte en motte, mais les chevaux peinaient. C'était pitié de les voir : ils s'enfonçaient jusqu'au ventre et, souvent, tombaient. Certains s'enlisaient tant qu'ils ne pouvaient se désembourber d'eux-mêmes. Il fallait alors les débâter et porter les chargements à bout de bras.

Quand le dernier cheval eut passé le marécage, la journée tirait déjà à sa fin. Nous marchâmes encore un peu avant de planter le bivouac auprès d'un ruisseau où coulait une eau vive et pure.

Le soir, à la veillée, fusiliers et cosaques chantèrent devant le feu de camp. Ils sortirent – je ne sais d'où – un harmonica. À voir leurs faces insouciantes, nul n'eût cru que, deux heures plus tôt, ils se débattaient encore dans les marécages, exténués. Foin du lendemain, ils ne vivaient que du temps présent. Et à l'écart, devant un autre feu, d'autres hommes se penchaient sur les cartes et discutaient les routes à venir.

Pour le jour suivant, il fut décidé de rester au repos. Il fallait sécher les affaires, nettoyer les bâts et permettre aux chevaux de souffler. Les fusiliers se mirent au travail de bon matin. Chacun savait ce qui clochait et ce qu'il fallait arranger.

Ce jour-là, nous pûmes observer les cosaques faire la chasse aux abeilles. Comme nous buvions le thé, quelqu'un prit une tasse contenant un reste de miel. Aussitôt surgirent des abeilles : une, deux, trois, plusieurs. Pendant que les unes arrivaient, d'autres repartaient chargées pour revenir au plus vite. Ce fut le cosaque Mourzine qui se mit à la recherche du miel. Voyant vers où les abeilles volaient, il prit cette direction avec, à la main, la tasse de miel. Une minute plus tard apparut une abeille. Quand celle-ci s'envola, il la suivit tant qu'il ne la perdit pas des yeux.

Une fois parvenu à ce dernier point de repère, il attendit une deuxième abeille qui le guida plus loin, puis une troisième, et ainsi de suite. Doucement, mais sûrement, il arriva de la sorte jusqu'à la ruche. Les abeilles elles-mêmes lui montraient la route. C'est une chasse qui requiert beaucoup de patience.

Une heure et demie plus tard, Mourzine revenait en disant qu'il avait trouvé les abeilles et qu'il avait assisté à une scène si singulière qu'il était rentré en courant pour chercher ses camarades. Abeilles et fourmis se faisaient la guerre. Quelques minutes plus tard, nous étions déjà en route avec en main une scie, une hache, des gamelles et des allumettes. Mourzine marchait devant. Peu après, nous aperçûmes un grand tilleul qui formait en grandissant un angle à 45°. Des abeilles vibrionnaient autour. L'essaim entier, ou presque, était dehors. L'entrée de la ruche se trouvait dessous, au ras des racines. Côté soleil, la ruchée grouillait sous la forme d'un monticule à pente douce. Il y en avait une forte concentration autour de l'orifice. Or, juste devant elle, des hordes de fourmis noires s'agglutinaient aussi en une masse épaisse. Un spectacle captivant que de voir ces deux armées ennemies se tenir front sans oser donner l'attaque. Des fourmis couraient sur les bords, en éclaireuses. Les abeilles fondaient sur elles. Alors les fourmis se plaquaient ventre à terre et, les mandibules grandes ouvertes, assuraient leur défense. Parfois, elles faisaient des manœuvres de contournement pour tenter de prendre les mouches à miel à revers, mais des espionnes volantes les repéraient, et un détachement arrivait diligemment pour leur couper la route.

Nous observions la lutte avec curiosité. Qui devait l'emporter sur qui ? Les fourmis réussiraient-elles à pénétrer dans la ruche ? Qui céderait le premier ? Les ennemis se sépareraient peut-être au coucher du soleil pour reprendre le combat le lendemain matin ; et il se pouvait même que le siège de la ruche n'en fût pas à son premier jour.

Nul ne sait quel eût été le dénouement du combat si les cosaques n'avaient pris fait et cause pour les abeilles. Ils mirent de l'eau à bouillir pour en arroser les fourmis qui, agitées de convulsions, périrent par milliers. Les abeilles étaient dans un état d'excitation extrême. À ce moment, par mégarde, quelqu'un les aspergea d'eau bouillante. En un clin d'œil, l'essaim s'éleva dans les airs. Il fallait voir les cosaques déguerpir ! Les abeilles les rattrapaient pour les piquer à la nuque ou au cou. Une minute plus tard, il n'y avait plus personne auprès de l'arbre. Debout à l'écart, les hommes pestaient, riaient, moquaient leurs camarades, mais, l'instant d'après, la peur peinte sur la face, détalaient en faisant des moulinets avec leurs bras.

Il fut décidé d'accorder un temps de répit aux abeilles. Au soir, deux cosaques retournèrent à la ruche, mais n'y trouvèrent ni abeilles ni miel. Les ours avaient tout saccagé. Ainsi notre chasse au miel sauvage s'achevait-elle d'une piteuse façon.

Dans la nuit du 25 au 26 mai, il plut très fort jusqu'à l'aube. Au matin, le ciel était couvert. De lourds nuages gonflés de pluie flottaient bas sur la terre et, comme un linceul, enveloppaient le sommet des montagnes. À l'évidence, il allait repleuvoir.

Quand on part pour un long voyage, on ne se soucie guère du temps qu'il fait. On se mouille un jour, on se sèche le lendemain, puis on se remouille au troisième jour, et ainsi de suite. En ne bougeant pas les jours de pluie, on risque fort de ne pas aller loin pendant l'été. Nous décidâmes de tenter notre chance, et bien nous en prit. Vers 10 heures du matin, il apparut à l'évidence que le temps s'éclaircirait. Et, en effet, le ciel changea plusieurs fois dans la journée : tantôt soleil, tantôt pluie. La route, qui était sur le point de sécher, se trempa de nouveau.

La rivière Chet'ouho une fois traversée, nous arrivâmes au village de Krylovka qui comptait 66 feux. Le village suivant, Mejgornaïa (17 feux) était si pauvre que nous ne pûmes même pas y acheter 10 livres de pain. Plaintifs, les paysans se lamentaient sur leur sort. Les dernières crues leur avaient fait très peur.

Plus loin, notre route s'enfonçait dans les montagnes. Une nouvelle épreuve nous attendait. Il nous fallait passer cinq ravines très marécageuses. La première se trouvait juste derrière le village, et la dernière, la plus grande, non loin du Woulaho. Tracée par les paysans eux-mêmes, la route n'avait ni fossés, ni ponts, ni fascines. Une bourbe impraticable. Les cosaques tentèrent bien de faire passer les chevaux hors piste, mais c'était pire. Pour consolider la vase, les fusiliers coupaient des saules qu'ils jetaient sous les sabots des animaux. Cela, certes, facilitait légèrement le passage des hommes, mais pas celui des chevaux. Trompés par des fascines aussi instables, ils trébuchaient et tombaient. Il fallait alors les débâter et coltiner le chargement. Enfin, les marécages furent derrière nous.

Selon les indications des paysans, la route allait plus loin par la forêt. Une fois sur la terre ferme, le détachement se mit au repos.

À ce moment, un lièvre surgit des buissons. Aussitôt, il fut pris en chasse par les hommes. Il fallait voir le tohu-bohu ! Ça sifflait, ça huait, bâtons et pierres – tout ce qu'on avait sous la main – pleuvaient sur le lièvre…

La malheureuse petite bête détalait en zigzaguant et cherchait à se cacher dans les fourrés. Sans doute y serait-elle parvenue si Zagourski n'avait tiré au fusil. La balle frappa la terre près de la tête du lièvre, en l'étourdissant. À cet instant, un autre soldat accourut, qui l'attrapa à deux mains. Le pauvre se débattit, hurla, puis, les oreilles plaquées sur le dos, se pétrifia. Terriblement effrayé. Sa double lèvre supérieure trépidait, son cœur cognait fort. Tapi dans les mains de Tourtyguine, il avait l'ouïe et la vue aux aguets.

Le lièvre que nous avions capturé *(Lepus mandshuricus Pal.)* était de petite taille et de couleur gris brun, pelage restant inchangé été comme hiver. Dans le bassin de l'Amour, l'habitat de cette espèce s'étend sur l'Oussouri, affluents compris, et le littoral de la mer jusqu'au cap Belkine. On y trouve aussi un lièvre blanc *(Lepus timidus subsp.)* et un lièvre noir *(Lepus caprolagus sp.)* à ce jour non étudié. Noir de part en part, celui-ci est rare. Peut-être s'agit-il d'un dérivé mélanique du lièvre blanc. Car enfin, il existe des renards, des loups et même des lièvres roux atteints de mélanisme.

Les Russes s'amusent volontiers à courser les lièvres et à les traquer pour la seule raison de leur nature craintive et vulnérable. Ce n'est pas de la méchanceté, mais un divertissement cruel.

Le lièvre mit de l'animation dans le détachement. Les pluies, les marécages, la fatigue, tout était oublié. Les hommes se parlaient à qui mieux mieux, criards, racontant qui avait vu le lièvre et comment, de quelle manière il avait détalé et s'était laissé prendre. Aucun autre animal n'eût fait autant jaser. On se massait autour de Tourtyguine, chacun y allait d'une marque d'attention à l'égard de la petite bête : qui lui caressait le dos, qui lui tirait la queue, qui lui fichait sur le museau une cigarette de grossier tabac en lui tiraillant l'oreille. Et de quels noms ne l'affublait-on pas en faisant mille mots d'esprit et en relatant pour l'énième fois l'histoire de sa capture… Chez les Russes, mais aussi chez les Chinois et les indigènes du fleuve Amour, le mot *lièvre* évoque la moquerie quand quelqu'un d'affolé commet, par peur, toutes sortes de bêtises.

Quand l'ordre fut donné de bâter les chevaux, les fusiliers durent se remettre au travail. Après concertation, on décida de délivrer le lièvre. À peine posé à terre, l'animal déguerpit sous les sifflets et les cris des hommes hilares dont le tohu-bohu ne retomba qu'à l'instant où l'autre disparut de leur champ de vision.

Les chevaux une fois bâtés, le détachement se remit en marche. Maintenant, le chemin montait en corniche, contournant les torrents et progressant lentement vers le col. Des chênaies clairsemées s'effaçaient au profit de l'érable, du tilleul et du bouleau dahur.

Çà et là se profilaient des cèdres solitaires, ainsi que des épicéas et des sapins à cimes pointues.

Une heure et demie plus tard, nous étions au col. Il y avait là, au pied d'un grand chêne, un petit temple bâti de lauzes. C'était une construction des chasseurs et chercheurs de ginseng chinois. Décorée d'un chiffon rouge, sa façade était marquée des caractères *Sang-ling-tche-tchou*, c'est-à-dire « Au Seigneur des montagnes et des forêts » (le tigre).

Du haut du col s'ouvrit une vue grandiose sur la rivière Woulaho. Le soleil venait de disparaître à l'horizon. Au loin, sur les cimes, les cumulus revêtaient un tendre pourpre. À droite de notre chemin serpentait le ruban lumineux de la rivière. Quelques fanzas émaillaient le décor, dont la fumée, au lieu de monter dans le ciel, nappait la terre et semblait immobile. Un petit lac miroitait à l'écart de la route. Nous y plantâmes notre bivouac.

Comme toujours, il y eut de l'animation autour des feux ; les conversations, les rires et les plaisanteries fusèrent. Puis tout se calma. Après le dîner, les fusiliers se couchèrent. Quant à nous, longtemps encore nous veillâmes devant notre feu de camp à échanger nos impressions des derniers jours et à échafauder des plans d'avenir.

Une soirée étonnamment calme. On entendait les chevaux brouter l'herbe. Un hibou hululait quelque part dans les montagnes, et, du fond des marécages, montait l'infatigable coassement des grenouilles.

Levés tôt le lendemain, nous partîmes de bon matin. Les fanzas que nous avions aperçues la veille étaient goldes. Le lieu s'appelle Tchongt'aitse, ce qui signifie « torrent » en chinois. Les Goldes d'ici appartenaient à la tribu de Ioukomik, aujourd'hui presque décimée par les épidémies de variole. Leurs pâturages se trouvaient sur l'Amour à l'emplacement actuel de la ville de Khabarovsk. Sous la pression des Russes, ils avaient migré sur l'Oussouri et de là, sous le boutoir des cosaques, sur le Woulaho. Maintenant, ils ne sont plus que 12 : 3 hommes, 5 femmes et 4 enfants.

Les hommes étaient vêtus à la chinoise, portant des tuniques en *daba* bleu, et des pantalons du même matériau. Le costume des femmes avait conservé davantage son caractère national. Leur tenue était liserée de broderies et frangée de pacotilles. Des gosses crasseux jaillirent de l'intérieur des fanzas et nous regardèrent d'un œil farouche. On aurait eu de la peine à dire la couleur de leur peau à la fois hâlée, sale et maculée de suie. Ces Goldes-là connaissaient encore leur idiome, mais préféraient s'exprimer en chinois. Les enfants ne comprenaient pas un traître mot de leur langue d'origine. Chose étonnante que de constater à quelle vitesse les Chinois parviennent à transformer les indigènes à leur façon.

Après examen des fanzas, notre détachement poursuivit son chemin qui commençait à s'attaquer aux montagnes, là où le Woulaho amorçait un tournant latitudinal vers le nord-ouest. Large ici de presque 85 sagènes, la rivière coule à près de 5 verstes à l'heure. Parmi ses affluents, l'on retiendra : à droite, le Chet'ouho que nous connaissons déjà, puis le Tchongt'aitse, le Tingaop'ikeou, le Not'o, le Wangbahetse et le Fouking ; à gauche, les rivières Houanihotse et Wankeou.

Deux chemins partaient des fanzas goldes. L'un faisait des détours par la rive gauche du Woulaho et menait au Not'o, l'autre allait vers le sud-est en passant devant les monts Wangbahetse et Ouguy-Dinza. Nous prîmes ce dernier. Il fut décidé d'envoyer notre chargement par le Woulaho, à contre-courant, sur des barques conduites par des Goldes, pendant que nous franchissions la rivière et marchions vers le village de Zagornaïa par la vallée du Houanihotse. Une fois là-bas, nous irions droit vers le village de Kokcharovka avec de légers bâts.

À la mi-journée, il apparut à l'évidence que le temps serait à la pluie le lendemain. Dans la région de l'Oussouri, ce qu'on appelle la « brume sèche » annonce souvent le mauvais temps. Dès la veille au soir, on en avait perçu les premiers signes. Au matin, la brume s'était épaissie ; à midi, on la voyait déjà de près. On ne pouvait deviner le contour des montagnes qu'à la condition d'en connaître la forme. On eût dit que l'air n'était plus que fumée. Le ciel se fit blanchâtre.

Des couronnes se formèrent autour du disque jaune. Une fine toile d'araignée de nuages stratifiés vira au gris sale. Puis, soudain, l'air se fit pur et limpide. Au loin, les montagnes revêtirent une teinte bleu marine et sombre. L'arrivée de la pénombre fut pour nous le seul indice du coucher du soleil. La nature entière s'était figée, pétrifiée. Seules les grenouilles semblaient se réjouir du mauvais temps ; c'était à laquelle crierait le plus fort.

Au soir vint la pluie…

4. DU TCHONGT'AITSE AU VILLAGE DE ZAGORNAÏA

Changement de temps – La couleuvre de Schrenck – Un orage – La rivière Wankeou – Le village de Zagornaïa – Le vieux-croyant Panatchev – Les signes de l'arrivée prochaine de l'Antéchrist

Nous pensions que la pluie aurait cessé à l'aube, mais nous nous trompions. Au point du jour, elle repartit de plus belle. Il fallut rajouter force bois aux feux pour qu'ils ne s'éteignissent pas. Ça brûlait mal en fumant beaucoup. Terrés sous les moustiquaires, les hommes ne mettaient pas le nez dehors. Le temps semblait interminable.

Dans l'Oussouri, les pluies embrassent d'emblée un vaste territoire et persévèrent d'une façon déconcertante. Elles s'étendent d'un coup à plusieurs systèmes hydrographiques, parfois même à toute la région. Ainsi s'expliquent les grandes inondations.

Pour prédire le temps, Dersou s'appuyait sur un signe : si un brouillard se formait dans les montagnes sous la pluie et qu'il flottait immobile, cela voulait dire que la pluie cesserait bientôt ; mais s'il filait à grande vitesse, c'était signe de pluie prolongée avec un risque de typhon[8].

La pluie cessa avant le lever du soleil, mais le niveau de l'eau montait dans la rivière. Il nous fallait donc la franchir au plus vite. Dans cette situation, les Goldes nous furent d'une aide précieuse. Diligemment, sans cafouillis, ils passèrent notre chargement d'une rive à l'autre ; puis, de la barque, conduisirent par la longe le plus faible de nos chevaux, laissant les autres traverser à la nage.

Vers 8 heures, les rayons du soleil crevèrent les nuages en mordorant la brume. Contemplant ce tableau, je me transportai en pensée vers les premiers matins du monde où de lourdes émanations flottaient encore sur la terre ardente. Enfin, le brouillard s'échevela. La nature, que le mauvais temps avait paralysée, revenait à la vie. On entendit un chant d'alouette, et l'air s'emplit d'insectes.

Quand la barque eut quitté la rive, nous prîmes la route à notre tour. Maintenant, les montagnes étaient à droite, et la rivière, à gauche. Plus de marais, mais cela ne nous délivrait pas pour autant de l'humidité. Les dernières pluies avaient gorgé la terre, et les torrents, qui débordaient, inondaient la vallée.

Quelque chose ayant retardé les chevaux, nous marchions loin devant. À l'orée d'un bois, nous tombâmes sur une fanza désaffectée où nous attendîmes les autres, assis sur des pierres. Soudain, une forme longue et sombre bougea à l'écart. Les fusiliers coururent voir. C'était un grand reptile qui, à vive allure, rampait dans l'herbe vers des broussailles. Les soldats couraient à distance sans oser s'approcher, effrayés par la taille du serpent. Une minute plus tard, l'animal atteignait un arbre couché à terre, dans lequel il se cacha. C'était un tronc au cœur vermoulu sur presque 2 sagènes de long, et d'un diamètre de 6 verchoks. Muni d'un bâton, Merzliakov le ficha dans l'interstice. Il y eut alors un vrombissement, puis des bourdons surgirent de la brèche. Leur nid se trouvait à l'intérieur. Mais le serpent ? S'était-il vraiment coulé au sein de la colonie ? Pourquoi, dans ce cas, les bourdons n'avaient-ils pas donné l'alerte comme ils l'avaient fait après que le bâton les eût dérangés dans leur antre ? Tout le monde en fut intrigué. Les fusiliers attaquèrent le tronc à la hache. Pourri de partout, le bois volait en éclat. Dès qu'il fut réduit en charpie, nous aperçûmes le serpent qui se contorsionnait dans la vermoulure en tentant de s'y cacher, vainement. D'un coup de hache, le cosaque Bélonojkine lui trancha la tête. Et le reptile fut extrait de sa cachette.

C'était une couleuvre de Schrenck *(Coluber schrenckii Strauch)*. Longue de 6 pieds et 2 pouces, elle était grosse de 6 centimètres.

Étroite à l'orifice, la cavité s'élargissait à l'intérieur vers le pied du tronc. Duvet d'oiseau, touffes de poils, herbe sèche et exuvie rejetée par la couleuvre après sa mue attestaient que là était son nid. Il y avait aussi, près de la sortie, un nid de bourdons.

Chaque fois qu'il sortait ou entrait, le serpent se faufilait devant. Apparemment, bourdons et serpent cohabitaient sans gêne.

Les fusiliers examinaient la couleuvre d'un œil curieux.

— Elle a quelque chose à l'intérieur, dit Bélonojkine.

Son ventre, en effet, présentait un renflement. Nous fûmes curieux de voir de quoi se nourrissaient ces gros reptiles. Quel ne fut pas notre étonnement de découvrir dans l'estomac de l'animal une bécassine de taille plutôt respectable avec son long bec. Comment avait-il pu avaler un oiseau pareil sans s'étouffer ?

Aux dires des Goldes, la couleuvre oussourienne est un grand chasseur de bêtes à plumes. Elle rampe aux arbres et attaque les oiseaux dans leurs nids, surtout s'ils nichent dans le trou d'un tronc. Cela, d'accord. Mais comment avait-elle réussi à capturer un volatile capable à la fois de voler et de courir, et doté d'un bec visiblement si long qu'il ne pouvait que se coincer au passage ?

— On doit se presser. Le temps est à l'orage, dit Merzliakov en regardant le ciel.

Comme pour confirmer ses dires, un coup de tonnerre gronda sourdement.

Occupés que nous étions à capturer la couleuvre, nous n'avions pas vu ce gros nuage arriver. D'un coup, le ciel s'assombrit. Cela obligea les hommes à reprendre les chevaux qui pâturaient paisiblement au bord de la route. Nos accompagnateurs goldes nous dirent qu'il y avait, non loin de là, 2 fanzas chinoises où nous pourrions nous mettre à l'abri.

Le gros nuage se mouvait très vite. À l'avant, sa pointe blanchâtre donnait l'impression de friser. D'autres, dispersés, l'accompagnaient et semblaient vouloir le prendre de vitesse. Nous ne pûmes échapper à l'orage. À peine nous étions-nous mis en route qu'il se mit à pleuvoir. Quelques lourdes gouttes, pour commencer, puis une véritable averse. Tant que les éclairs fulguraient dans le lointain, on voyait l'électricité céleste se décharger au contact de la terre ; mais dès qu'ils entrèrent dans notre voisinage immédiat, cet effet cessa : les éclairs étaient partout dans l'espace ambiant…

Le tonnerre grondait si fort que l'on sentait l'atmosphère se convulser, et, à chaque soubresaut, la pluie s'intensifiait.

En général, ces averses sont de courte durée, mais pas dans l'Oussouri. Souvent, les pluies les plus longues commencent précisément par un orage. Ainsi cette fois. L'orage passait, le soleil ne se montrait toujours pas. Des nuages à plusieurs étages avaient envahi le ciel de part en part, jusqu'à l'horizon, distillant sur la terre une pluie fine et insistante. Inutile maintenant de presser le pas vers les fanzas. Cela, hommes et chevaux l'avaient compris.

Les fanzas chinoises se trouvaient derrière un bras d'eau. Pour les atteindre, il aurait fallu faire un grand détour. Aussi fut-il décidé d'aller directement chez les vieux-croyants.

Les monts de taille modeste qui dominaient la vallée du Wankeou sont principalement coniques. De profondes ravines se forment entre les escarpements. Sous la lumière du soleil, à n'en pas douter, le site est ravissant, mais, ce jour-là, il n'était guère engageant.

Impossible d'espérer une amélioration du temps. Le vent vint s'ajouter à la pluie. Puis la brume s'en mêla. Elle enveloppa les cimes, tantôt se coulant dans la vallée, tantôt remontant vers les sommets, et alors la pluie battait plus fort.

Le Wankeou est une petite rivière, large seulement de 2-3 sagènes et profonde de 1,5-2 pieds. Mais, maintenant qu'elle sortait de son lit, elle se faisait menaçante. Ses eaux roulaient à travers la forêt. Si les hommes passaient les zones inondées sans trop de difficultés, il n'en allait pas de même pour les chevaux qui avançaient à tâtons et tombaient dans des trous profonds.

Mais la forêt prit fin, et nous débouchâmes sur un vaste dégagement. De l'autre côté se nichait le petit village de Zagornaïa, au pied des montagnes, difficilement accessible pour cette raison que le pont construit par les vieux-croyants avait été abîmé par la crue. Nous mîmes plus de deux heures à le réparer. Foin de la pluie, tout le monde eut droit à une copieuse baignade.

Quand enfin l'obstacle fut levé, nous entrâmes dans le village. Soigné et propret, il comptait 8 feux. Des isbas solidement charpentées. On voyait bien que les vieux-croyants les avaient bâties sans hâte. C'était, comme on dit, de la belle ouvrage. Un visage de femme se montra à une fenêtre, puis un homme apparut sur le seuil. Le doyen, chef du village. Apprenant qui nous étions et où nous allions, il nous invita à entrer et nous offrit de descendre chez lui. Les cosaques, parce qu'ils étaient fortement trempés, débâtèrent les chevaux aussi vite qu'ils purent, pressés de se mettre à l'abri.

Notre hôte était un homme de taille moyenne, âgé d'environ 45 ans. Ses yeux marron irradiaient l'intelligence. Il portait une grande barbe avec de longs cheveux coupés au bol, d'une égale longueur sur le front et la nuque. Sa tenue consistait en une ample chemise en toile de coton, ceinturée d'un ruban plutôt lâche, en un pantalon à jambes bouffantes et des bottes à talons plats.

L'isba comptait deux pièces. L'une avec un grand poêle russe près duquel se trouvaient des étagères à vaisselle, en bois sculpté, et un lave-mains d'airain impeccablement astiqué. Deux bancs longs couraient le long du mur. Dans un coin, une table en bois couverte d'une nappe blanche avec, accrochée au-dessus, une armoire à icônes où de vieilles images représentaient des saints à têtes grandes, faces sombres, mains effilées.

Comme famille, le vieux-croyant avait une femme et deux gamins. La dame était vêtue d'un chemisier blanc et d'une robe pleine de couleurs, cintrée au-dessus de la taille et tenue aux épaules par deux bretelles croisées dans le dos. Elle avait sur la tête un foulard noué à la façon d'un diadème russe, le *kokochnik*. Quand nous entrâmes, elle s'inclina à hauteur de la ceinture, comme autrefois.

L'autre pièce était plus spacieuse. Il y avait près du mur un grand lit fermé de rideaux en coton. Là aussi, des bancs s'étiraient sous les fenêtres. Comme dans la première pièce, une table habillée d'une nappe maison occupait un coin. Une pendule meublait le mur entre les deux fenêtres, ainsi qu'un rayonnage de livres anciens à reliures de cuir. Dans un autre coin, une machine Singer, manuelle. Près de la porte, un fusil Mauser, de petit calibre, et une paire de jumelles Zeiss. Partout le sol était lavé, les plafonds bien menuisés, les murs soigneusement calfeutrés. Jamais l'on ne voit pareille propreté chez les paysans russes non vieux-croyants, même les jours de fête.

En nous déshabillant, nous salîmes par terre. Nous en fûmes gênés.

— Pas grave, pas grave, disait le maître de maison. Les bonnes femmes essuieront. Il faut voir le sale temps qu'il fait. On ne sort jamais propre de la taïga…

Quelques minutes plus tard, on apporta à table du pain chaud, du miel, des œufs et du lait. Ce fut avec appétit, pour ne pas dire avec voracité, qu'on se jeta sur la nourriture.

Le reste de la journée se passa en questions sur le chemin de Kokcharovka. Il s'avéra que la route s'arrêtait là et que, d'entre tous les vieux-croyants du village, seul un certain Panatchev pouvait nous guider en pleine nature à travers les montagnes.

Le doyen envoya quelqu'un le chercher. Panatchev arriva sur-le-champ. La quarantaine passée. Lui aussi portait la barbe, mais, comme il ne l'avait jamais taillée, elle poussait au petit bonheur, par touffes. On l'aurait cru tombé du lit, et n'ayant pas eu le temps de se peigner. On voyait bien que c'était un homme bon, qui ne pouvait faire de mal à personne. En entrant dans l'isba, il se signa trois fois d'un geste large et se prosterna trois fois de manière à toucher le sol avec sa main. Ses longs cheveux lui retombaient sur les yeux. Il ne cessait de secouer la tête et de les ramener en arrière.

— Bonjour ! dit-il d'une voix douce en se serrant près de la porte, la chapka froissée dans ses mains.

Il acquiesça volontiers à la proposition de nous accompagner jusqu'à Kokcharovka.

— Fort bien, j'y vais, dit-il simplement.

Dans ce « j'y vais », on sentait sa volonté de servir, sa docilité et sa conscience du fait que lui seul connaissait le chemin.

Il fut décidé de partir le lendemain à condition que la pluie s'arrêtât. Panatchev se retira, et nous reprîmes notre conversation avec le maître des lieux. Merzliakov s'intéressa aux livres anciens.

— Puis-je les regarder ? demanda-t-il au doyen.

— Si vous comprenez le slave, répondit le vieux-croyant, alors lisez, je vous en prie.

Et l'autre entreprit de sortir les livres l'un après l'autre.

Ça, c'est la *Vie des Saints Pères de l'Église apostolique orthodoxe*. Ça, c'est l'Apocalypse. Là, *L'Antéchrist*. Et voilà le *Florilège ou Sainte Colombe*[9]. Ce dernier était un manuscrit.

À cet instant, Panatchev réapparut à la porte. Il appela le doyen pour je ne sais quelle raison, et les deux hommes sortirent. Merzliakov, qui feuilletait un livre, s'arrêta sur le marque-page et se mit à lire.

« Or, le jouvenceau lui demanda : "Dis, saint Père, comment apprendrons-nous la venue de l'Antéchrist ?" Et le vieux sage de lui répondre : "Il y a des signes qui annoncent l'approche de l'Antéchrist. Les gens délaisseront leur vie d'avant et s'habilleront comme les étrangers, se raseront la barbe et la moustache, se procureront un dragon de cuivre nommé samovar et prendront pour breuvage des herbes venues de Cathay. Les guerriers se coifferont de casquettes et se battront non plus à la lance et à l'épée, mais de loin par le feu. Les guerriers ne s'appelleront plus 'guerriers', mais 'soldats', un mot qui commence par la même lettre que 'Satan'." Alors, le jouvenceau lui demanda : "Où trouver le salut ?" — Seul trouvera le salut, répondit le vieux sage, celui qui se réfugiera dans les montagnes, hors de la tentation, pour y vivre comme aux temps jadis… »

Nous échangeâmes un regard. D'un côté, le rejet de la nouveauté et le désir de vivre à l'ancienne ; de l'autre, une pendule de chez Bourret, un fusil de la marque Mauser, une machine à coudre Singer et des jumelles Zeiss. Comment tout cela pouvait-il s'accorder ? Absorbés par la lecture, nous ne vîmes pas le temps passer.

Au-dehors, les éléments se déchaînaient. Pluie et vent cinglaient les fenêtres. Des bruits plaintifs nous parvenaient du fond des ténèbres : le hurlement d'un chien, ou peut-être un râle dans le grenier. Bercés par ce bruit, nous sombrâmes dans un doux sommeil.

Scène de bivouac (1906 ou 1907).

5. MARCHE À TRAVERS LES MONTAGNES VERS LE VILLAGE DE KOKCHAROVKA

La taïga de l'Oussouri – Relevés de terrain dans la forêt – Perdus – Sous-bois – Moyens de se défendre des moustiques et des moucherons – Le village de Kokcharovka – Chez les Chinois de Not'okeoutse – La rivière Woulaho – Une chaleur étouffante

Le lendemain, 31 mai, je courus à la fenêtre aux premiers signes de l'aube. La pluie avait cessé, mais le temps était humide et maussade… Le brouillard, ce linceul, enveloppait les montagnes. À peine devinait-on les contours de la vallée, la forêt et quelques constructions au bord de l'eau.

Comme il ne pleuvait pas, nous pouvions nous mettre en route. Mais les circonstances nous retardèrent : le pain n'était pas prêt. Vers 8 heures du matin, tous les coqs se mirent à chanter.

— Le temps s'éclaircit, disaient les cosaques, le ciel tourne au beau. Ça chante fort chez les coqs, un signe qui ne trompe pas.

Fait notoire, les poules domestiques sont très sensibles aux changements météorologiques. Mais il est vrai aussi qu'elles se trompent souvent. Parfois, les coqs s'égosillent à la moindre éclaircie. Bientôt, pourtant, le brouillard se leva, le ciel bleu se montra çà et là, et l'on aperçut un coin de soleil.

À 10 heures du matin, notre détachement quitta le village sous la conduite de Panatchev en remontant la rive du Wankeou. Nous devions franchir la crête qui séparait le Taobiho du Woulaho et, en descendant une rivière qui n'avait pas de nom, gagner l'embouchure du Fouking.

Dès que nous sortîmes du village, la route se réduisit en un sentier qui nous mena aux ruches de Panatchev.

— Eh, les gars, suivez-moi, lança le vieux-croyant aux cosaques.

Ceci dit, il enjamba la clôture, ouvrit un baquet et leur donna du miel en rayon. Les abeilles tournaient autour de lui, se posaient sur ses épaules et s'emmêlaient dans sa barbe. Panatchev leur prodiguait des mots affectueux, les libérait de sa barbe et les relâchait. Il revint quelques minutes plus tard, et nous reprîmes notre chemin.

Peu à peu le ciel se dégagea tout à fait : le brouillard se dissipa, partout des filets d'eau couraient à même la terre, les fleurs trempées relevaient leurs boutons, des papillons virevoltaient dans les airs.

Quand nous fûmes en pleine nature, Panatchev nous conduisit en « se guidant à ses entailles ». Il nous fallut travailler de la hache dès que nous eûmes pénétré au cœur de la forêt.

Si le lecteur imagine la taïga comme un simple bois, il se trompe. La taïga de l'Oussouri est une forêt vierge et primitive où poussent : le pin sibérien dit « cèdre » *(Pinus coraiensis Sieb. & Zucc)*, le bouleau noir *(Betula daurica Pal.)*, le sapin de l'Amour *(Abies nephrolepis Maxim.)*, l'orme *(Ulmus campestris Lin.)*, le peuplier *(Populus suaveolens Fisch.)*, le sapin sibérien *(Picea obovata Leb.)*, le tilleul mandchou *(Tilia mandshurica Rupr. & Maxim.)*, le mélèze dahur *(Larix daurica Turcz.)*, le frêne *(Fraxinus mandshurica Rupr.)*, le chêne mongol *(Quercus mongolica Fisch.)*, le kalopanax palmatilobé *(Aralia mandshurica Rupr. & Maxim.)*, l'arbre à liège *(Phellodendron amurense Rupr.)* au feuillage semblable à celui du frêne et à la magnifique écorce de liège qui procure au toucher une sensation de velours, le noyer mandchou *(Juglans mandshurica Maxim.)* à grosses feuilles en palmes disposées au bout des branches, et de nombreuses autres espèces. Le sous-bois se compose d'épais fourrés parmi lesquels on reconnaît aisément : le ginseng sibérien *(Eleutherococcus senticosus Maxim.)*, le groseillier des rochers *(Ribes petræum Wulf)* avec ses feuilles piquantes, l'obier sylvestre *(Viburnum burejanum Herder.)* à feuilles blanches, le chèvrefeuille jaune *(Lonicera chrysantha Turcz.)* aux branches noueuses et à l'écorce ridée, la spirée à feuilles de petit-chêne *(Spirea chamædrifolia Lin.)* qui s'enroule autour de la morelle douce-amère *(Solanum Dulcamara Lin.)*. Et le tout entremêlé de vigne de l'Amour *(Vitis amurensis Rupr.)*, de liane *(Schizandra chiensis Baill.)* et d'actinidier panaché *(Actinidia kolomikta Maxim.)* dont les tiges atteignent parfois la grosseur d'une main.

Panatchev nous dit qu'en marchant léger, il couvrait en un jour la distance de Zagornaïa à Kokcharovka. Il est vrai qu'une journée, pour lui, allait de l'aube au crépuscule. Mais comme nous voyagions lentement avec des porte-bât, nous envisagions de couvrir la distance en deux jours, en passant une nuit dans la forêt.

Vers midi, nous fîmes une grande halte. Aussitôt, les hommes se déshabillèrent pour s'arracher mutuellement les tiques. Panatchev avait dégusté. Il n'arrêtait pas de se gratter. Les tiques s'étaient ancrées dans sa barbe et son cou. Après s'être débarrassés de leurs parasites, les cosaques s'occupèrent de soulager les chiens. Comprenant parfaitement de quoi il retournait, ces animaux intelligents se laissaient faire patiemment. Pour les chevaux, c'était une autre paire de manches. Ils secouaient la tête et se débattaient avec force. Il fallut déployer bien des efforts pour les délivrer des parasites implantés dans leurs lèvres et leurs paupières.

Après le thé, Panatchev ouvrit la marche, suivi par les fusiliers qui avançaient à la hache. Un quart d'heure plus tard, les porte-bât se mirent en route à leur tour.

— C'est qu'il va repleuvoir, dit Mourzine.

— Mais pas pour longtemps, lui répondit le vieux-croyant. Si Dieu le veut, ça s'arrêtera ce soir.

Si, après une intempérie prolongée, le vent cessait et que le soleil se montrait, c'était, selon lui, signe de petite pluie pour la soirée. La terre humide réchauffée par les rayons du soleil exhalait d'abondantes évaporations qui, une fois montées dans les hautes couches de l'atmosphère, retombaient en bruine.

Panatchev avait vu juste. Vers 5 heures du soir, il se mit à pluvioter, mais, peu avant le crépuscule, la pluie cessa et les nuages se dispersèrent. Une lumière singulière et tendre s'infusa dans la forêt. C'était le dernier sourire du soleil. Au moment de s'assoupir, il y eut comme un sursaut de la nature. Les tamias s'agitèrent, un loriot et une huppe fasciée poussèrent des cris. Mais voilà que la lumière se mit à faiblir. Les ombres de la nuit s'allongèrent sous les vieux sapins et arbrisseaux. La flamme du feu de camp se fit plus vive. Les hommes s'affairaient autour... Assis à l'écart, taciturne, Panatchev mangeait son pain en récupérant les miettes. Les cosaques ouvraient les bâts, montaient les moustiquaires et préparaient le dîner. Certains s'étaient mis tout nus pour chasser les tiques de leur linge. Ils juraient comme des troupiers.

— Dis donc, bonhomme, Kokcharovka est à combien de verstes encore ? demanda Bélonojkine au vieux-croyant.

— Va savoir ! A-t-on jamais mesuré la taïga ? C'est la taïga, c'est la taïga ! Pourvu qu'on y arrive, répondit l'autre.

Ce « pourvu qu'on y arrive » dénotait une pointe d'incertitude.

— Connais-tu bien le pays ? insista le cosaque.

— Pas vraiment. J'ai fait deux fois le voyage sans m'égarer. Bon, plaise à Dieu qu'on y arrive doucement.

Le dîner pris, Panatchev fit la prière sans éprouver de gêne devant les autres, puis leva sa hache et se mit à l'affûter sur une pierre.

Le lendemain matin, 1er juin, au lever du soleil, il ne restait plus un lambeau du brouillard de la nuit. Panatchev fut le premier à quitter le bivouac. Il ôta sa chapka, se signa et allongea le pas à la recherche de ses entailles. Deux fusiliers l'aidèrent à défricher le chemin.

Tout voyage à travers la taïga est monotone. La forêt aujourd'hui, la forêt demain, la forêt après-demain. Passage à gué de torrents aux eaux limpides envahies de broussailles et encombrées de pierres, bois mort sur pied, chablis couverts de mousse, fougères… tout se répète étonnamment. À force de voir des arbres au bout de son nez, on a l'œil qui fatigue en mal d'espace libre. Gênée, la vue ressent un irrépressible désir de lointain.

Il arrive quelquefois qu'un rai de lumière perce au cœur de la forêt sombre. Alors le voyageur ingénu presse le pas dans cette direction et tombe sur un champ de chablis. Une trouée de lumière en pleine forêt, c'est le siège d'un marécage, d'un reste d'incendie ou d'un carré de ventis. Il n'est pas toujours possible de contourner un bois chablis. Quand les troncs ne sont pas trop gros, on les coupe à la hache ; sinon, on élague le dessus et les côtés pour permettre aux animaux de les enjamber. Tout cela retarde les porte-bât, raison pour laquelle la progression est toujours très lente avec des chevaux à travers la taïga.

Si l'on marche dans la forêt sans avoir à travailler, on a tôt fait de s'en lasser.

Voyager dans la taïga n'a de sens que si l'on est occupé du matin au soir. Alors on ne voit plus le temps passer, on oublie les contrariétés et l'on accepte les privations.

Il importe de consigner incontinent les observations de terrain dans le cahier de route, faute de quoi les nouvelles impressions supplantent les anciennes, et l'on oublie les choses vues. Ces notes peuvent être tracées sur un coin de planchette ou dans un carnet spécial que l'on doit toujours garder sous la main. Le soir, elles sont reportées et détaillées dans le journal de voyage, ce qu'il ne faut jamais remettre au lendemain. Car à chaque jour sa peine.

Sous la pluie, il est préférable d'effectuer les relevés de terrain à l'abri d'un parapluie d'écorce, facile et rapide à fabriquer. On a toujours le matériau nécessaire à portée de main. Le temps que l'on travaille, on le fait porter par des compagnons de voyage. Après la pluie, on n'éprouve aucun scrupule à s'en séparer.

Attendu que le chemin décrit souvent des serpentements ou détours qui ne sauraient être reportés à l'échelle sur la planchette, il est recommandé au géomètre de fermer la marche à distance de façon que la queue du détachement reste visible entre les arbres. Pour se diriger, on se fie au dernier cheval. Si le détachement progresse trop vite pour le géomètre, celui-ci le laissera marcher pour ne pas retarder les porte-bât, mais gardera un soldat avec lui en lui ordonnant de suivre la trace des chevaux sans échapper à sa vue. Dans l'antre d'un sous-bois où l'on n'y voit goutte, on s'oriente à l'ouïe : le tintement d'une clochette, des coups de bâton sur les troncs des arbres, des cris, des sifflets, etc.

En chemin, notre détachement s'était divisé en trois groupes. L'avant-garde des défricheurs sous la conduite de Granatman, Panatchev en tête ; puis les porte-bât commandés par Merzliakov ; et les autres en queue. Nous progressions très lentement, devant marquer des arrêts fréquents pour laisser les défricheurs tailler la route. Vers midi, les chevaux stoppèrent soudain.

— Hue ! criaient les impatients.

— Doucement ! Le vieux-croyant a perdu le fil de ses entailles, répliquait-on devant.

— Il est où, lui ?

— Parti devant pour chercher la route.

Il se passa une vingtaine de minutes. Enfin, Panatchev revint. Au premier coup d'œil, on comprenait ce qu'il en était. Une face en nage, fatiguée, des yeux hagards, des cheveux en bataille.

— Alors, il y a des entailles ? lui demanda Granatman.

— Non ! Elles sont peut-être plus à gauche. Il faut marcher par là, dit l'autre en pointant le doigt vers le nord-est.

La marche reprit. Maintenant, Panatchev avançait d'un pas moins ferme qu'auparavant : tantôt il obliquait à gauche, tantôt se ruait dans le sens opposé, tantôt tournait carrément les talons, et le soleil, que jusque-là nous avions de face, nous passait derrière le dos. On voyait bien qu'il marchait au hasard. Je tentai de l'arrêter pour lui poser des questions, mais cela ne fit qu'en rajouter à son désarroi. On tint brièvement conseil. P. K. Routkovski était d'avis que l'on revînt aux dernières entailles, mais Panatchev dit qu'on passerait même sans retrouver la route, et qu'il saurait reprendre le droit chemin dès qu'on aurait gravi le col et scruté les environs.

Il fallait accorder un repos aux chevaux. On les dessella pour les laisser brouter. Les cosaques s'occupèrent du thé pendant que Panatchev et Granatman s'en furent escalader l'escarpement voisin. Ils revinrent une demi-heure plus tard. Granatman rapporta qu'il n'avait rien vu d'autre que des montagnes boisées. Panatchev avait l'air dépité ; et bien qu'il nous assurât connaître les lieux, le doute semblait s'insinuer dans sa voix.

Nous n'avions pas plus tôt repris la marche que nous tombâmes dans le piège d'un champ de bois chablis dont il nous fut impossible de nous extirper avant le soir. Panatchev nous conduisait d'une manière étrange. Nous montions un relief, marchions à flanc de montagne, redescendions… Quand on se perd, en général, on se laisse porter par le hasard. Après une journée de route, nous plantâmes le camp à l'endroit où la nuit nous surprit. Triste bivouac. De savoir que nous avions perdu notre chemin nous minait le moral. Panatchev avait l'air particulièrement sombre. Il soupirait, surveillait le ciel, se mettait les cheveux en broussaille, tapait de la main les pans de son surtout.

— Tire au moins les tiques de ta barbe, lui disaient les fusiliers.

— Ah ! malheur, se disait-il à lui-même. J'ai perdu le fil des entailles, comme par un fait exprès.

Nous devions recenser nos réserves alimentaires. En quittant Zagornaïa, nous avions emporté du pain pour trois jours. C'était donc suffisant pour le lendemain, mais qu'adviendrait-il si nous ne pouvions alors atteindre Kokcharovka ? Le soir, en tenant conseil, nous prîmes la décision de suivre rigoureusement la direction de l'est, sans écouter Panatchev.

L'aube pointait à peine que nous étions déjà debout. Car nous devions faire vite.

À 2,5 verstes du bivouac, nous eûmes la surprise de trouver des entailles. Elles étaient anciennes et quelque peu flétries.

— De qui ces entailles ? demanda Merzliakov.

— Des Chinois, répondit Panatchev.

— Il y a donc des Chinois chez vous ? Même ici ? s'étonnèrent les cosaques.

— Où ne sont-ils pas ? repartit le vieux-croyant. La taïga fourmille de Chinois. Où qu'on aille, on tombe dessus.

Les entailles étaient fréquentes et indiquaient la direction que nous souhaitions ; il fut donc décidé de les suivre aussi loin que possible. Si Panatchev s'était perdu, c'était précisément parce qu'il avait laissé peu de marques, oubliant qu'elles s'effaçaient avec le temps et qu'on les repérait mal à distance.

Allant de marque en marque, nous finîmes par trouver des pièges à zibeline. Certains anciens, d'autres neufs, de construction visiblement récente. L'un de ces pièges nous barrait la route. Kojevnikov en ramassa le billot de bois qu'il jeta à l'écart. Il y avait quelque chose dessous. Les ossements d'une zibeline. Apparemment, la neige avait recouvert l'animal peu après sa capture. Il était étrange que le Chinois n'eût pas inspecté ses trappes avant de quitter la taïga. Peut-être avait-il commencé la tournée mais, gêné par la tempête, n'avait pu suivre ses entailles jusqu'au bout ; ou que, malade, il s'était retrouvé dans l'incapacité de continuer la chasse… Longtemps l'animal avait attendu son propriétaire, jusqu'au printemps où, à la fonte des neiges, les corbeaux avaient picoré la précieuse prise dont il ne restait que des touffes de poil et de petits ossements.

Je pensai à Dersou. S'il avait été avec nous, il aurait su nous expliquer pourquoi la zibeline était restée dans son piège. Et le Golde, à n'en pas douter, nous aurait tirés de cette mauvaise passe en nous ramenant au bon chemin.

À midi, nous gravîmes une crête boisée qui s'étirait du nord-nord-est au sud-sud-ouest à une altitude moyenne d'une demi-verste. À travers les arbres, l'on distinguait un autre col, semblable, et quelques montagnes. D'en haut, la crête ressemblait au bord d'une tasse géante, et la vallée, à une fosse profonde noyée dans le brouillard.

Après discussion, nous décidâmes de descendre dans la vallée et d'en longer le cours. Le versant était abrupt, encombré de chablis et d'éboulis. Il nous fallut le dévaler en zigzaguant, ce qui nous prit beaucoup de temps. Le torrent que nous suivions tourna bientôt vers le sud. Alors nous prîmes la décision de couper en pleine nature une série d'arêtes montagneuses.

Panatchev travaillait en silence. Il allait devant, et nous derrière. Désormais, cela n'avait plus d'importance. Incapables de corriger l'erreur que nous avions commise, nous ne pouvions que descendre jusqu'à la rivière Woulaho. À la faveur de la grande halte méridienne, je recomptai nos provisions. Il s'avéra que le reste de pain séché suffirait à peine pour le dîner du jour. Je conseillai aux hommes de réduire la ration.

L'épaisse forêt mixte que nous traversions maintenant était magnifique d'aspect. Certains arbres nous stupéfiaient par leurs dimensions. C'étaient de véritables géants de 12 à 15 sagènes de haut et de 10 à 12 pieds de tour. Des troncs morts jonchaient la terre, recouverts de mousses et de lichens colorés, dans un enchevêtrement de spirées *(Spirea chamædrifolia Lin.)*, de noisetiers du Japon *(Corylus heterophylla Fisch.)* et de lespédèzes *(Lespedeza bicolor Turcz.)*.

Dans les zones humides, de somptueuses fougères *(Struthiopteris germanica Willd.)* foisonnaient par milliers, dont les frondes atteignaient une longueur de 6 pieds. Ces végétaux font penser à de gigantesques nénuphars.

La taïga de l'Oussouri renferme d'innombrables herbes à fleurs. Ce qui saute aux yeux en premier lieu, c'est le vératre vénéneux *(Veratrum album Lin.)* à feuilles froncées, pointues, grossières et à feuilles blanches, puis le badianier *(Dictamnus albus Lin.)* à feuilles ovales lancéolées et à fleurs rose vif qui secrètent d'abondantes huiles essentielles. Le bleu profond de l'aconit *(Aconitum Kusnezovi Reichen.)* à feuilles dentelées jure particulièrement dans le fouillis des herbes fleuries, côtoyant le sabot-de-Vénus *(Cypripedillum ventricosum Sw.)* à grandes feuilles lancéolées, la tendre colombine *(Thalictrum filamentosum Maxim.)* avec ses fleurs éclatantes si caractéristiques, la lychnide rutilante *(Lychnis fulgens Fisch.)* avec ses feuilles ovales lancéolées et un groupe de trolles orange *(Trollius Ledebaurii Reichen.)*.

Malgré la malchance qui nous frappait, nous ne pouvions être indifférents aux beautés de la nature. Artistes, botanistes ou simples amateurs de nature eussent trouvé ici une matière inépuisable.

Avant le soir, pour la première fois, nous vîmes apparaître des moucherons. La bigaille, comme disent les vieux. Le moucheron de l'Oussouri est le fléau de la taïga. Après piqûre s'ouvre une plaie saignante qui démange horriblement, et plus on la gratte, plus la démangeaison est aiguë. Quand les moucherons sont nombreux, on ne doit pas ôter une seconde le filet de son visage. La bestiole s'attaque aux yeux, s'incruste dans les cheveux et les oreilles, se glisse sous les manches, pique le cou d'une façon insoutenable. Le visage enfle comme dans une crise d'érysipèle. Au bout de deux ou trois jours, l'organisme s'immunise enfin et la face se désenfle.

Si les hommes pouvaient se protéger de la « bigaille » avec des filets, les chevaux, eux, souffraient le martyre. Elle leur dévorait les lèvres et les paupières. Les pauvres bêtes avaient beau secouer la tête, rien ne les défendait de leurs petits tortionnaires.

La meilleure protection contre les moucherons est le filet. Surtout, ne pas utiliser de filet métallique : il tend à chauffer fort. Mieux vaut souffrir de ces bestioles que s'asphyxier dans un air à la fois surchauffé et saturé d'haleine. Trop fragile est le filet de mousseline qui ne cesse de s'accrocher aux branches et de se déchirer, et alors les insectes s'engouffrent dans l'ouverture en ne vous laissant pas d'autre choix que d'ôter votre couvre-chef pour vous libérer. Non, le mieux est d'utiliser un filet à cheveux. Il est assez robuste et chauffe moins au soleil que le filet métallique. Certains recommandent de se barbouiller de vaseline. Ayant moi-même essayé, je tiens à dire que la technique ne vaut rien. D'abord, les insectes se collent à la vaseline. Ils se débattent en chatouillant le visage. Autre inconvénient, la vaseline fond et coule avec la sueur. Quant aux huiles odorantes, de girofle par exemple, c'est encore pire. Elles pénètrent par les pores dilatés de la peau et brûlent comme de l'ortie. Le meilleur remède contre la vermine, c'est la patience. La bigaille met en larmes les impatients.

Armés de ce remède, nous marchâmes tant que le soleil ne disparut complètement à l'horizon. Panatchev partit alors en éclaireur. Il rentra au bivouac dans la nuit noire, disant qu'il avait vu la vallée de la rivière Woulaho du haut d'un relief et que nous serions sortis de la forêt le lendemain avant midi. La nouvelle rasséréna tout le monde, les hommes se mirent à plaisanter et à rire.

Piteux fut le dîner. Des miettes de pain séché, qui ressemblaient fort à de la farine, furent distribuées en parts égales.

Vers 8 heures du soir, un éclair fulgura vers l'ouest, et le tonnerre gronda dans le lointain. Le ciel parut luminescent. On distinguait nettement les contours du plus petit nuage. Parfois, les éclairs zébraient l'air à un endroit, puis, l'instant d'après, les décharges électriques frappaient à l'opposé. Et tout retombait dans les ténèbres. Les fusiliers se mirent à planter les tentes et à recouvrir les bâts de bâches, mais c'était une fausse alerte. L'orage passa à côté. Longtemps encore les fulgurances strièrent le ciel à l'horizon.

Au matin, nous tombâmes sur une sente dès que nous eûmes levé le camp. Il s'avéra que c'était une piste de bête qui menait aux montagnes. Panatchev l'enfila. Nous étions sur le point de nous en inquiéter, mais, cette fois, il eut raison. Le chemin nous conduisit à une fanza de trappeur. Maintenant, la taïga mixte s'effaçait au profit de mélèzes clairsemés. Sentant la fin de la route, les chevaux pressaient le pas. Enfin, le jour se fit plus lumineux, et nous débouchâmes à l'orée de la forêt. Nous avions devant nous la vallée du Woulaho. À de nombreux indices, il apparut qu'un village n'était pas loin.

Quelques minutes plus tard, nous étions au bord de la rivière. Sur l'autre rive, nous aperçûmes Kokcharovka. Les vieux-croyants nous amenèrent des barques pour le transport des selles et des bâts. Inutile d'aiguillonner les chevaux qui, intelligents, comprirent parfaitement qu'un abondant fourrage les attendait de l'autre côté. Ils se mirent à l'eau d'eux-mêmes et traversèrent la rivière.

La traversée faite, les hommes étaient très fatigués. Les chevaux aussi avaient besoin de repos. Nous décidâmes de passer trois jours à Kokcharovka.

J'en profitai pour me rendre au village chinois de Not'okeoutse, situé à l'embouchure de la rivière Not'oho. Celle-ci doit son nom au mot chinois *not'eou*, qui signifie « raton laveur » (44° 39' de latitude nord et 8° 56' de longitude est à partir du méridien de Greenwich d'après Gamov[10]). Les Chinois ont ainsi baptisé la rivière en raison de la présence nombreuse de ces animaux, autrefois.

Le village de Not'okeoutse est l'une des localités chinoises les plus anciennes de l'Oussouri. À l'époque de Venioukov[11] (en 1857), l'on vit affluer là pléthore de chercheurs d'or, cueilleurs de ginseng, chasseurs et trappeurs. La vieille route par laquelle les Mantsés[12] de l'Oussouri se rendaient au poste Sainte-Olga passait précisément par ici. Leurs caravanes transitaient par Not'okeoutse en longeant le Fouking pour gagner la mer à travers le Sikhotè-Alin. C'était cette route qu'il nous fallait maintenant emprunter.

L'expression « rivière Woulaho » se compose de trois mots – russe, chinois et mandchou –, chacun signifiant la même chose : la « rivière ». En version traduite, cela donne étrangement « rivière-rivière-rivière ».

Le Woulaho coule vers le nord-nord-est par une vallée longitudinale née d'une fracture de strates. Large de presque 60 sagènes, il présente une profondeur moyenne de 6 pieds. Avec pour prolongement tectonique : la vallée du Not'oho inférieur et de son affluent le Sopoutch'aeul, qui court à sa rencontre.

D'entre les affluents du Woulaho, les plus importants sont : à gauche, la Tapahotse et la Hinantch'a. Le nom de cette dernière indique le sens du courant (*hi*, l'ouest, *nan*, le sud, et *tch'a*, la fourche, c'est-à-dire « affluent sud-ouest »). Côté droit, la rivière reçoit beaucoup d'affluents : le Yangmoukeoutse, le T'outakeou, l'Eultakeou, le Sangtakeou, le Sseutakeou. Viennent ensuite les rivières Fouking et Not'oho dont il est fait mention plus haut. Ces cours d'eau prennent tous leur source dans le Sikhotè-Alin. Le plus gros affluent du Woulaho est, sans conteste, le Yangmoukeoutse qu'il est permis de considérer comme le début de l'Oussouri, par lequel on peut déboucher sur le littoral en baie du Wangk'ing et de Saint-Valentin. Les crêtes montagneuses qui encadrent la vallée de part et d'autre retombent en longs contreforts revêtus d'épaisses forêts mixtes, qui se terminent près de la rivière par de petites collines hautes de 200-250 sagènes.

La vallée du Woulaho compte parmi les plus fertiles de la région. Il y pousse de vieux grands arbres solitaires, ormes, tilleuls et chênes. Pour qu'ils ne fassent pas d'ombre aux jardins, les Chinois les écorcent près des racines. Ces arbres sèchent alors sur pied et donnent du combustible.

La journée était extrêmement chaude. La voûte céleste ressemblait à une tasse de cristal que l'on aurait renversée sur la terre comme on le fait sur les jeunes pousses afin d'en accélérer la croissance, d'où cet effet de chaleur étouffante. Pas une brise au sol, pas un nuage dans le ciel. Un air caniculaire flottait sur la route. Arbres et buissons, suffoqués par la chaleur, faisaient feuilles basses. Calme, la rivière coulait sans bruire. Le soleil se mirait dans l'eau. On eût dit qu'il en brillait deux : l'un en haut, l'autre en bas. Les petits animaux s'étaient terrés dans leurs repaires. Seuls les oiseaux donnaient signe de vie. L'alouette mandchoue trouvait encore la force de tournoyer dans les airs en saluant de son cri l'été ardent. Dans un bois clairsemé, au bord de la route, j'avisai deux pies bleues. Prudentes, rusées, elles sautaient de branche en branche, se coulaient prestement dans la frondaison et jetaient alentour des coups d'œil craintifs. Plus loin, dans un bras d'eau croupie, je fis peur à une bergeronnette boréale. Ce petit oiseau gris vert au ventre et au cou jaunes prit son envol, mais, apercevant une libellule, entreprit de lui faire la chasse sans se soucier le moins du monde de ma présence.

Dans l'après-midi, la bigaille réapparut en masse. Je cessai le travail et revins au village, bientôt rattrapé par un troupeau de chevaux appartenant aux paysans. Harcelés par des nuées de taons, ils ruaient, secouaient la tête, se fouaillaient de la queue. Ayant soudain avisé des buissons à l'écart du chemin, ils s'y précipitèrent tous ensemble pour s'y gratter les jambes et le ventre, seule façon de se débarrasser de ces vampires volants. Au village, ils étaient attendus. Partout brûlaient des fumoirs. Quand enfin ils arrivèrent jusqu'aux feux, les chevaux y fichèrent le museau. C'était pitié de les voir. Les narines dilatées, ils avaient le souffle rauque et saccadé, le corps criblé de gouttes de sang, surtout la croupe, les lèvres, le cou et le garrot, où ni leur queue ni leurs dents n'avaient prise.

Le lendemain fut encore plus pénible. Claquemurés dans les isbas, nous interrogions les vieux-croyants sur leur village et ses environs. Ils nous racontèrent que Kokcharovka avait été fondé en 1903, qu'il comptait 22 feux et que c'était la dernière localité russe : plus loin, sur le Fouking, ne vivaient que des Chinois qui subvenaient à leurs besoins en chassant, en cueillant le ginseng ou en piégeant la zibeline.

V. Arseniev dans une périssoire oudihée (1906 ou 1907).

6. LA VALLÉE DU FOUKING

Une fanza agricole chinoise – La concoction des bois de renne – Anofriev dans le rôle de chef de détachement – Le naufrage de la barque – Sous-bois dans la taïga – Les oiseaux de la forêt – Rencontre avec un trappeur

LE 6 JUIN, nous fîmes nos adieux à Kokcharovka. Maintenant qu'ils étaient reposés, les chevaux avançaient d'un pas beaucoup plus alerte, bien qu'il n'y eût pas moins de taons et de moucherons que la veille. Pour ceux qui fermaient la marche, c'était dur. Les insectes se massent toujours en queue de détachement. En pareil cas, il est recommandé de laisser hommes et chevaux permuter.

À partir du village de Kokcharovka, la route longe la rive droite du Woulaho à l'exception d'un endroit où elle contourne par les montagnes un mur rocheux qui surplombe la rivière, avant de revenir à la vallée. Le Fouking coule dans le sens latitudinal, mais oblique progressivement vers le nord sur son cours inférieur pour confluer avec le Woulaho à environ 2 verstes en aval de l'extrémité gauche de la vallée.

Les rhododendrons *(Rhododendron dauricum Lin.)* étaient alors en pleine floraison, ce qui jetait une coloration pourpre et violette sur les pentes rocheuses où ils foisonnaient. La vallée du Fouking peut être qualifiée de champêtre, tout juste y voit-on ici ou là de vieux arbres solitaires, un chêne, un tilleul bien ramé, un peuplier noir au bois noueux, de petites montagnes recouvertes de forêt mixte où dominent épicéas et sapins.

La beauté sauvage de la vallée se trouvait quelque peu nuancée par des marques de présence humaine. Des fanzas chinoises émaillaient de gris le paysage, pareilles à des cailles se dérobant aux yeux des chasseurs. Elles dégageaient une sensation de bien-être.

Alentour, tout n'était que paix, silence, goût du labeur. Des champs de blé et des jardins potagers s'étendaient près des habitations. Que n'y voyait-on pas : blé, maïs, millet, avoine, pavot à opium, fèves, tabac, ainsi qu'une multitude d'autres cultures que je ne connaissais pas. Plus près des fanzas poussaient : haricot, pomme de terre, radis, citrouille, melon, chou, salade, rutabaga, concombre, tomate, oignons de différentes variétés et petits pois. Partout s'agitaient les silhouettes bleues des Chinois. À notre passage, ils cessaient le travail et nous accompagnaient longuement du regard. Visiblement, l'apparition d'un détachement militaire les troublait, et la présence de porte-bât indiquait que ce détachement venait de loin pour aller loin.

Je me rendis à l'une des fanzas. Dans le potager, un auguste vieillard travaillait à désherber les cultures, gémissant chaque fois qu'il se baissait. On voyait qu'il peinait, mais renonçait à vivre oisivement aux crochets d'autrui. Un autre vieux travaillait avec lui, moins âgé, qui soignait la présentation des légumes en rajustant leurs feuilles et en coupant celles qui dépassaient. Quand nous approchâmes, les deux vieux nous saluèrent à leur manière, puis, après s'être épongé la face d'un chiffon sale, se retirèrent.

La fanza chinoise devant laquelle nous étions se composait de trois constructions disposées en fer à cheval : la partie habitable, au milieu, et deux hangars latéraux. La cour, impeccable et bien tenue, était ceinte d'une clôture aussi haute que les granges. Les chiens, flairant des étrangers, poussèrent de furieux aboiements. À ce bruit, le maître des lieux sortit et, sur-le-champ, donna ordre aux employés d'aider les fusiliers à desseller les chevaux.

Une construction originale que la fanza chinoise. Ses murs sont faits d'argile. Un toit de roseaux à double versant. Des fenêtres grillagées et collées de papier occupent presque entièrement l'espace de la façade. Point de fenêtres, en revanche, à l'arrière de la maison ni sur les côtés. Les cadres sont ainsi conçus qu'ils se laissent aisément retirer de leur enchâssement, par le haut. Personne ne met de serrure aux portes que l'on bloque non contre les hommes, mais contre les chiens.

À l'intérieur de la fanza se trouvent, de part et d'autre de la porte de séparation des deux pièces du logis, des poêles bas maçonnés de pierres, dans lesquels sont encastrées des marmites en fer. Leurs tuyaux courent le long des murs en passant sous les *kang* afin de les chauffer. Faits de pierres plates, ceux-ci servent de couchettes où l'on dort sur des nattes de paille. Ils sont larges de près d'une sagène. L'évacuation de la fumée se fait par une longue cheminée, elle aussi maçonnée de pierres, qui se dresse un peu à l'écart de la fanza et ne dépasse pas le faîte du toit. Les Chinois dorment nus, la tête vers l'intérieur et les pieds vers le mur.

Une cloison en bois divise la fanza en deux moitiés. La plus petite abrite le maître et ses compagnons, et la plus grande, ses ouvriers. Pendue à un trépied au milieu de l'habitation, une vieille marmite ébréchée contient du sable et de la cendre. C'est un brasier où l'on jette les tisons des poêles quand la cuisine est faite et que les *kang* sont bien chauds. Pour réchauffer leur nourriture, les Mantsés y allument un feu, de telle sorte que la pièce est toujours pleine de fumée et de poussière. Point de plafond, le toit étant posé directement sur les murs. Les poutres en bois, l'écorce de cèdre et la paille sont tellement carbonisées qu'elles en deviennent noir luisant. Tous les objets situés au-dessus de la taille humaine noircissent et se couvrent d'une épaisse couche de poussière.

Le propriétaire de la fanza nous fit entrer dans sa pièce, qui était un peu plus propre que celle des employés. Il y avait le long des murs de grosses malles encollées de papiers rouges criblés de caractères dédiés au Nouvel An chinois. Une sorte de petit oratoire faisait face à l'entrée avec, sur une tablette, des bougeoirs à cierges rouges, des écrins jaunes, des bouteilles empoussiérées. Il y avait aux murs des peintures pleines de couleurs, caractéristiques de l'art chinois en ce qu'elles ignoraient les effets de perspective et représentaient des scènes historiques reconnaissables aux costumes, à la pose surfaite des acteurs et à leurs visages fardés.

Le maître de maison déroula sur le *kang* une nouvelle couverture de coton, dressa une petite table et nous servit une tasse de thé. Le thé chinois se présente comme une infusion jaune pâle, mais étonnamment parfumée. Il se boit sans sucre. Car, sucré, il n'est pas agréable au goût.

Les premières questions posées par les Chinois furent :

— Combien êtes-vous ?

— Y a-t-il du monde derrière vous ?

D'abord, je m'indignai de ces questions que je pris pour des marques de malveillance ; mais, plus tard, je compris qu'il s'agissait de savoir pour combien de personnes préparer le dîner.

Nous prîmes nos aises dans la fanza. Les Chinois allaient au-devant de nos désirs, nous priant simplement de ne pas lâcher les chevaux de peur qu'ils ne s'en prissent aux cultures. Ils leur donnèrent de l'avoine et fauchèrent autant d'herbe qu'il en eût suffi à un détachement deux fois plus grand que le nôtre. Tout se faisait vite, dans la bonne entente et sans accroc.

Après un déjeuner consistant fait de poule bouillie, d'œufs, de pomme de terre frite et de galettes cuites à l'huile de soja, je m'en fus visiter les hangars.

La moitié d'un appentis était destinée à la distillerie d'alcool. Il y avait là deux fosses de fermentation, un alambic et des récipients. Des briques à *souli*[13] étaient alignées sur des étagères sous abri. À mesure des besoins, on les mettait à tremper dans les fosses. Là, elles gonflaient et se désagrégeaient. On les laissait fermenter un temps avant de les transvaser à la pelle dans une marmite au-dessus de laquelle on plaçait une cuve en bois sans fond, avec, par-dessus, une autre marmite pleine d'eau froide. Les vapeurs venaient se fixer sur le fond froid de la marmite supérieure et ressortaient par un système spécial de récupération.

L'autre moitié abritait un moulin composé de deux meules. Celle du dessous restait immobile. Un cheval faisait tourner le moulin, les yeux bandés, qui entraînait la pierre supérieure. La farine était tamisée pour la séparation du son. Placé dans un placard spécial, le tamis était actionné par un homme, avec ses pieds, qui veillait aussi au cheval et alimentait la meule en grains.

Près du moulin, un entrepôt contenait des céréales et vraiment toutes sortes de choses. Peaux de bête, bois de renne, bile d'ours, fourrures de zibeline et d'écureuil, bougies de papier, rouleaux de thé, haches neuves, outils de menuiserie et de jardinage, arcs de trappeur, lance de chasse, arme à mèche, matériel de portage à dos d'homme, vêtements, vaisselle n'ayant jamais servi, tissu bleu chinois, étoffes blanches et noires, couvertures, *ouly*[14] neuves, herbes sèches pour chaussures, cordes et *toulouz*[15] d'huile. En voyage, les Chinois transportent l'huile de soja dans des *toulouz* semblables, bien que plus petits. Comme bouchon, ils utilisent habituellement un épi de maïs enveloppé d'un chiffon. La fabrication de ces *toulouz* s'explique par la pénurie de verre.

À droite de la cour, le hangar servait d'écurie et d'étable. Les rondins de bois mangés et les poteaux rongés nous disaient que, l'hiver, on donnait moins de foin aux chevaux. Les Chinois les nourrissent de paille brute coupée de soja. Malgré cela, leurs chevaux sont toujours robustes de corps.

Un petit chemin partait de la fanza. Je m'y engageai. Il me conduisit à un oratoire fait de planches et orné de bois sculpté. S'y trouvait une image représentant le dieu des éléments Long Wang Ye, entouré d'autres divinités. Tous exhibaient des faces colorées et courroucées. On avait disposé devant eux de petites tasses en porcelaine, vraisemblablement pour y verser de l'alcool au moment des offrandes. Deux poteaux en forme de figures sculptées se dressaient à l'avant du temple.

Il y avait derrière la fanza, légèrement à l'écart, un gros tas de bûches soigneusement fendues, et empilées plus soigneusement encore en tas circulaire à la façon d'une meule de foin.

Dans la fanza voisine, on faisait bouillir des bois de renne. Je m'y rendis pour assister à l'opération. La cuisson s'effectuait à ciel ouvert. Une marmite pleine d'eau reposait sur un foyer composé de trois pierres. Le Chinois « bouilleur » veillait attentivement à ce que l'eau fût chaude, mais non bouillante. Il tenait à la main une fourche en bois à laquelle était ficelée une ramure fraîche de renne. Après avoir trempé le cor dans l'eau, il le laissait refroidir en soufflant dessus, puis le replongeait dans la marmite et le ressortait pour le refroidir de nouveau en éventant la vapeur. La cuisson se fait chaque jour jusqu'à ce que le bois s'assombrisse et se durcisse. Ainsi, il se conservera pendant de longues années. Pour peu que la ramure passe deux ou trois secondes de trop dans l'eau chaude, elle éclate et perd de sa valeur.

Lorsque je rentrai, c'était déjà la fin du jour. À peine le disque eut-il effleuré l'horizon que tous les Chinois, comme un seul homme, cessèrent le travail et prirent tranquillement le chemin du retour. Il ne restait plus personne dans les champs.

De retour à la fanza, je m'attelai à l'écriture de mon journal. Aussitôt, deux Chinois vinrent s'asseoir à mes côtés. Ils suivaient ma main des yeux, étonnés de sa vitesse. Il se trouva qu'à cet instant je traçai machinalement quelques mots sans poser les yeux sur le papier. Un cri d'exultation jaillit de leur bouche. En un clin d'œil, plusieurs personnes sautèrent du *kang*. Cinq minutes plus tard, tous les habitants de la fanza m'entouraient, chacun me priant de refaire la même chose un nombre incalculable de fois.

Une bouillie de maïs liquide, quelques légumes salés et deux morceaux de pain de farine noire, tel fut le dîner des employés mantsés. Accroupis autour d'une table basse, ils mangeaient en silence. Le dîner pris, ils se déshabillèrent et se couchèrent sur le *kang*. Certains fumaient la pipe, d'autres buvaient le thé. Tout le monde bavardait maintenant. Il y avait deux hommes de passage venus de la rivière Not'oho. Ils faisaient un récit plein d'allant que les autres, en l'écoutant, ponctuaient de marques d'étonnement : «*Ngaiya-ha !*» Ainsi pendant près d'une heure. Enfin, la conversation s'éteignit peu à peu et tourna au ronflement. Seule une lampe à huile brûlait encore dans un coin. C'était un vieux Chinois qui fumait de l'opium.

Me voyant assis en train d'écrire pendant que les autres dormaient, les Chinois interprétèrent la chose à leur façon. Ils décidèrent que je n'étais qu'un scribe, notre vrai chef étant le porte-enseigne Anofriev. Ceci parce que ce dernier n'arrêtait pas de leur crier dessus, de fulminer, de les chasser de la pièce propre vers celle des ouvriers. Je me souvins d'avoir noté la même chose dans les autres fanzas. Les Chinois en avaient une peur bleue. Si quelqu'un dans le détachement se voyait refuser quelque chose, il lui suffisait de s'en remettre à Anofriev, et d'emblée les Chinois filaient doux en s'exécutant sans piper. Apparemment, il se disait de fanza en fanza qui était le chef. Et l'on ne pouvait rien contre la rumeur. Quand je me réveillai le lendemain matin et que je demandai un thé aux Chinois, ils me désignèrent Anofriev en chuchotant qu'il fallait attendre que « le capitaine en personne » daignât se lever. Alors je réveillai Anofriev en le priant de donner des ordres. L'autre tança les Chinois qui s'agitèrent aussitôt et, en un rien de temps, m'apportèrent thé et brioches cuites à la vapeur.

Après avoir acquitté son dû au maître de maison, nous reprîmes la remontée du Fouking.

À gauche de la vallée, les montagnes sont faites d'une lave basaltique qui, sous l'effet des agents atmosphériques dans les zones de dénuement, revêt une coloration rouge. À leurs cimes et par endroits sur leurs versants, on aperçoit des éboulis qui, de loin, ressemblent à de grises tonsures. Ces reliefs sont creusés de profondes ravines et habillés de chênaies clairsemées.

Sur la rive droite du Fouking s'étire une chaîne massive recouverte d'une forêt mixte dense.

À midi, notre détachement fit halte à un endroit où la vallée tournait brusquement vers le nord avant de reprendre la direction de l'est au bout d'environ 3 verstes.

Sur l'autre rive, on apercevait une fanza où vivaient deux Chinois. L'un boiteux et l'autre aveugle.

Comme le niveau des eaux montait, nous ne pûmes passer la rivière à gué, mais les Chinois nous amenèrent une barque pour les selles et le chargement. Les chevaux firent la traversée à la nage.

Ils avaient beaucoup maigri durant ces derniers jours. Dans la journée, ils étaient à la peine; dans la nuit, ils souffraient des insectes, refusaient de pâturer dans l'herbe et venaient se frotter aux fumoirs. Pour leur alléger le travail, je décidai d'envoyer une partie du chargement en barque avec deux fusiliers. Les Chinois nous la cédèrent volontiers pour un prix modique. Mais il était écrit que l'équipée devait échouer. Dès que l'embarcation atteignit le milieu de la rivière, l'un des soldats perdit l'équilibre et tomba. La barque se retourna aussitôt. Les fusiliers, qui savaient nager, regagnèrent la rive sans difficulté, mais les fusils, les haches, les fers à cheval de secours et la forge avaient sombré. On ne tarda pas à récupérer la barque. Dans la précipitation, toutefois, on perdit de vue le point de naufrage. Deux hommes, dans le détachement, se montrèrent capables de plonger : Aouzine et Melian. Ils écumèrent la rivière jusqu'au crépuscule, sondèrent le fond avec des perches, jetèrent des cordes à grappins, mais tout cela en vain.

La journée du lendemain, 8 juin, fut consacrée à la pêche aux fusils. Notre calcul était que, sous le soleil, le fond de la rivière serait visible, mais le temps, comme par un fait exprès, se détériora. Le ciel se couvrit de gros nuages, et il se mit à bruiner. Après midi, cependant, Melian, parvint à repêcher deux fusils, la forge, les fers et les clous. Je m'en contentai et donnai l'ordre de reprendre la route.

Point de mal sans bien, toutefois : les moucherons se faisant moins nombreux depuis deux nuits, les chevaux avaient pu se refaire une santé. Nous rendîmes aux Chinois leur malheureuse barque et, à 2 heures de l'après-midi, le détachement s'ébranla.

Frais, couvert, sec, le temps nous était favorable. De gros nuages amoncelés traversaient le ciel en éclipsant le soleil.

Plus haut, le Fouking décrit un méandre en fer à cheval. La sente tourne à droite dans les montagnes, ce qui permet un raccourci substantiel. Au passage, elle coupe deux petites crêtes et traverse une source abondante.

À midi, j'ordonnai une halte près d'un torrent. Après le thé, je partis devant en laissant des consignes, sans attendre qu'on bâtât les chevaux.

Le temps, toujours maussade, ne changea pas dans l'après-midi, mais l'on devinait qu'il ne pleuvrait pas. Il faut toujours savoir profiter d'un temps pareil, car alors on peut beaucoup faire et beaucoup avancer. L'énergie vous vient par je ne sais quel miracle, et, surtout, vous ne sentez pas la fatigue. La bigaille aussi disparaît. Quand il vente, elle ne tient pas l'air. En revanche, par une journée de soleil et sans vent, les moucherons reviennent en masse, attirés moins par l'ensoleillement que par la chaleur et les émanations volatiles, de sorte que les insectes arrivent toujours avant la pluie et au crépuscule.

Au deuxième col que nous passâmes, la sente fourchait. Une branche allait à gauche, l'autre droit dans la forêt. La première me parut peu pratiquée ; la seconde, mieux battue. Je choisis celle-ci.

Parmi les bêtes à plumes, ce jour-là, j'aperçus un pivert coloré de l'Oussouri. Cet oiseau remuant aux pennes blanches, noires et rouges voletait sans cesse d'un arbre à l'autre en martelant l'écorce de son bec. On aurait dit qu'il tendait l'oreille pour deviner au son si le bois était creux ou non. M'ayant remarqué, le pivert se cacha derrière son arbre et, l'instant d'après, se montra de l'autre côté. Il m'épiait d'un œil prudent. Me voyant approcher, il passa d'un coup d'aile à un autre tronc mort en poussant un cri, puis s'envola plus loin avant de disparaître dans la forêt.

À l'écart, un coucou y alla de son chant sonore. Farouche, il bougeait sans cesse, sautait de branche en branche et, de la tête, battait la mesure de son cri tout en hochant la queue. Inconscient du danger, il me frôla sans bruit de son aile, se percha sur un arbre et voulut reprendre sa chanson mais, soudain, il prit peur, s'interrompit et repartit précipitamment.

D'un fourré voisin, je débusquai une bécasse.

Elle me laissa approcher mais, brusquement, elle s'envola à ras de terre en esquivant prestement les arbres. Les pies-grièches grises se nichaient dans la broussaille la plus épaisse. Me sentant venir, elles stridulèrent haut et fort. Ces petits oiseaux au regard courroucé et au bec de rapace tantôt s'élevaient sur les branches, tantôt se posaient à terre en faisant mine de picorer dans l'herbe, puis s'envolaient de nouveau pour se cacher dans le feuillage. Les loriots de Chine et les rossignols de Sibérie se plaisaient davantage en bordure de bois, près de l'eau, où ils trahissaient leur présence par leur chant. Les loriots, ces jolis oiseaux jaune orangé, gros comme des pigeons, s'étaient juchés sur de hautes branches. On a toujours du mal à les distinguer, en dépit de leur taille et de leur plumage éclatant. De même, les rossignols, oiselets gris à gorge rouge, préféraient se blottir dans la broussaille à proximité de l'eau. La voix du rossignol de Sibérie n'est pas si riche que celle de son congénère européen. Après un chant bref, il passe au clappement et à la stridulation. Quand je l'entendis, je ne reconnus pas tout de suite le musicien à plumes et ne pus l'identifier comme tel qu'après observation.

La sente m'emmenait de plus en plus vers le sud. Je traversai encore un torrent, puis entamai la montée d'un relief. Je tombai en marchant sur les traces d'un bivouac. Après une inspection attentive, j'en conclus qu'il était de date ancienne et qu'il s'agissait vraisemblablement de chasseurs chinois.

La forêt se faisait plus dense et plus vaste. Par endroits, j'entrevoyais les cimes rondes des cèdres *(Pinus koraiensis Sieb. & Zucc.)* et celles, pointues, des épicéas *(Picea ajanensis Fisch.)* qui confèrent toujours à la sylve un air lugubre. Sans m'en rendre compte, je franchis une nouvelle petite crête et basculai dans la vallée voisine au fond de laquelle bondissait un torrent bruyant.

Fatigué, je m'assis pour me reposer sous un grand cèdre et entrepris d'observer le sous-bois. Il y avait là de la bourdaine dahure *(Rhamnus dauricus Pal.)* à feuilles ovales en pointe et à petites fleurs blanches, du rosier pimprenelle *(Rosa pimpinellifolia Lin.)*, arbuste aux branches fortement épinées, et de l'acacia jaune *(Caragana arborescens Lam.)* à corolles intensément dorées. Il y avait aussi, émergeant des fourrés, de l'angélique ombellifère *(Angelica daurica Maxim.)*, de la parisette *(Paris quadrifolium Led.)* dont les feuilles étroites lancéolées irradiaient de tous côtés, et une variété particulière de fougère *(Pteridium aquillinum Kuhn)* aux feuilles semblables à une aile d'aigle déployée, raison pour laquelle ce végétal est baptisé « aiglefeuille » dans le parler courant.

Soudain, des sons monotones et spleenétiques parvinrent de loin jusqu'à mon oreille. Ils se rapprochaient. Enfin, j'entendis le bruissement proche d'un vol d'oiseau, accompagné d'un roucoulement sourd. En levant doucement les yeux, je découvris une tourterelle de Sibérie orientale. Par mégarde, je laissai échapper quelque chose de mes mains, et l'oiseau effrayé plongea dans l'antre de la forêt. Puis je vis un pivert asiatique à tête grise.

Cet oiseau grimpeur à pennes vert gris et à taches rouges sur le crâne, remuant et dissipé, manifestait une inquiétude singulière : peut-être était-ce de me voir statufié. Il volait de place en place et, comme son congénère coloré, se cacha derrière les arbres. Un autre cri retentit, brutal, dans lequel je reconnus un casse-noix moucheté de Sibérie. Et bientôt je le vis : bigarré, gauche, à grosse tête. Il grimpait promptement aux arbres, décortiquait des cônes de sapin et poussait des cris perçants qui semblaient vouloir alerter la forêt entière de la présence d'un homme.

Enfin, las d'attendre assis, je me levai pour rebrousser chemin à la rencontre de mon détachement. Ce fut alors qu'un drôle de bruissement parvint à mes oreilles. J'entendais quelqu'un marcher à pas prudents dans le sous-bois. Une bête sauvage, me dis-je en préparant mon fusil. Le bruissement s'approchait. Je suspendis mon souffle, cherchant des yeux l'animal à l'approche à travers l'antre de la forêt. Soudain, mon cœur cessa de battre : je vis un trappeur. D'expérience, je savais combien ces rencontres étaient grosses de danger.

Il faut toujours s'attendre à rencontrer des bêtes sauvages dans la taïga de l'Oussouri. Le pire, toutefois, c'est de rencontrer un homme. Une bête se défend de l'homme en le fuyant. Si elle attaque, c'est uniquement parce qu'elle se sent traquée. En pareil cas, et l'homme et la bête savent à quoi s'en tenir. Mais quand on tombe sur un homme, c'est une autre paire de manches. En l'absence de témoins dans la taïga, une coutume singulière s'est forgée. Dès qu'un homme en voit un autre, il doit d'abord se cacher et préparer son fusil.

Dans la taïga, tout le monde se promène avec un fusil : les indigènes, les Chinois, les Coréens et les trappeurs. Le trappeur est un homme qui ne vit que de sa chasse, ou presque. La plupart du temps, ses affaires sont tenues par son père, un frère ou un proche parent. Aller à la chasse en sa compagnie est fort intéressant. Il maîtrise de nombreuses techniques utiles, élaborées à force d'expérience : il sait où se trouve l'animal, comment le contourner, où le récupérer une fois qu'il est blessé. La faculté de s'orienter, de s'abriter pour la nuit par n'importe quel temps, de guetter la proie sans bruit, d'imiter le cri des animaux, tels sont les traits distinctifs du trappeur. Encore faut-il faire la différence entre le trappeur et le profiteur. Autant celui-là est intègre dans la majorité des cas, autant il faut craindre une rencontre avec celui-ci. Le profiteur ne va pas dans la taïga pour la chasse, mais pour le profit à proprement parler. Outre son fusil, il porte sur lui une pelle de sapeur et une trousse contenant des acides. Il cherche de l'or, mais, à l'occasion, ne dédaigne pas faire la chasse aux «tressés» (les Chinois) et aux «cygnes» (les Coréens), ni de voler une barque, ou de saigner une vache pour en vendre la viande comme étant du renne. Rencontrer un profiteur de cette espèce est autrement dangereux qu'une bête sauvage. Il faut toujours se tenir sur ses gardes. À la moindre bévue, le chasseur ingénu est perdu. Les chasseurs chevronnés savent reconnaître du premier coup d'œil s'ils ont affaire à un homme honnête ou à un brigand.

Or, j'avais devant moi un trappeur. Il était vêtu d'un costume étrange, moitié chinois, moitié russe. Il passa près de moi en diagonale, le dos courbé, en jetant d'incessants regards de part et d'autre. Soudain, il s'arrêta net, saisit prestement son fusil à son épaule et courut lui aussi se cacher derrière un arbre. Je compris qu'il m'avait vu. Nous restâmes ainsi, lui et moi, de longues minutes. Enfin, je décidai de battre en retraite. Doucement, je me glissai dans les buissons jusqu'à un autre arbre de grande taille. Le trappeur aussi se retira en se cachant dans les fourrés. À l'évidence, il avait peur de moi. N'imaginant pas que je pusse être seul, il croyait à la présence d'un grand nombre d'hommes dans les parages. Je savais qu'en tirant au fusil, je le tuerais d'une balle qui traverserait l'arbre derrière lequel il se cachait. Mais alors je me pris à penser que ce serait un meurtre. Je m'éloignai encore et jetai un œil en arrière. Je vis ses habits bleus filer entre les arbres. J'en eus le cœur soulagé. Prudemment, d'arbre en arbre, de rocher en rocher, je quittai les lieux du danger. Puis, me jugeant hors de portée de fusil, je regagnai la sente et allongeai le pas dans le sens du retour, vers les hommes de mon détachement.

Une demi-heure plus tard, j'arrivai à l'endroit où la route fourchait. Me rappelant les leçons de Dersou, j'examinai les deux sentes. Les traces fraîches de chevaux allaient à gauche. Je pressai le pas et, trente minutes plus tard, arrivai en vue du Fouking. Sur l'autre rive, j'aperçus une fanza chinoise entourée d'une clôture. Près de là, notre détachement était au repos.

L'endroit s'appelait Yiolaiza. C'était la dernière fanza agricole. Plus loin s'étendait la taïga, sauvage et vierge, où la vie n'entrait qu'en hiver pour la chasse à la zibeline.

Le détachement attendait mon retour. Je fis desseller les chevaux et monter les tentes. Ici, nous devions regarnir une dernière fois nos réserves de bouche.

Marche d'été du détachement à travers la taïga (1906).

7. À TRAVERS LA TAÏGA

Les Tazas – Les pêcheurs de perles – Des Chinois méfiants – Une sente sylvestre – Un Taza chasseur – Le crépuscule dans la forêt – Le pika – Le tamia – Rencontre avec un ours – Saleté de moucherons

Après un bref repos, je m'en fus visiter les fanzas des Tazas, situées dans le voisinage des fermes chinoises. Les aborigènes de l'Oussouri, qui peuplent la partie centrale du Sikhotè-Alin ainsi que le littoral en direction du nord jusqu'au cap de la Dormition, se font appeler Oudihés. Ceux qui vivaient au sud du pays se sont sinisés avec le temps, tant et si bien que l'on ne peut guère, à l'heure actuelle, les distinguer des Mantsés. Les Chinois les appellent *Tatse*, ce qui signifie « allogène » (ni russe, ni coréen, ni chinois). D'où, par déformation, le mot russe *Taza*. Ces indigènes assimilés ont ceci de caractéristique qu'ils vivent dans la pauvreté et la malpropreté. Pauvreté dans la fanza, pauvreté dans l'habillement, pauvreté dans l'alimentation.

Comme je m'approchais de son logis, un Taza sortit à ma rencontre. Vêtu de haillons, les yeux malades et les cheveux rongés par la teigne, il me salua d'une voix qui dénotait la peur et la timidité. Des gamins nus comme des vers jouaient avec des chiens, près de la fanza.

C'était une vieille fanza toute de guingois. Le mouchetis d'argile cloquait aux murs. Le papier des fenêtres, usé, rapiécé, jauni, était déchiré de partout. Des bribes de nattes recouvraient des *kang* poussiéreux. Des guenilles défraîchies et carbonisées pendaient aux murs. Insalubrité, misère et saleté.

J'avais cru un temps que c'était la faute à la paresse, mais je suis maintenant convaincu que la paupérisation des Tazas s'explique par la condition à laquelle ils sont réduits au sein de la population chinoise. Il ressortit de mes questionnements que le Chinois propriétaire de la fanza de Yiolaiza était le *ts'aitong* (le « maître de la vallée »)[16].

Aux indigènes de la vallée du Fouking, il fait crédit d'opium, d'alcool, de nourriture et de tissus vestimentaires, en échange de tous les fruits de la chasse : zibeline, bois de renne, ginseng, etc. Résultat, les Tazas cumulent les dettes. Plus d'une fois il est arrivé que, par compensation, on leur enlève leur femme et leurs filles, ou bien qu'on les vende eux-mêmes à d'autres comme esclaves, puis à d'autres encore, et ainsi de suite. En tombant dans la culture chinoise, ces indigènes n'ont pas su s'en accommoder et se sont retrouvés sous la coupe des Chinois. Incapables de vivre en cultivateurs, ils ont désappris de vivre en chasseurs ou trappeurs. Les Chinois ont su profiter de leur misère culturelle pour se rendre indispensables à leur égard. Dès lors, les Tazas ont perdu toute autonomie et se sont transformés en esclaves.

Au retour, je perdis mon chemin et débouchai au bord du Fouking. Et là, je vis deux Chinois qui se livraient à la pêche aux perles. L'un d'eux se tenait debout sur la rive et, de toutes ses forces, fichait une perche dans le fond de la rivière pendant que l'autre, en s'y agrippant de la main gauche, descendait dans l'eau. De la dextre, il ramassait des coquillages *(Margaritana margaritifera Lin.).* Nécessaire, la perche l'était en raison de la force du courant. Le plongeur ne restait pas immergé plus d'une demi-minute. Il aurait pu tenir davantage en retenant son souffle, mais la température de l'eau, très basse, l'obligeait à refaire surface le plus rapidement possible. En conséquence, les Chinois plongeaient tout habillés.

Assis sur la berge, je les regardais travailler. Après un court moment passé sous l'eau, le plongeur se chauffa cinq minutes au soleil. Dans la mesure où ils plongeaient à tour de rôle, chacun se mettait à l'eau jusqu'à dix fois par heure. Durant ce temps, ils ne remontèrent que huit coquillages à la surface dont aucun n'avait de perle. Comme je les interrogeai, les Chinois m'expliquèrent qu'environ une coquille sur cinquante en renfermait une. Durant l'été, ils avaient récolté 200 perles pour 500-600 roubles. Ces Chinois-là ne se cantonnaient pas à la seule rivière Fouking, mais écumaient toute la région à la recherche de vieux fonds limoneux. Le site le plus réputé pour la pêche aux perles était la rivière Wakou.

Les Chinois arrêtèrent le travail, enfilèrent des vêtements secs et burent quelques gorgées d'eau-de-vie réchauffée. Puis ils s'assirent sur la berge et se mirent à casser les coquillages avec des martelets pour y chercher des perles. Je me souvins alors d'avoir déjà vu des tas de coquilles brisées semblables au bord des rivières. Je n'y avais pas trouvé d'explication. Maintenant, les choses s'éclaircissaient. Naturellement, la recherche se fait d'une manière prédatrice. Aussitôt cassés, les coquillages sont laissés sur place. Sur quatre-vingts mollusques, les Chinois en mirent deux – précieux – de côté. J'eus beau les examiner, je n'y trouvai rien tant qu'on ne m'eut pas montré les fameuses perles. C'étaient de petites aspérités brillantes, de couleur gris sale. La couche de nacre était autrement éblouissante et admirable que la perle à proprement parler.

Après que les coquilles eurent séché, les Chinois en détachèrent précautionneusement les perles, avec un couteau, pour les déposer dans de petits sacs en cuir.

En regardant les Chinois pêcher les perles, je ne vis pas le soir venir. Dans notre fanza, on avait allumé le feu.

Après dîner, je questionnai les Chinois sur la route de la mer. Soit qu'ils ne voulussent pas nous révéler l'emplacement des fanzas de chasse, soit qu'ils eussent d'autres raisons de nous cacher la vérité, toujours est-il qu'ils nous répondirent dans le vague, disant que personne n'allait plus depuis longtemps à la mer par la rivière Li-Fouking, que la végétation avait repris ses droits sur le sentier et qu'il était encombré de bois chablis. Les Chinois espéraient nous voir rebrousser chemin mais, devant notre obstination, ils se mirent à nous conter mille fables pour nous faire peur : ours, tigres, *honghoutse*, etc. Dans la soirée, Granatman se rendit chez les Tazas pour y recruter un guide, mais les Chinois le prirent de court en interdisant aux indigènes de nous montrer la route. Nous n'avions plus d'autre choix que de compter sur nos propres forces et de nous en remettre aux dires des personnes interrogées, si peu fiables qu'ils fussent.

Le lendemain, nous quittâmes Yiolaiza d'assez bonne heure en prenant pour fil conducteur un petit sentier qui d'abord courait dans les montagnes sur le versant gauche du Fouking, puis, passé un petit bois marécageux, redescendait dans la vallée. Sol raviné, bancs de galets et trous d'eau, tout cela indiquait que la rivière subissait de fréquentes crues.

Ce fut une journée languissante et pénible de chaleur, où tout se morfondait. Pas la moindre brise. Un air caniculaire qui semblait de pierre. Tout ce qui vivait sur terre s'était figé, caché. Nous vîmes au bord du chemin un rapace au bec grand ouvert : même lui semblait souffrir d'un air aussi chaud.

Plus nous nous éloignions de la fanza, plus le sentier se dégradait. Près d'une forêt, il fourcha. Un chemin, mieux tracé, filait tout droit ; l'autre, mal battu, s'enfonçait dans la taïga. Indécis, nous nous demandions où aller.

Soudain, un Chinois déboula de l'antre de la taïga. Il avait dans les 40 ans. À voir sa face hâlée, ses habits déchirés et ses chaussures éculées, on comprenait qu'il venait de loin. Il portait un lourd balluchon sur le dos, un fusil en bandoulière et, à la main, un bâton pouvant servir de pied d'arme. Nous voyant, le Chinois effrayé se mit à fuir, mais les cosaques lui crièrent de s'arrêter. La peur peinte sur sa face, il se rapprocha. Mais, bientôt rassuré, il répondit à nos questions. De ses explications, il nous apparut que le sentier bien tracé pouvait nous mener à la rivière Tadouchou qui se jetait dans la mer au nord de la baie Sainte-Olga, et que l'autre sente, où nous étions, allait d'abord à la rivière Tch'aosong avant de franchir un haut col. Sur la Hinantch'a, le chemin se ramifiait encore en deux branches. Une sente pour chevaux filait vers le Yangmouthouza, affluent gauche du Woulaho, et la vieille route, après le sixième gué, montait à gauche vers les cimes. C'était là notre chemin. Simplement fallait-il bien veiller à ne pas le manquer.

Nous remerciâmes le Chinois de nous avoir renseignés et reprîmes la route d'un pas décidé. Les fanzas d'habitation, les prairies et les cultures, les vallées dégagées, tout cela était désormais derrière nous.

Chaque fois qu'on pénètre dans une forêt qui s'étend sur plusieurs centaines de verstes, on se sent comme impressionné. La forêt primitive est une force sauvage en soi, et l'on ne s'étonnera pas de voir que même les indigènes, pourtant si familiers des errances dans les bois, ne franchissent jamais la frontière qui les sépare des hommes et de la lumière sans faire des prières à Dieu pour solliciter sa protection contre les vilains esprits peuplant la sylve. Plus nous avancions, plus le bois chablis encombrait l'espace. Dans les montagnes, la couche végétale du sol est infime, aussi les racines des arbres s'étirent-elles à la surface au lieu de s'enfoncer. Conséquemment, les arbres, mal ancrés, se laissent facilement renverser par les vents. Voilà pourquoi les troncs morts jonchent la taïga oussourienne. En tombant, l'arbre soulève ses racines avec la terre et les pierres qu'elles accrochent. Très souvent, ces barricades atteignent une hauteur de 2 ou 3 sagènes, ce qui explique que les sentes de forêt soient si tortueuses. Il y a toujours un tronc couché à contourner. Compte tenu de ces détours, il faut calculer les distances en les rallongeant de moitié par rapport à la carte. Les arbres de la vallée, en poussant, s'ancrent plus solidement dans la couche végétale. On trouve là des géants de 15 à 18 sagènes de haut et de 12 à 14 pieds de tour. Il n'est pas rare que de vieux peupliers servent de tanières aux ours. Il arrive aussi que les chasseurs découvrent deux ou trois reposées de plantigrades dans une seule et même cavité de tronc.

La forêt de vallée est quelquefois si touffue qu'on ne voit plus le ciel à travers la ramure. En bas règnent la pénombre, la fraîcheur et l'humidité. Qu'il soit du matin ou du soir, le crépuscule, dans la forêt, est décalé par rapport aux endroits à ciel ouvert. Dès qu'un petit nuage cache le soleil, la forêt semble se rembrunir et le temps se fait maussade. Dans les moments ensoleillés, en revanche, on voit s'illuminer les troncs, le feuillage vert vif, les aiguilles brillantes, les fleurs, la mousse et les lichens multicolores, le tout peignant un vrai décor. Malheureusement, les bienfaits du beau temps sont empoisonnés par la bigaille. On ne saurait traduire les tourments que la taïga, l'été, fait endurer à l'homme. Indescriptible : il faut l'avoir vécu.

Nous marchions depuis trois heures quand nous entendîmes, quelque part, un bruissement d'eau. Sans doute était-ce la rivière Tch'aosong dont le chasseur chinois nous avait parlé. Le soleil, à son zénith, tapait tant qu'il pouvait. Les chevaux avançaient en suffoquant, la tête basse. Il régnait une chaleur si cuisante que même les opulentes cédraies n'apportaient pas de fraîcheur. On n'entendait ni bête ni oiseau. Seuls les insectes vibrionnaient dans l'air, d'autant plus vivaces que le soleil chauffait fort.

Mon intention était de marquer une halte, mais les chevaux refusaient de brouter. Ils collaient aux fumoirs. En pareil cas, le repos est pire que la marche. Je fis donc resseller les porte-bât en ordonnant le départ. Vers 2 heures de l'après-midi, le chemin nous mena à des montagnes couvertes d'éboulis. Là commençait la montée vers la crête. Le chasseur chinois avait dit juste.

Un petit oratoire était perché sur le col. À ces mots, le lecteur imaginera peut-être un édifice en pierre. Mais, n'eussent été les chiffons rouges accrochés aux branches des arbres environnants, on aurait pu passer à côté sans le voir. Imaginez plutôt deux pierres plates posées sur la tranche avec une troisième pierre semblable couchée dessus. Et voilà l'oratoire ! À l'intérieur, parfois, se nichent des images de divinités ou des planches gravées d'inscriptions religieuses. À regarder les pierres de plus près, on y trouve des bouts de cierges en papier, de la cendre, une pincée de riz, un morceau de sucre, etc. Il s'agit d'offrandes à « l'Esprit de la montagne et de la sylve, qui veille à la croissance des richesses ».

Sur l'autre versant, le sentier nous conduisit à une fanza de trappeur située sur la rive gauche de la rivière Hinantch'a. Le maître des lieux était absent. Dans l'intention d'attendre son retour, j'ordonnai aux hommes d'installer le bivouac.

Vers 5 heures du soir, le maître de la fanza se montra. À la vue des soldats, il prit peur et voulut s'enfuir, lui aussi, mais les cosaques le rattrapèrent et me l'amenèrent. Quand il comprit que nous ne lui voulions aucun mal, il se mit à répondre bien volontiers à mes questions. C'était un Taza d'une trentaine d'années au visage grêlé de variole. À son récit, je compris qu'il travaillait pour le chef de la vallée de Yiolaiza auquel il était lié par des dettes. Bien qu'il ignorât naturellement le montant de son dû, il se sentait berné. Il déclina ma proposition de nous guider jusqu'au Sikhotè-Alin au motif que les Chinois le tueraient, si cela s'ébruitait. Je n'insistai pas. En revanche, je pus établir que nous étions sur le bon chemin. Pour mieux disposer le Taza en notre faveur, je lui donnai vingt-cinq cartouches de Berdan. Il s'en trouva si réjoui qu'il se mit à chanter et à danser, puis nous déclara qu'il nous ouvrirait la route jusqu'à la prochaine fanza où vivaient deux trappeurs chinois.

Comme la tombée du jour n'était pas pour tout de suite, je pris mon fusil et partis explorer les parages. À 1 verste du bivouac, je m'assis sur une souche et tendis l'oreille. Quand la nuit vient à tomber sur la taïga, les bêtes volantes donnent plus de signes de vie que dans la journée. De petits oiseaux s'élèvent à la cime des arbres pour un dernier au revoir à l'astre déclinant. Entièrement plongé dans la contemplation de la nature, j'oubliai que j'étais seul loin du bivouac. Soudain, j'entendis un bruissement qui, dans la profondeur du silence, me parut très fort. Je crus à un gros mammifère, mais ce n'était qu'un blaireau *(Meles amurensis schrenckii)*. Il y allait de son trottinement pressé, s'arrêtait parfois, fouinait dans l'herbe ; et passa si près de moi que je l'eusse touché du bout du fusil. Le blaireau se dirigea vers un ruisseau, y lapa un peu d'eau et poussa plus loin son petit trot. Le silence retomba.

Il y eut soudain dans mon dos un sifflement strident et saccadé, semblable à un cliquetis de ciseaux. Je me retournai et vis un pika *(Lagomys hyperboreus Pal.)*. Cette petite bête (*Ochotona alpinus*, d'après Büchner) déploie son habitat sur un vaste territoire qui embrasse l'est et le nord-est de la Sibérie. Elle ressemble à un lapin, mais sans oreilles longues. Coloris brun gris. Les pikas affectionnent particulièrement les éboulis de pierres à flanc de montagne, ainsi que les étendues rocheuses dans la vallée, surtout quand elles se veloutent légèrement de mousse. C'est un animal de jour, mais extrêmement prudent et méfiant. Il est très difficile de le tuer sans abîmer sa fourrure que le moindre plomb suffit à réduire en lambeaux.

Je fis un mouvement qui l'effraya et le vis rentrer en un éclair au terrier. À le voir se cacher ainsi, je compris que le danger lui avait appris à se tenir sur ses gardes sans jamais se fier au silence trompeur de la forêt. Puis j'aperçus un tamia *(Eritamias asiaticus orientalis Bonhot)*. Alerte et joueur, ce petit écureuil terrestre, plein de couleurs, survolait promptement un tronc couché, grimpait aux arbres, en redescendait aussitôt et courait se cacher dans les herbes. Un pelage bariolé, jaune, strié de cinq rayures noires sur le dos et les flancs.

Uniformément réparti sur l'ensemble de l'Oussouri, cet animal peut vivre aussi bien dans une forêt mixte dense que dans les prairies à proximité de bois clairsemés. Il trahit sa fuite par un cri perçant. Les Chinois utilisent parfois sa fourrure comme liserés de couvre-chefs.

Je remarquai que le tamia revenait toujours au même endroit d'où, chaque fois, il emportait quelque chose. En repartant, il avait les abajoues pleines à craquer ; et quand il refaisait surface, elles étaient vides. Cela m'intrigua. Je m'approchai pour l'observer de plus près. Sur le tronc mort, il y avait des pignes, des racines et des champignons desséchés. Dans la mesure où la forêt ne donnait encore ni pignes ni champignons, il était évident que le rongeur les avait sortis de son terrier. Mais pourquoi ? Je me rappelai alors ce que me disait Dersou : que le tamia faisait de grosses réserves qui pouvaient durer jusqu'à deux ans. Pour empêcher la nourriture de s'abîmer, il la mettait de temps en temps à sécher sur un chablis et, au soir, la rapportait au terrier.

Je passai encore un petit moment assis avant de pousser la marche plus loin. Partout je rencontrai des troncs fraîchement retournés, et je reconnus là l'œuvre d'un ours. Son activité favorite : en errant dans la taïga, il aime à soulever les billes pour y gratter la terre à son aise. Les Chinois disent pour rire qu'il met ainsi le bois à sécher en l'exposant au soleil tantôt d'un côté, tantôt de l'autre.

Sur le chemin du retour, il se trouva que je tombai sur mes propres empreintes. Je reconnus un cèdre énorme au pied duquel je m'étais arrêté, puis je traversai un torrent par le même arbre couché, passai une coulée de pierres et, sans m'en rendre compte, revins au tronc où le tamia avait mis ses réserves à sécher. À la place du terrier, je trouvai un trou profond. Pignes et champignons traînaient un peu partout. Et la terre, fraîchement remuée, portait des empreintes d'ours. Tout s'expliquait. Le plantigrade avait pillé le repaire du tamia et mangé ses réserves. Peut-être même avait-il mangé le maître des lieux en personne.

Entre-temps vint le soir. Les derniers feux s'éteignirent, l'air s'assombrit, les arbres proches et lointains revêtirent une seule et même coloration uniforme, ni verte, ni grise, ni noire. Il régnait alentour un silence tel que mes oreilles tintaient. Un bourdon me frôla en vrombissant dans l'obscurité. Je marchais d'un pas prudent pour ne pas trébucher. Tout à coup, un grand bruit résonna près de là. Devant moi se dressait un gros animal qui poussait des soufflements. Je voulus tirer, mais me ravisai. La bête affolée pouvait fuir, mais elle pouvait aussi me charger. Une minute se passa, longue comme l'éternité. J'avais reconnu un ours. Il éventait intensément. Longtemps je restai planté sur place, n'osant pas bouger. Enfin, n'y tenant plus, je fis un pas timide à gauche. Je n'en avais pas fait un deuxième que j'entendis la bête ahaner et des branches craquer. Mon cœur se serra de peur. D'instinct, je levai mon fusil et tirai dans sa direction. Le bruit s'éloignait, indiquant que l'ours fuyait. Une minute plus tard, un coup de feu me répondit du bivouac.

Alors je tournai les talons et repris mon chemin. Au bout d'une demi-heure, j'aperçus les feux du campement. Une flamme vive éclairait la terre, les buissons et les troncs. Des hommes s'affairaient autour. Les porte-bât pâturaient dans l'herbe, parmi les fumoirs. À mon approche, les chiens jetèrent des aboiements furieux en fonçant vers moi mais, me reconnaissant, ils firent demi-tour, l'air penaud.

Une fois le soleil couché, la bigaille disparut, aussitôt remplacée par le *mokrets*, la « moucheronnette » de nuit, presque invisible à l'œil nu. Les oreilles qui brûlent, tel est le premier signe de son apparition. Il semble ensuite qu'on a le visage voilé d'une toile d'araignée piquante. Ça démange surtout au front. La moucheronnette s'incruste dans les cheveux, s'engouffre dans les oreilles, les narines et la bouche. Les hommes pestent, jurent, crachent, se frottent le visage avec les mains. Les cosaques passaient des mouchoirs sous la casquette, pour se protéger la nuque et le cou, tant bien que mal. Dévoré par la soif, je demandai du thé.

— C'est imbuvable, me dit le cosaque Èpov en me tendant une timbale.

En la portant à mes lèvres, je vis une espèce de poussière à la surface de mon thé.

— Qu'est-ce que c'est ? demandai-je au cosaque.

— De la bigaille, me répondit-il. Ébouillantée par la vapeur, elle est tombée dans l'eau.

D'abord, je tentai de chasser la saleté en soufflant dessus, puis je voulus l'écumer à la cuillère, mais dès que j'arrêtais, ça revenait de plus belle. Le cosaque avait raison. Ne pouvant me désaltérer, je versai le thé par terre et me glissai sous ma moustiquaire.

Après dîner, les hommes se couchèrent. Certains, par flemme, négligèrent de dresser leur moustiquaire et s'allongèrent à la belle étoile, sous leurs couvertures. Ils gigotèrent longtemps, pestiférant, se couvrant la tête entière, mais rien n'y faisait : les minuscules insectes pénétraient dans le moindre pli. L'un passa ses nerfs dessus :

— Venez, bouffez-moi, diables de vous !

Ce disant, il se découvrit complètement, les bras en croix.

Les rires fusèrent. Il s'avéra qu'il n'était pas le seul à ne pas dormir, car tout le monde avait les yeux ouverts, mais personne n'avait eu le courage de se lever pour allumer des fumoirs. Deux minutes plus tard, le feu crépitait. Les fusiliers riaient fort, se moquaient les uns des autres, cris et jurons pleuvaient. Des millions de moustiques et moucherons collaient à ma moustiquaire. Bercé par leur vrombissement, je commençai à m'assoupir avant de sombrer dans un profond sommeil.

8. GRANDE EST LA FORÊT

Le conseil du Taza – Les oiseaux dans la taïga – La géologie de la rivière Hinantch'a – Une nuit dans la forêt – Les Mantsés de la taïga – Une plantation de ginseng – Le retour du détachement – Un vieux Chinois pour guide – La vieille route du poste Sainte-Olga – La forêt dans les contreforts du Sikhotè-Alin – La fatigue et le manque de vivres

Au matin, des voix d'hommes me réveillèrent. Il était 5 heures. À entendre le renâclement des chevaux et leur bruyant battement de queue, je devinai que la bigaille était partout. Je m'habillai à la hâte et sortis de la moustiquaire. Un curieux tableau s'offrit à mon regard. Des nuées sans fin de moucherons gravitaient au-dessus du bivouac. Les malheureux chevaux fouaillaient de la queue et secouaient la tête, le museau dans les fumoirs.

Une couche d'insectes volants recouvraient les cendres froides des feux de camp, tombés en masse dans les braises avant qu'elles ne se fussent éteintes.

Contre la bigaille, il n'y a que deux saluts possibles : fumoirs et mouvement. Surtout, ne pas rester sur place. J'ordonnai qu'on bâtât les chevaux et m'approchai de l'arbre où j'avais laissé mon fusil, mais ne le reconnus pas : il était recouvert d'une enveloppe gris cendre. C'étaient des moucherons collés au lubrifiant. Je ramassai mes accessoires à la hâte et, sans attendre que l'on eût fini de sangler les chevaux, m'engageai sur le sentier.

À 1 verste de la fanza, le chemin fourchait. À droite en direction du Woulaho ; à gauche vers le Sikhotè-Alin. Ici, le Taza s'arrêta. En m'indiquant la route à prendre, il m'adressa ces mots :

— Capitaine ! Attention à la route. Si cheval marcher, toi marcher aussi. Si cheval pas marcher, toi pas marcher.

Une oreille non avertie n'eût rien entendu à ce charabia, mais je compris tout de suite. Il me disait de suivre les sentes pour chevaux et non celles accessibles aux seuls marcheurs.

Quand les chevaux arrivèrent, le Taza fit demi-tour, et nous enfilâmes la nouvelle route qui remontait la rivière Hinantch'a.

Il poussait là une forêt dense et mixte où dominait le cèdre. Rives fortement érodées, chablis drossés par les eaux, ravines, trous, troncs renversés, touffes d'herbes sèches accrochées aux buissons, tout cela témoignait de crues récentes.

Les rivières oussouriennes ont ceci de particulier qu'à chaque débordement elles poussent les gués d'un endroit à l'autre. Il n'était pas si facile de retrouver un chemin emporté par les eaux. Il fallut envoyer des hommes dans toutes les directions. Quand enfin l'on remit le pied sur la piste, le détachement reprit joyeusement sa marche.

Nous tombions sur des traces de bêtes sauvages. Beaucoup d'empreintes de tigres. Deux fois l'on mit en fuite des rennes et des sangliers. On tira bien dessus, mais sans faire mouche : à vouloir faire trop vite, les hommes se gênaient les uns les autres.

Si les forêts de l'Oussouri donnent l'impression d'être inhabitées, c'est en raison de l'absence d'oiseaux chanteurs. Çà et là, en marchant, j'aperçus des geais oussouriens. Ces insolents volatiles sautaient de branche en branche et nous jetaient des cris perçants. Pour les voir de plus près, je tentai de m'en approcher. D'abord, les geais se cachèrent dans le feuillage ; puis, comme je m'obstinai, s'envolèrent pour de bon. Quand ils volent, on les prendrait pour plus jolis qu'ils ne sont, ceci grâce aux plumes bleues de leurs ailes à reflets blancs.

Parfois, l'on entendait des sons étranges qui faisaient penser à des roulements de tambours. Et l'on ne tarda pas à en connaître l'origine : le pic. Farouche et méfiant, noir à tête rouge, il ressemblait de loin à une corneille. Il passait d'un endroit à l'autre avec force cris et, comme tous ses congénères, se cachait derrière les arbres.

Près d'un ruisseau, dans un antre humide, se nichaient des gelinottes. Effrayées par les chiens, elles s'envolèrent dans les profondeurs de la forêt où elles échangèrent des sifflements.

Les cosaques Diakov et Melian s'avisèrent de leur faire la chasse, mais les oiseaux ne se laissaient pas approcher. Je les dissuadai de perdre ainsi leur temps : il fallait marcher.

Un gros rapace quitta sa branche à coups d'aile. C'était le roi de la nuit, le hibou oussourien. Il se posa sur un sapin mort debout et jeta des regards craintifs de part et d'autre. À notre approche, il prit son envol et disparut. Nous ne devions plus le revoir.

La géologie de la Hinantch'a est très simple. Il s'agit d'une vallée tectonique qui, partie du sud-ouest, tourne ensuite au nord en longeant le Sikhotè-Alin. Sur le moyen cours de la rivière, au lieu-dit Taokeoutse, on rencontre des éboulis de granit à grain fin ; plus en aval, c'est de la felsite porphyrique, de l'aplite désagrégée et de la diabase oblongue avec de la calcite et de la calcédoine.

Plus on s'enfonçait dans les montagnes, plus la rivière présentait de rapides. La piste passait souvent d'une rive à l'autre. Les arbres tombés à terre nous servaient de ponts naturels. Cela voulait dire que c'était une sente de marcheur, et non de cheval. Me rappelant le conseil du Taza, qui était de suivre le chemin pour chevaux, je redoublai d'attention. Bientôt, je constatai que notre route tirait de plus en plus vers le sud. Nul doute que l'on s'était trompé de chemin. Notre piste avait dû bifurquer quelque part, et l'on avait pris une sente de montagne, plus accidentée, qui menait vraisemblablement à la source du Woulaho.

Au soir, l'on atteignit une troisième fanza de trappeur dont les occupants étaient absents, aussi nous fut il impossible d'interroger quiconque. Il fut décidé en conseil de laisser les chevaux au bivouac et de partir en éclaireurs chacun dans sa direction : G. I. Granatman irait tout droit ; A. I. Merzliakov marcherait vers l'est ; quant à moi, je devais faire demi-tour dans l'espoir de retrouver le chemin perdu.

Au soir, la « moucheronnette » revint dès que le vent retomba. Comme pour rattraper le temps perdu, ces petits vampires s'en prirent farouchement aux hommes et aux chevaux.

Le jour tomba. Les dernières lueurs vespérales s'éteignaient dans le ciel, mais point de fraîcheur encore. Même dans la soirée, la terre surchauffée continuait d'irradier de la chaleur. Les herbes de la sylve exhalaient leurs arômes. D'épaisses vapeurs montaient de la rivière. Les cosaques allumèrent des fumoirs en cercle autour du bivouac. Hommes et chevaux collaient à la fumée en faisant tout pour éviter l'air libre. Lorsque les corvées de camp furent terminées, je fis monter ma moustiquaire pour m'engouffrer dans l'enveloppe salvatrice. Une heure plus tard, il faisait noir. Alors la lune se leva, qui posa sur la forêt un doux voile phosphorescent. Peu après le dîner, tout le bivouac s'endormit. Ne veillaient que les chiens, les chevaux et les sentinelles de service.

Il faisait encore nuit quand, le lendemain, je quittai le bivouac avec le cosaque Bélonojkine. Bientôt pointa l'aube. De la lune, plus une lueur. Disparues aussi, les ombres nocturnes. Une brise matinale caressa la cime des arbres en réveillant les bêtes à plumes de la forêt. Gentiment, le soleil se hissa dans le ciel, et, d'un coup, fit jaillir ses rayons vivifiants de derrière les sommets, éclaboussant de lumière la forêt, les fourrés, les herbes, le tout gorgé de rosée.

Près de la première fanza de trappeur, nous trouvâmes, en effet, une piste qui partait à l'écart. Celle-ci nous conduisit à une autre petite fanza où nous surprîmes deux Chinois. L'un jeune, l'autre vieux. Celui-là chasseur, celui-ci chercheur de ginseng. De constitution robuste, le jeune avait dans les 25 ans. À sa mine, on devinait qu'il savait profiter de la vie et qu'il était heureux de son sort. Il riait souvent et se livrait à d'incessants enfantillages. Le vieux était de grande taille, émacié, et ressemblait davantage à une momie qu'à un être vivant. Son visage fortement creusé de rides, son teint hâlé et ses cheveux blancs semblaient indiquer qu'il avait passé la soixantaine. Les deux Chinois portaient des tuniques et des pantalons bleus, des genouillères, des *ouly* aux pieds, mais la tenue du jeune était neuve et fringante, et celle du vieux, élimée et rapiécée. Tous les deux avaient un chapeau sur la tête : de paille sur le premier, qui venait du commerce, et d'écorce sur le second, fait de ses propres mains.

D'abord, les Mantsés prirent peur ; puis, voyant de quoi il retournait, se montrèrent plutôt rassurés. Ils nous firent manger du millet et boire du thé. À force de questions, je compris que nous étions au pied du Sikhotè-Alin et qu'il n'y avait pas de chemin menant à la mer, que la sente empruntée par notre détachement débouchait sur la rivière Tchoukiamakeou[17] qui payait tribut au bassin du Woulaho supérieur.

Je grimpai alors en haut d'un grand arbre, et ce que je vis concordait parfaitement avec le plan que le vieil homme m'avait dessiné par terre à l'aide d'une baguette. À l'est se profilait la crête dentelée du Sikhotè-Alin. Je l'estimai à deux jours de marche. Au nord, aussi loin que portait le regard, s'étirait une dépression à peine mamelonnée, recouverte d'immenses forêts vierges. Dans les grandes forêts, il y a toujours quelque chose de mystérieux et d'inquiétant. L'homme se sent petit, égaré. Au sud et plus loin vers l'ouest, le pays retrouvait son caractère montagneux. Une autre chaîne se déroulait, parallèle au Sikhotè-Alin, derrière laquelle coulait sans doute la rivière Woulaho que, pourtant, l'on ne voyait pas. Je ne fus pas peu surpris par une telle topographie. J'avais cru qu'en approchant de la ligne de partage des eaux, j'aurais trouvé un pays au caractère plus montagneux. Je m'attendais à voir de hauts reliefs, des cimes pointues aux formes fantasques. Or, c'était tout le contraire : des collines peu pentues ondoyaient au pied du Sikhotè-Alin, creusées de petits ruisseaux, résultat des œuvres de l'érosion.

Ayant pris mes repères, je redescendis et m'empressai d'envoyer Bélonojkine auprès de P. K. Routkovski pour lui annoncer que la route était trouvée. Pour ma part, je restai avec les Chinois. Apprenant que le détachement n'arriverait qu'au soir, les Mantsés s'en furent travailler. Comme je ne voulais pas être seul à la fanza, je les suivis.

Tout en dignité, le vieillard parlait peu. Le jeune Chinois, par contre, se révéla particulièrement disert. Il me dit qu'ils avaient dans la taïga une plantation de ginseng où, justement, nous allions nous rendre. Absorbé par son récit, je perdis le sens de l'orientation au point que je n'eusse probablement pas retrouvé la voie du retour sans l'aide des Chinois. Près d'une heure durant, nous marchâmes au gré des pentes, puis descendîmes dans une vallée en passant devant des chutes d'eau et de profonds ravins dont le fond était encore rempli de neige. Enfin, nous parvînmes au but de notre randonnée. C'était un flanc montagneux exposé au nord et densément boisé.

Le lecteur aurait tort d'imaginer une plantation de ginseng sous l'aspect d'une clairière semée de ces végétaux. On tient pour propice un site où plusieurs racines ont été trouvées différentes fois ; et c'est donc là que l'on vient en implanter d'autres. La première chose que je vis, ce furent des toits en écorce de cèdre pour protéger les plants des rayons ardents du soleil. Afin d'empêcher la terre de trop se réchauffer, des fougères avaient été plantées sur les côtés. Une rigole était aménagée à partir d'un torrent voisin, par laquelle suintait un filet d'eau.

Une fois sur place, le vieux se mit à genoux, joignit les deux paumes, les porta à son front et se prosterna deux fois à terre. Il semblait se parler à lui-même. Une prière, sans doute. Puis il se releva, appliqua de nouveau les mains à sa tête et, ceci fait, s'attela à la tâche. Pendant ce temps, le jeune avait accroché à un arbre des chiffons rouges marqués de caractères chinois.

Le ginseng ! Voilà donc à quoi ça ressemblait !

Aucun autre végétal sur terre ne suscite autant de fables et de légendes. Était-ce sous l'influence de la littérature ou des récits entendus de la bouche des Chinois, je ne saurais le dire, mais le fait est que je me pris d'estime pour ce pâle représentant des araliacées. Je me mis à genoux pour mieux l'examiner. Le vieux interpréta la chose à sa façon : il crut que je priais. De cet instant, je m'attirai ses faveurs.

Les deux Chinois se mirent à l'ouvrage. Ils enlevèrent les branches mortes et les feuilles tombées à terre, transplantèrent un couple d'arbrisseaux et les arrosèrent. Constatant que l'eau coulait mal vers la pépinière, ils en accrurent le débit. Puis ils se mirent à désherber, mais sans tout arracher, seulement quelques mauvaises herbes, en marquant un mécontentement particulier quand ils trouvaient près de là un éleuthérocoque.

Je les laissai à leurs occupations pour errer un peu à travers la taïga. De peur de me perdre, je longeai un cours d'eau dans l'intention de revenir sur mes pas en le remontant. À mon retour à la plantation, les Chinois m'attendaient, leur travail terminé. Comme nous approchions leur fanza par un autre angle, j'en déduisis que, pour rentrer, nous avions pris un autre chemin.

Le détachement rejoignit la petite fanza peu avant le coucher du soleil. Les Chinois nous concédèrent une once de millet dont eux-mêmes manquaient pourtant. Dans la soirée, je réussis à les convaincre de nous guider pour la traversée du Sikhotè-Alin vers la source du Wai-Fouking. Le vieillard accepta mais, étant trop faible, il ne pouvait nous accompagner que jusqu'à la ligne de partage des eaux. Plus loin, le jeune se promettait de nous servir de guide. Il lui fallait coûte que coûte aller aux fanzas agricoles pour y acheter farine et millet. Le vieux posa comme condition qu'on ne lui criât pas dessus et qu'on ne lui cherchât pas querelle. Pour le premier point, cela allait de soi ; quant au second, nous dîmes oui de bonne grâce.

Le soleil était à peine couché que la bigaille réapparut. Les Chinois déployèrent des fumoirs à l'intérieur de la fanza, et nous allâmes nous réfugier sous nos moustiquaires. À l'idée rassurante que nous aurions des guides pour franchir le Sikhotè-Alin, nous trouvâmes vite le sommeil. Un seul souci désormais : aurions-nous assez de vivres ?

Le lendemain, à 8 heures du matin, nous étions déjà prêts pour la route. Le vieux prit la tête de la marche, suivi du jeune Chinois, avec deux fusiliers armés de haches ; venaient ensuite le reste des hommes et les porte-bât. Le vieillard tenait un long bâton dans ses mains. Ne disant mot, il ne faisait que nous indiquer muettement la direction à prendre ou le chablis à écarter. En dépit d'incessants blocages, le détachement avançait plutôt vite. Les Chinois tinrent longtemps le cap sur le sud-ouest avant de virer au sud dans l'après-midi.

Les contreforts immédiats du Sikhotè-Alin sont composés de porphyroïde et de tuf porphyrique. Côté lumière du jour, les roches désagrégées ont formé des éboulis recouverts de mousses et d'arbrisseaux.

Il n'est guère possible, dans la région de l'Oussouri, de trouver des forêts résineuses sèches dont la terre soit jonchée d'aiguilles et où l'herbe ne pousse pas. Ici, tout n'est qu'humidité, mousse, fougères et laîche.

Pour la première fois, il fut ordonné ce jour-là de réduire de moitié la ration de nourriture. Malgré cela, nous ne pouvions tenir que deux jours. Si, de l'autre côté du Sikhotè-Alin, nous ne trouvions pas d'habitation sur-le-champ, il nous faudrait jeûner. Aux dires des Chinois, il y avait autrefois une fanza de trappeur à la source du Wai-Fouking, mais y était-elle encore, on l'ignorait. Comme je manifestais l'intention de prendre le temps de chasser, le vieux insista pour continuer sans perdre de temps. Me rappelant ma promesse, je me rangeai à son bon-vouloir. Force est de reconnaître que le vieil homme nous conduisait très bien. Il s'arrêta quelque part pour nous montrer une ancienne sente envahie par l'herbe et la broussaille. C'était la fameuse vieille route par laquelle les Mantsés oussouriens, autrefois, regagnaient la baie Sainte-Olga, route empruntée dans les années 1860 par Boudichtchev et Maximovitch[18] dont la figure et les écrits me vinrent aussitôt à l'esprit. À voir le tracé de ce chemin, on comprenait qu'il avait été un grand lieu de passage. Lorsque le port de la marine de guerre fut déplacé de Nikolaïevsk à Vladivostok, les chasseurs chinois cessèrent de fréquenter cette route où la végétation reprit ses droits, et la route périclita.

Ces dernières journées nous avaient usés jusqu'à la corde : vêtements rapiécés, filets de couvre-chefs hors d'usage à force de déchirures, visages en sang criblés de piqûres, eczéma au front et derrière les oreilles.

Le manque de vivres nous obligeait à nous presser. La grande halte fut réduite à une demi-heure, et nous poussâmes la course jusqu'au crépuscule.

Il en coûta beaucoup au vieil homme de marcher si longtemps. À l'heure du bivouac, il se laissa choir à terre en gémissant et ne put se relever sans notre aide. J'avais encore quelques gouttes de rhum au fond d'une gourde pour le cas où l'un de nous serait tombé malade. C'était le moment. Le vieux marchait pour nous, il aurait encore à marcher le lendemain, sans compter le chemin du retour. Je versai donc le reste de rhum dans une timbale que je lui tendis. Ne voulant pas boire seul, il montra mes camarades. Alors, d'un commun accord, nous l'encourageâmes. Et le vieillard avala le rhum avant de se glisser dans sa moustiquaire pour dormir. Je suivis son exemple.

Sous le bourdonnement des moucherons et des moustiques, je songeai à ce que disait la Bible du châtiment des Égyptiens : « … Et tout le pays d'Égypte fut dévasté par les mouches. » En ce pays sec et sans phlébotomes, leur apparition semblait un châtiment divin. Or ici, dans l'Oussouri, la bigaille était un phénomène ordinaire.

L'aube pointait à peine que le vieux Chinois me réveilla déjà. Laconique, il me dit :

— Marcher maintenant.

Après avoir avalé un peu de bouillie froide qui restait de la veille au soir, nous reprîmes la route. Cette fois, notre guide tourna résolument vers l'est. Du bivouac, nous entrâmes directement dans une zone de monts érodés annonciateurs du Sikhotè-Alin. C'étaient des collines faiblement déclives. Comme une multitude de ruisseaux coulait dans tous les sens, on avait quelque peine à déterminer la pente de l'eau.

Plus nous approchions de la crête, plus la forêt se densifiait et plus elle se montrait encombrée de chablis. Là, nous vîmes nos premiers ifs *(Taxus cuspidata Sieb. & Zucc.)*, relique subtropicale autrefois répandue dans l'ensemble de l'Oussouri. Écorce rougeâtre, bois de cœur rougeâtre, fruits rouges, l'if ressemble au sapin, mais avec des ramifications semblables aux arbres feuillus.

Dans les sous-bois de la zone, on trouve principalement : des actinides *(Actinidia kolomikta Maxim.)* que les pionniers russes appellent curieusement *kichmich* (sultanine), du chèvrefeuille de Maack *(Lonicera maackii Maxim.)*, de l'épine-vinette de l'Amour *(Berberis amurensis Rupr.)*, du noisetier mandchou

(Corylus mandshurica Maxim.) à feuilles dentelées irrégulières, et du myrte à mousse *(Chamædaphne caluculta Moench.)* à feuilles et écailles blanches. Côté fleurs, on rencontrait surtout des pivoines blanc rose *(Pæonia albiflora Pal.)* collectées comme remèdes par les soigneurs chinois, du houblon des bois de l'Okhota *(Astragene ochotensis Pal.)* à feuilles palmées dentelées et à fleurs violettes, et, enfin, de la clintonie *(Clintonia udensis Fr. & Mey.)* à grosses feuilles juteuses disposées en rosette.

Au crépuscule, nous avions atteint la ligne de partage des eaux. La faim tenaillait les hommes, les chevaux aussi avaient besoin de repos, ayant marché toute la journée sans halte ni fourrage. Pas une herbe à proximité du bivouac. Les pauvres bêtes étaient si fatiguées qu'elles se couchèrent à peine débâtées. Nul n'aurait pu reconnaître en elles les robustes porte-bât bien nourris qui avaient pris le départ à Chmakovka. C'étaient maintenant des animaux efflanqués, harassés par la bigaille et la faim.

Les Chinois partagèrent avec les cosaques un maigre bouillon de fougère où nageait un reste de millet. Après un dîner aussi léger, les hommes se couchèrent aussitôt pour ne pas souffrir de la faim. Bien leur en prit, car, le lendemain, le départ fut fixé pour plus tôt que la veille.

9. VERS LA MER PAR LE SIKHOTÈ-ALIN

Le col Maximovitch – Un morceau de sucre – La forêt sur le versant oriental du Sikhotè-Alin – Insectes et oiseaux – Le Sikhotè-Alin comme frontière climatique – La vallée du Wai-Fouking et de ses affluents – Le goral – Des insectes luminescents – Les oiseaux de la zone côtière – L'hospitalité des Chinois – Le mont Tazovskaïa

Le lendemain était le 16 juin. Nous levâmes le camp à 5 heures du matin pour entamer aussitôt la montée du Sikhotè-Alin. Ce fut une ascension lente et graduelle. Notre guide marchait aussi droit que possible, mais progressait par zigzags quand la pente se faisait trop raide.

Plus nous montions haut et plus les torrents tarissaient. Ils finirent par disparaître. Mais, sous les pierres, un grondement sourd indiquait que les sources étaient encore pleines d'eau, bien que ce bruit tendît à s'étouffer peu à peu. On entendait un menu flot courir sous terre par de petits filets, comme par le bec d'une bouilloire. Puis ces filets devinrent des gouttes, et le silence l'emporta.

Au bout d'une heure, nous atteignîmes la crête. Là, la montée se fit raide, mais pas pour longtemps.

Il y avait sur le col, au pied d'un grand cèdre, un petit oratoire fait d'écorce. Le vieux Chinois s'y arrêta et se prosterna jusqu'à terre. Puis il se releva et, la main tendue vers l'est, nous dit simplement ces deux mots :

— Fleuve Wai-Fouking.

Cela voulait dire que nous étions sur la ligne de partage des eaux. Le vieux s'assit par terre en nous faisant comprendre d'un geste qu'il fallait se reposer.

Profitant de la halte, je fis quelques pas le long de la crête en direction du sud pour me jucher sur l'un de ces pitons rocheux qui sortaient de terre en grand nombre. Un curieux spectacle s'offrit à mon regard.

Ici, le Sikhotè-Alin se compose de porphyre quartzique. La ligne de partage des eaux va de sud-ouest en nord-est. Ses hauteurs les plus élevées frisent les 4 600 pieds au-dessus du niveau de la mer. Au nord, le Sikhotè-Alin tend à baisser légèrement en altitude. Son versant ouest présente une faible déclivité; son versant est se révèle plus abrupt. La crête est entièrement recouverte d'une forêt de résineux variés. La roche nue n'affleure qu'à certaines cimes ou dans les zones d'éboulement. Sur les vieilles cartes chinoises, la ligne de partage des eaux figure sous le nom de « Sikhotè-Alin ». Les Chinois du pays l'appellent Hihod'a-Ling ou, le plus souvent, Lao-Ling, c'est-à-dire « le vieux col » (au sens de « grand », « antique »). Les relevés hypsométriques indiquèrent que la hauteur du col où nous étions s'élevait 2 610 pieds. Je le baptisai col Maximovitch, du nom de l'un des premiers explorateurs de l'Oussouri.

À l'est, le brouillard flottait à perte de vue. Les cimes des montagnes voisines en émergeaient comme autant d'îles dispersées. L'onde brumeuse s'avançait sur la crête. Dès que les vagues traversaient des zones basses, celles-ci devenaient invisibles. À l'ouest, l'air était pur et limpide. C'était là, aux dires des Chinois, un phénomène courant. Par la suite, j'aurais l'occasion de constater que le Sikhotè-Alin s'érigeait en frontière climatique entre la bande côtière et le bassin des affluents droits de l'Oussouri.

Sans doute m'étais-je écarté trop longtemps, car un cri monta du détachement.

Les cosaques, qui avaient fait le thé, attendaient mon retour. Comme de juste, l'épisode fut marqué d'une petite anecdote. Quand le thé fut versé dans les timbales, P. Routkovski dit:

— Ah! si seulement on avait du sucre!

— Mais on en a! répondit le cosaque Bélonojkine qui fouilla dans sa poche pour en extraire un morceau noirci de saleté.

— Dis donc, mon petit, à quoi l'as-tu donc frotté? demanda Routkovski.

— C'est qu'il a franchi le col du Sikhotè-Alin, repartit l'autre.

Les rires fusèrent.

Après nous être rincé l'estomac d'eau chaude, nous poursuivîmes le voyage.

Côté Wai-Fouking, comme je l'ai déjà dit, la descente était raide. Nous avions devant nous une gorge profonde encombrée de pierres et de rompis. Le flot, qui tombait en cascades, avait creusé de nombreux trous masqués par des fougères : de vrais pièges. Granatman poussa un bloc qui, dans sa chute, provoqua un véritable éboulement.

Dévaler ce genre de ravines était une rude épreuve, surtout pour les chevaux. Tracée sur le papier, notre descente du Sikhotè-Alin aurait figuré une espèce de ligne tortueuse en direction de l'est. Cela dura deux heures environ. Un torrent coulait au fond de la gorge. On le voyait à peine à travers le fouillis végétal. Le flot s'écoulait joyeusement au fond du val, comme réjoui d'être enfin délivré de sa prison souterraine. En aval, le torrent calmait sa fougue.

Mais voilà qu'une autre ravine, tout aussi profonde, se profila du côté droit. La gorge maintenant se transformait en un val étroit que les Mantsés du pays appellent Hin-Kouantakeou. Passé le col, la forêt résineuse céda vite la place aux feuillus. Le chêne mongol *(Quercus mongolica Fisch.)* poussait principalement sur les pentes exposées au soleil. Dans la vallée, la forêt gagnait en richesse et en diversité. On voyait là du tilleul à feuilles fines *(Tilia amurensis Kom.)*, qui chérissait particulièrement les clairières et les îlots de lumière, de l'érable jaune *(Acer ukurunduense Trautv. & Mey.)* à feuilles pâles et profondément échancrées, du saule cendré *(Salix cinerea Lin.)*, mi-arbre mi-arbrisseau, du fusain ailé *(Euonymus alata Thunb.)* en forme d'arbuste à ailes de liège sur le tronc et les branches. Parmi les vrais arbustes, je mentionnerai la spirée à feuilles de saule *(Spiræa salicifolia Lin.)* avec ses fleurs rose vif, une variété rare d'aubépine *(Cratægus sanguinea Lin.)* à aiguilles courtes et singulières et à feuilles au revers blanchâtre, du chèvrefeuille de Maack *(Lonicera maackii Maxim.)* de plus de 2 sagènes de haut avec ses innombrables fleurs rosâtres, et le serpolet *(Thymus serpyllum Lin.)* avec ses tiges rampantes, ses minuscules feuilles lancéolées et ses fleurs d'un violet pourpre éclatant. À l'écart de la sente poussaient d'autres plantes arbustives que je brûlais d'examiner, mais la faim nous forçait à presser l'allure. Il y avait dans les prairies un foisonnement de fleurs qui laissait l'observateur pantois. Des iris *(Iris uniflora Pal.)* de toutes les couleurs possibles, du bleu pâle au violet foncé; une vaste gamme d'orchidées *(Cypripedilum ventricosum Sw.)* de différentes teintes; du populage jaune *(Caltha palustris)*; des campanules violet foncé *(Campanula giomerata Lin.)*; du muguet *(Corvallaria majalis Lin.)*; de la violette des bois *(Viola uniflora Lin.)*; de modestes fleurs de fraisiers sauvages *(Fragaria elatior Ehrh.)*; de la centaurée jacée *(Centaurea monanthoc Georgi)*; de l'œillet de poète aux couleurs vives *(Dianthus barbatus Lin.)*; et des lys rouges, orange et jaunes *(Lilium dauricum Gawl)*. De la dense forêt résineuse à la chênaie clairsemée de clairières fleuries, le passage était si contrasté qu'il ne pouvait que forcer l'étonnement. Ce que nous avions vu à trois ou quatre jours de marche à l'ouest du Sikhotè-Alin se trouvait ici à ses pieds. Je constatai aussi cette autre particularité: les végétaux dont les fleurs avaient déjà fané à l'ouest n'avaient ici même pas commencé leur floraison.

Dans le bassin du Li-Fouking, il y avait beaucoup de bigaille et peu de papillons. Ici, c'était tout le contraire: partout vibrionnaient des vanesses de l'ortie rouge brique à l'irisation arc-en-ciel *(Venessa charonides)*, des apollons blanc jaune à taches noires et rouges *(Apollo eversmani)* et de grands machaons bleu foncé *(Papillo maackii)*. Ces derniers se posaient souvent sur l'eau où, les ailes écartées, ils se laissaient porter par le courant. On aurait pu croire qu'ils étaient tombés à l'eau par hasard et ne pouvaient plus décoller. Plusieurs fois, je voulus en attraper, mais à peine avais-je tendu la main qu'ils s'envolaient déjà avec la plus grande aisance pour se reposer un peu plus loin. Les fleurs bourdonnaient d'abeilles et de guêpes, de gros bourdons velus vrombissaient dans l'air avec force en exhibant leur ventre noir, orange et blanc. Plus bas, dans l'herbe, c'était un grouillement de zélés carabidés *(Carabus canaliculatus)*.

Par leur agressivité, ces coléoptères pourraient être qualifiés de tigres parmi les insectes. Je voyais ramper sur la sente de noirs nécrophores *(Necrophorus concolor)* et des cicindèles tricolores *(Cicindela gemmata Fald.)*. Ces dernières se mouvaient d'une façon si saccadée qu'on n'aurait su dire si elles volaient ou sautaient. Les ombellifères accueillaient principalement des charançons *(Sipalus hyprocrita)* et des punaises vertes *(Pentatoma mentalliferum)*. Près de l'eau comme au bord des chemins, dans les lieux humides, des libellules voletaient de leurs ailes diaphanes avec leurs gros yeux bleus.

Après avoir tant admiré les insectes, je passai aux oiseaux. J'avisai d'abord des accenteurs mouchets qui sautillaient sous les arbres et brassaient les feuilles mortes. Quand je m'approchai, ils s'écartèrent de quelques coups d'aile et se posèrent plus loin sur l'herbe. Au bord des torrents, des bergeronnettes de montagne sautaient de pierre en pierre en hochant la queue. Ces oiseaux-là se laissaient approcher en toute confiance, mais finissaient par s'envoler nonchalamment quand la distance se resserrait trop. Près des églantiers, c'étaient des jaseurs des neiges. Je les vis, agiles en diable, se mouvoir dans des branchages d'arbustes en évitant de s'exposer à ciel ouvert. Plus loin, je remarquai des mésanges charbonnières à longues queues qui cabriolaient dans le feuillage, plutôt indifférentes à leurs voisines, mésanges à têtes noires, petits oiselets à becs et à queues minuscules.

Côté mammifères, à en juger par de nombreuses empreintes, il y avait là des chevreuils, des rennes, des sangliers, des ours et des tigres.

Malgré la fatigue et le manque de vivres, tout le monde allongeait un pas alerte. L'heureux franchissement du Sikhotè-Alin, le passage sans transition du tréfonds de la taïga à la forêt pleine de vie, le sentier sur lequel nous venions de déboucher – cela rasséréna tout le monde. Au crépuscule, nous arrivâmes à une fanza de trappeur qui était vide, avec un petit potager où poussaient du rutabaga, de la salade et de l'oignon.

En comparaison avec les légumes que nous avions vus sur le Fouking, ces cultures potagères, elles aussi, semblaient en retard.

Bref, tout ce qui nous tombait sous les yeux révélait un contraste net entre les versants occidental et oriental du Sikhotè-Alin. À l'évidence, la végétation de la région de l'Oussouri est beaucoup plus tardive que dans le bassin de l'Oussouri proprement dit.

On s'arrêta là pour le bivouac, près de la fanza.

Les Mantsés acheminent les denrées alimentaires dans la taïga par porte-bât. Pour les fanzas les plus reculées, on apporte le sel, la farine et le millet à dos d'homme, dans des havresacs. Les réserves sont entreposées dans des billes de tilleul évidées sous couvercle d'écorce. Point de serrures. On ne ferme les garde-manger que pour les protéger des souris et des tamias.

Défense de toucher aux vivres d'autrui dans la taïga. On ne peut se servir qu'en cas d'extrême nécessité, à l'impérieuse condition que l'on rapporte de la fanza agricole la plus proche ce que l'on a pris. Qui déroge à la coutume est tenu pour pillard et passible d'un châtiment cruel. En effet, tout vol de nourriture peut forcer le trappeur à écourter sa saison, quand le malheureux n'est pas carrément acculé à une situation désespérée.

Dans la soirée, le vieillard nous annonça qu'il ne pouvait pas aller plus loin et qu'il resterait là dans l'attente du retour de son camarade.

Le lendemain 17 juin, nous prîmes congé du vieil homme. Je lui offris mon couteau de chasse, et A. I. Merzliakov, une sacoche en cuir. Maintenant, nous n'avions plus besoin de haches. À partir de la fanza, une sente descendait le long de la rivière. Plus nous avancions, plus elle était praticable. Enfin, nous parvînmes à la confluence des rivières Hin-Kouantakeou et T'outakeou, laquelle coule dans le sens latitudinal, perpendiculairement au Sikhotè-Alin. Notablement plus large que le Hin-Kouantakeou, elle mérite de plein droit l'hydronyme de Wai-Fouking. Ce fut par cette rivière que descendit Boudichtchev en 1860. Quelques fanzas de trappeur chinois, dit-on, se trouvent du côté de sa source. À partir de la confluence de ces deux cours d'eau commence le Wai-Fouking proprement dit, baptisé Avvakoumovka par les pionniers russes.

Fini, la forêt. Face à nous se déroulait un majestueux panorama de montagnes. Le relief du versant gauche était vêtu de chênaies clairsemées où se mêlaient aussi tilleuls et bouleaux noirs. Des éboulements creusaient les pentes dans le sens vertical, recouverts de mousses et d'une maigre végétation arbustive.

La vallée du Wai-Fouking est riche de ses terrasses qui s'étagent comme les degrés d'un escalier géant. On appelle cela des pénéplaines. Les périodes géologiques les plus anciennes connurent d'importants processus de dénudation, après quoi se produisit l'élévation du système orographique, puis son érosion. L'eau des rivières remplissait tout à la fois la fonction de scie et de lime.

En face de la rivière T'outakeou, du côté droit, le Wai-Fouking reçoit les eaux d'un torrent coupé de rapides, le T'angnieoukeoutse, et, plus en aval, quatre autres petites rivières de taille identique, à égale distance l'une de l'autre : la Khartchinkina, le Heimoutakeou, le K'ouandingtse et la Vorotnaïa. Par la première passe la route du Li-Fouking, vers le lieu-dit Hienyanglatse. Sur le Heimoutakeou, les pionniers russes ont trouvé une sépulture chrétienne, raison pour laquelle ils l'ont baptisé Krestovaïa, rivière à la Croix. D'après les indigènes, le K'ouandingtse coule par un lit très sinueux ; furieux, il bondit de rapide en rapide. La vallée de la Vorotnaïa est surplombée de hautes parois rocheuses, et doit sa réputation à la chasse.

Entre les gorges de la Khartchinkina et du Sing-K'ouantakeou, des gorals *(Næmorhedus caudatus M.-Edw.)* ont élu leur habitat. Ils ont un air de famille avec les bouquetins. Ces animaux apparentés aux antilopes font 6 pieds de long et jusqu'à 2,5 pieds de haut. Leur pelage est de couleur gris jaune sale ; leur museau, leur dos et leur queue, brun foncé ; leur gorge et leur ventre, blanchâtre. Les poils de leur cou, plus longs qu'ailleurs, forment une espèce de crinière. De petites cornes spiralées vers l'arrière ornent leur tête. Dans l'Oussouri, le territoire du goral s'étend jusqu'à la rivière Iman et, côté littoral, jusqu'à la baie de Ternay. Ils vivent en petits troupeaux dans un milieu réunissant à la fois des bois résineux mixtes et des rochers inexpugnables. Le goral passe ses journées dans la forêt. La nuit, il descend dans la vallée pour s'abreuver. À la moindre menace, il file se réfugier sur le versant rocheux de la montagne. Sachant cela, les chasseurs se divisent en deux groupes. Les uns pénètrent dans la forêt pendant que les autres s'embusquent dans les rochers, à l'affût. Dans la mesure où les gorals sont tributaires d'un environnement bien connu des gens du métier de la chasse, il y a lieu de considérer qu'ils sont en voie d'extinction totale.

Vers 10 heures du matin, nous vîmes sur la sente des traces de roues. J'en inférai que nous allions bientôt déboucher sur une route, mais notre guide chinois nous expliqua que les Russes ne venaient là qu'à l'automne et en hiver pour chasser, et que la vraie route carrossable ne commencerait qu'à l'embouchure de l'Eultakeou.

Les chevaux étaient exsangues : ils allongeaient à peine la jambe, titubaient comme des ivrognes. Il fallut marquer un repos, ce dont je profitai pour gravir un escarpement et prendre mes repères.

L'axe dominant du Wai-Fouking est le sud-est. À un certain endroit, le fleuve vire vers le sud, mais corrige bientôt sa trajectoire pour ne plus en dévier jusqu'à la mer. À l'ouest se profilait nettement le Sikhotè-Alin. Je m'attendais à voir une énorme masse montagneuse aux cimes pointues et fantasques, mais j'avais devant moi une chaîne régulière à crête plate. Aux sommets en cloche succédaient progressivement de larges ensellements. Le temps et l'eau avaient fait leur œuvre.

La vallée du Wai-Fouking reste profonde de part en part bien que ses affluents, parallèles à la ligne côtière et à la chaîne du Sikhotè-Alin, semblent présenter des signes d'usure par dénudation.

Les contreforts orientaux du Sikhotè-Alin sont composés de granits, de syénites et de porphyre quartzique que, déjà, nous avions observé sur l'autre versant. D'anciennes et hautes terrasses noircies par le temps, côté gauche du Wai-Fouking, reposent sur un socle massif (de porphyre quartzique également) et présentent des saillies particulièrement proéminentes aux abords des gorges de la Khartchinkina.

Je revins au bout d'une heure et demie. Cosaques et fusiliers dormaient comme des souches, et je dus les tirer d'un sommeil qui n'avait été en rien réparateur: ils se réveillaient fatigués. Une fois rechaussés, ils allèrent chercher les chevaux. Les bêtes n'étaient pas loin des hommes, elles se laissèrent docilement passer la bride et, d'un air résigné, mirent leurs pas dans ceux des cosaques.

Le Chinois disait que, si nous marchions toute la journée, nous atteindrions des fanzas agricoles dans la soirée. Au crépuscule, en effet, nous arrivâmes à l'embouchure de l'Eultakeou («deuxième grande vallée»), rivière extrêmement tumultueuse aux nombreux rapides. En coulant du sud-ouest au nord-est, elle abrase au passage de puissantes couches porphyriques. Certains rapides finissent en véritables chutes d'eau. Les monts environnants sont faits de cornéenne et de quartzite. D'ici à la mer, les Chinois comptent 150 lis, soit 75 verstes.

Sur l'autre rive, une fanza chinoise se nichait à l'ombre de charmes gigantesques. Elle nous mit en joie comme l'eût fait un hôtel de première classe. En apprenant que nous n'avions rien mangé depuis deux jours, les Chinois hospitaliers s'empressèrent de nous préparer à dîner. Galettes frites à l'huile de soja, porridge de millet accommodé de légumes salés, tout cela nous sembla plus exquis que le plus raffiné des plats de la ville. D'un commun accord tacite, nous prîmes la décision de rester dormir là. Les Chinois retirèrent leurs couches pour nous céder les plus belles places à leurs *kang*. Ceux-ci chauffaient trop fort, mais, plutôt que d'endurer la bigaille, nous préférions souffrir de la chaleur.

L'entassement aidant, l'air devint d'autant plus suffocant à l'intérieur de la fanza que des couvertures en bouchaient les fenêtres. Je m'habillai et sortis au grand air.

La nuit était calme et tiède, de celles que les insectes nocturnes affectionnent particulièrement. Ce que je vis me stupéfia tant que j'en oubliai cette saleté de moucherons. Médusé, je contemplai le spectacle. L'air était criblé d'étincelles bleutées. Des lucioles *(Luciola mongolica)* irradiaient une lumière éphémère qui ne durait pas plus d'une seconde. En suivant des yeux l'une de ces étincelles, on pouvait accompagner le vol de l'insecte. Les lucioles ne surgissaient pas d'un seul coup, mais progressivement, une par une. On raconte que les pionniers de Russie, à la vue de cette lumière scintillante, tiraient dessus au fusil et prenaient la fuite dans l'épouvante. Loin d'être isolés, les insectes volaient par milliers, par millions. Ils survolaient l'herbe, à ras de terre, gravitaient dans les buissons et s'élevaient au-dessus des arbres. Clignotaient les insectes, brasillaient les étoiles. C'était une danse étrange de la lumière. Soudain, un éclair fulgura qui, subitement, illumina la terre. Un énorme météore stria le ciel. L'instant d'après, le bolide éclata en mille étincelles avant de s'écraser quelque part derrière les montagnes. La lumière s'éteignit. Comme par l'effet d'une baguette magique, les insectes phosphorescents disparurent à leur tour. Une minute se passa, puis deux, puis trois, et brusquement un feu jaillit de la broussaille, suivi d'un autre, d'une dizaine d'autres, et bientôt l'air s'emplit de nouvelles myriades d'elfes lumineux.

Si belle que fût la nuit, si majestueux que parût le spectacle lumineux des lucioles et du météore filant, je ne pouvais rester plus longtemps dehors. La bigaille m'assaillait le cou, les bras, la face, s'incrustait dans mes cheveux. Je regagnai la fanza et me couchai sur le *kang*. La fatigue l'emportant, je m'endormis.

Le lendemain, un jour de repos fut décrété. Il fallait accorder un répit aux hommes et aux chevaux. Après des journées aussi éreintantes, une nuit de sommeil ne suffisait plus. Le jeune Chinois qui nous avait conduits à travers le Sikhotè-Alin fit les achats nécessaires et, de bon matin, reprit le chemin du retour.

La veille, sous l'accablement, nous n'avions même pas visité les lieux. Tant pis pour les observations ! Mais maintenant, après un petit-déjeuner copieux, je décidai de faire un tour dans les parages. À mi-course de l'Avvakoumovka, sa vallée est large d'une demi-verste environ. Le côté droit se présente comme un alignement de terrasses doubles ; sur le gauche, ce sont des monts rocheux composés de trachytes, de conglomérats et de brèches. Un long marécage s'étire au pied des terrasses, vestige de l'ancien tracé de la rivière qui, à la faveur d'une grande crue, s'était fait un nouveau lit.

Côté bêtes à plumes, je vis là des alouettes de Sibérie orientale. Comme le littoral vivait encore à l'heure du printemps, leur chant sonore résonnait de partout. Tantôt elles volaient à ras de terre, tantôt elles s'élevaient dans le ciel. Près des saulaies, on voyait s'agiter le petit pivert oussourien. Petit, cet oiseau l'est vraiment, mais il arbore un plumage aussi chamarré que ses cousins. Dans les feuillages s'ébattaient de remuants pouillots japonais qui avaient toujours la bougeotte : tout en folâtrant, ils faisaient la chasse aux insectes. Des bruants verts se signalaient dans les arbustes, le long du chemin. De concert avec les moineaux friquets, ils picoraient le crottin de cheval et se baugeaient dans la poussière.

Chez les gallinacés, la bande côtière abrite la caille et le faisan oussouriens. Celle-là ressemble à la perdrix et habite dans les vallées de plaine. Mon chien en débusqua deux qui lui échappèrent en s'envolant avec force cris. Deux cents pas plus loin, elles se posèrent dans l'herbe. Sur le chemin du retour, j'avisai deux faisans. Quand le mâle sort des buissons, il s'élève à 1,5 sagène et demie de hauteur en poussant des cris virulents qui ressemblent un peu au cri du coq effarouché. Plus loin, mon chien délogea une femelle et ses poussins. En présence d'un faisan, il est rare que le chien se mette à l'arrêt. Il se couche et commence à ramper, tantôt accélérant, tantôt ralentissant. Effrayé, l'oiseau cherche d'abord le salut dans la course, rusant, brouillant les pistes, faisant demi-tour. Alors le chien déjoué court dans tous les sens, et l'autre en profite pour s'envoler. La femelle s'élève toujours en silence et vole plus loin que le mâle. Mais là, cette fois, elle volait mollement, lentement et au ras de la terre. Au lieu de filer droit, elle tournait en rond, à tel point que le chien faillit l'attraper par la queue avec ses dents. Aussitôt, je compris pourquoi. La femelle avait des petits dont elle s'efforçait d'éloigner mon Alpa que je mis en laisse avant de prendre le chemin du retour.

Les Chinois, qui avaient déjà préparé le déjeuner, attendaient mon retour.

Nous en étions au thé quand un Chinois entra dans la fanza avec un lourd havresac sur le dos. À voir son teint hâlé, ses chaussures éculées, ses vêtements en loques et sa gamelle carbonisée, on comprenait qu'il avait fait un long voyage. Il ôta son sac et s'assit sur un *kang*. Le maître de maison s'occupa aussitôt de lui en commençant par lui donner une blague à tabac.

Je demandai à mon hôte :

— Qui est-ce ?

— Un homme de passage, me répondit-il.

— Tu le connais ?

— Non, dit-il avant d'ordonner au cuisinier de servir un déjeuner au voyageur.

Pendant que le visiteur fumait, les Chinois le pressaient de questions. L'autre répondait volontiers, disant les nouvelles de là d'où il venait et ce qu'il avait vu en chemin. Il s'avéra qu'il était parti du Not'oho et faisait route vers le P'ousong[19]. Le soir, pendant le dîner, les Mantsés l'invitèrent avant même de se mettre à table. C'était à qui lui marquerait le plus d'égards. Sa tasse n'était pas plus tôt vidée qu'on la remplissait de nouveau. Puis le visiteur se vit attribuer la plus belle place sur le *kang*, avec deux couvertures, l'une pour sa couche et l'autre comme oreiller. Le voyageur, pour se reposer, passa toute la journée du lendemain dans la fanza.

Les Mantsés de ce pays se montrent particulièrement attentionnés à l'égard des voyageurs qui, tous, peuvent passer jusqu'à trois jours dans une fanza d'accueil à titre gracieux. En cas de séjour prolongé, ils doivent travailler ou bien payer les vivres comme tout le monde.

Le lendemain, 19 juin, nous prîmes congé des Chinois hospitaliers pour continuer notre route. À partir de là, le chemin était carrossable. Pour soulager les chevaux, je louai deux attelages.

La vallée du Wai-Fouking inférieur est très pittoresque. Les rochers du versant droit revêtent des formes fantasques : ils ressemblent à des humains, à des châteaux, à des minarets, etc. Côté gauche, l'on constate un nouvel alignement de terrasses doubles composées de schistes argileux ; au nord, ce relief s'élève en montagnes.

Il n'y a là qu'un seul affluent de grandeur modeste, la Kastafounova-Pad que les Chinois du pays appellent Tch'amikeoutse. Longue de 15 verstes, elle file d'abord vers le sud-est, puis vers le sud.

Le bord droit de la vallée de la Kastafounova est escarpé, le bord gauche incliné, légèrement mamelonné. C'est une vallée étroite qui ne s'évase que sur le cours moyen de la rivière, où elle reçoit les eaux de la Grouchevaïa. En la remontant, l'on aperçoit à droite des corniches qui tendent à s'élargir en terrasses. Les montagnes environnantes sont revêtues d'une forêt clairsemée d'arbres feuillus dont le bois ferait un excellent combustible.

À une quinzaine de verstes de la mer apparaissent des couches calcaires dénudées.

En aval de la Kastafounova, le Wai-Fouking reçoit deux affluents droits, le Sangtakeou et le Lihiakeou qui prend sa source au mont Tazovskaïa dont il sera question plus bas. Le haut Sangtakeou se forme à partir d'une multitude de torrents qui confluent par d'étroites ravines. Autrefois, l'endroit était abondamment boisé et giboyeux, mais les incendies de forêt ont fini par obérer cet eldorado de la chasse.

La route carrossable tracée par les Chinois dans la vallée du Wai-Fouking traverse deux fois le fleuve à gué, ce qui entrave notablement les communications en période de crue. Pour éviter les gués, il faut suivre une sente qui part des terrasses, côté gauche, s'élève dans les montagnes et s'étire en corniche : 150 sagènes en porte à faux au-dessus de l'abîme.

Une quarantaine d'années plus tôt, des Tazas (Oudihés) habitaient sur les terrasses à l'embouchure de la Kastafounova. Avec le temps, ils furent bannis par les Chinois et, surtout, fauchés par une épidémie de peste en 1881.

Ces indigènes allaient chasser sur le mont Tazovskaïa, lequel dominait les cimes environnantes. D'où son nom[20].

De l'embouchure de l'Eultakeou au mont Tazovskaïa, de nombreuses fanzas chinoises parsèment la vallée du Wai-Fouking, dont les habitants pratiquent l'agriculture et la pêche en été, et la chasse en hiver, à la zibeline notamment.

Mulet bâté conduit par un fusilier (1907).

10. LES VILLAGES DE FOUDIN ET DE PERMSKOÏÉ

Les infortunes des pionniers venus de Russie – Les chasseurs – Une réserve de rennes – La valeur des bois de renne – Kachlev, ou la Mort-du-Tigre – Les dunes – Le mulot mandchou – La fin du voyage

LE PLUS GROS AFFLUENT du Wai-Fouking est la rivière Arzamassovka qui s'y jette par la gauche. En amont de l'embouchure, très près de là, un petit village russe s'est perché sur un pli du relief: Foudin, désormais rebaptisé en Vetkino. En 1906 n'y vivaient que quatre familles, des pionniers de la première heure venus de Russie. Ce petit village dégageait quelque chose de singulier. Vieillottes mais proprettes, les maisons avaient un air douillet. Des paysans avenants et joyeux. Affables, ils nous accueillirent et nous logèrent chez eux. À la veillée, les vieux se réunirent. Ils nous contèrent les misères endurées sur cette terre inconnue lors des premières années de leur installation.

Ce fut en 1854 qu'on les débarqua en baie Sainte-Olga. Ceci fait, on les laissa se débrouiller pour s'installer. D'abord, ils se posèrent à 1 verste de la baie en fondant Novinka, « Neuf-Village ». Bientôt, les paysans constatèrent que plus on s'éloignait de la mer, moins il y avait de brouillard. Alors ils migrèrent dans la vallée du Wai-Fouking. En 1906, il ne vivait plus qu'une seule personne à Novinka. Aujourd'hui encore, on pouvait voir les vestiges des anciennes habitations paysannes. Mais les infortunes les guettaient aussi dans leurs nouveaux quartiers. Faute d'expérience, les pionniers semèrent les céréales en bas, dans la vallée. La première crue emporta les semis, et la deuxième, les foins. Les tigres, après avoir dévoré le bétail, s'en prirent aux hommes. Comme fusil, les paysans ne possédaient qu'une arme à piston. Pour ne pas mourir de faim, on se fit employer comme journaliers par les Chinois, à raison d'une livre de millet par jour. Le paiement se faisait une fois par mois, après quoi le millet devait être transporté à dos d'homme sur plus de 68 verstes. Longtemps les vieux, encore hantés par le souvenir de leur terre natale, ne purent s'accoutumer aux nouvelles conditions, mais les jeunes s'adaptèrent vite, devenant d'excellents tireurs et de remarquables chasseurs. Le courant tumultueux des rivières ne leur faisait pas peur. Bientôt, ils se mirent même à naviguer en mer. En Russie européenne, la chasse à l'ours en solitaire est tenue pour un exploit ; ici, chacun l'affronte seul à seul. Nekrassov chanta les mérites d'un moujik qui avait tué quarante ours ; or, ici, les frères Piatychkine et Miakichev en ont saigné chacun plus de soixante-dix. Sans parler des Siline et des Vorov qui, ayant tué plusieurs tigres, ne comptent plus le nombre d'ours terrassés. Un jour, pour s'amuser, ils s'avisèrent de capturer un félin et manquèrent d'y laisser la vie. Chacun de ces chasseurs portait des marques de crocs de tigre et de défenses de sanglier. Chacun vit plus d'une fois la mort en face, ne devant qu'à la bonne fortune d'y avoir échappé.

La chasse, pour les paysans de Foudin, est quelque chose de sérieux. Fait édifiant, ils ne se contentent pas de tuer le renne : ils le protègent. Un jour, les paysans se réunirent en conseil et décidèrent de ne toucher ni les femelles ni les faons, et de ne pas s'en prendre aux mâles en période de rut. De leur propre chef, ils organisèrent une zone protégée dont ils définirent eux-mêmes le périmètre en faisant le serment de ne jamais y chasser. De nouveaux éléments venus de Russie, passant outre, y firent des carnages. Comme la réserve relevait d'une initiative privée en territoire public, on ne put assigner les fautifs en justice. Les braconniers en profitèrent, réduisant à néant la belle initiative des paysans de Foudin.

Dans le district de Sainte-Olga, le prix des bois de renne va jusqu'à 1 200 roubles la paire. Au village de Permskoïé, je vis chez le paysan Piatychkine des ramures hautes de 21 pouces, et larges de 9 (d'un bois à l'autre, l'écart à la base était de 3 pouces). La ramification ne commençait qu'aux extrémités. Ils pesaient 11 livres. Ces bois furent vendus à très bas prix : 870 roubles.

L'année d'avant, les frères Piatychkine avaient tiré 2 200 roubles de quatre paires de ramures.

Nous écoutions ces récits quand un homme entra dans l'isba. Apparemment, il avait dans les 45 ans. Taille moyenne, corps sec, barbe sobre et cheveux longs, le visiteur s'inclina, esquissa un sourire coupable et s'assit dans un coin sur une caisse.

— Qui est-ce ? demanda Granatman.

— Kachlev, dit la Mort-du-Tigre, lui répondit-on à plusieurs voix.

Nous le questionnâmes, mais l'autre se révéla peu disert. Après un temps, Kachlev se leva.

— Pas besoin d'être bien malin pour tuer un fauve. Mais pour le voir, ça, c'est une autre affaire, dit-il en remettant sa toque avant de prendre la sortie.

Auprès des autres paysans, nous pûmes glaner quelques renseignements sur le compte de Kachlev. Son surnom de Mort-du-Tigre, il le devait au fait d'avoir tué le plus grand nombre de ces fauves. Nul mieux que lui ne pouvait pister le félin. Il courait la taïga toujours seul, dormait à la belle étoile, souvent sans feu. On ne savait jamais ni où il allait ni quand il rentrerait. Un vrai coureur des bois. Sur la rivière Sangtakeou, il avait trouvé un rocher par où passaient régulièrement les tigres. C'était là qu'il les guettait.

Certains paysans capturaient même les tigres vivants, sans pièges ni cage. Ils les attrapaient à mains nues, puis les ligotaient. Dès qu'ils tombaient sur la trace d'une tigresse avec sa portée de l'année, ils lâchaient les chiens et tiraient en l'air pour les réduire à la débandade. Et alors ils se mettaient à les pourchasser chacun de son côté. Ce genre de chasse requérait audace, agilité et témérité. La veillée se prolongea jusque tard dans la soirée. Nous les aurions écoutés jusqu'à l'aube, tant c'était captivant. À minuit, les paysans regagnèrent leurs logis.

Le lendemain, nous allâmes au village de Permskoïé, situé à 4 verstes en aval de Foudin.

À voir la prospérité économique des villageois, on ne saurait leur souhaiter mieux. Un village exemplaire à tous les égards, qui avait construit sa propre école avec ses fonds propres. Les gamins disposaient d'un grand nombre de livres de sciences naturelles et de géographie. Les paysans, qui avaient tous beaucoup lu, étaient des hommes de progrès. Certains s'intéressaient à des techniques qu'ils employaient dans leur travail. Il advint qu'un nouvel arrivant se mit à proférer des noms d'oiseaux en notre présence. Il fallait voir comment les anciens du village le gourmandèrent. Chasseurs avertis, les paysans de Permskoïé ne l'étaient pas moins que ceux de Foudin.

Après un temps de repos au village de Permskoïé, nous reprîmes la route, pressés que nous étions d'atteindre enfin la mer.

Très fertile est la terre de la vallée du Wai-Fouking. Les paysans n'ont pas souvenir d'une seule année de mauvaise récolte, bien qu'ils labourent sans bonifier depuis quarante ans au même endroit.

À la saison des pluies d'été, l'eau qui ruisselle des montagnes environnantes fait déborder le fleuve et inonde la vallée. Les crues les plus abondantes se produisent dans le bas Wai-Fouking où viennent s'aboucher deux affluents : le Sseutakeou, à droite, et l'Arzamassovka, à gauche. D'après les « Permakiens », les crues modérées, loin de nuire, se révèlent au contraire profitables à force de déposer sur la terre un limon fertile. Quant aux fortes crues, elles emportent les labours et causent un mal irrémédiable.

Passé l'embouchure du Sseutakeou, le Wai-Fouking s'évase aussitôt. De là, on aperçoit déjà la mer.

À partir du village de Permskoïé, la route longe le bord gauche de la vallée au pied d'une terrasse, puis dévie à droite en se rapprochant petit à petit du fleuve. Il pousse ici un bois clairsemé d'essence combustible, composé d'une variété naine de bouleau noir *(Betula daurica Pal.)*, de chêne *(Quercus mongolica)*, d'aulne japonais *(Alnus japonica Sieb. & Zucc.)* au tronc spiralé, et de mélèze de Sainte-Olga *(Larix Olgæ)*. Le sol sablonneux est recouvert en surface d'une fine couche d'apport limoneux herbu. Dès que la couche enherbée est entamée, le sable affleure. Pour cette raison, la route est réputée pénible entre le village de Permskoïé et le littoral.

Lorsque nous eûmes atteint la voie postale, je mis une dernière main aux relevés topographiques, confiai ma planchette au soldat qui m'accompagnait et pris un fusil. Malgré le long voyage que nous venions de faire, mon chien courait la broussaille à la recherche d'oiseaux. Une fois, l'oreille dressée, il se mit à l'arrêt. Je m'approchai. Il sauta dans les fourrés et attrapa quelque chose entre ses dents qu'il jeta à l'écart en secouant la tête. C'était un mulot rayé *(Apodemus agrarius mandshuricus Thomas.)*, très répandu dans la région. Aussi gros qu'une souris de grenier ordinaire, il présente un dos brun jaune et des pattes blanches. Moins véloce toutefois, il offre une proie facile aux rapaces. Il se nourrit de différentes graines végétales, de glands et de racines. Nous le prîmes comme trophée de chasse et poursuivîmes la marche.

À mi-chemin entre le village de Permskoïé et le poste Sainte-Olga, un rocher s'élève à gauche, que les gens du pays appellent le roc au Diable. Encore un quart d'heure de marche, et vous êtes à la mer. Le lecteur comprendra l'exultation qui s'empara de nous. Assis sur des pierres, nous regardions, charmés, les vagues battre la grève.

Le bout du voyage !

Le sable de mer formait des dunes envahies d'églantiers *(Rosa rugosa Thunb.)*, d'herbes et de chênes nains qui ressemblaient plus à des arbustes qu'à des arbres. Là où la surface de la dune était abîmée, les sables se mettaient en mouvement, engloutissant tout ce qu'ils rencontraient sur leur passage.

Nous arrivâmes au poste Sainte-Olga le 21 juin à 2 heures de l'après-midi, où nous prîmes nos quartiers. Notre chargement devait arriver par la voie maritime. Dans cette attente, je décidai d'explorer les environs.

Le détachement d'Arseniev pose devant son bivouac (s.d.).

11. LA BAIE SAINTE-OLGA

Histoire de la baie – Havre paisible – La localité chinoise de Chemin – Le poste Sainte-Olga – I. A. Piatychine – Le départ de P. K. Routkovski – Le mont à la Croix – B. N. Bounine – La géologie de la baie Sainte-Olga – Un Mantsé chercheur d'or – Les oiseaux – Le retour

La baie Sainte-Olga (43° 44' de latitude nord et 152° 57' de longitude est à partir du méridien de Ferro) fut découverte par le navigateur français Lapérouse en 1787 et baptisée port Seymour. Lors de la campagne de Crimée, plusieurs vaisseaux anglais poursuivirent un navire de guerre russe qui, à la faveur du brouillard, se cacha dans la baie. Les Anglais, l'ayant perdu de vue, repartirent alors bredouilles. Cela s'étant produit le jour de la Sainte-Olga, les Russes attribuèrent ce nom à la baie salvatrice. En mémoire de leur salut, ils érigèrent une croix sur une hauteur qui, dès lors, devint le mont Krestovaïa, le mont à la Croix[21].

À l'entrée de la baie Sainte-Olga se dresse un îlot rocheux solitaire, à droite, que les marins appellent l'île Tchikhatchev. Dessus, un phare indique l'entrée aux navigateurs. Mais dans la mesure où, pendant l'été, le brouillard enveloppe presque toujours cette partie de la côte, il se révèle quasi inutile car, de la mer, on ne voit rien…

La baie est fermée de trois côtés. Elle fait 3 verstes de long et autant de large, avec près de 12 sagènes de fond. L'hiver, elle ne gèle qu'au nord et pour trois mois. La partie nord-est forme à son tour une baie singulière que les gens du pays appellent Havre paisible, profonde en son milieu de 5 ou 6 sagènes, longue d'une verste et large d'une demie, mais que les alluvions du fleuve Olga viennent progressivement combler.

Sur la côte est de la baie se trouvait la localité chinoise de Chemin[22] appelée Kochka par les Russes. Autrefois, la place était le comptoir chinois principal dans la région de l'Oussouri. Une centaine de chalands chargés de marchandises y venait chaque année de Houentch'ouen. Les trappeurs de la rivière Oussouri y apportaient des fourrures de zibeline, d'onéreux bois de renne et du précieux ginseng. On troquait les produits de la taïga contre ceux de la mer. À dater de 1901, par suite des troubles survenus en Mandchourie, la localité a périclité. À voir la longue rangée de hangars alignés sur la côte pour l'entrepôt des marchandises et des matières premières de toutes sortes, on mesure l'ampleur du commerce auquel se livraient les Chinois de Sainte-Olga.

Au fond de la baie se niche la localité qui, auparavant, portait le nom de poste Sainte-Olga. La première construction qui y vit le jour en 1854 fut une caserne de marins. En 1878 arrivèrent un maître-forestier et un médecin de campagne. Jusque-là, c'était le commissaire de poste qui remplissait les fonctions d'enseignement, de médecine, de justice et de répression.

En 1906, le poste vit apparaître une petite église en bois, un hôpital pour les pionniers, un service postal et télégraphique, ainsi que plusieurs petites boutiques. Ni village ni localité, le poste était habité par des roturiers et des soldats réservistes qui occupaient des terres à construire. Nul ne s'adonnait à la culture de potagers ou de céréales, nul ne semait, ne moissonnait, n'engrangeait, mais tout le monde se construisait des maisons, fût-ce à crédit, espérant qu'une ville finirait par voir le jour, que les terres occupées seraient acquises en propriété et qu'on pourrait les vendre à bon prix.

La guerre russo-japonaise se répercuta durement sur ce petit peuplement russe coupé des autres lieux habités de l'Oussouri par l'absence de routes. Pour tout l'or du monde, on ne pouvait se procurer des produits aussi essentiels que le pétrole d'éclairage, les bougies, le savon, le thé et le sucre. Aujourd'hui encore, dans l'attente de jours meilleurs, on vivote de pain un jour, de kvas le lendemain. Certains habitants ne vivent plus là, mais sont partis pour Vladivostok. Nombreuses sont les maisons abandonnées et condamnées avec des planches. Les propriétaires se font une bien triste joie de les laisser à la disposition de quiconque les protégera du pillage, sans parler de location.

Il y a près du poste un vieux cimetière complètement désaffecté. D'ici quelques années, il sera perdu à jamais. Les premiers à y être enterrés furent des marins morts du scorbut en 1860.

Autre curiosité du poste, un petit canon de fonte sur un affût fixe. Il était là sur une place, à l'abandon, près de la maison du maître-forestier. Les anciens disent qu'il fut acheminé au poste Sainte-Olga pour lancer des signaux aux navires croisant au large par temps de brouillard.

Pour finir, il me reste à dire quelques mots sur un simple habitant de ces lieux qui contribua notablement à la prospérité de ce coin reculé de nos lointains confins. Je veux parler du paysan I. A. Piatychine. En charge d'une nombreuse famille, cet homme de labeur étonnant ne cessa de travailler et de se consacrer à diverses tâches. D'abord, Piatychine avait ouvert un commerce mais, étant bon et confiant par nature, il avait dilapidé ses marchandises à crédit jusqu'à se ruiner. Alors il se consacra à la pêche. Las, la mer emporta ses filets. Il se mit à récolter des algues marines : ses ouvriers chinois empochèrent leurs avances et déguerpirent. Après cela, il se lança dans l'exploitation du bois : une crue emporta ses stocks. Piatychine, en grattant ses fonds de poche, entreprit la construction d'une briqueterie, mais ses briques ne trouvèrent pas d'acheteurs, ni non plus le marbre taillé. Son four à chaux connut le même sort. La dernière infortune de Piatychine fut de monter un service de construction de maisons et d'aménagement de rues pour le poste Sainte-Olga. Un autre que lui eût baissé les bras et sombré dans le désespoir, mais notre homme ne se laissa pas démonter et retenta sa chance dans la pêche. Ne se plaignant de personne, il ne s'en prenait qu'à son sort et continuait de lutter contre l'adversité. De nombreux arrivants sans le sou trouvèrent un gagne-pain auprès de Piatychine qui donna beaucoup de sa personne et de ses moyens pour aménager Sainte-Olga. Pourtant, n'ayant trouvé de soutien nulle part, il jeta l'éponge et partit s'installer sur la Nelma où il mourut en 1927[23].

Les deux premiers jours, nous nous reposâmes sans rien faire, puis fusiliers et cosaques s'occupèrent de remettre en état leur équipement. On laissa les chevaux pacager librement, et je m'en fus inspecter les environs immédiats en commençant par gravir le mont à la Croix.

Merveilleux panorama de montagne!

D'un côté s'étirait l'ample vallée du Wai-Fouking. Le fleuve décrivant un coude à hauteur du Santakeou, on n'en voyait pas le prolongement. Maintenant, le Sikhotè-Alin était caché par d'autres montagnes. Au nord-ouest, la rivière Arzamassovka déroulait son cours. Elle virait ensuite au nord pour se perdre quelque part dans les hauteurs. Pittoresque, la vallée du fleuve Olga, parallèle à la ligne côtière, prolongeait la baie du Havre paisible.

De hauteur modeste, les montagnes encadrant la baie présentent néanmoins des contours très nets. Elles se composent en majeure partie de granit gris, de porphyre quartzique, de grès, de cornéenne, d'arkose et de jaspe à fines veinules de quartz. Les environs se sont révélés riches en fer, cuivre et plomb argentifère.

Des éboulements parsèment la plupart des monts, résultat d'une érosion des roches par l'effet d'agents atmosphériques. De l'apparition de failles à l'effritement de la matière minérale, l'on peut en observer le long processus de formation. Qu'on donne un bon coup de marteau sur un échantillon rocheux ou qu'on le jette à terre avec force, il se brisera sur des lignes de fracture infiltrées par l'eau. Mais l'on aura beau tenter de casser les bris en morceaux plus petits, l'on n'obtiendra aucune cassure fraîche. J'ai fait connaissance, au poste Sainte-Olga, avec B. I. Bounine, fin connaisseur de la région sud-oussourienne qu'il a sillonnée dans tous les sens. Officier du 6e régiment d'infanterie de Sibérie orientale, il fut grièvement blessé à la bombarde en 1901 lors de la répression des troubles en Mandchourie, par suite de quoi, estropié, il fut mis à la retraite et s'installa à Sainte-Olga.

Un jour qu'il avait à faire dans les montagnes, il m'invita à l'accompagner. Et le 24 juin, de bon matin, nous embarquâmes dans un canot, passâmes le cap du Marbre et mîmes pied à terre en face de l'île Tchikhatchev. L'excursion m'offrit l'opportunité de découvrir la baie Sainte-Olga et l'embouchure du Wai-Fouking.

Parallèlement à la côte s'étirent des bandes marécageuses et des lacs allongés que séparent des buttes sablonneuses. Plus la côte est proche et plus ces buttes sont marquées. On y voit pousser des rangées d'aulnes arbustifs *(Alnus japonica S. & Z.)* aux branches à poils courts et aux feuilles légèrement retombantes, ainsi que des spirées à feuilles de bouleau *(Spirea betulifolia Pal.)*, petit arbuste à fleurs rose pâle. À bien des endroits, il ne reste aucune trace des buttes. Seule la végétation témoigne de leur ancien tracé. Les fouilles effectuées çà et là ont donné des bris de coquillages marins. Fleuve et mer faisaient ici leurs œuvres sur cette excroissance de terre ferme. Celui-là charriait de la matière ; celle-ci la pliait en dunes. De nombreuses îles se sont formées sur le cours inférieur de ce fleuve. Exondées de fraîche date, elles sont faites de sable pur et n'ont pas encore trouvé le temps de s'enherber.

Le tableau qui s'offre au géologue remonte à un lointain passé. À l'époque, la baie Sainte-Olga n'avait pas l'aspect qu'on lui connaît aujourd'hui. Trois fois plus grande, elle s'enfonçait dans les terres en direction de l'ouest. De la mer, on distingue nettement le contour de la baie ancienne où se jetaient le Wai-Fouking, le Sseutakeou et l'Arzamassovka, comme l'indiquent les formations marécageuses de la basse vallée de l'Avvakoumovka, les lits secondaires, les petits lacs, les bras morts rattachés à la mer. À l'embouchure, le courant du fleuve est presque imperceptible. Au contraire, sous une bise d'est ou à la marée haute, le mouvement de l'eau tend à s'inverser. Au pied du roc au Diable, on peut voir les morsures du ressac. Ce témoin muet atteste qu'il fut naguère baigné par les vagues de l'océan Pacifique.

Combien de siècles pour désagréger une matière minérale aussi dure et la réduire à l'état de sable ? Combien de temps pour remplir la baie grain après grain et en chasser la mer ? Dans l'œuvre de comblement de la vallée, la contribution du bois flotté ne fut pas mince. Îles et rivières sont encombrées de milliers et de milliers de souches et de fûts que le sable vient ensevelir aussitôt. Ne dépassent plus que les branches et les racines qui, petit à petit, s'ensablent à leur tour. Chaque nouvelle crue apporte son lot de troncs morts qu'elle entasse ici avant de les recouvrir de sable, et à l'infini. Ainsi recule l'océan sous la poussée de la terre, et viendra le jour où le Wai-Fouking ne se jettera plus en baie Sainte-Olga, mais en mer.

Nous débarquâmes sur la côte sud de la baie vers 10 heures du matin, renvoyâmes le canot à port et entreprîmes notre ascension. Un Chinois chercheur d'or s'était joint à nous. Il avait dans son havresac une pelle en fer sans poignée, une bâtée d'orpaillage en bois et un petit piolet à manche court. C'était un homme d'entre les deux âges, maigre, la face grêlée sous un chapeau de paille, qui répondait volontiers aux questions qu'on lui posait, l'occasion pour moi de découvrir les méthodes chinoises d'extraction de l'or. Il commençait par choisir une petite rivière en face de laquelle une île se trouvait en mer, signe irréfutable que la vallée serait aurifère. En remontant ce cours d'eau, il y cherchait un affluent dont l'embouchure fît face à une paroi rocheuse, à condition que ce nouveau vallon fût rigoureusement perpendiculaire au plan de la paroi sur au moins 2 verstes. Si la distance était moindre ou que le vallon ne tombait pas tout à fait à angle droit sur la paroi, ce n'était pas bon. Le Mantsé marchait devant et passait d'affluent en affluent dont la longueur allait diminuant : 2 verstes, puis une seule, puis la moitié, etc. Le dernier petit torrent faisait quelque 200 sagènes de long. Alors le Chinois s'arrêta et dit qu'il fallait chercher là. Il se mit à examiner les galets et le sable. Visiblement satisfait, il décida de rester pour sa prospection. Nombre de ses explications me parurent opaques. Selon lui, par exemple, il y avait des gens capables de sentir la présence de l'or dans le sol. Il disait en faire partie.

Topographiquement, nous progressions sur un secteur fortement érodé à la déclivité modérée. Çà et là se dressaient des rochers au bord de la décomposition, la plupart étant d'ores et déjà réduits à l'état d'éboulis.

Même végétation qu'à l'approche du poste Sainte-Olga. Chêne, bouleau, tilleul, arbre à liège, peuplier, frêne et saule poussaient tantôt en bosquets, tantôt isolément. Des arbrisseaux enchevêtrés de vigne ou de pois sauvage – lespédèze, viorne et spirée – rendaient certains passages impraticables, surtout quand s'en mêlait « l'arbre du diable », l'angélique de Mandchourie *(Aralia mandshurica Rupr. & Maxim.)*. Il est très difficile de se frayer un chemin à travers pareille broussaille par une journée de grande chaleur. Seule consolation, les torrents d'eau fraîche.

À midi, nous avions atteint la ligne de partage des eaux. Le soleil, haut dans le ciel, dardait sur la terre ses rayons brûlants. Une chaleur insupportable. L'ombre elle-même n'apportait point de fraîcheur. Après un bref repos, nous entamâmes la descente de l'autre côté, vers l'ouest, en direction d'un torrent. C'était l'un des affluents gauches du Sseutakeou. Un tableau plutôt monotone se déploya devant nous. Où qu'on portât le regard, on ne voyait qu'un champ de collines, et partout la même végétation.

Il flottait au-dessus de la terre un air surchauffé et saturé d'humidité. Arbres et buissons, baissant leurs feuilles, paraissaient sans vie.

De toute la journée, nous ne vîmes pas un animal, malgré de nombreuses traces de bouquetins et de rennes. Je ne manquais pas en chemin de consigner des observations d'ordre ornithologique.

Un mot d'abord sur le pivert à tête rouge. Bon marcheur, à ce qu'on dit. Agile en diable, farouche et criard, il ressemble à ses congénères bariolés par son art de la feinte. Il y avait aussi des alouettes mandchoues qui grisollaient de partout. Certains oiseaux nous filaient entre les jambes pour aller se réfugier à l'écart. Sur eux, la chaleur semblait sans effet. Ils se propulsaient dans les airs en poussant haut leur chant sonore. Dans le fond marécageux d'un vallon, nos chiens délogèrent quelques bécasses. J'en tuai une, qui appartenait à l'espèce de Sibérie orientale. Plus loin, une jolie bécassine à long bec s'envola d'une broussaille. Sur les fûts et les souches, on surprenait parfois des pipits du Japon qui, agiles, sautillaient à terre et se chauffaient au soleil. À l'approche des hommes, au lieu de s'envoler, ils se cachaient adroitement dans les buissons et n'en ressortaient qu'après s'être jugés hors de danger.

Tant de petits oiseaux laissaient augurer la présence de l'épervier. Et, en effet, j'en effrayai un dans les herbes, ce qui était étrange, car ces oiseaux de proie ne sont pas faits pour marcher au sol. Peut-être savaient-ils d'expérience que les menus volatiles s'effarouchaient de les voir perchés sur des arbres morts, alors que ces rapaces pouvaient compter sur une chasse meilleure en se tapissant dans les herbes.

La journée tirait à sa fin. Le soleil déclinait vers l'ouest en allongeant l'ombre des arbres sur la terre. Il fallait s'arrêter pour la nuit. Pour le bivouac, nous choisîmes un coin près de l'eau.

Je veillai longtemps près du feu en compagnie de B. N. Bounine. Il me parla de ses voyages, des *honghoutse*, de la chasse, etc. Enfin, je sentis le sommeil me gagner. Engoncé dans ma capote, je ne tardai pas à m'endormir.

Le lendemain, nous prîmes congé du chercheur d'or qui fit demi-tour vers le col. Quant à nous, nous poussâmes la marche vers le Sseutakeou pour rejoindre Sainte-Olga.

12. ESCAPADE SUR LE SSEUTAKEOU

Les fourrés forestiers – Un tigre – Sur la crête – Roches nues – Mousses et lichens – La soif – En quête d'eau – De la glace sous la terre – La source du Santakeou – Les cerfs sika

LE 26 JUIN, le ciel se fit morose. Par rafales, le vent poussait de noirs nuages à travers un épais brouillard. C'était mauvais signe. La pluie arriva dans la nuit par un temps venteux qui dura trois jours d'affilée. Le 28 se déchaîna une tempête grosse de pluies torrentielles. L'eau dévalait les montagnes en flots impétueux. Les rivières débordèrent. Les liaisons furent coupées entre le poste Sainte-Olga et les habitations voisines.

Dans l'attente du bateau qui devait acheminer notre ravitaillement, je décidai d'aller explorer le Sseutakeou. J'envisageai de franchir la ligne de partage des eaux près du mont Tazovskaïa, de descendre le Santakeou et de rejoindre ainsi le Wai-Fouking. Il me fallut six jours pour parcourir cet itinéraire.

Le 1er juillet se passa en préparatifs. Je laissai les chevaux au repos sur place et n'emmenai que deux hommes, Zagourski et Tourtyguine. Il nous fallut porter nos effets dans des sacs à dos.

Au matin, le ciel crachinait encore après la tempête. À midi, le vent déchira la brume, le soleil perça, et tout s'anima d'un coup : ce monde redevenait merveilleux. Pierres, arbres, herbe, route revêtirent un air de fête. Les oiseaux firent entendre leur ramage dans les fourrés, des insectes apparurent, et même le grondement de l'eau bondissant des montagnes exultait.

Nous passâmes le Wai-Fouking à cheval avant d'enfiler la route postale qui allait de Sainte-Olga au village de Vladimiro-Alexandrovkoïé sur le Souch'ang.

Le Sseutakeou est long de 57 verstes. Parallèle au Wai-Fouking sur son cours supérieur, il tourne ensuite vers l'est et finit par s'y aboucher à hauteur du village de Permskoïé. Nous y arrivâmes à l'endroit où la rivière tournait. C'est un cours d'eau extrêmement pierreux aux nombreux rapides. Les villageois avaient bien tenté d'y faire du flottage, mais le bois accrochait tant les pierres qu'il fallut renoncer. La partie basse, que longe la voie postale, est cultivable et dégagée ; la partie moyenne, boisée ; la partie haute, caillouteuse et dénudée.

Vierge et majestueuse est la forêt du Sseutakeou. Outre le cèdre, le sapin, le bouleau dahur et le noyer mandchou, le naturaliste eût constaté la présence du mélèze sibérien *(Larix sibirica Ldb.)*, lequel côtoie le chêne et l'érable à petites feuilles *(Acer mono Maxim.)*. « Mono » est le nom orotche de cet arbre, retenu par l'académicien Maximovitch pour désigner l'espèce. Spirée, lespédèze, noisetier et viorne cohabitent avec l'aubépine verruqueuse *(Cratægus pinnatifida Bunge)* à l'écorce grise, aux épines rares et aux feuilles très creusées, ainsi qu'une variété de merisier incliné à terre que l'on a tendance à confondre avec l'éleuthérocoque. En général, les troncs d'arbres servent de tuteurs aux végétaux rampants qui, dans leur course au soleil, s'y agrippent si fortement qu'ils impriment de profondes marques dans l'écorce.

Parmi les plantes grimpantes, mentionnons l'actinidier déjà cité et la baie aux cinq saveurs *(Schizandra chinensis Baill.)*, à l'arôme et au goût de citron. Avec aussi, dans les coins humides : l'osmonde cannelle dite fougère à fine moustache *(Osmunda cinnamomea Lin.)*, à duvet rouge sur les tiges, ce qui produit une belle impression, et des fourrés entiers de pétasites géants *(Petasites palmata Asa Gray)* à feuilles larges, écailleuses, vert pâle au-dessus, mat pâle au-dessous. Au printemps, c'est la grande friandise des ours.

Dès que nous mîmes un pied dans la forêt, nous tombâmes sur un sentier. Après les pluies, il faisait humide. Partout la boue et le sable portaient d'innombrables empreintes : sanglier, renne, cerf wapiti, chevreuil, porte-musc, glouton, lynx et tigre. Plusieurs fois nous forçâmes des bêtes à quitter leurs reposées, mais impossible de tirer dessus dans l'antre du bois. Un sanglier me frôla. Le temps que je prisse mon fusil à l'épaule et que je l'armasse, il s'était volatilisé.

À midi, le chemin nous conduisit à une fanza de trappeur chinois. Que la chasse fût bonne ne laissait aucun doute à voir la multitude des fourrures engrangées dans la réserve. C'était, visiblement, une fanza de construction récente. Deux peaux de renne séchaient à l'étendoir sur le toit, et une vésicule d'ours pendouillait au-dessus d'un fumoir. Les Chinois l'emploient comme remède contre le trachome. Pour ce faire, on dilue la bile séchée dans de l'eau dont on mouille la paupière à l'aide d'un tissu imbibé. Une vésicule d'ours vaut entre 2 et 5 roubles, selon sa grandeur.

Nous réussîmes à couvrir 22 verstes dans la journée.

Quand, côté rive gauche, la forêt prit fin, nous entrâmes dans une étendue de bois calciné. Les montagnes ourlant la vallée se composent de diorite, de syénite, de quartz, de porphyre feldspathique. Complètement déboisées, elles sont couvertes d'éboulis. Le cours supérieur du Sseutakeou se présente comme un petit torrent qui en reçoit d'autres de gauche et de droite. Lors de la dernière crue, l'eau en avait élargi le lit sur une distance de 100 sagènes, un espace entièrement ensablé et engravé. Du côté droit, à partir d'un banc de pierre, la rive s'élevait en une paroi rocheuse dont la façade laissait apparaître que le sol de la vallée se composait pareillement d'un mélange de vase et de galets.

À un certain endroit, le torrent décrivait un coude, et son lit rasait la rive opposée. Une longue plage de pierre s'étirait de notre côté. Ce fut là que nous bivouaquâmes en plantant la tente à l'extrémité de la paroi, face au cours d'eau. Derrière nous, la forêt ; devant nous, un grand feu de camp.

Étant légèrement souffrant ce jour-là, je me couchai sans attendre le dîner. Dans un rêve, je me crus prisonnier d'un piège à mâchoire qui meurtrissait fortement mes pieds. À mon réveil, il faisait déjà nuit.

En ouvrant les yeux, je compris le pourquoi de mon rêve. Couchés sur mes pieds, les deux chiens lorgnaient les hommes d'un drôle d'air, comme s'ils craignaient d'être battus. Je les chassai. Ils allèrent se blottir au fond de la tente.

— Ça alors ! fit Zagourski. Voilà que les chiens ne veulent pas sortir.

Étrange comportement des chiens, en effet. Ce fut Léchi, surtout, qui m'étonna. D'habitude, il allait toujours se tapir sous les buissons, derrière la tente ; et voilà maintenant qu'il se collait aux hommes. Nous finîmes par les chasser au-dehors, mais pas pour longtemps. Quelques minutes plus tard, ils s'invitaient de nouveau sous la tente et prenaient place à notre chevet.

Ce fut alors qu'un bruissement se fit entendre dans la forêt. Les chiens levèrent la tête, les oreilles dressées. Je me mis debout. Le faîte de la tente m'arrivait au menton. Dehors, le calme régnait. Je ne constatai rien d'anormal. Nous dînâmes. Bientôt, le même bruit reprit, mais plus fort et plus loin. Alors nous fouillâmes la forêt du regard. Comme par un fait exprès, le silence revint. Et ce plusieurs fois de suite.

— Sûrement des mulots, dit Tourtyguine.

— Ou un lièvre, peut-être bien, répondit Zagourski.

Enfin, tout se calma. Après le thé, les fusiliers se concertèrent sur leurs tours de garde pendant la nuit. Comme je m'étais bien reposé et que je n'avais plus envie de dormir, je leur dis de se coucher. Pendant ce temps, je tiendrais mon journal.

— Sortez de là ! jetèrent les soldats aux chiens pour les chasser de la tente.

Les chiens sortirent, restèrent un temps assis près du feu, puis s'en revinrent auprès des hommes. Léchi se lova aux pieds de Tourtyguine, Alpa s'installa sur ma couche.

Une nuit si calme que même les trembles, figés, ne bruissaient plus de leurs feuilles. Des sons incertains troublaient la léthargie de l'air : une espèce de soupir, de murmure, un ruissellement d'eau, de timides grésillements de criquets… De vagues éclairs jetaient leur lumière dans un ciel d'encre parsemé d'étoiles. Le feu éclaboussait la terre de ses éclats rouges. Hors de ce périmètre, les ténèbres n'en paraissaient que plus noires.

Après avoir rajouté du bois au feu, je m'attelai à mon journal. À ce moment, les deux chiens levèrent la tête en grondant du fond de la gorge. Je me levai, scrutai les alentours et ne vis rien, j'entendis un bruissement s'éloigner. Un blaireau, me dis-je, ou un raton laveur. Là-dessus, je me remis au travail. Une demi-heure passa. Tout à coup, à gauche du bivouac, des galets roulèrent. Quelqu'un descendait vers le torrent. Ce devait être à une cinquantaine de sagènes de notre feu, pas davantage. La main en visière pour me protéger de la lumière, j'observai attentivement le cours d'eau. Les chiens manifestèrent une épouvante extrême. Alpa se terra au fond de la tente. Puis j'entendis qu'on marchait sur la grève. Des galets bougeaient sous les pas d'on ne savait qui. Ce n'était certes pas une bête à sabots : le cerf wapiti ou le renne martèlent le sol avec plus de force. Ce n'était pas non plus un petit animal, car son poids n'eût pas suffi à produire un tel bruit. C'était une créature imposante à la patte puissante et feutrée. Alors que l'entrechoquement des galets s'éloignait en direction de la rivière, je vis soudain se détacher sur la grève une ombre au bord de l'eau. Un tigre ! Telle fut la pensée qui me traversa l'esprit. Sans le quitter des yeux, j'allongeai la main vers mon fusil qui, comble de malchance, m'échappait. Aussitôt commença tout un remue-ménage. Je secouai Zagourski, attrapai mon fusil. Encore lourd de sommeil, l'autre poussa le chien à ses pieds. Alpa aux abois bondit à l'écart et atterrit sur la tête de Tourtyguine. À cet instant, je tirai. Le fauve, debout sur la grève, émit un son bref, rauque, qui ressemblait à un râle. Puis il se jeta dans l'eau, se hissa promptement sur la rive d'en face et s'effaça dans les buissons.

De sommeil, plus une trace. Le bivouac fut pris d'un branle-bas. Aux voix des hommes se mêlaient les aboiements des chiens. Chacun y allait de son récit. Zagourski disait avoir vu un sanglier, Tourtyguine assurait que non, c'était un ours. Les chiens, bondissant, couraient à l'écart du feu pour y revenir aussitôt. Ils ne finirent par se calmer plus ou moins qu'à l'approche de l'aube.

Deux heures plus tard, le noir du ciel tourna au bleu foncé. L'on pouvait discerner la rive d'en face et les troncs d'arbres flottés.

Nous allâmes à l'endroit où nous avions vu la bête. Le sable, au bord de l'eau, portait nettement les empreintes d'une grosse patte de félin. À l'évidence, le tigre avait longtemps rôdé près du bivouac dans l'espoir de se repaître opportunément des chiens qui, l'ayant flairé, s'étaient retranchés sous la tente.

Le tigre *(Felis tigris longipilis Fitz.)* de l'Oussouri est plus gros que son congénère indien. La longueur de son corps, queue comprise, atteint 9 ou 10 pieds ; sa hauteur, 3,5 ou 4 pieds ; son poids, 12-15 pouds. Son pelage est aussi richement coloré que celui du tigre des pays du sud, mais on rencontre aussi des spécimens pâles à rayures rares et peu marquées. Le tigre est d'une beauté extraordinaire. Sa couleur dominante est le jaune rouillé, traversé de zébrures noires. Sur la poitrine, le cou, les pattes antérieures, celles-ci sont plus discrètes ; sur le dos, la croupe et les pattes postérieures, elles se détachent ostensiblement. Une tête riche de couleurs. Point de barbe sur les joues. Ventre blanc. Une robe parfaite pour le camouflage. Quand il court dans la taïga, à travers des arbustes effeuillés, le noir, le jaune et le blanc se fondent, et l'animal revêt une seule et même teinte gris brun. À l'automne, au milieu des vignes orange et rouges, dans les fougères jaunes et desséchées où subsistent encore de vieilles feuilles noircies, on aurait peine à distinguer un tigre même de près. Il est possible que des études plus poussées montrent un jour que le tigre à longs poils s'apparente au tigre des cavernes qui, jadis, existait en Europe. Si tel est le cas, l'Oussouri peut être considéré comme son pays par excellence. L'animal n'aime rien tant que de pénétrer dans les grottes. L'été, il m'a souvent été donné d'y voir ses empreintes, ainsi que des restes d'os rongés. Le tigre ne se révèle guère sensible aux conditions climatiques. Il ne craint ni la neige ni le froid. Il affectionne les fourrés touffus et la nourriture abondante, surtout les chevreuils, les sangliers et les rennes. Dans la région de l'Oussouri, son habitat est au sud. Sur le littoral, son territoire s'étend jusqu'au cap Guiliak. On le rencontre aussi dans la vallée de l'Oussouri et de ses affluents, ainsi que le long des rivières Moukhen, Pikhtsa, Aniouï et Khoungari abouchées à la rive droite de l'Amour.

Des spécimens isolés peuvent pousser plus loin vers l'est et le nord. Quand les proies ne manquent pas, le tigre ne s'en prend guère aux animaux domestiques. Seule une faim pressante l'obligera à se rapprocher des habitations pour s'attaquer à l'homme. Il met un zèle particulier à faire la chasse aux chiens.

Je pensai à Dersou. Il me disait que le tigre n'avait pas peur du feu et qu'il pouvait s'approcher hardiment du bivouac dès lors que le silence y régnait. Ce jour-là, nous eûmes l'occasion de le constater. Au matin, en buvant le thé, nous reparlâmes des événements de la nuit avant de rempaqueter nos affaires.

Du bivouac, nous prîmes aussitôt à droite pour remonter un petit torrent vers les cimes. Une longue et pénible ascension. Plus nous allions haut, plus la végétation s'appauvrissait. Sa majesté la forêt était derrière nous maintenant, supplantée par de petits chênes noueux, des sorbiers mandchous *(Sorbus aucuparia Lin.)* à branches nues et à feuilles légèrement tombantes, des bouleaux jaunes *(Betula ermanii Cham.)* à l'écorce pleine de poils pendant en loques, des rhododendrons *(Rhododendron dauricum Lin.)* à feuilles coriaces, parfois persistantes en hiver, et des fraxinelles blanches *(Dictamnus albus Lin.)*. Tourtyguine s'assit près de l'un de ces arbustes et alluma sa pipe. À peine eût-il craqué une allumette que les essences gazeuses qui flottaient autour du végétal crachèrent bruyamment une flamme incolore. Cela plut aux soldats qui, à chaque arbuste, s'amusèrent à tirer des feux d'artifice. Je dus les arrêter en les priant d'économiser les allumettes. Si, en l'absence de vent et par forte chaleur, un non-habitué se retrouve au milieu de ces végétaux, il risque d'éprouver un malaise tant ils exhalent d'essences gazeuses.

Là commençait la montée vers la crête. Pour m'orienter, je suivis une arête montagneuse recouverte d'éboulis. Chose curieuse que d'observer le travail d'adaptation des arbres sur les pierres. On dirait qu'ils ont conscience de chercher la terre et qu'ils font tout pour lui envoyer leurs racines par le plus court chemin.

Une heure plus tard, nous pénétrions dans le domaine des mousses et des lichens.

Où diable ces cryptogames vont-ils chercher l'humidité ? L'eau ne reste pas dans les pierres, et pourtant les mousses se développent somptueusement. Au toucher, elles sont extraordinairement humides. Il suffit de les essorer avec les doigts pour en tirer des gouttes d'eau. C'est le brouillard qui répond à la question, le brouillard qui offre une source d'humidité permanente. Les mousses ne vont pas chercher de quoi boire dans la terre, mais dans l'air. Quand on sait que l'été et le printemps comptent incomparablement plus de journées de brouillard que de soleil dans l'outre-Oussouri, on comprend mieux le foisonnement des mousses parmi les éboulis.

Mais déjà les mousses étaient derrière nous. Maintenant, nous arrivions aux roches nues. Non que les pierres issues des éboulements soient vraiment nues en altitude ; elles sont revêtues de lichens qui, eux aussi, s'abreuvent de l'humidité de l'air. Au gré des saisons, ils deviennent secs au point de se réduire en poussière sous les doigts, ou bien se font humides et velouteux. En dépérissant, les lichens forment une fine couche de sol où croissent des mousses, puis de l'herbe et des arbustes.

Lorsque nous eûmes atteint le sommet, l'opacité matinale se dissipa en nous offrant une vue magnifique dans tous les azimuts. En contrebas coulait le Sseutakeou que l'on voyait nettement serpenter à travers la forêt et brasiller au soleil. Au nord se dressait le mont Tazovskaïa que nous devions tourner. Au sud-ouest se dessinait le bassin boisé de la rivière P'ousong ; au sud-est, la mer ; et à l'ouest, d'autres montagnes. Les reconnaître n'est pas à la portée du premier venu, tant la chose requiert de l'expérience. Les cimes familières changent d'aspect au point d'en paraître méconnaissables. Le mont Stolovaïa (« mont table »), par exemple, a l'air d'un pic pointu quand on le regarde sur un axe latéral. Le mont Tazovskaïa nous offrit un parfait point de repère, ce qui me permit de prendre la bonne direction.

À midi, je fis signe de marquer une halte. Nous avions soif, mais il n'y avait d'eau nulle part. Descendre dans la vallée nous eût emmenés trop loin. Pour cette raison, nous décidâmes d'observer un repos bref, et tant pis pour la soif. Les fusiliers s'étendirent à l'ombre d'un surplomb rocheux et s'endormirent aussitôt. Un trop long sommeil, sans doute, parce que le soleil eut le temps de basculer derrière le rocher. Je me réveillai et consultai ma montre : 3 heures de l'après-midi, il fallait faire vite. Nous savions que nous n'arriverions à l'eau qu'à la tombée du jour, mais n'avions pas d'autre choix que de prendre notre mal en patience.

Maintenant, nous longions une crête faite de cimes nues qui allaient ascendant. À une douzaine de verstes devant nous, une autre chaîne montagneuse la rejoignait perpendiculairement, dont faisait partie le fameux mont Tazovskaïa, du côté droit. Il nous fallait atteindre le point de jonction des deux chaînes pour entamer la descente dans la vallée du Santakeou.

Comme par un fait exprès, la journée était calme. Pas une brise. Une chaleur écrasante. Une fois, nous tentâmes de descendre en quête d'eau. En vain. Par contre, la remontée fut si éprouvante que nous renonçâmes à renouveler l'expérience. Chaque fois que nous gravissions une cime, nous espérions découvrir de l'autre côté un signe de présence d'eau, mais chaque fois l'espoir tournait à la déception. Devant nous, tout n'était qu'éboulement nu et sans vie. Y eût-il des rochers à la place de ces pierres que l'on aurait pu compter sur quelque fissure emplie d'eau de pluie. Mais que pouvait-on trouver dans un tel amas de cailloux ? Les hommes marchaient en silence. Les chiens traînaient la patte à leur suite, tout doucement, langues pendantes.

En montagne, les distances sont trompeuses. Déjà une journée de marche, et la chaîne qui faisait le partage des eaux entre le Santakeou et le Sseutakeou semblait reculer à mesure que nous avancions. Et bien que j'eusse très envie de l'atteindre, je dus me rendre à l'évidence que c'était impossible pour aujourd'hui. Le jour déclinait, et déjà le soleil frisait l'horizon.

Les pierres irradiaient la chaleur accumulée dans la journée. Seul un vent frais nous eût apporté un peu de fraîcheur.

Une autre cime s'élevait devant nous. Quoi qu'il nous en coûtât, il nous fallait la « prendre ». L'ombre vespérale enveloppait déjà les monts environnants, seul ce relief captait encore les rayons du soleil. La dernière montée fut particulièrement rude. Deux ou trois fois, nous dûmes nous asseoir pour un moment de repos ; puis nous relever pour achever de grimper, à bout de forces.

Quand nous arrivâmes au sommet, le soleil était presque couché. Les dernières lueurs jouaient encore un peu dans les nuages, mais la brume du soir en eut bientôt raison.

La hantise de ne pas trouver d'eau d'ici la nuit nous insuffla de l'énergie. Un ensellement profond béait derrière la montagne avec, à proximité, un creux boisé d'arbres nains. Nous commençâmes la descente vers ce trou de verdure. Plus vite nous trouverions de l'eau, moins dure serait la remontée le lendemain. Aussi tendions-nous tous l'oreille. Bientôt, le creux prit l'aspect d'un ravin au fond duquel poussaient des herbes et des arbustes amateurs d'humidité. Nous étions déjà à 200 sagènes en contrebas de l'ensellement, et toujours pas d'eau. Soudain, mon ouïe perçut un grondement souterrain. Les fusiliers se débarrassèrent de leurs sacs et se mirent à retirer les pierres, mais l'eau était trop loin. Alors nous descendîmes encore d'une centaine de sagènes et nous mîmes à creuser. Cette fois, nos efforts furent récompensés : nous avions bel et bien trouvé de l'eau. Tout le monde se précipita pour étancher sa soif, mais l'eau était si froide qu'on ne pouvait la boire qu'à petites gorgées espacées.

Quand Tourtyguine eut allumé le feu, j'entrepris d'étudier le torrent. Sa température était de 0,9 °C. Je glissai la main dans une faille d'où je tirai quelques cailloux enveloppés de couches de glace concentriques. Une glace si abondante que les pierres semblaient scellées dedans. Par endroits, elle atteignait une épaisseur d'une dizaine de centimètres.

À maintes reprises les soldats mirent du thé à infuser. On en but avant de planter la tente, on en rebut quand elle fut plantée, on en but encore avant de dormir. On s'endormit aussitôt le dîner pris. Seuls les chiens gardaient le bivouac.

Le jour suivant fut aussi lourd et ardent que la veille. Dans l'Oussouri, les chaleurs estivales sont toujours très moites. La cause en est la mousson qui apporte l'humidité de la mer.

La couche végétale, augmentée d'un amas considérable de feuilles mortes, empêche une part notable d'humidité de s'écouler dans la vallée. De jour, quand le soleil chauffe, cette humidité s'évapore au point de saturer l'air, d'où la rosée du soir et du matin qui mouille autant que la pluie. Grâce à des températures estivales relativement élevées et à des précipitations abondantes, le climat oussourien pourrait se prêter aux cultures jardinières, mais la sécheresse et les vents hivernaux nuisent aux vergers et en interdisent le développement.

Les chaleurs humides usent les hommes et les animaux. L'humidité colle au visage, aux bras et aux habits, le papier sue et cesse de bruisser, le sucre se délite, la farine et le sel grumellent, le tabac ne tire plus. La peau bourgeonne souvent d'éruptions tropicales.

Il nous fallut deux heures pour regagner la crête de partage des eaux. Maintenant, nous attaquions la descente. Les montagnes encadrant le haut cours du Santakeou avaient été ravagées par des feux de forêt. En général, le premier incendie laisse les arbres morts sur pied ; le deuxième les ronge à la racine jusqu'à les faire tomber à terre où ils se consument en attendant d'être noyés par la pluie. Le troisième incendie achève son œuvre de destruction, et seules les pousses perçant près des souches sont là pour attester l'existence révolue d'une grande forêt. Le déboisement expose la terre aux rayons du soleil, ce qui, par voie de conséquence, influe sur le développement de la végétation herbeuse. Les terres calcinées font toujours proliférer des herbes foisonnantes plus hautes que les humains. Une rude épreuve que de marcher à travers ces fourrés jonchés de fûts renversés.

La descente ne fut pas plus facile que la montée. On tombait souvent en se blessant douloureusement sur les pierres et les branches de chablis.

Nous descendions le lit asséché d'un torrent. Longtemps encore, nous ne pûmes trouver d'eau. Ravines, trous, amas de pierres, broussailles d'aralies, moucherons et chaleur torride nous rendirent l'étape particulièrement pénible.

Dans l'après-midi, nous débouchâmes enfin sur le Santakeou. Son lit ne renfermait pas une goutte d'eau. Après un bref repos à l'ombre d'un buisson, nous reprîmes la route. Il nous fallut attendre le soir pour étancher enfin la soif qui nous torturait. Là, nous trouvâmes un trou d'eau profond qui grouillait d'ombles *(Salvelinus alpinus malma Walb.)*. Zagourski et Tourtyguine en pêchèrent à volonté. Cela tombait à point nommé, car nous arrivions à court de vivres.

En son cours supérieur, le Santakeou marie les flots de deux rivières : le Petit-Santakeou, qui prend sa source au pied du mont Tazovskaïa, et le Grand-Santakeou, qui naît des mêmes eaux que l'Eultakeou, affluent du Wai-Fouking. Ce fut ici que nous débouchâmes presque à hauteur de la source. Au bout de 2 ou 3 verstes, nous fîmes halte pour la nuit auprès de ce trou d'eau, à l'extrémité d'une terrasse ravinée par les crues. Nouvelle alerte nocturne. Cette fois encore, une bête rôdait autour du bivouac. Les chiens s'affolèrent. Zagourski tira deux coups en l'air pour écarter l'animal.

Le lendemain fut un dimanche. Comme le lit de la rivière ne contenait de l'eau que par flaques éparses, dans les failles, nous en longions le lit. Sur le cours moyen du Santakeou, la sylve est aussi riche que sur le Sseutakeou. Partout fleurissaient des empreintes de bêtes sauvages.

À un certain endroit, la rivière décrit une large boucle. Mes compagnons marchaient devant, et moi légèrement à la traîne. En passant un tournant, ils virent des sika, cerfs au pelage moucheté : une mère et son petit. Zagourski tira et tua la mère. Le faon ne bougeait pas : immobile, il observait ce que les hommes faisaient de sa mère qui, bizarrement, ne voulait pas se relever. J'ordonnai qu'on le chassât de là. Par trois fois Tourtyguine chassa le faon qui par trois fois revint. Je dus l'effaroucher à l'aide des chiens.

Nous bivouaquâmes sur place. Il fut décidé que nous emporterions une partie de la viande et que nous laisserions le reste aux Chinois.

Dans la nuit, le temps se gâta. La matinée menaçait d'être pluvieuse. Nous bouclâmes nos balluchons à la hâte. À midi, nous étions au pied du piton rocheux où Kachlev, dit la Mort-du-Tigre, avait l'habitude de se poster à l'affût du fauve. L'endroit se présentait comme un étroit goulet entre un roc et un profond filet d'eau qui ne gelait pas même en hiver. Les félins zébrés ne cessaient de rôder là sur les pistes de sangliers, et Kachlev, à son tour, faisait la chasse aux tigres.

Cinq verstes plus loin, nous atteignîmes enfin la première fanza agricole où j'indiquai aux Chinois à quel endroit la viande de cerf les attendait. Le soir même, nous débouchions sur le Wai-Fouking. Deux jours plus tard, nous étions de retour à Sainte-Olga.

Dans un canot indigène : Arseniev est le deuxième à droite (s.d.).

13. SORTIE MOUVEMENTÉE SUR L'ARZAMASSOVKA

Les affluents de l'Arzamassovka – Le Chinois Tch'o Fang – Les grottes – Les oiseaux – Essences d'arbres et d'arbustes dans la forêt – Chasse aux sangliers – Perdu – La pluie – Une situation critique – Service rendu par le chien Léchi – Une sente – À bout de forces – Un feu – Un bivouac – Mourzine – Le retour

À PARTIR DU 7 JUILLET, le temps se dégrada. Il ne cessait de pleuvoir et de venter. Je profitai de ces intempéries pour cartographier nos itinéraires et traiter mes journaux de route. Ce travail me prit trois jours. Ceci fait, je montai une nouvelle expédition sur l'Arzamassovka. A. I. Merzliakov fut chargé de procéder aux relevés topographiques de la vallée de la Kastafounova et de la ravine aux Sangliers, et Granatman, d'explorer l'axe Arzamassovka-Tadouchou.

Le 15 juillet, de bon matin, je pris la route avec trois cosaques : Mourzine, Èpov et Kojevnikov. Nous passâmes la nuit au village de Permskoïé et, le lendemain, poursuivîmes notre chemin.

Le nom chinois de l'Arzamassovka est le Tatongkeou. Longue d'une quarantaine de verstes, elle est large d'une cinquantaine de sagènes à l'embouchure, et profonde de 6-7 pieds. Sa vallée, d'abord étroite et haute, s'élargit considérablement en aval de son affluent Kabania, la « rivière aux Sangliers ». À l'heure actuelle, les toponymes chinois ou indigènes ont disparu, les gens de Permskoïé ayant tout rebaptisé à leur façon. De fortes terrasses fluviales, quoique très érodées, s'avancent en vallée d'Arzamassovka du côté de la ravine Chirokaïa. Ici, les montagnes s'éboulent beaucoup. Le gris des éboulis jure avec la végétation environnante.

La singularité des monts de l'Arzamassovka qui se dressent en face de Pad-Chirokaïa – la « ravine large » –, c'est la monotonie de leurs formes. Imaginez plusieurs pyramides triangulaires placées côté contre côté, la base vers la vallée, la cime vers la ligne de partage des eaux. Les angles font les sommets, et les défilés qui les séparent font les ravines. Leurs bases triangulaires sont tournées à 60° vers l'axe du val.

Fréquentes et fortes, les crues du Wai-Fouking contraignirent les gens de Permskoïé à chercher des terres plus propices à l'agriculture, plus à l'écart. Tout naturellement, ils se tournèrent du côté du Tatongkeou.

À partir de la baie Sainte-Olga, il existe deux accès possibles à la vallée de l'Arzamassovka : un par le village de Permskoïé, l'autre par la Poddevalovka – la « rivière aux chausse-trappes » –, ainsi nommée parce que la route, quand elle est lavée par les pluies, se perce d'une multitude de trous qui sont autant de pièges. Cette route donne justement sur la Chirokaïa, laquelle, comme son nom l'indique, présente l'aspect d'une large vallée où coule une petite rivière. Plus en amont, trois ravines s'abouchent à l'Arzamassovka : le Kolyvaïskaïa, l'Ouglovaïa et la Listvennitchnaïa. En les remontant, on peut déboucher sur la rivière Houlouwai qui se jette en baie Saint-Vladimir. Des cols enjambent de basses chaînes montagneuses faites de reliefs coniques en roches calcaires.

Le premier jour, nous atteignîmes la fanza du Chinois Tch'o Fang. De l'avis unanime des paysans de Permskoïé et de Foudin, ce Chinois faisait preuve d'une étonnante bonté. La première fois que les crues avaient emporté leurs récoltes, il leur était venu en aide en leur donnant de nouveaux semis. Quiconque avait besoin de quoi que ce fût allait voir Tch'o Fang qui ne refusait jamais rien à personne. Sans lui, jamais les pionniers n'auraient pu voler de leurs propres ailes. Beaucoup abusaient de sa bonté, mais jamais l'autre n'avait présenté la moindre créance à ses offenseurs.

Le lendemain matin, je m'en fus inspecter les grottes dans les reliefs calcaires de la rive droite de l'Arzamassovka, face à l'embouchure de la rivière Ouglovaïa. Il y en avait deux : une en haut de la montagne, droite, semblable à une mine, longue d'une petite cinquantaine de sagènes, et haute de 8 à 16 pieds ; l'autre, au pied de la pente, descendait en puits sur quelque 5 sagènes, puis sur une déclivité à 10°. Autrefois, c'était le lit d'une rivière souterraine. Longue d'une soixantaine de sagènes, cette grotte variait en hauteur comme en largeur, tantôt étroite et haute, tantôt basse et large. Le fond était bouché de pierres tombées d'en haut, d'où l'absence de stalactites. Dans la mesure où ces effondrements se produisaient de part en part et d'une façon régulière, la cavité semblait progresser verticalement.

Comme dans toutes les grottes de ce type, il s'y trouvait un grand nombre de chauves-souris à longues oreilles *(Myotis ikonnikovi Ogn.)* et de moustiques blancs à longues pattes *(Tipula sp.)*.

Quand nous eûmes terminé l'inspection des grottes, l'heure était déjà au soir. On alluma le feu dans la fanza de Tch'o Fang. Je pensais dormir à la belle étoile, mais redoutais la pluie. Tch'o Fang me fit une place sur le *kang*. Nous eûmes une longue conversation. Il répondait de bonne grâce à mes questions, sans bavardage inutile, en toute franchise. De cette causerie, je gardai l'impression d'un homme vraiment bon et me promis d'engager des démarches, une fois à Khabarovsk, pour le faire récompenser de l'aide généreuse qu'il avait dispensée en son temps aux pionniers russes.

Avant l'aube, la mer apporta une nappe de brouillard qui s'éleva sur le relief. On pouvait s'attendre à de la pluie, mais voilà que le soleil se leva et que le brouillard s'échevela. Dans la région de l'Oussouri, la vapeur passe toujours très vite de la condensation à l'état invisible au contact de la chaleur. À peine avions-nous mis le thé à chauffer que le brouillard marin se volatilisa entièrement. Seuls les arbustes et l'herbe, encore trempés, témoignaient de sa récente incursion.

Je consacrai les 15 et 16 juillet à l'exploration des rivières Ouglovaïa et Listvennitchnaïa. L'Ouglovaïa (Nantongkeou) naît de trois torrents de montagne. Elle peut vous mener à la rivière Mokroucha (affluent inférieur droit du Houlouwai). Cette vallée recèle un limon extraordinairement fertile. Les monts qui la protègent des vents marins dévastateurs sont couverts de forêt. On voit quelques cèdres épars apparaître furtivement parmi des essences de mélèzes. Côté vent, par contre, ils sont presque complètement dénués de végétation. Dans la vallée proprement dite poussent des chênes nains et noueux d'allure arbustive, des tilleuls à troncs creux, des bouleaux noirs ; près de l'eau, le saule, l'orme et l'aulne ; et, côté soleil, le lespédèze, la spirée, la viorne, le noisetier, le roseau, la vigne et le pois sauvage.

Une fois sur la ligne de partage des eaux, nous prîmes la direction du nord en longeant la crête vers la source de la Listvennitchnaïa. Un triste tableau que cette chaîne montagneuse aux pentes parsemées de végétation rabougrie et aux sommets coiffés de pierres nues. À peine passé le col, on voit se dresser une montagne en cloche que les gens d'ici appellent « le crâne à Boris ». Son altitude est de 2 250 pieds relativement à la source de la Listvennitchnaïa. Lente et douce vers l'Arzamassovka, la descente se fait raide du côté du Houlouwai. La haute Listvennitchnaïa (Hiaotongkeou) commence à partir de deux torrents d'égale grandeur. Sa rive gauche est habillée de mélèzes, d'où son nom : la « rivière aux mélèzes » ; sa rive droite est parsemée de chênes et de bouleaux, lesquels constituent l'essence dominante à 70 %.

Côté gros quadrupèdes, à en juger par les empreintes imprimées sur la terre, il y avait ici des sangliers, des wapitis, des cerfs sika et des bouquetins. Une ou deux fois nous tirâmes dessus, mais sans faire mouche.

Beaucoup d'oiseaux aussi. Deux buses asiatiques fendaient l'air sans bruit. Elles se faisaient la chasse. L'une cherchait à fondre sur l'autre par le haut, mais celle-ci l'esquivait agilement. Emportée par son élan, celle du haut continuait sa descente, cependant que celle du bas montait, et l'on ne savait plus qui, de l'une ou de l'autre, attaquait ou se défendait. Puis elles se posèrent sur l'herbe et, les ailes déployées, reprirent le combat. Léchi leur fit peur. Alors les oiseaux s'envolèrent, chacun de son côté cette fois. Des merles de roche revêches, solitaires, avaient leurs quartiers près des éboulis. Ils traînaient la patte parmi les pierres, se coulaient dans les interstices et surgissaient soudain de l'autre côté. À la moindre allusion de danger, ils se ruaient dans les fourrés ou les champs pierreux. Plus loin, je remarquai des gobe-mouches noirs qui, lestement, faisaient la chasse aux insectes en plein vol. Absorbés par l'affaire, ils ne prêtaient aucune attention aux hommes ni même aux coups de fusil. Dans l'herbe haute et dure grouillaient les rousserolles à longue queue. Elles étaient là chez elles, grimpaient aux roseaux, se perchaient sur des arbrisseaux, trottaient par terre, évitant avec effroi les endroits découverts et dénués de végétation. L'une d'elles voulut s'aventurer sur la route mais, comme effrayée, fila dans l'autre sens et ne sembla rassurée qu'une fois juchée sur un jonc. Près d'un torrent, mon chien délogea encore un oiseau d'entre les mottes sèches. D'un coup de feu, je le tuai. C'était une bécassine solitaire orientale. Puis j'avisai une bergeronnette noire du Kamtchatka, oiseau gracieux et naïf. Elle ne manifestait point de peur face à l'homme, sautillait, picorait au bord de l'eau.

Je consacrai la journée du 17 juillet à l'exploration de l'Arzamassovka qui prend sa source en face des prémices de la rivière Hipaikeou, bassin du Tadouchou. Le cours supérieur de l'Arzamassovka coule longitudinalement et reçoit en chemin la Mennouïa, puis la Listvennitchnaïa, puis, légèrement plus en aval, deux petites rivières sur sa droite, que les paysans du pays appellent les ravines aux Falous (du chinois *falou*, « renne »). De là, l'Arzamassovka prend la direction du sud pour ne plus en dévier jusqu'à son embouchure. Sur sa droite, elle recueille au passage les eaux de la Vymoïnaïa, laquelle, à son tour, reçoit le tribut des rivières Salnaïa, Klychnaïa et Soudkovaïa. Celle-ci a pour affluents droits la Fortotchkina, la Soukhaïa et la Komforkina ; à gauche s'y déverse la Prostrelnaïa. La vallée de la Salnaïa est le siège de formations bien curieuses. En dévalant la montagne, l'eau charrie par des failles étroites des masses de sable et de gravier qui, une fois dégorgées, s'empilent en élevant des cônes de grande taille. Sans doute ces cônes se forment-ils d'une façon périodique, à la faveur de précipitations violentes, car seule une masse d'eau impétueuse peut transporter des morceaux aussi conséquents de matières minérales.

Quand nous eûmes atteint la source de l'Arzamassovka, nous montâmes jusqu'à la ligne de partage des eaux pour longer un temps les crêtes en direction du sud-ouest. Là, c'est le calcaire qui domine. Les zones où celui-ci rencontre des roches massivement cristallines se révèlent riches en minéraux de zinc et de plomb argentifère.

Au crépuscule, une nappe de brouillard nous parvint encore une fois de la mer. Je redoutai une dégradation du temps, mais non : pour notre bonheur, le jour suivant fut sec, quoique maussade.

Je constatai à cet endroit quelques nouvelles essences forestières : le faux-érable *(Acer sieboldianum Pax.)*, élégant arbrisseau à l'écorce rouge marron et aux feuilles ciselées en étoiles ; le pommier sibérien *(Malus baccata Lin.)*, qui donne de tout petits fruits semblables à des baies plutôt qu'à des pommes, dont les ours sont particulièrement friands. Et près de l'eau : l'aromatique peuplier coréen *(Populus suaveolens Fisch.)* au tronc râblé et aux branches noueuses ; dans son voisinage, le tremble à feuilles éternellement trépidantes *(Populus tremula Lin.)* ; et, sur les plages de galets, comme une bambouseraie, des saules à troncs fins *(Salix acutifolia Willd.)*. Au bord du torrent, les roches abritaient le merisier à feuilles glanduleuses *(Prunus glandulifolia Rupr. & Maxim.)*, mi-arbre mi-arbuste, et le daphné du Kamtchatka *(Daphne kamtchatica Maxim.)* à l'écorce gris clair et aux fruits rouges. On apercevait aussi du lilas de l'Amour *(Syringa amurensis Rupr.)*, composante principale de la flore mandchoue, gros arbuste à l'écorce grise, et, à l'orée des bois, du tamier grimpant *(Dioscorea quinqueloba Lin.)*, plante dioïque dont les exemplaires mâles et femelles se distinguent autant par leurs fleurs que par leurs feuilles.

Une sente de terre battue et rebattue, dépourvue de végétation, nous conduisit au Sikhotè-Alin. Bientôt, elle fourcha. Une branche allait dans les montagnes, l'autre s'engageait quelque part sur la rive droite de la Listvennitchnaïa. Là, nous montâmes le camp. Il fut décidé que deux d'entre nous iraient chasser et que les autres resteraient au bivouac.

L'été, la chasse n'est possible que le matin à l'aube ou le soir avant la tombée de la nuit. Dans la journée, les bêtes se nichent dans des breuils difficiles d'accès. Aussi, profitant de ce moment de liberté, nous nous allongeâmes de tout notre long sur l'herbe et nous endormîmes.

À mon réveil, je fus frappé par l'absence de soleil. Des nuages à strates avaient investi le ciel, et le crépuscule semblait s'être étendu sur la terre. Quatre heures de l'après-midi. Je réveillai les cosaques qui se chaussèrent et mirent l'eau à bouillir.

Après le thé, Mourzine et moi prîmes nos fusils et partîmes chacun de son côté. À tout hasard, j'emmenai Léchi en laisse. Comme je tombai bientôt sur des traces de sangliers, je me mis à les suivre. Les cochons étaient passés sans s'arrêter, tout en fougeant. À en juger par leurs empreintes, ils devaient être une bonne vingtaine. À un certain endroit, ils avaient cessé de vermiller pour se disperser en courant. Puis la harde s'était rassemblée. J'allais presser le pas quand quelque chose accrocha mon regard. Près d'une flaque, la boue portait une marque fraîche de tigre. D'une façon très nette, je vis en pensée les sangliers marcher et le tigre les poursuivre en douce. « Je ferais peut-être mieux de tourner les talons », me dis-je. Mais, me ravisant aussitôt, j'avançai d'un pas prudent.

Les cochons avaient gravi un relief avant de redescendre dans la ravine voisine. De là, ils avaient remonté l'arête d'un escarpement mais, avant d'en atteindre le sommet, tournant brusquement, s'étaient mis à débouler la pente du côté de la vallée. Absorbé par la poursuite, j'avais complètement oublié de prendre mes repères et de mémoriser les lieux. Toute mon attention allait aux sangliers et aux empreintes de tigre. Ainsi marchai-je encore une demi-heure.

Quelques gouttelettes tombées d'en haut me forcèrent à m'arrêter : il pluviotait. D'abord, ce ne fut que de la bruine, puis cela cessa. Une dizaine de minutes plus tard, nouveau crachin qui cessa à son tour. L'intervalle se resserrait de plus en plus entre deux brouillasses, et cela tombait de plus en plus fort. Enfin, il plut pour de bon.

« Il est temps de rentrer au bivouac », me dis-je en examinant les lieux, mais la forêt cachait la vue. Alors je gravis la hauteur la plus proche pour prendre mes repères.

Aussi loin que portait le regard, le ciel était chargé de nuages. Seule une fine rainure de lumière vespérale, à l'ouest, barrait l'horizon. La nébulosité avançait vers le ponant. On ne pouvait donc espérer que le temps s'améliorât. Les montagnes que je voyais me semblèrent inconnues. Où aller ? Je compris mon erreur. Entraîné par les sangliers, j'avais négligé d'étudier les lieux.

Il m'apparut impensable de revenir sur mes traces, car je n'aurais pas encore fait la moitié du chemin que la nuit me surprendrait. À ce moment, je songeai que, n'étant pas fumeur, je n'avais pas d'allumettes. Je n'en avais pas pris sur moi, pensant rentrer au bivouac avant la tombée du jour. Ce fut ma deuxième grosse erreur. Par deux fois, je tirai en l'air mais point de réponse. Alors je décidai de descendre la vallée aussi longtemps que possible dans le fragile espoir de tomber sur un sentier avant la nuit. J'entamai donc la descente sans plus perdre de temps. Léchi me suivit docilement.

Si faible que soit la pluie sous le couvert forestier, elle vous laissera toujours trempé jusqu'à la corde. Le moindre arbre, le moindre arbrisseau retient l'eau sur ses feuilles, puis arrose le marcheur à grosses gouttes de la tête aux pieds. Je sentis bientôt mes vêtements se mouiller.

Une demi-heure plus tard, il se fit noir. L'on ne distinguait déjà plus une pierre d'un trou, ni la terre d'un chablis. Je commençai à trébucher. La pluie redoubla, plus serrée, plus régulière. Je couvris encore 1 verste et m'arrêtai pour souffler. Le chien aussi était trempé. Il s'ébroua fortement et se mit à gémir. Je détachai la laisse. Léchi n'attendait que ça. Il s'ébroua encore un coup puis, en courant, disparut dans l'obscurité. Un sentiment de totale solitude s'empara de moi. Je l'appelai, mais en vain. Une ou deux minutes après, je m'en fus dans la direction où il était parti.

Quand on marche dans la taïga en plein jour, on évite les fûts morts, les arbustes et les fourrés. La nuit, au contraire, on s'empêtre dans la brande comme par un fait exprès. Des branches sortent on ne sait d'où, qui n'arrêtent pas d'accrocher vos habits. Des végétaux rampants vous arrachent votre couvre-chef, se fichent sur votre face, s'emmêlent dans vos pieds.

Se retrouver dans une sylve infestée de bêtes sauvages, sans feu, sous une vilaine pluie, c'est l'horreur. Conscient de ma vulnérabilité, j'avançais prudemment, l'oreille tendue à chaque bruit. Le bruissement d'une branche tombée ou le murmure d'un mulot qui vous frôle s'amplifient d'une manière exagérée et vous font faire volte-face. Plusieurs fois je m'apprêtai à tirer au fusil en direction du bruit.

Enfin, l'obscurité fut telle que mes yeux ne servaient plus à rien. J'étais trempé jusqu'à la moelle : de mon képi, l'eau se versait à flots dans mon cou. En avançant à tâtons, je m'engageai dans un carré de chablis dont je n'eusse pas trouvé l'issue même de jour. À force de palper les troncs renversés, les souches arrachées, les pierres et les branches, je finis par m'extirper tant bien que mal de ce labyrinthe. Fatigué, je m'assis pour me reposer, mais sentis le froid m'engourdir. Je claquais des dents et grelottais comme dans un accès de fièvre. Mes jambes épuisées exigeaient le repos, mais mon corps transi me força à continuer.

Grimper à un arbre ! Cette pensée stupide est toujours la première qui vient à l'esprit du marcheur perdu. Je la chassai aussitôt car, sur un arbre, j'eusse été encore plus transi et mes jambes se fussent engourdies dans une position inconfortable. S'enfouir sous les feuilles. Cela ne m'eût pas protégé de la pluie. Pis, je risquais un refroidissement. Oh ! comme je m'en voulais de ne pas avoir pris d'allumettes. Je me jurai muettement de ne plus faire un pas à l'écart du bivouac sans en emporter.

Je crapahutais à travers le bois chablis en déviant dans ma trajectoire. Tout à coup, j'entendis sur ma droite un craquement de branches et un souffle haletant. Une bête fonçait sur moi. Mon cœur battit la chamade. Je voulus tirer mais le canon de mon fusil, par malchance, se coinça dans une liane. Au moment où je poussai un cri sauvage, je sentis qu'un animal me léchait le visage… C'était Léchi.

J'en conçus un sentiment mitigé : de la colère contre ce chien qui m'avait tant fait peur ; mais aussi la joie de le voir revenir. Léchi resta quelques secondes à mes côtés, puis il gémit doucement et disparut de nouveau dans le noir.

J'allais de l'avant au prix d'indicibles efforts. Chaque pas me coûtait. Au bout d'une vingtaine de minutes, j'arrivai au bord d'un gouffre. Tout au fond grondait de l'eau. Ayant trouvé une grosse pierre à tâtons, je la jetai dans le précipice. La pierre entama sa chute. Je l'entendis s'abîmer dans l'eau à une grande profondeur. Alors je pris résolument à droite pour contourner le danger. À cet instant, Léchi accourut de nouveau. Cette fois, je ne pris pas peur et l'attrapai par la queue. L'autre serra délicatement les dents sur ma main en gémissant doucement, comme pour me prier de ne pas le retenir. Je le lâchai. Le chien se sauva mais revint bientôt. Il ne se calma qu'après s'être assuré que je marchais dans ses pas. Et ce pendant encore une demi-heure.

Soudain, je glissai et tombai en me blessant douloureusement le genou sur une pierre. Je me laissai choir à terre en geignant et entrepris de me frictionner la jambe meurtrie. Léchi réapparut au bout d'une minute et s'assit à mes côtés. Dans le noir, je ne le voyais pas. Je ne faisais que sentir la tiédeur de son haleine. Quand la douleur se fut apaisée, je me relevai pour marcher sur une ligne qui me parut moins noire. Je n'avais pas fait dix pas que je dérapai encore une fois, puis une autre fois encore. Ce fut alors que je palpai la terre avec mes mains. Un cri de joie s'échappa de ma poitrine. Un sentier ! Malgré la fatigue et ma meurtrissure, j'allongeai le pas.

« Maintenant je suis sauvé, me disais-je, ce sentier me conduira forcément quelque part. »

Je décidai de le suivre jusqu'à l'aube, mais ce n'était pas si facile. Dans l'obscurité absolue, je ne voyais pas la route et ne pouvais la sonder que du pied. Aussi progressais-je très lentement. Là où le fil se perdait, je m'asseyais à terre et tâtonnais de la main. La tâche se compliquait surtout dans les tournants. Parfois, je m'arrêtais pour attendre le retour de Léchi, et de nouveau le chien me montrait le chemin. Au bout d'une heure et demie, j'arrivai à un petit torrent. L'eau courait bruyamment sur les pierres. J'y mis la main pour en saisir la direction. Le flot filait vers la droite.

À peine avais-je passé le torrent à gué que je remis le pied sur le sentier. Mais, sans Léchi, je ne l'aurais jamais trouvé. Assis au beau milieu du chemin, il m'attendait. Me voyant approcher, il tourna sur lui-même et courut de l'avant. Je n'y voyais goutte et n'entendais que le bruit du torrent, le bruit de la pluie, le bruit du vent dans la sylve. Le chemin me mena à une autre route. La question se posait maintenant de la direction à prendre : à droite ? ou à gauche ? Après réflexion, je décidai d'attendre le chien, mais pas de Léchi. Alors je pris à droite. Il réapparut au bout de cinq minutes, courant à ma rencontre. Je me penchai sur lui. Il s'ébroua si fort qu'il m'aspergea de part en part. Je ne lui en voulais pas, cette fois, mais le caressai et lui emboîtai le pas.

La marche devint plus aisée : moins de tournants et moins de chablis. Le moment vint où je dus de nouveau traverser une rivière à gué. En glissant, je tombai à l'eau, mais ne m'en trouvai pas plus mouillé qu'avant.

Enfin, je me laissai choir sur une souche, à bout de forces. J'avais les bras et les jambes meurtries d'échardes et de lésions, la tête lourde, les paupières tombantes. Je m'assoupis. Je rêvais d'un feu qui pétillait au loin entre des arbres. Je me contraignis à ouvrir les yeux. Dans le noir, l'humidité et le froid me pénétraient jusqu'à la moelle. Craignant le refroidissement, je me levai d'un bond et me mis à taper des pieds sur place. Or, à cet instant, je vis une lumière entre les arbres. Je crus à une hallucination. Mais le feu réapparut. Ma somnolence s'envola d'un coup. J'abandonnai le sentier pour marcher droit vers le feu. Quand une lumière brille dans la nuit, on ne saurait apprécier si elle est proche ou lointaine, haute ou basse au-dessus de la terre. Le feu flottait simplement quelque part dans l'espace.

Un quart d'heure plus tard, je m'en étais suffisamment rapproché pour observer ce qu'il y avait autour. Je commençai par constater que ce n'était pas notre bivouac. À ma grande stupeur, il n'y avait personne. Or, les hommes n'avaient pu quitter le camp sous la pluie en pleine nuit. De toute évidence, ils se cachaient derrière les arbres. Je pris peur. Devais-je m'en approcher ou pas ? Si c'étaient des chasseurs, je pouvais encore m'estimer heureux. Mais des *honghoutse* ? Soudain, derrière moi, Léchi jaillit de la brande. Il courut hardiment jusqu'au feu, s'arrêta et scruta les alentours. Lui aussi semblait étonné de ne trouver personne. Il fit le tour du camp, flaira la terre et se dirigea vers l'arbre le plus proche où il se mit à remuer la queue. C'était donc qu'il y avait là quelqu'un de connu ; dans le cas contraire, il eût manifesté de la colère ou de l'inquiétude. Je décidai alors de m'approcher du feu à mon tour, mais je fus devancé par l'homme qui se cachait : Mourzine.

Lui aussi s'était perdu et avait fait un feu dans l'attente du matin. Entendant quelqu'un marcher dans la taïga, mais ne sachant qui, il s'était caché derrière un arbre, troublé surtout par la prudence de mon approche et par le fait qu'au lieu d'aller directement au feu, j'avais gardé mes distances.

Aussitôt, nous mîmes à sécher nos habits qui, détrempés, exhalaient des volutes de vapeur. La fumée partait tantôt dans un sens, tantôt dans l'autre, signe que la pluie allait bientôt cesser. Une demi-heure plus tard, en effet, elle tourna à la bruine, mais de grosses gouttes continuaient à ruisseler des arbres.

Sous le vieux sapin près duquel crépitait le feu, on était bien plus au sec. Nous finîmes de nous déshabiller pour sécher notre linge. Puis nous coupâmes des branches d'épicéa pour nous faire des couches et, la tête appuyée contre l'arbre, versâmes dans un profond sommeil.

Au matin, j'avais un peu froid. Je vis le feu éteint. Le ciel était encore gris. Çà et là, des bancs de brouillard flottaient dans les montagnes. Je réveillai le cosaque. Nous bûmes à notre soif et partîmes à la recherche du bivouac. Comme le sentier sur lequel nous avions passé la nuit partait de côté, nous dûmes l'abandonner. Après avoir traversé une rivière, nous en trouvâmes un autre. Et celui-ci, enfin, nous ramena au camp.

Après nous être sustentés de pain et de thé, nous partîmes à 11 heures du matin pour remonter la Salnaïa. Par cette rivière, on peut regagner le Sikhotè-Alin qui, à cet endroit, arrive à son point le plus proche de la mer. Du côté de l'Arzamassovka, la montée est raide ; mais douce par le versant ouest. Toute la chaîne est recouverte d'une épaisse forêt mixte. Le col débouche sur le Li-Fouking qui coule du sud au nord jusqu'à sa jonction avec la rivière Touenpeitch'a dont il sera question plus bas.

Passé midi, le temps se détériora encore. Comme je redoutais des pluies persistantes, j'ajournai l'exploration du Li-Fouking dans l'attente de circonstances plus favorables. De fait, il se mit à pleuvoir dans la nuit, et cela dura toute la journée du lendemain. Le 21, je fis demi-tour et, deux jours plus tard, rentrai à Sainte-Olga.

14. LA BAIE SAINT-VLADIMIR

Le fleuve côtier Olga – Une nuit près d'une fanza chinoise – Le fleuve côtier Vladimirovka – La géologie de la baie – Ce que les Chinois tirent de la mer – Un poulpe – Le Houlouwai

LE CHARGEMENT TANT ATTENDU arriva de Vladivostok pendant que j'étais sur l'Arzamassovka. Ça tombait à pic. Maintenant que j'avais exploré les alentours de la baie Sainte-Olga, il nous fallait aller plus loin. Les journées des 24 et 25 juillet se passèrent en préparatifs. Les chevaux s'étaient reposés et rétablis. Le harnachement des porte-bât et l'équipement des hommes étaient remis en état, et les provisions, reconstituées.

Pour la suite du travail, le plan était le suivant: G. I. Granatman se voyait confier la mission de traverser les montagnes entre l'Arzamassovka et le Hipaikeou, et A. I. Merzliakov, de contourner l'Arzamassovka de l'autre côté. La jonction devait se faire à la source du Tadouchou. Quant à moi, avec les autres, j'envisageai de longer le littoral vers la baie Saint-Vladimir. Mes camarades se mirent en route le 26 juillet au matin, et moi, dans l'après-midi du 28.

Une belle et tiède journée. Des nuages chargés s'amoncelaient dans le ciel, que perçaient les rayons du soleil en balayant l'air de leurs traits lumineux. Ils se reflétaient dans les flaques, jouaient sur les pierres, dans le feuillage des aulnaies, éclairant tour à tour tel ou tel versant montagneux. De loin en loin grondait le tonnerre.

Les baies Saint-Vladimir et Sainte-Olga se trouvent à 45 verstes l'une de l'autre, coupées à mi-distance par une arête montagneuse d'une hauteur moyenne de près de 800 pieds avec des sommets culminant à 1500 pieds. Cette arête sépare les eaux des petits fleuves côtiers Olga (12 verstes) et Vladimirovka (8 verstes), lequel se jette dans la baie du même nom. Les deux cours d'eau s'écoulent par de larges vallées transversales (de type dalmatien selon la classification de Richthofen) isolées de la mer par une basse chaîne montagneuse qui commence au cap Chkot (baie Sainte-Olga) et s'étire jusqu'au cap Vatovski (baie Saint-Vladimir). Ce pli du relief se prolonge plus loin vers le nord.

L'Olga provient de deux petites rivières d'égale grandeur et ramifiées d'une multitude de ruisseaux tributaires qui confèrent à la vallée l'apparence d'une vaste combe érodée par les eaux. Autrefois, les habitants du poste Sainte-Olga allaient en baie Saint-Vladimir par un sentier de chasseurs chinois. En 1905, lors de la guerre russo-japonaise, le croiseur *Izoumroud* s'y fracassa. Afin d'acheminer l'armement du vaisseau en baie Sainte-Olga, une route carrossable fut aménagée. Depuis lors, la communication se fait sans encombre entre les deux baies.

L'orage passa sans nous toucher, et le ciel se dégagea dans l'après-midi. Le soleil brillait si fort que tous les éléments terrestres semblaient irradier lumière et chaleur. Une journée chaude, étouffante.

Le crépuscule tomba avant que nous n'eussions atteint le col. Le jour venait à peine de nous faire ses adieux. La nuit montait du large, comme un brouillard bleu venu du grand est. Des éclairs fulguraient à chaque instant dans le ciel en illuminant les vilains nuages qui s'accumulaient à l'horizon. Quelque part grondait un torrent. Dans l'herbe, des criquets stridulaient à tout-va.

J'allai ordonner l'arrêt pour la nuit quand, soudain, l'un de nos cosaques signala un feu. Un petit feu, en effet, perçait la pénombre près d'un bois, à quelque trois cents pas de la route. Nous y allâmes. C'était une fanza chinoise. Le chien annonça notre approche avec force aboiements. Deux Chinois sortirent à notre rencontre. Leurs sourires et leurs révérences dénotaient à la fois de la peur et de la docilité, de l'obséquiosité et de l'hospitalité. Les Chinois me proposèrent de dormir chez eux, mais la nuit était si belle que je déclinai leur invitation et pris place avec plaisir auprès du feu en compagnie de mes soldats.

Ordinairement, après une longue interruption, le premier bivouac est très animé. On est plein de force et d'énergie, on ne manque de rien, on sent venir une vie nouvelle, on a envie de faire quelque chose… Cette fois encore, un harmonica fit son apparition dans les mains des soldats. Éclats de voix allègres, blagues et rires fusèrent dans la vallée.

Il était une fois une petite fanza chinoise qui avait passé de longues années dans le calme à n'écouter que le bruissement du torrent. Or, un beau soir, tout alentour ne fut que rires et chants. Et les Chinois sortirent de leur maisonnette, firent un petit feu à l'écart, s'y accroupirent et, en silence, se mirent à regarder ces hommes qui soudainement troublaient leur vie si paisible. Peu à peu, les chants des soldats se calmèrent. Les cosaques firent encore d'amples libations de thé et se préparèrent pour la nuit.

Je dormis mal. En me réveillant par deux fois, je vis les Chinois assis près du feu. Alentour régnait un silence impressionnant, à peine troublé de temps à autre par un hennissement de cheval ou un aboiement de chien. Puis je m'engonçai dans ma capote et m'endormis profondément. Avant l'aube, une abondante rosée recouvrit la terre. Le brouillard s'étira par endroits dans les montagnes. On eût dit que, dans la crainte du soleil, il cherchait à se cacher au fond des ravines.

Réveillé le premier, je fis lever les autres.

Nous prîmes congé des Chinois et nous mîmes en route. Je leur payai le prix du bois et des légumes. Les Mantsés voulurent nous accompagner, mais j'insistai pour qu'ils fissent demi-tour.

Vers 9 heures du matin, nous passâmes la ligne de partage des eaux et entamâmes la descente dans la vallée de la Vladimirovka.

À noter, sur ce parcours, la présence de formations éoliennes extrêmement curieuses : pignons polis par le temps, rochers sphériques reposant sur de menus piédestaux, pareils à des renflements cintrés, brèches ovales, etc. Certaines de ces formes se révèlent confondantes d'originalité. On dirait des animaux, des colonnes, des humains… C'est d'autant plus remarquable qu'on ne voit pas de sables qui, en pareils cas, servent de matière abrasive.

La haute crête qui sépare les eaux de l'Olga et de la Vladimirovka tombe à la mer de promontoire en promontoire ; elle est faite de grès et de basaltes gris.

La Vladimirovka a l'aspect d'une petite rivière ordinaire qui dévale une vallée marécageuse ourlée de montagnes peu élevées.

Il y a là plusieurs grottes, dont la Makrouchinskaïa est la plus grande et la plus intéressante.

Au soir, notre détachement parvint à l'embouchure de la Vladimirovka et posa le bivouac au bord de la mer.

Dans le crépuscule, à l'ouest, on entendit rouler le tonnerre. Nous décidâmes alors de planter les tentes, mais nos craintes n'étaient pas justifiées : l'orage nous passa à côté. En revanche, quelque chose nous troubla. Aux derniers feux du jour, les étoiles pâlirent, et le ciel s'encombra de nuages, à moins que ce ne fût du brouillard. Un petit vent frais souffla de la côte à la mer, et la masse ténébreuse recula. C'étaient des brises. En août et en septembre, on peut les observer quasi quotidiennement. À l'aube, le ciel paraît gris. Le brouillard, immobile, flotte sur la terre à mi-hauteur des montagnes. Mais quand le soleil se lève à l'horizon d'environ 5°, la brume commence à ramper en volutes vers la mer, lentement d'abord, puis de plus en plus vite. Au début, cela nous inquiéta, car c'était à nos yeux signe de pluie éminente. Ensuite, l'habitude aidant, nous cessâmes d'y prêter attention.

La journée du lendemain fut entièrement consacrée à l'exploration de la baie Saint-Vladimir. Les Chinois l'appellent Houlouwai (des mots *hou lou*, « citrouille ronde », et *wai*, « la baie »). Certains Russes disent Foulouaï en associant le nom au chinois *falou*, qui signifie « cerf sika ». C'est là une interprétation erronée.

La baie Saint-Vladimir (45° 53' de latitude nord et 135° 37' de longitude est à partir du méridien de Ferro, point astronomique cap Orekhov) se présente comme un énorme réservoir d'eau d'une profondeur atteignant les 6 sagènes, et partout liseré de montagnes granitiques d'une hauteur moyenne de 750 pieds. Elle est sensiblement plus grande que la baie Sainte-Olga et se compose de trois parties : une grande, au nord-ouest ; une moins grande, au sud-est; et la plus petite, au milieu. Du côté de la mer, elle est encadrée de deux presqu'îles escarpées: Balluseck et Vatovski. Une troisième presqu'île, Roudanovski, s'avance au milieu de la baie. La plus grande est Vatovski. On voit bien que ces presqu'îles étaient sous l'eau à une époque encore récente et qu'elles ont émergé à l'ère nouvelle.

Il y a autour de la baie Saint-Vladimir tout un chapelet de petits lacs d'eau dessalée à proximité de l'embouchure des rivières qui s'y jettent. Ces lacs et les marécages avoisinants attestent que la baie, autrefois plus profonde, s'enfonçait dans les terres. Puis l'eau fut repoussée, et la côte enregistra quelques conquêtes. Le plus grand lac est celui du sud. Il fait 1,5 verste carrée de superficie pour une profondeur de 10 à 20 pieds. Étant traversé par une rivière, il tend à s'assécher. Deux lacs d'eau salée près de l'isthme de rattachement des presqu'îles témoignent directement d'un passé récent où ces presqu'îles étaient de vraies îles. Le ressac a fait son œuvre en les reliant au continent. L'on peut désormais prédire l'avenir de la baie Saint-Vladimir. La mer bat peu à peu en retraite. Avec le temps, elle fermera l'entrée de la baie dont elle fera une lagune, laquelle se chargera de limons charriés par les rivières et se transformera en marécage. Une rivière investira la zone basse, à laquelle viendront payer tribut tous les petits cours d'eau qui se jettent aujourd'hui directement dans la baie.

Autour de la baie, la végétation est encore plus pauvre qu'à Sainte-Olga. Les versants tournés vers la mer exhibent une totale nudité. Dans les vallées, les rives sont bordées d'aulnes *(Alnus hirsuta Turcz.)* et de saules *(Salix philiciolia Lin.)*. Là où les arbres subissent les vents marins, ils sont de taille naine et de piètre aspect. Le moindre creux abrité recèle une végétation plus prolifique que celle des pentes orientées vers le large. Ainsi la végétation nous parle-t-elle des vents dominants; de même, elle nous montre la direction de la mer.

En entrant dans la baie, on voit saillir hors de l'eau, à gauche, derrière le cap Orekhov, une masse informe. C'est le croiseur *Izoumroud* qui, après s'être engravé sur un haut-fond en 1905, se fit exploser. Un crève-cœur que de regarder cette épave. On sauva du navire ce qui put l'être, on transporta le tout au poste Sainte-Olga pour l'envoyer par mer à Vladivostok, et le reste fut pillé par les Chinois.

Au bord de la baie, nous trouvâmes plusieurs fanzas de pêcheurs. À voir les détritus amassés à proximité, on comprenait de quoi vivaient les habitants. À un endroit, nous vîmes beaucoup de coquilles Saint-Jacques *(Pecten maximus)*. Certains tas étaient déjà enherbés. Les Chinois n'en extraient que le muscle qui rattache les valves entre elles, pour l'envoyer à la ville, une fois séché. En Chine, ce produit est très coté, étant considéré comme une grande friandise.

Près d'une autre fanza, nous vîmes un amoncellement de carapaces de crabes *(Paralithodes camtshatic Tilesins)* racornies et rougies par le soleil. Leur chair séchait là sur des nattes, extraite des pattes et des pinces.

La fanza suivante appartenait à des cueilleurs d'algues *(Laminaria saccharina)* qui séchaient à des étendoirs. Là travaillait beaucoup de monde. Les uns prélevaient les végétaux du fond marin à l'aide de crochets spéciaux, d'autres les mettaient à sécher au soleil en veillant à ce qu'ils ne devinssent pas friables ni ne perdissent leur couleur brun vert. Enfin, un troisième groupe de Chinois en faisait des faisceaux qu'ils disposaient sous des toits.

En longeant la côte, j'aperçus de loin des Chinois qui, les pieds dans l'eau jusqu'aux genoux, allaient et venaient près de la rive d'en face avec des perches dans les mains. Absorbés par leur tâche, ils ne nous remarquèrent que lorsque nous les eûmes approchés. Torses nus, pantalons retroussés, ils se mouvaient prudemment, les yeux rivés sur le fond, à l'affût de quelque chose. Parfois, ils marquaient un arrêt, plongeaient doucement leurs perches dans l'eau et jetaient leur prise sur la grève. C'étaient des moules comestibles *(Mutilus edulis Lin.)*. Les bâtons qu'ils utilisaient avaient l'extrémité dotée d'un filet, d'un côté, et d'un crochet en fer, de l'autre. Quand il voyait un mollusque, le Mantsé le détachait de sa pierre à la gaffe, puis le prélevait à l'épuisette. Aussitôt, les Chinois restés sur la grève le jetaient dans une marmite d'eau brûlante. En mourant, la moule écartait ses valves. Alors, les pêcheurs en extrayaient la chair au couteau pour en achever la cuisson d'une manière prolongée.

Un par un ou deux par deux, les Chinois s'étiraient le long de la rive. Assis sur un rocher, je regardais la mer. Tout à coup, des cris s'élevèrent sur ma gauche. Je me retournai. Une bagarre dans l'eau. Avec leurs bâtons, les Chinois tentaient de jeter à terre quelque chose qui ressemblait à un animal. Tout en l'attaquant, ils semblaient le craindre mais, en même temps, ne voulaient pas le laisser échapper. J'accourus. L'animal contre lequel se battaient les Chinois était un grand poulpe *(Octopus sp.)*. De ses forts tentacules, il s'accrochait aux pierres. Parfois, il battait l'air, puis se propulsait avec véhémence d'un côté ou de l'autre dans le but manifeste de regagner la mer. Ce fut alors que trois autres Chinois vinrent à la rescousse.

Énorme, la pieuvre était si proche de la rive que je pus l'observer. Je ne saurais dire sa couleur qui changeait tout le temps : tantôt tirant sur le bleu, tantôt sur le rouge brun, tantôt sur le vert vif et même le jaune. Plus les Chinois l'acculaient, plus l'animal paraissait vulnérable. Enfin, ils le tirèrent hors de l'eau. C'était un sac énorme avec une tête d'où partaient de longs tentacules garnis d'une multitude de ventouses. Quand il en levait deux ou trois d'un coup, on distinguait son grand bec noir qui parfois s'allongeait, parfois se rétractait complètement, ne laissant plus voir qu'un petit orifice. Ses yeux surtout étaient fascinants. On aurait du mal à trouver un animal dont les yeux fissent à ce point penser aux humains.

Peu à peu, ses mouvements faiblissaient. Des convulsions parcouraient son corps. Ses couleurs pâlirent, qui viraient de plus en plus en surface au violet gris.

Enfin, l'animal se calma, et je pus l'approcher sans crainte. Je le mesurai. Ce représentant des céphalopodes présentait des dimensions hors pair. Son manteau et ses organes intérieurs étaient longs de 2 pieds 6 pouces. Le siphon, appareil de propulsion, se trouvait à l'avant de la tête, légèrement de côté. La tête du mollusque était plus large que longue. Elle faisait 11 pouces. Son bec corné, qui ressemblait à s'y méprendre à celui d'un perroquet, faisait 3 pouces et demi sur son pourtour extérieur, et 2 pouces sur le côté. Ses bras (tentacules) atteignaient 4 pieds et 2 pouces de long et 5 pouces de circonférence. Les ventouses dont est dotée la face interne des tentacules avaient la taille d'une pièce de 3 kopecks près de la tête, et de 5 kopecks en argent à l'extrémité.

Ce curieux spécimen eût parfaitement mérité une place au musée, mais, n'ayant ni contenant assez grand ni formol en quantité suffisante, je dus me contenter d'un morceau de bras que je plaçai dans un bocal avec des bernard-l'ermite. Dans la soirée, quand je m'apprêtai à y mettre de l'ordre, je constatai avec stupeur que deux coquilles manquaient. Il s'avéra qu'elles avaient été aspirées par le morceau de tentacule. C'était donc que les ventouses avaient agi après que celui-ci eut été coupé et plongé dans le formol.

Je passai la journée presque entière à visiter les pêches des Chinois et à observer la chasse à la pieuvre. Le crépuscule arriva sans que je m'en rendisse compte. Il fallait songer à gagner le bivouac. Je voulais donc faire demi-tour pour rejoindre mes compagnons, mais j'appris qu'ils avaient monté le camp près d'une fanza chinoise à proximité de l'embouchure du Houlouwai.

Ce soir-là, les Chinois me firent goûter de la chair de pieuvre bouillie à l'eau de mer dans la marmite. Blanche d'aspect, élastique au toucher, elle avait un goût qui ressemblait un peu à celui du cèpe.

Je passai la journée suivante à découvrir le Houlouwai, une rivière longue d'une vingtaine de verstes. Il coule longitudinalement et se jette en baie Saint-Vladimir par le nord. Près de l'embouchure, la vallée se rétrécit mais, en amont, elle tend à s'élargir. Côté droit, les hauteurs présentent un caractère montagneux fortement marqué, et sont majoritairement recouvertes d'éboulis. Côté gauche s'étirent de larges terrasses qui, plus loin, se prolongent en pentes clairsemées de tilleuls, de chênes et de bouleaux dahurs. À gauche toujours, quelques torrents viennent s'y jeter qui, pendant les pluies, apportent à la vallée beaucoup de matière détritique en abîmant des pans de terres fertiles.

D'entre tous les affluents du Houlouwai, le plus curieux est le Tikhi-Klioutch, « le ruisselet tranquille », du côté droit. Un sentier le longe, qui mène à l'Arzamassovka. Ce cours d'eau mérite parfaitement son nom. Il y règne un silence propre aux coins marécageux. La végétation y est rare, peu développée en taille, et composée principalement de bouleaux blancs et d'aulnes arbustifs. Ceux-là parsèment la vallée, soit isolément, soit en boqueteaux ; ceux-ci forment de nombreuses aulnaies le long des deux rives. Il y a là, tout en hauteur, un escarpement rocheux qui peut servir de point de repère : les vieux paysans du pays l'appellent la crête du Coq. Cette montagne fait partie du relief qui partage les eaux du Houlouwai et de la Tap'otse. Longue et douce est la montée vers la source du Houlouwai mais, passé le col, raide est la descente vers la Tap'otse. À 5 verstes de son embouchure, la vallée s'élargit et devient propre à l'habitat. Il y a là des fanzas agricoles. Certes peu nombreuses : seulement cinq. La plus proche de la mer s'appelle Hiao-chengtse.

J'y arrivai au soir après avoir erré par les montagnes toute la journée durant. À la faveur du crépuscule, l'un de nos cosaques tua un sanglier. Comme nous avions beaucoup de viande, nous la partageâmes avec les Chinois qui, en retour, nous offrirent des légumes et des pommes de terre nouvelles. Ils nous proposèrent aussi leurs couches, mais, craignant les puces dont les habitations chinoises étaient toujours infestées, nous préférâmes dormir à la belle étoile.

Pieuvre en baie Saint-Vladimir (1906).

15. LA RIVIÈRE TADOUCHOU

La rivière Tap'otse – L'origine du nom Tadouchou – Sur le cours inférieur – À la source – La fanza Hi-yang – Le récit du vieux Mandchou – La population

LE LEVANT NOUS TROUVA sur la route. De la baie Saint-Vladimir à la rivière Tadouchou, il y a deux routes. L'une remonte le Houlouwai, puis la Tap'otse et le Lihiakeou (affluent du Tadouchou) ; l'autre – la plus proche de la mer – mène à la Tap'otse avant de rejoindre la source du Tadouchou à travers les montagnes. Je choisis celle-ci parce qu'elle était la moins connue.

Entre la baie Saint-Vladimir et le Tadouchou, le relief se compose de tuf quartzo-porphyrique avec des éléments de porphyre non quartzifère et felsique. S'y trouve aussi de la roche vitreuse.

Le nom de Tap'otse est une déformation du chinois *tap'otse*, qui signifie « grande lagune ». En effet, la rivière ne se jette pas directement dans la mer, mais dans un vaste lac côtier d'un pourtour de presque 10 verstes. Ce lac est séparé de la mer par une levée de sable et ne communique avec elle que par un bras de grandeur modeste. Là encore, nous assistons à ce même processus de nivellement de la côte et de conquête par la terre d'un territoire autrefois investi par la mer.

Quelques années plus tôt, aux dires des indigènes, les cerfs sika proliféraient dans le coin. Les Tazas, flanqués de chiens, les rabattaient dans le lac où des chasseurs spécialement équipés les guettaient dans des barques. Une fois traqués, les cervidés étaient tirés à l'arbalète et saignés à la pique.

Longue de 25 verstes, la Tap'otse, que les Tazas appellent Kaïa, coule parallèlement au Houlouwai. Elle naît de la convergence de la haute Tap'otse et du Tch'engtsekeou. La chaîne montagneuse qui forme une arête entre ces deux petits cours d'eau est composée de porphyre quartzique et feldspathique.

C'est un sentier de marcheur qui relie la baie Saint-Vladimir à la rivière Tadouchou. Il peut servir aussi de chemin de bât. Partant du Houlouwai, il passe par les montagnes à travers une somptueuse forêt de chênes, de bouleaux, de tilleuls et de peupliers noirs, en remontant jusqu'au col le premier torrent qu'on rencontre en venant de la mer. Puis il descend dans la vallée de la Tap'otse. Dans la montée comme dans la descente, la pente est longue, douce et parsemée de rares chênes, dont beaucoup sont creux. Sur une écorce, les cosaques constatèrent des marques de dents et de griffes. Un ours était venu y chercher du miel. Des chasseurs passant par là avaient dû le déloger pour récolter le miel d'une manière aussi vandale que la bête. De ce point de vue, les hommes n'étaient guère plus évolués que les ours.

Passé le col, la route remonte un temps la Tap'otse par une chênaie luxuriante. On trouve ici un véritable étagement de hautes terrasses fluviales. Au bout d'une dizaine de verstes, le sentier passe sur la rive gauche avant de longer un petit torrent sans nom vers un col un peu plus élevé que le précédent. Du côté de la Tap'otse, la montée est rude; mais douce vers le Tadouchou. Puis la route continue le long du Hiaop'eoutse, petite rivière presque entièrement déboisée. Le Hiaop'eoutse se jette dans le Tadouchou à 2 verstes environ de l'embouchure de celui-ci. Bref, nous couvrîmes ce jour-là 27 verstes sur un axe parallèle à la mer.

De nombreuses traces de cerfs sika marquaient la forêt. Nous ne tardâmes pas à en voir de nos propres yeux. Ils étaient trois : le mâle, la femelle et le faon. Les cosaques tirèrent sans faire mouche, ce dont je me réjouis infiniment, car nous avions largement de quoi manger et que la saison de la chasse au trophée était close depuis longtemps.

Le Tadouchou ! La fameuse rivière que M. Venioukov fut, en son temps, le premier à emprunter. Ce fut là que les Chinois lui firent rebrousser chemin. À l'embouchure du Tadouchou,

Venioukov érigea une grande croix en bois avec une inscription indiquant son passage en 1857. Je n'ai pas retrouvé la croix. Sans doute aura-t-elle été détruite par les Chinois après le départ des Russes. Après Venioukov, le Tadouchou fut exploré par Maximovitch, Boudichtchev et Prjevalski.

Dans l'Oussouri, les monts et caps du littoral portent des noms différents. Ceci parce que les indigènes les baptisent à leur façon, les Chinois de même, et les Russes pareillement. Aussi, pour éviter toute confusion, il convient de se conformer aux noms chinois là où vivent les Chinois ; et de ne pas recourir aux appellations russes là où sont les indigènes. Car celles-ci ne figurent que sur les cartes et sont totalement ignorées des gens du pays.

Après avoir interrogé les Chinois sur les routes existantes, j'envisageai de remonter le Tadouchou en traversant le Sikhotè-Alin, puis d'entrer dans le bassin du Li-Fouking et, de là, de rejoindre la rivière Not'oho. Par celle-ci, je voulais remonter le Sikhotè-Alin et tenter de déboucher sur le Tétioukhè. En cas d'échec, j'aurais pu revenir au Tadouchou pour y attendre la venue de G. I. Granatman et A. I. Merzliakov.

Bizarrement, le Tadouchou figure selon les cartes sous le nom de Li-Foulie ou de Lei-Fong-ho, ce qui signifie « coup de tonnerre ». Les Tazas (Oudihés) l'appellent Ouzi. Certains orientalistes font remonter l'hydronyme Tadouchou au mot *Tatse* (Taza). Une interprétation totalement erronée. Les Chinois le nomment T'atsechou, « le grand chêne ». Les vieux mantsés disent que ce chêne poussait sur le cours supérieur de la rivière, près du Sikhotè-Alin. C'était un arbre creux, si gros que huit personnes eussent tenu à l'aise à l'intérieur. Les cueilleurs de ginseng y avaient installé un autel, et quiconque passait par là y faisait ses prières. Or, il advint que des chercheurs d'or s'y arrêtèrent pour passer la nuit. Ils sortirent l'autel, s'installèrent dans la cavité et se mirent à jouer aux cartes. Alors Dieu précipita un orage cruel. L'éclair frappa l'arbre, le fit voler en éclats et tua tous les joueurs sur place. D'où ces deux noms qui, par la suite, furent écorchés : Lei-Fongho et T'atsechou.

Le bas Tadouchou se présente comme une large dépression marécageuse. Jadis, c'était une vaste baie. L'embouchure de la rivière se trouvait bien plus en amont, à l'emplacement de l'actuel village de Novotadouchinskaïa. Les hautes terrasses au bord de la mer et les corniches à flanc de montagne témoignent du recul de l'élément marin. La rivière elle-même y contribua : des siècles durant, elle charria des sédiments en les déposant par couches massives. Puis il se forma un grand lagon que seule une levée naturelle sépare de la mer. Les lacs qui demeurent aujourd'hui au milieu des marécages correspondent aux parties les plus profondes des lagunes.

Les versants des montagnes voisines sont presque entièrement dénudés. Seules les pentes exposées aux vents sont parsemées de chênes nains et de bouleaux noirs noueux.

À l'automne, il nage dans les boucles du Tadouchou un grand nombre de rotengles, de saumons sibériens, d'ombles chevaliers, de saumons roses à bosse et de saumons kéta du Pacifique.

La longueur totale du cours d'eau est de 68 verstes. Il coule par une vallée dénudée qui se compose d'une suite de vastes cuvettes, chose particulièrement visible à proximité des affluents. Les terrasses fluviales s'y montrent très développées. Elles s'alignent tantôt d'un côté, tantôt de l'autre, presque jusqu'à la source.

Quand on remonte la rivière, on rencontre successivement les affluents suivants. Rive gauche : le Tongkeou, le Kanhotse et le K'imouho. Un sentier longe ce dernier vers le Tétioukhè. Viennent ensuite deux petites rivières : le Lipakeoutse et le Tit'akeoutse (toutes les deux donnent par un col sur le Dingtseho). Rive droite, les petits cours d'eau : le Kouantakeou et la Hiayuenlaza, puis le Hiaolihiakeou et le Talihiakeou avec des cols donnant sur la Tap'otse. Toujours plus loin : le Yeouchangkeou avec son embouchure cachée (col donnant sur le Houlouwai) et le Hipaikeou (col donnant sur l'Arzamassovka). Ce dernier, long de 30 verstes, provient de deux rivières : le Heihiatsekeou et le T'seuminsuokeou. À la confluence de ces deux dernières habitent tous les indigènes du Tadouchou.

Notre route longeait la rive gauche. Là où jadis se trouvait son embouchure, le sentier grimpait et se transformait en corniche. De là-haut s'ouvrait une vue magnifique sur l'est – la mer – et l'ouest – les hauts de la vallée. Sur notre gauche, on voyait la géologie du relief avec une netteté singulière. Particulièrement majestueuse était la montagne nue que les Chinois du pays appelaient Tit'achang, et les Oudihés, Dita-kiamoni, couverte d'éboulis trachytiques. Aux dires des Tazas, le lieu grouillait auparavant de cerfs sika, désormais presque exterminés. En bas, au pied du mont, l'on voyait affleurer du charbon brun.

À noter, parmi les affluents droits du Tadouchou, la petite rivière Lihiakeou. Longue de 12 verstes, elle est bordée d'un sentier qui mène à l'Arzamassovka. Si la montée est progressive du côté sud, la descente vers le Tadouchou est raide et très pittoresque. Ici, le sentier devient corniche. C'est le vestige d'une route ancienne qui, en des temps reculés, longeait le littoral jusqu'aux environs du cap Guiliak. L'hydronyme Lihiakeou indique en soi que l'endroit était riche en poiriers *(Pirus sinensis Linde.)*. Près de l'embouchure du Lihiakeou, un escarpement saillit dans la vallée du Tadouchou; il se rattache aux monts voisins suivant une ligne très creuse, de sorte qu'il ressemble à une colline isolée. Au pied de ce relief se niche la riche fanza Hiyang, entourée de vieux peupliers noirs.

Le jour tombait. L'ombre de la nuit s'allongea sur la terre. Encore un peu, et tout verserait dans les ténèbres.

Lorsque nous approchâmes de la fanza, le maître se montra à la porte. C'était un vieillard de haute taille, légèrement voûté, à la longue barbe grise, à la face pétrie de bonté. Au premier coup d'œil qu'on jetait sur ses habits, sa maison et les logis de ses gens de service, on comprenait qu'il vivait là depuis longtemps et dans une grande aisance. Le Chinois nous salua à la façon de son peuple. Chaque mouvement, chaque geste était empreint d'hospitalité. Nous entrâmes dans la fanza. Même ordre au-dedans qu'au-dehors. Je n'eus pas à me repentir d'avoir accepté son invitation.

Le soir, après le dîner, je le questionnai sur le Tadouchou et le chemin du Li-Fouking. D'abord méfiant, il s'anima et me conta bien des choses intéressantes en brassant de vieux souvenirs. Il s'avéra que l'homme était un Mandchou du nom de Kin-Tchou, originaire de la ville de Ningouta. Établi sur le Tadouchou depuis plus de soixante ans, il s'apprêtait à rentrer au pays pour y laisser ses vieux os. Il me raconta les premières années de sa vie en ce pays sauvage parmi les indigènes. De la bouche de ce Mandchou, j'entendis pour la première fois la légende de l'antique Oussouri, celle d'une guerre intestine survenue entre un certain roi K'ouang-Yun qui régnait dans la vallée du Souch'ang et le prince Tch'eng-ya-t'ai-tse, de la cité de Ningouta. Puis il me parla de la bataille de la rivière Taopiho et du mont K'eou-tch'o-tse, près du poste Sainte-Olga. Le vieil homme avait la parole vive et le verbe beau. En l'écoutant, je me sentis transporté dans un lointain passé au point d'en oublier que je me trouvais là, sur le Tadouchou. Je n'étais pas le seul que ce discours subjuguait: tous les Chinois de la fanza écoutaient, bouche bée, le récit du vieillard. Ensuite, il parla d'une maladie terrible qui avait presque exterminé la population rescapée de la guerre. Alors la contrée déclina. Les premiers Chinois à pénétrer dans la taïga de l'Oussouri furent des chercheurs de ginseng. Et lui, Kin-Tchou, vint avec eux. Tombé malade sur le Tadouchou, il resta chez les indigènes et se maria avec une femme de ce pays, puis vécut avec les Tatsés jusqu'à son grand âge.

Le vieil homme se tut. Ayant rassemblé mes esprits, je me retrouvai dans la vie d'aujourd'hui. Comme on suffoquait dans la fanza, je sortis pour respirer de l'air frais. Le ciel était d'encre. Les étoiles brillaient fort avec, entre elles, un jeu d'irisation. Sur terre aussi il faisait noir. Près de là, les chevaux hennissaient à l'écurie. Un butor étoilé gémissait dans un marécage. Des criquets grésillaient dans l'herbe… Je restai longtemps assis au bord de l'eau. Il régnait une parfaite harmonie entre le silence de la nuit et le calme qui trônait sur la nature. J'eus une pensée pour Dersou, et cela me rendit triste. Je me levai, rentrai à la fanza, pris place sur la couche qui m'était réservée, mais fus long à trouver le sommeil.

Le lendemain, nous prîmes congé du vieillard pour entamer la remontée de la rivière. Le temps nous était favorable. Bien que le ciel fût couvert de nuages chargés, le soleil resplendissait.

La moitié supérieure de la vallée du Tadouchou diffère quelque peu de la partie basse. Si, en bas, comme nous l'avons déjà dit, elle se compose d'une suite de cuvettes, en haut elle s'apparente à une vallée longitudinale. Elle reçoit ici sur sa droite la petite rivière K'inkeoutse que longe un sentier menant aux fanzas des Tatsés sur le Hipaikeou ; et, sur sa gauche, l'affluent Kintseho, plus long et plus gros que le Tadouchou lui-même, raison pour laquelle il faudrait le considérer comme le cours d'eau principal, avec le Tadouchou comme affluent. Je reviendrai sur le Kintseho plus en détail.

De nombreux Chinois vivent en vallée du Tadouchou. J'y comptai 97 fanzas. Ils sont ici autrement aisés qu'ailleurs en Oussouri. Chaque fanza fait fonctionner une petite distillerie de *khanchine*[24]. Je constatai aussi que les Chinois du Tadouchou portaient des habits plus propres et plus soignés, et qu'ils avaient la mine plus saine et mieux nourrie. Autour des fanzas, tout n'était que cultures maraîchères, champs de céréales et vastes plantations de pavot que l'on semait pour l'opium.

La partie supérieure de la vallée est habitée par des Tazas qui, comme toujours, logent dans des masures comme en ont les Mantsés. Les Chinois les exploitent impitoyablement. La saleté de l'habitat, la saleté des vêtements, la saleté des corps provoquent toutes sortes de maladies et entraînent leur dépérissement. Les Chinois arrivent dans l'Oussouri en célibataires et enlèvent de force leurs femmes aux indigènes. De ces unions naissent des enfants que l'on ne saurait apparenter ni aux Chinois ni aux autochtones. La majorité de la population du sud de l'Oussouri, y compris sur le Tadouchou, est composée de ces Tazas métissés dont beaucoup – des femmes surtout – fument de l'opium, et là réside l'une des grandes raisons de leur paupérisation.

Tout le monde fume du tabac, même les bouts de chou. Maintes fois je vis des enfants qui, marchant à peine et tétant le sein de leur mère, fumaient la pipe. Je trouvai amusant d'observer un nourrisson que sa mère venait d'arracher à son sein. Vexé, il se mit à pleurer à chaudes larmes, puis s'empara d'une pipe, tendit la main vers le feu et, les yeux encore embués, l'alluma avec un tison.

La vallée du Tadouchou est remarquablement fertile. Elle ne connaît pas de grandes crues. Même le tronçon où trois affluents relativement importants s'y abouchent (le Dingtseho, le Hipaikeou et le Yeouchangkeou) ne subit guère de débordement. Autour de Sainte-Olga, le Tadouchou est assurément le lieu le plus propice à la colonisation.

Dans la moyenne vallée de la rivière, en amont de la fanza Hiaoyingtse où vivent des Tazas, les montagnes sont faites de grès et de schistes argileux avec de nombreuses strates quartziques. L'éperon de confluence qui saillit en coin entre le Hipaikeou et le Tadouchou se compose de mélaphyre, de porphyrite et de vitrophyre. Côté sud, au pied de la paroi, l'on voit ressortir de l'obsidienne à proéminences prismatiques.

Là s'arrêtait la voie carrossable.

16. DERSOU OUZALA

Crépuscule et vilain temps – Le bivouac d'un inconnu – La rencontre – Une nuit à converser – Les terrasses fluviales – La fanza Loudevaïa – À la source du Tadouchou – Le Sikhotè-Alin – Le col Venioukov – Le Li-Fouking et le Tongpeitch'a

Dans l'après-midi, le temps se gâta. De gros nuages apparurent dans le ciel. Ils filaient au-dessus du sol en accrochant les sommets. D'emblée le tableau changea : la vallée se rembrunit. Les rochers, si beaux sous les rayons du soleil, semblaient maussades maintenant. L'eau de la rivière s'assombrit. Sachant ce que cela voulait dire, j'ordonnai qu'on plantât les tentes et qu'on ramassât le plus de bois possible pour la nuit.

Une fois les travaux du bivouac terminés, les fusiliers demandèrent à chasser. Je leur conseillai de ne pas trop s'éloigner et de rentrer au plus vite. Zagourski partit le long du Dingtseho, et Tourtyguine s'en fut en amont du Tadouchou. Quant à moi, je restai au bivouac avec les autres.

Soudain, il se fit sombre : sans doute le soleil venait-il de plonger sous la ligne d'horizon. La lumière du jour rivalisa encore un temps avec le crépuscule, mais on voyait bien que la nuit l'emporterait. Sur la terre d'abord, sur les cieux ensuite.

Tourtyguine revint au bout d'une heure, me rapportant qu'il était tombé sur le bivouac d'un chasseur inconnu à 2 verstes environ de notre camp. Le bonhomme lui avait demandé qui nous étions et, en entendant mon nom, s'était mis à plier son balluchon à la hâte. La nouvelle me troubla.

Qui était-ce ?

Le fusilier dit que ce n'était pas la peine d'aller voir, car l'autre avait promis de venir lui-même. Je fus la proie d'un sentiment étrange.

Quelque chose d'irrésistible me poussait au-devant de l'inconnu. Je pris mon fusil, appelai mon chien et pressai le pas sur le sentier.

Après le feu de camp, l'obscurité du soir me parut plus sombre qu'en réalité, mais, au bout d'une minute, mes yeux s'habituèrent et je commençai à distinguer le chemin. On sortait à peine de la nouvelle lune. De lourds nuages filaient à vive allure dans le ciel et la cachaient à chaque instant. On eût dit qu'elle volait à leur rencontre et passait au travers. Alentour, la vie se faisait oublier. À peine quelques criquets stridulaient-ils dans l'herbe.

Quand je me retournai, les feux du bivouac étaient déjà hors de ma vue. Je marquai un arrêt avant de continuer la marche.

Tout à coup, mon chien courut droit devant en jetant des aboiements furieux. Je levai les yeux et, non loin de là, aperçus une silhouette. Je lançai :

— Qui va là ?

L'éclat de voix qui répondit me fit tressaillir :

— Quel gens marcher là ?

— Dersou ! Dersou ! m'écriai-je.

Et, fou de joie, je m'élançai à sa rencontre.

À cet instant, un observateur étranger eût vu deux hommes s'empoigner dans une fougueuse étreinte comme pour une bagarre. Ma brave Alpa, qui ne comprenait rien, se jeta furieusement sur Dersou mais elle le reconnut aussitôt, et son aboiement hargneux se changea en un gémissement affectueux.

— Bonjour, capitaine ! dit le Golde en se rajustant.

— D'où viens-tu ? Que fais-tu là ? Où étais-tu ? Où vas-tu ?

Je le pressai tant de questions qu'il ne trouvait pas le temps de me répondre. Quand enfin nous fûmes calmés, nous pûmes parler normalement.

— Moi sur Tadouchou depuis pas longtemps, dit-il. Entendu dire : quatre capitaines et douze cosaques à Chemin [poste Sainte-Olga] ; moi pense : faut y aller. Aujourd'hui vois un gens, alors tout compris.

Nous parlâmes encore un peu avant de reprendre le chemin du bivouac. J'allongeais un pas allègre et joyeux. Comment pouvais-je ne pas me réjouir : j'avais retrouvé Dersou…

Quelques minutes plus tard, nous étions au camp. Les fusiliers nous entourèrent, dévisageant le Golde avec curiosité.

Dersou n'avait en rien changé ni vieilli. Comme avant, il portait un blouson en cuir et un pantalon en peau de renne corroyée. Un bandeau sur la tête, et toujours le même Berdan, mais avec un bâton un peu plus neuf.

D'entrée, fusiliers et cosaques comprirent que Dersou et moi étions de vieilles connaissances. Il suspendit son fusil à un arbre et, à son tour, se mit à m'observer. À voir l'expression de ses yeux et le sourire qui palpitait sur ses lèvres, je compris combien lui aussi était content de notre rencontre.

J'ordonnai qu'on rajoutât du bois au feu et qu'on préparât le thé, puis je le questionnai. Qu'avait-il fait pendant ces trois années ? Dersou m'expliqua qu'après notre séparation du côté du lac Khanka, il avait gagné le Not'oho, passé l'hiver entier à trapper la zibeline et, au printemps, était monté vers la source du Woulaho afin d'y chasser le renne pour ses bois. À l'été, il s'était rendu sur le Fouking, vers les monts Hiayuenlaza où des Chinois venus du poste Sainte-Olga lui avaient appris que notre détachement marchait vers le nord par le littoral. Alors il était parti pour le Tadouchou.

Mes compagnons ne restèrent pas longtemps près du feu. Ils se couchèrent de bonne heure. Dersou et moi passâmes ensemble le reste de la nuit. Le vif souvenir me revint du Liefou le soir où il était venu à notre bivouac, et maintenant j'étais là, comme l'autre fois, en train de le regarder et de l'écouter parler.

La nuit en était à son ultime pénombre. L'air se mit à bleuir. Déjà l'on distinguait le ciel gris, le brouillard dans les montagnes, les arbres gourds, le sentier assombri par la rosée. La lumière du feu pâlit. Les braises rouges perdirent de leur éclat. L'on sentait comme une tension dans la nature. Le brouillard flottait de plus en plus haut, et bientôt vint la bruine.

Alors lui et moi nous couchâmes.

Maintenant, je n'avais plus peur de rien. Je ne craignais ni les *honghoutse*, ni les bêtes sauvages, ni la neige épaisse, ni les inondations. Dersou était avec moi. Sur ces pensées, je m'endormis comme une souche.

Je me réveillai à 9 heures du matin. La pluie avait cessé, mais le ciel restait maussade. S'il était pénible de marcher par un temps pareil, il était encore plus pénible de ne pas bouger. Aussi, quand je fis bâter les chevaux, l'ordre fut accueilli avec soulagement. Une demi-heure plus tard, nous étions déjà en route. Il se noua comme une entente tacite entre Dersou et moi. Je savais qu'il me suivrait. C'était naturel. Il ne pouvait en être autrement. En chemin, nous fîmes un crochet vers un escarpement rocheux pour y récupérer les effets de Dersou qui, comme avant, logeaient tous dans un seul sac.

À notre gauche coulait la rivière ; à notre droite s'étageaient des terrasses fluviales de 12 pieds de haut. Passé l'embouchure du Dingtseho, elles surplombaient le Tadouchou d'une manière particulièrement nette. Ces terrasses sont faites de calcaires durs incrustés de lauze.

Le dernier affluent du Tadouchou dans le sens montant est le Wankeou par lequel on peut déboucher sur le Not'oho en passant la chaîne du Sikhotè-Alin. En aval de son embouchure, deux rocs forjettent sur la vallée. L'un à gauche, au pied d'une terrasse, bas de taille et fort joli, avec une sorte de niche où les Chinois ont fait un oratoire ; et l'autre à droite, face à l'embouchure, qui porte le nom de Yangt'onglatse. Près de là court un petit torrent, le K'inkeoutse.

Le Yangt'ong est haut de 110 mètres. Il est troué de nombreux renfoncements où nichent les pigeons sauvages. Au sommet, les Chinois ont édifié un petit autel avec des pierres plates. Les Mantsés vouent un culte particulier aux cimes : ils pensent qu'en escaladant une montagne on se rapproche de Dieu.

Le sentier nous conduisit à la fanza Loudevaïa située juste à la croisée des chemins du Not'o et du Li-Fouking. Autrefois, les habitants de la fanza vivaient du piégeage des rennes, d'où ce nom[25]. Elle faisait alors office d'auberge où l'on rencontrait des Chinois de passage qui allaient de la mer à l'Oussouri, ou inversement. Le patron les approvisionnait en vivres moyennant de confortables subsides. La fanza se nichait au pied d'une terrasse imposante qui empiète largement sur la vallée et force le Tadouchou à raser les montagnes sur sa droite. Envahie par les marécages, la terrasse est couverte de boqueteaux de bouleaux frêles *(Betula latifolia Tausch)*.

Nous passâmes la fanza Loudevaïa en direction du Sikhotè-Alin. Maussade depuis l'aube, le ciel s'éclaircit doucement. Le brouillard qui enveloppait les montagnes partit en filasse. Le lourd plafond nuageux se déchira. Le soleil perça, et la nature sourit. D'un coup la vie reprit : le chant des coqs monta du côté de la fanza, les oiseaux s'agitèrent dans les bois, les insectes revinrent aux fleurs.

Le haut Tadouchou court du nord-ouest au sud-est. Il provient de petits torrents disposés comme suit : côté gauche, le Tch'aeulkeoutse, le Loudiantseyangkeou et le Chat'ienkeou ; côté droit, le Sans-nom et le Salingkeou. Ici se trouve le col le plus bas du Sikhotè-Alin. Petites collines aux contours émoussés, lits de rivières dégradés par les eaux, tout cela témoigne de puissants processus de dénudation.

À partir du Tadouchou, trois chemins traversent le Sikhotè-Alin : deux vers le Not'o, et un sur le Li-Fouking. Le premier part de la fanza Loudevaïa et suit le Wankeou. Ne l'empruntent que les Chinois faisant route vers la haute Tanantch'a, affluent du Not'o. Le deuxième part de l'embouchure du Loudiantse. Il s'étire longuement sur la crête avant de plonger dans la vallée du Tongpeitch'a, affluent nord-est du Li-Fouking qu'il longe ensuite jusqu'à sa source. Il franchit encore trois cols, puis aboutit à la Tanantch'a. Ceux qui l'empruntent se rendent dans le bas Not'o. Le troisième chemin, que nous avons choisi, va directement du torrent Salingkeou au Li-Fouking.

Les Chinois d'ici ont reforgé à leur façon le nom mandchou de Sikhotè-Alin : Hi-huo t'a lin, c'est-à-dire le « col des grandes rivières de l'ouest ». De fait, les versants ouest alimentent de puissants cours d'eau : Wakou, Iman, Bikin, Khor, etc. Les Goldes l'appellent Dzoub-Guyn, et les Oudihés, Ada-Sololi, en faisant aussi le départ entre le versant ouest – Ada-Tsazani – et le versant est – Ada-Namouzani, dérivé du mot *namou* qui signifie « la mer ».

Nous fîmes halte au pied de la chaîne. Du poisson séché au sel, un ou deux morceaux de pain sec, une timbale de café brûlant, tel fut notre déjeuner. Dans la taïga, c'est un très bon repas.

L'ascension du Sikhotè-Alin est très raide à l'approche de la crête. Le col proprement dit se présente comme un large ensellement gagné par les marécages et couvert de bois carbonisés. Son altitude, en valeur absolue, s'élève à 1340 pieds. Il serait juste de le baptiser col M. Venioukov du nom de celui qui le franchit en 1857[26]. D'autres se mirent sur ses pas. Gloire éternelle, mémoire éternelle au premier explorateur de la contrée oussourienne.

Il y a sur le col, du côté droit, un petit oratoire sous un toit de billots avec, à l'intérieur, une image de dieux chinois devant deux boîtes en bois contenant des bouts de cierges brûlés. Quelques feuilles de tabac et deux morceaux de sucre étaient posés là, de l'autre côté : des offrandes au dieu de la sylve. Un chiffon rouge pendait à un arbre voisin, marqué des mots : *Chan mong tcheng wei Hi-je k'i kouo wei Ta Soungai Ts'ing Tsang Ta Tchen Chan-lin*, c'est-à-dire : « À Sa Majesté l'esprit véritable des montagnes [le tigre]. Jadis, dans l'État Hi, il fut le commandant en chef de la dynastie Tsing, et maintenant il règne sur les forêts et les monts. »

Vu du col Venioukov, le Sikhotè-Alin revêt l'aspect d'arêtes escarpées montant doucement vers le nord (2170-2380 pieds). Cette montée n'étant pas visible à l'œil nu, on oublie complètement qu'on marche sur une crête, et seules les pentes voisines rappellent à l'esprit qu'on se trouve sur le partage des eaux. Le site est couvert de boulaies qui n'ont guère plus de 40 ans, et qui ont vraisemblablement poussé là par suite d'incendies.

La descente est longue et douce. En marchant sur l'herbe, on ne cesse de buter sur des troncs tombés, carbonisés. Le col à peine passé, c'est un marécage qui commence, où pousse, plein de mousse, un bois de résineux.

Vers 3 heures de l'après-midi, nous arrivâmes à la confluence du Li-Fouking et du Tongpeitch'a, et plantâmes le camp sur un banc de galets.

La longueur du Tongpeitch'a équivaut à une quarantaine de verstes. Né de trois torrents, il court le long du Sikhotè-Alin. Partout paraissent des marques d'érosion. Les montagnes sont tant abîmées qu'on ne les voit même pas dépasser de la forêt. On a l'impression de marcher dans une dépression légèrement plissée et boisée d'essences telles que l'épicéa, le sapin, le cèdre, le bouleau, l'if, l'érable, le mélèze et l'aulne. Récemment, tout a brûlé. La vallée présente désormais l'aspect d'un champ charbonné. Ici passe un sentier que les Mantsés empruntent pour se rendre au Not'o, jalonné de 4 fanzas de trappeur à raison d'une journée de marche entre chaque. On y pratique la chasse et le trappage de la zibeline.

Avant d'aller chercher du bois, nous commençâmes par déployer des fumoirs. Les fusiliers s'apprêtaient à dormir, mais Dersou leur conseilla de planter une tente-auvent.

À l'approche du soir, le temps s'assombrit. Le brouillard décolla et forma de gros nuages. Partout Dersou prêtait main-forte aux hommes qui, d'emblée, l'apprécièrent. Il voulut planter sa tente à part, mais je le priai de dormir avec nous. Alors il prit une hache et courut chercher de l'écorce de cèdre dans la taïga. Il commença par faire deux lignes d'encoches à l'arbre, l'une en haut et l'autre en bas, puis creusa une entaille en longueur et se mit à enlever l'écorce à l'aide d'un bâton. Ainsi recueillit-il six feuilles. Il en posa deux sur le sol, deux sur le toit et les autres verticalement sur les côtés pour se défendre du vent.

Au crépuscule, il se mit à pleuvoir fort. Moustiques et moucherons disparurent aussitôt. Le dîner pris, les fusiliers se couchèrent; Dersou et moi restâmes longtemps à converser devant le feu. Il me parla de la vie des Chinois du Not'o et me raconta qu'ils l'avaient offensé en lui prenant ses fourrures sans le payer en échange.

Dersou et V. Arseniev (1906).

17. AMBA

L'animisme de Dersou – Un tigre à nos trousses – Dersou parle au fauve – Le Kuandagou – Chasse sur solonetz, terre sodique – Dersou prie le tigre de ne pas se fâcher – Retour – L'inquiétude du Golde – La nuit

Le lendemain, un brouillard épais et lourd enveloppait tout alentour. Une grise et morne journée dans le froid et l'humidité…

Les hommes s'occupaient encore de plier le camp et de bâter les chevaux lorsque Dersou et moi partîmes en tête après avoir avalé un thé à la hâte, avec chacun dans sa poche une tranche de pain séché. J'avais pour habitude de quitter le bivouac avant les autres. Car, en effectuant les relevés, j'avançais si lentement que le détachement me dépassait déjà au bout d'une heure ou deux ; et quand j'arrivais sur les lieux de la grande halte, les autres avaient déjà mangé et s'apprêtaient à repartir. Même chose dans l'après-midi : je repartais le premier et n'arrivais au bivouac que pour le repas.

Dès la veille, Dersou m'avait dit que le coin était infesté de tigres et qu'il me déconseillait de m'éloigner du détachement.

Nous longions la rive gauche du Li-Fouking. Parfois, le sentier faisait des écarts et s'enfonçait si loin dans la forêt qu'on se retrouvait désorienté, incapable de situer la rivière, mais on y revenait soudain pour en longer la rive escarpée.

Qui n'a pas connu la taïga de l'Oussouri ne peut en imaginer l'antre ténébreux, avec ses fourrés inextricables. On n'y voit rien à deux pas. Il m'est arrivé plus d'une fois de lever une bête de sa reposée à 2 ou 3 sagènes de là, et seul le craquement des branches m'indiquait la direction de sa fuite. C'était dans une taïga de cette nature que nous marchions depuis quarante-huit heures d'affilée.

Le temps nous était défavorable. Il bruinait sans cesse, des flaques trouaient le chemin, l'herbe ruisselait, de grosses gouttes tombaient des arbres. Il régnait dans la forêt un silence étonnant. Comme dans un tombeau. Même les piverts avaient disparu.

— Pour un sale temps, c'est un sale temps, dis-je à mon compagnon. Brouillard ou pluie, ma parole, on ne sait plus. Qu'en penses-tu, Dersou ? Ça va se dégager ? ou empirer ?

Le Golde leva les yeux au ciel, regarda autour de lui et allongea la jambe en silence. Une minute plus tard, il s'arrêta et me dit :

— Mon peuple pense voilà quoi : terre, montagne, forêt, tous des gens. Ça transpire maintenant. Écoute ! (Il était tout ouïe.) Ça respire comme gens respirent…

Là-dessus, il se remit en marche. Longtemps encore il me parla de sa vision de la nature, aussi vivante que les hommes.

Bientôt 11 heures du matin. La colonne de porte-bât aurait dû nous rattraper depuis longtemps, mais rien derrière, pas le moindre bruit.

— Il faut les attendre ! dis-je à mon compagnon.

Il s'arrêta en silence, ôta le Berdan de son épaule, l'appuya contre un arbre, ficha son bâton en terre et se mit à chercher sa pipe.

— Eh !… Moi perdu pipe, fit-il contrarié.

Il voulait rebrousser chemin, mais je lui conseillai d'attendre dans l'espoir que les autres, derrière, la trouveraient et la rapporteraient.

Nous patientâmes encore une vingtaine de minutes. Apparemment, le vieux avait très envie de fumer. Alors, n'y tenant plus, il prit son fusil et dit :

— Pipe pas loin, moi pense. Faire demi-tour.

Inquiet de ne pas voir les bâts venir et craignant qu'il ne fût arrivé quelque chose de fâcheux aux chevaux, je fis demi-tour avec Dersou.

Le Golde marchait devant. Comme toujours, il branlait du chef en se parlant à lui-même :

— Moi perdu pipe, comment possible ? Soit trop vieux, soit crâne boiteux, soit…

Il stoppa net, laissa sa phrase en suspens, puis recula et, penché à terre, se mit à regarder sous ses pieds. Je m'approchai de Dersou. L'air désemparé, il fouilla les lieux du regard et ânonna :

— Vois, capitaine, c'est Amba. Lui marche derrière nous. Ça très méchant. Très frais l'empreinte. Lui là tout de suite…

En effet, les traces fraîches d'une grosse patte de félin se détachaient nettement sur la boue du chemin. Quand nous marchions dans l'autre sens, elles n'y étaient pas. Cela, je m'en souvenais parfaitement, et Dersou ne pouvait être passé à côté. Or, maintenant que nous avions tourné les talons et que nous marchions au-devant du détachement, il y avait des empreintes, et elles se dirigeaient vers nous. À l'évidence, le félin s'était mis dans nos pas.

— Lui caché tout près, dit Dersou en pointant le doigt sur la droite. Lui longtemps sans bouger quand nous arrête et moi cherche pipe. Dès que nous demi-tour, lui vite sauter. Vois, capitaine, pas d'eau dans les empreintes…

Et, en effet, malgré les flaques envahissantes, l'eau n'avait pas encore rempli les marques imprimées par la patte du tigre. Nul doute que le redoutable fauve était là l'instant d'avant, mais qu'au bruit de nos pas il avait plongé dans les fourrés où il se tenait tapi quelque part derrière un chablis.

— Lui pas loin. Moi bien comprends ça. Attends voir, capitaine !…

Nous restâmes plantés là plusieurs minutes durant dans l'espoir qu'un bruissement trahît la présence du tigre, mais il régnait un silence de mort. Un silence particulier, mystérieux, terrible.

— Capitaine ! me dit Dersou. Bien regarde maintenant. Ton fusil a cartouches ? Il faut marcher doucement. Chaque trou, chaque tronc par terre, partout, bien regarde. Sans se presse. C'est Amba. Toi comprends ? Amba !

Disant cela, lui-même scrutait chaque buisson et chaque arbre. Nous marchâmes ainsi pendant une demi-heure. Devant moi, Dersou ne quittait pas le sentier des yeux.

Enfin, nous entendîmes des voix : un cosaque houspillait un cheval. Quelques minutes plus tard, la colonne était là. Deux des chevaux, crottés, avaient les selles barbouillées d'argile. Il s'avéra qu'ils avaient trébuché en passant un gué et s'étaient enlisés, d'où ce retard. Comme je m'y attendais, les soldats avaient retrouvé la pipe de Dersou et la lui rapportaient.

Pour continuer, il fallait rajuster les bâts, répartir les charges et décrotter les chevaux tant bien que mal.

Je voulais faire un arrêt pour le thé, mais Dersou me conseilla de remonter les selles et de pousser plus loin, disant qu'il y avait près de là une cabane de chasseur où il pensait bivouaquer. Après réflexion, je lui donnai raison.

Les hommes se mirent à débâter les chevaux harassés, cependant que Dersou et moi reprîmes la route. Nous n'avions pas fait deux cents pas que nous tombâmes de nouveau sur des empreintes de tigre. La redoutable bête nous avait encore suivis et, comme la première fois, à notre approche, s'était éclipsée. Dersou s'arrêta et, se tournant du côté où le tigre avait disparu, se mit à crier d'une voix dans laquelle je discernai des accents d'indignation :

— Eh ! pourquoi suivre derrière ?... Quoi veux, Amba ? Hein ? Nous passe chemin, sans gêner toi. Marcher derrière, quelle idée ! Beaucoup de place dans taïga !...

Il brandit son fusil pour le secouer en l'air. Jamais je ne l'avais vu dans un tel état d'excitation. Les yeux de Dersou exprimaient une foi profonde dans l'idée que le tigre, Amba, entendait ses paroles et les comprenait. Il croyait dur comme fer que le tigre ou bien relèverait le défi ou bien irait ailleurs. Passé trois minutes, le vieux poussa un soupir de soulagement, alluma sa pipe et, le fusil en bandoulière, allongea un pas décidé sur le sentier. Son visage reprit un air d'indifférente concentration. Il avait fait honte au tigre en l'obligeant à s'éloigner.

Nous marchâmes encore une heure environ dans la forêt. Soudain, l'antre s'éclaircit, et une vaste clairière s'ouvrit devant nous. Notre chemin la coupait en diagonale.

Nous étions fatigués d'avoir cheminé si longtemps à travers la taïga. L'œil avait besoin de repos et d'espace libre. On imaginera sans peine la joie qui fut la nôtre à la sortie du bois.

— C'est Kuandagou, dit Dersou. Bientôt trouve cabane.

La trouée que nous traversions était revêtue d'une basse fougeraie. Du côté nord, de hautes montagnes boisées émergeaient de derrière la forêt à travers un voile brumeux. La pente était clairsemée d'arbres solitaires, érables, chênes et bouleaux dahurs.

Il y avait à droite une bande marécageuse au sol de type *solonetz* où, selon Dersou, wapitis et bouquetins aimaient à venir la nuit pour se délecter de renoncules d'eau et de terre noire salée.

— Faut aller chasser ce soir, dit Dersou en pointant son bâton vers le marécage.

Vers 3 heures de l'après-midi, nous trouvâmes, en effet, une cabane coiffée d'un toit à double pente. Elle était faite en écorce de cèdre par des chasseurs chinois de manière à ce que la fumée de l'âtre s'échappât des deux côtés pour empêcher les moustiques d'y pénétrer. Un petit ruisseau passait près de là. On perdit encore beaucoup de temps à faire franchir le gué aux chevaux, mais l'obstacle fut enfin surmonté.

Toutefois, le ciel continuait de « transpirer », selon le mot de Dersou. Le temps maussade du matin tendait à s'éclaircir. Le brouillard se levait, la lumière perçait çà et là, la pluie avait cessé, mais sur terre l'humidité persistait…

Je décidai de passer la nuit là. J'avais très envie de chasser sur le *solonetz*. D'autant que nous n'avions pas mangé de viande depuis longtemps et que nous étions réduits au pain sec depuis déjà quatre jours.

Quelques minutes plus tard, le bivouac s'anima de moult travaux pleins d'entrain, chose familière à quiconque a séjourné longtemps dans la taïga en menant une vie d'errance. Les chevaux débâtés furent lâchés. À peine dessellés, ils se roulèrent à terre, puis, en s'ébrouant, allèrent pâturer dans la clairière.

Tous les bâts furent entassés dans un coin et couverts d'une bâche pour les protéger d'une pluie éventuelle.

Le temps qu'on s'occupât des chevaux et qu'on rangeât les selles, certains allumèrent un feu et suspendirent la bouilloire au-dessus.

Au bivouac, Dersou déployait toujours une énergie étonnante. Il courait d'un arbre à l'autre, en arrachait l'écorce, taillait des perches et des bâtons, montait la tente, mettait à sécher ses vêtements et ceux des autres… Dans la cabane, il arrangea le feu de telle manière qu'on pût s'asseoir sans avoir la fumée dans les yeux. Je m'étonnais toujours de voir cet homme plutôt âgé faire plusieurs choses à la fois. Nous étions déjà déchaussés et au repos depuis longtemps qu'il s'affairait encore autour de la cabane.

Une heure plus tard, un observateur eût trouvé le tableau suivant : des chevaux pâturant dans une clairière près d'un ruisseau, leurs dos mouillés par la pluie. La fumée des feux de camp flottant immobile et nappant la terre au lieu de s'élever vers le ciel. Tout le monde à l'abri dans une cabane, à l'exception d'un seul homme courant dans la forêt : Dersou ramassant du bois pour la nuit.

Le soir tombe très tôt au mois d'août, surtout sous un ciel sombre. Il en fut ainsi ce jour-là. Le brouillard ne s'accrochait qu'au sommet des montagnes. Il flottait aussi au-dessus des buissons par étoupes qui ressemblaient à autant de fantômes.

Une fois le dîner avalé, Dersou et moi partîmes pour la chasse. Nous remontâmes le sentier qui nous avait menés au bivouac, puis obliquâmes vers le *solonetz*, un terrain sodique qui bordait le bois. Noirâtre, la terre était presque dégarnie de végétation. Les arbres nains qui entouraient cet espace avaient une allure chétive et maladive. Par endroits, la terre avait été fortement piétinée. On voyait bien que des wapitis fréquentaient l'endroit, solitaires ou en troupeaux.

Nous choisîmes un coin où nous mettre à l'affût. Près des arbustes et sous les arbres, l'obscurité s'épaississait. Longtemps Dersou ne put se calmer. Il cassait des branches pour se dégager une fenêtre de tir et, bizarrement, plaquait à terre un petit bouleau qui se trouvait derrière lui.

Partout autour, dans la forêt comme dans la clairière, régnait un silence de mort troublé seulement par le vrombissement des moustiques. C'était l'un de ces silences oppressants auquel on se soumet malgré soi avec le sentiment qu'on serait impuissant à le troubler d'un mot ou d'un mouvement malencontreux.

Dans l'air, sur terre, le noir l'emportait. Arbres et buissons revêtaient des formes incertaines : on aurait dit des créatures vivantes en mouvement. Parfois, je croyais voir des rennes, et l'imagination faisait le reste. Je serrais mon fusil, prêt à tirer, mais chaque fois le visage calme de Dersou me ramenait à la raison. L'illusion se dissipait, et la silhouette sombre du renne reprenait les traits d'un arbrisseau. Dersou se tenait assis là comme une statue de marbre. Les yeux rivés sur les buissons en bordure du *solonetz*, il guettait tranquillement la proie. Une fois, soudain, il se crispa, leva doucement son fusil et plissa les yeux. Mon cœur s'emballa. Je braquai les yeux dans la direction exposée au regard du vieux, mais rien. Je sentis bientôt que Dersou se calmait, et fis de même.

La nuit fut rapidement si noire qu'on ne voyait plus à quelques pas ni la terre sombre du *solonetz* ni les contours obscurs des arbres. Les moustiques me piquaient atrocement le cou et les bras. Je rabattis le filet sur mon visage. Dersou n'avait point de filet et semblait ne pas remarquer leurs piqûres.

Soudain, un bruissement. Je ne m'étais pas trompé. Ça venait des buissons, de l'autre côté du *solonetz*, juste en face de notre poste de guet. Je levai les yeux sur Dersou. La tête au ras du sol, il donnait l'impression de tendre l'œil pour percer la raison de ce bruit à travers l'obscurité. Parfois, le froufrou s'amplifiait, devenait tangible ; parfois, il faiblissait au point de s'éteindre tout à fait. Sans nul doute, quelqu'un s'approchait prudemment à travers les fourrés. Un wapiti venait lécher la terre salée. Mon imagination peignait déjà un renne élancé aux ramures magnifiques. Écartant mon filet d'un geste, je tendis l'ouïe et le regard sans une pensée pour les moustiques. Je cherchais des yeux un wapiti à quelque soixante-dix ou quatre-vingts pas de nous, pas davantage.

Tout à coup, un feulement terrible, pareil à un grondement de tonnerre, roula dans l'air :

— Rrrrreuh !

Dersou me saisit la main.

— Amba, capitaine ! dit-il d'une voix apeurée.

Un sentiment horrible, que je ne saurais traduire ici malgré toute ma bonne volonté, me renversa le cœur.

Je ressentis une espèce de poids alanguissant, une espèce de lourdeur me descendre dans les jambes. Une lancination affecta mes genoux qui me parurent remplis de plomb. Quiconque a eu l'occasion d'éprouver une peur subite connaît cette sensation. En même temps, mon âme fut la proie d'un autre sentiment, mêlé de curiosité, de vénération pour le fauve terrible et majestueux, avec aussi les signes de la passion du chasseur.

— Ça va mal ! Nous tort de venir ici. Amba se fâche ! Ça être sa place, dit Dersou.

J'ignore s'il se parlait à lui-même ou s'il s'adressait à moi. Il me sembla qu'il avait pris peur.

— Rrrrrreuh !…

Un nouveau feulement déchirait le silence de la nuit.

Soudain, Dersou se leva. Je crus qu'il voulait tirer. Mais quelle ne fut pas ma stupeur de constater qu'il avait les mains vides. J'entendis alors le discours qu'il fit au tigre :

— Bon, bon, Amba ! Pas fâcher, non, pas fâcher, ça être ta place. Nous pas savoir. Nous trouve autre place. Beaucoup de place dans taïga. Faut pas se fâcher !…

Le Golde était debout, les bras tendus vers le fauve. Brusquement, il se jeta à genoux, se prosterna deux fois à terre et, à mi-voix, récita quelque chose dans son idiome. Curieusement, j'eus pitié du vieux.

Enfin, Dersou se releva lentement et prit son Berdan appuyé sur une souche.

— Partons, capitaine ! me jeta-t-il d'un ton résolu.

Sans attendre ma réponse, il regagna vite le sentier à travers les fourrés. Je le suivis machinalement.

L'allure tranquille de Dersou, l'assurance avec laquelle il marchait, sans se retourner, me calmèrent : je sentis que le tigre ne se mettrait pas sur nos traces et renoncerait à nous charger.

Après deux cents pas, je m'arrêtai pour convaincre le vieux d'attendre encore un peu.

— Non, dit Dersou. Moi non. Moi dis, pour toujours : jamais, en compagnie, jamais tire Amba ! Toi écoute ça ! Tire Amba, moi plus camarade…

Et de reprendre sa marche muette sur le sentier. L'envie me prit de rester tout seul, mais l'horreur s'empara de moi et je courus rattraper le Golde.

La lune entamait son ascension. Le ciel et la terre s'éclaircirent aussitôt. Au loin, au fond de la clairière, tremblait le feu de notre bivouac. Tantôt il se figeait, tantôt il semblait s'éteindre, mais c'était pour repartir de plus belle et scintiller comme une étoile.

Nous avancions sans dire un mot, chacun plongé dans ses pensées et ses souvenirs. Je trouvais dommage de ne pas avoir vu le tigre, ce dont je m'ouvris à mon compagnon.

— Oh ! non, répondit Dersou. Mal à qui voit Amba. Nous on dit comme ça. Le gens qui jamais voit Amba, ce gens-là heureux et toujours bien vit.

Il poussa un profond soupir, marqua un silence et continua :

— Moi beaucoup voir Amba. Une fois, tire sur lui à tort. Et maintenant : très peur !

Les paroles du vieux trahissaient une telle détresse que je le pris en pitié et tentai de le rassurer en changeant de conversation.

Une heure plus tard, nous étions au bivouac. Les chevaux, effrayés à notre approche, s'écartèrent d'un bond en renâclant. Des hommes s'agitèrent auprès du feu. Deux cosaques vinrent à notre rencontre.

— On dirait que les chevaux sont aux cent coups ce soir, me dit l'un d'eux. Ça ne mange pas, ça regarde autour. Y aurait pas un fauve dans les parages, par hasard ?

J'ordonnai aux cosaques de mettre la longe aux chevaux, d'allumer des feux et d'y aposter une sentinelle armée.

Dersou ne desserra pas les dents de la soirée. D'être tombé sur le tigre l'avait beaucoup impressionné. Il se coucha aussitôt le dîner pris, et je remarquai qu'il fut long à s'endormir, tantôt sur un flanc, tantôt sur l'autre, agité comme s'il se parlait à lui-même.

Je racontai aux cosaques ce qui nous était arrivé. Ils s'animèrent et racontèrent des souvenirs de l'Oussouri, des aventures de chasse, Untel avait vu ceci, enduré cela… La conversation dépassa largement minuit. Enfin, la fatigue prit le dessus : quelqu'un bâilla, un autre étala sa couche. Encore quelques minutes, et la baraque s'endormit. Le silence régna. On n'entendait plus que le souffle régulier des dormeurs et le craquement des branches dans le feu. De la prairie me parvenait le hennissement des chevaux ; de la forêt, le hululement d'un hibou ; et, de loin en loin, chantait la chevêchette.

Base de ravitaillement du détachement (1906 ou 1907).

18. LE LI-FOUKING

Les forêts – Le contenu du havresac de Dersou – La faculté de s'adapter à la vie dans la taïga – Les clairières de Hiayuenlaza – Des tombes familières – Enterrés vifs

L'AUBE POINTAIT à peine que les moustiques attaquaient déjà notre bivouac. Il n'était plus question de dormir. Tout le monde se leva comme un seul homme. Les cosaques eurent tôt fait de bâter les chevaux, et en route. Nous n'avions même pas pris le thé. Au lever du soleil, le brouillard se dissipa. Çà et là perçait le ciel bleu.

Passé l'embouchure du Kuandagou, le Li-Fouking commence à tirer vers le nord-ouest, et son cours devient sinuant. D'un côté comme de l'autre, les rives sont faites tantôt de grèves, tantôt d'escarpements.

La vallée du Li-Fouking renferme de magnifiques forêts mixtes. On trouve ici rassemblés tous les spécimens de la flore mandchoue. Cèdre, mélèze, épicéa, sapin, orme, chêne, frêne, noyer, arbre à liège, mais aussi bouleau jaune *(Betula costata Trautv.)* au feuillage jaune vert et à l'écorce jaune velouteuse non détachable, et une variété particulière d'érable *(Acer barbinerve Maxim.)*, arbre à la ramure ample, à l'écorce lisse et gris foncé, aux jeunes ramilles jaunâtres et aux feuilles fortement échancrées. Et encore : orme de montagne *(Ulmus montana Wither.)*, arbre haut, élancé, à la couronne amplement ramifiée et aux feuilles rugueuses pointues ; charme *(Carpinus cordata Blume)* à l'écorce foncée et aux fleurs qui pendillent ; merisier de Maximovitch *(Prunus maximowiczii Rupr.)* aux branches retombant à terre jusqu'à former une broussaille impénétrable ; et, enfin, le fusain *(Euonymus macroptera Rupr.)*, arbrisseau au tronc ténu et à l'écorce émaillée de lentilles blanches en lignes verticales avec ses feuilles oblongues en ovale inversé. Près de la rivière ainsi que dans les lieux humides exposés à la lumière, on trouvait : le saule marsault dit saule des chèvres *(Salix caprea Lin.)*, mi-arbre mi-arbuste ; le groseillier mandchou *(Ribes mandshuricum Kom.)* aux feuilles trilobées à dents pointues ; la spirée soyeuse *(Spirea media Schmidt)*, arbuste très branchu à feuilles étroites, amateur de terres rocailleuses ; le jasmin *(Philadelphus temifolius Rupr. & Maxim.)*, plante d'ombre à jolies feuilles en forme de cœur effilé et à fleurs blanches ; et la baie aux cinq saveurs *(Schizandra chinensis Baill.)* à grosses feuilles foncées et à fruits rouges, qui rampe en liane sur les arbustes et les arbres.

La forêt qui pousse près de la rivière tend plus à en dégrader les rives qu'à les consolider. Quand il tombe, un grand arbre baigné par les eaux arrache une énorme motte de terre et en entraîne d'autres dans sa chute. Ces troncs flottent ensuite jusqu'à se retrouver coincés ; dès lors, le flot commence à les ensevelir de sable et de galets. Il n'est pas rare que l'on rencontre une cascade ayant pour origine des troncs gigantesques de peupliers ou de cèdres. Et quand le bois flotté a la chance de passer par-dessus les ruptures de pente, le tronc arrive à l'embouchure tout esquinté, écorcé, ébranché.

À mi-course, le Li-Fouking coule au pied des « Roches noires ». Là, il éclate en plusieurs bras au fond mouvant et aux rives vaseuses. Quand le lit principal est trop encombré, l'eau déborde en inondant la forêt, et alors le sentier n'est plus praticable. Les voyageurs surpris par le mauvais temps n'ont plus d'autre choix que de crapahuter dans les rochers. En une journée, ils ne couvriront pas plus de 3 ou 4 verstes.

À midi, nous fîmes notre grande halte pour boire le thé.

En quittant le poste Sainte-Olga, j'avais reçu en cadeau du capitaine de frégate S. Z. Balk une bouteille de rhum. Ce rhum, je l'utilisais comme remède et le donnais à boire aux soldats en rallongeant leur thé les jours de pluie. Maintenant, il n'en restait plus qu'un fond. Pour ne pas traîner la bouteille inutilement, je la versai dans le thé et la jetai dans l'herbe. Dersou se précipita dessus.

— Jeter ça comment possible ? Où trouve autre bouteille dans taïga ? s'exclama-t-il en débouclant son havresac.

La bouteille, en effet, n'avait aucune valeur pour le citadin que j'étais. Mais, pour un habitant sauvage de la forêt, c'était un objet de grand prix.

À mesure qu'il sortait les affaires de son sac, ma stupéfaction ne faisait que grandir. Que n'y avait-il pas là : un sac de farine vide, deux chemises élimées, un rouleau de lanières, une pelote de ficelle, des *ounty* éculés, des cartouches de fusil, une poudrière, du plomb, une boîte de capsules, une toile de tente, une peau de bouquetin, un morceau de briquette de thé avec du tabac en feuille, une boîte de conserve, une alêne, une hachette, une boîte en fer-blanc, des allumettes, un silex, une pierre à briquet, de l'amadou, de la résine d'allumage, de l'écorce de bouleau, une espèce de bocal, une timbale, une petite marmite, un couteau indigène, du fil de tendon, deux aiguilles, une bobine vide, de l'herbe sèche, de la bile de sanglier, des dents et des griffes d'ours, des sabots de porte-musc et des griffes de lynx, deux boutons de cuivre enfilés sur un fil et tout un bric-à-brac. Je reconnus là des bricoles que j'avais jetées en chemin. À l'évidence, il les avait ramassées pour les emporter.

Après examen, je triai ses effets en deux tas et lui conseillai d'en jeter une bonne moitié. Dersou protesta. Il me pria de ne toucher à rien, cherchant à me persuader que cela pourrait lui servir par la suite. Je n'insistai pas et décidai de ne plus rien jeter à l'avenir sans lui demander son avis. Comme s'il craignait qu'on ne lui reprît quelque chose, il s'empressa de boucler son sac en y rangeant la bouteille avec un soin particulier.

Près de la Roche noire, le chemin fourchait. Le sentier de droite allait dans la montagne en contournant les lieux du danger ; l'autre menait à la rivière pour la traverser. Dersou, qui connaissait bien l'endroit, nous montra le chemin de droite.

Celui de gauche, nous dit-il, conduisait à la fanza de trappeur Ts'ou-jong-keou et finissait là en cul-de-sac. Dès après le repos, nous attaquâmes l'ascension, mais le chemin ne montait pas jusqu'au sommet. Au bout d'une verste à flanc de montagne, il piquait dans la vallée.

Au soir, le ciel se couvrit de nouveau. Je craignais la pluie, mais Dersou dit que c'était de la brume, pas des nuages. La journée du lendemain devait être ensoleillée et même chaude. Sachant que ses prévisions se vérifiaient toujours, je l'interrogeai sur les signes avant-coureurs.

— Moi bien regarde, bien pense. Air léger, pas lourd.

Le Golde soupira en montrant sa poitrine.

Cet homme ne faisait qu'un avec la nature et sentait le temps changer de tout son être, organiquement. On l'aurait dit doté d'un sixième sens.

Dersou faisait preuve d'une étonnante faculté d'adaptation à la vie dans la taïga. Pour la nuit, il se faisait une couche sous un arbre entre deux racines pour que le creux le défendît du vent. Il étalait par terre un matelas de liège et suspendait ses *ounty* à une branche de manière à ce que le feu ne les brûlât pas. Il posait son fusil près de lui, mais sur deux courtes fourches et non à même le sol. Son bois se consumait toujours mieux que le nôtre, sans cracher d'étincelles, et sa fumée partait de côté. Si le vent venait à tourner, Dersou installait une protection. Il avait tout sous la main.

La nature est sans pitié. Après une marque éphémère de douceur, elle porte un coup brutal et semble se complaire à souligner l'impuissance des hommes. Le voyageur a toujours maille à partir avec les éléments : pluie, inondation, bigaille, marécages, froidure, neige… La forêt même est un élément sauvage. Mais la nature n'était pas une contrainte pour Dersou qui agissait en harmonie avec son environnement.

Le lendemain était le 7 août. Le soleil à peine levé, le brouillard se dissipa. Une demi-heure plus tard, il ne restait plus une traînée dans le ciel. La rosée, avant l'aube, avait abondamment mouillé l'herbe, les buissons et les arbres. Comme j'étais transi, je quittai ma couche avant les autres. Je ne trouvai pas Dersou au bivouac. Il était parti chasser, mais rentra bredouille au moment du départ. Nous nous mîmes en route.

En chemin, Dersou me raconta que l'ouest du Sikhotè-Alin était le territoire ancestral des Goldes, et l'est, celui des Oudihés. Mais, maintenant, les Chinois régnaient en maîtres. En effet, nous rencontrâmes un grand nombre de huttes de chasseur mantsé. Nous pouvions même régler notre marche de façon à passer chaque nuit dans une de leurs cabanes.

Au bout d'une dizaine de verstes, nous dûmes franchir à gué une rivière qui éclatait en plusieurs bras en formant des îles boisées. Les dépôts de vase, les chablis, les ravines et les arbustes plaqués à terre apparaissaient comme autant de signes d'une crue récente.

Soudain, la forêt s'arrêta. Nous débouchâmes dans une série de clairières que les Chinois appelaient Hiayuenlaza. Il y en avait trois : la première, longue de 2 verstes ; la deuxième, d'une demi-verste ; et la troisième – la plus grande – d'une superficie de 6 verstes carrées. Ces clairières étaient séparées par des bandes boisées. Ici se produisait la confluence du Li-Fouking avec la Hinantch'a que nous avions longé lors de notre première traversée du Sikhotè-Alin en direction du poste Sainte-Olga. En sortant de la forêt, la rivière tire d'abord sur la gauche puis, près de la grande clairière, perce une nouvelle vallée et aborde les montagnes par la droite.

Nous n'allâmes pas plus loin et plantâmes le bivouac au bord de l'eau dans une chênaie clairsemée.

En rentrant de reconnaissance, les cosaques dirent avoir vu beaucoup de traces de bêtes sauvages et demandèrent à aller chasser.

Dans la journée, les habitants de la taïga se retirent dans la brande ; mais, à l'approche du crépuscule, ils commencent à quitter leurs reposées. D'abord, ils errent à l'orée des bois ; puis, quand les ténèbres enveloppent la terre, ils sortent pâturer dans les clairières.

Sans attendre le crépuscule, les cosaques s'en furent dès qu'ils eurent débâté les chevaux et rangé les selles. Dersou et moi restâmes seuls au bivouac.

Ce jour-là, je l'avais trouvé distrait. Il allait s'asseoir à l'écart, l'air grave et songeur, les bras tombants, les yeux perdus dans le lointain. Quand je lui demandais s'il n'était pas malade, le vieux secouait la tête, prenait une hache et s'affairait pour chasser les idées noires.

Deux heures et demie passèrent. Les ombres, formidablement longues, nous indiquaient que le soleil avait atteint l'horizon. C'était l'heure de la chasse. J'apostrophai Dersou qui sursauta, comme pris de peur.

— Capitaine! me dit-il d'une voix aux accents suppliants, pas chasse, moi, aujourd'hui. Là (il pointa le doigt vers la forêt) morte ma femme et morts mes enfants.

Puis il m'expliqua que la coutume interdisait qu'on marchât sur les tombes des défunts. Tirer, couper le bois, faire la cueillette, froisser l'herbe, rien de cela n'était permis pour ne pas déranger les morts. Je compris la raison de son tourment et compatis à son chagrin. Je lui dis que je renonçais à la chasse pour rester avec lui au bivouac.

Trois coups de feu dans le crépuscule. Dersou s'en réjouit: les chasseurs tiraient du côté opposé aux sépultures.

Le jour était fini quand les cosaques revinrent au camp avec un chevreuil. Le dîner pris, nous nous couchâmes de bonne heure. Je me réveillai deux fois dans la nuit. Dersou, seul, se tenait assis près du feu.

Au matin, on m'apprit qu'il avait disparu en laissant ses affaires et son fusil. Cela voulait dire qu'il allait revenir. Dans l'attente, je m'en fus arpenter une clairière et, de proche en proche, mes pas me portèrent jusqu'au bord d'un cours d'eau. J'y trouvai le Golde près d'une grosse pierre. Assis à même la terre, il regardait le flot. Je l'appelai. Il se retourna. On voyait, à son visage, qu'il avait passé une nuit blanche.

— Allons-y, Dersou!

— Avant vivre là, moi, yourte, cabane à provisions, brûler depuis longtemps. Père, mère aussi, autrefois…

Sans finir sa phrase, il se leva, fit un geste d'adieu et, en silence, prit le chemin du bivouac où les cosaques attendaient notre retour pour se mettre en marche.

Le Fouking commence à la confluence du Li-Fouking et de la Hinantch'a. Côté gauche, le relief est fait de tuf en efflorescence et de porphyre quartzique. Au plus près de la rive, la vallée est couverte de bois, de marécages et de chablis. Aussi le chemin va-t-il à flanc de montagne avant de redescendre au bout de 1 ou 2 verstes.

Peu après midi, nous arrivâmes à la fanza Yiolaiza que nous connaissions déjà. Dersou s'y rendit pendant que nous passions notre chemin. Au soir, il nous rejoignit et, la peur peinte sur sa face, nous rapporta une terrible nouvelle: deux jours plus tôt, en exécution d'un jugement chinois, deux hommes avaient été enterrés vifs: un Chinois et un jeune Taza. Ce qui leur avait valu un châtiment aussi cruel, c'était qu'ils avaient tué leur créancier par vengeance. Lorsque Dersou et moi accourûmes sur les lieux, nous y trouvâmes deux petits monticules de terre. Une planche avait été plantée sur chaque tombe, où figuraient, écrits à l'encre, les noms des personnes ensevelies, auxquelles nous n'étions plus d'aucun secours; d'ailleurs, qu'aurions-nous pu faire à quatre au milieu d'une population chinoise nombreuse et bien armée?

Je pensais passer deux jours à la fanza Yiolaiza, mais désormais l'endroit me rebutait. Nous décidâmes de pousser la marche plus loin pour une journée de repos dans la forêt.

Avec Dersou, nous conçûmes le plan de passer du Fouking au Not'o que nous remonterions jusqu'à sa source, puis de franchir le Sikhotè-Alin avant de regagner le Tadouchou par le Wankeou. Dersou connaissant parfaitement les lieux, point n'était besoin de demander la route aux Chinois.

Paysage oussourien (1906 ou 1907).

19. LA REMONTÉE DU NEOUT'EOU

La rivière P'eoukeou – Un blaireau – Une attaque de frelons – Une plante médicinale – Un chien viverrin – Chasse aux sangliers – La forêt à la source de la rivière Tanantch'a – Fantômes – Le col Oublié – Le mont Toudinza – Les oiseaux

Le 8 août au matin, nous quittâmes le Fouking, cet endroit horrible où l'on enterrait les gens vivants. De la fanza Yiolaiza, nous revînmes aux monts Hiayuenlaza puis, de là, droit sur le nord le long du P'eoukeou qui, en version traduite, signifie « la vallée aux chèvres ». Un Taza âgé se proposa de nous accompagner un bout de chemin. Il marchait aux côtés de Dersou et ne cessait de lui raconter des choses à mi-voix. J'appris par la suite que c'étaient de vieilles connaissances et que le Taza mûrissait le dessein de quitter secrètement le Fouking pour le littoral, il ne savait où. Au moment des adieux, Dersou, en signe d'amitié, lui offrit la fameuse bouteille que j'avais jetée sur le Li-Fouking. Il fallait voir avec quel sourire le Taza reçut le présent de ses mains.

La vallée du P'eoukeou se présente comme un encaissement plutôt large. Une multitude de torrents viennent s'y jeter de part et d'autre. Les pentes douces et les bourrelets saillants qui s'y avancent sont revêtus de feuillus clairsemés et d'une végétation buissonneuse. Par excellence, le royaume des chevreuils.

Dans l'après-midi, Dersou trouva un petit sentier qui nous mena à un col très boisé. Il y avait là une multitude de terriers de blaireaux. Les uns anciens, les autres encore frais. Certains avaient été investis par des renards, comme les marques imprimées sur le sable le laissaient deviner.

Le détachement à la traîne, Dersou et moi marchions devant en bavardant quand, soudain, à une trentaine de pas, je vis quelque chose bouger. C'était un blaireau (*Meles amurensis schrenckii* ou *M. anakuma amurensis* selon Büchner) fortement apparenté à l'espèce japonaise, et très répandu dans la région. Un pelage brun gris coupé de noir, un museau blanchâtre à longues rayures foncées près des yeux. Un animal omnivore et solitaire. Les Chinois et les indigènes ne lui font pas spécialement la chasse, mais tirent volontiers dessus quand le hasard l'amène à portée de fusil. Sa fourrure à poils drus sert à fabriquer des fourreaux d'armes à feu et à ourler les sacs.

Dressé sur son arrière-train, le blaireau que j'avais aperçu essayait d'attraper quelque chose sans que je pusse distinguer quoi. Tout absorbé à sa tâche, il ne nous avait pas remarqués. Nous l'observâmes longuement. Quand enfin je m'en lassai, je repris la marche. Le blaireau effarouché fit un bond de côté et disparut aussitôt.

Je marquai un arrêt à l'emplacement où j'avais surpris l'animal pour examiner les lieux. Soudain, j'entendis Dersou pousser des cris. Il faisait des moulinets avec ses bras, signifiant que je devais battre en retraite. À cet instant, je sentis une vive douleur à l'épaule. La main que je portai à la meurtrissure tomba sur un gros insecte qui la piqua sur-le-champ. Ce fut alors que j'avisai un grand nid de frelons, tout près de moi, dans un sureau. Je pris mes jambes à mon cou en pestant. Plusieurs insectes s'élancèrent après moi.

— Attends, capitaine ! dit Dersou en sortant sa hache de son havresac.

Il choisit un arbrisseau ténu qu'il coupa et élagua. Puis il arracha une écorce de bouleau qu'il fixa à l'extrémité de la perche. Quand les frelons se furent calmés, il alluma l'écorce et porta la torche au nid qui s'enflamma comme du papier. Tout en faisant griller les frelons, Dersou psalmodiait :

— Alors, toi pique notre capitaine ?

Dès qu'il en eut fini avec les frelons, il courut dans la forêt pour y cueillir une certaine herbe qu'il hacha finement du tranchant de sa cognée et appliqua sur mes piqûres avant de les panser d'écorce de bouleau fraîche avec un bandage de guenilles. Une dizaine de minutes plus tard, la douleur s'apaisa. Je lui demandai de me montrer cette herbe. Il retourna dans la forêt pour me rapporter une plante qui s'avéra être une clématite mandchoue *(Clematis mandshurica Rupr.)*. Dersou m'apprit que c'était aussi un bon remède contre les morsures de serpent et que les chiens en mangeaient : la clématite accélérait la sécrétion salivaire ; et alors, quand la morsure était léchée, la salive mélangée avec le jus du végétal se révélait salutaire en neutralisant l'effet du venin. Une fois le pansement posé, nous reprîmes notre chemin. Maintenant, la conversation tournait sur les frelons et les guêpes que Dersou tenait pour « les plus vilaines gens » qui fussent :

— Moi piquer tout le temps. Moi toujours les brûle à l'écorce maintenant.

Nous atteignîmes bientôt la ligne de partage des eaux. La descente fut aussi raide que la montée. Dès que nous eûmes franchi la crête, nous rencontrâmes un sentier qui nous mena à la fanza d'un trappeur chinois, chasseur de zibeline. Après l'avoir examinée, Dersou dit que son maître y avait passé plusieurs jours d'affilée et ne l'avait quittée que la veille. J'émis un doute : ce pouvait être un visiteur de passage ou un employé, pas forcément le propriétaire. En guise de réponse, Dersou me montra de vieilles affaires jetées au-dehors de la fanza et remplacées par des neuves. Seul le maître des lieux pouvait se le permettre. Je n'avais plus qu'à me ranger à de tels arguments.

Nous pûmes atteindre la rivière Not'o le soir même. Sa source se trouve approximativement à hauteur du 45e parallèle et du 135e méridien (de Poulkovo). Là commencent la rivière Wakou et tous les affluents gauches de l'Iman.

Le Not'o (Nyntou en langue oudihée) court sur près d'une centaine de verstes. Sa moitié supérieure se compose de deux rivières d'égale grandeur : le Tapeitse et la Tanantch'a. Ces noms sont chinois et indiquent le sens du courant : le premier vient du nord, et la seconde, du sud. Leur confluence marque la fin de la zone forestière et le début d'un espace dégagé avec des fanzas agricoles. En remontant le Tapeitse, l'on rattrape les hauts du Wakou et, plus loin, le village de chasseurs de Hikiat'ouen sur l'Iman.

À juste titre, les hauts du Not'o sont tenus pour les coins les plus reculés, les plus perdus de l'Oussouri. Éparpillées dans la taïga, les fanzas chinoises ne sauraient être qualifiées de bases de chasse ni de fermes agricoles. On voit là débarquer des Mantsés de la pire engeance, des aigrefins qui ne répugnent ni à piller ni à tuer.

La vallée du Not'o inférieur se présente comme le prolongement de celle du Tanantch'a. Elle reçoit les eaux du Seboutchar et tourne vers le sud. Peu avant de s'aboucher au Woulaho, elle s'écarte de nouveau vers le sud-ouest. Ainsi, le bassin du Not'o et de ses affluents constitue un système de vallées tectoniques qui, presque à angle droit, rejoignent des vallées de rupture, dénudées. Les premières sont droites, étroites en hauteur puis progressivement évasées ; les secondes sont en lignes rompues, faites de cuvettes successives que murent les montagnes, en sorte qu'on ne saurait deviner leur direction. Les cuvettes sont reliées entre elles par d'étroits passages où, d'ordinaire, la rivière décrit un coude. Pour cette raison, l'on a trop souvent tendance à prendre les affluents pour le cours d'eau principal, une erreur qu'on ne peut élucider qu'une fois sur place.

Jalonné de rapides, le Not'o est dangereux à descendre. Sur son cours inférieur, il est large d'une petite trentaine de sagènes par un fond de 3 pieds, et développe une vitesse de 8 verstes à l'heure dans les eaux basses. Par temps pluvieux, l'eau qui bondit des montagnes fait déborder la rivière en causant de graves dévastations.

Nous trouvâmes ici des yourtes indigènes abandonnées et des vestiges de campements d'été. Dersou m'apprit que des Oudihés vivaient là autrefois, sur le Not'o, mais que les Chinois les avaient repoussés sur le Wakou. Désormais, seuls les Mantsés trappaient la zibeline ou chassaient dans la vallée.

Le lendemain, nous commençâmes la remontée de la Tanantch'a, rivière longue d'une cinquantaine de verstes.

Ici, les ifs abondent dans les forêts *(Taxus cuspidata Sieb. & Zucc.)*. Certains atteignent 10 sagènes de haut et 3 pieds et demi de tour au niveau de la poitrine.

À quelque 5 verstes du col, le sentier bifurque. Une branche va vers l'est, l'autre tourne au sud. En suivant la première, on rejoint le Kintseho, l'autre mène au Wankeou (affluent du Tadouchou). Nous l'enfilâmes. C'était un chemin de marcheur qui sinuait beaucoup et passait souvent d'une rive à l'autre.

En progressant, Dersou regardait toujours attentivement sous ses pieds. Non qu'il cherchât quelque chose, mais par habitude, tout simplement. Une fois, il se baissa pour ramasser un bâton qui portait la marque d'un couteau indigène. L'entaille avait noirci depuis longtemps.

Yourtes démolies, marques de hache, souches ayant servi de socles aux toits de garde-manger et maintenant ce bout de bois coupé… autant d'indices attestant que des Oudihés avaient séjourné là un an plus tôt.

À la tombée du jour, nous plantâmes le camp sur une plage de galets dans l'espoir que les moustiques nous épargneraient au bord de l'eau.

Notre viande de chevreuil étant presque mangée, il nous fallait songer à refaire les stocks. D'un commun accord, Dersou et moi allâmes chasser. Un torrent s'abouchait à la rivière. Il fut décidé que je remonterais la rivière, et Dersou, le torrent.

La taïga de l'Oussouri s'éveille deux fois dans la journée : à l'aube et au coucher du soleil.

Lorsque nous quittâmes le bivouac, le soleil rasait déjà l'horizon. Ses rayons dorés s'étiraient entre les troncs jusque dans les recoins les plus secrets de la taïga. Belle, étonnamment belle était la forêt à cet instant. Majestueux, les pins sibériens semblaient vouloir recouvrir les jeunes arbres de leurs sombres aiguilles. D'énormes peupliers quasi tricentenaires rivalisaient de force et de puissance avec des chênes séculaires. Ils faisaient maison commune avec des tilleuls géants et des ormes aux troncs élancés. Derrière, l'on voyait se profiler la masse trapue d'un peuplier noir, puis c'était un bouleau noir, un sapin, un épicéa, un charme, un arbre à liège, un érable jaune… Au-delà, tout se bouchait, se noyait dans un entrelacs de bourdaines, de sureaux et de merisiers à grappes.

Le temps passait. La journée de travail était finie. La forêt se faisait ténébreuse. Maintenant, les rayons du soleil n'illuminaient plus que les cimes et les nuages. La lumière, par réverbération, éclaira encore un temps la terre, mais elle tendait déjà à pâlir. La vie des bêtes à plumes sombrait dans la torpeur ; en revanche, une autre vie s'éveillait : celle des gros quadrupèdes.

Un bruissement parvint à mes oreilles. Je ne tardai pas à apercevoir le fauteur du trouble : un chien viverrin, animal intermédiaire entre le chien, la martre et le raton laveur. Son corps, long de 2,5 pieds, est porté par de courtes pattes. Tête pointue, queue longue, pelage gris à nuances sombres et blanchâtres, poil abondant, ce qui rend l'animal plus gros qu'il ne l'est en réalité.

Le chien viverrin est présent dans la quasi-totalité de l'Oussouri, surtout dans sa moitié sud et ouest, le long des vallées, près des cours d'eau. C'est un animal craintif, principalement nocturne, et très vorace. On peut le qualifier d'omnivore. Il ne rechigne pas à se repaître de végétaux, bien que sa préférence aille aux poissons et aux mulots. S'il a mangé convenablement pendant l'été, le chien viverrin passe l'hiver à dormir.

Après l'avoir accompagné des yeux, j'attendis encore une minute et continuai mon chemin.

Une demi-heure plus tard, la lumière s'était portée encore plus à l'ouest dans le ciel. De blanche, elle avait viré au vert, puis au jaune, à l'orange et, pour finir, au rouge foncé. La terre, qui achevait lentement sa rotation, semblait s'éloigner du soleil au-devant de la nuit.

Ce fut alors que j'entendis un craquement de branches, suivis d'une espèce de soufflement. Je me pétrifiai. Deux masses noires jaillirent d'une brande enveloppée d'obscurité. Je reconnus des sangliers. Ils se dirigeaient vers la rivière. À en juger par leur lenteur, ils ne m'avaient pas vu. L'un d'eux était gros, l'autre plus petit. Je choisis le plus petit et le mis en joue. Soudain, le gros émit un rugissement. À cet instant, je pressai la queue de détente. L'écho renvoya la détonation qui roula au loin dans la forêt. Le gros sanglier détala. Croyant avoir manqué ma cible, je m'apprêtai à continuer mon chemin mais, à cet instant, je vis l'animal blessé se relever. Je tirai une deuxième fois. Il s'affaissa, la truffe fichée dans l'herbe, et de nouveau se redressa. Alors je tirai une troisième balle.

Le sanglier tomba raide. Je m'en approchai. C'était un cochon de taille moyenne qui ne devait guère peser plus de 8 pouds.

Pour éviter que la viande ne s'abîmât, je le dépeçai sur-le-champ dans l'intention d'aller chercher des hommes au bivouac, mais, de nouveau, quelque chose bruissa dans la forêt. Cette fois, c'était Dersou. Il s'était guidé à mes tirs. Je fus très étonné de l'entendre me demander qui j'avais tué. Car enfin, j'aurais très bien pu ne pas faire mouche.

— Non, dit-il en riant, moi bien comprends que l'autre tué.

Je lui demandai pourquoi. Le Golde me dit qu'il avait compris cela non grâce aux tirs, mais aux intervalles entre les tirs. Il était rare qu'on tuât un animal du premier coup. En général, il fallait deux ou trois balles. S'il n'avait entendu qu'un tir, cela eût signifié que j'avais manqué mon coup. Trois tirs rapprochés, c'était que la proie s'enfuyait et qu'on lui tirait dans le dos. Mais des tirs à intervalles irréguliers voulaient dire que la bête était blessée et que le chasseur l'achevait.

Il fut décidé que le sanglier resterait là jusqu'à l'aube. Pour l'heure, nous n'emportions que le foie, le cœur et les reins. Puis nous partîmes après avoir allumé un feu près de la dépouille.

À l'approche du bivouac, la nuit était déjà d'encre. La lumière des feux se reflétait dans la rivière en une traînée brasillante qui semblait se mouvoir, s'interrompre, puis reparaître près de la rive d'en face. Du bivouac, nous entendions le cognement des haches, la voix et le rire des hommes. Éclairées de l'intérieur, les moustiquaires plantées au sol ressemblaient à d'énormes lampions. Les cosaques, qui avaient entendu mes coups de feu, attendaient la proie. La chair de sanglier que nous apportions fut aussitôt transformée en dîner. Celui-ci pris, nous bûmes du thé à l'envi avant de nous mettre au lit. Ne restait qu'une sentinelle pour garder les chevaux que nous avions lâchés dans la nature.

Le 11, nous reprîmes la remontée de la Tanantch'a. Ici, le cèdre prolifère. À mesure que nous approchions du Sikhotè-Alin, le bois de construction se faisait de plus en plus rare au profit d'un bois d'appoint. À la source ne poussent que des arbres clairsemés, un épicéa dépouillé, couvert de mousse *(Picea ajanensis Fisch.)*, le mélèze *(Larix sibirica Ldb.)* et le sapin de l'Amour *(Abies nephrolepis Maxim.)*. Au lieu de s'enfoncer dans la terre, les racines s'étalent en surface, à peine couvertes de mousses, ce qui rend les arbres éphémères et fragiles. Un jeune tronc de 20 ans cède facilement à l'effort d'un seul homme. Ces arbres dépérissent par la cime. Parfois, le tronc sec tient encore longtemps sur pied, mais il suffit de le toucher du bout du doigt pour qu'il se laisse abattre et se réduise en poussière.

En gravissant des pentes raides – surtout si l'on est chargé sur le dos –, la prudence est toujours de mise. Surtout, bien regarder les arbres auxquels on s'agrippe. Vermoulu, le tronc peut non seulement vous déséquilibrer, mais aussi vous fracasser le crâne en tombant. La moelle du bouleau est toujours plus friable que son écorce : elle se vide en poussière, ne laissant plus à terre que des étuis creux.

Ces bois-là sont toujours déserts. Nulle empreinte de bête sauvage, pas un oiseau, pas un bourdonnement d'insecte. Les troncs des arbres exhibent une morne teinte marron gris. Ni sous-bois, ni fougères, ni laîches. Où que l'on pose le regard, on ne voit que mousse : sous les pieds, sur les pierres, aux branches des arbres. Une taïga oppressante où règne toujours un silence de tombeau que le vent seul vient troubler en sifflant sur les cimes des troncs secs. Il y a dans ce bruit quelque chose de maléfique et d'alarmant. Les Oudihés tiennent ces lieux pour hantés.

Comme nous n'avions pas atteint tout à fait le col à la tombée du jour, nous fîmes le camp sur un contrefort du Sikhotè-Alin. Cette fois, j'envoyai les cosaques en reconnaissance, cependant que Dersou et moi restions au bivouac. En attendant leur retour, nous eûmes tôt fait de dresser une bâche à pente unique et de suspendre la marmite sur le feu. Dersou, muet, fumait la pipe ; moi, je consignais mes notes dans mon journal de route.

Dans le passage du jour à la nuit, il y a quelque chose de mystérieux. La forêt s'emplit de pénombre et de mélancolie. Alentour s'installe, impérieux, un silence inquiétant. Puis des bruits s'insinuent, à peine audibles, comme de profonds soupirs. D'où cela vient-il ? Le souffle de la taïga elle-même, se dit-on. Je laissai mon travail pour m'abandonner entièrement à l'emprise des lieux ambiants. La voix de Dersou me tira de mon songe.

— Mauvais pour dormir ici, lâcha-t-il comme s'il se parlait à lui-même.

— Pourquoi ?

Il tendit le bras vers des lambeaux de brouillard qui venaient d'apparaître sur les montagnes. Pareils à des fantômes, ils erraient au-dessus de la forêt.

— Pas comprends, capitaine. Ça aussi être des gens.

De la suite de son propos, je compris que ces nuages avaient été des hommes qui, autrefois, s'étaient perdus dans les montagnes, avaient succombé à la faim, et maintenant leurs âmes flottaient sur la taïga dans les coins les moins fréquentés par les vivants. Soudain, Dersou se mit sur ses gardes.

— Écoute, capitaine, dit-il doucement.

Je tendis l'oreille. Des sons étranges venaient du côté opposé au chemin des cosaques. On aurait dit que quelqu'un abattait un arbre à la hache. Puis le silence se fit. Encore dix minutes, et un nouveau son fendit l'air. Un hurlement métallique, mais dans le lointain. Soudain, un bruit sourd roula sur la forêt. Comme un arbre qui tombe.

— C'est lui, c'est lui ! ânonna Dersou d'un air effrayé.

Je compris qu'il parlait de l'âme des morts, des hommes perdus. Il se leva d'un bond et se mit à crier quelque chose à la taïga dans son idiome, d'un ton courroucé. Je lui demandai ce que ça voulait dire.

— Moi gronde un peu. Lui dire que nous dort une nuit seulement, et demain en route.

À ce moment, les cosaques revinrent de leur sortie de reconnaissance en apportant un peu d'animation. Il n'y eut plus de bruits nocturnes, et la nuit s'écoula calmement.

Dersou me réveilla à l'aube (c'était le 12 août). J'avalai une timbale de thé brûlant, ordonnai aux cosaques de seller les chevaux et partis en tête en compagnie de Dersou. Je voulais mesurer l'altitude du col sur le Sikhotè-Alin.

Du côté de la rivière Tanantch'a, la montée était longue et douce ; du côté de la mer, la descente était raide. Haut de 2 740 pieds, le col surplombait un ensellement profond, couvert de résineux. Je le baptisai « col Oublié ».

Dans le Sikhotè-Alin, les ensellements sont presque toujours dominés par des sommets élevés. Cette fois encore, un grand mont se dressait à notre gauche, à la cime plate, que les Chinois du pays appelaient Toudinza.

Ayant prié les cosaques de nous attendre plus bas, dans l'ensellement, Dersou et moi escaladâmes le mont. Au vu des mesures hypsométriques, l'altitude était de 4 160 pieds. D'abord douce, la pente se faisait de plus en plus raide à mesure que nous montions. Assurément, c'était la montagne la plus haute des environs. La cime se présentait comme une petite plate-forme herbue bordée d'aulnes et de bouleaux nains.

De là-haut, un panorama grandiose s'offrait à nos regards aux quatre points cardinaux. La terre, à nos pieds, ressemblait à la mer, et les montagnes, à d'énormes vagues pétrifiées. Les sommets les plus proches exhibaient des formes fantasques, d'autres s'attroupaient derrière, mais voilés d'une brume bleutée. Au-delà, l'on n'aurait su dire si c'étaient des reliefs ou des nuages pommelés à l'horizon. Ici, la chaîne du Sikhotè-Alin marquait une légère torsion vers la mer avant de reprendre le chemin du nord-est. Le mont Toudinza se dressait précisément sur le point de torsion. J'avais tout le loisir d'observer la structure des plis du relief et le sens des cours d'eau. Vers l'ouest : le Li-Fouking et le Not'o ; vers le nord-est : le Tioutikhè ; vers l'est : le Kintseho ; et vers le sud-est : le Wankeou.

Le Wankeou est une petite rivière de taïga longue de près de 20 kilomètres. Il coule en longueur entre deux plis du relief par une vallée riche d'un excellent bois de construction. Sur son cours, il reçoit cinq petits affluents : trois du côté gauche – la Tontch'a, la Hiaotch'a, et le Hiaowangkeoueul ; et deux du côté droit – la Tahitch'a et la Hiaohitch'a.

Malheureusement, le Wankeou se peut se prêter au flottage en raison de son fond engravé et encombré d'arbres morts.

Quand l'eau eut bouilli[27], nous attaquâmes la descente.

Je ne saurais dire ce qui est le plus difficile, de la montée ou de la descente. Quand on monte, le souffle travaille ; en revanche, la position du corps est stable. Quand on descend, il faut constamment lutter contre le poids de son propre corps. Chacun sait combien il est facile de gravir une coulée d'éboulis, et difficile de la dévaler. En descendant, le pied doit chercher un appui sur une pierre, un chablis, la base d'un arbuste, une motte de terre enherbée, etc. Si l'ascension ne présente guère de danger, la descente requiert de la prudence. Dans ce genre de situation, on a tôt fait de rouler dans le vide la tête la première.

L'escalade du mont Toudinza nous avait pris une heure entière. Quand nous arrivâmes en bas, il était déjà tard. Dans l'oratoire qui se trouvait au haut du col, les cosaques avaient trouvé des bonbons chinois à sucer dont ils se délectaient en buvant le thé.

Là encore, comme sur le Wai-Fouking, l'observateur ne pouvait qu'être frappé par la différence de végétation d'un versant à l'autre du Sikhotè-Alin. Passé la ligne de partage des eaux, nous plongeâmes aussitôt dans une forêt de feuillus, laissant derrière nous les mousses et les aiguilles.

À la source du Wankeou se trouvait une fanza de trappeur chinois appelée Ts'aotch'aokeoutse. Nous y passâmes la nuit.

À l'approche du crépuscule, je pris mon fusil et partis reconnaître les lieux. J'avançais lentement, marquant de fréquents arrêts et tendant l'oreille. Soudain, je perçus des sons étrangers qui ressemblaient à un croassement mélodieux. Je me statufiai et reconnus un corbeau. C'était un oiseau beaucoup plus imposant qu'une corneille ordinaire. Un cri plutôt varié et même agréable à l'ouïe. Perché sur un arbre, il semblait se parler à lui-même. Je comptai jusqu'à neuf strophes dans sa voix. En me voyant, l'oiseau prit peur. Un léger coup d'aile, et il s'effaça. À un arbre, entre écorce et aubier, j'aperçus un nid de grimpereau, puis l'oiseau lui-même, au plumage grisonnant. Vif et guilleret, il courait de-ci de-là, grattant l'écorce de son bec long et fin. Parfois, il s'accrochait aux branches les pattes en l'air et la tête en bas. Deux sittelles de l'Amour s'agitaient près de lui. Elles pépiaient doucement, inspectaient industrieusement le moindre repli du tronc, et travaillaient de leur bec conique comme d'un burin en portant des coups obliques : tantôt d'un côté, tantôt de l'autre.

Au retour, je tirai trois grives qui, le soir même, firent avantageusement notre repas.

20. UN LIEU MAUDIT

La rivière Wankeou – Un étrange coup de feu – Dersou blessé – Le solonetz, terre sodique – La loudeva abandonnée – Où l'on retrouve Granatman et Merzliakov – La rivière Kintseho – Les oiseaux – Un chercheur de ginseng

À L'AUBE (c'était le 12 août), Dersou me réveilla. Nous prîmes les hypsomètres pour une nouvelle ascension du Sikhotè-Alin : je tenais à mesurer l'altitude de l'autre côté de l'ensellement. J'avais établi que la chaîne de montagnes s'étirait ici vers le sud-ouest en déroulant des pentes douces côté Tanantch'a, et raides côté Tadouchou. Ici, de la mousse et des aiguilles de résineux ; là, des forêts mixtes pleines de vie. Une fois le travail fait, nous descendîmes dans la vallée du Wankeou.

À notre retour à la fanza, le détachement se tenait déjà prêt à partir. Fusiliers et cosaques avaient déjeuné. Le thé était prêt. On nous attendait. Après avoir mangé un morceau, je fis seller les chevaux et, accompagné de Dersou, me lançai sur le sentier.

Au bout de 5 verstes, nous nous arrêtâmes. Dersou s'assit au bord d'un ruisseau pour se rechausser. Quant à moi, je passai mon chemin. Le sentier décrivait un arc de cercle d'environ 120°. Lorsque je me retournai, je vis Dersou me faire signe de continuer la route.

Mes pas me portèrent à la lisière d'un bois où je tombai aussitôt sur une harde de sangliers mais, pris de court, je ne pus tirer. Je repérai le sens de leur fuite et me précipitai pour leur couper la route. Au bout de quelques minutes, en effet, je les rattrapai. À travers la brande, j'entrevis une tache sombre en mouvement. Dès qu'elle s'arrêta, j'épaulai et tirai. À cet instant, j'entendis un cri d'homme suivi d'un râle de douleur. Une peur folle s'empara de moi. J'avais tiré sur un homme. Je me jetai dans les fourrés vers l'endroit fatidique. Ce que je trouvai sur place m'abasourdit aussi fort qu'un coup de massue à la tête. Dersou était étendu à terre.

— Dersou ! Dersou !

Je criai à m'en rompre la gorge et courus jusqu'à lui.

Il s'appuya sur son bras gauche, se dressa légèrement sur le coude et, de sa main droite, se ferma les yeux. Je le secouai comme un prunier. Anxieux, je le pressai de me dire où s'était logée la balle.

— Mal dans le dos, répondit-il.

À la hâte, je le débarrassai de ses vêtements. Son blouson et sa chemise étaient déchirés. Enfin, je le déshabillai complètement. Un soupir de soulagement s'échappa de ma poitrine. Pas d'orifice de balle, mais un bout de peau arraché sur sa colonne vertébrale. Un hématome s'était formé, gros comme une pièce de 5 kopecks. Alors seulement je compris que je tremblais fébrilement. Je décrivis à Dersou le caractère de sa meurtrissure. Il s'en trouva soulagé à son tour. Me voyant inquiet, il entreprit de me rassurer :

— Ça pas grave, capitaine ! Pas ta faute. Moi derrière ; comment toi devine que moi passé devant ?

Je le relevai, le fis asseoir et lui demandai comment diable il avait pu se retrouver entre les sangliers et moi. Le fin mot de l'histoire, c'était que nous avions vu les cochons en même temps. Et son instinct de chasseur avait parlé. Il s'était lancé sur leurs traces. Comme les animaux filaient droit et que j'avançais en demi-cercle, Dersou m'avait dépassé. Or, par sa couleur, son blouson ressemblait étonnamment à la robe d'un sanglier. À cet instant Dersou, le corps plié, traversait la broussaille. Alors, le prenant pour un gros gibier, j'avais tiré dessus. La balle lui avait déchiré le blouson en lui contusionnant le dos, et ses jambes avaient flanché.

Une dizaine de minutes plus tard, les porte-bât arrivaient. Je commençai aussitôt par appliquer de la teinture d'iode à sa blessure, puis je délestai un cheval en répartissant sa charge sur les autres bêtes. Après avoir mis Dersou en selle, nous quittâmes ce lieu maudit.

Dans l'après-midi, nous trouvâmes encore une fanza de trappeur à un endroit où le Wankeou recevait trois affluents à la fois. Impossible d'aller plus loin : Dersou avait mal à la tête, et le dos moulu, endolori. Je décidai de faire halte pour la nuit. Le blessé fut porté à bout de bras dans la fanza et couché sur le *kang*. Je m'efforçais de lui prodiguer mille égards. Pour commencer, je lui posai des compresses chauffantes en sacrifiant une moustiquaire que je déchiquetai en bandelettes.

Dans la soirée, Dersou s'apaisa un peu. Moi, par contre, je ne tenais plus en place. À l'idée d'avoir tiré sur un homme auquel je devais la vie, j'avais mauvaise conscience. Je maudissais ce jour, maudissais les sangliers et maudissais la chasse. Car si j'avais visé plus à gauche d'un petit centimètre ou que ma main eût tremblé, Dersou aurait été tué ! Je ne pus fermer l'œil de la nuit. J'avais des visions : la forêt, les sangliers, mon coup de feu, le cri de Dersou, le buisson sous lequel il gisait… Pris d'épouvante, je sautais du *kang* et sortais au-dehors. J'essayais de me consoler en me disant que tout s'était bien terminé et que Dersou était là, vivant, avec moi, mais rien n'y faisait. Alors j'allumai un feu et tentai de lire. Je ne tardai pas à comprendre, toutefois, que j'avais l'esprit ailleurs qu'à mon livre… Enfin l'aube. Pour mon bonheur, le gars de service se réveilla. Il entreprit de préparer le petit-déjeuner, et je lui prêtai main-forte.

Au matin, Dersou se sentit mieux. Sa douleur au dos s'était apaisée. Il marchait, mais se plaignait de son mal de tête et de son état de faiblesse. Cette fois encore, j'ordonnai qu'on mît un cheval à la disposition du malade. Nous quittâmes le bivouac à 9 heures du matin.

Les eaux du Wankeou se font marécageuses sur le cours inférieur de la rivière. Là comme ailleurs, par endroits, on trouve de petits espaces à la terre fertile, boisés de noisetiers, de lespédèzes, de roseaux et d'armoises. À quelque 5 verstes de son embouchure, la rivière reçoit à gauche un petit torrent que les Chinois appellent T'alatsakeou, la « vallée au gros rocher ». Ce gros rocher existe bel et bien. Le minéral dont il est constitué se délite sous l'effet du soleil, de la pluie et du vent en libérant une matière blanchâtre et meuble qui ressemble à de l'argile. Selon les Tazas, on voit là beaucoup de wapitis en été, à la saison de la chasse aux ramures. Ces cerfs manifestent une avidité particulière à ronger la roche. À l'examen, en effet, j'y trouvai une multitude de traces de morsures. D'un côté, le minéral avait été tellement mangé qu'une cavité d'une profondeur de 2 pieds s'y était formée.

Il y avait là, non loin du rocher, une *loudeva*, c'est-à-dire une barrière conçue pour empêcher les animaux d'aller boire à la rivière. Elle était faite pour moitié de fûts secs et pour moitié d'arbres vivants. Des pieux plantés en terre enserraient les chablis afin d'empêcher les animaux de les faire rouler avec leurs pattes. Par endroits, des passages étaient aménagés par-dessus des trappes savamment camouflées d'herbes et de feuilles mortes. La nuit, en allant s'abreuver, les rennes butaient contre la barrière et tombaient à la trappe en tentant de la contourner. Ce genre de *loudeva* s'étirait parfois sur plus d'une cinquantaine de verstes et comptait près de deux cents pièges en état de fonctionner.

Ici, la *loudeva* était à l'abandon. On voyait bien que les Chinois ne l'avaient pas inspectée depuis longtemps. Dans une trappe, nous découvrîmes un wapiti, femelle adulte. La pauvre était au piège depuis au moins trois jours. Nous fîmes une halte pour discuter des moyens de la tirer de là. Un soldat se proposa de sauter dans la fosse, mais Dersou l'en dissuada. La biche pouvait périr, et l'autre risquait de se briser les jambes. Alors il fut décidé de l'extirper avec des lassos. Elle se prit les sabots dans les deux nœuds coulants que nous lui jetâmes, et nous en passâmes un troisième à son cou. Ceci fait, nous la sortîmes prestement. L'animal semblait s'être étranglé. Mais à peine avions-nous retiré les nœuds qu'il se mit à rouler des yeux. Quand il eut repris son souffle, il se leva et s'éloigna en titubant mais, avant d'entrer dans les bois, avisa le torrent et, sans nous prêter la moindre attention, se désaltéra tout son soûl.

Dersou tempêtait tant qu'il pouvait contre ces Chinois qui avaient abandonné la *loudeva* sans reboucher les trappes. Une heure plus tard, nous étions à la fanza Loudevaïa que nous connaissions déjà. Maintenant qu'il était d'aplomb, le Golde voulait aller détruire la ligne de pièges de ses propres mains, mais je lui conseillai de se reposer jusqu'au lendemain. Après le déjeuner, j'assignai tous les Chinois à la tâche en ordonnant aux cosaques de vérifier la destruction totale des pièges.

À 5 heures de l'après-midi, le temps se gâta : le brouillard venait de la mer, et de gros nuages s'amoncelèrent dans le ciel. Les cosaques rentrèrent entre chien et loup, disant qu'ils avaient trouvé dans les trappes deux rennes morts et un chevreuil vivant.

Nous passâmes sur place la journée du lendemain par un temps variable, principalement maussade et pluvieux. Les hommes faisaient leur lessive, raccommodaient leurs habits, nettoyaient leurs armes. Dersou était parfaitement rétabli, à ma plus grande joie.

Dans l'après-midi, nous entendîmes des coups de feu. C'étaient Granatman et Merzliakov qui signalaient leur retour. Heureuses furent les retrouvailles. Les questions et les récits fusèrent, chacun disant ce qu'il avait vu et vécu. On tailla le bout de gras jusqu'à la nuit noire.

Le 14 août, nous étions prêts à continuer le voyage. J'envisageais maintenant de remonter le Kintseho pour redescendre dans le bassin du Tioutikhè ; quant à Granatman et Merzliakov, ils s'engageaient à explorer un autre chemin le long du Wankou qui se jetait dans le Tioutikhè par la droite, non loin de l'embouchure de celui-ci.

Le 15 août à 9 heures du matin, nos deux détachements se séparèrent chacun dans sa direction.

L'épais brouillard qui jusque-là tapissait les vallées commença soudain à se lever. On vit d'abord s'éclaircir le socle des montagnes, puis les pentes et les ensellements. À hauteur des cimes, il s'étira en nappe et s'immobilisa. On avait l'impression qu'il allait crever en pluie, mais les éléments nous furent favorables : bien que nuageuse, la journée ne fut pas pluvieuse.

La rivière Kintseho est longue d'environ 45 verstes. Elle va du nord au sud. Un peu avant de s'aboucher au Tadouchou, elle tourne brusquement vers l'ouest et le longe parallèlement. Une arête escarpée s'élève entre les deux cours d'eau, composée de tuf trachytique, de felsites à éléments schisteux et de quartzite vert minéralisé. Là poussent le bouleau blanc et noir, l'érable, le chêne et le tilleul. Les Chinois et les indigènes qui se rendent sur le Kintseho coupent cette arête en ligne droite, bénéficiant ainsi d'un raccourci et d'un gain de temps considérables. Sur les trois dernières verstes, la rivière reprend la direction du sud et se jette dans le Tadouchou à angle droit.

Au départ, la vallée du Kintseho se présente comme une longue suite de clairières entrecoupées de bandes boisées sur une dizaine de verstes ; puis viennent les forêts profondes aussi somptueuses que sur le Li-Fouking. C'est là que je vis pour la première fois le bouleau japonais *(Betula japonica H. Winke)* à feuilles triangulaires, dont on dit qu'il prolifère au sud du Tadouchou. Apparaissent ensuite le fusain à fleurs pauvres *(Euonymus pauciflora Maxim.)* avec ses branches frangées et ses feuilles pâles, l'abricotier *(Prunus mandshurica Koehne)* à petits fruits et le cerisier de Maximovitch *(Prunus maximowiczii Rupr.)* qui pousse toujours en solitaire, et donnant des fruits noirs et sans goût. Ailleurs, je remarquai un saule bas *(Salix vagans Anderss.)* aux feuilles faiblement tombantes, ainsi que des saules cendrés, arbres ou arbustes. Çà et là verdoyaient des groseilliers de Maximovitch *(Ribes maximoviczii Kom.)* à feuilles rouges et à baies minuscules, et, de temps à autre, la clématite d'Okhotsk *(Atragene ochotensis Pal.)* avec ses feuilles en quartiers effilés et pointus.

Certains arbres forçaient l'étonnement par leur taille. J'en mesurai le tour à hauteur de la poitrine : le cèdre[28], 9 pieds et 8 pouces ; l'épicéa, 4 pieds et 9 pouces ; le sapin, 9 pieds et 1 pouce ; l'orme, 7 pieds et 9 pouces ; le bouleau blanc, 7 pieds et 7 pouces ; le peuplier, 15 pieds et 2 pouces ; le saule, 8 pieds et 6 pouces ; l'arbre à liège, 3 pieds et 2 pouces ; le reste à l'avenant.

Le Kintseho coule par une vallée très sinueuse. Par endroits, il est peu profond et court à même les galets, jalonné de nombreux rapides ; mais, ailleurs, il creuse des fonds considérables. L'eau revêt une jolie teinte opaline en raison des matières qui s'y mélangent.

De jour en jour, la bigaille se faisait moins nombreuse, ce qui nous simplifiait notablement le travail. Les moustiques étaient d'un jaune bizarre et d'une froide pugnacité.

Le premier gros affluent que le Kintseho reçoit sur sa droite est le K'anghotse. Par sa vallée, on peut atteindre le Wankeou. Ce jour-là, nous couvrîmes une distance relativement modeste et bivouaquâmes au cœur d'une forêt dense près d'une fanza de trappeur.

À la tombée du jour, le vent nous apporta encore une fois du brouillard de la mer. Une vapeur si dense que l'humidité de l'air se fixait directement sur la terre sous la forme de fins cristaux givrés. On n'aurait pas vu un homme à quelques pas. Les ombres humaines s'y projetaient comme sur un écran : elles se mouvaient, radiales, revêtaient des tailles gigantesques et sautaient de place en place. Quand l'air est à ce point gorgé d'eau, on n'est guère enclin à veiller devant le feu. Une fois le dîner pris, comme d'un commun accord, tout le monde se retrancha pour la nuit dans les moustiquaires.

Le brouillard se dissipa avec le lever du soleil. Comme d'habitude, Dersou et moi prîmes la route sans attendre qu'on sellât les chevaux.

Plus nous avancions, plus la forêt était dense. La taïga, si vierge, nous fascinait et nous effrayait en même temps par ses mystères. Toutes les essences de feuillus et de résineux de la flore mandchoue poussaient ici avec cette force tranquille dont la nature avait le secret. Ces géants muets auraient pu nous en dire long sur les événements dont ils avaient été témoins depuis au moins deux ou trois siècles qu'ils vivaient sur terre.

Il est donné à peu de gens de pénétrer dans l'antre de la taïga. Sa grandeur est sans mesure. Le voyageur y affronte continuellement l'élément végétal. La taïga renferme mille secrets et les cache jalousement à l'homme. De prime abord, elle est morne et silencieuse. Mais qui s'y est frotté de près s'y habitue et, loin d'elle, finit par se languir. Morte, la taïga ne l'est qu'en apparence ; en vérité, elle déborde de vie. Dersou et moi avancions sans hâte en observant les oiseaux.

Sous le couvert, on voyait voleter de solitaires et frétillants bruants rustiques *(Emberiza rustica)*. Çà et là se montraient sur les arbres de petits piverts oussouriens, dont un exemplaire à tête dorée attira particulièrement notre attention. Il martelait les arbres avec zèle sans s'alerter le moins du monde de notre présence. Ailleurs, nous vîmes voltiger quelques merles noirs. Deux geais des chênes oussouriens baguenaudaient sur les branches. Une fois, nous effrayâmes un faucon émerillon. Il s'envola au ras du sol et s'éclipsa derrière les arbres. Des libellules folâtraient au-dessus de l'eau. L'une d'elles fut prise en chasse par une bergeronnette asiatique qui faisait tout pour l'attraper en plein vol, mais l'autre l'esquivait lestement.

Tout à coup, un casse-noix moucheté poussa des cris d'alerte. Dersou me fit signe de m'arrêter.

— Attends, capitaine, me dit-il. Lui vient ici.

En effet, les cris se rapprochaient. À n'en pas douter, cet oiseau inquiet accompagnait quelqu'un à travers bois. Quelque cinq minutes plus tard, un homme sortit des fourrés. En nous voyant, il se pétrifia. Son visage trahissait l'inquiétude.

D'entrée je reconnus en lui un chercheur de ginseng. Il était vêtu d'une chemise et d'un pantalon de toile bleu, chaussé d'*outy* en cuir. Un chapeau d'écorce de bouleau ornait sa tête. Il portait devant lui un tablier enduit de graisse pour protéger ses vêtements de la rosée ; avec, dans le dos, une peau de blaireau accrochée à sa ceinture qui lui permettait de s'asseoir sur une souche mouillée sans crainte pour ses habits. À sa ceinture pendaient aussi un couteau, un bâtonnet en os pour déraciner le ginseng et une bourse pour le silex et la pierre à briquet. À la main, le Chinois tenait un long bâton pour brasser les herbes et les feuilles en marchant.

Dersou lui dit de s'approcher sans peur. C'était un homme d'environ 55 ans, aux cheveux déjà blancs. La face et les mains si bronzées qu'elles en étaient rouge olive. Il ne portait aucune arme.

Quand le Chinois eut acquis la certitude que nous ne lui ferions pas de mal, il s'assit sur un fût, sortit une guenille d'une poche intérieure et s'épongea le visage. Tout en lui traduisait une immense fatigue.

Le voilà donc, le chercheur de ginseng ! C'était une espèce d'ermite qui courait la montagne et s'en remettait à la protection des esprits sylvestres.

Nous le pressâmes de questions. Il en ressortit que l'homme avait une fanza sur le cours supérieur du Kintseho. Sa quête de la racine miraculeuse l'emmenait parfois si loin qu'il passait plusieurs semaines sans revenir chez lui. Après un temps de repos, le vieux nous dit au revoir, reprit son bâton et s'éloigna. Je l'accompagnai longtemps des yeux. Une fois, je le vis se pencher à terre, ramasser une mousse et la poser sur un arbre. Plus loin, il noua un ruban à une branche de merisier. C'étaient des signes conventionnels. Cela voulait dire que l'endroit avait été inspecté et qu'un autre cueilleur de ginseng n'avait rien à y faire. Une chose pleine d'un sens édifiant. Les chercheurs ne perdaient jamais leur temps à prospecter au même endroit. Au bout de quelques minutes, la silhouette du vieux disparut, et nous poursuivîmes notre route.

À midi, nous étions à mi-chemin entre le Tadouchou et le col ; et au soir, nous avions atteint la rivière Woutakeou, premier affluent supérieur du Kintseho. Nous y trouvâmes, en effet, une petite fanza semblable à une yourte indigène, coiffée d'un toit à deux versants qui s'appuyaient directement sur la terre. Les deux fenêtres percées de part et d'autre de la porte avaient été tendues d'un papier plusieurs fois rapiécé. Ici, point d'ustensiles de trappage, mais des bêches, des grattoirs, des pelles, des baquets en écorce de bouleau de toutes les tailles et des bâtons pour l'arrachage du ginseng.

À une cinquantaine de pas de la fanza se dressait un petit oratoire avec un écriteau marqué des mots : *Tchen chan ling wang hi je Han tch'ao tche keou hiang Kin tso jen kiang fou lou men*, c'est-à-dire : « Au prince qui réside dans les bois et les monts [le tigre]. Qui jadis sauva le pays sous la dynastie des Khan. Un esprit qui aujourd'hui apporte le bonheur aux hommes. »

Le cours supérieur du Kintseho découle de deux rivières d'égale grandeur : la Hitch'a et la Touentch'a ; celui-là mène au Not'o, et celui-ci, au Tioutikhè vers où je faisais route.

Un petit sentier partait de la fanza du chercheur de ginseng, mais très vite il s'effaça, et nous dûmes, cette fois encore, tailler notre chemin en pleine nature. Comme toutes les vallées tectoniques, celle du Kintseho va s'étrécissant. Sur son cours supérieur, le fond est engravé. Il est permis d'en inférer qu'à la saison des pluies la rivière recueille les eaux de ruissellement. La crête faisant ligne de partage des eaux entre elle et le Tioutikhè se présente comme l'une des arêtes du Sikhotè-Alin, haute en moyenne de 3320 pieds. C'est une ligne d'altitude constante, sans cimes majeures ni ensellements notables, composée de porphyre quartzique coalisé avec des cristaux de feldspath.

21. RETOUR À LA MER

Les chiens viverrins – La vallée de l'Inza-Laza – Feu sur les canards – La philosophie de Dersou – Bain de vapeur – L'estuaire du Tioutikhè – Les oiseaux du littoral – Un orage – Les rivières K'imouho et Wantakeou

Passé le col, nous suivîmes la pente de l'eau vers l'est et, trois heures et demie plus tard, atteignîmes la rivière Inza-Laza (vallée du rocher d'argent) abouchée à la rive droite du Tioutikhè, non loin du littoral, dont elle est l'affluent le plus important et le plus proche de la mer.

Le haut cours de l'Inza-Laza se forme à partir de deux rivières que j'ai déjà évoquées, la Hia et la Touentch'a, chacune d'elles découlant à leur tour de plusieurs petits torrents. Ce jour-là, nous arrivâmes à la confluence où nous fîmes le bivouac.

La rivière regorgeait d'ombles *(Salvelinus alpinus malma Walb.)* que nous attrapions à pleines mains. Déjeuner, dîner, ils faisaient notre repas quotidien. Il est intéressant de noter que ce poisson abonde particulièrement dans l'outre-Oussouri. Les indigènes rapportent qu'à l'ouest du Sikhotè-Alin, c'est le saumon lenok qui domine *(Brachymystax lenok Pal.)*, lequel est totalement absent du côté du littoral.

Pendant que les fusiliers pêchaient, je pris mon fusil et partis reconnaître les lieux. Après avoir battu la montagne jusqu'au crépuscule sans rien trouver, je revins à la rivière. Soudain, en contrebas, j'entendis un bruit d'eau brassée. Je m'approchai prudemment jusqu'au bord, baissai le regard et découvris deux chiens viverrins. Absorbés par la pêche, ils n'avaient pas remarqué ma présence. Debout dans l'eau, ils essayaient d'attraper des petits poissons qui se défilaient sous leurs pattes. Je les observai longtemps. De temps à autre, ils se retournaient brusquement, se jetaient après des musaraignes, grattaient précipitamment la terre. Mais voilà que l'un d'eux leva le museau, regarda attentivement dans ma direction, émit une espèce de jappement. L'instant d'après, les deux bêtes disparaissaient dans l'herbe pour ne plus reparaître.

Je trouvai le bivouac réuni au grand complet. Après le repas, tout le monde reprit ses occupations pour une heure environ, puis l'on but le thé et l'on se coucha, chacun à sa convenance.

Le lendemain, nous nous remîmes en route le long de l'Inza-Laza. La vallée de la rivière se fait de plus en plus étroite sur son cours moyen, puis elle va s'élargissant. Côté droit, les montagnes sont abruptes et rocheuses. On y découvrit naguère du plomb argenté, d'où son nom de « rocher d'argent ». Presque entièrement dégarnie d'arbres, la vallée n'en est pas moins impropre à l'agriculture en raison de son sol rocheux. Voilà pourquoi les Chinois la négligèrent en ne s'installant qu'à son embouchure.

De la source à l'embouchure, la rivière ne reçoit que deux affluents, tous les deux du côté droit. Il s'agit de petits torrents, le Tamat'chatsekeou et le P'anch'angkeou. À partir de leur point de convergence commence un sentier battu par les chasseurs tazas et les Chinois trappeurs de zibeline. En chemin, je remarquai que la terre, par endroits, avait été piétinée et fouillée. Je crus à des sangliers, mais Dersou me montra un petit arbre déraciné, écorcé, effeuillé, en me disant :

— Eux bientôt crie !

De ses explications, je compris que le wapiti s'efforçait de gratter le velours de ses jeunes ramures dès que celles-ci se mettaient à grandir. Pour ce faire, il se frottait à un arbrisseau. Quand un autre cerf arrivait là, il comprenait de quoi il retournait. Alors, furieux, il labourait la terre de ses sabots et s'en prenait à l'arbrisseau à grands coups de bois.

L'Inza-Laza se jette dans le Tioutikhè à 5 verstes de la mer. Son cours inférieur se présente comme une suite de trois cuvettes. Les fanzas chinoises se trouvent du côté gauche.

À 2 verstes de l'embouchure, le terrain se fait marécageux. Les levées sablonneuses et les eaux croupies qu'elles séparent sont là pour attester que la mer, jadis, venait jusqu'ici. L'apport de terre résulte des alluvions fluviales et des œuvres du ressac.

À l'approche de la baie, la rivière tourne brusquement à gauche et se met à couler parallèlement au littoral derrière une barre de sable. Autrefois, l'embouchure du Tioutikhè se trouvait au nord de la baie. Mais le raz-de-marée de 1904 brisa la digue. Dès que le courant se mit à faiblir dans l'ancien lit de la rivière, la mer l'ensabla. Ainsi se forma un bras mort qui, par la suite, commença à tarir. Dans un avenir prévisible, il se réduira en marécage. Ce long lac qui s'est préservé à ce jour entre deux levées à 1 verste de la mer est vraisemblablement ce qu'il reste du fond le plus bas de la baie. À présent, le lac se laisse gagner par la végétation.

On y voyait nager une multitude de canards. Je restai là avec Dersou pour la chasse, pendant que le détachement continuait sa route. Tirer les canards nageant sur l'eau eût été aberrant : sans barque, on ne pouvait les récupérer. Pour cette raison, nous nous mîmes à l'affût de ceux qui volaient. Je tirais du petit plomb, et Dersou, des balles. Il manquait rarement son coup. En le regardant à l'œuvre, je ne pus m'empêcher de le complimenter.

— Moi, avant, bien tirer, commenta-t-il. Jamais balle à côté. Maintenant, un petit peu mal.

À cet instant, un canard nous survola haut dans les airs. Dersou leva prestement son canon et tira. L'oiseau, transpercé par la balle, se retourna en plein vol et s'écrasa à terre comme une masse. Bouche bée, je posais mon regard tantôt sur lui, tantôt sur le canard. Dersou s'en amusa. Il me proposa de lancer en l'air des galets gros comme des œufs. J'en jetai dix, il en pulvérisa huit. Dersou était content. Non par vanité, mais parce qu'il se réjouissait du constat que la chasse lui permettait encore de subvenir à ses besoins.

Longtemps nous errâmes au bord du lac en tirant les oiseaux. On ne voyait plus le temps filer. La vallée se mordora sous les rayons du ponant. Après une journée de peine, l'heure était à la quiétude : la nature se préparait au repos. À peine le soleil sombra-t-il à l'horizon que la nuit noire s'avança du côté opposé.

Devant nous, les sables déroulaient une large bande jusqu'à 3 verstes de là. Notre détachement marchait loin devant, telle une caravane dans le désert. On ramassa vite les canards pour le rattraper.

Notre colonne s'arrêta près de la mer. Quelques minutes plus tard, un filet de fumée blanche s'éleva dans le ciel. C'était le feu de camp. Encore une demi-heure, et nous rejoignîmes nos compagnons.

Les cosaques s'étaient posés pour la nuit près d'une petite fanza faite de bois flotté au pied de la falaise. Là résidaient deux Chinois qui vivaient de la collecte de mollusques comestibles dans les eaux basses. Jamais, nulle part, je n'avais rencontré autant de gentillesse et d'hospitalité que chez ces deux hommes.

La traversée qui s'achevait nous avait tous harassés. Comble de malheur, je m'étais fortement râpé le talon. Je décidai donc de marquer une journée de repos et d'attendre le retour de Granatman et de Merzliakov.

Dans la nuit, ma jambe malade m'empêcha de fermer l'œil, et je me réjouis infiniment de voir enfin poindre le jour. Assis devant le feu, je regardais la nature s'éveiller à la vie.

Les cormorans se réveillèrent les premiers. Lentement, sans hâte, ils survolaient la mer dans une même direction, sans doute après la nourriture. Des volées de canards allaient et venaient au-dessus du lac enherbé. Un profond silence régnait sur la mer, sur la terre et dans l'air.

Dersou se leva avant les autres et se mit à faire bouillir l'eau du thé. À cet instant, le soleil amorça son ascension. Comme un être vivant, il s'exonda d'abord timidement, puis se détacha de l'horizon et se mit à gravir le ciel.

Je m'exclamai :

— Comme c'est beau !

— Lui le premier des gens, me répondit Dersou en pointant le doigt sur le soleil. Si lui mort, mort partout.

Il se tut une minute et reprit :

— La terre aussi est un gens. Sa tête là-bas (il montra le nord-est), et ses pieds par là-bas (la main vers le sud-ouest). Feu et eau deux gens fortes aussi. Feu et eau disparaît, alors tout disparaît aussitôt.

Il y avait beaucoup d'animisme dans ces mots simples, mais aussi une réelle richesse de pensée. En nous entendant converser, les fusiliers commencèrent à se réveiller.

Je passai la journée sur place. Repos aussi pour les soldats ; tout au plus allaient-ils jeter un œil aux chevaux, de temps à autre, pour les empêcher de s'écarter du bivouac.

Ce jour-là, on organisa un bain de campagne. Pour ce faire, on planta une tente étanche à double pente. Ensuite, on fit chauffer des pierres sur des feux de camp ; et chez les Chinois, on mit une marmite d'eau à bouillir, ainsi que deux récipients sur des réchauds à pétrole. Quand tout fut prêt, on arrosa la tente du dehors, on plaça les pierres surchauffées à l'intérieur et on y lança la vapeur[29]. Cela donna un bain de vapeur plutôt bien fait. Le hic, c'était la promiscuité qui nous forçait à nous laver à tour de rôle. Quand les uns se savonnaient, les autres mettaient les pierres à chauffer. Ça blaguait, ça riait, mais tout le monde en profita et l'on put même faire sa lessive.

On passa les trois jours suivants à raccommoder les chaussures. Je me souciais surtout d'assurer l'approvisionnement de N. A. Paltchevski qui travaillait à la collecte des échantillons de végétaux du côté de la baie de Ternay. Pour notre bonheur, un gros voilier mandchou naviguant vers le nord mouilla dans l'embouchure du Tioutikhè. Dersou convainquit l'armateur, le Mandchou Kheï-Ba-Tou[30], de faire escale en baie de Ternay pour remettre à Paltchevski des lettres et deux caisses de chargement.

Le temps était instable : il soufflait de violents vents d'ouest ; les nuits se faisaient fraîches ; l'automne approchait.

Mon pied guérit vite. C'était le moment de reprendre la route.

Il n'y a ni golfe ni baie à l'endroit où le Tioutikhè se jette dans la mer. Les discrets renfoncements de la ligne côtière ne permettent pas aux navires de se mettre à l'abri des intempéries. Aussi, quand le vent commence à fraîchir, ils s'empressent de lever l'ancre et de prendre le large. Au nord comme au sud, l'estuaire du Tioutikhè (appelons-le ainsi) est bordé de basses montagnes dégarnies.

Les ravines et les recoins protégés des vents marins sont les seuls refuges où poussent des groupes de chênes, de bouleaux noirs et de tilleuls dont le bois ne peut guère servir que de combustible. L'escarpement sud se présente comme l'exemple parfait d'un relief battu par les eaux verticalement du sommet à la base, et qui se termine par un promontoire, le cap Bryner. C'est un rocher solitaire que rattache au continent une barre de sable et de galets levée par les eaux. Au milieu de ce cordon s'est formée une lagune d'eau salée, de taille modeste mais profonde. Au sud du cap Bryner, à une centaine de sagènes de la côte, on voit émerger deux rochers qui s'appellent, comme de juste, « le Frère et la Sœur ». Autrefois, c'était une porte côtière. Leur voûte s'étant rompue, il n'en reste que deux piliers. Quand on regarde le cap Bryner du rivage nord de l'estuaire du Tioutikhè, on a l'impression que ces deux colonnes se dressent sur un isthme de sablonneux.

Un peu plus au sud, les falaises exhibent un tuf volcanique emprisonnant des strates de soufre ardent. Au nord de l'estuaire, les montagnes finissent en falaises hautes de 245-280 pieds avec un fin cordon formé par le ressac, où la mer a déposé une grande quantité d'algues.

Un tel encombrement végétal sert toujours de refuge à toutes sortes de petits échassiers. Je commençai par remarquer des bécasseaux falcinelles de Sibérie orientale qui gambadaient sur un banc de sable. Quand ils entraient dans l'eau, ils semblaient complètement indifférents à la force du ressac. Des chevaliers gambettes les côtoyaient. Ces paisibles oiseaux à pattes rouges allaient toujours ensemble, par petits groupes, et cherchaient leur nourriture dans l'herbe où ils marchaient. Lorsqu'un homme s'en approchait, ils s'envolaient à grands cris vers le large, puis tournaient brusquement et, de concert, comme soumis à une injonction, revenaient se poser sur la côte. Là où les algues cédaient la place à des bandes de sable, on pouvait voir des pluviers de l'Oussouri. Ces petits oiseaux sympathiques trituraient des éclats de bois, des pierres et des coquillages, et ne cessaient d'entrer dans l'eau. Quand une vague plus forte que les autres s'abattait sur la rive, ils s'élevaient dans les airs en attendant qu'elle refluât. Non loin de là, deux pies de mer paradaient sur la grève en picorant. Des canards plongeurs à flancs blancs et à dos gris nageaient près des pointes rocheuses en compagnie d'arlequins au plumage bigarré. Ils n'arrêtaient pas de plonger en quête de nourriture. Une fois remontés à la surface, ils regardaient autour d'eux, s'ébrouaient de leur petite queue et replongeaient aussitôt. Plus loin, c'étaient les cormorans du Pacifique. Ils s'immergeaient en profondeur et émergeaient à une grande distance de leur point d'immersion. Des myriades de mouettes striaient les airs au-dessus des flots. On remarquait surtout les rieuses de Sibérie orientale. De loin en loin, elles se posaient sur l'eau et poussaient un cri hystérique qui, de fait, ressemblait fort à un rire d'homme. Elles s'envolaient à tour de rôle, l'une par-dessus l'autre, et se posaient près de là sans manquer d'écharper la voisine à coups de bec ou de lui voler sa proie. À l'opposé, deux pygargues à queue blanche tournoyaient au-dessus de l'estuaire du Tioutikhè en guettant leurs victimes de leur œil perçant. Brusquement, comme s'ils s'étaient donné le mot, ils se posaient ensemble sur la grève. Corbeaux, mouettes et petits échassiers leur cédaient la place sans broncher.

Les deux derniers jours tournèrent à l'orage. Surtout le 23 au soir. Depuis l'aube, déjà, c'était dans l'air : forte évaporation, ciel sombre. La pénombre allait grandissant. Passé midi, elle s'épaissit tant que même les montagnes voisines revêtirent des formes floues. Le ciel se fit blanc sale. On pouvait regarder le soleil à l'œil nu : une couronne jaune le nimbait.

— Bientôt Agdy [le tonnerre], dit Dersou. Toujours commence comme ça.

Vers 2 heures de l'après-midi, le tonnerre roula sourdement. Les oiseaux disparurent subitement. L'air s'obscurcit, comme recouvert d'un noir linceul, puis il se mit à pleuvoir de grosses gouttes espacées. Soudain, un éclat tonitruant déchira l'air. Des éclairs jaillirent de toutes parts. Le ciel grondait encore que de nouveaux grondements venaient s'en mêler. Les montagnes renvoyaient l'écho « aux quatre coins du monde ». À la pluie s'ajouta la tornade. Elle brisait les branches, arrachait les feuilles des arbres et les propulsait haut dans les airs. Alors s'abattit une averse. La tempête dura jusqu'à 8 heures du soir.

Le lendemain, il y eut trois orages d'affilée. Je notai qu'ils se calmaient à mesure qu'ils se rapprochaient de la mer. Au-dessus des flots, les éclairs ne fulguraient que dans les hautes couches de l'atmosphère, entre les nuages. Comme il fallait s'y attendre, la dernière averse se prolongea en une pluie fine qui dura toute la nuit et les deux jours suivants sans discontinuer.

Le 26 août, la pluie cessa et le ciel se dégagea quelque peu. Au matin, le soleil se leva dans toute sa rayonnante splendeur, mais la terre portait encore les marques des intempéries. L'eau bondissait de partout. Tous les petits torrents s'étaient transformés en flots écumants et tumultueux.

Ce jour-là, G. I. Granatman et A. I. Merzliakov arrivèrent au Tioutikhè. Pour atteindre la fanza Tatientse, ils avaient d'abord longé le Tadouchou, puis son affluent gauche le K'imouho, lui-même composé de deux petites rivières que sépare un relief boisé d'arbres nains ou arbustifs. L'une de ces rivières venant du nord, l'autre, de l'est.

Le sentier côtier a été tracé par les Chinois d'une savante façon. Il emprunte des vallées qui longent le littoral, passe les cols aux points les plus bas par des pentes aussi douces que possible.

Entre ces deux rivières, la hauteur du col atteint les 660 pieds. Alentour, les montagnes sont principalement de quartzite.

Plus loin, le sentier suit la rivière Wantakeou qui se jette dans le Tioutikhè près de son embouchure. Longue d'une douzaine de verstes, elle est boisée en amont et marécageuse en aval. C'est un bois clairsemé qui comporte les traces de nombreux incendies.

Arrivé à la dernière fanza agricole, le sentier bifurque. Un chemin mène directement à la mer par le bas à travers les marécages ; l'autre conduit à un gué sur le Tioutikhè à quelque 5 verstes de son embouchure.

22. EN REMONTANT LA RIVIÈRE TIOUTIKHÈ

Le départ – Les Tazas – Le kéta, saumon du Pacifique – Le saccage des labours par les sangliers – Une mine – Un polatouche – L'industrie du bois – Un pied de ginseng – Un barrage à poissons – À la source du Tioutikhè – Le col Skalisty – Le haut Iman – Dersou devant un oratoire chinois – Une forte tornade – Une nuit tranquille

La journée du 27 août fut consacrée aux préparatifs, et, le 28, nous reprîmes la route. J'entrepris de remonter le Tioutikhè avec quatre cosaques et Dersou, pendant que G. I. Granatman partait pour la rivière Yaotseho et que A. I. Merzliakov se voyait assigner la mission d'explorer le littoral jusqu'à la rivière Djiguit.

Par sa longueur, la rivière Tioutikhè (Nogoulé en langue oudihée) surpasse les autres cours d'eau du littoral sud : près de 80 verstes. Son nom serait une déformation du mot chinois *tchoutcheho*, « rivière aux cochons sauvages », ceci parce que des sangliers, autrefois, y écharpèrent deux chasseurs. Les Russes allèrent plus loin encore dans la dénaturation : ils escamotèrent *Tioutikhè* en *Tetioukha*, ce qui n'a plus aucun sens.

Vu de la mer, le Tioutikhè semble venir de l'ouest. Mais bientôt le leurre s'élucide : la vallée visible est celle de l'Inza-Laza, que nous connaissons déjà.

La vallée du Tioutikhè est une aire de dénudation. Elle se forme à partir d'une suite de cuvettes murées de montagnes. D'une cuvette à l'autre, les passages sont si étroits qu'on aurait peine à dire par où coule la rivière. Trop souvent, nous prîmes tel ou tel cours d'eau pour le lit principal et le remontâmes, ne comprenant notre erreur qu'au vu du sens du courant.

Beaucoup de Chinois et d'indigènes habitent la vallée. J'y dénombrai 44 fanzas, dont 6 appartenant à des Tazas. Ces derniers se distinguaient nettement de ceux de la baie Sainte-Olga, surtout par leur physique. À force d'être persécutés par les Chinois et de sombrer dans l'alcool, ils avaient déchu dans la misère. Devenus en partie tributaires de la culture chinoise, ils éprouvaient des besoins accrus sans avoir changé pour autant de mode de vie. Conséquemment, ils s'étaient vite dégradés d'un point de vue économique. Les anciens se rappelaient encore le temps où ils vivaient seuls et formaient un peuple nombreux. À cette époque, il n'y avait pas de Chinois. Or, ceux-ci apportèrent de terribles maladies qui faisaient des ravages dans la population. Parmi les Tazas, je ne connus aucune famille qui ne possédât d'ustensile à opium. Les femmes mettaient une frénésie particulière à pratiquer ce vice. Seule une vieillarde avait encore souvenir de sa langue maternelle. Je la priai de me faire part de ses connaissances. À peine parvint-elle à se rappeler onze mots. Je les consignai. Il s'avéra qu'ils appartenaient à la langue oudihée. Un demi-siècle plus tôt (elle avait alors 20 ans), cette femme ne connaissait pas un traître mot de chinois. Désormais, elle avait tout perdu de ce qui faisait l'identité de son peuple. Même sa langue.

Ce jour-là, nous marchâmes jusqu'à la fanza du Taza Laï-Serl. À cet endroit, le Tioutikhè recevait deux petits affluents gauches : le Sseuhientoueneul et le Hipeikeou.

Notre passage sur le Tioutikhè coïncidait avec le frai du saumon kéta *(Oncorhynchus keta Walb.)* qui, venant de la mer, remontait les rivières. Imaginez des milliers et des milliers de poissons pesant chacun de 8 à 12 livres, envahissant la rivière et nageant à contre-courant vers les rapides, mus par une force irrésistible.

À cette saison, le kéta ne mange rien et ne tient que sur ses réserves vitales accumulées en mer. Du haut des terrasses fluviales, on voyait tout. Une eau si poissonneuse qu'on n'en distinguait pas le fond. Curieux spectacle que de regarder les saumons surmonter les rapides : ils se mouvaient par zigzags, se retournaient d'un flanc sur l'autre, roulaient sur eux-mêmes et pourtant allaient de l'avant. Quand des cascades leur barraient la route, ils sautaient en l'air et s'efforçaient de s'accrocher à des pierres. Lorsque enfin ils atteignaient les hauts de la rivière, meurtris, blessés, ils libéraient leur descendance et se laissaient périr.

Nous commençâmes par nous gaver de kéta, mais en fûmes bientôt lassés et même dégoûtés.

Après un repos prolongé au bord de la mer, hommes et chevaux prenaient plaisir à marcher.

Les cimes lointaines se voilèrent des fumées bleutées du brouillard vespéral. Le soir approchait. Encore un peu, et le silence se ferait alentour. Et pourtant, à mesure que l'obscurité s'épaississait, j'entendais la vallée s'emplir de cris humains et de hurlements métalliques. Certains bruits lointains, d'autres proches.

— Dersou, qu'est-ce que c'est ? demandai-je au Golde.

— Mantsés court après gorets, répondit-il.

Je le mécompris, pensant que les Chinois rentraient leurs cochons pour la nuit. Dersou protesta. Il dit que personne ne lâcherait les cochons de leurs enclos tant que le maïs ne serait pas moissonné, ni les potagers récoltés.

Nous continuâmes notre chemin. Une vingtaine de minutes plus tard, je remarquai des feux, mais à l'écart des fanzas.

— Mantsés chasse gorets, répéta Dersou.

Cette fois encore, je le compris mal.

Enfin, au détour d'un mur rocheux, nous débouchâmes dans une clairière. Les bruits se firent plus distincts. Un Chinois criait en écho à quelqu'un d'autre et, de temps en temps, frappait sur une bassine en cuivre avec une baguette. À l'approche de notre détachement, il se mit à crier encore plus fort et alluma un tas de bois disposé au bord du chemin.

— Attends, capitaine, dit Dersou. Nous mal marche comme ça. Lui peut tirer, lui pense que nous cochons.

Je commençais à comprendre. Le Chinois nous prenait pour des sangliers. De fait, nous risquions d'essuyer ses tirs. Dersou cria quelque chose. Le Chinois répondit et accourut aussitôt à notre rencontre. On voyait bien qu'il avait eu peur en même temps qu'il se réjouissait de notre venue.

Je décidai de passer la nuit ici. Les cosaques dessellèrent les chevaux et plantèrent les tentes. Pour ma part, j'entrai dans la fanza et questionnai les Chinois. Ils se plaignaient de leur sort, disant que les sangliers saccageaient les labours et les potagers depuis trois nuits d'affilée. En quarante-huit heures, ils avaient dévasté presque tous les maraîchages. Ne restait que le maïs. On y avait déjà repéré des cochons, et il ne faisait aucun doute qu'ils reviendraient à la nuit. Le Chinois me pria de tirer en l'air en me promettant de me payer pour cela. Ceci fait, il sortit d'un bond au-dehors et se mit de nouveau à crier et à frapper sur sa bassine. Un autre lui fit écho de loin, de derrière la montagne, et, plus loin encore, un troisième. La cacophonie roula dans la vallée avant de s'évanouir dans l'air tranquille de la nuit. Après le dîner, nous décidâmes d'aller à la chasse.

Lorsque les dernières lueurs du soir s'éteignirent dans le ciel, le Chinois courut au maïs pour y allumer un feu, puis nous accompagna à la chasse, Dersou et moi. Il n'arrêtait pas de crier. Comme j'allai lui dire d'arrêter, Dersou me signifia que cela ne changeait rien : de toute façon, les sangliers viendraient aux cultures. Quelques minutes plus tard, nous y étions déjà. Je m'assis sur une souche d'un côté, Dersou de l'autre, et l'affût commença. La fumée s'élevait du feu allumé là pour faire peur aux sangliers. Sa lumière rouge jetait sur la terre des taches mouvantes qui éclairaient le maïs, l'herbe, les cailloux…

L'attente ne fut pas longue. Un bruit se fit entendre de l'autre côté des cultures. Il allait s'amplifiant. Les sangliers foulaient l'herbe de leurs sabots en renâclant pour marquer leur mécontentement, ayant flairé une présence humaine. Malgré les cris du Chinois, malgré le feu, ils allaient droit vers le maïs. Nous les aperçûmes au bout d'une ou deux minutes. Les premiers de la harde entamèrent le saccage. Nous tirâmes presque en même temps. Dersou en abattit un, moi un deuxième. Les sangliers se retirèrent, mais, un quart d'heure plus tard, revinrent à la charge. L'un d'eux, la gueule ouverte, fondit sur nous. Dersou l'exécuta d'une balle. Le Chinois leur jetait des tisons. Les balles avaient beau pleuvoir, rien n'y faisait. On aurait dit que les sangliers donnaient l'assaut. Comme j'allais me diriger vers les cochons morts, Dersou m'en dissuada, disant que c'était dangereux : certains d'entre eux pouvaient n'être que blessés.

Nous attendîmes encore un peu avant de revenir à la fanza où, après un bon thé, nous nous couchâmes. Mais impossible de trouver le sommeil : le Chinois cria toute la nuit en tapant sur sa bassine de cuivre.

Je me réveillai vers 9 heures et m'enquis des sangliers. Dersou m'apprit que nous en avions tué cinq. Après notre départ, ils avaient fini par dévaster ce qu'il restait de maïs. Le Chinois en était très malheureux.

Nous ne prîmes qu'un seul sanglier, laissant les autres sur place.

Les indigènes affirmaient qu'autrefois les sangliers étaient bien moins nombreux. Ça proliférait depuis une dizaine d'années. Si les tigres n'avaient pas sévi, la taïga entière en eût été infestée.

Nous reprîmes la route après nos adieux au Chinois.

Plus nous allions, plus la vallée présentait d'intérêt. À chaque détour s'ouvraient de nouveaux paysages. Ici, les peintres eussent trouvé une matière inépuisable. Certains panoramas étaient si beaux que même les soldats, pourtant presque toujours indifférents aux splendeurs de la nature, ne pouvaient en détacher le regard et s'en trouvaient médusés.

Alentour se dressaient des montagnes à crêtes et rochers fantasques, pareils à des hommes auxquels une « force inconnue » eût ordonné de surveiller les hauteurs environnantes. D'autres rocs ressemblaient à des animaux, à des oiseaux, ou bien s'alignaient en longue colonnade. Les parois rocheuses qui s'avançaient dans la vallée, ornées de guirlandes végétales rampantes dont les feuilles étaient déjà peintes aux couleurs de l'automne, faisaient penser à des portails de cathédrales, à des ruines de châteaux, etc.

La plupart des montagnes du Tioutikhè sont faites de calcaires, de porphyres et de granits gris. Les essences de bois présentent une extrême variété : du côté de la mer dominent le chêne et le bouleau noir ; en vallée moyenne, le hêtre, l'érable, l'orme, le tilleul et l'arbre à liège ; et plus haut commence l'épicéa. Avec, au bord de l'eau, le saule et l'aulne en abondance. Parfois, on reste coi devant un arbre qui pousse littéralement sur une roche nue non fissurée, pourtant solidement ancré par des racines enserrant la pierre, et fortement agrippé aux éboulis.

En vallée moyenne, la rivière reçoit sur sa gauche l'affluent Gorboucha. De loin, on le confond avec le Tioutikhè qui, effectivement, se faufile à gauche par une gorge étroite.

À 2 verstes de la Gorboucha, le chemin fourche. Le sentier équestre traverse la rivière à gué, alors que celui des marcheurs gravit les rochers en corniche. Ce tronçon est considéré comme périlleux, car le sol se dérobe sous le pied.

Ce jour-là, nous atteignîmes une mine de plomb argentifère. Il n'y avait là qu'une seule fanza occupée par un gardien coréen. Lui aussi se plaignit des sangliers et nous confia son intention de migrer vers la mer. La mine avait été découverte une quarantaine d'années plus tôt par des Chinois qui ne réussirent jamais à en extraire de l'argent. Plus tard, le site fut borné par G. Bryner.

Moustiques et bigailles se faisaient chaque jour moins nombreux. Maintenant, on ne les voyait apparaître qu'à l'aube et au crépuscule. Cela s'expliquait vraisemblablement par la rosée, abondante, et la baisse de température après le coucher du soleil.

Les nuits étaient beaucoup plus froides. On entrait dans la plus belle saison de l'année. Pour les chevaux, par contre, les temps étaient durs. L'herbe dont ils se nourrissaient principalement en chemin commençait à sécher.

Faute d'avoine, les cosaques leur apportaient un petit appoint de millet, de temps à autre, quand on était près des fanzas, pour le matin avant la route et le soir au bivouac.

À la tombée du jour, nous arrivâmes à la dernière habitation, une fanza coréenne près d'une fouille de plomb argentifère à ciel ouvert.

Il y avait tant de punaises à l'intérieur de la fanza que le Coréen lui-même se voyait obligé de dormir à la belle étoile. Quand il pleuvait, il allait se mettre à l'abri sous un toit d'écorce fine.

Apprenant cela, nous nous écartâmes d'une verste et plantâmes le bivouac au bord de la rivière.

Après le dîner, on parla autour du feu. Soudain, l'on vit quelque chose de blanc gris passer près de là, sans hâte et sans bruit. Les fusiliers dirent que c'était un oiseau, mais je pensai plutôt à une grosse chauve-souris. Quelques minutes plus tard, on vit repasser l'étrange créature. Au lieu de battre des ailes, elle volait à l'horizontale, et légèrement inclinée vers le bas. Elle se posa sur un tremble et se mit à grimper. Sa couleur se confondait tant avec celle du tronc qu'on ne pouvait la distinguer quand elle s'immobilisait. Quelque 3 sagènes plus haut, elle s'arrêta comme statufiée. Je m'emparai d'un fusil à plomb, mais Dersou me stoppa. Très vite, il tailla des branchettes dont il fabriqua une sorte de balai au bout d'un long bâton, puis s'approcha de l'arbre et leva l'outil de manière à ne pas faire écran à la lumière du feu de camp. Ébloui, l'animal ne bougeait pas. Quand le balai fut assez haut, Dersou le plaqua contre le tronc, pria un cosaque de lui tenir le manche et se hissa sur la branche la plus basse. De là, il attrapa la créature à l'aide du faisceau de branchettes comme avec un torchon. La petite bête gémit et se débattit. C'était un polatouche *(Sciuropterus russieus Fied)*, un rongeur *(Rodentia)* de la famille des écureuils *(Sciuridæ)*. Sur ses flancs, entre les pattes antérieures et postérieures, il possédait une membrane élastique qui lui permettait de planer d'un arbre à l'autre. Son corps était couvert d'un pelage gris clair doux et soyeux avec une rainure le long de la queue.

Le territoire du polatouche s'étend à l'ensemble de l'Oussouri. Il vit dans les forêts mixtes où poussent le bouleau et le tremble. Le spécimen que nous avions capturé était long de 8 pouces et large de 6, membrane comprise. Les soldats se groupèrent en cercle autour du petit écureuil. Originale était surtout sa tête, avec ses longues moustaches et ses grands yeux noirs faits pour capter le plus de rayons lumineux possible dans la nuit. Quand on eut fini de l'examiner, Dersou leva l'écureuil au-dessus de sa tête, parla fort et le lâcha. L'animal s'envola au ras du sol et disparut dans le noir. Je demandai au Golde pourquoi il l'avait libéré.

— Lui pas oiseau, lui pas souris. Défendu de le tuer.

Là-dessus, il m'expliqua que c'était l'âme d'un enfant mort. Elle errait sur terre dans le corps d'un écureuil volant pour aller outre-tombe, plus tard, du côté du soleil couchant.

La conversation tourna sur le sujet. Il me parla d'autres animaux. Chacun s'apparentait à un être humain et possédait une âme. Dersou avait même son propre système de classification. Les animaux gros et petits, intelligents et bêtes… Il tenait la zibeline pour l'espèce la plus rusée.

Et la plus nuisible ? À ma question Dersou répondit après un temps de réflexion :

— La taupe !

Quand je lui demandai pourquoi la taupe plutôt qu'une autre espèce, il me dit :

— Pour rien. Personne veut tirer dessus, personne veut manger elle.

Par là même, il voulait me signifier l'inutilité de la taupe : elle ne servait à rien.

En jetant un œil autour de moi, je constatai que tout le monde dormait. Alors je souhaitai bonne nuit à mon compagnon, m'enroulai dans ma capote, me couchai au plus près du feu et m'endormis.

Le lendemain, 30 août, nous reprîmes notre chemin. À 3 verstes de la fanza coréenne, passé un rétrécissement des parois de la gorge qu'on appelle ici des « joues », la vallée tourna vers le nord-ouest. Une terrasse fluviale, plutôt basse mais large, surplombait la rive gauche. Il fut un temps où tout n'était que taïga sur cette terre. Trois incendies survenus d'affilée l'avaient anéantie. Ne restaient que des troncs carbonisés. Pareils à des index géants, ils semblaient pointer le doigt vers le ciel par où serait vengé le saccage barbare des forêts au moyen de pluies diluviennes porteuses d'inondations. Ces bois brûlés s'étiraient au loin de toutes parts. Une tristesse infinie que de contempler cette terre charbonnée et sans vie.

Vers midi, nous entrâmes dans une épaisse forêt. Nous fîmes là une courte halte. Je profitai de ce moment de liberté pour observer la végétation, arbres et arbustes, et voilà ce que je consignai dans mon carnet : 1/l'érable blanc *(Acer tegmentosum Maxim.)* à l'écorce lisse, vert clair, et aux feuilles denticulées, duveteuses, légèrement blanches sur leur face inférieure ; 2/le merisier de Maack *(Prunus maackii Rupr.)*, avec son écorce pareille à celle du bouleau et ses feuilles sombres, acuminées, denticulées ; 3/le bouleau d'Erman *(Betula ermanii Cham.)* avec son écorce jaune sale qui pendille en lambeaux déchirés ; 4/une espèce singulière de groseillier dite des rochers *(Ribes petræum Wulf.)* qui ne se distingue guère du groseillier ordinaire à fruits rouges ; bien qu'on fût au mois d'août, les arbustes ne donnaient pas encore de grappes ; 5/la rose de l'Arctique, sans épines *(Rosa acicularis Lin.)*, avec ses branches légèrement rouges, ses feuilles minuscules et ses grosses fleurs ; 6/la spirée *(Spirea chamædrifolia Lin.)*, avec ses feuilles effilées, acuminées, finement dentelées, et ses fleurs blanches ; et 7/le sureau *(Sambucus racemosa Lin.)*, arbrisseau à l'écorce claire, à feuilles ovales lancéolées, paripennées, denticulées, et à fleurs jaune pâle.

Après nous être sustentés, Dersou et moi allâmes de l'avant en laissant les chevaux derrière. Maintenant, le sentier montait vers on ne savait où. Je pensais qu'il contournait une zone de danger parce que le Tioutikhè s'enfilait ici dans une gorge profonde. Mais je ne tardai pas à constater que ce n'était plus le chemin que nous avions emprunté. Premièrement, il n'y avait pas d'empreintes de chevaux ; deuxièmement, il remontait un torrent, comme je pus m'en convaincre dès que je vis l'eau. Alors nous décidâmes de faire demi-tour et de marcher droit vers la rivière dans l'espoir de retrouver notre chemin. Il s'avéra que le sentier nous avait menés loin à l'écart. Une fois sur la rive gauche du torrent, nous marchâmes au pied d'une colline.

Chênes centenaires, cèdres puissants, bouleaux noirs, érables, aralies, sapins, peupliers, charmes, épicéas, mélèzes et fusains poussaient là pêle-mêle dans un désordre pittoresque. Il y avait quelque chose de singulier dans ce bois. Sous le couvert régnait la pénombre. Dersou avançait lentement. Fidèle à son habitude, il scrutait le sol devant ses pieds. Soudain, il stoppa net.

Sans détacher le regard d'un point précis, il ôta son havresac, posa son fusil et son bâton, jeta sa hache, puis se coucha ventre à terre et se mit à dire d'étranges adjurations. Je pensai qu'il était devenu fou.

— Qu'est-ce qui te prend, Dersou ?

Il se releva et, le doigt pointé sur une plante, ne jeta qu'un mot :

— *Pantsouï !*

Beaucoup de végétaux poussaient là. Où était le ginseng, je l'ignorais. Dersou me le montra. Je vis une plante herbacée d'un pied et demi de haut et dotée de quatre feuilles dont chacune avait cinq folioles : une longue au milieu, deux plus petites de part et d'autre et deux très courtes aux extrêmes. La floraison, terminée, avait fait place à des fruits. C'étaient de petites baies rondes disposées comme sur les ombellifères, et qui n'avaient pas encore éclaté en graines. Dersou arracha l'herbe autour, puis récupéra les baies et les enveloppa dans un tissu. Ceci fait, il me pria de tenir la plante par le haut pendant qu'il en dégageait la racine avec d'infinies précautions pour ne pas abîmer les terminaisons. Puis il la porta à l'eau afin de la laver délicatement.

Je l'aidais comme je pouvais. Petit à petit, la terre se détacha. Au bout de quelques minutes, je pus examiner la racine. Elle était longue de 3,5 pouces et possédait deux extrémités : un pied mâle. C'était donc ça, le fameux ginseng capable de guérir tous les maux et de rendre le tonus de la jeunesse aux corps décrépits !

Dersou coupa la plante, la rangea avec sa racine dans une mousse qu'il enveloppa d'écorce de bouleau. Une prière, puis il enfila son sac, prit en main son fusil, son bâton, et dit :

— Toi chanceux, capitaine !

Chemin faisant, je demandai au Golde ce qu'il pensait faire du ginseng. Dersou me dit qu'il voulait le vendre pour se payer des cartouches. Alors je décidai de le lui acheter plus cher que ce que les Chinois ne lui en eussent donné. Lorsque je lui fis part de mon intention, sa réaction trompa mes attentes. Dersou mit aussitôt la main à sa poche et me tendit la plante, disant qu'il me l'offrait. Je refusai, mais il insista. Mon refus l'étonna et le froissa. Après coup seulement, je compris que faire des cadeaux était une coutume indigène et que cette coutume exigeait qu'on remerciât le donateur par un présent d'égale valeur.

Nous conversions encore quand nos pas nous ramenèrent au Tioutikhè où nous retrouvâmes le sentier perdu. D'un premier coup d'œil, Dersou put établir que notre colonne bâtée était partie devant.

Nous pressâmes le pas. Deux verstes plus loin, la vallée se rétrécit soudainement. On commençait à rencontrer des schistes argileux, signe tangible que le Sikhotè-Alin n'était pas loin. Ici, le lit de la rivière se resserrait. Au pied des parois rocheuses, le grondement de l'eau indiquait que des pierres encombraient le fond. Partout écumaient des cascades entre des vasques profondes emplies d'une eau limpide qui revêtait une magnifique couleur émeraude.

L'omble malma y abondait. Dersou voulait les tirer au fusil, mais je lui conseillai d'économiser ses munitions. Je souhaitais rattraper le détachement au plus vite, sachant que les soldats, qui nous croyaient devant, ne manqueraient pas d'accélérer la cadence pour nous rejoindre. Ils pouvaient être loin.

Vers 5 heures, nous arrivâmes à une fanza de trappeur. Nos hommes étaient là, qui avaient déjà débâté et lâché les chevaux. Nous y trouvâmes aussi un Chinois. Apprenant que Dersou et moi n'étions pas encore passés, ils avaient décidé de s'arrêter pour nous attendre. Les Chinois possédaient une belle réserve de viande de porte-musc et de poisson piégé dans un barrage de pêche.

Un barrage-nasse chinois fonctionne comme suit. Une barrière de pierre est levée d'une rive à l'autre avec, au milieu, un passage de taille modeste. L'eau s'écoule entre les pierres, mais le flux principal s'entonne dans la brèche et file à travers un tamis fait de fascines de saule. Deux ou trois fois par jour, le Chinois inspecte la pêche et emporte le riche butin.

Le patron de la fanza nous apprit que nous étions au pied du Sikhotè-Alin, lequel formait ici un grand coude. Le cours du Tioutikhè en longeait la façade. Puis il nous expliqua que deux chemins partaient de la fanza : l'un en direction du nord, droit sur la ligne de partage des eaux, l'autre vers l'ouest, le long du Tioutikhè dont la source était à une douzaine de verstes.

Au soir, après le dîner, nous tînmes conseil. Il fut décidé que, le lendemain, Dersou, le chasseur chinois et moi-même passerions le Sikhotè-Alin pour revenir par le torrent Leangtch'aho. Il fallait compter trois jours de voyage. Fusiliers et cosaques resteraient sur place en attendant notre retour.

Le lendemain, de bon matin, nous bouclâmes nos sacs, prîmes les fusils et nous mîmes en route.

Plus nous avancions, plus le sentier devenait difficile. La vallée s'étranglait, de plus en plus semblable à une gorge étroite. Il nous fallait grimper aux rochers en nous agrippant aux racines des arbres. La dureté du sol finissait par meurtrir la plante de nos pieds. Nous nous efforcions de contourner les surfaces pierreuses en marchant sur de la mousse ou de la vermoulure, mais n'en étions guère soulagés.

La rivière du Tioutikhè naît de deux torrents. Le plus petit, qui vient du sud, peut nous conduire au Not'o ; et l'autre, du nord-ouest, à l'Iman. Leur confluence se produit à une altitude de 2 135 pieds. Notre choix se porta sur le dernier, le moins connu.

De ce côté-ci, le Sikhotè-Alin paraissait menaçant et inaccessible. Par suite d'érosion hydrique ou autre, de profondes ravines s'étaient creusées, qui ressemblaient à des gorges. On aurait dit que les montagnes s'étaient crevassées, et que les crevasses, en s'ouvrant, étaient devenues béantes. Des torrents bondissaient au fond des gouffres, mais on ne les voyait pas, seulement entendait-on les cascades rugir en contrebas, dans les ténèbres. En aval, la course de l'eau se faisait plus tranquille, et son grondement laissait même échapper quelques notes enjouées.

Que l'homme semble perdu parmi ces rochers dénués de végétation ! Peu avant le crépuscule, nous atteignîmes le col dont l'altitude est de 4 970 pieds. Je le baptisai Skalisty, le « rocheux ». De là-haut, tout m'apparaissait à petite échelle. La forêt séculaire, au fond de la vallée, semblait un tapis-brosse ; et les résineux, de fines aiguilles.

Nous passâmes la nuit de l'autre côté du Sikhotè-Alin, à la limite de l'étage forestier. Elle fut humide et froide. Nous ne dormîmes presque pas. J'avais beau m'enfouir sous ma couverture, je n'arrivais pas à me réchauffer. Au matin, le ciel se couvrit, et il se mit à pluvioter.

C'était le premier jour de l'automne, maussade et venteux. Hardi petit, sans traîner, nous attaquâmes la descente vers le bassin de l'Iman après avoir rassemblé nos affaires. Autant la montée avait été raide côté Tioutikhè, autant elle fut douce côté Iman. Je crus même que nous étions sur un plateau. Mais, quand je vis couler la rivière, je compris que nous étions descendus de la crête.

La forêt qui habille les pentes ouest du Sikhotè-Alin est vieille, pleine de mousse et d'arbres bas. Elle se compose principalement de mélèzes, de sapins et d'épicéas avec quelques aulnes et bouleaux.

Les hauts de l'Iman se forment à partir de deux rivières venant du sud. Nous avions atteint celle de droite que les Chinois appellent Hanihotse. Du Sikhotè-Alin à leur confluence, la distance est d'une bonne trentaine de verstes.

De vieilles entailles faites aux arbres nous conduisirent à une fanza de trappeur. À en juger par les réserves de nourriture qu'elle renfermait, les chasseurs de l'Iman s'étaient préparés à la saison de la zibeline.

Plutôt que de nous emmener plus loin par l'Iman, le Chinois obliqua vers l'est en direction du Hanihotse. Là, notre guide tâtonna et chercha longtemps le sentier.

À midi, le temps s'était nettement dégradé. Venant du sud-est, des nuages chargés filaient dans le ciel et enveloppaient les cimes. Je consultais souvent la boussole et m'étonnais de constater que le Chinois suivait la bonne direction sans le moindre instrument.

Dans un torrent, nous vîmes beaucoup d'aulnes secs. Il était encore tôt, mais je savais d'expérience ce que signifiait la présence de bois sec par mauvais temps. En conséquence, je préconisai le bivouac. Vaines craintes : la nuit se passa sans pluie ; au matin se forma un épais brouillard.

Le Chinois nous pressait, impatient d'atteindre une autre fanza située, d'après ses dires, à une douzaine de verstes. En effet, nous y fûmes un peu avant midi. Nous la trouvâmes vide. Je demandai à notre guide qui en était le propriétaire. Il me dit que la chasse à la zibeline, dans les hauts de l'Iman, était l'affaire de Chinois établis au bord de la mer. En aval, les fanzas appartenaient à des trappeurs du Yaotseho. Plus bas commençait un espace désert, assez vaste, qui ne verdit qu'aux abords de la rivière Kouloumbé.

Un bref repos, et nous reprîmes la marche en direction du Sikhotè-Alin. À mesure que nous approchions de la crête, la montée se faisait plus douce. Près d'une heure durant, nous évoluâmes sur un plateau. Soudain, j'avisai un oratoire. Cela signifiait que nous avions atteint le col. Son altitude était de 4200 pieds. Je le baptisai Roudny, le « Métallifère ». De là commençait une descente raide, à degrés, vers le Tioutikhè.

Nous fîmes halte pour nous reposer. Dersou posa son fusil contre un arbre, s'approcha de l'oratoire, se mit à genoux et se prosterna deux fois. Je m'étonnai de le voir prier devant un oratoire chinois.

— Dersou, lui dis-je, mais pourquoi pries-tu là ? C'est un dieu chinois !

— C'est pareil, capitaine, me répondit-il. Un dieu ou un autre, votre dieu, notre dieu, le dieu chinois… Même dieu de toute façon. Y en a pas trois.

Impressionné par sa réponse, j'eus honte de ma question. Dersou n'avait pas l'esprit bourré de théories théosophiques. Lui, simple sauvage, avait résolu le plus simplement du monde un problème sur lequel les Européens se cassaient la tête depuis des millénaires en se disputant parfois jusqu'à faire couler le sang. Un seul Dieu, en effet ! La seule différence étant que chacun l'imaginait et le nommait à sa façon. Dès lors, j'interdis aux cosaques de dépouiller les oratoires des sucreries laissées en offrande.

Après un court repos, nous entamâmes la descente. Comme je l'ai dit, la pente vers la vallée du Tioutikhè allait par degrés. Même forêt de résineux sur ce versant, mais d'une qualité incomparablement supérieure à celle de l'Iman.

Du haut du col, le sentier nous mena directement à la fanza où nous avions laissé hommes et chevaux. Les cosaques, qui commençaient à languir, se réjouirent de notre retour. Pendant notre absence, ils avaient tué un *izioubr* et fait bonne pêche.

Avant le soir, le ciel se dégagea brusquement. Le lourd plafond nuageux, jusque-là aussi immobile qu'immuable, se déchira. Les nuages s'échevelaient et se mouvaient en désordre, dans tous les sens, puis une bourrasque s'abattit brutalement, si forte que les arbres centenaires se balancèrent comme des roseaux. Herbes sèches, feuilles arrachées aux branches et ramilles se mirent à tournoyer dans les airs. Un oiseau tenta bien de contrer les éléments déchaînés, mais ses forces l'abandonnèrent. Jeté à terre, il tomba plutôt qu'il ne se posa. Tout à coup, un cèdre s'inclina et, lentement, chuta. Il s'écrasa au sol avec un fracas formidable, entraînant de jeunes arbres au passage. Après avoir sévi pendant près d'une heure, le tourbillon cessa d'une manière aussi inattendue qu'il était apparu. Le calme revint dans la forêt.

Je m'habillai, pris mon fusil, sifflai mon chien et descendis au bord de la rivière. Une fois à l'écart, je m'assis sur une pierre et tendis l'oreille. Le bruit monotone d'un torrent, que l'on ne remarque guère dans la journée, semble toujours s'amplifier dans la soirée. En bas, sous la paroi rocheuse, les poissons clapotaient à la surface de l'eau. Sur l'autre rive, un grand duc ululait dans les bois. Sur les reliefs bramaient les wapitis. Près de là, un porte-musc poussait des plaintes. Subjugué par le spectacle de la nature, je n'avais pas vu le temps passer. La rosée mouillait mes habits. Je revins au bivouac, me couchai près du feu et m'endormis comme une souche.

Nous consacrâmes les deux jours suivants, 3 et 4 septembre, à marcher du Sikhotè-Alin à la Gorboucha, rivière que je voulais remonter jusqu'au col pour regagner la mer en descendant le Ngaohouopie.

Rivière de montagne oussourienne (1906 ou 1907).

23. LA BRAMÉE DES CERFS WAPITIS

La rivière Gorboucha – Les grottes – Un ours récolte des glands – La rivière P'ap'ikeoutse – Les wapitis – Le tigre à la chasse aux rennes – Une torche – Retour au bivouac

La rivière Gorboucha (en chinois: Tongmatch'a) est longue de 8 verstes. Elle coule d'est au sud par des voies détournées. Non loin de son embouchure, elle reçoit sur sa droite un affluent sans nom dont les rives recèlent de vastes grottes qui s'étagent en deux niveaux et descendent en spirale. Puits profonds, galeries, stalactites en colonnes, tout cela confère à ces grottes un intérêt notable. Sur les parois intérieures d'une première cavité, des concrétions sculptaient des bas-reliefs, près desquels brillaient des druses de quartz et de très gros cristaux de calcite. Une autre grotte, de moindre dimension, était située sur la rive gauche de la Gorboucha, juste en face de l'embouchure de la rivière sans nom: Bezymiannaïa. Il y avait là beaucoup d'ossements sur un sol de matières alluviales, avec de fraîches empreintes de tigre.

Après avoir inspecté les deux grottes, nous poussâmes la marche plus loin.

La vallée de la Gorboucha offre un bel étagement de terrasses fluviales qui s'étirent en continu, tantôt rive gauche, tantôt rive droite. Les riches forêts mixtes d'autrefois ont été anéanties par les incendies.

Il s'avéra bientôt que la Gorboucha longeait le Sikhotè-Alin. À sa source, elle le touchait presque.

Après midi, Dersou et moi partîmes devant. Passé la rivière, le sentier monta à flanc de coteau. Là, nous nous assîmes pour souffler un peu. Je me rechaussai, et Dersou sortit sa pipe. Il allait la mettre à sa bouche quand, soudain, il se figea, l'œil fixe. Au bout d'une minute, il partit d'un grand rire et me dit :

— Ah ! le rusé. Et bien comprendre.

— Qui ça ? lui demandai-je.

Il tendit muettement le doigt. Je tournai le regard dans la direction indiquée, mais ne vis rien. Dersou me dit de lever les yeux sur les arbres au lieu de regarder par terre. Ce fut alors que je constatai qu'un arbre avait bougé, puis il bougea encore, et encore. Nous nous levâmes et fîmes doucement quelques pas en avant. Bientôt, tout s'expliqua. Un ours à collier, avec sa poitrine blanche, était perché sur un arbre et se délectait de glands.

Par sa taille, cet animal *(Ursus tibetanus F. Cuv.)* est loin d'égaler l'ours brun commun. Sa longueur maximale atteint les 5 pieds pour une hauteur au garrot de 2 pieds et demi et un poids ne dépassant pas les 10 pouds. Pelage noir, luisant, tache blanche sur la poitrine, allant jusqu'au bas du cou. Parfois, très rarement il est vrai, l'on rencontre des spécimens dont même les pattes et le ventre sont blancs. Tête conique, petits yeux et petites oreilles, un collier somptueux de longs poils.

Les ours à collier aménagent leurs tanières dans des cavités de vieux peupliers. En conséquence, leur territoire est strictement tributaire de la flore mandchoue. La frontière nord de cette région va de l'embouchure de l'Aniouï aux sources de l'Iman, puis le long du littoral jusqu'au cap de l'Olympiade. Sa nourriture principale : au printemps, racines de droséras et feuilles de pétasites ; en été, fruits d'actinidiers panachés et de merisiers, glands ; et à l'automne, noisettes, pignons de cèdre, noix de Mandchourie, pommes sauvages. Cet ours-là s'abandonne vite à la somnolence hivernale. Il perce un orifice au-dessus de sa cavité, dans le tronc, autour duquel se forme un anneau de givre. Grâce à cet indice, les chasseurs repèrent la présence du plantigrade à l'intérieur de son trou.

À une centaine de pas de l'ours, nous nous arrêtâmes pour l'observer. Il avait grimpé à la cime de l'arbre où il s'était ménagé une espèce de garde-manger. Les branches hors de sa portée conservaient un grand nombre de glands. Alors l'animal se mit à les secouer en regardant à terre. Juste calcul : mûrs, les glands ne l'étaient pas au point de tomber d'eux-mêmes. Enfin, il descendit et entreprit de les glaner dans l'herbe.

— Quel gens es-tu ? lui lança Dersou.

L'ours fit volte-face, dressa les oreilles et ventila activement. Nous ne bougions pas. Rassuré, l'animal allait reprendre sa quête de nourriture, mais Dersou siffla. Le plantigrade se dressa sur son arrière-train, puis se cacha derrière un arbre. De là, il glissa un œil. À cet instant le vent tourna et souffla dans notre dos. L'ours grogna et, les oreilles rabattues, détala ventre à terre. Quelques minutes plus tard, cosaques et chevaux nous rejoignirent.

Que ce soit du côté de la Gorboucha ou de la Hinantch'a, la montée est d'une égale douceur pour atteindre le col qui s'élève à 2 520 pieds. Les montagnes environnantes sont faites de porphyre quartzique. À partir de là, le Sikhotè-Alin s'écarte progressivement vers le nord-est.

Du col, nous descendîmes à la rivière P'ap'ikeoutse qui doit son nom à deux mots chinois : *p'ap'i*, « écorce de bouleau » et *keoutse*, « vallée ». Ce petit cours d'eau reçoit deux torrents de gauche et de droite. La Hinantch'a commence à la confluence ; son nom signifie « affluent sud-ouest ». Ensuite, la vallée s'élargit notablement sur un axe qui forme un angle à 10° par rapport au Sikhotè-Alin. Après l'avoir longé sur environ 4 verstes, on installa le bivouac au bord de la rivière.

La fin de mars et le début de septembre sont les saisons les plus intéressantes de la taïga. C'est le moment où commencent le bramement des cerfs wapitis et la bataille des mâles pour les faveurs des femelles. Pour les attirer, l'on emploie des appeaux généralement faits d'une bande d'écorce de bouleau large d'environ 2 verchoks qu'on enroule en forme de cornet. Ça donne un cor de 2 pieds de long. Le son s'obtient par aspiration.

Rien de plus facile que de tuer un cerf pendant la bramée. Aveuglé par la passion, le mâle fait fi du danger et s'approche à deux doigts du chasseur qui le piège avec un appeau. Comme nous avions regarni nos réserves de viande, je m'abstins d'envoyer les cosaques à la chasse, mais j'allai dans la taïga pour y faire des observations.

Armés d'appeaux, Dersou et moi nous séparâmes dans les bois à 1 verste du bivouac. Je choisis un endroit plutôt dégagé et m'assis sur une souche. Là, j'attendis.

À mesure que le jour diminuait, la forêt se faisait de plus en plus silencieuse.

Entre chien et loup, il y a toujours un climat de gravité dans la taïga. La tombée du jour vous met à l'âme une sensation déprimante et détestable. La solitude fait naître des souvenirs et des pensées. Tout à mes songes, j'avais complètement oublié où j'étais et ce que je faisais ici à l'heure du crépuscule.

Soudain brama un cerf. Ça venait du sud. Son appel roula d'un bout à l'autre de la forêt. L'instant d'après, un congénère lui répondit, là, tout près de moi. Ce devait être un vieux mâle. Il commença dans les basses, puis monta dans les aigus et termina par une vibrante octave. Je lui répondis dans mon cor en écorce de bouleau. Moins d'une minute plus tard, j'entendis des branches craquer et vis aussitôt surgir un wapiti superbement bâti. La démarche sûre et gracieuse, il balançait la tête et libérait ses ramures quand elles s'accrochaient aux branches. J'étais pétrifié. L'animal s'arrêta et, se redressant, grimaça du museau : il flairait l'ennemi. Les yeux brûlants, les narines dilatées, les oreilles tendues… Pendant une minute ou deux, j'admirai le superbe animal sans la moindre intention de lui ôter la vie. Devinant la présence d'un rival, le cerf était nerveux. Il commença par retourner la terre avec ses bois puis, levant haut la tête, poussa un cri puissant. Une vapeur légère s'échappa de sa gueule. L'écho ne lui avait pas encore répondu qu'un autre bramement retentit du côté de la Hinantch'a. Il tressaillit, émit un râle qui se transforma en un brame bref et furieux. Superbe était le cerf à cet instant.

Tout à coup, un bruit faible se fit entendre à ma gauche. Je me retournai et vis une biche. Lorsque mes yeux se portèrent de nouveau vers les mâles, ceux-ci se battaient déjà. Avec une rage ahurissante, ils fondirent l'un sur l'autre. J'entendais le choc brutal de leurs ramures et les soufflements rauques qui, mêlés de râles, s'échappaient de leurs poitrines. Derrière, leurs pattes poussaient en s'étirant; devant, elles pliaient jusqu'au ventre. Il advint qu'ils s'accrochèrent si fort par les bois qu'ils mirent beaucoup de temps à les démêler. D'une violente secousse de la tête, l'un des cerfs brisa l'empaumure de son ennemi, et alors seulement chacun recouvra sa liberté. Le duel dura une dizaine de minutes. Il apparut enfin que l'un devait céder. Il suffoquait et commençait à reculer. Sentant son adversaire faiblir, l'autre redoubla de véhémence. Bientôt, les deux wapitis disparurent de mon champ de vision.

Me souvenant de la biche, je la cherchai du regard. Elle était toujours plantée là, posant des yeux indifférents sur ses deux rivaux qui se livraient un duel à mort. Le bruit de leur combat s'éloignait. À l'évidence, l'un chassait l'autre. La femelle se mit à les suivre à distance. Soudain, j'entendis l'écho d'un tir rouler de loin en loin. Je compris que c'était Dersou. Il m'apparut alors que ces deux mâles n'étaient pas seuls à se battre. Ça bramait de partout. La forêt était le théâtre d'un véritable branle-bas.

L'obscurité venait à grands pas. Les derniers feux du jour livraient un baroud d'honneur aux ténèbres nocturnes dépêchées par l'est.

Une demi-heure plus tard, j'étais au bivouac où Dersou m'avait devancé. Assis près du feu, il nettoyait son fusil. Il aurait pu tuer plusieurs cerfs, mais s'était contenté d'une grive.

Longtemps nous restâmes devant le feu à écouter les cerfs bramer. Toute la nuit durant, les wapitis nous empêchèrent de dormir. J'entendais leurs cris dans un demi-sommeil et ne cessais de me réveiller. Les cosaques, assis autour du brasier, pestiféraient. Les étincelles montaient en feux d'artifice, tournoyaient et s'évanouissaient dans le noir. Enfin pointa le jour. Les bramées se raréfièrent. Seuls quelques cerfs isolés n'arrivaient toujours pas à se calmer. Ils couraient les pentes en hurlant, bien que nul ne leur répondît. Mais voilà que le soleil se leva, et la taïga, de nouveau, sombra dans le silence.

Dersou et moi, laissant tous les hommes au bivouac, remontâmes au Sikhotè-Alin. Pour cela, nous longeâmes l'un de ces torrents qui, de là-haut, courait à la Hinantch'a. D'abord douce et longue, la pente se fit raide. Il nous fallut marcher hors sentier par des broussailles encombrées de troncs carbonisés.

L'automne approchait. Déjà les feuilles tombaient à terre. Dans la journée, le feuillage bruissait sous les pieds, mais, au soir, la rosée le ramollissait. Grâce à cela, les animaux se laissaient approcher de très près.

À midi, nous étions au sommet du Sikhotè-Alin où je trouvai un tableau familier : un champ calciné vers l'est, et une forêt de résineux envahie par les mousses vers l'ouest. Le versant oriental de la chaîne était abrupt ; le versant occidental, de faible déclivité. Dersou repéra des empreintes d'élan, un animal qui, dans la contrée, n'allait jamais plus loin que le Not'o.

Le combat de cerfs de la veille au soir m'avait fortement impressionné. Je décidai d'y retourner en y invitant Dersou. Nous franchîmes la rivière et pénétrâmes dans une forêt pleine d'une pénombre mystérieuse. À 1 verste et demie du bivouac, nous fîmes halte près d'un torrent tranquille et tendîmes l'oreille. Quand le soleil se cacha à l'horizon, l'obscurité s'insinua sur la terre, et plus la taïga s'assombrissait, plus les wapitis bramaient. C'était une musique ensorcelante qui s'infusait dans toute la forêt. Nous tentâmes d'approcher les cerfs, en vain. Par deux fois nous en aperçûmes, mais indistinctement : soit l'on ne voyait que la tête et ses ramures, soit la croupe et les pattes. À un certain endroit, nous remarquâmes un beau mâle flanqué de trois biches. Ils avançaient à petits pas. Nous les suivîmes à la trace. Sans Dersou, je les aurais perdus depuis longtemps. Le mâle ouvrait la marche. Il se sentait plus fort que les autres et, partant, devait répondre de chaque défi qu'on lui lançait. Soudain, Dersou s'arrêta, tout ouïe. Il se retourna, pétrifié. L'on entendait bien un vieux mâle bramer, mais sa partition n'était pas celle des cerfs ordinaires.

— Toi comprendre quel gens parle ? me demanda Dersou à mi-voix.

Je répondis que ce devait être un wapiti, mais très vieux.

— C'est Amba, murmura-t-il. Lui très rusé, toujours trompe cerf comme ça. Cerf maintenant comprend pas quel gens crie. Amba bientôt mange biche.

Comme pour confirmer ses dires, le mâle fit écho au rugissement du tigre. Et le fauve de répondre aussitôt. Il imitait plutôt bien le wapiti, mais le son, à la fin, laissait échapper un bref miaulement.

Le tigre s'approchait. Sans doute allait-il passer près de nous. Dersou semblait tourmenté. Mon cœur battit la chamade. Je me sentis moi-même en proie à la peur. Soudain, Dersou se mit à crier :

— A-ta-ta, ta-ta-ta, ta-ta-ta !...

Là-dessus, il tira en l'air, se rua sur un bouleau dont il arracha l'écorce à la hâte, puis craqua une allumette. L'écorce sèche flamba en torche, et le noir se fit deux fois plus épais autour de nous. Effrayés par le tir, les cerfs avaient déguerpi, et le calme était revenu. Dersou enroula l'écorce ardente au bout d'un bâton. Une minute plus tard, nous rebroussions chemin à la lumière de la torche. Quand nous eûmes repassé le torrent, nous rentrâmes au bivouac par le même chemin.

À gauche: V. Arseniev; à droite: le capitaine T. Nikolaïev, intendant de l'expédition (1908-1910).

24. LA CHASSE À L'OURS

La rivière Ngaohouopie – Une loudeva – Un sentier côtier – Un fauve terrible – Trois coups de feu – La fuite – Un ours brun – Un trophée caché sous terre – Dersou reconstitue à la trace le tableau de la lutte contre l'ours – Retour au bivouac

LE LENDEMAIN 7 septembre nous poursuivîmes notre voyage. Deux chemins partaient de la cabane du chasseur chinois. L'un descendait la Hinantch'a, et l'autre, à droite, le Ngaohouopie (Èhé en oudihé, ce qui signifie « diable »). Eussé-je longé jusqu'au bout la Hinantch'a que j'aurais débouché directement en baie de Djiguit. Dans ce cas, j'aurais laissé inexploré le littoral entre les rivières Tioutikhè et Yaotseho. Aussi décidai-je de regagner la mer par le Ngaohouopie, me promettant d'explorer la Hinantch'a ultérieurement.

D'abord, nous devions marcher vers le sud par un sentier qui longeait le premier affluent supérieur de la Hinantch'a sur une distance de 2 ou 3 verstes.

Monts de porphyres, de roches calcaires et de felsites. À maints endroits, je vis des veines de plomb argentifère, de sphalérite et de pyrite cuivreuse.

Du haut du col, à 940 pieds, je regardai alentour. Au nord-ouest, le Sikhotè-Alin déroulait, nu, sa longue chaîne ; au sud se dessinait le Tioutikhè ; à l'est, le Mout'oho ; la Tongtch'a, affluent du Ngaohouopie, coulait droit vers l'ouest, et nous allions la suivre dans le sens avalant. Partout la forêt avait été ravagée par les incendies ; elle ne subsistait que çà et là, dans les vallées, sous la forme d'îlots oasiens.

Nous prîmes un bref temps de repos sur le col avant d'entamer la descente vers la Tongtch'a qui s'écoulait par un vallon sinueux habillé de bouleaux, d'arbres à liège et de peupliers. Bientôt, nous butâmes sur une espèce de clôture. C'était une *loudeva* qui coupait transversalement le val et courait plus loin sur 14 verstes le long d'un affluent droit.

Il y avait là une fanza à la cour ceinte d'une haute palissade. Dans ce genre d'endroit, on procédait généralement à l'ablation à vif des jeunes ramures de rennes. Des cages semblables à des stalles s'alignaient dans l'arrière-cour près de la clôture. Les Chinois parquaient là les rennes en attendant que leurs bois prissent le plus de valeur possible.

Un hangar se dressait sur pilotis à droite de la clôture. Il renfermait des peaux de cerfs, des ramures sèches et une bonne dizaine de pouds de tendons arrachés à des membres postérieurs de cervidés. Des rangées de bois bouillis et de queues de cerfs séchées pendaient sous le faîtage au plus près du toit.

Dans la fanza, nous trouvâmes quatre Chinois. D'abord, ils prirent peur. Mais voyant qu'on ne leur voulait pas de mal, ils se détendirent, et leur servilité tourna à la serviabilité ordinaire.

Au soir, trois autres Chinois arrivèrent. Ils racontèrent je ne sais quoi en pestant tant qu'ils pouvaient, tandis que Dersou riait. Longtemps je ne pus comprendre de quoi il retournait. Il s'avéra qu'un ours était tombé dans une trappe. Naturellement, il s'en était extirpé dare-dare, entreprenant aussitôt de faire voler en éclats les protections et les couvercles de camouflage. Maintenant, les Chinois avaient un gros chantier de réparation en perspective.

Déjà trop petite, la fanza était pleine de Chinois ; aussi décidai-je de marcher encore quelques verstes pour dormir à la belle étoile.

Plus loin, le sentier enfilait la vallée du Ngaohouopie dont il longeait la rive gauche. Il y avait là un étagement de terrasses fluviales à la base cristallitique massive d'une hauteur pouvant aller jusqu'à 2 sagènes. La vallée moyenne est déboisée, mais impropre à l'agriculture. Très dur, le sol rocheux est à peine recouvert d'une fine couche de terre que les eaux menacent d'emporter. Les versants d'ubac abritent un bois mixte clairsemé : cèdre, arbre à liège, tilleul, chêne, peuplier, bouleau, noyer, etc. ; et les versants d'adret, de la végétation arbustive, noisetiers, lespédèzes, viornes, spirées.

Au bord de l'eau, dans les endroits plus humides, on trouve des fourrés de saules à troncs fins, d'aulnes et de trembles.

En basse vallée vivent beaucoup de Chinois. Il n'y a pas vingt ans qu'ils sont apparus sur le Ngaohouopie. Autrefois, c'était le pays des Oudihés, lesquels devaient disparaître ou migrer vers d'autres terres.

Vue de la mer, la vallée semble courte. C'était jadis une baie profonde, et le Ngaohouopie commençait à l'endroit où le val se rétrécit. Petit à petit, la mer s'est retirée. Mais le plus intéressant, dans la vallée, c'est la rivière elle-même. À quelque 25 verstes de la mer, elle tarit et se met à couler sous les pierres pour ne remonter que par temps de pluie où elle recommence à rouler des flots impétueux.

Il existe un autre chemin pour aller du Tioutikhè au Ngaohouopie. Entre les deux rivières, la distance n'est que de 7 verstes. Le sentier part du petit lac où Dersou et moi avions tiré les canards. Il remonte un petit torrent jusqu'à un col de 1 015 pieds. Bois clairsemés sur les pentes, vieux chênes solitaires dans les vallées, épaisses broussailles au fond des ravines, une végétation commune à l'ensemble du littoral. La descente sur le Ngaohouopie est deux fois plus longue que la montée à partir du Tioutikhè. Plus loin, le sentier longe la côte.

Une chaîne de montagnes de porphyre quartzique s'élève entre le Ngaohouopie et la Hinantch'a dont j'ai déjà parlé. Venant d'elle, quelques arêtes rocheuses s'étirent vers la mer, entre lesquelles s'écoulent de petits torrents numérotés à la chinoise : T'outakeou, Eultakeou, Santakeou, Sseutakeou. Le sentier les traverse presque à hauteur de leurs sources. Le premier col est à 490 pieds ; le deuxième, à 420 ; le troisième, à 430 ; et le quatrième, à 360.

Après midi, nous perdîmes le fil du sentier et enfilâmes une piste de bête. Nous franchîmes alors une arête rocheuse recouverte d'éboulis et presque dénuée de végétation. C'était un affluent du Mout'oho, engorgé de troncs morts à bien des endroits. À voir ces barrages, on pouvait mesurer l'ampleur des crues, lesquelles sont brèves mais extraordinairement tumultueuses, ce qui s'explique par le relief et son degré de déclivité.

Tant que la terre est tenue par une couche végétale, elle peut encore résister aux œuvres de l'eau ; mais dès que le terrain se dégrade, le ruissellement commence à tout emporter. Les eaux ne laissent alors derrière elles que du gravier. La vase charriée par les fleuves côtiers change la couleur de la mer du vert sombre au jaune sale sur une bande de plusieurs verstes.

La vallée du Mout'oho peut être considérée comme la plus giboyeuse du littoral. Rennes, chevreuils et sangliers jaillissaient sans cesse des fourrés de lespédèzes et de noisetiers. Les cosaques poussaient des ah ! et s'enfiévraient. Il me fallut déployer bien des efforts pour les dissuader de tirer et de massacrer inutilement le gibier. Vers 3 heures de l'après-midi, je donnai le signal de l'arrêt.

J'avais très envie de chasser l'ours. Les autres affrontent les ours en tête à tête, me disais-je, alors pourquoi pas moi ? Le feu de la chasse embrasa ma vanité, et je décidai de tenter ma chance.

De nombreux chasseurs prétendent s'être attaqués à un ours sans la moindre peur. Ce que disant, ils montent en épingle le côté comique de la chose. À les en croire, le plantigrade détale aussitôt après le tir. D'autres affirment qu'il se dresse sur ses pattes postérieures en marchant au-devant du chasseur, et qu'alors on peut en profiter pour lui ficher quelques balles. Dersou ne leur donnait jamais raison. Quand il entendait ce genre de récit, il s'emportait, crachait par terre, mais pas une seule fois il n'apporta la contradiction.

Apprenant que je voulais y aller seul, il me conseilla la prudence et me proposa ses services. Cela ne fit qu'en rajouter à mon excitation et me conforta dans ma volonté de me frotter seul à seul à la bête.

À une demi-verste du bivouac, j'avais déjà délogé deux chevreuils et un sanglier. Il y en avait tant que l'on croyait voir une ménagerie où les animaux mis ensemble allaient et venaient en liberté.

Je traversai un torrent, m'arrêtai dans un bois clairsemé et me mis à l'affût. Au bout de quelques minutes, je vis un renne filer à travers une clairière. Près de là, dans les noisetiers, des sangliers bruissaient et des marcassins couinaient.

Soudain, j'entendis des branches craquer devant moi, puis des pas espacés. Quelqu'un, là, allongeait une foulée lourde et mesurée. Effrayé, je songeai à fuir mais, conjurant ma peur, je restai sur place. J'entrevis bientôt dans la brande une masse sombre. Un gros ours. Il allait à flanc de coteau, légèrement en surplomb. Il s'arrêtait souvent, grattait la terre, retournait un tronc mort en examinant attentivement ce qu'il y avait dessous. J'attendis que l'animal fût à une quarantaine de pas, puis je visai lentement et pressai la queue de détente. À travers la fumée du tir, je vis l'ours se retourner brusquement, grognant, et ficher ses crocs à l'endroit où la balle l'avait frappé. De la suite, je me souviens mal. Tout s'était passé si vite que je ne saurais dire ce qui précéda quoi. Après le tir, l'ours me chargea à pleine puissance. Je ressentis une forte secousse, et un deuxième coup de feu détonna. Quand et comment avais-je trouvé le temps de réarmer mon fusil, le mystère reste entier. Je crois que je tombai sur le flanc gauche. L'ours roula cul par-dessus tête et dégringola le relief vers la droite. De quelle façon me relevai-je sans lâcher mon arme, je n'en ai point souvenir. À toutes jambes, je courus à mi-pente. Ce fut alors que je me sentis poursuivi. L'ours me pourchassait, mais moins vite qu'auparavant. À chaque saut qu'il faisait, il poussait des râles caverneux et des grognements. Me rappelant que mon fusil était chargé, je m'arrêtai et armai.

« Il faut tirer ! Et surtout : bien viser. Ma vie en dépend. » Telle fut la pensée qui me traversa l'esprit.

J'épaulai, mais ne vis ni l'œilleton ni le guidon. Je ne voyais que la tête pleine de poils de l'ours, sa gueule ouverte et ses yeux mauvais. M'eût-on observé à cet instant que l'on aurait pu me voir défiguré par la peur.

Jamais je ne croirai les chasseurs quand ils affirment avoir mis en joue le fauve qui les chargeait aussi tranquillement que si ce fût une bouteille. C'est faux. C'est faux parce que l'instinct de conservation est propre à quiconque. La vue d'une bête en furie ne peut que perturber le chasseur et nuire à la précision de son tir.

Quand l'ours fut à deux doigts de me toucher, je tirai presque à bout portant. Il tomba à la renverse. Je pris mes jambes à mon cou. En jetant un œil en arrière, je le vis culbuter à terre. À cet instant, j'entendis un bruit sur ma droite. Instinctivement, je me retournai et me pétrifiai. La tête d'un autre ours émergea des buissons pour y replonger aussitôt. Doucement, discrètement, je m'enfuis vers la gauche et déboulai sur la rivière.

Je passai là une vingtaine de minutes à tourner en rond, pour me calmer. J'avais honte de rentrer bredouille au bivouac. Si j'avais tué l'ours, il était dommage de le laisser. Mais il y avait un autre ours, et qui n'était pas blessé. Que faire ? J'errai ainsi jusqu'au coucher du soleil. Maintenant que ses rayons avaient quitté la terre, ils lançaient leur lumière vers le ciel. Je décidai alors de faire un détour en gardant un œil sur les ours. Plus je m'approchais du danger, plus la peur me prenait. J'avais les nerfs tendus comme jamais. Au moindre bruissement, je me retournais d'effroi. Partout je croyais voir des ours, partout je les imaginais à mes trousses. Soudain, je m'arrêtai pour tendre l'oreille. Enfin, j'aperçus l'arbre au pied duquel l'ours s'était écroulé pour la dernière fois. Il me parut singulièrement terrible. Je le contournai tout en montant pour le voir du haut de la pente.

Soudain, quelqu'un bougea dans les fourrés. « Un ours ! » pensai-je en reculant. Mais, à ce même instant, j'entendis une voix humaine. Dersou. Fou de joie, je me précipitai vers lui. Le Golde m'aperçut, s'assit sur un tronc d'arbre couché à terre et alluma sa pipe. Je lui demandai ce qu'il faisait ici. Il m'expliqua que, du bivouac, il m'avait entendu tirer et s'était lancé à mon secours. En se fiant à mes traces, il avait pu établir où j'avais tiré et comment l'autre m'avait chargé. Puis il me montra l'endroit où j'étais tombé. Puis les empreintes lui avaient révélé la suite de l'histoire : l'ours s'était jeté sur mes talons, etc. Bref, il me fit le récit complet de mes aventures.

— Il faut croire que l'ours blessé s'est sauvé, dis-je à mon camarade.

— Lui toujours ici, répondit Dersou en pointant le doigt sur un gros tas de terre.

Je compris tout. Des chasseurs m'avaient déjà appris qu'un ours, quand il trouvait la dépouille d'un animal, l'ensevelissait toujours sous la terre. Et quand la chair commençait à se décomposer, il venait festoyer. Mais j'ignorais qu'un ours pouvait enterrer un autre ours. Même pour Dersou, c'était nouveau.

Quelques minutes plus tard, nous déterrions l'ours qui avait été recouvert non seulement de terre, mais aussi de nombreuses pierres et de bois mort.

Je fis un feu. Pendant ce temps, Dersou se mit à dépecer l'animal. Le spécimen que j'avais tué *(Ursus arctos Lin.)* était d'une espèce de grande taille au pelage brun foncé, très proche du grizzly américain. La longueur de son corps est de 8 pieds ; sa hauteur, de 4 ; son poids peut atteindre les 20 pouds. Il est doté d'une gueule arrondie, d'oreilles plutôt courtes et de petits yeux. À sa force colossale, il convient d'ajouter des crocs puissants et des griffes longues de 3 pouces. Répandu dans l'ensemble de la région oussourienne, il en occupe principalement la moitié nord, ainsi que la bande côtière entre le cap Guiliak et l'embouchure du fleuve Amour. Détail curieux, son pelage, qui est noir au sud, vire au brun clair à mesure que l'on remonte vers le nord. D'une nature plutôt bienveillante quand on ne le touche pas, il fait preuve d'un caractère agressif quand il est blessé. À la saison du rut, les mâles se font très méchants. Ils courent la taïga, attaquent les animaux et s'en prennent même aux grives. La nourriture de l'ours est principalement végétale bien qu'il se délecte volontiers, à l'occasion, de viande et de poisson. Il aménage sa tanière sous les racines des arbres, dans les failles rocheuses et même en pleine terre. Semblablement à ses lointains ancêtres, il aime énormément se réfugier dans les cavernes pour y vivre non seulement en hiver, mais aussi à la belle saison. Il entre tard en hivernage. Certains spécimens errent parfois dans la taïga jusqu'au mois de décembre. Ces animaux ne sont guère enclins à grimper aux arbres, sans doute gênés en cela par leur poids considérable.

Les trois balles s'étaient logées dans l'ours tombé sous mes tirs. Une dans le flanc, l'autre à la poitrine et la troisième à la tête.

Il faisait déjà noir quand Dersou acheva son travail. Nous rajoutâmes du bois humide au feu pour le faire brûler jusqu'au matin et prîmes doucement le chemin du retour.

C'était par une soirée fraîche et tranquille. La lune pleine flottait dans un ciel limpide et serein. Plus sa lumière s'amplifiait, plus nos ombres étaient courtes et noires. En marchant, nous effrayâmes encore deux sangliers qui détalèrent chacun de son côté. Enfin, un feu scintilla entre les arbres. C'était notre bivouac.

Le dîner pris, les cosaques se couchèrent de bonne heure. Après tant et tant d'émotions, je ne pus m'endormir. Je me levai, m'installai près du feu et songeai à tout cela. La nuit était claire, douce. Les paillettes rouges du brasier, les ombres noires des arbres, la lueur bleutée de la lune se mélangeaient entre elles. Des bêtes sauvages rôdaient à la lisière de la forêt endormie. Les chevreuils faisaient preuve d'une curiosité particulière. Enfin, sentant mes paupières tomber, je me couchai près des cosaques et m'endormis profondément.

25. DU MOUT'OHO AU SOHOPIE

La rivière Mout'oho – Des oiseaux migrateurs retardataires – Une colonie d'otaries de Steller – De l'abus des armes à feu – Un incendie – À la recherche du bivouac – Fumée et givres matinaux – Un lac près de la rivière Sohopie – Une loudeva – De la prédation des Chinois

À L'AUBE, Dersou se réveilla le premier. Je me levai le deuxième, et les autres après nous. Le soleil pointait à peine, qui illuminait les cimes de ses rayons. Un ours rôdait devant notre bivouac, à quelque 200 mètres. Il ne quittait pas son carré de terre. Sans doute eût-il traîné encore longtemps si Mourzine, d'un coup de fusil, ne lui avait fait peur. L'autre fit volte-face, regarda dans notre direction et fila sans demander son reste.

Après avoir mangé un morceau, nous bouclâmes nos sacs et prîmes la route. Près de la mer, je trouvai le bivouac de N. A. Paltchevski. D'une lettre qu'il avait m'avait laissée dans une bouteille attachée à un piquet, j'appris qu'il avait travaillé là quelques jours avant de se diriger vers le nord dans le dessein d'atteindre la baie de Ternay.

La rivière Mout'oho (Tsa-ougui en langue oudihée) se jette en baie d'Opritchnik (44° 27' de latitude nord par 136° 40' de longitude est à partir de Greenwich), baie ouverte au grand large et pour cette raison peu propice au mouillage. Le profond estuaire de ce fleuve côtier, le brusque évasement de la vallée et la subsistance de marécages aux abords de la mer indiquent que la baie, jadis, s'enfonçait loin dans les terres. On voit pousser là, sur l'escarpement de la rive, du genévrier dahur *(Juniperus daurica Pal.)* et, dans les espaces marécageux, un bouleau arbustif *(Betula fruticosa Pal.)* aux samares à ailes fines.

Le nom Mout'oho est une déformation du chinois *mou-tchou-ho* (*moukou*, « femelle », *tchou*, « sanglier », *ho*, « rivière », c'est-à-dire

« la rivière aux cochons sauvages »[31]). Elle coule le long de la côte par une vallée tectonique et reçoit, hormis les petits torrents de montagne, trois affluents sur sa droite. Sachant que ces rivières n'avaient pas de nom chinois, je les ai baptisées en russe : Olénia, Medvejia et Zverovaïa.

Une petite fanza se nichait sur l'éperon de confluence de la Medvejia. Elle était vide. Après l'avoir balayée du regard, Dersou dit qu'elle appartenait à des Coréens, quatre trappeurs de zibeline partis depuis peu chasser pour l'hiver.

Sur les cours d'eau, les marécages et le sable des bords de mer, nous surprîmes quelques oiseaux migrateurs. À en juger par le petit nombre de spécimens et d'espèces que nous vîmes, l'on pouvait en déduire qu'il y avait peu de migrations le long de la mer. Des courlis de l'Amour se promenaient gracieusement dans l'herbe. À notre approche, ils s'arrêtaient, nous regardaient fixement, puis s'envolaient en poussant des cris rauques. Ils allaient se poser un peu plus loin, mais restaient sur leurs gardes. De l'autre côté, une bernache orientale à front blanc vagabondait au bord de l'eau. Je la pris d'abord pour une oie tant elle me parut plus grande qu'en réalité. Mourzine la contourna et la tua d'une balle. Parmi les canards, l'on reconnaissait un grand nombre de petites sarcelles qui affectionnaient les ruisselets boisés d'aulnes et d'arbustes. Quand je m'en approchais de très près, elles se contentaient de s'écarter plutôt que de fuir par les airs. Visiblement, elles n'avaient aucunement peur des hommes.

À partir de la fanza coréenne, un chemin remonte le Mout'oho. Longtemps du côté gauche, il ne passe sur l'autre rive que dans les hauts de la rivière. Les montagnes qui encadrent la vallée sont faites principalement de porphyre quartzique. Entre l'Olénia, la Medvejia et Zverovaïa, elles saillissent en larges terrasses de 10 à 12 sagènes de hauteur. Rive gauche, la forêt est mixte, voire résineuse ; rive droite, elle est de mélèzes. Le Mout'oho est la vallée la plus proche de la mer où poussent des cèdres de construction. Hauts de 10 sagènes, ils ont entre 10 et 12 pieds de tour.

L'if prospère auprès de la source *(Taxus cuspidata Sieb. & Zucc.)*. Dans la région, cette essence ne donne nulle part de gros peuplement.

Bien que trois ou quatre fois centenaire, l'if ne se développe guère en taille et présente précocement des troncs caverneux.

Caillouteux, le chemin qui mène au col par le Mout'oho est difficilement praticable. Les failles rocheuses, les creux entre les racines sont autant de pièges. La peur que les chevaux s'y cassent les jambes rend la progression incertaine. Chose étonnante que de voir les chevaux chinois marcher là sans encombre, non ferrés et surchargés.

Après avoir parcouru 5 verstes, nous tournâmes vers l'est du côté de la mer.

Dès l'aube, j'avais noté que quelque chose ne tournait pas rond dans l'atmosphère. Une brume épaisse lévitait dans l'air. De bleu profond, le ciel se fit blanchâtre. Au loin, on ne voyait plus les montagnes. J'attirai l'attention de Dersou sur le phénomène en lui disant ce que je savais des brumes sèches en météorologie.

— Moi pense que ça fumée, répondit-il. Pas de vent pour dire quel côté brûle. Impossible de comprendre.

À peine avions-nous gravi une hauteur que les choses se clarifièrent.

D'impressionnants panaches de fumée blanche s'élevaient de derrière les montagnes du côté droit de la rivière Mout'oho. Plus loin, au nord, le relief fumait aussi. Après avoir admiré le spectacle durant de longues minutes, nous allâmes vers la mer. Quand nous eûmes atteint la corniche de la falaise, nous prîmes à gauche en contournant précipices et promontoires.

Je fis une constatation : la diffusion des ondes sonores dépendait des obstacles qu'elles rencontraient. Dès que l'on atteignait un sommet, le bruit de la mer s'estompait ; mais que l'on s'approchât d'une ravine, et il se faisait tangible.

Soudain, le vent nous apporta d'en bas des sons étranges qui ressemblaient à un aboiement éraillé et continu. Je m'approchai au bord de la falaise pour découvrir un spectacle étonnant : une multitude d'otaries, grosses et petites, se reposaient au bord de la mer.

Le lion de mer (ou otarie) de Steller *(Eumetopias stelleri Gray)* appartient à la branche des pinnipèdes *(Pinnipedia)* et à la famille des otariidés. C'est un animal de taille respectable, qui peut atteindre 2 sagènes de longueur et 1 sagène et demie de tour à hauteur des épaules, avec un poids d'environ 80-100 pouds. Il possède de petits pavillons auriculaires, de beaux yeux noirs, de grosses mâchoires à crocs puissants, un cou relativement long au poil sensiblement plus fourni qu'ailleurs, et de longues pattes (nageoires) à plantes nues. Ordinairement, les mâles sont deux fois plus gros que les femelles.

Dans la région côtière du Primorié, les otaries de Steller essaiment sur le littoral de la mer du Japon. Elles sont chassées par les indigènes, surtout pour leur cuir épais dont ils fabriquent des chaussures et des sangles d'attelage pour chiens de traîneau.

Manifestement, c'était pour elles un vrai plaisir que de se prélasser sur des pierres léchées par l'écume des vagues. Elles s'étiraient, la tête renversée, levaient leurs pattes postérieures aussi haut que possible, exhibaient leur ventre au grand air et soudain, inopinément, se laissaient glisser du rocher à la mer. Lequel rocher ne restait pas libre longtemps. Une autre tête émergeait, et la place vacante était prise sur-le-champ. Des femelles et leurs petits se vautraient sur la grève, et de gros mâles somnolaient à l'écart, près de grottes battues par les eaux. Les vieux étaient brun clair, les autres plus foncés, qui prenaient des poses altières : dressant haut la tête, ils la tournaient lentement d'un côté, puis de l'autre, et malgré leur aspect balourd, n'étaient pas exempts d'une certaine grâce. À leur façon de se tenir, à leur allure majestueuse et à leur agilité de mouvement, on se disait que ces animaux méritaient bien le nom de *lions de mer* comme leurs congénères de Californie.

Fidèle à ses habitudes de cosaque chasseur, Mourzine leva son fusil sur l'otarie la plus proche, mais Dersou l'arrêta en détournant doucement le canon.

— Pas tirer, dit-il. Impossible à rapporter. Tirer inutile, c'est mal, ça péché !...

Alors seulement nous fîmes la constatation qu'il n'y avait aucun accès à la colonie d'otaries. Deux éperons rocheux s'avançaient dans la mer de part et d'autre d'une falaise haute de 25 sagènes.

On n'aurait pu s'approcher du troupeau que par la mer. Il apparaissait donc impossible de récupérer la prise : il aurait fallu la laisser sur place après l'avoir tuée pour rien.

Les paroles de Dersou m'avaient stupéfait : tirer inutile est un péché ! Quelle pensée simple et juste ! Pourquoi les Européens abusaient-ils de leurs armes en tuant comme ça par plaisir ?

Durant une vingtaine de minutes, nous contemplâmes les otaries de Steller. Je ne pouvais en détacher le regard. Soudain, je sentis qu'on me touchait à l'épaule.

— Capitaine ! Faut partir, disait Dersou.

De tous les animaux rencontrés ces jours-là, les mammifères à nageoires avaient ma préférence.

Il est toujours plus aisé de marcher sur une crête qu'à flanc de montagne grâce à la possibilité de tourner horizontalement les hauteurs en saillie. Lorsque nous eûmes regagné le sentier, la nuit enveloppait déjà la terre. Il nous fallait maintenant gravir un sommet et descendre une cuvette. L'altitude de ce col était de 2 600 pieds.

Le tableau qui s'offrit à moi du haut de la montagne me sidéra tant que je poussai un cri d'étonnement. Un incendie faisait rage : la ligne de feu ceignait le relief en créant comme une illumination. Fresque majestueuse et horrible à la fois. Les feux scintillaient et s'éteignaient, mais c'était pour repartir avec une force décuplée. Ils avaient déjà traversé la cuvette et, maintenant, descendaient la vallée. Pour le moment, les cimes les plus hautes se trouvaient hors de leur emprise. Ça montait en cercles réguliers comme pour un assaut en règle. Deux lueurs embrasaient le ciel : l'une à l'ouest, l'autre à l'est. L'une allait trépidant, l'autre calmement. La lune entamait son ascension. Elle commença par pointer à l'horizon. Lentement, timidement, elle s'exonda pour monter, monter encore, grosse, blafarde, pourpre…

— Capitaine ! Faut marcher, me répéta Dersou dans un filet de voix.

Nous descendîmes dans la vallée et, dès que nous fûmes au bord de l'eau, nous arrêtâmes au milieu d'une chênaie clairsemée.

Dersou nous ordonna d'arracher de l'herbe et fit un contre-feu. Herbes sèches et feuilles mortes s'enflammèrent comme de la poudre. Le feu courut dans le sens du vent et partit sur les côtés. Maintenant, la forêt revêtait un aspect féerique. Je me mis à observer l'incendie. Sur les feuilles, il avançait plutôt lentement ; mais dès qu'il atteignait l'herbe, il repartait au grand galop. Un souffle ardent soulevait des escarbilles qui virevoltaient en l'air ; ainsi le feu se propageait-il. Enfin, il gagna des buissons. Une flamme énorme s'élança avec force bruits. Il y avait là un bouleau jaune à l'écorce effilochée. En un clin d'œil, l'arbre flamba en torche, mais cela ne dura qu'une minute ; une fois son écorce carbonisée, il s'éteignit. Les vieux arbres à la moelle sèche se consumaient sur pied. À l'arrière de l'incendie, des filets de fumée blanche montaient au ciel : les tisons, à terre, finissaient leur combustion. Effrayés, les animaux et les oiseaux cherchaient leur salut dans la fuite. Un lièvre fila à mes pieds. Un tamia trottait sur un chablis qui prenait feu. Un pic épeiche sautait d'un arbre à l'autre en poussant des cris perçants.

Je marchai après le feu, de plus en plus loin, sans craindre de me perdre, jusqu'à ce que mon estomac me rappelât qu'il fallait rentrer. Je pensais me repérer au feu du bivouac. Mais des feux, en me retournant, j'en vis beaucoup : les troncs morts finissaient de brûler. Lequel était le nôtre ? Je n'aurais su le dire. L'un d'eux me parut plus gros. J'y dirigeai mes pas. C'était une souche ardente. J'allai vers un autre. Même chose. Et ainsi de feu en feu, sans pouvoir retrouver le camp. Alors je me mis à crier. Un cri me fit écho du côté opposé. Je tournai les talons et finis bientôt par rejoindre mes compagnons. Ils me raillèrent tant qu'ils purent, et moi-même je pris la chose à la rigolade.

Les craintes de Dersou se vérifièrent. En fin de nuit, le feu tourna vers nous mais, ne trouvant pas de quoi se nourrir, passa son chemin. Contre toute attente, en dépit d'un ciel dégagé, la nuit fut tiède. Chaque fois que je constatais un phénomène incompréhensible, je me tournais vers Dersou qui m'apportait des explications pleines de bon sens.

— Gel peut pas venir, répondait-il. Beaucoup de fumée, regarde autour.

Je me rappelai alors comment les jardiniers protégeaient leurs jardins des gelées en déployant des fumoirs.

Dans la journée, nous vîmes un cerf wapiti en train de viander près d'un chablis en feu qu'il enjamba tranquillement pour mordiller un arbuste. Fréquents, les incendies avaient fini par familiariser les animaux avec le feu.

Le soleil levant nous trouva sur la route. Après le col, le sentier longea un temps une rive escarpée faite de galets lisses. À droite, la mer ; à gauche, un marécage. La rive escarpée et le marécage témoignaient de l'existence passée d'une lagune. De l'autre côté du surplomb, d'énormes blocs de gneiss parsemaient le sol. Or, aucune vague ne les eût portés aussi haut. La chose est à mettre sur le compte des glaces que les vents poussent jusqu'ici en hiver et qui « rehaussent » la rive.

Outre les roches erratiques, il y avait aussi des ossements de baleine : omoplates, côtes, vertèbres et morceaux de crâne. Sans doute les vagues avaient-elles drossé là le cadavre entier du cétacé. Oiseaux et bêtes sauvages s'étaient chargés de le nettoyer de fond en comble. Ne restaient que les os.

Après un temps de repos, nous reprîmes notre chemin qui, au bout d'une heure, nous conduisit à trois lacs : le Petit, le Moyen et le Long. Ce dernier s'étirait sur 3 verstes. La rivière Sohopie (c'est-à-dire la « rivière de la première neige[32] ») est curieusement nommée Yadikha sur les cartes de marine. Entre ces lacs, la terre tourne au marécage. Seule une digue de sable et de galets les sépare de la mer. Force est de reconnaître, là encore, qu'il s'agit d'une baie disparue, jadis beaucoup plus longue et qui tirait vers le nord.

À l'approche des marécages, le chemin fourchait à gauche vers les montagnes, et à droite vers une grève battue par le ressac. Ainsi déboucha-t-on sur un bras d'eau court, mais profond, qui rattachait le lac Long à la mer.

Nous dûmes nous résoudre à camper ici, d'autant que le combustible ne manquait pas. En effet, la mer avait apporté là beaucoup de bois flotté que le soleil et le vent, de surcroît, s'étaient chargés de sécher. Seul désagrément, l'eau de la lagune était saumâtre au goût et désagréable à l'odeur. En chemin, j'avais remarqué des bécasses au bord de la mer. Un grand chevalier volait avec elles, le ventre blanc, le dos gris brun moucheté, le bec foncé.

Pendant que les cosaques montaient les tentes et ramassaient le bois, je fis un saut à la chasse. Pour la première fois, les oiseaux me laissèrent approcher de près. J'en tuai trois et rentrai au camp.

Nous n'avions pas planté le bivouac avec beaucoup de bonheur : un vent d'ouest froid et violent souffla toute la nuit dans la vallée comme à travers un tuyau. On dut se réfugier derrière la digue, côté mer. Tente enfumée de l'intérieur, froidure au-dehors. Tout le monde se mit au lit aussitôt après dîner, mais je n'arrivai pas à m'endormir. J'écoutais battre le ressac et songeais au destin qui, de Pétrograd, m'avait envoyé sur les rives du Grand Océan.

Tiède et sèche fut la journée du 20 septembre. Je décidai de la consacrer à l'exploration du Sohopie. D'abord, je devais traverser le lac. En l'absence de canot, ce n'était pas chose aisée. Il me fallait ou bien construire un radeau, ou bien tenter de le passer à gué. Pour parer au plus pressé, j'optai pour la seconde solution. Bien m'en prit. Le lac se révéla peu profond, 3 sagènes tout au plus. Les hauts-fonds allaient sinuant. Immergés jusqu'à la ceinture, nous avancions à tâtons. À mesure que nous approchions de la rivière, l'eau se faisait sensiblement plus froide. Dès que nous fûmes sur la berge, nous trouvâmes un sentier.

Le Sohopie coule sur 22 verstes. Sa source se trouve à hauteur du cours moyen de la Hinantch'a dont j'ai déjà parlé. Il se forme à partir de la confluence de deux petits cours d'eau d'égale grandeur, à 5 verstes de son embouchure. Plus en aval, le Sohopie reçoit sur sa droite les eaux d'un modeste affluent. Là, les cerfs allaient par troupeaux entiers. Ils ne bramaient plus maintenant. Les mâles agrégeaient les biches autour d'eux. Encore un peu, et chaque animal retournerait à sa solitude.

De jour en jour, les oiseaux se raréfiaient. Ces derniers temps, je n'avais vu que : 1/une chouette oussourienne à queue longue, intrépide la nuit et peureuse le jour : par les journées de grand soleil, elle se retranche sous un couvert de résineux, non pour s'y nourrir, mais pour l'obscurité qui y règne ; 2/un pic à dos blanc oussourien, le plus gros représentant de la famille des *Picidæ*, qui établit son habitat dans les vieilles forêts mixtes où l'on trouve beaucoup de troncs secs et de vermoulure ; 3/une pie-grièche géante, oiseau vorace et hardi qui s'en prend même à plus gros que soi ; 4/un pipit à dos olive, qui affectionne les lisières de bois ; et 5/des bruants mélanocéphales, jolis oiselets à ventre jaune coiffés d'un bonnet noir ; ceux-ci préfèrent les espaces libres aux coins ombragés, et vont groupés en petites volées.

Le sentier nous mena à une *loudeva* longue de 24 verstes et jalonnée de 74 trappes en service. Jamais je n'avais vu pire prédation. Il y avait là, près d'une fanza, un hangar sur pilotis plein à craquer de tendons de rennes stockés en faisceaux. À en juger par le poids de chacun, cela devait représenter une cinquantaine de pouds. Les Chinois rapportèrent qu'ils faisaient deux envois par an pour Vladivostok et, de là, pour Tchefou[33]. Près d'une centaine de peaux d'otaries de Steller séchaient aux murs de la fanza. Toutes venaient de jeunes spécimens. Nul doute que les Chinois avaient connaissance de la colonie des pinnipèdes du Mout'oho, où ils ne faisaient pas moins de massacres que sur le Sohopie.

Sur le chemin du retour, Dersou me demanda de but en blanc à qui appartenait la région de l'Oussouri. Aux Chinois ou aux Russes ? Et si elle était aux Russes, pourquoi ne chassait-on pas les Chinois ?

— Bientôt Mantsés tout détruit, dit-il. Moi pense, encore dix ans, et renne, zibeline, écureuil, tout disparu.

On ne pouvait que souscrire aux propos de Dersou. Les Chinois avaient d'ores et déjà exterminé chez eux ce qu'il y avait de vie. Ne leur restaient que les corbeaux, les chiens et les rats. Même en mer, près des côtes, ils avaient pillé tous les concombres de mer, les crabes, les mollusques et les algues. Le Priamourié, région du bassin de l'Amour, serait frappé du même sort en l'absence de mesures de lutte contre la prédation des Chinois.

Près de la mer, à une demi-verste du lac, nous trouvâmes une autre *loudeva*, plus petite. Longue de 3 verstes, elle possédait sept trappes.

Le lac Long reçoit au nord un ruisseau sans nom qui s'écoule par une vallée marécageuse. Là, le sentier se gorge d'humidité et devient spongieux. Par endroits, on sent le sol se dérober sous les pas. Sans doute la piste est-elle difficilement praticable par temps de pluie.

Passé un col haut de 500 pieds, le sentier suit la rive gauche d'un ruisselet qui se jette dans le Thetibé, lequel, long de 5 verstes, ne se révèle pas moins marécageux que le Sans-Nom. Ces deux vallées, parallèles au littoral, doivent leur orientation à une petite chaîne côtière érodée par les eaux de part en part et composée de quartzites ainsi que d'une certaine sorte de silex.

26. RENCONTRE AVEC LES BRIGANDS HONGHOUTSE

Des traces – Dersou part en éclaireur – Une échauffourée – Tchang-Pao – La rivière Tongkeou – Le Hongt'ami – La rivière Mouloumbé – Le lac de la Félicité – La rivière Kaimbé – La fanza aux champignons – La «peau de roche» – En route pour la rivière Sankhobé – Le départ de N. A. Paltchevski et A. I. Merzliakov

DANS LA JOURNÉE, Dersou repéra des traces de pas sur le sentier. Il se mit à les examiner de près. Une fois, il ramassa un mégot et un morceau de coton bleu. Selon lui, deux hommes étaient passés par là. Ce n'étaient pas des travailleurs mantsés, mais des oisifs, parce qu'un travailleur ne jetterait jamais un tissu neuf pour la seule raison qu'il était sale. Même des hardes, il les aurait usées jusqu'à la corde. Et puis les travailleurs fumaient la pipe, et non des papirosses trop chères pour eux. En poursuivant ses observations, il trouva un endroit où les deux marcheurs avaient pris un temps de repos. D'ailleurs, l'un d'eux s'était rechaussé. Une douille, qui traînait par terre, indiquait que les Chinois étaient armés de fusils.

Plus nous marchions, plus les trouvailles se diversifiaient. Soudain, Dersou s'arrêta net.

— Encore deux gens marche, dit-il. Eux quatre maintenant. Moi pense : gens mauvais.

Après concertation, nous décidâmes d'abandonner le sentier et d'avancer en pleine nature. Une fois parvenus au sommet de la première colline venue, nous regardâmes alentour. Droit devant, à 4 verstes, on voyait la baie Plastoun ; à gauche, une haute chaîne de montagnes qui, sans doute, cachait la rivière Sinatch'a ; derrière, le lac Long ; à droite, une chaîne de collines érodées par les eaux et, plus loin, la mer.

Ne voyant rien de suspect, j'eus l'idée de reprendre exactement le même chemin, mais le Golde suggéra de descendre vers un petit torrent qui filait au nord, et de le suivre jusqu'à la rivière Thetibé.

Une heure plus tard, nous étions à l'orée d'un bois. Là, Dersou nous pria de l'attendre et partit en éclaireur.

Le Thetibé se présente comme une petite rivière de montagne qui s'écoule par une large vallée marécageuse où foisonnent le saule, l'aulne et le bouleau blanc.

Le crépuscule approchait. Le marécage revêtit une teinte jaune brun. Maintenant, il paraissait désert et sans vie. Les montagnes sombraient dans la brume bleutée du soir ; elles semblaient tristes. Plus il faisait noir, plus la lueur des feux de forêt embrasait le ciel. Une heure se passa, puis deux. Toujours pas de Dersou. Je commençais à m'inquiéter.

Soudain, un cri loin de là. Suivirent quatre coups de feu. Encore un cri et encore un tir. Je voulus me précipiter, mais j'y renonçai sur-le-champ, car alors nous pouvions nous perdre l'un l'autre.

Le Golde revint une vingtaine de minutes plus tard, aux abois. Il raconta comme il put ce qui lui était arrivé :

La piste des quatre hommes le conduisit jusqu'à la baie Plastoun où il vit une tente avec une petite vingtaine de Chinois armés. Quand il eut acquis l'assurance qu'il s'agissait bien de *honghoutse*, il rebroussa chemin à travers les fourrés, mais un chien, qui l'avait flairé, donna l'alerte en aboyant. Trois Chinois brandirent leurs fusils et se lancèrent à ses trousses. Dans sa fuite, Dersou rencontra des sables mouvants. Les *honghoutse* lui crièrent de s'arrêter, puis commencèrent à tirer. Une fois au sec, Dersou se mit en position à genou, prit en joue un brigand et fit feu. Il vit nettement le Chinois tomber. Pendant que les deux autres s'occupaient du blessé, il continua la course. Pour déjouer les *honghoutse*, il fit exprès de fuir du côté opposé à notre cachette avant de revenir par des voies détournées.

— *Honghoutse* troue ma chemise, dit Dersou en me montrant sa veste percée d'une balle. Partons vite.

Ce qu'ayant dit, il enfila son havresac.

Nous marchions à pas feutrés. Le Golde nous conduisit par le lit pierreux d'un torrent à sec en évitant les sentiers.

Vers 9 heures du soir, nous atteignîmes la rivière Yaotseho mais, au lieu d'aller dans les fanzas, décidâmes de passer la nuit à la belle étoile. Je pelais de froid. J'eus beau m'emmitoufler sous la tente, l'humidité pénétrait partout. Nul ne put fermer l'œil. On languissait après l'aube, mais le temps, comme par malheur, semblait s'éterniser.

Aux premiers feux du jour, nous reprîmes la marche. Il nous fallait rejoindre au plus vite G. I. Granatman et A. I. Merzliakov. Dersou jugea préférable d'abandonner le sentier en passant par les montagnes, ce que nous fîmes. Nous traversâmes un cours d'eau à gué et à peine allions-nous plonger dans les hautes herbes que nous tombâmes nez à nez avec un Taza jaillissant des buissons, un fusil dans les mains. Il nous fit joliment peur et parut lui-même effrayé mais, voyant les cosaques, il sortit un pli d'une poche intérieure. C'était une lettre de N. A. Paltchevski pour m'informer qu'un détachement de chasseurs commandé par le chef chinois Tchang-Pao était parti du Sankhobé à la recherche des *honghoutse*. Pendant que je lisais la lettre, Dersou questionnait le Taza qui le questionnait en retour.

Il se révéla que Tchang-Pao, avec ses trente chasseurs, avait bivouaqué non loin de nous et qu'à cette heure il devait déjà s'approcher de la rivière Yaotseho.

De fait, nous le rencontrâmes vingt minutes plus tard.

Tchang-Pao était un homme de haute taille âgé d'une quarantaine d'années. Il avait une tenue chinoise ordinaire, bleue, un peu plus soignée toutefois que celles des simples Mantsés. Sa face animée portait la marque des privations endurées. Ses moustaches, tombantes à la chinoise, commençaient déjà à grisonner par endroits. Les yeux noirs de cet homme luisaient d'intelligence, un sourire jouait sur ses lèvres, et pourtant son visage ne se départait pas d'un certain sens du sérieux. Avant de dire quelque chose, il pesait son propos et parlait lentement, sans précipitation. Jamais encore je n'avais connu un homme qui mariât comme lui le sérieux, la gentillesse, l'énergie, le goût de la réflexion, la persistance et un talent de diplomate. La personnalité de Tchang-Pao, ses gestes, toute sa façon d'être et de se tenir dénotaient une éducation distinguée. Son intelligence, son amour-propre et sa faculté de soumettre la foule à sa volonté me disaient que je n'avais pas affaire à un Mantsé comme les autres. Selon toute vraisemblance, il était de ces hommes politiques hors-la-loi que la Chine avait bannis.

La troupe commandée par Tchang-Pao était composée de Chinois et de Tazas. C'étaient de jeunes gens robustes, forts, bien armés. D'emblée je remarquai, étant militaire moi-même, qu'il y régnait une discipline inflexible. Tous ses ordres étaient exécutés sur-le-champ sans qu'il eût à les répéter une seule fois.

Du Koussoun à la baie Sainte-Olga, partout la personnalité de Tchang-Pao faisait autorité. Chinois et Tazas venaient lui demander conseil. Quand il s'agissait de réconcilier deux ennemis jurés, c'était encore lui que les Chinois sollicitaient. Il prenait souvent le parti des offensés, ce qui lui valut beaucoup de sourdes rancœurs. Il vouait une haine particulière aux *honghoutse* auxquels il inspirait une peur panique à force de harcèlements, à tel point que ceux-ci n'osaient plus se montrer au-delà de la rivière Yaotseho.

La bande à laquelle nous nous étions heurtés était venue à bord de canots en baie de Plastoun dans l'intention de piller les chalands qui mouillaient là par gros temps.

Tchang-Pao me salua d'une manière polie, mais digne. Apprenant que Dersou avait essuyé dans la nuit une attaque des *honghoutse*, il lui posa mille questions sur le déroulement des faits tout en traçant un plan sur le sable.

Une fois bien renseigné, il dit qu'il devait faire vite et qu'il reviendrait sur le Sankhobé d'ici deux ou trois jours. Puis il prit congé de moi et s'en fut avec ses chasseurs.

Maintenant que nous n'avions plus rien à craindre des Chinois, nous allâmes à la première fanza venue pour y dormir. Levés à midi, nous bûmes d'amples gorgées de thé et partîmes remonter le Tongkeou, dont le nom signifie « vallée orientale » en chinois.

À la gauche de la rivière, le relief est abrupt ; à sa droite, il n'est guère déclive et se compose de porphyre feldspathique. L'on peut observer près de l'embouchure, au pied de terrasses fluviales, des saillies d'un granite granulé qui, à l'air libre, se réduit en gravier. Le sentier longe d'abord la rive droite puis, près du rocher Yantounlaza, passe sur la rive gauche et grimpe jusqu'à un col haut de 560 pieds.

Dans la vallée du Tongkeou, la nature tend à végéter. Chaînes et bouleaux noirs clairsemés, mélèzes et tilleuls propres au bois de combustion ou de menuiserie, cela ne fait pas une forêt. Point de jeunes arbres : ceux-ci sont systématiquement ravagés par les feux deux fois par an. Les versants d'adret sont couverts de végétation arbustive, principalement spirées, viornes et lespédèzes. Le reste va aux prés et aux marécages. La rivière, large de 2 ou 3 sagènes, est peu profonde et jalonnée de rapides, dont certains, magnifiques, ont l'aspect de petites cascades.

Tout juste eut-on le temps d'atteindre le col au cours de l'après-midi. Voyant que la rivière commençait à tarir, on planta le bivouac à l'écart, non loin de la ligne de partage des eaux. Le bois sec crépita joyeusement dans le feu. On échangea les impressions de la nuit passée tout en se réchauffant.

Je remarquai que Dersou voulait me demander quelque chose, mais qu'il n'osait pas. Je l'y incitai.

— Moi entend dire que *honghoutse* russes existe aussi. Vrai ou pas vrai ? me demanda-t-il d'un air confus.

— C'est vrai, répondis-je. À la différence près que les *honghoutse* russes vont seuls ou par deux et qu'ils ne forment pas de grosses bandes comme les Chinois. Le gouvernement russe ne le tolère pas.

Je pensais que ma réponse avait satisfait le Golde, mais il m'apparut bientôt que ses pensées prenaient un autre chemin.

— Comment possible ? raisonna-t-il à voix haute. Tsar il y a, tas de capitaines il y a, *honghoutse* aussi il y a. Chinois pareils : eux avoir tsar, eux avoir *honghoutse*. Et nous comment vivre ? Ni tsar, ni capitaines, ni *honghoutse*…

Il me parut d'abord saugrenu de mettre en regard le tsar et les *honghoutse*, mais, à bien réfléchir, je jugeai que Dersou avait raison. Dès lors qu'on classait les hommes en catégories, il devait y avoir des riches et des pauvres, des oisifs et des travailleurs. Et dès lors qu'on les classait en honnêtes et malhonnêtes, les éléments criminels se retrouvaient à l'écart et s'agrégeaient pour former une caste appelée *honghoutse* en chinois.

La conversation ne dura guère. Le repos du matin n'avait pas suffi, et l'organisme demandait encore du sommeil. Après avoir jeté du bois humide au feu, pour qu'il brûlât plus longtemps, nous nous couchâmes sur l'herbe et nous endormîmes.

Le soleil était déjà haut dans le ciel quand je me levai le lendemain. Après un bon thé, nous prîmes nos sacs et nous dirigeâmes vers le col.

Le sentier longea longtemps la crête, contournant les cimes tantôt d'un côté, tantôt de l'autre. Aussi donnait-il l'impression de monter et descendre, comme s'il allait d'arête en arête.

Une fois sur le col (780 pieds), je découvris un bien curieux tableau. À notre gauche se dressait le mont Hongt'ami à la forme d'un cône entaillé. Il fait partie de la chaîne qui sépare les bassins des rivières Sankhobé et Yaotseho. Vu de la mer, on dirait qu'il a deux bosses, raison pour laquelle, j'imagine, les cartes de marine le mentionnent sous le nom de mont du Chameau. En valeur absolue, l'altitude de l'ensellement entre les bosses (telle que mesurée par A. I. Merzliakov) est de 730 pieds ; et celle du point culminant, de 3 600 pieds. À l'est de notre poste d'observation s'élevaient des montagnes pauvrement boisées ; et à nos pieds s'étalait une vaste dépression marécageuse piquée d'une herbe jaune qui tirait sur le brun.

Passé le col, la sente dévalait un petit torrent. Elle ne tarda pas à couper le Mouloumbé (Mouli en langue orotche), petite rivière de montagne qui se jette dans le lac Hongt'ami, un nom que les Chinois associent au mot *meou-leou*, « biche wapiti ».

À n'en pas douter, nous sommes ici en présence d'une ancienne lagune dont l'assèchement est loin de se terminer. La faute en incombe aux tourbières qui, en la recouvrant, ont formé un marécage. Un plan d'eau subsiste à proximité de la mer : le lac de la Félicité (par 44° 47' de latitude nord et 136° 24' 20" de longitude est à partir du méridien de Greenwich). C'était là, vraisemblablement, le point le plus profond de la baie.

De petits torrents dévalant les montagnes par d'étroites ravines alimentent le marécage. Il se forme là des *relka* boisées d'aulnes, de bouleaux, de tilleuls, voire de chênes clairsemés, sur les sols les plus secs. Le sentier longe les ravines avant de virer brusquement vers la zone marécageuse. Du Mouloumbé à la rivière Kaimbé, la distance n'excède pas les 5 verstes, mais il nous fallut près d'une journée entière pour accomplir la traversée tant les sols étaient mouvants. On tenta bien de contourner l'endroit en quittant le chemin, mais cela ne fit qu'empirer. À la tombée du jour, enfin, le marécage fut franchi. Une fanza se profila devant nous, au bord de la rivière Kaimbé. Ce fut vers elle que nous allongeâmes le pas.

Le Kaimbé (Kaya en langue orotche) figure sur les cartes sous le nom de Kaembe. De même grandeur que le Mouloumbé, ce fleuve côtier se jette directement dans la mer. Sa rive gauche est bordée d'une longue et haute terrasse déjà entamée par les œuvres du temps : cette terrasse est l'ancienne berge de la lagune. Déclive du côté lac, elle tombe à la mer en paroi abrupte.

La fanza était habitée par deux Chinois. Ni potager ni terres cultivées aux alentours. Toutefois, l'œil acéré de Dersou remarqua une scie à tronçonner, des haches à longs manches, des paniers tressés de teille et des *kang* plus longs que ne le laissait supposer le petit nombre d'habitants de la fanza. Il s'avéra que ces Chinois vivaient de la cueillette de champignons d'écorce ainsi que de la collecte de mousses de roche. Ces champignons se rapportent à la famille des trémelles *(Tremıllınacæ)* et sont prélevés uniquement sur les chênes. Ils dégagent un arôme particulier et possèdent une haute teneur en eau (98 %). Pour les cultiver, les Chinois abattent une multitude de chênes. Quand l'arbre commence à pourrir, des trémelles jaunissantes apparaissent *(Tremella lutescens)*, qui ressemblent fort à de blancs coraux. Après les avoir collectées, on les sèche au soleil, puis à l'intérieur de la fanza sur des *kang* fortement chauffés.

Quant aux mousses *(Parmelia centrifuga)*, de couleur vert olive foncé, elles noircissent en séchant. Les Chinois les appellent *chehouei-p'i*, c'est-à-dire « peau de roche ». Ils les prélèvent sur des schistes et des calcaires et les envoient à Vladivostok dans des paniers tressés, comme des gourmandises.

Comment ne pas s'étonner de l'esprit d'entreprise des Chinois ? Les uns chassent le renne, d'autres recherchent le ginseng, d'autres encore trappent la zibeline ; il y en a aussi qui traquent le chevrotain pour le musc, récoltent les algues, pêchent le crabe ou le concombre de mer, courent après l'opium… À chaque fanza son industrie : pêche aux perles, extraction d'huiles végétales, fabrication d'eau-de-vie, racines d'astragales *(Astragalus membranaceus Fisch.)*, le reste à l'avenant. Ils trouveront toujours une source d'enrichissement. La question du travail est pour eux secondaire dès lors que la source est intarissable.

La journée nous avait tant fatigués que nous restâmes là pour dormir sans pousser la marche plus loin.

À l'intérieur, la fanza était propre et soignée. Hospitaliers, les Chinois nous cédèrent leurs places, faisant tout pour nous être agréables. Au-dehors, l'air était noir et froid. Le battement du ressac montait de la mer. Mais la fanza restait chaude et douillette…

Dans la soirée, les Mantsés nous offrirent du « cuir de roche ». Brunes et visqueuses, les mousses, sans saveur, croustillaient sous la dent comme de la chorde d'esturgeon et ne pouvaient guère prétendre qu'à flatter le goût gastronomique des Chinois.

Ils affirmèrent que le Sankhobé était à une bonne journée de marche. Comme nous souhaitions y être avant la nuit, nous prîmes la route de bon matin.

À partir de la champignonnière, le sentier longe la mer par les montagnes en franchissant cinq arêtes de porphyre quartzique boisées çà et là de chênes, de tilleuls et de bouleaux noirs.

Pour les chevaux comme pour les hommes, ce chemin est réputé difficile. À la dernière ravine, la cinquième, il tourne vers l'ouest vers un col haut de 1150 pieds. Côté mer, la montée est raide ; côté Sankhobé, la déclivité se fait douce.

Passé le col, le tableau change. Après le porphyre, le granite ; et après des mélèzes épars, une forêt mixte de belle qualité. La petite rivière que longeait notre sentier nous mena au Hianyangkeou qui s'abouche au Sankhobé, non loin de la mer.

Là se trouvait la concession forestière Gliasser et Khromanski, une entreprise promise à la disparition comme toutes les entreprises russes faites à la va-vite. Beaucoup d'arbres abattus, peu d'arbres expédiés. La plupart sont abandonnés dans la taïga. Un combustible parfait, il est vrai, pour alimenter les feux de forêt…

Les Chinois de la champignonnière avaient dit juste. Nous n'atteignîmes le Sankhobé qu'au soir. Le chemin nous conduisit à un village chinois. Dans l'une des fanzas, une lumière brûlait. À travers le papier fin de la fenêtre, j'entendis la voix de N. A. Paltchevski et reconnus son profil. Il ne m'attendait pas à une heure si tardive. G. I. Granatman et A. I. Merzliakov se trouvaient dans une fanza voisine. Apprenant notre venue, ils accoururent aussitôt. Les questions fusèrent de part et d'autre. Je leur racontai ce que nous avions subi en route cependant qu'ils me parlèrent de leur travail en vallée du Sankhobé.

Si prenante que fût la conversation, la fatigue fit son œuvre. Paltchevski le remarqua et prépara ma couche. À peine m'étais-je allongé sur le *kang* que je plongeai dans le sommeil.

La journée du lendemain se passa en causerie. La rivière Sankhobé était le point extrême de notre voyage sur le littoral. De là, il nous fallait marcher vers le Sikhotè-Alin et plus loin, jusqu'à l'Iman. Il fut décidé en conseil que nous resterions sur le Sankhobé aussi longtemps que nécessaire pour refaire nos forces et préparer l'équipement de la campagne d'hiver.

L'hiver approchant, nourrir les chevaux devenait une affaire épineuse. J'ordonnai donc de renvoyer tous les chevaux en baie Sainte-Olga avec A. I. Merzliakov et une partie du détachement. Dans la mesure où la végétation entrait en léthargie, N. A. Paltchevski souhaita aussi revenir à Vladivostok en profitant de la goélette de Gliasser qui devait appareiller deux jours plus tard.

Ne restaient donc plus, pour la traversée hivernale du Sikhotè-Alin, que le fusilier Botchkarev, deux cosaques (Mourzine et Kojevnikov), G. I. Granatman, Dersou et moi-même.

Le 25 septembre, nous prîmes congé de N. A. Paltchevski. Et le lendemain, ce fut A. I. Merzliakov qui prit la route à son tour.

Chablis de la taïga oussourienne (1906 ou 1907).

27. UN INCENDIE DE FORÊT

La baie de Ternay – Oiseaux de bord de mer – La population du Sankhobé – La rivière Hitch'a – La taïga – Le Sikhotè-Alin – La rivière Talatse – L'étude des empreintes – Une méchante épine – Un abcès au pied – L'incendie de forêt – L'opération – Le retour – Drames au bord de la mer

La journée du 27 septembre fut consacrée à l'exploration de la baie de Ternay (cap Strachny, 45° de latitude nord par 136° 44' 30" de longitude est à partir de Greenwich) découverte par le célèbre Lapérouse le 23 juin 1787 et baptisée ainsi par lui. Il apparaissait nettement que cette baie, autrefois, avait pénétré davantage dans les terres : la profondeur de l'estuaire, la largeur de l'anse et la présence de deux lacs au milieu des marécages marquaient l'emplacement des anciens bas-fonds. La mer elle-même avait œuvré à son propre recul. D'un cap à l'autre, la digue érigée par le ressac avait fait de la baie une lagune. Puis des dunes s'étaient formées. En grandissant, elles avaient enfoui sous elles les rochers côtiers.

Ordinairement, ce genre de lagune attire beaucoup d'oiseaux. Les uns avaient investi le bord de la mer, les autres préféraient trouver asile dans les boucles de la rivière. Parmi ceux-là, j'identifiai des bécasseaux variables. Vu la saison, c'étaient assurément des retardataires. Volaient aussi des mouettes qui, souvent, se posaient sur l'eau pour quelques instants. Les jeunes spécimens se distinguaient par leur plumage gris bleu ciel.

Dans les anses les plus reculées du Sankhobé se réfugiaient de grands cormorans qui, insatiables, ne cessaient de plonger.

En vallée inférieure du Sankhobé, la nature végète. Côté droit, de maigres boqueteaux de mélèzes sibériens *(Larix sibirica Ldb.)* parsèment les marécages. Visiblement, ce fleuve côtier marque la limite nord du maackie de l'Amour *(Cladrastis amurensis Benth.)*, du moins ne le voit-on là que très rarement.

La population du Sankhobé se présente comme un mélange de Chinois et de Tazas. Ceux-là vivent près de la mer ; ceux-ci, dans les montagnes. On dénombre 38 fanzas chinoises qui rassemblent 233 âmes ; et 14 fanzas de Tazas pour 72 hommes, 54 femmes et 89 enfants des deux sexes.

Particulièrement rude est la condition des Tazas. Ils ont l'air rustre et accablé. Quand je manifestai la volonté de les questionner, ils se dirent des messes basses et se défilèrent sous je ne sais plus quel prétexte.

Manifestement, ils avaient peur des Chinois. Pour peu qu'un Taza osât se plaindre aux autorités russes ou raconter ce qu'il se passait sur le Sankhobé, il se verrait cruellement châtié : enterré vif ou noyé dans la rivière.

Les Tazas du Sankhobé ne diffèrent en rien de ceux du Tadachou. Ils sont vêtus de la même façon, parlent chinois et cultivent les céréales… Près de chaque fanza se dresse un garde-tout sur pilotis pour le stockage de leur fourbi. Cet entrepôt se présente comme une construction typiquement indigène. Je remarquai aussi que les vieux possédaient des couteaux à lame cintrée dont ils usaient avec une habilité sans égale : ils s'en servaient à la fois de perçoir, de vrille, de burin et de plane.

Les Tazas disaient que, trente ans plus tôt, la variole avait fait des ravages dans la vallée du Sankhobé. Pas une fanza où cette terrible maladie n'eût sévi. Les Chinois, qui n'osaient pas enterrer les morts, les brûlaient sur des bûchers en sortant les cadavres des cabanes avec des gaffes. Il y eut des cas où l'on brûla des malades en état d'inconscience, avec les morts.

Ce soir-là revint Tchang-Pao. Il nous apprit qu'il n'avait pas réussi à rattraper les *honghoutse* en baie de Plastoun. Après les échanges de tirs avec Dersou, ils avaient pris le large à bord d'un chaland en mettant probablement cap au sud.

Je passai les trois jours qui suivirent sur place, du 28 au 30 septembre, à cartographier nos parcours, à remplir mon journal de route et à rédiger des lettres. Les cosaques tuèrent un cerf dont ils firent sécher la viande, et Botchkarev prépara les chaussures pour l'hiver. Ne voulant pas les détourner de leurs occupations, je renonçais à les emmener en excursion quand j'allais inspecter les alentours.

Le fleuve côtier Sankhobé (Satchenbeïa sur les cartes et Sankè en langue oudihée) découle de deux rivières d'égale grandeur : la Hitch'a (« affluent d'ouest » en chinois) et la Tongtch'a (« affluent d'est »). Après une enquête de terrain, j'envisageai de gagner l'Iman par la Tongtch'a. Aussi décidai-je d'explorer d'abord la Hitch'a, puisque j'en avais le loisir. Ce travail me prit sept jours.

Le 1er octobre, Dersou et moi, havresacs sur le dos, partîmes de notre « quartier général ».

La confluence de la Hitch'a avec la Tongtch'a se fait à 10 verstes de la mer. Là, le Sankhobé se sépare en deux vallées. L'une va au nord (la Tongtch'a), et l'autre à l'ouest (la Hitch'a). Vue du côté de la mer, la vallée de la Hitch'a est magnifique. Les montagnes hautes aux cimes baroques semblent majestueuses. Chaque fois que je les revis par la suite, elles me laissèrent une impression de beauté sauvage.

À mi-chemin entre la mer et la confluence se dresse, rive gauche, un piton rocheux nommé Talatse. Une fois, à ce qu'on dit, un Chinois d'âge vénérable y trouva un pied de ginseng de grande taille ; mais dès qu'il l'eut rapporté à la fanza, tout le monde entendit le rocher gémir dans la nuit.

D'après les Chinois, le Sankhobé marque la frontière nord de la terre du ginseng. Nul n'en a jamais rencontré plus loin.

La Hitch'a vient du sud-ouest. Elle prend sa source dans le Sikhotè-Alin (vers le col donnant sur l'Iman) et ne reçoit que deux affluents, dont la Nantch'a, longue de 20 verstes, côté droit, venant du col de la vallée du Yaotseho. La chaîne de montagnes qui sépare le bassin de la Nantch'a du littoral court transversalement vers l'est d'abord, vers le nord-est ensuite, et se compose des monts : Hongt'ami (3 600 pieds), Tête de sucre (2 380), de la Félicité (1 920) et Sylvestre (1 370). Deux petits fleuves dévalent ce relief jusqu'à la mer : le Mouloumbé et le Kaimbé, par nous déjà mentionnés. La Nantch'a, quant à elle, file vers le nord, puis le nord-est, puis le nord-ouest ; donc, vue d'aval en amont, la vallée tend plutôt vers le sud.

La vallée de la Hitch'a est habillée d'une magnifique forêt mixte. Sa singularité consiste dans un étagement de puissantes terrasses. À nu, il apparaît nettement que celles-ci sont d'origine alluvionnaire – argile, limon et pierres anguleuses grosses comme des têtes de chevaux. Il se trouva jadis des forces naturelles pour ériger ces terrasses. Puis vint le temps du repos. Alors elles se boisèrent d'une forêt vieille aujourd'hui de deux siècles et davantage.

La vallée inférieure de la Hitch'a se découpe en deux vastes cuvettes surplombées de hautes montagnes. Les forêts y sont superbes et riches en cèdres sibériens. Le bois avait été coupé le long de la rivière par le concessionnaire Khromanski, mais seul un quart de la coupe était évacué, le reste ayant été abandonné sur place. Lors du bûcheronnage, des troncs géants avaient entraîné dans leur chute une foule d'arbres non sujets à l'abattage. Conséquemment, il y avait là plus de bois mort que vivant. Il était difficile de marcher en pleine nature par une forêt dans cet état. Une fois que nous tentâmes d'avancer hors du sentier, nous tombâmes aussitôt dans un entrelacs de fûts dont nous sortîmes à grand-peine. La zone de coupe s'étendait sur une superficie de 15 verstes carrées : 5 de longueur et 3 de largeur. Le sentier traversait la forêt presque en son milieu. Pour le tailler, il avait sans doute fallu se consumer en efforts et sacrifier bien des haches et des scies.

Le lendemain, nous attaquâmes la remontée de la Hitch'a. Plus nous allions en amont, plus la taïga se faisait dense et sauvage. La main assassine de l'industrie du bois n'avait pas encore défloré la forêt. Outre le cèdre, le peuplier, le sapin, l'arbre à liège, l'épicéa et le noyer, on trouvait ici : le frêne chinois *(Fraxinus rhynchophylla Hance)*, bel arbre à l'écorce grise et aux feuilles ovales acuminées ; la deutzie à petites fleurs *(Deutzia parviflora Bunge)*, arbrisseau à baies noires ; le saule des vanniers *(Salix viminalis Lin.)*, omniprésent dans la région oussourienne et généralement établi sur des bandes de galets le long des rivières. Au bord des cours d'eau, la communauté végétale comprenait : l'aulne arbustif *(Alnus fruticosa Rupr.)* avec ses grosses feuilles si nettement nervurées ; l'aubépine chinoise *(Cratægus pinnatifida Bunge)* avec son écorce grise, ses feuilles triangulaires et ses rares épines ; le sorbier-sureau *(Sorbus sambucifolia Trautv.)* avec ses feuilles vert foncé et ses gros fruits rouge vif ; le chèvrefeuille camérisier *(Lonicera edulis Turcz.)* avec son écorce brune, ses feuilles fines et ses baies oblongues bleu foncé sous un film mat ; et, enfin, le *Menispermum dauricum DC.*, végétal grimpant qui affectionne les arbustes.

À mesure que les traces humaines s'effaçaient, on rencontrait de plus en plus d'empreintes de bêtes sauvages. Tigre, lynx, ours, glouton, cerf wapiti, renne, chevreuil et sanglier, tous familiers de la taïga oussourienne.

Impétueuse, la Hitch'a est jalonnée de rapides qui ne ressemblent guère à ceux de la région, mais se présentent plutôt comme de bruyantes cascades hérissées de pierres. Le cours moyen de la rivière, large d'environ 5 sagènes, développe une vitesse de 8 verstes par heure à l'étiage. Sa source est un torrent grossi par des eaux dévalant de courtes ravines.

Quand nous eûmes gravi le Sikhotè-Alin, je vis ce à quoi je m'attendais : une pente légèrement déclive à l'ouest et abrupte à l'est. Même contraste dans la végétation. Côté ouest, une forêt de résineux ; côté est, une forêt mixte qui, aux abords de la rivière, tourne vite à la forêt de feuillus.

Passé la ligne de partage des eaux, nous découvrîmes un torrent qui nous mena à la rivière Tanantch'a, laquelle s'abouchait au Kouloumbé, affluent supérieur de l'Iman. Après l'avoir longée sur une dizaine de verstes, nous tournâmes vers l'est, remontâmes le Sikhotè-Alin, puis redescendîmes vers le Talatse (affluent de la Hitch'a). En traduction littérale, ce nom chinois signifie « ravine aux grands rochers ».

Géologiquement, la vallée du Talatse résulte d'un processus de dénudation. De la source à l'embouchure, les roches se succèdent comme suit : schistes argileux piqués d'oxyde de fer brun, puis granits gris et porphyre quartzique. En vallée moyenne, aphanite diabasique désagrégée en blocs irréguliers et coulées de porphyre quartzique d'apparence tufière. Les degrés rocheux de la Hitch'a sont composés de schiste gréseux sur le cours supérieur, et de micropegmatite métamorphosée en jaune rouillé.

Dersou marchait en silence, indifférent à ce qu'il voyait. Pendant que je me pâmais d'admiration devant le paysage, il examinait une branche cassée à hauteur de main d'homme et, du sens de la pliure, déduisait la direction dans laquelle cet homme avait marché. À voir la fraîcheur de la cassure, il parvenait à dater l'événement, à imaginer les chaussures du marcheur, et ainsi de suite. Chaque fois que j'exprimais un doute ou une incompréhension, il me disait :

— Comment toi pas comprendre, alors que cours les bois depuis longtemps ?

Pour moi, c'était incompréhensible ; pour lui, cela coulait de source. Parfois, il repérait des empreintes qu'avec la meilleure volonté du monde je n'eusse jamais discernées. Mais lui voyait qu'une vieille biche était passée par là avec son faon de 1 an. Ils avaient mordillé des feuilles de spirées avant de détaler brusquement, effrayés par on ne savait quoi.

Non qu'il fît de l'épate, car nous nous connaissions trop bien pour cela ; c'était simplement sa vieille habitude, acquise au fil des ans, de ne négliger aucun détail et de poser un œil attentif sur la moindre chose. S'il n'avait pas appris à lire les empreintes depuis sa plus tendre enfance, il serait mort de faim. Quand je passais à côté d'une marque nettement imprimée sans la remarquer, il se moquait de moi, secouait la tête et disait :

— Hééé ! Comme petit garçon : marche tête ailleurs, a des yeux, mais regarde pas, comprend pas. Ça vit en ville, vraiment. Pas besoin de chercher renne. Veut manger, peut acheter. Pas capable de vivre seul dans taïga, sinon bientôt mourir.

Et il avait raison. Dans la taïga, des milliers de dangers guettent le voyageur ; et celui-ci n'ira jamais au bout du voyage s'il ne sait déchiffrer les empreintes.

En chemin je marchai sur un arbre piquant. Une puissante épine traversa ma chaussure et s'enfonça dans mon pied. Je me déchaussai aussitôt pour l'arracher, mais, apparemment, elle ne sortit pas entière. Le lendemain, j'avais le pied douloureux. Je priai Dersou d'examiner la plaie. Il s'avéra qu'elle enflait déjà sur les bords. Je pus encore marcher ce jour-là, mais, dans la nuit, la douleur s'exacerba. Je ne fermai pas l'œil. À l'aube, il apparut clairement qu'un gros abcès s'était formé dans mon pied.

Étant à court de vivres, nous devions aller de l'avant. Déjà, nous n'avions plus de pain et ne mangions que le produit de la chasse. Les pansements et les médicaments étaient au bivouac. Dans la taïga, nous risquions à tout moment d'être surpris et immobilisés par une tempête. Aussi décidai-je de continuer la route, malgré la douleur. Comme je traînais la jambe gauche, je ne pouvais m'appuyer fermement que sur la droite. Dersou prit mon sac et mon fusil. Quand les descentes frisaient une ravine, il me soutenait et faisait tout pour alléger mes souffrances.

Nous ne couvrîmes que 8 verstes dans la journée, encore fût-ce à grand-peine. Il en restait 24 pour atteindre le bivouac.

Dans la nuit, la douleur fut insoutenable. L'enflure s'étendit au pied entier. Allais-je pouvoir me traîner jusqu'à la première fanza de Tazas ? Dersou aussi semblait s'en inquiéter. Il levait souvent les yeux vers le ciel. Je crus qu'il redoutait la pluie, mais ses craintes étaient d'une autre nature. Le ciel s'emplissait d'une brume qui ne cessait de s'épaissir. Le premier croissant de lune, qui avait perdu sa clarté habituelle, semblait rouge pâle. Parfois, on ne le voyait plus. Enfin, un embrasement jaillit de derrière les montagnes.

— Fumée très grosse, dit mon compagnon.

L'aube pointait à peine que nous étions déjà debout. Il fallait marcher. De toute façon, je ne me trouvais pas en état de dormir. Jamais je n'oublierai ce jour. Tous les cent pas, je m'asseyais par terre. J'avais coupé les coutures de ma chaussure pour l'empêcher de me serrer le pied.

Nous arrivâmes bientôt à la confluence du Talatse et de la Hitch'a. Maintenant, nous avions pénétré dans une forêt encombrée de chablis. Alentour, tout n'était que fumée. On ne distinguait pas les arbres à 50 mètres.

— Capitaine ! Faut se dépêcher. Moi un peu peur. Herbe pas brûle, mais forêt brûle !

Je rassemblai mes dernières forces et, d'une jambe traînante, poussai plus loin la marche. Dès que ça montait, je rampais à genoux. Une racine, un cône de sapin, un caillou, une tige… tout ce qui me tombait sous le pied me faisait hurler de douleur, et, chaque fois, je m'affalais par terre.

Marcher dans la fumée devenait de plus en plus difficile. Il apparut clairement que nous n'arriverions pas à traverser cette forêt de chablis qui, desséchée par le soleil et le vent, flambait maintenant comme un énorme bûcher.

On sait qu'une flamme géante, quand elle se lève, provoque un tourbillon de vent. Cela n'échappa point à l'oreille avertie du Golde. Nous devions d'urgence franchir le Talatse. Là était notre seul salut. Encore m'eût-il fallu, pour ce faire, tenir solidement sur mes deux jambes. Pour moi, c'était impensable. Que faire ? Soudain Dersou, sans dire un mot, me souleva dans ses bras et me porta promptement sur l'autre rive où s'étirait une large grève de galets. Dès qu'il m'eut déposé à terre, il courut chercher les fusils. À ce moment, la fumée m'enveloppa. Je ne voyais plus rien. Quand je recouvrai mes esprits, Dersou et moi étions couchés à même les pierres sous une toile de tente mouillée. Il pleuvait des étincelles. La fumée âcre nous empêchait de respirer.

C'était la première fois de ma vie que je voyais un incendie de forêt aussi terrible. D'énormes cèdres flambaient comme des torches. En contrebas s'agitait une mer de feu. Tout brûlait : herbes sèches, feuilles mortes et chablis. Les arbres verts craquaient en gémissant sous l'effet de la chaleur. De grosses volutes de fumée jaune montaient au ciel. Les flammes roulaient par vagues, enveloppaient les souches, léchaient les pierres surchauffées.

Soudain, le vent tourna, et la fumée fut emportée à l'écart. Dersou se leva et me secoua. J'essayai encore d'allonger quelques pas sur la grève, mais c'était au-dessus de mes forces. Gémir étendu par terre, voilà tout ce que je pouvais faire.

À force de solliciter mon talon gauche, je l'avais meurtri ; quant à l'autre jambe, elle souffrait du genou. Voyant que je n'irais pas plus loin, Dersou planta la tente, apporta du bois et m'annonça qu'il allait chercher un cheval chez les Chinois. C'était le seul moyen de sortir de la taïga. Dersou partit, me laissant seul.

Sur l'autre rive, l'incendie faisait rage. Des nuages d'escarbilles s'envolaient vers le ciel avec la fumée. Le feu se propageait encore et encore. Certains arbres brûlaient plus vite que d'autres. Je vis un sanglier passer la rivière, puis vint le tour d'une grosse couleuvre de Schrenck. Un pic noir sautait d'un tronc à l'autre, comme pris de folie. Un casse-noix moucheté criait sans trêve. Je l'accompagnais de mes gémissements. Enfin vint le soir.

Je compris que Dersou ne reviendrait pas aujourd'hui. Mon pied malade avait beaucoup enflé. Après m'être déchaussé, je palpai l'abcès. Il avait grossi, mais la plante de mon pied, réduite en corne par de si longues marches, n'était pas près de s'ouvrir. Je pensai à mon canif et me mis à l'aiguiller sur une pierre. Puis je mis du bois au feu et attendis qu'il se changeât en braise. Alors j'incisai l'abcès. Sous la douleur, mes yeux s'enténébrèrent. Du sang noir mêlé de pus jaillit de la plaie. Au prix d'efforts atroces, je me traînai jusqu'à l'eau, déchirai la manche de ma chemise et commençai à nettoyer la lésion. Ceci fait, je me bandai le pied et revins au feu. Une heure plus tard, j'éprouvai un soulagement. Ça faisait mal, mais moins qu'avant.

Du cœur de l'incendie montait un embrasement rouge. Des feux scintillaient çà et là dans la forêt, où les chablis finissaient de se consumer. Longtemps je restai assis sous la tente à masser de la main mon pied malade. Puis, assoupi par la chaleur du feu de camp, je sombrai dans le sommeil. À mon réveil, je vis près du feu Dersou et un Chinois. J'étais sous une couverture. La bouilloire du thé chauffait. Un cheval sellé se tenait près de là. La douleur s'était apaisée, et la grosseur avait diminué. Je lavai encore une fois ma blessure à l'eau chaude, puis je bus un bon thé accompagné d'un pain azyme chinois. Enfin, je m'habillai. Dersou et l'autre m'aidèrent à monter en selle, et nous nous mîmes en marche.

L'incendie était parti au loin, mais l'air restait enfumé.

Nous atteignîmes le Sankhobé dans l'après-midi. G. I. Granatman n'était pas là. Il ne revint qu'après trois journées d'exploration.

Je dus m'immobiliser jusqu'à la cicatrisation complète de ma blessure. Trois jours plus tard, je marchais déjà ; au bout d'une semaine, j'étais parfaitement guéri. Plusieurs fois, Tchang-Pao vint me rendre visite. Grâce à lui, j'appris beaucoup de choses intéressantes. Quelques années plus tôt, le vapeur *Viking* s'était naufragé près de la baie de Ternay; en 1905, les Japonais avaient tué Lieoup'oula, son bras droit (Tchang-Pao me raconta de quelle manière il avait vengé son compagnon); et, en 1906, un contingent de bagnards avait débarqué sur le continent vers le cap de l'Olympiade, puis longé le littoral en briguant, pillant, tuant, alors Tchang-Pao et ses chasseurs les avaient rattrapés près du lac de la Félicité pour les exterminer jusqu'au dernier… Et beaucoup d'autres choses encore. Ce furent des drames terribles et sanglants.

À bien regarder les Chinois, je pus constater combien grande était la popularité de Tchang-Pao. On relayait ses paroles. On exécutait ses ordres sans ciller. Beaucoup venaient solliciter ses conseils, et sans doute n'y eut-il point d'affaire trouble qu'il ne sût élucider en désignant les coupables. D'aucuns étaient mécontents. Pour la plupart, des hommes au pedigree de criminels. Tchang-Pao savait brider leurs instincts.

Il envoyait régulièrement des éclaireurs tantôt sur le Yaotseho, tantôt sur le littoral, tantôt sur les pistes du nord. Le soir, il tirait le bilan de ces missions et m'en rendait compte au quotidien. Tchang-Pao tenait une correspondance active. Presque tous les jours, un messager spécial lui apportait des lettres.

Ces jours-là, Dersou disparut : il passait son temps chez les Tazas. Il avait trouvé parmi eux un vieillard ayant vécu autrefois sur le Woulaho. Les deux hommes s'étaient connus dans leur jeunesse. Dersou, qui faisait connaissance avec tout le monde, était partout le bienvenu.

À deux jours de mon départ, Tchang-Pao vint me dire adieu. Une urgence l'appelait sur la rivière Takema. Il m'affecta deux Chinois chargés de m'accompagner jusqu'au Sikhotè-Alin et de revenir par un autre chemin pour lui rapporter ce qu'ils avaient vu pendant le voyage.

Le 15 octobre fut le dernier jour des préparatifs. On fit des galettes de farine, on stocka de la viande séchée. Tout était prévu, même l'herbe sèche pour les chaussures.

28. MARCHE HIVERNALE

Le départ – Empoisonné – L'antidote – La Tongtch'a – Comment bêtes sauvages et oiseaux débarrassent la rivière de son poisson – Un endroit maudit – Des signes avant-coureurs de mauvais temps – Tempête de neige – Le col de la Patience

Le 16 octobre, nous ne pûmes prendre le départ. La faute en incombait à nos guides chinois qui ne se présentèrent que le lendemain peu avant midi. Les Tazas nous accompagnèrent de fanza en fanza, nous priant chaque fois d'entrer chez eux ne fût-ce qu'une minute. Les salutations fusaient à l'endroit de Dersou. Femmes et enfants lui faisaient des signes de la main. Il leur rendait la pareille. Ce fut ainsi que, de cabane en cabane, au prix d'incessants retardements, nous parvînmes à la dernière habitation de Tazas, ce dont, franchement, je me réjouis fort. Puis le chemin passa la rivière, longea la rive gauche sur 2 ou 3 verstes et se mit à gravir un col.

La Tongtch'a inférieure coule longitudinalement jusqu'à la Hitch'a. Là, elle fait une boucle et contourne une arête montagneuse à versants peu déclives côté Sankhobé, et abrupts côté Tongtch'a. Il nous fallait franchir cette arête.

Comme le crépuscule approchait, nous installâmes le bivouac dès que nous fûmes au bord de l'eau.

Dans la journée, je me sentis mal : j'avais le ventre douloureux. Le guide chinois me proposa un remède fait d'un mélange de ginseng, d'opium, de bois de renne et d'un bouillon d'os d'ours. Jugeant que l'opium saurait apaiser la douleur, j'acceptai d'en avaler quelques gouttes, mais l'autre insista pour que j'en prisse une cuillerée entière, alléguant que l'opium était le moindre des ingrédients du breuvage. Peut-être l'avait-il dosé à sa propre mesure, étant lui-même accoutumé à l'opium, alors qu'à mon échelle une petite dose produisait l'effet d'une grande.

De fait, le mal de ventre s'apaisa après la prise du remède. Mais, en même temps, une espèce de faiblesse s'infusa dans mon corps. Couché près du feu, je sombrai dans un sommeil lourd qui ressemblait fort à un état d'évanouissement. Une demi-heure plus tard, je revins à moi. Je voulus me lever sur mes deux jambes, en vain ; je voulus bouger, encore en vain ; je voulus crier, toujours en vain. Étrange état que le mien : j'avais perdu tous mes moyens, n'entendais rien, ne sentais rien. Au prix d'efforts surhumains, je levai la main et la portai à mon visage. J'en fus effrayé. Ce n'était pas ma main, mais celle d'un autre ; et au lieu de toucher ma face, je touchais un masque. L'effroi m'envahit. Après une lutte intérieure terrible, je m'arrachai au sol et bondis sur mes deux jambes pour retomber aussitôt. Je fus pris d'un violent vomissement. Pour mon bonheur, Dersou ne dormait pas encore. Il m'apporta de l'eau. Après quelques gorgées, je commençai à revenir à moi. La tête me tournait tant que je n'arrivais pas à fixer mon regard sur quoi que ce fût. Comprenant que je m'étais intoxiqué, j'aspirai de longues lampées d'eau pour me forcer ensuite à vomir, et cela me sauva. Ainsi me morfondis-je jusqu'à l'aube. Au point du jour, Dersou courut à la forêt et me rapporta une herbe qu'il me fit mâcher en me priant d'en avaler le jus.

Enfin, tant bien que mal, je me ressaisis. Le vertige et le mal de tête me passèrent. Par contre, je fus en proie à une soif ardente et à une sensation de faiblesse.

Cette herbe, c'était du *Polygonum amphibium Lin.*[34]. Les indigènes y recourent aussi contre la dysenterie.

Le Sankhobé coule par une vallée de rupture typique qui va tantôt s'élargissant, tantôt rétrécissant au point de ne plus laisser passer que le lit de la rivière. Les endroits les plus évasés correspondent aux embouchures des affluents, dont le plus grand est le Fatou qui longe la côte en venant du nord.

Sur la Tongtch'a comme sur la Hitch'a, la forêt est de bel aspect. À gauche dominent les feuillus, dans les montagnes ; à droite, les résineux.

Le sentier longe la rive gauche dont parfois il se rapproche, parfois s'éloigne d'une centaine de sagènes. À un certain endroit, la rivière rase un escarpement plein d'éboulis qui, doucement, se laissent glisser. De petites pierres roulent ainsi vers le fond, ce que le vulgaire, parmi les Chinois les plus ingénus, attribue à une force surnaturelle. Ils avaient érigé ici un autel au dieu Chan-Hin-Ye, gardien des montagnes. Nos accompagnateurs ne manquèrent pas d'y faire des prières sans s'embarrasser le moins du monde de notre présence.

Puis le sentier entre dans une zone brûlée qui s'étire jusqu'au Fatou. Viennent ensuite des éboulements avec, sur la rive d'en face, des terrasses fluviales étendues sur un espace assez vaste.

Sept verstes en aval, le Sankhobé reçoit une petite rivière sans nom. En la remontant, l'on peut atteindre la source du Bilembe qui s'abouche à la mer à une quarantaine de verstes au nord de la baie de Ternay. À 2 verstes en amont de l'embouchure de ce cours d'eau sans nom, la Tongtch'a reçoit un autre affluent que les Chinois appellent Hiaotch'a. Là, le chemin fourche : un sentier remonte la Tongtch'a, un autre tourne à gauche.

Par suite de mon malaise, je ne pouvais marcher vite. Souvent, je m'arrêtais, m'asseyais par terre et prenais le temps de souffler.

Dersou et deux fusiliers s'en furent explorer la Hiaotch'a dont la source se confondait avec celle d'un torrent qui se jetait dans la Hitch'a moyenne. Le col était habillé d'une forêt dense de résineux. Une montée modérément abrupte, tout comme la descente. À quelque 3 verstes de la Tongtch'a, ils trouvèrent une fanza de trappeur chinois dont les maîtres étaient absents.

Au soir, je me trouvai presque d'aplomb bien que je ne pusse manger : la nausée m'en empêchait. Je décidai donc de me coucher de bonne heure dans l'espoir que la journée du lendemain m'apporterait une entière guérison.

Je me réveillai vers minuit. Assis près du feu, un guide chinois gardait le bivouac. Sous la pleine lune, la nuit était calme. Je regardai le ciel. Il me parut étrange, bombé ; on eût dit qu'il était descendu sur terre. La lune était auréolée d'un halo mat et d'une grande couronne irisée. Les étoiles pareillement. « La gelée frappera fort à l'aube», me dis-je. Là-dessus, je m'enroulai dans ma couverture, me blottis contre le cosaque qui dormait avec moi et versai dans le sommeil.

Au matin, je fus réveillé par une pluie fine et dense. Plus un signe de malaise : je me sentais parfaitement bien. Sans plus tarder, nous fîmes nos sacs et pliâmes le bivouac.

À partir de l'embouchure de la Hiaotch'a, la vallée de la Hitch'a se fit sensiblement plus étroite. Des escarpements se dressaient de part et d'autre, travaillés par des éboulis et flanqués de pitons rocheux qui s'avançaient vers la rivière. Un sentier de marcheur creusait son fil sur une haute corniche, tandis que le sentier équestre allait de gué en gué. Passé les surplombs, les deux chemins se rejoignaient. Un peu plus loin, la Tongtch'a fourchait : un vallon allait tout droit, le cours principal tournait à gauche. Ici, le sentier se divisa de nouveau : le long de la Tongtch'a, d'un côté, et vers l'Armou (affluent de l'Iman), de l'autre, aux dires des Chinois.

Comme il y avait encore loin jusqu'au soir, Dersou et moi prîmes nos fusils et partîmes en éclaireurs. À l'automne, quand le temps est mauvais, la forêt devient particulièrement lugubre. Troncs nus sous une robe de brume froide, herbe jaunie, feuilles mortes jonchant la terre, fougères flétries et noircies, autant de signes d'une saison crépusculaire. L'hiver approchait.

Soudain, un bruit étrange. Quittant le sentier, nous dirigeâmes nos pas vers le bord de l'eau. Un curieux tableau s'offrit à nous. La rivière regorgeait littéralement de poisson. Du saumon kéta. Il y avait par endroits des monceaux de poisson crevé. Par milliers, ils bouchaient les anses et les bras secondaires. Un aspect rebutant. Des nageoires en charpie, des corps abîmés. La plupart d'entre eux étaient sans vie, mais certains bougeaient encore. Ils s'obstinaient à remonter le courant comme pour se délivrer de leurs souffrances.

Pour nettoyer la rivière du poisson, la nature s'était souciée de dépêcher sur place des agents d'assainissement : ours, sangliers, renards, putois, chiens viverrins, aigles, corbeaux, rolliers, geais des chênes... Le kéta crevé faisait surtout le festin des oiseaux ; quant aux quadrupèdes, ils pêchaient plutôt le poisson vivant.

Les animaux avaient battu de véritables pistes le long de la rivière. Nous avisâmes un ours assis sur une grève de galets, qui, de ses pattes, essayait d'attraper des saumons.

L'ours brun et son cousin l'ours du Kamtchatka mangent la tête du poisson et laissent le reste. L'ours noir d'Asie, au contraire, mange la chair du corps et jette la tête. Plus loin, nous vîmes deux sangliers festoyer de kéta. Ils n'en mangeaient que les queues. Encore quelques pas, et j'aperçus un renard. Il jaillit des fourrés, attrapa un poisson et, par précaution, l'emporta dans les buissons plutôt que de le dévorer sur place.

Plus nombreuses étaient les bêtes à plumes. Posés au bord de l'eau, les aigles picoraient les reliefs laissés par les ours : paresseusement, sans hâte, conscients de leur supériorité. Les corbeaux étaient légion. Leur plumage noir jurait avec la clarté des bancs de galets. Ils se mouvaient par bonds et donnaient la préférence à la chair déjà faisandée. Les geais grouillaient dans les buissons, se chamaillaient avec tout le monde et poussaient des cris perçants.

Dans les bras secondaires, l'eau commençait à geler. Le poisson pris dans la glace devait y rester prisonnier tout l'hiver. Au printemps, dès que les rayons du soleil réchaufferaient la terre, il serait emporté vers la mer où d'autres animaux, marins cette fois, s'occuperaient de les exterminer.

Quel cycle tourbillonnaire ! Et que c'est bien pensé ! Rien ne se perd. Même au fin fond de la taïga, il y a du monde pour nettoyer les charognes.

— Gens mange autres gens. (Dersou pensait à voix haute.) Poisson mange quelque chose, après cochon mange poisson, à nous maintenant de manger cochon.

Ce qu'ayant dit, il leva son fusil et visa un sanglier. Mortellement blessé, l'animal tressauta en hurlant, amorça une course en direction de la forêt, mais s'écroula aussitôt, la truffe dans la terre. Il se mit à gigoter. Effrayés par le tir, les oiseaux s'envolèrent et, à leur tour, firent peur au poisson qui, pris de folie, frétilla dans tous les sens.

Nous revînmes au bivouac à la nuit tombante. Il ne pleuvait plus et le ciel s'éclaircit. La lune se leva. On y voyait distinctement des taches blanches et des zones sombres. L'air était donc pur et limpide.

Couchés de bonne heure, nous nous levâmes de bonne heure le lendemain matin. Quand les rayons du soleil dorèrent les cimes, nous avions déjà parcouru 3 ou 4 verstes. La Tongtch'a tourna brusquement vers l'ouest pour se redresser plus loin vers le nord. À l'angle du tournant, côté gauche, un piton rocheux s'avançait dans le val, couronné d'une crête pointue aux formes fantasques.

Nos guides chinois nous dirent qu'il arrivait toujours malheur aux hommes à cet endroit : on s'y cassait la jambe, on y perdait la vie, etc. À preuve, ils nous montrèrent les tombes de deux malheureux frappés ici par le mauvais sort. Mais rien n'arriva, et nous passâmes sans encombre le « Rocher maudit ».

Nous entrâmes dans une épaisse forêt mixte à dominante résineuse. En hiver, les épines des buissons du diable *(Eleuterococcus senticosus Maxim.)* se fragilisent. Quand on y met la main, on en garde plusieurs échardes. Fait détestable, elles se plantent verticalement et se réduisent en morceaux dès qu'on commence à les extraire.

À midi, notre détachement parvint à une petite fanza de trappeur située à la confluence de trois torrents. Notre chemin devait longer celui du milieu. Au soir, je fis un relevé d'altitude. Le baromètre indiqua 2 100 pieds au-dessus du niveau de la mer.

Il faisait, ces jours-là, un temps calme et beau, si tiède que nous allions en chemises d'été et n'enfilions nos habits chauds que dans la soirée. Cela m'enchantait, mais Dersou tempérait mon enthousiasme.

— Regarde, capitaine, oiseaux pressés de manger. Eux bien comprend…

Le baromètre était haut. Je raillai le Golde, mais l'autre se défendit simplement :

— Oiseau comprend maintenant, moi comprends après lui.

Il y avait encore 8 verstes de la fanza au col du Sikhotè-Alin. Et bien que le poids de nos sacs nous tirât le dos, nous allongions un pas alerte en marquant peu d'arrêts. Vers 4 heures de l'après-midi, nous étions au Sikhotè-Alin. Ne restait qu'à en gravir la crête. Je voulus continuer la route, mais Dersou me retint par la manche.

— Attends, capitaine. Moi pense : faut dormir ici.

— Et pourquoi ? lui demandai-je.

— Ce matin oiseaux pressés de manger. Maintenant, regarde : pas un oiseau.

Un silence de mort, en effet, régnait dans la forêt, alors que d'habitude les oiseaux redoublaient d'activité à l'approche du crépuscule. On aurait dit qu'ils s'étaient tous cachés d'un seul coup comme pour obéir à un ordre.

Dersou conseilla de planter les tentes plus solidement qu'à l'accoutumée et, surtout, de ramasser le plus de bois possible, non seulement pour la nuit, mais aussi pour toute la journée du lendemain. Sans discuter, j'allais en chercher dans la forêt. Le crépuscule arriva deux heures plus tard. Les fusiliers avaient entassé plus de bois qu'il n'en fallait, mais le Golde ne voulait rien savoir, et je l'entendis qui disait aux Chinois :

— Soldats pas comprend, nous travaille nous-mêmes.

Là-dessus, ils se remirent à la tâche. Alors je leur envoyai deux cosaques. Le travail ne cessa qu'à l'extinction des dernières lueurs vespérales.

La lune se leva qui, dans sa clarté, contempla la terre du haut du ciel. Sa lumière s'insinua dans l'antre de la forêt en étirant ses rais sur l'herbe sèche. Dans le ciel, sur terre, partout régnait le calme, et rien ne présageait la tempête. Assis devant le feu, nous sirotions un thé brûlant en jetant d'aimables saillies à l'attention du Golde.

— Cette fois, tu t'es gouré, lui disaient les cosaques.

Dersou faisait la sourde oreille et continuait de consolider son abri. Il se blottit sous un rocher en le murant d'un côté avec une souche et des pierres, le tout calfeutré de mousse ; par-dessus, il tira la toile de sa tente ; devant, il alluma un feu de camp. Le nid me parut si douillet que je m'y installai aussitôt avec mes affaires.

Le temps passait. Le même calme régnait alentour. Moi-même, je commençais à penser que Dersou se trompait quand, soudain, l'on vit surgir près de la lune une tache mate liserée d'un bord arc-en-ciel. Petit à petit, le disque se mit à pâlir, ses contours devinrent flous. La tache mate s'élargit et avala son anneau extérieur. Une espèce de masse brumeuse nappa le ciel, mais d'où venait-elle et où allait-elle, on n'aurait su le dire.

Je supposai que cela se solderait par une petite pluie, et, bercé par cette idée, m'endormis. Pour combien de temps, je l'ignore. Quelqu'un finit par me réveiller. J'ouvris les yeux et vis Mourzine debout devant moi.

— Il neige, me rapporta-t-il.

J'écartai la couverture. La nuit était d'encre. La lune avait disparu. Il neigeait à petits flocons. Le feu, qui brûlait fort, éclairait les tentes, les dormeurs et les piles de bois. Je réveillai Dersou. Il ouvrit un œil effrayé, regarda de part et d'autre, porta les yeux au ciel et alluma sa pipe.

— Tout tranquille, dit-il. Voilà plusieurs soleils [plusieurs jours] sans vent. Bientôt tempête, ça oui.

Tout était calme alentour, en effet, mais ce silence recélait quelque chose d'inquiétant. Bientôt la neige se fit plus drue. Elle tombait sur la terre avec un bruissement singulier. Les autres se réveillèrent à leur tour et commencèrent à rassembler leurs affaires.

Soudain, la neige se mit à tournoyer.

— Ça commence, dit Dersou.

Comme en réponse à sa remarque, un bruit résonna dans les montagnes, puis une violente rafale s'abattit du côté où l'on ne l'attendait pas. Les bûches flambèrent avec éclat. La première rafale fut suivie d'une deuxième, puis d'une troisième, d'une cinquième, d'une dixième, chacune plus longue que la précédente. Encore heureux que nos tentes fussent bien plantées, sinon le vent n'eût pas manqué de les arracher.

Je levai les yeux sur Dersou. Il fumait tranquillement la pipe en regardant le feu d'un air indifférent. La tempête ne l'affolait aucunement. Il en avait tant vu dans son existence que celle-là n'était pas de nature à l'étonner. Le Golde, qui sembla deviner mes pensées, me dit :

— Beaucoup de bois, tente bien plantée. Ça ira !

Une heure plus tard pointa le jour.

La *pourga*[35] est un ouragan neigeux associé à une chute de température jusqu'à 15 °C, par un vent si fort qu'il emporte les toits des maisons et arrache les arbres avec les racines. Impossible de marcher par une tempête pareille. Le seul salut consiste à patienter à l'abri. En général, cela ne va jamais sans victimes humaines.

Il se produisait quelque chose d'invraisemblable autour de nous. Fou furieux, le vent brisait les branches et les transportait dans les airs comme un duvet. Des cèdres énormes et vénérables se balançaient à la manière de jeunes tiges. On ne voyait plus ni les montagnes, ni le ciel, ni la terre, rien. Tout n'était que tournoiement de neige. Parfois, on entrevoyait à travers un rideau blanc la silhouette des arbres les plus proches, mais seulement le temps d'un éclair. Encore une rafale, et le mirage disparaissait.

Terrés sous nos tentes, terrorisés, nous n'osions bouger. Les yeux vers le ciel, Dersou marmonnait dans sa moustache. Je lui rappelai le blizzard qui nous avait surpris sur le lac Khanka en 1902.

— Moi très peur alors, me répondit-il. Sans bois pour le feu, forcément mourir.

Dans l'après-midi, la tempête se déchaîna. Et bien que nous fussions protégés par la tente et le rocher, cela n'en demeurait pas moins une protection fragile. Tantôt nous respirions la fumée et le feu comme en plein incendie quand le vent nous prenait de face, tantôt nous pelions de froid quand la flamme partait dans l'autre sens.

Nous n'allions plus chercher de l'eau, mais remplissions les bouilloires de neige tant elle abondait. À la tombée du jour, le blizzard parvint à son paroxysme, et plus il faisait noir, plus terrible était la tempête.

On ne dormit guère cette nuit-là. Je me trouvais dans un état de semi-conscience. Ma seule obsession était de me réchauffer.

Le 21 octobre, nous dûmes encore prendre notre mal en patience à l'abri du blizzard. Maintenant, le vent avait tourné : il soufflait du nord-est. Mais ses rafales montaient en puissance. Même à un pas du bivouac, on n'y voyait goutte.

— Mais pourquoi lui fâché ? disait Dersou d'une voix qui trahissait la peur et le dépit. Nous fait quelque chose de mal vraiment ?

— Qui donc ? demandèrent les cosaques.

— Pas sais mot russe, répondit le Golde. Un peu Dieu, un peu homme, vit dans montagne, peut souffler vent et casser arbre. Nous appelle ça : Kangou.

L'esprit de la montagne ou de la forêt, pensai-je.

Il nous coûta beaucoup d'effort d'entretenir le feu. Chose détestable, chaque rafale emportait des braises et les recouvrait. De hautes congères s'amoncelèrent près des tentes. Passé midi, les tourbillons développèrent une force extraordinaire. Ils soulevaient des nuages de neige et, soudain, éclataient en poudre blanche, puis repartaient en hurlant à travers la forêt. Chaque tornade laissait derrière elle une multitude d'arbres abattus. Parfois s'instaurait une courte trêve aussitôt suivie d'une nouvelle danse de fantômes de neige.

Dans l'après-midi, le ciel se dégagea un peu, mais, en même temps, la température se mit à baisser. Le soleil, tache trouble, perça timidement une épaisse tenture de nuages noirs.

Il fallait songer au bois pour le feu. Nous courûmes ramasser les branches qui traînaient près de là. Nous y passâmes beaucoup de temps jusqu'à ce que Dersou nous lance : « Suffit ! » Point besoin de nous le répéter deux fois. Tout le monde fila sous les tentes pour se chauffer les mains. Et nous dûmes passer encore une nuit à nous morfondre.

Au matin, le temps changea en mieux. Le vent soufflait par rafales violentes. Il fut décidé en conseil que nous tenterions de franchir le Sikhotè-Alin dans l'espoir que les éléments fussent plus calmes du côté occidental. La voix de Dersou devait faire pencher la balance d'une façon décisive.

— Moi pense : tout ça bientôt finir, dit-il.

Il fut le premier à rassembler ses affaires. On se prépara en deux temps, trois mouvements. Une vingtaine de minutes plus tard, nous grimpions déjà la montagne avec nos sacs sur le dos.

À partir du bivouac, la pente était raide et la neige très épaisse. Depuis deux jours qu'elle tombait, elle avait atteint par endroits une profondeur d'une demi-sagène. Sur la crête, nous dûmes nous reposer. Au vu des relevés barométriques, l'altitude du col était de 3180 pieds. Nous le baptisâmes le « col de la Patience ».

Un tableau désastreux s'offrit à nos regards au sommet du Sikhotè-Alin. Le vent avait abattu des champs d'arbres entiers. Nous dûmes décrire d'amples détours. En montagne, comme je l'ai déjà noté, leurs racines s'étalent en surface et ne sont couvertes que de mousse. Certaines s'étaient détachées de la terre. Les arbres oscillaient en levant leur système racinaire : alors des trous noirs s'ouvraient et se refermaient dans le manteau neigeux, comme des mâchoires géantes. Kojevnikov eut l'idée saugrenue de se jucher sur des racines pour se balancer. Or, l'arbre s'inclina sous l'assaut d'une violente rafale ; à peine le cosaque eut-il le temps de sauter que l'arbre s'écroula à grands fracas sur la terre en faisant voler des mottes de terre en tout sens.

Rivière de montagne oussourienne (s.d.).

29. VERS L'IMAN

Dersou déchiffre les empreintes – Les oiseaux – L'acheminement des vivres par les trappeurs de zibeline dans les hauts de l'Iman – Les Coréens – Une loudeva à porte-muscs – Les Oudihés – Une nuit sous la yourte – La rivière Kouloumbé

Côté ouest, la descente du Sikhotè-Alin était douce, parsemée de blocs rocheux et densément boisée. Le petit torrent que nous suivions nous mena à la rivière Nantch'a. D'abord orientée au nord-est au pied de la chaîne de montagnes, elle tirait ensuite vers le nord-ouest. C'est une vallée large, marécageuse, couverte d'une épaisse et velouteuse forêt de résineux. Un sentier de chasseurs chinois l'emprunte tantôt en bordure, tantôt par le relief qui revêt ici l'aspect de collines érodées.

En chemin, nous rencontrâmes une yourte en écorce de cèdre avec un toit à double pente. Elle faisait office de fanza. Fatigués par les deux nuits précédentes, nous bivouaquâmes à côté. À peine le dîner pris, nous étions déjà au lit.

Le 23 octobre, nous reprîmes notre route en aval de la Nantch'a. Sur la neige fraîche, chaque empreinte s'imprimait nettement. C'étaient des traces d'élan, de porte-musc, de zibeline, de furet, etc. Dersou, qui marchait en tête, les examinait d'un œil attentif. Soudain, il s'arrêta, scruta les alentours et dit :

— De quoi avoir eu peur ?

— Qui ça ? lui demandai-je.

— Porte-musc, répondit-il.

Je ne vis rien de spécial. Des empreintes ordinaires, petites et rapprochées…

Dersou avait le don étonnant d'interpréter les signes. Il arrivait même à deviner l'état émotionnel des animaux. Si les empreintes présentaient une légère irrégularité, il y voyait une marque d'inquiétude.

Je priai Dersou de me dire sur quels indices il se fondait pour en déduire que le porte-musc avait eu peur. Cette fois encore, ses explications m'apparurent simples et limpides. D'abord, l'animal avait marché d'un pas régulier, puis, après un arrêt, s'était avancé en redoublant de prudence ; enfin, il avait fait un brusque saut de côté et s'était enfui par bonds. Sur la neige fraîche, cela se lisait comme un livre. Je voulus continuer la route, mais Dersou m'arrêta.

— Attends, capitaine. D'abord regarde quelles gens effrayer porte-musc.

Une minute plus tard, il me cria que l'animal avait été pris en chasse par une zibeline. Je m'approchai. Un gros tronc couché par terre, enseveli sous la neige, portait les traces de l'attaquant. Le petit carnassier avait progressé furtivement puis, après s'être embusqué derrière une branche, s'était jeté sur le porte-musc. Dersou trouva l'endroit où le cervidé s'était roulé par terre. Des gouttes de sang indiquaient que la zibeline lui avait mordu le cuir au garrot. Plus loin, les traces montraient que la victime avait réussi à jeter bas son agresseur. Elle avait pris la fuite. La zibeline s'était élancée à sa poursuite mais, bientôt distancée, avait grimpé sur un arbre voisin.

Eussé-je côtoyé Dersou plus longtemps dans la taïga et lui-même se fût-il montré plus bavard que, assurément, j'aurais appris à lire les empreintes sinon comme lui, du moins mieux que les autres chasseurs. C'était étonnant et captivant.

Dersou voyait beaucoup de choses, mais les gardait pour lui. S'il les gardait pour lui, c'était pour ne pas s'étendre sur ce qu'il considérait comme des détails. Quand il raisonnait à voix haute – on eût dit qu'il se parlait à lui-même –, c'était uniquement dans les cas où son regard rencontrait quelque chose de particulier.

À quelque 25 verstes du Sikhotè-Alin, la Nantch'a converge avec la Peitch'a qui vient du nord. Là commence le Kouloumbé à proprement parler, lequel devait nous conduire à l'Iman.

L'embâcle ayant déjà commencé, les premières glaces bordières s'étaient formées. Nous n'eûmes aucun mal à traverser la rivière pour continuer la route.

Le Kouloumbé s'écoule d'est en ouest par une vallée marécageuse. Le sentier ne quitte pas la rive droite. La forêt se compose exclusivement de résineux, avec une forte proportion de cèdres[36]. Dans les bas marécages, on trouve beaucoup d'arbres morts sur pied, envahis par les mousses.

Passé midi, le vent se calma définitivement et le ciel se dégagea. La neige réfléchissait les rayons éclatants du soleil, et le jour n'en paraissait que plus lumineux. Les résineux exhibaient leurs parures d'hiver. Alourdies par leurs vêtements neigeux, les ramures fléchissaient. Alentour régnait le silence. La nature semblait aux prises avec cet état de léthargie qui fait toujours suite aux grands émois.

Au royaume des bêtes à plumes, je vis des corbeaux à gros bec, des pics noirs à tête rouge, des pics épeiches et des sittelles. Une ou deux fois nous effrayâmes des harles blancs à tête noire et à nez rouge. Ces oiseaux-là restent hiverner dans l'Oussouri, le plumage blanchi à des fins de camouflage. On ne les remarquait que de très près. Ils allaient en couple, le mâle et la femelle.

Citons aussi un petit oiseau sympathique que les cosaques affublèrent du surnom de «joiselet» en raison de leur goût du jeu. Je veux parler du cingle plongeur. Gros comme un merle, il est toujours au bord de l'eau. L'un d'eux me laissa l'approcher de près. Je m'arrêtai pour l'observer. Il se tenait sur ses gardes, se retournait sans cesse, criait et hochait sa petite queue en cadence, mais, soudain, plongea dans l'eau. Aux dires des indigènes, il marche aisément au fond des rivières en dépit de la vitesse du courant. Quand il refit surface et qu'il nous vit, le cingle s'envola à grands cris vers une autre polynie, puis une autre encore. Je le suivis des yeux aussi longtemps que mon chemin longea la rivière.

Plus loin, nous effarouchâmes une bécasse dahure. Elle se tenait au bord de l'eau dans un recoin sans neige. Je pensai qu'elle avait raté le départ des migrateurs, mais elle montrait un air enjoué et guilleret. Par la suite, j'en rencontrai beaucoup d'autres au bord des eaux non gelées. J'en déduisis que les bécasses demeuraient dans le bassin de l'Oussouri jusqu'à la moitié de l'hiver avant de migrer vers le sud à partir du mois de décembre.

Ce jour-là, nous parcourûmes 12 verstes et fîmes halte près de la fanza Hiwoufou, à 1860 pieds au-dessus du niveau de la mer. Les Chinois de la fanza vivaient du trappage des élans.

Au matin, les Chinois se levèrent de bonne heure et se préparèrent pour la chasse tandis que notre détachement se mettait en route. Nos vivres s'épuisant, nous dûmes les compléter. J'achetai aux Chinois 25 livres de millet moyennant 8 roubles. Ici, d'après eux, la farine coûtait 16 roubles le poud, et le millet, 12. Le prix tenait non seulement à la marchandise, mais aussi à son acheminement. D'ordinaire, un porteur se faisait payer 1 rouble et 50 kopecks le poud par jour de portage.

Le Kouloumbé gela si fort durant la nuit qu'il devint possible de marcher dessus, ce qui nous facilita notablement le voyage. Le vent avait balayé la glace qui, chaque jour, se faisait plus solide. Pourtant, l'eau vive sourdait encore à de nombreux endroits en soulevant une brume épaisse.

Au bout de 5 verstes environ, nous tombâmes sur 2 fanzas coréennes dont les maîtres, deux vieillards et deux jeunes, vivaient de la chasse et du trappage. Neuves et coquettes, ces fanzas me plurent tant que je décidai d'y passer une journée de repos.

À midi, deux Coréens s'avisèrent d'aller inspecter leur *loudeva* aux porte-muscs dans la taïga. Je les accompagnai.

La *loudeva* n'était pas loin de la fanza. C'était une clôture de troncs morts, haute de 4 pieds. Les troncs étaient tenus par des pieux pour qu'ils ne pussent être défaits.

Ce genre de *loudeva* est toujours présent dans les montagnes sur les coulées de porte-muscs. Par endroits, la barrière comporte des passages où sont tendus des nœuds coulants. Quand le petit cervidé y met la tête, il s'affole en se débattant ; et plus il se démène, plus le nœud se resserre sur son cou.

Je comptai vingt-deux nœuds dans la *loudeva* en question. À quatre d'entre eux, nous trouvâmes des animaux morts : un mâle et trois femelles. Les Coréens traînèrent les biches à l'écart pour les abandonner aux corbeaux. Quand je leur demandai pourquoi, ils me répondirent quc seuls les mâles contenaient le précieux musc que les marchands chinois achetaient au prix de 3 roubles la pièce. Quant à la viande, celle du mâle suffisait. D'ailleurs, ils en auraient autant le lendemain. Les Coréens me dirent qu'ils pouvaient tuer jusqu'à 125 porte-muscs dans l'hiver, dont trois quarts de femelles.

Je rapportai une bien triste impression de cette excursion. Où que l'on mît les pieds, on tombait sur un carnage. Où étaient les autorités russes ? la protection des forêts ? la loi ? D'ici peu, la région de l'Oussouri, si giboyeuse et boisée, se transformerait en désert. Quand la protection des forêts et la chasse réglementée arriveront jusqu'ici, il sera trop tard.

Le lendemain, nous prîmes la route plus tôt pour rattraper le temps perdu de notre journée de repos. Nous emportions avec nous l'une des biches abandonnées par les Coréens.

À partir des 2 fanzas coréennes, le Kouloumbé coule dans le sens latitudinal en tirant légèrement vers le sud. Commencent aussitôt des terres brûlées qui s'étendent au loin dans la vallée et dans les montagnes, celles-ci étant de plus en plus hautes et abruptes.

Maintenant, les forêts exclusivement composées de conifères étaient derrière nous. On voyait s'imposer des essences comme le peuplier ou le peuplier noir, l'orme, le chêne, l'érable, etc. Dans les montagnes, le velouteux sapin et l'épicéa étaient supplantés par de somptueux bois de cèdres.

Ce jour-là, nous réussîmes à couvrir près de 25 kilomètres. Au crépuscule, les fusiliers avisèrent une yourte indigène au bord d'un cours d'eau. La fumée qui s'en échappait par le toit indiquait qu'elle était occupée. Des poissons séchaient en grande quantité, près de là, sur des étendoirs. L'habitat était fait d'écorce de cèdre et couvert d'herbe sèche. Une sagène de long sur une demi-sagène de haut. Un battant d'écorce en fermait l'entrée. Il y avait deux canots renversés sur la berge : un grand avec une étrave étrange en forme de pelle ; un autre léger aux extrémités à pointes relevées, de ces embarcations que les Russes appellent *omorotchka*.

À notre approche, deux chiens poussèrent des abois. Je vis sortir de la yourte une espèce de créature humaine que je pris d'abord pour un gamin, mais l'anneau qu'elle avait dans le nez me dit qu'il s'agissait d'une femme. Aussi petite qu'une gamine de 12 ans, elle portait une chemise de cuir qui lui descendait jusqu'aux genoux, un pantalon en peau de cerf wapiti, des genouillères brodées, pleines de couleurs, des *ounty* aux pieds et des protège-coudes tout aussi joliment brodés et colorés. Avec, sur la tête, une couverture blanche.

Des yeux marron à l'horizontale derrière des paupières aux lignes mongoles fortement prononcées, des pommettes saillantes, une racine de nez élargie, un nez écrasé, des lèvres fines, tout cela conférait à son visage une expression on ne peut moins européenne : il était plat et, de fait, plus large que le crâne.

La femme nous considéra d'un air étonné, et, soudain, la peur se peignit sur sa face. « Des Russes ici ? Des gens bien n'auraient jamais fait le voyage. À coup sûr, ce sont des *tcholdon*[37] », songea-t-elle en se dérobant sous sa yourte. Pour dissiper ses craintes, Dersou lui parla en langue oudihée en me présentant comme le chef de l'expédition. Alors elle se calma. L'étiquette voulait qu'une femme ne manifestât point de curiosité ostensible. Toute en retenue, elle nous examinait d'un regard en dessous.

Déjà petite de l'extérieur, la yourte l'était encore davantage à l'intérieur. On ne pouvait y tenir qu'assis ou couché. J'ordonnai aux cosaques de planter les tentes.

Le contraste était brutal entre les Tazas sinisés du littoral et les indigènes qui tenaient encore du peuple primitif.

Muettement, la femme se mit à préparer le dîner. Elle suspendit une marmite au-dessus du feu, y versa de l'eau et y mit deux gros poissons. Ceci fait, elle sortit une pipe et l'alluma. Tout en fumant, elle posait des questions à Dersou.

Quand le dîner fut prêt, le maître arriva. C'était un homme d'une trentaine d'années, sec, de taille moyenne. Lui aussi portait une longue chemise ceinturée de telle sorte qu'elle flottait sur son bassin. Une large bande ornée de broderies garnissait le côté droit de sa chemise, l'encolure et la bordure inférieure. Pantalon à genouillères aux jambes, *ounty* en peau de poisson aux pieds, couverture blanche sur la tête avec une petite toque en poil de chèvre qui se terminait par une queue d'écureuil. Son visage cuivré, son accoutrement chamarré, ses anneaux et bracelets donnaient à ce sauvage un air de famille avec les Peaux-Rouges, une impression qui se renforça quand il s'assit près du feu sans nous manifester d'attention pour fumer une pipe en silence.

L'étiquette requérait que les visiteurs fussent les premiers à troubler le silence. Sachant cela, Dersou le questionna sur la route et la profondeur de la neige. La conversation s'engagea. Apprenant qui nous étions et où nous allions, l'Oudihé nous dit savoir que nous nous apprêtions à descendre l'Iman. Il tenait la chose de ses frères de tribu qui vivaient en aval et nous indiqua que nous étions attendus depuis longtemps dans les bas de la rivière. La nouvelle m'étonna.

Dans la soirée, sa femme examina nos vêtements, les raccommoda là où c'était nécessaire et remplaça nos *ounty* éculés par des neufs. Le maître du camp m'offrit pour couche une peau d'ours et je ne tardai pas à m'endormir après m'être enveloppé dans une couverture.

Un froid féroce me réveilla dans la nuit. En sortant la tête de ma couverture, je constatai qu'il n'y avait plus de feu sous la yourte. Seuls quelques tisons achevaient de se consumer dans l'âtre. Par une ouverture dans le toit, je vis un ciel noir parsemé d'étoiles. Au fond de la yourte, quelqu'un ronflait. Manifestement, les Oudihés avaient éteint le feu au moment de se coucher pour éviter un incendie. J'essayai de m'emmitoufler au plus profond de ma couverture, mais rien n'y fit : le froid s'insinuait dans les moindres replis. Alors je me levai, craquai une allumette et consultai le thermomètre. Il affichait -17 °C. Voyant cela, j'arrachai des morceaux d'écorce à ma natte et les jetai au feu en attisant les braises. Au bout d'une minute, une flamme s'éleva. Je rassemblai les quelques bûches qui traînaient par terre, m'habillai et sortis de la yourte. Mes hommes dormaient là, sous la tente, devant un feu auquel je vins me réchauffer. J'allais regagner la yourte quand j'avisai la lueur d'un autre feu, au bord de la rivière. J'y trouvai Dersou à l'abri d'un talus de berge. L'eau ayant creusé la rive, un porte-à-faux de terre herbue surplombait une sorte de niche. C'était là, dans ce renfoncement, qu'il avait arrangé une litière d'herbes avec un feu devant. Il dormait la pipe à la bouche, le fusil à portée de la main. Je le réveillai. Le Golde se leva d'un bond, pensant avoir trop dormi, et se mit à plier son havresac. Mais quand il apprit ce qui m'amenait, il me céda sa place et s'installa près de moi. Quelques instants plus tard, bien terré sous la berge, je me trouvai plus au chaud et mieux loti que sur ma peau d'ours à l'intérieur de la yourte.

Quand je me réveillai, tout le monde était déjà debout. Botchkarev faisait bouillir de la viande de porte-musc. À l'heure des préparatifs, l'Oudihé s'habilla et nous annonça qu'il nous accompagnerait jusqu'à Hikiat'ouen.

En buvant le thé du matin, G. I. Granatman eut une grande discussion avec Kojevnikov sur la question de savoir d'où le vent de la nuit avait soufflé. Un vent d'est, disait Kojevnikov; un vent du sud, répliquait Granatman; moi, je croyais que ça venait du nord. Comme nous n'arrivions pas à nous mettre d'accord, nous demandâmes l'avis de Dersou. Le Golde affirma que ça venait de l'ouest. Ce disant, il nous montra les feuilles des roseaux *(Phragmites communis Trin.)*. Le temps s'était calmé à l'aube, mais les feuilles avaient gardé le pli du vent.

À partir de la yourte, le chemin gravit le versant droit de la vallée, fila vers le nord à flanc de montagne et, bientôt, tourna vers le nord-ouest. Au bout d'une dizaine de verstes, nous débouchâmes sur le Kouloumbé qui, à cet endroit, éclatait en multiples bras et atteignait une largeur de 12 sagènes pour une profondeur maximale de 6 pieds sur la ligne de courant.

On ne marcha pas beaucoup ce jour-là. À mesure que nos provisions diminuaient, nos havresacs s'allégeaient, mais il devenait de plus en plus difficile de les porter : les lanières nous meurtrissaient les épaules. Je constatai que je n'étais pas le seul à en souffrir. Tout le monde le ressentait.

Le vent froid avait rendu la neige sèche et friable, ce qui entravait considérablement la marche. Les montées, surtout, nous donnaient beaucoup de mal : souvent, les hommes tombaient et roulaient. Les forces s'amenuisaient, la fatigue se faisait ressentir, on avait besoin d'un repos plus long qu'une halte d'un jour.

Près de la rivière, on trouva une yourte vide. Les cosaques et Botchkarev en prirent possession tandis que les Chinois se résolurent à dormir dehors près d'un feu. Dersou voulut d'abord se joindre à eux mais, les voyant ramasser le bois au petit bonheur la chance, il décida d'aller se coucher plus loin.

— Pas comprends, dit-il. Veux pas que chemise brûle. Faut chercher bon bois.

La yourte vide, apparemment, servait souvent de gîte aux chasseurs de passage. Le bon bois qu'on trouvait alentour avait été coupé et brûlé depuis longtemps. Cela ne troubla guère Dersou qui s'enfonça dans la taïga pour en ressortir un frêne sec qu'il tirait derrière lui. Il en fit des bûches jusqu'à la tombée de la nuit. Je l'aidai comme je pus. En revanche, nous passâmes une nuit tranquille sans craindre pour la tente ni pour nos habits.

Les feux pourpres du jour finissant, la brume ténébreuse à l'horizon, tout cela présageait à coup sûr une matinée de grand gel. Et en effet. Le soleil se leva diffus, difforme, apportant une lumière sans chaleur. Le disque jetait des rais étincelants vers le haut et le bas, mais s'ourlait sur les côtés de taches lumineuses irisées que les peuples du Grand Nord appellent « oreilles du soleil ».

L'Oudihé qui nous accompagnait connaissait bien les lieux. Il trouvait des raccourcis. À 2 ou 3 verstes du Kouloumbé, le sentier s'enfila dans une forêt que nous traversâmes pendant près d'une heure. Soudain, la forêt s'arrêta et le sentier se rompit. La rivière Iman s'étirait devant nous.

Et maintenant, jetons un œil en arrière sur le Kouloumbé. Il coule sur une cinquantaine de verstes dans un sens rigoureusement latitudinal. Son cours supérieur naît de trois rivières :

la Peitch'a, la Nantch'a et le Santch'atse. Par la Pietch'a, on peut atteindre le col de l'Armou en deux jours; et par le Santch'atse, le Sankhobé en trois jours. Le Kouloumbé reçoit sur sa droite le Yanghou, et sur sa gauche, la Tanantch'a avec ses 6 fanzas de trappeur. Par cette dernière, les Chinois parviennent en trois jours aux sources du Sankhobé. Plus en aval, on trouve à gauche l'affluent Tapeitch'a («grand affluent du nord») qui remonte vers col de la Neik'oulea (affluent de l'Armou), ceci en deux jours de marche. Les derniers affluents du Kouloumbé inférieur sont la Hiaopeitch'a et la Hiaonantch'a.

La vallée du Kouloumbé est riche en schistes argileux que l'on retrouve en aval sur l'Iman. Très anciennes, les terrasses fluviales sont de cette roche. Il est fort probable que ces schistes se rapportent à l'ère archéenne.

Mêmes forêts sur le Kouloumbé que sur les hauts de l'Iman. Dans les montagnes: le cèdre, avec une forte présence de sapin; dans la vallée: le mélèze, le bouleau blanc, le tremble, le saule, l'aulne, l'érable, l'épicéa, le tilleul, le frêne, le peuplier, le charme et le merisier. On y rencontre aussi l'if, isolément.

30. PÉRILLEUSE NAVIGATION

La rivière Iman – Le canot oudihé – Le village de chasseurs de Hikiat'ouen et ses habitants – L'esclavage – Navigation sur l'Iman – Les rapides – La débâcle – Le naufrage du canot – La rivière Armou

Sur les vieilles cartes dressées en 1854 sous l'administration du général Tikhmenev, premier gouverneur de la région du Primorié, cette rivière figure sous le nom de Niman, vocable mandchou signifiant « bouquetin ». De là au mot *Iman*, il n'y avait qu'un pas. Les Oudihés la désignent par la forme contractée de *Ima*, à laquelle les Chinois ajoutent le mot *ho* (rivière), ce qui donne Imaho.

Quand il reçoit le Kouloumbé, l'Iman se présente déjà comme une rivière de belle taille, large de 50 sagènes et profonde d'une sagène et demie pour une vitesse de 8 verstes par heure à l'étiage. La vallée de l'Iman se compose alternativement de segments de dénudation et d'origine tectonique, ceux-là dans le sens latitudinal, et ceux-ci dans le sens longitudinal. Les vallées des rivières Thetibé, Armou et Kouloumbé ne sont autres que le prolongement des vallées de dénudation de l'Iman.

N'étant pas encore gelé, l'Iman n'avait de glaces que bordières, accrochées aux berges. Sur la rive d'en face, nous vîmes fourmiller de petits bonshommes. C'étaient des enfants oudihés. Un peu plus loin se profilaient une yourte et une réserve sur pilotis, au milieu des saules.

Dersou cria aux gamins de nous amener un canot. Ils nous jetèrent des regards farouches et déguerpirent. L'instant d'après, un homme sortit de la yourte avec un fusil dans les mains. Dersou et lui échangèrent quelques mots, et l'autre traversa la rivière en canot dans notre direction.

Le canot oudihé est une longue barque à fond plat, si légère qu'un seul homme peut le tirer sans effort à terre. Son étrave est arrondie, mais le fond de l'esquif dépasse à l'avant, large et redressé, en forme de godet ou de pelle, ce qui confère à l'embarcation un aspect un peu gauche. Une telle construction lui permet non pas de fendre l'eau mais, pour ainsi dire, de « marcher dessus ». Avec un centre de gravité haut placé, elle a l'air bancal. Elle se balança si fort quand nous embarquâmes que je m'agrippai malgré moi aux bordages. Dès que nous eûmes quitté la rive, pourtant, je pus constater combien elle était stable. L'Oudihé la manœuvrait debout sur ses deux jambes à l'aide d'une longue perche. Il exerçait de fortes poussées à contre-courant. Le fil de l'eau, en nous déportant, nous amena progressivement à la rive opposée.

Enfin, nous accostâmes devant la yourte et débarquâmes sur la glace. Une femme et trois gamins, qui se cachaient derrière leur mère, sortirent à notre rencontre. Elle nous fit entrer et entra à son tour, s'accroupit devant le feu et se mit à fumer la pipe. Les enfants restèrent dehors, occupés à monter le poisson dans la réserve. Le vent sifflait dans la yourte qui était percée de toutes parts. Le feu brûlait dans l'âtre au milieu du gîte. De temps à autre, les petits entraient pour y réchauffer leurs menottes gelées. Je m'étonnai de les voir si légèrement vêtus, sans moufles ni toque. Ils travaillaient et ne semblaient en rien souffrir de la froidure. Si l'un d'eux s'attardait devant le feu plus que de raison, le père le chassait en lui criant dessus.

— Il pèle de froid, dis-je à Dersou en le priant de traduire mon propos à l'Oudihé.

— Il n'a qu'à s'habituer, répondit l'autre. Sinon, il mourra de froid.

On ne pouvait que lui donner raison. Quiconque est contraint de vivre en pleine nature et d'en consommer les fruits à l'état brut se voit obligé de composer avec elle, y compris dans ses moments de rudesse.

En questionnant l'Oudihé sur l'Iman, j'appris que le cours supérieur de la rivière suivait le Sikhotè-Alin parallèlement et qu'elle prenait sa source à la même altitude que le Tioutikhè.

Étrange phénomène ! Du haut de la ligne de partage, l'eau dévalait le relief à une cinquantaine de kilomètres de la mer, coulait vers l'ouest et sinuait longuement par des voies détournées pour se jeter finalement dans cette même mer.

Les hauts de l'Iman sont couverts d'épaisses forêts mixtes. On ne saurait imaginer région plus sauvage et inhabitée. Celle-ci ne s'ouvre – timidement – à la vie qu'au début de l'hiver. Des Chinois du littoral viennent y chasser la zibeline, mais ne s'y attardent guère : craignant de se laisser piéger par les neiges profondes, ils rentrent dès que possible.

Après avoir questionné les Oudihés sur la route à venir, nous reprîmes notre marche. Très vite, nous atteignîmes l'endroit où l'Iman tournait au nord-ouest. Il y avait là, attenante à la rive gauche, une vaste clairière de 5 verstes sur 2, au bout de laquelle se nichaient 4 fanzas : c'était la base de chasse chinoise de Hikiat'ouen[38]. Sur l'autre rive vivaient des indigènes, 5 familles dans 3 yourtes. Je descendis chez eux.

Nous séjournâmes à Hikiat'ouen du 27 au 30 octobre, le temps de visiter le village et de faire connaissance avec tous ses habitants. Pour la plupart, c'étaient des hors-la-loi de tout poil, fuyards recherchés par la justice, têtes brûlées qui ne connaissaient aucune limite. Ils ne faisaient rien, fumaient de l'opium, buvaient de l'eau-de-vie, jouaient aux osselets, se querellaient. La population de chaque fanza se composait de trois groupes : les maîtres, les travailleurs et les bons à rien qui vivaient de meurtres et de pillages. Je songeai à Tchang-Pao qui m'avait appelé à ne jamais faire confiance aux Chinois de Hikiat'ouen.

Comme partout, la population indigène se voyait réduite à la servitude la plus totale. Étant complètement illettrés, les Oudihés ignoraient du tout au tout leurs dettes envers les Chinois, lesquels étaient au moins vingt fois plus nombreux qu'eux. Ici, l'on pouvait voir l'esclavage au pied de la lettre. Par exemple, l'Oudihé Sibayoun, pour la seule raison qu'il n'avait pu fournir à temps le nombre voulu de zibelines, avait été roué de coups de bâtons si fort qu'il s'en trouva infirme pour le restant de ses jours. On lui avait enlevé sa femme et sa fille ; et lui-même avait été vendu comme larbin à un autre Chinois pour 400 roubles.

Voyant tout cela, je bouillais d'indignation. Mais que pouvions-nous faire dans cette foule de brigands armés jusqu'aux dents ? Je promis aux Oudihés que je leur apporterais de l'aide dès mon retour à Khabarovsk.

Le 31 octobre, le gel se durcit. La rivière charriait des glaçons. Malgré cela, les Oudihés décidèrent de nous transporter en canot aussi loin que possible.

Le 1er novembre, nous quittâmes Hikiat'ouen pour entamer la descente de l'Iman.

Dès l'enfance, les indigènes s'habituent à naviguer sur les rivières de montagne. Il faut regarder loin devant soi, il faut savoir où ralentir, où se tourner face au courant, où s'élancer dans le fil pour passer un écueil au plus vite : l'art de tout calculer et de prendre les bonnes décisions. À la moindre bévue, le canot, emporté par un flot impétueux, pourra se fracasser sur les pierres. Dans les rapides, l'eau s'agite et la barque oscille, ce qui rend plus difficile le maintien de l'équilibre. Difficile, la navigation l'était cette fois d'autant plus que la rivière charriait des glaçons et que les glaces bordières étranglaient le fil du courant. Ces glaces nous obligeaient à naviguer là où c'était possible et non là où c'était souhaitable, surtout quand les rapides survenaient à un tournant. Et plus les glaces côtières grandissaient, plus le courant augmentait de force.

À partir de Hikiat'ouen, la vallée de l'Iman revêt un caractère net de dénudation. Il y a là quelques petits affluents remarquables : le Tongtakeou (et son col donnant sur Armou), le Houakienkeou, le Yeoup'ikeou, le Mokoutsekeou et le T'oufangkeou.

En aval de Hikiat'ouen, l'on peut observer de hautes terrasses de formation ancienne à base de schistes argileux qui ont beaucoup travaillé. On y trouve notamment des strates de grès rouge brun, entrecoupées de quartz. Derrière ces terrasses se dresse le mont Yangmoudingtse. Aux dires des Oudihés, les Chinois y font de l'orpaillage clandestin.

En chemin, nous vîmes des campements d'été oudihés désertés, près de l'embouchure des rivières Match'angkeou, Sseufangkeou et Gadala. Par endroits, le poisson n'avait pas encore été rentré. Pour le protéger des corbeaux, les indigènes avaient laissé des chiens qui s'acquittaient parfaitement de leur mission de garde. Chaque fois que des oiseaux chapardeurs se montraient, ils leur volaient dans les plumes.

Les forêts de l'Iman sont superbes de qualité. Épicéas et cèdres dans les hauteurs ; feuillus dans la vallée.

Comme partout sur les rivières de montagne, les rapides y sont nombreux. À mi-chemin entre le Hikiat'ouen et l'Armou, il en est un que l'on dit particulièrement dangereux. On y entend de loin le bruit de l'eau et on en voit la déclivité à l'œil nu. Un surplomb rocheux se dresse sur la rive opposée, enrobé d'embruns gelés.

Les Oudihés ralentirent le canot et se consultèrent. Enfin, ils le placèrent en travers du courant et, doucement, se laissèrent porter. Au moment où le fil puissant de l'eau allait précipiter l'embarcation sur le rocher, ils la détournèrent d'une habile poussée. Je lus dans leurs yeux que nous avions pris un grand risque. Dersou restait le plus calme d'entre tous. Je lui fis part de mes impressions.

— Tout va bien, capitaine, me répondit-il. Oudihés être dans l'eau comme poissons. Bien savoir mener le canot. Nous pas capables.

Plus nous avancions, plus la navigation devenait difficile. Les glaces bordières ne cessaient de s'étendre.

Nous traversions des forêts mixtes où dominaient les résineux. Sur les îles, l'avantage allait aux feuillus avec des cèdres de construction. Sur les rives et les grèves de galets foisonnait le saule, source inépuisable de matériaux pour les skis, les yourtes, les fortins, les traîneaux, etc.

La navigation fut courte. Le temps maussade du matin tourna au blizzard. Les Oudihés louvoyaient entre les glaçons avec une grande agilité, en les repoussant à l'aide de leurs perches.

Passé la rivière Gadala, l'Iman tourna brusquement. À cet endroit, les glaçons s'accumulaient, ne laissant qu'un étroit passage au milieu. Ce passage était-il ouvert de bout en bout ? Nos guides l'ignoraient. Les Oudihés arrêtèrent le canot et me posèrent la question : fallait-il risquer ? J'étais si las de voyager en coltinant un sac à dos que je décidai de tenter le diable. Et bien que Dersou voulût m'en dissuader, je persistai. En cas d'infortune, me disais-je, on trouverait toujours un moyen de gagner la terre ferme. Comme on ne pouvait plus retenir le canot, on s'engagea. Mais on n'avait pas encore parcouru 20 sagènes que le passage se referma. Plus loin, tout n'était que glace. S'en approcher eût été trop dangereux, car alors notre canot surchargé, coincé par un glaçon, eût été submergé par le courant. Il fallait sortir de là d'urgence en marche arrière, mais l'affaire n'était pas si simple. Quant à tourner le canot dans un passage aussi étroit, il ne fallait pas y penser. On dut donc reculer par la poupe à contre-courant. Comme par un fait exprès, on se trouvait au beau milieu du lit mineur, et les perches touchaient à peine le fond. On eut toutes les peines du monde à remonter la moitié du passage. Soudain, un Oudihé cria quelque chose. À sa voix, qui trahissait des accents de détresse, je compris qu'un danger nous guettait. Je me retournai. Un énorme glaçon fonçait droit sur nous, qui allait boucher le passage avant qu'on pût s'en extraire. Les Oudihés redoublèrent d'efforts, mais le glaçon n'attendait pas. À grand fracas, il heurta d'abord une extrémité du passage, puis l'autre. Pis, l'imprévu se produisit : sous le choc, tous les glaçons se mirent en mouvement, et le passage s'étrangla.

— Glace bientôt casse barque ! s'égosilla Dersou. Vite ! Marcher !

Là-dessus, il sauta d'un bond sur la glace et se mit à courir vers la rive en tirant une corde derrière lui. Il s'enfonça deux ou trois fois, mais reprit pied. Par bonheur, la rive n'était pas loin. Les cosaques l'imitèrent. Kojevnikov et Botchkarev atteignirent bientôt la grève, mais Mourzine sombra, se raccrocha à un glaçon qui, sous l'effort, se retourna. Plus il se démenait, plus il coulait. Encore une minute, et il allait disparaître sous les flots. Alors Dersou se précipita à sa rescousse. Un moment, il manqua de périr. À cet instant, j'essayais de sauter d'un glaçon à l'autre avec les Oudihés. Nous tirions le canot tout en nous appuyant dessus.

Heureusement, l'étrave passa sous le nez de Mourzine et Dersou, et cela les sauva. Une fois encore, la barque gîta dangereusement. Elle se mit en travers du courant et fut emportée avec les glaçons. Nous jetâmes nos sacs sur la rive et, peu après, mîmes pied à terre. Quelques minutes plus tard, le canot fut drossé contre un rocher. Comme un être vivant, il résista un temps aux glaces en se convulsant, puis crac! se fendit en deux. Il y eut encore un craquement, un morceau rejaillit des flots, et plus rien.

Une fois sur la rive, on commença par allumer un feu. Il fallait se sécher. Quelqu'un émit l'idée de faire un thé et de manger un morceau. On chercha le sac à provisions, mais il n'était nulle part. Manquait aussi un fusil. On n'avait plus le choix: chacun grignota ce qu'il avait en poche, et l'on se mit en route. Les Oudihés disaient que nous serions au soir à la fanza de Sehozegouza où ils espéraient trouver du poisson congelé dans les réserves.

Au crépuscule, en effet, nous étions à la fanza. Elle était vide. Dans la réserve, les cosaques trouvèrent deux poissons secs. Une piètre pitance dont nous dûmes nous accommoder.

Passé le torrent Tawouhomikeou, l'Iman tourne au nord-ouest et décrit une large boucle. Là, il reçoit sur sa droite l'un de ses plus gros affluents, l'Armou. Longue de plus de 160 verstes, la rivière prend sa source dans le Sikhotè-Alin sur le même parallèle que le cap de l'Arc: elle naît de trois petits cours d'eau longs chacun de 30 verstes. De là-haut, elle part vers l'ouest, puis vire brusquement au nord et tire ensuite vers le sud-ouest avant de s'étirer dans le sens latitudinal. Il en ressort que l'Armou dévale une succession de vallées longitudinales et transversales, ces dernières étant les plus méandreuses: certains méandres décrivent une boucle presque complète. Qui connaît les lieux peut ainsi en traverser le pédoncule pour raccourcir son chemin, en hiver.

Large d'une quarantaine de sagènes, l'Armou inférieur présente une profondeur de 8 ou 9 pieds et développe une vitesse de 10 verstes par heure. De belles terrasses fluviales s'étagent le long de la rivière, surtout en vallée moyenne, du côté gauche. Ces terrasses font jusqu'à 5 sagènes de haut; leur base, massive, se compose de schistes argileux denses recouverts d'une puissante couche de matériaux alluvionnaires et résiduels.

Il y a depuis toujours, à 2 verstes de l'embouchure de l'Armou, du côté droit, un campement oudihé. En 1906, il ne comptait plus que 15 personnes des deux sexes. À une journée de marche de l'Armou, en aval de l'Iman, se trouvait le camp oudihé de Laolieou[39], avec ses 8 habitants, qui se présentait comme une clairière de 4 verstes sur 1,5 à droite de la rivière.

Après avoir reçu l'Armou, l'Iman se rétrécit brusquement et coule en un lit unique de 40 à 50 sagènes de large, ce qui accroît notablement la vitesse du courant. Ici, la rivière frise les montagnes qui la pressent tantôt d'un côté, tantôt de l'autre. La roche dominante reste le schiste argileux.

De notre base à l'Armou, aux dires de nos guides, il y avait trois jours de marche. Mais l'on pouvait prendre un raccourci en coupant la boucle de l'Iman à travers les montagnes, auquel cas l'on déboucherait droit sur le lieu-dit Santch'ahotse, en aval de l'Armou à une cinquantaine de verstes. Comme nous manquions de vivres, le raccourci tombait à pic. Les Oudihés nous promirent de nous conduire à l'endroit où nous devions quitter l'Armou. À nous ensuite de poursuivre le voyage, sans nos guides.

31. UNE SITUATION CRITIQUE

La Hinantch'a – Le ventre vide – Les restes d'un festin d'ours – Du cuir pour des pâtes – Exténués – Li-Tang-K'ouei – Aventure nocturne à Hienchehotse – Remous chez les Oudihés – Le camp de Vagounbé – Soulèvement des indigènes – Le chant du chaman

Le lendemain midi (2 novembre), nous arrivâmes à la rivière Houtato qui, par des voies détournées, coulait de l'ouest vers le sud. Nous devions la remonter jusqu'au sommet d'une chaîne de montagnes à l'origine d'une boucle méandreuse de l'Iman. La montée et la descente étaient d'une égale déclivité d'environ 30° ; quant au col, il culminait à l'altitude relative de 1250 pieds au-dessus de l'Iman.

Nous avions maintenant deux torrents devant nous : l'un courait vers le nord, l'autre vers l'ouest. Sans doute nous eût-il fallu prendre celui de droite, mais, par erreur, je pris celui du nord. Une fois le col franchi, nous fîmes le bivouac dès que nous eûmes trouvé du bois et un emplacement plus ou moins plat.

Au matin du 3 novembre, nous mangeâmes notre dernier *youkola*[40] et prîmes la route avec des sacs délestés. Désormais, notre seul espoir reposait sur la chasse. Aussi fut-il décidé que Dersou irait de l'avant et que nous marcherions en retrait à quelque trois cents pas pour ne pas effrayer le gibier. Nous longions un cours d'eau inconnu qui semblait couler vers l'ouest, pour autant que cela nous apparût du haut du col.

En vain espérions-nous que Dersou tuerait quelque chose. On n'entendait pas tirer. Passé midi, la vallée s'élargit. Là, nous mîmes le pied sur un petit sentier à peine visible. Il allait à gauche vers le nord en coupant un marécage hérissé de mottes.

La faim commençait à se faire sentir. Nous marchions tous en silence, personne n'avait le cœur à parler. Soudain, je vis Dersou.

Il allait d'un endroit à un autre, discrètement, en se baissant jusqu'à terre pour ramasser je ne savais quoi. Je l'appelai. Il me fit un signe de la main.

— Qu'as-tu trouvé ? lui demanda Granatman.

— Ours mange poisson, répondit-il. Lui jette tête et moi ramasse.

En effet, des têtes de poisson jonchaient la neige. On voyait qu'un ours était venu par ici après qu'il eut neigé.

« À défaut de poisson on mange des écrevisses », dit le proverbe. Comme il était permis, en période de disette, de se nourrir des reliefs d'un ours, on se mit de concert à l'ouvrage. Un quart d'heure plus tard, on avait déjà les poches pleines de têtes de poisson.

Absorbés par la tâche, nous n'avions pas remarqué que ce petit vallon nous avait conduits à une grande rivière. C'était la Hinantch'a avec ses affluents le Tayakeou, le Mayikeou et le P'ilikeou. À en croire les Oudihés, nous devions atteindre l'Iman le lendemain avant midi.

Après avoir traversé la rivière, nous bivouaquâmes dans un épais bois de résineux. Que les têtes de poisson nous parurent délectables ! Sur certaines, il restait encore un peu de chair, et c'était un bonheur que de tomber dessus. Partagées équitablement entre nous, les têtes firent un dîner délicieux, quoique frugal. La température dégringola dans la nuit mais, comme les bûches ne manquaient pas, l'on dormit bien. Mes compagnons rêvèrent de tourteaux et de bonnes choses à manger.

À l'aube du 4 novembre, on se leva la faim au ventre. Maintenant, notre route passait par la Hinantch'a. La rivière coule entre deux plis du relief par une vallée longitudinale qui tire légèrement vers l'est. Très sinueuse, elle se ramifie en plusieurs bras et forme de nombreux lacs envahis par les saules. Large de 20-25 sagènes, elle est profonde de 12-15 pieds. La forêt qui la longe de part et d'autre est d'essence mixte avec une nette dominante de conifères.

Je constatai qu'il y avait ici beaucoup plus de neige que sur le Kouloumbé. Par endroits, elle montait presque jusqu'aux genoux, ce qui rendait la marche pénible. On ne couvrait guère plus de 2 verstes par heure.

Nous avions eu tort de compter sur la chasse, tort aussi d'espérer trouver de nouvelles têtes de poisson. Le cosaque Kovejnikov tira bien sur un porte-musc, mais le rata.

Depuis le temps que nous marchions, nous aurions dû atteindre l'Iman. À chaque tournant, je pensais entrevoir l'embouchure de la Hinantch'a. Mais, non : un tournant, puis un autre et ainsi de suite, on ne voyait que la forêt.

Au crépuscule, nous trouvâmes une petite cabane d'écorce. La trouvaille me mit en joie, mais Dersou se rembrunit. Il remarqua des traces de feux de camp. Ces feux-là, ainsi que l'absence totale d'accessoires appropriés au travail dans la taïga, attestaient que la cabane ne servait que de refuge pour les gens de passage. Cela voulait dire que l'Iman était encore à une journée de marche au moins.

La faim tenaillait les hommes. Assis autour du feu, les cosaques soupiraient, ténébreux, et se montraient peu diserts. Plusieurs fois, je questionnai Dersou : ne s'était-on pas perdu ? marchait-on dans la bonne direction ? Mais il s'aventurait par ici pour la première fois, et ne faisait que conjecturer. Pour tromper la faim, les cosaques se couchèrent de bonne heure. Je fis de même, mais ne pus m'endormir. Inquiétude et doute me taraudaient. Si la journée du lendemain se passait sans qu'on eût tué une proie ni atteint l'Iman, on serait dans de beaux draps. En été, l'on pouvait tenir plusieurs jours sans manger ; en hiver, on gelait aussitôt.

Réveillé avant moi au matin, Dersou me tira de mon sommeil. De nouvelles craintes se dessinaient pour la route à venir. Il fallait marcher tant que les jambes nous portaient. Mais dès qu'on se mit en chemin, je sentis mes forces se dérober : mon havresac me parut deux fois plus lourd que la veille ; et l'on devait marquer un repos toutes les demi-verstes. L'envie me prenait de m'allonger pour ne plus bouger. Mauvais signe ! Ainsi marcha-t-on jusqu'à midi sur une distance très courte. À ce train, il ne faisait aucun doute qu'on n'arriverait pas à l'Iman dans la journée. Deux fois l'on tira de petits oiseaux, l'on tua trois sittelles et un pivert, mais comment nourrir cinq hommes avec ça ?

Pendant ce temps, le ciel se couvrait de nuages noirs. De violentes rafales soulevaient des gerbes de neige. L'air s'emplissait de cristaux fins. Des tourbillons couraient le long de la rivière. Par endroits, le vent avait balayé la neige en faisant place nette à la glace ; ailleurs, au contraire, il avait levé d'énormes congères. On était transis. Usés jusqu'à la corde, nos vêtements ne nous protégeaient plus de rien.

Une colline rocheuse se dressait sur notre gauche, dont les parois verticales surplombaient la rivière. Là, dans un renfoncement qui ressemblait à une grotte, l'on fit un feu. Dersou y mit de l'eau à bouillir dans la marmite. Puis il sortit de son havresac un reste de peau de wapiti, le fit flamber et entreprit de le découper en petits morceaux, comme du vermicelle. Ceci fait, il versa le tout dans la marmite et laissa bouillir longtemps. Ensuite, il nous fit ce discours :

— Chaque gens doit manger. Tromper son ventre. Ça donne petite force. Ensuite, il faut marcher. Pas possible de se reposer. Alors aujourd'hui, après le soleil, nous trouver l'Iman.

Nul ne se fit prier. On était prêt à avaler n'importe quoi. Bien que la peau eût bouilli longtemps, elle résistait encore sous la dent. Dersou dissuada les gloutons d'en manger trop :

— Beaucoup manger, c'est mauvais.

Une demi-heure plus tard, on se remit en route. Le cuir ingurgité n'avait certes pas calmé la faim, mais il forçait l'estomac à produire un travail mécanique. Chaque fois que quelqu'un prenait du retard, Dersou pestait.

Le jour était déjà tombé que nous marchions encore. La rivière Hinantch'a semblait ne jamais finir. À chaque tournant, elle étalait ses eaux à perte de vue. Nous traînions la patte à grand-peine, comme des ivrognes. Sans les exhortations de Dersou, nous aurions planté le bivouac depuis longtemps. Vers 6 heures du soir, nous vîmes apparaître les indices d'une habitation proche : des marques de skis et de traîneaux, des entailles fraîches, du bois scié, etc.

— Iman pas loin, exulta Dersou.

Rasséréné, tout le monde pressa le pas. Comme en écho à ses paroles, des chiens aboyèrent de loin en loin. Encore un tournant, et nous vîmes brûler des feux. C'était le village chinois de Hienchehotse.

Une demi-heure plus tard, nous en approchions. Jamais je n'avais été aussi fatigué que ce jour-là. À peine entrés dans la première fanza venue, nous nous couchâmes sur le *kang* sans nous déshabiller. Nous n'avions envie ni de manger ni de boire, sinon de rester couchés.

Naturellement, notre apparition suscita de l'inquiétude parmi les Chinois. C'était le maître de la fanza qui s'alarmait le plus. En douce, il envoya deux employés. Peu après, un autre Chinois entra dans la fanza. Âgé d'environ 35 ans, moyen de taille, trapu, il avait un visage aux traits typiquement mongols. Bien mieux vêtu que les autres, il se montrait désinvolte et parlait d'une voix criarde. Il nous adressa la parole en russe : qui étions-nous et où allions-nous ? Ceci dans une langue impeccable, correcte et non dénaturée, en agrémentant son propos de proverbes russes. Bientôt, il nous incita à venir chez lui, alléguant que sa fanza était la meilleure du village, que celle où nous étions appartenait à un pauvre, etc. Il se présenta comme Li-Tang-K'ouei, fils de Li-Tch'en-Fou. Ceci dit, il sortit au-dehors pour tenir une longue messe basse avec le propriétaire de la fanza, lequel revint vers moi pour me demander à son tour de descendre chez Li-Tang-K'ouei. N'ayant pas le choix, je dus céder. Surgissant de nulle part, des employés s'étaient déjà emparés de nos affaires pour les transporter. Nous suivions un sentier quand Dersou me tira par la manche en me disant :

— Lui très rusé. Et vouloir nous tromper, moi pense. Moi dors pas cette nuit.

Ce Chinois, en effet, me semblait louche. Sa flagornerie et son sans-gêne ne me plaisaient pas du tout.

Le village de Hienchehotse se trouve sur la rive droite de l'Iman. Il y avait là 22 fanzas chinoises pour une population de 196 personnes. De l'autre côté de la clairière se nichait un campement oudihé abandonné qui comptait 8 yourtes. Tous les indigènes, soit 65 personnes (21 hommes, 12 femmes et 32 enfants) avaient abandonné leurs gîtes pour le Vagounbé.

Cinq minutes plus tard, nous arrivions chez Li-Tang-K'ouei. On voyait alentour plusieurs fanzas pour employés et chasseurs avec, en arrière-cour, des garde-tout, une forge, un hangar, une écurie… Nous entrâmes. Le maître de maison voulait me loger dans sa chambre avec G. I. Granatman, mais j'insistai pour que les cosaques et Dersou dormissent avec moi. Puis Li-Tang-K'ouei nous fit manger. Un régal que le thé accompagné de galettes à l'huile de fèves ! Pour un peu, on en aurait oublié de se méfier. Lorsque j'eus apaisé les tiraillements de la faim, mes craintes revinrent. Certes, Li-Tang-K'ouei nous régalait ; toutefois, c'étaient de sombres agapes : chacun de ses gestes semblait trahir une arrière-pensée. Dersou ne le quittait pas des yeux. Je décidai à mon tour de ne pas dormir, mais je n'eus pas la force de surmonter la fatigue. Le dîner pris, je sentis mes paupières tomber d'elles-mêmes ; et, sans m'en rendre compte, sombrai dans un profond sommeil.

Je me réveillai dans la nuit : quelqu'un me secouait par l'épaule. D'un bond, je me levai. Dersou était assis près de moi. Après m'avoir fait signe de ne pas bouger, il m'expliqua que Li-Tang-K'ouei lui avait donné de l'argent pour me dissuader de passer par chez les Oudihés du Vagounbé. Nous devions contourner les yourtes. Pour cela, il promit de nous donner des guides et des porteurs. Dersou avait répondu que la chose ne dépendait pas de lui, puis il s'était recouché en feignant de dormir. Persuadé que Dersou dormait bel et bien, Li-Tang-K'ouei était sorti discrètement de la fanza pour partir à cheval vers une destination inconnue. Et Dersou de conclure :

— Demain, aller à Vagounbé. Moi pense : quelque chose de grave se passe là-bas.

À cet instant, des sabots de cheval résonnèrent au-dehors. On se recoucha en faisant mine de dormir. Li-Tang-K'ouei entra. Il marqua un arrêt sur le seuil et tendit l'oreille. Enfin, convaincu que tout le monde dormait, il se déshabilla sans bruit et se coucha. Je ne tardai pas à me rendormir. À mon réveil, le soleil était déjà haut dans le ciel.

Ce fut un bruit étrange qui me réveilla. Les cosaques me rapportèrent que plusieurs Oudihés étaient là, devant la fanza.

Je m'habillai pour sortir à leur rencontre. Je fus stupéfait par le regard hostile dont ils me payèrent.

Après le thé, je déclarai mon intention de repartir. Li-Tang-K'ouei voulut m'en décourager, me priant de rester un jour de plus. Il me promit entre autres de tuer un cochon. À ces mots, Dersou me décocha un clin d'œil complice qui m'engageait à refuser. Alors Li-Tang-K'ouei se mit à m'imposer son guide. Là encore, je lui refusai le service. L'autre avait beau ruser, il n'arriva pas à nous gruger.

À partir de Hienchehotse, le chemin longe la rivière sur sa droite au pied de hautes montagnes. Passé 2 verstes, il débouche sur une clairière que les Chinois d'ici appellent Houotsekeou. Cette clairière s'étire sur 5 verstes, mais sa largeur varie entre 1 et 2 verstes. J'y comptai 19 fanzas pour près de 200 Chinois.

Bien armés, les Chinois de l'Iman vivent dans l'aisance. Ils nous considéraient avec une extrême animosité. Quand je les interrogeais sur la route ou le nombre d'habitants, ils me renvoyaient grossièrement : *Pou tche tao* (« je ne sais pas ») ; et certains me jetaient même : « Je le sais, mais je ne le dirai pas. »

Un peu plus loin se trouvaient des yourtes et 4 fanzas, campement oudihé du Vagounbé. D'après mes renseignements, il y avait là 85 indigènes (29 hommes, 19 femmes et 37 enfants).

À notre approche, ils déboulèrent. Les Oudihés nous firent un accueil inamical et ne nous convièrent même pas dans leurs yourtes.

La première question qu'ils me posèrent fut : pourquoi avais-je passé la nuit sous le toit de Li-Tang-K'ouei ? Je leur répondis et leur demandai la raison de leur agressivité à mon égard. Les Oudihés me dirent qu'après m'avoir longtemps attendu, ils avaient appris que j'étais descendu chez les Chinois de Hienchehotse.

Bientôt, tout s'éclaircit : il s'avéra que toute une tragédie s'était jouée ici. Le Chinois Li-Tang-K'ouei, qui était le *ts'aitong* de l'Iman, exploitait les indigènes et les châtiait cruellement s'ils ne lui livraient pas dans les temps la quantité requise de pelleterie. Il avait ruiné de nombreuses familles, leur faisait des outrages, enlevait les enfants et les vendait pour compenser les dettes.

Enfin, deux Oudihés excédés, Massenda et Samo, de la tribu de Kialondig, s'étaient rendus à Khabarovsk pour se plaindre de Li-Tang-K'ouei. On leur avait promis de l'aide en leur disant au passage que, venant de la mer, je devais inspecter la vallée de l'Iman et qu'ils n'avaient qu'à me présenter leurs doléances. Sans doute s'imaginait-on que j'aurais tôt fait de régler la question sur place. À leur retour, les émissaires avaient rendu compte des résultats de leur voyage à leurs frères de tribu, et l'on s'était mis à attendre mon arrivée. Or, Li-Tang-K'ouei avait eu vent de la mission de Samo et Massenda. Aussi, pour l'exemple, il avait fait donner le bâton aux plaignants. L'un d'eux était mort sous le supplice ; l'autre, bien qu'ayant survécu, se retrouvait mutilé à vie. Alors Goulounda, le frère du supplicié, était parti pour Khabarovsk. Li-Tang-K'ouei avait ordonné qu'on le rattrapât pour le mettre à geler dans la rivière. Ce que voyant, les Oudihés avaient décidé de défendre leur camarade les armes à la main. Maintenant, cela faisait deux semaines que les Oudihés subissaient le siège. Ils n'allaient plus à la chasse et souffraient de la faim. Là-dessus, ils avaient appris que j'étais arrivé à Hienchehotse, hébergé chez Li-Tang-K'ouei. Je leur expliquai que j'ignorais tout des événements et qu'en arrivant à Hienchehotse, épuisé et affamé, j'étais entré dans la première fanza venue, sans chercher plus loin.

Au soir, les vieux se réunirent dans une yourte. Il fut décidé en conseil qu'une fois à Khabarovsk, je rendrais compte des faits à la hiérarchie pour qu'on portât secours aux indigènes. Au printemps 1907, un détachement de cosaques fut dépêché sur place sous la conduite de A. M. Kazarinov qui arrêta Li-Tang-K'ouei et expulsa tous les Chinois de Hikiat'ouen et de Hienchehotse.

Quand les vieux eurent quitté l'assemblée, je m'habillai et sortis de la yourte. Il faisait noir, si noir qu'on n'eût pas distingué un homme à deux pas. Seules les étincelles et les volutes de fumée qui s'échappaient des toits me renseignaient sur l'emplacement des yourtes. Soudain, des sons étranges fendirent l'air calme du soir : un battement de tambour, bientôt suivi d'un chant qui ressemblait à une lamentation. Il en émanait quelque chose de lugubre et d'horrifiant. Les ondes s'envolaient au loin, englouties par l'air froid de la nuit. J'appelai Dersou. Il sortit et me dit que, dans la dernière yourte du campement, un chaman soignait un enfant. Je voulus m'y rendre, mais, à l'entrée du gîte, une vieille me barra la route. Comprenant qu'on ne souhaitait pas me voir assister aux incantations, je rebroussai chemin.

Du côté des fanzas chinoises, des feux scintillaient. Me sentant transi, je revins à la yourte pour me réchauffer près de l'âtre.

Cabane oudihée (1907).

32. DU VAGOUNBÉ À PAROVOZI

Les adieux – La rivière Taitsiberi – Kartoun – L'hostilité des Chinois – On nous refuse le coucher pour la nuit – Orientation à l'odorat – Laofangtse – Miaolin – Un maître de maison turbulent – Parovozi – La rivière Neitch'ouho

Le lendemain matin, 8 novembre, nous reprîmes la route.

Tous les Oudihés vinrent nous accompagner. Étrange impression que de voir cette foule de gens chamarrés avec leurs faces hâlées et leurs toques à queues d'écureuil, dont chaque mouvement dénotait quelque chose de sauvage et de naïf.

Nous marchions au milieu de la foule avec les vieux à nos côtés. Les jeunes allaient de-ci de-là, se laissant volontiers distraire par des empreintes de loutres, de renards et de lapins. Au bout de la clairière, les Oudihés s'arrêtèrent en m'engageant à marcher devant. Un vieillard aux cheveux blancs sortit de la foule. Il me tendit une griffe de lynx qu'il me pria de ranger dans ma poche pour que je n'omisse pas leurs doléances à l'encontre de Li-Tang-K'ouei. Là-dessus, nous nous quittâmes : les Oudihés rentrèrent, et nous allâmes notre chemin.

Passé l'embouchure de la Hinantch'a, l'Iman change de direction et coule vers le nord jusqu'au Thetibé, un affluent qui porte trois noms : les Goldes l'appellent Tekibira ; les Oudihés, Tèguibiaza ; et les Russes, Taitsiberi. Là, l'Iman revient vers l'ouest pour ne plus dévier jusqu'à l'Oussouri. Ce segment de vallée, là encore, aligne alternativement des tronçons de dénudation et tectoniques, un phénomène fréquent dans la région de l'Amour. Entre la Hinantch'a et le Thetibé, l'Iman reçoit sur sa gauche les affluents suivants : le Tachet'ouho (longueur 50 verstes) et le Heichankeo (10 verstes). Entre leurs embouchures s'élève le mont Laomatsetsong. Viennent ensuite les rivières Meitakeoutse (6 verstes) au pied d'un mont éponyme et Hiaohipeiho (25 verstes). Côté droit et dans le même ordre : le Vagounbé (40 verstes) avec son affluent Tiayankeou (6 verstes) et le Tsoutsouvaiza (15 verstes).

La rivière Taitsiberi est longue de près de 100 verstes. Jalonnée de nombreux rapides, elle est aussi encombrée de troncs morts. Son cours supérieur va d'est en ouest pour ne virer vers le sud qu'à l'approche de son embouchure. Une épaisse forêt mixte en boise la vallée de bout en bout. Le Taitsiberi inférieur reçoit les affluents suivants : à droite, le Ts'aolokeoutse (12 verstes), le Changtsoueitse au pied d'un mont éponyme et la Hipeitch'a ; viennent ensuite le Hanhotse, le Peilats et la Tounantch'a. La Hipeitch'a surgit de la confluence de la Hiaohipeitch'a et du Santch'atse ; elle développe une vitesse moyenne de 9 verstes par heure, une profondeur de presque 5 pieds et une largeur de 25 sagènes à l'approche de l'embouchure. En remontant la rivière de droite, l'on peut atteindre en deux jours le Peitch'ouho ; et celle de gauche, le Chet'ouho (affluent supérieur du Bikin) en quatre jours. Côté gauche, le Taitsiberi reçoit les rivières Nantch'a (25 verstes), Taop'ikeou (20 verstes), Tch'amoutch'akeoutse (30 verstes), Paomatsekeou (12 verstes), Talinkeoutse (40 verstes). Entre les embouchures des troisième et quatrième affluents s'élève un mont assez haut que les Chinois appellent Laokouatsoueitse.

Après avoir reçu le Taitsiberi, l'Iman tourne à l'ouest. Il présente ici une largeur de presque 70 sagènes et une profondeur de 1,5-2 sagènes. Plus loin, deux petits cours d'eau viennent s'y jeter : le Santap'aotse (8 verstes) et le K'aoliant'ouen (15 verstes).

En été, quand on marche en pleine forêt, il faut toujours veiller à ne pas perdre le fil du chemin ; en hiver, on le distingue parfaitement sur la neige entre les arbrisseaux. Cela simplifia notablement mon travail de relevé de terrain.

Le sentier suivait de près la rive et ne prenait la montagne que s'il devenait impossible de contourner les parois rocheuses. La vallée de l'Iman n'est pas toujours d'égale largeur : tantôt elle s'élargit à 3 verstes ou davantage, tantôt elle s'étrangle jusqu'à ne laisser passer que le lit de la rivière.

Il est rare que l'Iman se cantonne dans son lit principal ; le plus souvent, il éclate en plusieurs bras dont certains vont loin à l'écart. Les plus importants sont le Takeoutse, le Nalliou et la Kartounskaïa.

Ces derniers jours nous avaient tant fatigués que nous ne pensions plus qu'au repos. Or, d'après les Oudihés, nous avions devant nous le gros village chinois de Kartoun. Notre intention était d'y passer une journée, de récupérer et, si possible, de louer des chevaux. Mais nos rêves devaient ne pas s'exaucer.

Entre le Tintseho et le Kartoun, l'Iman reçoit de nombreux affluents grands ou petits qui ont pour noms : Yaoumouga (25 verstes), Laokouatsoueitse (20 verstes) et Vambalaza, *i.e.* « le rocher à la tortue » (25 verstes). Les montagnes rocheuses du Kartoun portent le même nom : vues de l'Iman, elles font vraiment penser à une tortue. Aux dires des Oudihés, il y a de l'or entre le Laokouatsoueitse et la Vambalaza. À gauche, l'Iman reçoit le Kaoulentoun (10 verstes), la Siadopouza (15 verstes), le Tch'oulakeou (40 verstes), le Tontakeou (5 verstes), le Tatsekeou (15 verstes) et le Huangmihotse (12 verstes).

La vallée du Kartoun se présente comme une grande cuvette de 6 verstes de long et de 3 de large. On y compte 42 fanzas chinoises pour une population de 575 hommes, 3 femmes et 9 enfants.

Le Kartoun peut être considéré comme une ligne où les forêts décidues supplantent les forêts mixtes. À l'écart de la rivière, les montagnes sont boisées de cèdres qui, en hiver, contrastent par leurs aiguilles foncées.

Nous arrivâmes à Kartoun à la tombée du jour. Le soleil venait à peine de disparaître à l'horizon. Ses rayons jouaient encore dans les nuages, et la terre s'éclairait de leur réfléchissement. Des fanzas chinoises se dessinaient au bord de l'eau. Elles se cachaient derrière les sapins comme pour se soustraire à la vue des voyageurs. Nous allongeâmes le pas dans cette direction.

Le mot *kartoun* (vraisemblablement dérivé de Kao-li-t'ouen) signifie « village coréen ». Autrefois, dit-on, la perle abondait ici dans les bras de la rivière. Selon une autre interprétation, *kartoun* signifie « porte ». De fait, passé Kartoun, la vallée se rétrécit à l'ouest. Côté gauche, les monts Henghoutao s'avancent vers la rivière ; côté droit, l'on voit s'étirer la longue arête de la Vambalaza.

Jamais je n'avais vu fanzas plus opulentes qu'à Kartoun. Nichées sur la rive droite, elles ressemblaient davantage à des usines qu'à des habitations.

J'entrai dans une fanza. Les Chinois m'accueillirent avec animosité. Ayant déjà eu vent de notre arrivée, ils savaient qui nous étions et pourquoi des Oudihés nous accompagnaient. Pénible sensation que de se trouver dans une maison dont les maîtres vous sont hostiles… Je me dirigeai vers une autre fanza, où l'accueil fut encore plus malveillant. À la troisième fanza, on ne voulut pas nous ouvrir. À la quatrième, la cinquième, la dixième, même inhospitalité. Or, il n'est point de remède au fiel. Je pestais, les cosaques pestaient, Dersou pestait, mais l'on n'y pouvait rien faire, sinon renoncer. N'ayant pas envie de passer la nuit près des fanzas, je décidai de pousser la marche plus loin jusqu'à trouver un emplacement propre au bivouac.

C'était le soir. Les belles lueurs de l'aurore pâlissaient. Les étoiles s'allumaient. Nous marchions toujours, laissant loin derrière nous les fanzas chinoises. Soudain, Dersou s'arrêta et, le nez au vent, se mit à humer l'air.

— Attends, capitaine. Moi reconnais odeur de fumée. (Puis, une minute plus tard.) Ça Oudihés.

— Comment le sais-tu ? C'est peut-être une fanza chinoise, va savoir…

— Non, dit Dersou. Ça Oudihés. Fanza chinoise grande cheminée, fumée monte haut. Par contre, fumée de yourte va bas. Oudihés grille poisson.

Ce qu'ayant dit, il allongea un pas décidé. Parfois, il marquait un arrêt et flairait le vent avec force. Ainsi fit-on cinquante pas, puis cent, deux cents, toujours pas de yourte promise. Les hommes, fatigués, se moquèrent du vieux. Dersou en prit ombrage :

— Vous dors ici, puisque vouloir. Moi veux yourte et manger poisson, répondit-il calmement.

Je lui emboîtai le pas, et les cosaques firent de même. Trois minutes plus tard, nous arrivions en vue d'un campement oudihé. Il y avait là 3 yourtes, 9 hommes, 3 femmes et 4 enfants. En entrant dans une yourte, je vis des femmes faire griller du poisson séché sur le feu. À l'évidence, Dersou possédait un odorat plus développé que le nôtre. Il sentait l'odeur du poisson grillé au moins à deux cent cinquante pas, sinon plus.

Quelques minutes plus tard, nous étions assis près du feu, mangeant du poisson et buvant du thé. La journée m'avait tant fatigué que j'eus à peine la force de remplir mon journal. Je priai les Oudihés de ne pas éteindre le feu dans la nuit. Ils me promirent de veiller à tour de rôle et se mirent sur-le-champ à fendre du bois.

Un brouillard givrant se forma dans la nuit. Franchement, j'aurais été heureux qu'une tempête se déchaînât à l'aube. Au moins aurait-on pu faire le plein de sommeil; mais le brouillard se dissipa au petit matin. Les arbres et les buissons, givrés, ressemblaient à des coraux. Sur la glace lisse, le givre dessinait des rosaces. Les rayons du soleil jouaient dessus, et la rivière semblait de diamant.

Voyant les cosaques pressés de rentrer chez eux, je voulus les satisfaire. L'un des Oudihés se proposa de nous accompagner jusqu'à Miaolin, une grande distillerie de *paikieou* située sur la rive droite de l'Iman, à quelque 7 verstes en aval de Kartoun.

Ce jour-là, le voyage me parut plus pénible encore.

Passé la porte de Kartoun, la vallée s'élargit de nouveau. Un curieux tableau s'offrit à mes yeux. L'Iman filait vers l'est jusqu'à se perdre dans les montagnes; mais à l'ouest, au nord et au sud, aussi loin que portât mon regard, je voyais s'étaler une immense dépression mamelonnée, hérissée de rares boqueteaux de feuillus, avec, à perte de vue, des espaces infinis piqués d'herbes et d'arbustes. En chinois, cette vaste dépression porte le nom de Laofangtse. Elle est longue d'environ 80 verstes et large d'au moins 50 verstes. Le site me parut particulièrement favorable à l'agriculture, et pourtant point de fanzas visibles. Apparemment, les Chinois avaient leurs raisons d'éviter l'endroit: soit que la terre fût mauvaise, soit que l'Iman l'inondât en période de crue. On parlait aussi d'une yourte isolée, au lieu-dit Tch'angtsoueitse, habitée par deux Oudihés solitaires.

Vers 2 heures de l'après-midi, l'on arriva à Miaolin, l'une des plus vieilles fanzas de l'Iman, où vivaient 16 Chinois et 1 femme golde. Le patron s'y était fixé, jeune homme encore, un demi-siècle plus tôt. Maintenant, il se disait septuagénaire. Contre toute attente, il nous fit manger et nous permit de passer la nuit chez lui, bien qu'il ne se montrât guère aimable. Le soir, il but tout son soûl. Il commença à me faire des requêtes, puis il haussa le ton et passa à l'invective.

— Miaolin ne date ni d'aujourd'hui ni d'hier, me dit-il. Miaolin est aussi vieux que moi. Or, vous êtes là pour me chasser de chez moi. Je ne vous livrerai pas Miaolin. Si je suis forcé de partir, je brûlerai tout.

Ensuite, déclarant qu'il allait mettre le feu à la fanza, il sortit dans la cour et en rapporta une brassée de foin. Pour finir, Dersou le soûla jusqu'à le rendre ivre mort et lui fit cuver son vin sur cette même brassée de foin.

Nous partîmes aux aurores, laissant le vieux dormir dans la fanza qu'il ne voulait pas nous céder et que nous n'avions nullement l'intention de lui prendre.

Chose étrange, plus nous approchions de l'Oussouri, plus nos forces se dégradaient. Bien que vides ou presque, nos sacs nous paraissaient plus lourds qu'au départ, alors qu'ils pesaient 1 poud. Les sangles nous mordaient tant à l'épaule qu'il nous était douloureux d'y mettre un doigt. Sous l'effort, nous avions mal à la tête et sentions la faiblesse nous envahir.

Plus nous approchions de la voie ferrée, plus la population faisait preuve d'animosité à notre égard. Nos vêtements étaient élimés, et nos chaussures, éculées. Les paysans nous regardaient comme des vagabonds.

De Miaolin, le sentier s'engagea sur un pré hérissé de mottes qui contournait les marécages et les bras secondaires de la rivière. Deux heures plus tard, il nous amena à deux petites collines parsemées de chênes. Celles-ci formaient un massif appelé Kaotsechan au beau milieu du Laofangtse. C'était le vestige de grosses montagnes englouties dans une masse de formations tertiaires. Il n'en restait que des cimes émoussées en surface, preuve de la profondeur des vallées d'antan. Au pied de ces cimes coulait le ruisseau Khaounikheza, long de 10 verstes.

Les hommes allongeaient une foulée molle et marquaient souvent un repos. Peu avant le crépuscule, nous atteignîmes un site bizarrement nommé Parovozi. Pourquoi ce nom, je ne pus l'établir. Là vivait le doyen des Oudihés avec sa famille qui comprenait 7 hommes et 4 femmes. En 1901, il avait remonté l'Iman jusqu'au Sikhotè-Alin avec Mikhaïlov, agent de la Direction du repeuplement. En récompense de quoi il s'était vu octroyer le terrain de ce hameau. Connaissant d'expérience les rudesses éprouvées par les explorateurs du Sikhotè-Alin, Sarl Kimounka nous réserva un accueil des plus réconfortant avec un dîner nourrissant composé d'une bouillie de millet et de *youkola*.

Il m'apprit qu'une autre petite rivière se jetait dans l'Iman 4 verstes en aval, le Neitch'ouho. Près de la moitié de ce cours d'eau coulait par la dépression du Laofangtse à travers des terres marécageuses couvertes d'herbes hautes et d'arbustes végétatifs. À l'entendre, le Neitch'ouho était très sinueux. Large d'une cinquantaine de sagènes, profond de 20 pieds, il poussait des eaux lentes. Les forêts mixtes épaisses commençaient à une quarantaine de verstes de l'Iman. Venaient ensuite des terres brûlées, des marais forestiers. D'entre tous les affluents du Neitch'ouho, la rivière Heinitao était réputée la plus riche en ginseng.

Le détachement à skis (1907).

33. LA DERNIÈRE MARCHE

Le village de Kotelnoïé – Une route carrossable – Agapes au village de Gogolevka – L'Iman inférieur – Le « service » d'un compagnon de route – Adieu Dersou – La station ferroviaire d'Iman – Retour à Khabarovsk

Le lendemain, on se leva tard et l'on se mit en route après avoir déjeuné de poisson. Sarl Kimounka nous accompagna jusque chez des Coréens installés depuis peu près de Parovozi. L'Iman inférieur n'était pas encore pris par les glaces : il nous fallait le franchir en barque. L'on fit le tour des fanzas, mais sans trouver un seul homme. Les femmes nous regardaient d'un œil farouche. Muettes, elles cachaient leurs enfants. Voyant qu'on ne pourrait rien en tirer, j'abandonnai et donnai l'ordre de descendre à la rivière. L'Oudihé dénicha une barque à fond plat cachée sous des buissons. Ainsi nous fit-il passer sur l'autre rive, un par un, avant de rentrer chez lui par le même chemin.

Sur la rive gauche de l'Iman, au pied d'une colline solitaire, l'on trouva quatre cabanes d'argile : c'était le village russe de Kotelnoïé. Des pionniers venus de Russie y avaient débarqué depuis peu, mais n'étaient pas encore vraiment installés. L'on poussa la porte d'une *izbouchka* pour y demander l'asile le temps d'une nuit. Les maîtres des lieux déployèrent des trésors de gentillesse. Qui étions-nous et où allions-nous ? Ils nous pressèrent de questions, puis commencèrent à se plaindre de leur sort.

Quel plaisir ce fut pour moi de manger du pain paysan ! Tous les villageois vinrent passer la veillée avec nous. Ils nous contèrent leur petit quotidien en poussant force soupirs. À l'évidence, migrer n'avait pas été une douce épreuve. N'eût été le saumon kéta, ils seraient tous morts de faim. Le poisson, telle était leur unique ressource.

De là partait une route bornée verste par verste. Le poteau du village portait la marque *74*. Nous n'avions pas d'argent pour louer des chevaux. De plus, j'avais à cœur de conduire les relevés de terrain jusqu'au bout, tâche impossible autrement qu'à pied. Enfin, vu le piètre état de nos fripes, on ne pouvait se chauffer qu'en bougeant.

On se mit en route de bon matin, presque au point du jour.

La rivière Neitch'ouho à peine franchie, la route se met à monter vers le col. Sur 9 verstes, elle serpente à flanc de colline avec, à gauche, les basses terres marécageuses de l'Iman, en contrebas, et, à droite, un relief couvert de vieux feuillus épars, faits d'un bois de combustion. D'abord, elle se dirige vers le nord ; puis, à partir de la borne 57, elle tourne de nouveau vers l'ouest.

Le village suivant s'appelait Gontcharovka. Plus grand que Kotelnoïé, lui non plus ne payait guère de mine. La pauvreté transparaissait à chaque fenêtre, elle se lisait sur le visage des paysans, dans les yeux des femmes, les haillons des gosses.

Après midi, l'on entra dans le village coréen de Loukianovka qui comptait 52 fanzas très espacées les unes des autres. L'on se reposa un moment avant de se remettre en marche. Quand le crépuscule arriva, nous marchions encore. Transis, fatigués, nous avions tous faim. Je ne distinguais plus les chiffres sur mes instruments, mais voyais encore la route. Aussi m'éclairais-je aux allumettes. À mon signal, un cosaque en craquait une et la portait aux instruments : juste le temps pour moi de consigner le résultat dans mes tablettes avant de reprendre mon chemin. Enfin, un feu scintilla devant nous, et tout le monde de s'exclamer comme un seul homme :

— Un village !

— Feu toujours trompeur dans la nuit, commenta Dersou.

Dans le noir, en effet, les feux se voient de très loin. Tantôt ils paraissent plus loin qu'ils ne sont, tantôt on les dirait tout près. À mesure que l'on marchait, le feu semblait s'éloigner. J'allais ordonner un repos quand, soudain, le feu nous parut très proche. Dans les ténèbres, on discerna une isba, puis une autre, une troisième…

Huit maisons au total. C'était le village de Verbovka. Beaucoup de paysans étaient absents : partis pour la ville ou pour un gagne-pain quelconque. Les femmes, effrayées, nous prirent pour des *honghoutse* et refusèrent de nous ouvrir. Je dus m'en remettre au doyen qui m'hébergea avec Dersou et Botchkarev et plaça Granatman, Mourzine et Kojevnikov chez un voisin.

Nous avions ce jour-là couvert la distance de 33 verstes et nous nous sentions très fatigués, si fatigués que je fus long à m'endormir. Je n'arrêtais pas de me retourner d'un flanc à l'autre. Chaque nouvelle position me procurait une douce langueur, mais qui se faisait bientôt lancinante dans les articulations.

On était encore à 42 verstes de la voie ferrée. Après concertation avec mes compagnons, je décidai de tenter de parcourir la distance en une seule étape. Pour ce faire, nous partîmes de bon matin. Pendant près d'une heure encore, je dus travailler à la lumière des allumettes.

Au lever du soleil, nous approchions déjà de Gogolevka.

Il gelait fort ce matin-là. Le village fumait : de blanches volutes s'élevaient par toutes les cheminées. Elles s'étalaient dans l'air en une nappe rose mordorée.

Je n'avais pas l'intention de m'arrêter ici, mais un boutiquier du pays, ayant appris qui nous étions, nous invita à entrer pour un bon thé. L'hospitalité, ça ne se refuse pas. Très russe, ce petit bonhomme était la bonté même. Il nous servit du lait, du pain blanc, du miel et du beurre. J'ai oublié son nom mais, du fond du cœur, je lui sais gré de sa bonne âme et de sa convivialité. Non content de nous donner des vivres pour la route, il offrit aux cosaques du tabac et des pains d'épices. Tout en buvant le thé, je regardais à la fenêtre et le questionnais sur le pays.

Le village de Gogolevka se trouve à une demi-verste de l'Iman, côté gauche. En face, la rive est escarpée de monts qui portent les noms suivants : Chankaotch'eng, Heouche, Vambaboza et Hiaochants'ongtse. Au pied de la première montagne (Chankaotch'eng), l'Iman reçoit la grande rivière Peitch'ongho qui, d'abord, coule parallèlement, puis, en fin de course, s'oriente vers le sud. Sa longueur est de 150 verstes ; sa largeur, de 20 sagènes ; sa profondeur, de 7 pieds ; et la vitesse du courant, de 3 verstes par heure. À sa source, le col donne sur le Chet'ouho (affluent du Bikin). Le Peitch'ongho se montre extrêmement sinueux, en particulier sur son cours inférieur. Ces dernières années, on y pratique d'amples coupes de bois. Parmi les affluents du Peitch'ongho, retenons (d'amont en aval) : la Tounantch'a, le Heiho, le Chet'ouho et la Siksinda – côté gauche ; le Hiaohotse, la Khanikheza, l'Ouchanka et le Petit-Peitch'ongho – côté droit. À l'embouchure du Peitch'ongho se niche le petit village coréen de Sarovka ; et plus en aval, là où commencent les montagnes, à hauteur des bornes de verstes 13 et 18, se situent deux autres villages coréens : Ombor et Sambor.

Le thé et le pain nous redonnèrent des forces. Après avoir remercié l'hospitalier maître de maison, l'on se remit en route pour arriver bientôt en vue du village de Zvenigorodok. De là, il ne restait plus que 22 verstes jusqu'à la voie ferrée. Mais qu'est-ce que 22 verstes après un bon petit-déjeuner quand on a la certitude de finir le voyage le jour même ?

La journée était belle et ensoleillée, quoique froide. Mon travail de relevé de terrain me mettait à plat. J'en avais par-dessus la tête. Seul mon désir opiniâtre de mener les choses à bien m'obligeait à ne pas abandonner. Comme j'avais les mains gelées, je soufflais dessus pour les réchauffer. Chaque fois que je mesurais un azimut, je consignais à la hâte le relief le plus proche et portais mes doigts à ma bouche. Au bout d'une heure, un gars nous rattrapa. Il transportait du poisson à la gare.

— Et vous travaillez dans ces conditions ? me demanda-t-il. Vous n'avez pas froid ?

Je répondis que j'avais usé mes gants dans le voyage.

— Eh bien, prenez les miens, dit le transporteur de poisson. J'ai une paire de secours.

Disant cela, il prit dans sa carriole une paire de gants de laine et me la tendit. Je les enfilai et continuai mon travail. Nous marchâmes ainsi sur 1 ou 2 verstes. Pendant que je couchais mes croquis, l'autre me racontait les petites misères de sa vie en donnant des noms d'oiseaux à tout le monde. Les gens du village en prirent pour leur grade, la femme de son voisin aussi, puis vint le tour du maître d'école et du prêtre. J'en eus assez de sa grognerie. Son bidet traînait la patte. À ce train, je n'arriverais jamais à l'Iman avant le soir. Alors, ôtant les gants, je les rendis au transporteur, le remerciai, lui dis bonne chance et pressai le pas.

— Comment ! lança-t-il dans mon dos. Vous n'allez pas me payer ?

— Te payer de quoi ? lui renvoyai-je.

— Et les gants, alors ?

— Les gants, je te les ai rendus !

— Ben voyons ! se récria mon "bienfaiteur". Je vous prends en pitié, et vous ne voulez même pas me payer en retour ?

Les cosaques s'en mêlèrent :

— Jolie pitié !

Dersou s'indignait plus que les autres. Il marchait, fulminait, traitait le transporteur de tous les noms.

— Mauvaise gens, disait-il. Même pas envie de le regarder. Lui plus de face.

Dans l'idiome du Golde, « perdre la face » était synonyme de goujaterie. De fait, il fallait admettre que cet homme n'avait aucun scrupule.

L'histoire me sapa le moral pour le reste de la journée.

— Il faudrait lui coller une rouste, disaient les cosaques.

Et moi :

— Qu'on le laisse vivre sa vie.

Dersou ne décolérait pas :

— Comment pareilles gens vivre sur terre ? Ça pas de place dans la vie, ça doit disparaître.

Après midi, on arriva à la rivière Wakou, où l'on fit une halte. À vol d'oiseau, la voie ferrée n'était plus qu'à 2 verstes, mais la borne indiquait le chiffre *6*, ceci parce que la route contournait un grand marécage. Le vent nous apportait des sifflements de locomotives, et l'on distinguait déjà les bâtiments de la gare.

Je caressai secrètement l'idée que Dersou, cette fois, me suivrait à Khabarovsk. J'avais le cœur gros de lui dire adieu. Ces derniers jours, il me prodiguait des signes particuliers d'attention et semblait vouloir me dire ou me demander quelque chose, sans oser le faire. Enfin, surmontant sa gêne, il me demanda des cartouches. J'en déduisis qu'il voulait partir.

— Dersou, ne t'en va pas ! lui dis-je.

Il soupira et m'expliqua que la ville lui faisait peur, qu'il n'avait rien à y faire. Alors je lui proposai de m'accompagner jusqu'à la gare où je pourrais lui procurer des vivres et de l'argent.

— Pas la peine, capitaine, me répondit le Golde. Moi trouve zibeline. C'est comme de l'argent.

En vain tentai-je de le dissuader, il n'en démordait pas. Dersou disait vouloir remonter le Wakou. Là-haut, il trapperait la zibeline. Puis, à la fonte des neiges, il irait sur le Taopiho. Il avait là-bas un vieil ami Golde, près du campement Anoutchine. Il envisageait d'y passer les deux mois du printemps. Nous convînmes qu'au début de l'été, quand je partirais pour une nouvelle expédition, j'enverrais des cosaques le chercher ou je viendrais moi-même. Dersou accepta et promit de m'attendre. Alors je lui donnai toutes les cartouches que j'avais. Nous étions là, assis, à nous répéter les mêmes promesses et à convenir pour la troisième fois du lieu de notre rencontre, pour faire durer le temps. Me séparer de Dersou me faisait mal.

— Bon, faut y aller, dit Dersou en enfilant son havresac.

— Adieu, Dersou ! lui dis-je en lui serrant la main très fort. Merci de ton aide. Adieu ! Je n'oublierai jamais tout ce que tu as fait pour moi.

Le grand disque rouge venait de verser à l'horizon en ne laissant derrière lui qu'un rayonnement blême. Vénus s'alluma la première, comme toujours, bientôt suivie de Jupiter. Vint ensuite le tour des autres grands astres. Dersou voulait me dire quelque chose mais, gêné, il se mit à frotter la crosse de son fusil avec la manche de sa chemise. Une minute se passa ainsi, dans le silence, puis nous échangeâmes une dernière poignée de main et chacun prit son chemin. Il partit à gauche vers un bras de la rivière, et nous allongeâmes le pas sur la route.

Bientôt, je me retournai. Le Golde était descendu sur une grève de galets où il examinait des empreintes dans la neige… Je lui lançai un ohé ! en agitant mon couvre-chef. Dersou me répondit d'un geste de la main.

« Adieu, Dersou », dis-je en pensée. Sur ce, je me remis en route. Les cosaques m'emboîtèrent le pas.

Nous avions face à nous une vaste plaine enneigée et piquée d'herbe sèche d'un jaune marron. Le vent la balayait en ballottant des fétus. Les derniers feux du ponant brûlaient à l'ouest derrière les montagnes brumeuses, cependant que la nuit, noire et froide, s'avançait du côté de l'orient. Des lumières blanches, rouges et vertes s'allumèrent à la gare.

La fatigue nous accabla ce jour-là plus que jamais depuis le début de notre expédition. Nous marchions en désordre et à distance. Il n'y avait plus que 3 verstes jusqu'à la voie ferrée, mais les couvrir nous coûta davantage que 20 verstes au commencement du voyage. Rassemblant à grand-peine ce qu'il nous restait de forces, nous traînâmes la jambe en direction de la gare ; toutefois, à trois cents pas du but, nous dûmes nous asseoir sur les traverses, pour nous reposer. Des ouvriers qui passaient par là s'étonnèrent de nous voir au repos si près de la gare. L'un d'eux se permit même de plaisanter :

— Il faut croire que la gare est encore loin…

Nous n'avions pas, quant à nous, le cœur à la plaisanterie. Les gendarmes aussi nous regardaient de travers ; apparemment, ils nous prenaient pour des vagabonds. Enfin, nous entrâmes en titubant dans le village et descendîmes dans le premier hôtel venu. Sans doute un citadin se fût-il indigné de son ameublement, de sa cherté et de sa saleté, mais, à nous, il parut paradisiaque. Nous occupâmes deux chambres où nous prîmes toutes nos aises.

Fini, les difficultés et les privations. On se jeta sur les journaux. Je n'arrêtais pas de songer à Dersou. « Où est-il maintenant ? me disais-je. Il est sans doute en train de bivouaquer dans le creux d'une berge. Il aura ramassé un gros tas de bois, allumé un grand feu, et le voilà qui sommeille, la pipe à la bouche. » Sur ces pensées, je m'endormis.

Au matin, je me réveillai de bonne heure. Il me fut aussitôt délectable de penser que je n'aurais plus à coltiner mon sac. Je me prélassai longtemps au lit. Puis je m'habillai et m'en fus rendre visite au sous-iessaoul G. F. Fevralev, chef du secteur Iman des cosaques de l'Oussouri. Il m'accueillit avec beaucoup d'amabilité et me dépanna pécuniairement.

Le soir, nous allâmes aux bains de vapeur. Je m'étais tant familiarisé avec mes cosaques tout au long du voyage que je ne voulais plus les quitter. Après cela, nous bûmes longuement le thé. Ce fut la dernière fois. Bientôt le train arriva, et nous nous dispersâmes dans les wagons.

Le 17 novembre au soir, nous arrivâmes à Khabarovsk. De la gare, les cosaques regagnèrent leur casernement. G. I. Granatman descendit chez A. I. Merzliakov. Quant à moi, je fus logé au régiment par mes camarades.

Le lendemain, je me présentai au général-gouverneur P. F. Unterberger et lui rendis compte de mon périple d'une manière circonstanciée. Il me donna des conseils sur le traitement des relevés en exprimant l'espoir que, l'été suivant, je reprisse l'exploration des montagnes du Sikhotè-Alin.

Dans un second livre qui fera suite à celui-ci, le lecteur découvrira le récit du voyage d'après. Il y retrouvera mes vieux amis.

LIVRE II

TROISIÈME PARTIE

~ 1907

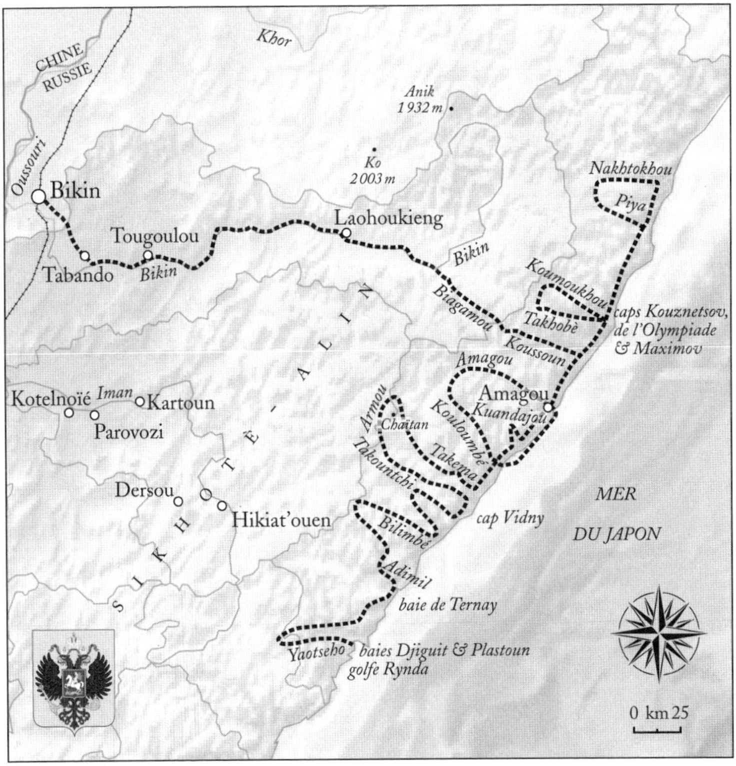

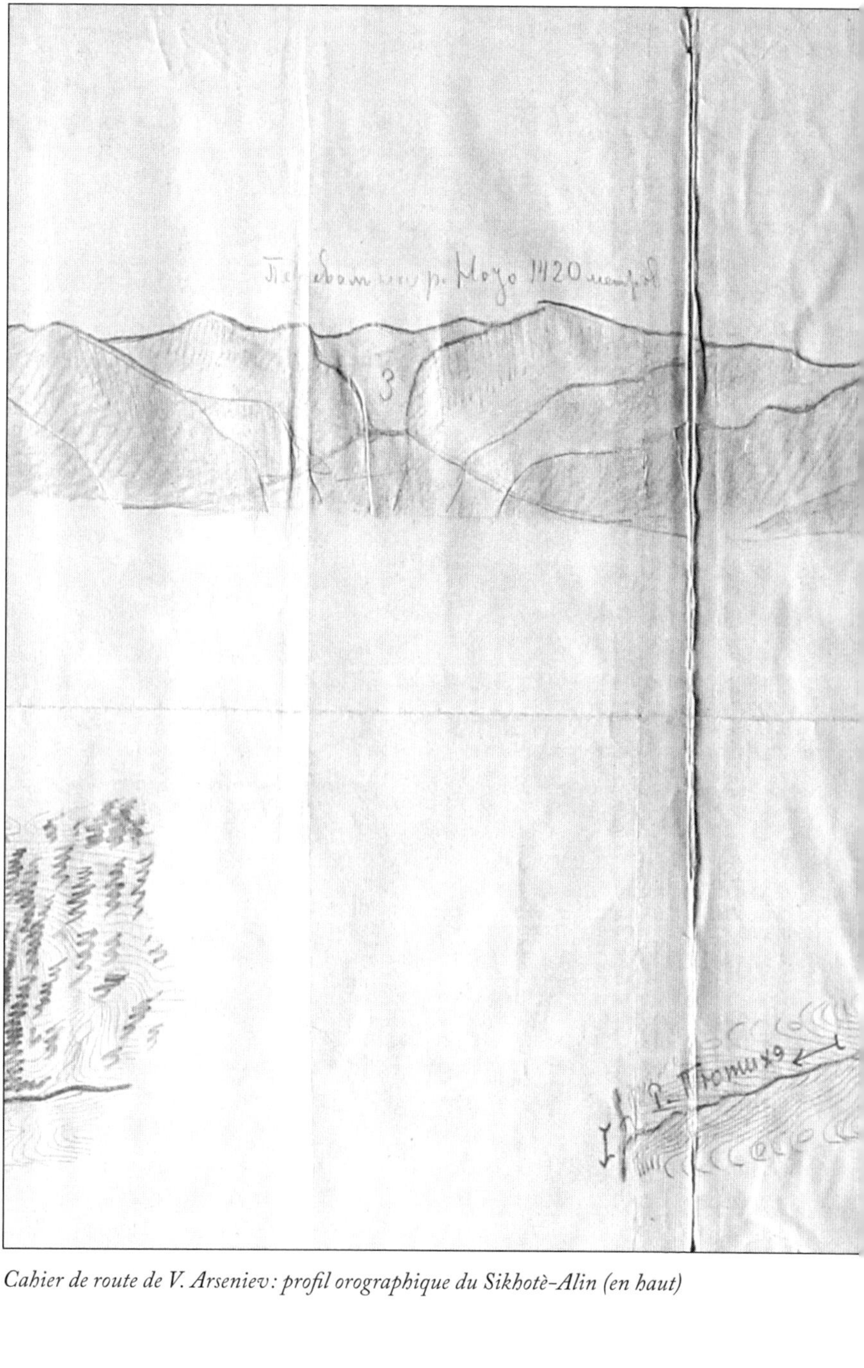

Cahier de route de V. Arseniev : profil orographique du Sikhotè-Alin (en haut)

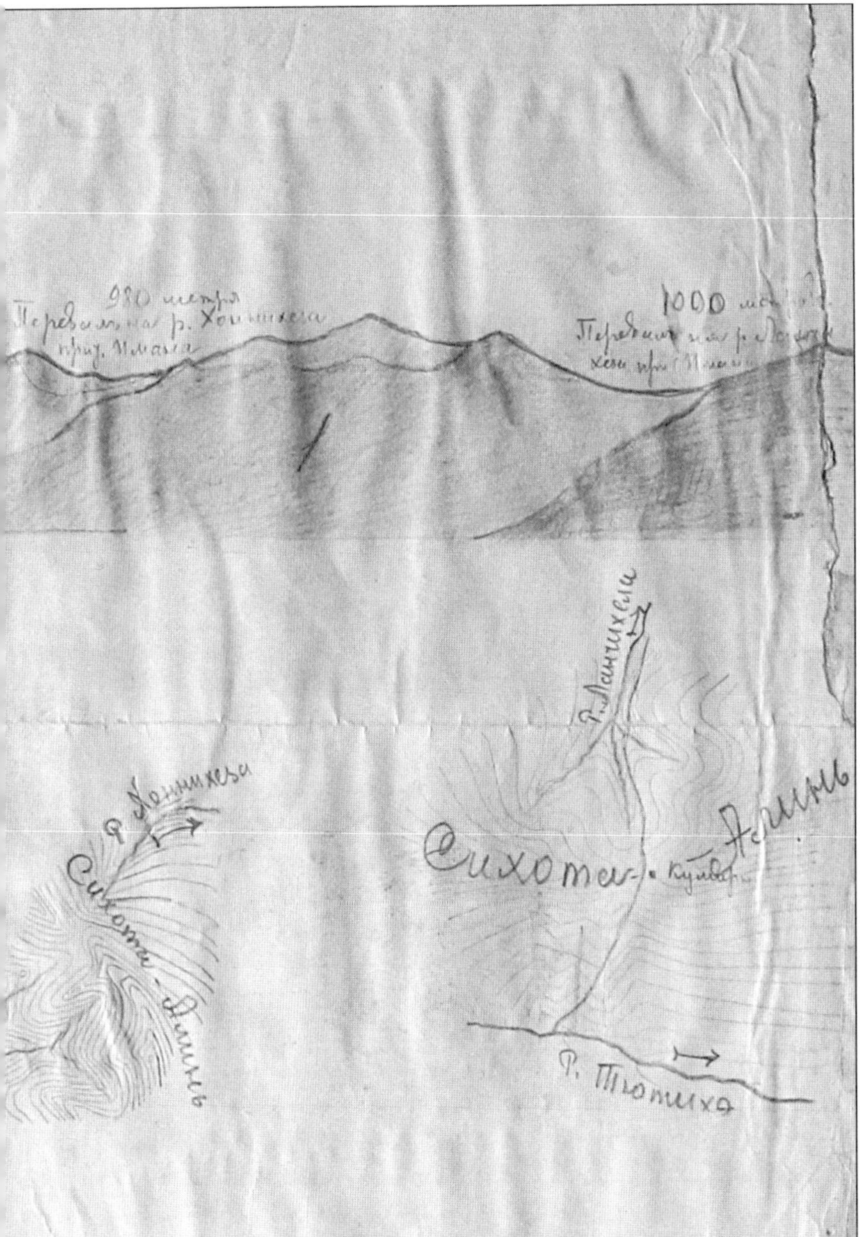

et schéma de la rivière Tioutikhè (en bas) (1906).

L'une des dernières photos de terrain de V. Arseniev. À ses côtés : V. Dvingantsev, chargé de mission du Bureau du repeuplement, Kamtchatka (1928).

1. EN ROUTE

Le plan de l'expédition – La composition du détachement – Les mules – Le harnachement – Les moyens de l'expédition – Le matériel – Les bases de ravitaillement – L'arrivée de Dersou – L'aide des marins – Le golfe Pierre-le-Grand – L'île Askold – Le golfe de la Transfiguration – Navigation sur torpilleurs – Arrivée en baie Sainte-Olga

De janvier à avril 1907, je passai mon temps à rédiger des rapports sur l'expédition précédente, et ne pus donc m'attaquer aux préparatifs du prochain voyage qu'à la mi-mai.

Ce genre de préparatifs procure toujours beaucoup de plaisir. Le plan de l'expédition étant d'ores et déjà arrêté dans ses grandes lignes, il ne restait qu'à peaufiner les détails.

Il s'agissait maintenant d'explorer la partie centrale du Sikhotè-Alin entre les 45e et 47e parallèles Nord et le littoral à partir du point où nous avions arrêté la marche l'année d'avant, c'est-à-dire à partir de la baie de Ternay, en direction du nord, aussi loin que possible ; ensuite, nous descendrions le Bikin jusqu'à l'Oussouri.

Grosso modo, le mode d'organisation de l'expédition de 1907 était le même qu'en 1906. Forts de notre expérience passée, nous n'eûmes qu'à changer certaines petites choses.

Le nouveau détachement se composait de neuf fusiliers, du botaniste N. A. Dessoulavi, de l'étudiant de l'université de Kiev P. P. Bordakov et de mon assistant, le caporal du génie A. I. Merzliakov. Comme préparateur, ce fut le frère de ce dernier, G. I. Merzliakov, qui se fit embaucher.

Cette fois, nous remplacions les chevaux par des mulets. Ayant le pas plus ferme, ils marchaient mieux en montagne et se montraient moins regardants sur le fourrage. Par contre, ils s'embourbaient dans les marécages. Pour les chiens, nous gardions les mêmes : Léchi et Alpa.

Côté harnachement, nous dûmes apporter quelques changements. D'expérience, les entraves s'étaient révélées peu utiles. Elles s'accrochaient aux souches, aux buissons, et gênaient considérablement les animaux en allant parfois jusqu'à leur immobilisation totale. Les chevaux les arrachaient et les perdaient souvent, surtout par temps humide ou pluvieux. J'ai le souvenir d'un cheval qui avait glissé dans un trou d'eau ; ne pouvant s'extirper, il y était mort. Donc, au lieu d'entraves, nous achetâmes des longes, des clochettes et le double de licols.

Le budget de l'expédition nous était alloué par le général-gouverneur P. F. Unterberger pour un montant de 3300 roubles, somme répartie comme suit :

Les premières dépenses s'élevèrent à 721 roubles et 64 kopecks ; les frais de route, à 1211,55 ; le fourrage, à 381,66 ; les besoins des gradés, à 822,7 ; l'entretien des guides et truchements, à 533,12. Le dépassement des dépenses fut de 370 roubles et 4 kopecks.

Dans l'intendance aussi, nous procédâmes à quelques modifications. Par exemple, nous renoncions carrément aux théières en cuivre. Elles étaient lourdes et nécessitaient un travail d'étamage permanent : leur bec verseur n'arrêtait pas de se dessouder. De simples théières émaillées suffisaient largement, étant solides, bon marché et légères.

Pour les bâts, on prit des sacs de grosse toile. Comme les sacoches en fer-blanc se cassaient et se déformaient, on leur avait préféré un tissu brut.

Rien ne sert en expédition de boire un thé de luxe car, une fois infusé sur le feu de camp, il gardera toujours un arrière-goût de fumée.

Pour la pêche fluviale, nous prîmes des cannes et un petit filet.

Parmi les accessoires de campement, je décidai de me séparer des oreillers gonflables, beaucoup trop froids en hiver. De plus, il suffisait d'une aiguille pour les rendre inutiles, et c'était irréparable, même quand on retrouvait le trou. Je me résolus à prendre de petits oreillers en duvet qui présentaient l'avantage d'être légers et, surtout, de tenir chaud à la tête pendant le sommeil.

L'essentiel, en expédition, c'est de préserver les allumettes de l'humidité. Or, en pleine nature, on risque à tout moment de se tremper jusqu'à l'os. En pareil cas, une cape en cuir ou en caoutchouc n'est d'aucun secours. Et les allumettes, même protégées de l'humidité, ne veulent pas brûler par temps pluvieux. La meilleure technique consiste à les enfermer dans une boîte en bois à couvercle bien fermant. L'humidité fera gonfler le bois, tenant le couvercle solidement arrimé aux bords. Ce contenant de survie devait ne pas quitter mon sac. Pour les fusiliers, on acheta des blagues à tabac en caoutchouc avec fermeture à lacet. À toutes fins utiles, nous emportions aussi silex, pierre à feu, amadou, chiffes d'allumage.

Les accessoires et instruments étaient les mêmes que l'année d'avant, seulement y avait-on ajouté des outils de menuisier : une vrille du calibre d'un petit doigt, un rabot, un burin, une lime, une scie à tronçonner. Pour souder les boîtes de zinc destinées à la conservation des échantillons, nous prîmes un chalumeau, de l'étain, du salmiac et de l'acide chlorhydrique. J'emportai aussi l'outillage nécessaire à la fabrication de canots par évidage de troncs : des haches de type herminette à tranchant arrondi. Les plaques photographiques furent plombées par douze dans des boîtes de zinc pour les protéger de l'humidité. On n'oublia pas non plus les cadeaux pour les indigènes : perles, boutons, laines peignées, fils de soie, chaînettes, verroterie, etc. Le cadeau le plus précieux, pour eux, c'était un Berdan de cavalerie avec munitions. Ils étaient prêts à tout pour en obtenir.

Un mois à l'avance, A. I. Merzliakov fut dépêché à Vladivostok pour l'achat des mulets. Il fallait qu'ils fussent non ferrés et dotés de sabots robustes. Mission lui fut assignée de les envoyer par vapeur en baie de Djiguit pour les y laisser sous la garde de trois fusiliers ; et de poursuivre la navigation pour aménager des bases de ravitaillement alimentaire le long du littoral. Nous en avions prévu cinq : baies de Djiguit et de Ternay, fleuves côtiers Takema, Amagou, Koumoukhou et cap Kouznetsov.

Une fois le travail fini, au mois d'avril, A. I. Merzliakov partit pour Vladivostok. Comme j'avais encore à faire à Khabarovsk, j'y restai pour une quinzaine de jours.

Profitant de ce temps mort, j'envoyai Zakharov chercher Dersou à Anoutchino. Il devait revenir par la ligne ferroviaire de l'Oussouri et attendre mes consignes. Parti d'Ossinovka, Zakharov utilisa des chevaux de poste, allant de fanza en fanza et demandant à chaque rencontre si l'on n'avait pas vu un vieux Golde de la tribu des Ouzala. Peu avant d'atteindre le campement d'Anoutchino, il entra dans une petite fanza de bord de route et tomba sur un chasseur indigène qui, tout en bouclant son balluchon, se parlait à lui-même.

Connaissait-il Dersou Ouzala ? À la question, le bonhomme répondit :

— C'est voilà moi.

Alors Zakharov lui expliqua l'objet de sa venue. Dersou était déjà prêt. On passa la nuit à Anoutchino et, le lendemain matin, l'on prit le chemin du retour. Le 13 juin, ayant mis une dernière main à mes travaux, je quittai Khabarovsk. Zakharov et Dersou passèrent quatre jours à la gare d'Ippolitovka puis, avisés par un télégramme de ma part, attendirent notre train et montèrent dans notre wagon.

Je fus très heureux de revoir Dersou et passai la journée entière à converser avec lui. Le Golde me raconta que, dans l'hiver, il avait attrapé deux zibelines sur les hauts de la rivière Sanda-Wakou et que les Chinois lui en avaient donné une couverture, une hache, une marmite et une bouilloire ; avec le reste, il avait acheté du tissu drill de Chine dont il s'était fabriqué une nouvelle tente. À des chasseurs russes, il avait acheté des cartouches. Des femmes oudihées lui avaient confectionné des chaussures, un pantalon et une veste. À la fonte des neiges, il se rendit au campement d'Anoutchino pour y séjourner chez un vieux Golde de sa connaissance. Comme j'étais long à venir, il était allé chasser, tuant un cerf fortement ramé dont il avait donné les bois aux Chinois en forme de crédit.

Au reste, à Anoutchino, on l'avait dépouillé. Ayant fait la connaissance d'un certain trappeur, il lui avait benoîtement raconté son hiver de chasse à la zibeline sur le Wakou et le bon prix tiré des fourrures. L'autre lui avait proposé d'aller boire du vin au cabaret, offre aussitôt acceptée de bonne grâce. Et là, grisé par la boisson, le Golde avait confié son pécule en dépôt à son nouvel ami. Le lendemain, au réveil, le trappeur avait pris le large, laissant Dersou pantois : les gens de sa tribu plaçaient toujours argent et pelleterie en dépôt les uns chez les autres, et rien ne disparaissait jamais[1].

Le 3 mai, j'avais terminé mon travail. Le lendemain, je faisais mes adieux à Khabarovsk.

À cette époque, il n'existait pas de liaison maritime régulière le long du littoral de la mer du Japon. Pour la première fois, le Bureau du repeuplement avait affrété un vapeur, l'*Eldorado*, qui n'allait pas plus loin qu'en baie de Djiguit. Point d'horaires fixes, et même l'administration ignorait quand le bateau serait de retour et quand il repartirait.

Par malchance, nous arrivâmes à Vladivostok deux jours après que l'*Eldorado* eut appareillé. Nous fûmes tirés d'affaire par P. G. Tigerstedt et A. N. Poehl qui nous proposèrent de naviguer en leur compagnie dans une flottille de torpilleurs. Comme ils faisaient route vers les îles Chantar, ils nous promirent de nous débarquer au passage en baie de Djiguit[2]. Les torpilleurs ne devaient appareiller que dans la seconde quinzaine de juin. Nous fîmes donc contre mauvaise fortune bon cœur. *Primo*, il n'existait aucun autre moyen d'atteindre la baie de Djiguit ; *secundo*, l'opportunité des navires de guerre nous permettait d'économiser une somme non négligeable. Enfin, le temps perdu à Vladivostok serait à moitié rattrapé grâce à la vitesse de croisière des torpilleurs.

Nous montâmes à bord des vaisseaux dans l'après-midi du 22 juin. En cabine, nous conversâmes avec les marins jusque tard dans la nuit. Je comptais sur un bon sommeil, mais à tort. Bien avant l'aube, un fracas retentit : on levait l'ancre. Je m'habillai et sortis sur le pont. Déjà pointaient les premiers feux du jour. Un épais brouillard montait des flots. Le temps était humide et froid. Pour ne pas gêner les matelots, je descendis dans ma cabine, sortis mes cahiers de ma valise et m'attelai à mon journal de route. Un léger balancement m'annonça bientôt que nous prenions le large. Sur le pont, les bruits cessèrent. Les officiers redescendirent pour le thé.

Sur la carte maritime de Lapérouse datée de 1787, le golfe Pierre-le-Grand figure sous le nom de golfe Victoria. La péninsule Albert (aujourd'hui nommée péninsule Mouraviev-Amourski) et l'archipel Eugénie le coupent en deux parties : la baie de Napoléon (baie de l'Oussouri) et la baie de Guérin (baie de l'Amour).

Vers 10 heures et demie, les torpilleurs doublèrent l'île Askold baptisée K'intao par les Chinois, ce qui signifie l'île Verte (par 42° 47' de latitude nord et 160° 02' de longitude et à partir du méridien de Ferro, fanion sur le cap Nord-Ouest).

Avec ses côtes rocheuses hautes, ce morceau de terre est arraché au continent par on ne sait quelle force et a la forme d'un fer à cheval ouvert vers le sud.

Dans son prolongement s'inscrivent l'île Poutiatine et le cap Maydl. À l'heure actuelle, Askold est connu comme un territoire naturel de cerfs sika.

Il y a une quinzaine d'années, on comptait là jusqu'à 4 000 cervidés. Mais le braconnage, un enneigement surabondant et l'appauvrissement progressif des pâtures ont entraîné une réduction rapide du contingent, de sorte qu'on en recense à peine deux ou trois centaines aujourd'hui sur l'ensemble de l'île. En ne consommant que les herbes fourragères, les cerfs ont favorisé le foisonnement d'une végétation impropre à la nourriture animale. L'isolement total et la consanguinité ont fait tomber la fertilité. Faute de sang neuf venu du continent, les cerfs finiront par dépérir.

La Société des amateurs de chasse de Vladivostok n'y ayant jamais réfléchi, ce vivier est désormais au bord de la disparition.

Autre richesse de l'île, une mine d'or appartenant à M. Walden, et dont l'exploitation se fait par concassage de la roche aurifère, puis par extraction du métal avec du mercure.

L'année 1868 fut marquée par la révolte des Mantsés. Alors les Chinois, pour on ne sait quelle raison, abandonnèrent la mine, se replièrent sur le continent, marchèrent sur les villages de Chkotovo et Nikolskoïé, les brûlèrent et massacrèrent leurs habitants.

En pleine mer, nous rencontrâmes des balénoptères et des orques. Les baleines suivaient leur route sans trop se soucier des torpilleurs, mais les orques s'élancèrent dans notre sillage et, nous ayant rattrapés, se mirent à sauter hors de l'eau. Un soldat leur tira dessus. Après deux coups ratés, il fit mouche au troisième tir. Une grosse tache de sang se répandit à la surface. L'instant d'après, les orques disparurent.

À la tombée du jour, nous étions au détroit de l'Amérique où nous passâmes la nuit. Le lendemain matin, nous reprenions la navigation. Dans l'après-midi du 27 juin, nous doublâmes le cap Povorotny et prîmes la direction du nord-ouest. Au bout d'environ quatre heures, le temps se gâta. Un brouillard qui venait de l'est nous gagna. Malgré l'absence de vent, la mer s'agitait fortement, ceci parce que les vagues prennent souvent le vent de vitesse.

Les torpilleurs avançaient prudemment, à tâtons, en se fiant au loch. Chose étonnante que de voir les marins repérer le golfe de la Transfiguration par un tel brouillard, dans l'obscurité, et embouquer un chenal aussi étroit (42° 54' de latitude nord et 151° 34' de longitude est).

Dans la nuit, un vent fort se leva. La mer était déchaînée. Au matin, malgré le gros temps, les torpilleurs levèrent l'ancre. Ne tenant plus dans ma cabine, je sortis sur le pont. Les autres vaisseaux s'étaient alignés dans le sillage du *Grozny*. Le *Beschoumny* nous suivait de près, tantôt disparaissant dans les creux, tantôt bondissant sur les crêtes écumantes. Quand le flot moutonnant submergeait l'esquif par l'étrave, on eût dit que la mer allait l'engloutir ; mais l'eau s'échappait par le pont, le petit torpilleur refaisait surface et, opiniâtre, poursuivait son chemin. Il faisait déjà noir quand nous entrâmes en baie Sainte-Olga. Ayant décidé de passer la nuit sur la terre ferme, nous débarquâmes et allumâmes un feu.

Contre toute attente, Dersou n'avait pas eu le mal de mer. Pour lui, le torpilleur aussi était une créature vivante.

— Moi bien le comprendre, dit-il le doigt pointé sur le *Grozny*. Lui très fâché.

Installés près du feu, nous engageâmes la conversation. Il faisait nuit. Le brouillard, qui jusque-là nappait la mer, s'éleva pour se changer en gros nuages. Deux ou trois fois, il se mit à pluvioter.

Autour de notre feu, dans le noir, on ne voyait rien. On entendait le vent secouer les fourrés et les arbres, la mer se déchaîner et les chiens aboyer.

Enfin pointa le jour. Les premiers rayons du levant venaient à peine de jaillir qu'ils furent aussitôt enveloppés de nuages chargés. Maintenant, on voyait tout : le sentier, les buissons, les pierres, le bord de la baie, une barque retournée sous laquelle dormait un Chinois. Je le réveillai pour le prier de nous ramener à bord du torpilleur.

Sur les navires, les feux brûlaient encore. Un officier de quart à moitié endormi m'accueillit en haut de la passerelle. Je m'excusai de la gêne occasionnée, descendis dans ma cabine, me déshabillai et me couchai. J'avais l'âme en paix : avec Dersou, c'était le succès assuré. Maintenant, je n'avais peur de rien. Sur ces bonnes pensées, je m'endormis.

2. VIEUX-CROYANTS ET CHERCHEURS D'OR

Le débarquement – Le saumon rose à bosse – Le golfe Rynda – Éternels migrants – L'accoutumance aux conditions de vie locale – Regard sur les indigènes – Le communisme primitif – Des traces mystérieuses – Des hommes se cachent dans la taïga – La fièvre de l'or

LA MER S'APAISA quelque peu dans la nuit, le vent se calma, le brouillard s'échevela. Enfin, le soleil se montra, jetant sa lumière sur les mornes rochers de la rive.

Le 30 juin au soir, les torpilleurs arrivèrent en baie de Djiguit. P. G. Tigerstedt me proposa de passer la nuit à bord pour débarquer le lendemain à l'aube. Toute la nuit durant, le navire fut ballotté par le roulis. J'attendis le jour avec impatience. Grand fut notre plaisir de mettre enfin le pied sur la terre ferme. Quand les torpilleurs levèrent l'ancre, les marins agitèrent leurs mouchoirs, et nous fîmes de même avec nos casquettes. « Bonne chance ! » nous jeta le haut-parleur.

Une dizaine de minutes plus tard, les vaisseaux étaient déjà hors de vue.

Si nous avions choisi de débarquer en baie de Djiguit et non de Ternay, c'était pour la bonne raison qu'à cause du ressac incessant nous n'aurions pu y décharger nos mulets.

Dès que les torpilleurs eurent appareillé, nous entreprîmes de planter les tentes et de ramasser du bois. L'un des fusiliers partit chercher de l'eau ; à son retour, il nous annonça que l'estuaire du fleuve grouillait de poissons. Les soldats y jetèrent les filets, mais la prise fut si abondante qu'ils ne purent les ramener à terre. Il s'agissait de saumons roses à bosse *(Oncorhynchus gorbuscha Walb.)*. On trouva aussi dans les filets deux poissons plutôt petits : 1/un éperlan arc-en-ciel *(Osmerus eperlanus dentex Steind.)* avec des taches sombres sur les flancs et sur le dos, chose étrange parce que ce poisson côtier ne remonte jamais les rivières; et 2/une épinoche de l’Amour *(Pygosteus sinensis Guich.)*, habitant des anses et des bras morts sans doute porté vers l’estuaire par la force du courant.

Le saumon à bosse n’avait pas encore cette laideur qu’il revêt par la suite quand ses mâchoires commencent à s’arquer et que son dos devient gibbeux. J’ordonnai de les remettre à l’eau et de n’en garder qu’un petit nombre. Tout le monde se jeta dessus, mais, très vite, on s’en lassa. Peu après, personne n’y pensait plus.

Dans l’après-midi, N. A. Dessoulavi et moi partîmes inspecter les environs. Lui herborisait, et moi je chassais.

Le golfe Rynda se trouve par 44° 47’ de latitude nord et 13° 22’ de longitude et par rapport au méridien de Greenwich, et se compose de deux baies: Djiguit au nord, Plastoun au sud. Étant toutes les deux ouvertes à la mer, elles n’offrent pas toujours un abri sûr aux navires. Leur plus grande profondeur est de 14 sagènes. La chaîne de montagnes qui sépare les deux baies est constituée de porphyre quartzique et de porphyrite avec des éléments de verre volcanique. Plus le relief se rapproche de la mer, plus il est bas. Arrivé au littoral, il se présente comme des collines de 1300 à 1900 pieds de hauteur.

Autour des arbustes des prés côtiers, N. A. Dessoulavi attira mon attention sur les végétaux les plus courants de ces lieux. 1/L’aster de Tartarie *(Aster tataricus)* à feuilles longues, losangiques, dentées, avec leurs fleurs violet jaune à aigrettes blanches de la taille d’une pièce de 1 kopeck, fleurs disposées en élégantes gerbées. 2/Une variété particulière d’astragale *(Astragalus membranaceus Bunge)* dont les Chinois prélèvent massivement les racines à des fins médicinales. Cette grosse plante tient plusieurs saisons; elle possède une tige lourde, des feuilles menues et d’innombrables petites fleurs jaune pâle. 3/Le delphinium de Maack *(Delphinium maackianum Regel)* à fleurs bleu foncé, dont la partie supérieure est revêtue d’un doux duvet. 4/Le géranium de Sibérie *(Geranium wlassovianum Fisch.)* à feuilles grossières profondément échancrées, avec des fleurs de couleur framboise tendre. 5/La grande pimprenelle

(Sanguisorba officinalis Lin.) avec ses feuilles plumeuses originales. 6/La gentiane à grandes feuilles *(Gentiana macrophylla Pal.)*, un végétal à grosse tige, grosse racine, avec des fleurs bleu violet cachées par de longues feuilles. Et, enfin, 7/une variété de *Saussurea* de Maximovitch à tige haute élancée, avec des feuilles lyres dentées et des fleurs violettes.

Entre autres bêtes à plumes, nous vîmes ce jour-là un faucon pèlerin. Perché sur un arbre sec au bord d'une rivière, il semblait sommeiller. Mais, avisant soudain un oiseau, il le prit en chasse. Plus loin, deux corneilles poursuivaient une pie-grièche, laquelle se réfugia dans un buisson que les deux autres contournèrent aussitôt. Elles sautaient de branche en branche, faisant tout pour attraper la chipie. Il y avait aussi plusieurs bruants jaunes : perturbés par les cris de la pie et le craillement des corneilles, ces petits oiseaux roux allaient deçà, delà, tantôt montant aux arbres, tantôt descendant à terre.

Les abords du golfe Rynda abritent des cerfs sika qui se cantonnent à la presqu'île Egorov en bordure nord-est du bassin. Autrefois, ils étaient beaucoup plus nombreux. En 1904, il neigea si abondamment que les cerfs moururent de faim en masse.

Trois jours plus tard arriva l'*Eldorado*, mais ni Merzliakov ni mulets à son bord. Il nous fallait donc attendre une autre occasion. Le bateau amenait à Djiguit deux familles de vieux-croyants. Ils débarquèrent près de notre campement et passèrent la nuit sur la grève. Au soir, je m'approchai de leur feu où je trouvai un vieil homme conversant avec Dersou. Ce qui m'étonna, c'était que le vieillard parlait à Dersou comme on parle à un ami de longue date. Ils évoquaient tels ou tels Chinois ou Tazas, dont certains par leurs noms.

J'interrogeai le vieux :

— Vous vous connaissez déjà, je présume ?

— Et comment ! répondit l'autre. Dersou, je le connais depuis un bail. Il était jeune encore quand on allait chasser ensemble. À l'époque, on vivait sur le Taopiho, au village de Pétropavlovka. On chassait sur le Woulaho, on poussait aussi jusqu'au Fouking et au Not'o.

Voilà qui raviva les souvenirs : comment on « chassait » les bois de renne, comment on tirait l'ours, on se rappela un Chinois qu'on appelait Dent-de-travers, des colons russes qu'on affublait de drôles de surnoms tels « Dragon vert » ou « Cloche-de-bois ». Celui-là avait un sale caractère ; celui-ci était bavard comme pas deux. Le Golde renchérissait en riant aux éclats. Le vieux lui offrait miel et galettes. J'avais plaisir à voir combien Dersou était aimé.

Le vieux-croyant m'invita à m'asseoir près du feu, et nos langues se délièrent. Naturellement, la conversation tourna sur sa réinstallation en ce nouveau lieu.

— Avant, dit le vieux, on vivait sur l'Amour, au bord du lac Pétropavlovskoïé. Pourquoi ce nom ? Parce qu'on y était arrivés le jour de la Saint-Pierre et Saint-Paul. Mais on n'est pas restés longtemps : partout des marécages et de la bigaille… Alors on s'est installés sur le Taopiho. Là, on a fondé le village de Pétropavlovka. On y vivait bien, jusqu'au jour où la “soupe de neige” a débarqué.

— La soupe de neige ? Quelle soupe de neige ?

— Les nouveaux arrivants, répondit l'autre simplement, la raclure de l'Ukraine et de Saratov. Soldats réservistes de Vladivostok, tâcherons, j'en passe et des meilleures. La soupe de neige, qu'on appelle ça ici.

— Mais pourquoi les prendre en grippe ?

— Vois-tu, ça sème la débauche, l'ivrognerie, le chapardage, l'injure, la dispute, la flemme. Et encore, s'ils se volaient ou qu'ils se disputaient entre eux… Mais non, ils nous entraînent là-dedans. Il a fallu qu'on se plaigne aux juges de paix et de canton, ah ! misère. Jamais on ne s'était traînés jusqu'aux tribunaux. Alors les vieux, pour sortir d'une aussi mauvaise passe, ont eu l'idée de venir s'installer sur la rivière Soutseho[3]. Il y a là-bas, en hauteur, une fanza appelée Yongpeiche[4]. On y a pris nos quartiers. Batioukov le premier, puis les autres après lui. Le nouveau village aussi s'est appelé Yongpeiche. Quand le Bureau du repeuplement nous a ordonné de le rebaptiser en russe, on a choisi Batioukovo, d'après le nom du premier occupant. Là, sur le Soutseho, on a passé cinq belles années. Et puis vlan ! la soupe de neige s'est ramenée. L'administration nous a dit de les laisser vivre. Pour les laisser vivre, on les a laissé vivre, mais sans les aider non plus. À la fin, ce n'était plus tenable. On ne pouvait rien mettre au champ sans surveillance. Charrue volée, cheval enlevé, vache égorgée… Même le foin des meules, il était chapardé. En plus, avec tous ces gens, les feux de forêt ont commencé, le gibier a détalé. À cause de leurs barrages à nasses, on n'avait plus de poisson. Finalement, à bout de patience, on a décidé d'aller voir ailleurs. On a envoyé des éclaireurs vers le nord. Ils ont battu la côte de part en part et sont tombés en arrêt devant Djiguit. Et nous voilà.

Je demandai :

— Mais si les colons vous rattrapent ici ?

— Alors on ira plus loin. C'est pour ça qu'on ne bâtit pas de belles maisons. On sait d'avance qu'on ne tiendra pas plus de cinq ans au même endroit.

— Mais c'est ruinant d'aller comme ça d'un endroit à un autre.

— Non, pourquoi ? Nos maisons et tous nos biens, ce sont encore les colons qui nous les rachètent.

— Oui, mais il faut chaque fois défricher pour les labours. Ça coûte de la peine et de l'argent.

— Oh ! on ne laboure pas grand-chose pourvu qu'on ait assez de blé pour la fin de l'été. En revanche, loin des habitations, on peut chasser et trapper la zibeline. Et puis il y a d'autres façons de gagner sa vie.

— Lesquelles ?

— Ça dépend des récoltes. On vit plutôt bien dans ce pays quand on se tient loin des hommes. Libres espaces et vastes terres, du poisson en veux-tu en voilà, forêt et gibier à foison. Que demander de plus ? La seule chose, c'est qu'il faut se donner de la peine sans jamais paresser. Il suffit de regarder ce qu'il y a et ce qu'on peut en tirer.

De fait, les Chinois avaient vécu là en s'enrichissant, alors que les colons venus de Russie sur les mêmes terres vivaient en s'appauvrissant, bien que le Trésor, en plus, leur donnât quelque argent. Le vieux-croyant disait vrai. Ce qu'il fallait, ce n'était pas adapter le pays à soi, mais s'adapter au pays.

Dersou parti, je restai encore longtemps à écouter le récit du vieil homme. Au moment où j'allais prendre congé, la conversation revint par hasard sur le Golde.

— Voilà un être bon et juste, dit le vieux-croyant. Le malheur, c'est qu'il est païen, un Asiate qui ne croit pas en Dieu. Et pourtant, il vit sur terre comme toi et moi. Bizarre, non ? Qu'est-ce qu'il lui arrive une fois Là-Haut ?

— Là même chose qu'à toi et à moi, lui dis-je.

— Que la Vierge des Cieux nous en garde ! dit le vieux-croyant en se signant. Je suis un juste chrétien de l'Église des apôtres, alors que lui ? À la place d'une âme, il n'a que de la friche.

Le vieux-croyant cracha par terre avec mépris et se mit à préparer sa couche. Je lui fis mes adieux et rentrai au bivouac. Là, je retrouvai Dersou assis près du feu avec les soldats. D'un coup d'œil, je compris qu'il s'apprêtait à partir.

— Où vas-tu ? lui demandai-je.

— À la chasse, répondit-il. Pour aider vieux-croyant. Lui beaucoup d'enfants. Six, moi compter.

« À la place d'une âme, il n'a que de la friche… » Je repensai aux paroles du vieil homme. Je voulus dissuader Dersou d'aller à la chasse pour ce « juste chrétien de l'Église des apôtres », mais cela n'eût fait que le contrarier. Je m'abstins.

Dersou rentra de bonne heure à l'aube du lendemain. Il avait tué un renne et me demandait un cheval pour en rapporter la viande au bivouac. Il me dit aussi avoir vu des empreintes de chaussures qui n'étaient pas celles des hommes de notre détachement ni des vieux-croyants. À l'en croire, il y avait là trois inconnus. Deux portaient des bottes neuves et le troisième, de vieilles bottes éculées aux talons ferrés. Connaissant le sens de l'observation de Dersou, je ne doutai pas une seconde de la justesse de son hypothèse.

Vers 10 heures du matin, Dersou revint avec la viande de renne. Il la partagea en trois. Il en donna une part aux soldats, une deuxième aux vieux-croyants, la troisième aux Chinois des fanzas voisines. Les fusiliers se mirent à protester.

— Pas possible, coupa Dersou. Moi peux pas. Faut tout donner autour. Si gens mange seuls, alors grand péché.

Cette forme de communisme primitif revenait toujours dans ses actes. Il partageait le fruit de sa chasse équitablement entre les voisins, quelle que fût leur appartenance nationale.

Deux jours plus tard, Dersou, Zakharov et moi passions sur l'autre rive de la baie de Djiguit. À peine nous étions-nous écartés de la côte que Dersou tombait déjà sur des empreintes. Elles nous menèrent à un bivouac abandonné qu'il entreprit d'inspecter avec le plus grand soin. Il put établir que des Russes avaient dormi là. Quatre hommes. Ils venaient de la ville et n'avaient jamais séjourné dans la taïga. Sa première déduction, il la tirait du fait que le sol était jonché de paquets de papirosses, de boîtes de conserve, de journaux et de quignons de pain comme il s'en vendait à la ville ; la seconde, de la façon maladroite dont le camp avait été aménagé, avec son feu, et surtout, le choix du bois. On voyait bien que les campeurs avaient ramassé n'importe quoi, y compris des morceaux vermoulus. Une couverture avait même brûlé.

On entendait de plus en plus parler d'individus qui se cachaient dans la taïga. Parfois, on en voyait ; parfois, on trouvait des bivouacs, des canots dissimulés dans les fourrés, etc. Ça finissait par être louche. S'il s'était agi de Chinois, les choses auraient mal tourné pour eux : nous aurions pensé avoir affaire à des *honghoutse*. Mais, à en juger par les marques, il s'agissait de Russes.

Chaque journée apportait son lot de nouvelles. Enfin, le manque de nourriture força ces gens mystérieux à sortir du bois. Certains d'entre eux vinrent nous voir au bivouac pour nous prier de leur vendre du pain séché. Naturellement, ils se firent questionner, et voilà ce qui fut établi.

Au début de l'année, le bruit avait couru à Vladivostok que les côtes de la baie de Djiguit recelaient de richissimes mines d'or et même de diamant. Une foule de chômeurs, voyant miroiter un enrichissement rapide et facile, s'était donc ruée sur le littoral. On venait par petits groupes en canot, goélette ou vapeur. Une fois débarqué près de Djiguit, le sac sur le dos, on se taillait discrètement un chemin à pied vers un Eldorado imaginaire. La fièvre de l'or gagnait tout le monde, jeunes et vieux. Seuls, par deux ou par trois, au prix de mille privations, harassés, tourmentés par de longues et vaines recherches, ces malheureux crapahutaient de montagne en montagne dans l'espoir de trouver ne fût-ce qu'une paillette d'or. Ils cachaient soigneusement le but de leur voyage, se dissimulaient dans la taïga et faisaient courir les bruits les plus aberrants pour déjouer les concurrents. Quand tout le monde se fut fâché avec tout le monde, on se mit à s'espionner. Dès qu'un groupe, sans la moindre information, s'engageait dans telle ravine en quête d'or, un autre s'imaginait y découvrir du diamant et faisait tout pour devancer le premier. Il n'était pas rare que le sang coulât. Voyant que l'or ne se laissait pas trouver si facilement et que cela demandait du temps, de l'argent et de l'expérience, ils décidèrent de s'installer dans la contrée. Alors ils se rendirent à Vladivostok pour y toucher une allocation et revenir en qualité de colons. Une partie des chercheurs d'or se fixa en baie de Ternay auprès de l'exploitant forestier Glasser.

3. LA CHASSE AU CHEVREUIL

Excursion en baie de Plastoun – Le brouillard – Un trophée perdu – Une nuit sans sommeil – Une trouvaille fortuite – Tir aux canards – Un tournoi – Comment tire le Golde – Dersou console les fusiliers – Le conte du pêcheur et du petit poisson d'or… – L'opinion du Golde

Il nous fallut rester près de deux semaines en baie de Djiguit. Nous devions attendre les mulets à tout prix. Sans bêtes de bât, il n'était pas question de prendre la route. J'en profitai pour explorer les environs en direction de la baie de Plastoun, où Dersou, l'année d'avant, était tombé sur les *honghoutse*. Une fois, je me rendis sur la rivière Kolemou ; une autre fois, je marchai vers le nord le long de la côte.

Au retour, j'entrepris de mettre mes relevés de terrain en croquis. N. A. Dessoulavi herborisait près de la mer, tandis que P. P. Bordakov passait ses journées à questionner Dersou sur la chasse au tigre, la religion et la vie après la mort.

Penché sur ma tablette, je ne quittai pas la tente deux jours durant. Quand enfin j'eus tiré le dernier trait et tracé un point final, je pris mon fusil et partis chasser le chevreuil.

À l'extrémité droite de la vallée du Yaotseho s'étirent des collines onduleuses baignées de marécages et recouvertes d'une herbe menue, de lespédèzes et de bois clairsemés de chêne, de tilleul et de bouleau. Entre ces collines, l'eau a creusé de longs ravins. Ce fut dans cette direction que j'allongeai le pas. Malgré le soleil, le vent de la mer amenait un brouillard qui ne pénétrait guère dans l'intérieur des terres et s'échevelait dans les airs. C'est là un phénomène ordinaire bien connu des gens de la côte. Quand le temps est humide et froid au bord de la mer, il est limpide, sec et tiède en hauteur. Dans un air bien chauffé, la condensation cesse, et la vapeur devient invisible à l'œil nu. Voilà pourquoi les Chinois ne s'installent jamais sur la côte à laquelle ils préfèrent la montagne.

À 4 verstes du bivouac environ, je trouvai un petit sentier qui menait à la forêt. Bientôt, les branches des arbres se mirent à me fouetter le visage. D'expérience, je compris que c'était une coulée de bêtes sauvages. Aussi, de peur qu'elle ne me conduisît à l'écart, je la quittai et continuai mon chemin en pleine nature. Longtemps j'arpentai les ravins, mais sans rien trouver.

Le jour tirait à sa fin. À mesure que la fraîcheur s'accentuait, le brouillard pénétrait de plus en plus profondément dans les terres. Comme un coton sale, il descendait des montagnes et s'étendait dans la vallée en avalant tout ce qu'il effleurait sur son passage.

Or, à cet instant jaillirent deux chevreuils. Je levai vite le fusil et tirai. L'un d'eux tomba, l'autre fit un bond et s'arrêta. Je tirai une deuxième fois. Il trébucha, mais se rétablit aussitôt et s'enfonça lentement dans les fourrés. Je m'élançai à sa poursuite sans toutefois pouvoir le rattraper. Craignant de perdre l'autre, qui était déjà tué, je revins sur mes pas. Sans doute avais-je mal retenu l'endroit, car je passai à côté. Alors je partis dans le sens opposé. En vain. Les buissons et les arbres se ressemblaient désespérément. L'animal semblait avoir disparu sous terre. Je décidai de regagner le bivouac et de revenir le lendemain avec des hommes pour continuer les recherches. Je suivis le ravin en considérant que c'était dans la bonne direction.

Soudain, mon champ de vision se rétrécit : un épais brouillard tomba. On eût dit qu'une muraille s'était levée entre le monde et moi. Maintenant, je ne voyais plus que les alentours immédiats. Un arbre couché à terre surgissait de la brume à ma rencontre, puis un saule nain, puis une souche, une motte ou autre chose encore…

Par un temps pareil, le crépuscule vient vite. Pour ne pas me perdre, je décidai de rejoindre la piste qui, d'après moi, devait se trouver derrière, quelque part sur ma gauche. Une heure passa, puis deux, et toujours pas de piste. Alors, changeant de direction, j'enfilai le ravin, mais il se mit à décrire un tournant. La nuit que j'avais passée sans feu sur l'Arzamassovka l'année d'avant ne m'avait pas servi de leçon. Cette fois encore, j'allais sans allumettes. Je tirai en l'air. Pas de réponse. Fatigué, je m'assis sur un tronc couché. Aussitôt, je me sentis grelotter. L'humidité froide me força à continuer. La lune pleine, apparemment, s'était levée. On ne la voyait pas, mais la clarté s'amplifiait. Pendant une heure ou deux, je marchai au petit bonheur la chance. Un paysage étonnamment monotone : clairières, îlots boisés, ravins, buissons, arbres isolés et chablis à terre, le tout se ressemblant tellement que je m'en trouvais déboussolé. Enfin, à bout de forces, je m'assis sur un tronc couché et, le dos appuyé contre une branche, m'assoupis. Pelant de froid, je n'arrêtais pas de me réveiller en sursaut. Je tapais des pieds. Et ainsi jusqu'à l'aube. Il y avait là, près de moi, un autre tronc à terre. Je m'en approchai et le reconnus : c'était celui où je m'étais assis la première fois.

Enfin pointa le jour. La lumière de l'aube, vaporeuse, gris bleu, s'infusa dans l'air. Le brouillard en suspens paraissait immobile, comme endormi. Peu à peu s'éveillaient les bêtes à plumes de la forêt. Une corneille surgit de nulle part. Elle jeta un croassement et, d'un battement d'ailes paresseux, survola la clairière. Puis vint le tour de piverts, de pigeons des bois, de rolliers. Quand il fit vraiment jour, j'allongeai un pas ferme le long du ravin après avoir effacé les dernières traces de sommeil. Je n'avais pas fait dix pas que je tombai sur la dépouille du chevreuil.

En vérité, je n'avais pas cessé de tourner autour. Je songeai avec dépit à ma nuit sans sommeil, mais, aussitôt, le dépit se changea en joie : je ne rentrerais pas bredouille au bivouac. L'innocente vanité du chasseur…

Bientôt, le temps se fit lumineux. On ne voyait pas encore le soleil, mais on en sentait partout la présence. Le brouillard se dissipait. Çà ou là perçait un coin de ciel bleu et, tout à coup, des rayons éclatants déchiraient la brume en jetant leur lumière sur la terre mouillée. Je compris alors où j'étais et dans quelle direction marcher. Chose étrange, j'avais été incapable de m'orienter dans la nuit. Un soleil amical réchauffa la terre, l'air se fit tiède et agréable. Je pressai le pas.

Deux heures plus tard, j'arrivais au bivouac. Mes camarades ne s'étaient pas inquiétés pour moi, pensant que j'avais passé la nuit dans quelque fanza chinoise. Après un bon thé, je m'allongeai sur ma couche et m'endormis à poings fermés.

Quelques jours plus tard, on s'occupa de régler les fusils. On distribua des cartouches aux hommes en indiquant une cible pour tir en appui. Une fois le réglage fini, les soldats demandèrent la permission de tirer au jugé. Ils visèrent une bouteille, une tache blanche sur un arbre, puis un caillou rond posé sur un rocher.

Apparut soudain un canard plongeur. Indifférent aux coups de feu, il se posa sur l'eau non loin de la grève. Zakharov et Sabitov le mirent en joue. Chacun voulant tirer le premier, ils s'emportaient, s'énervaient, se gênaient l'un l'autre. Les deux coups claquèrent presque en même temps. Une balle finit trop tôt sa course, l'autre alla faire floc loin derrière le canard. Effrayé, l'oiseau plongea. Quand il refit surface, c'était loin de la rive. Alors Zakharov tira, mais le coup fut encore raté : la balle frappa l'eau à l'écart. Le canard replongea. Abandonnant leur exercice, les tireurs s'alignèrent sur la rive et se mirent à cribler de balles l'oiseau qui s'éloignait de plus en plus. Maintenant, selon mon estimation, il était bien à trois cents pas, sinon plus. Ce fut à ce moment que Dersou revint au bivouac. Du premier coup d'œil, je compris qu'il était éméché. Un sourire badinait sur sa face. Il s'approcha des tentes, s'immobilisa et, la main en visière pour se défendre du soleil, chercha des yeux la cible des tirs. À cet instant tira Kalinovski. La balle manqua de si loin son but qu'elle ne fit même pas peur à l'oiseau. Apprenant que les fusiliers l'avaient déjà raté de plus près, il vint les voir et leur dit en riant :

— Vous bien tirer. Maintenant, c'est moi qui pique canard.

Ce qu'ayant dit, il épaula son fusil et, visant à peine, tira. Un cri d'étonnement s'échappa de toutes les bouches. La balle se ficha sous l'oiseau en soulevant une gerbe d'eau qui le submergea. Effrayé, le canard s'envola en criant et, peu après, plongea. Il refit surface quelques minutes plus tard, mais beaucoup plus loin. Avec une rapidité déconcertante, Dersou leva de nouveau son canon, et feu ! Si le canard ne s'était pas élevé dans les airs, on aurait pu croire que la balle était tombée pile dessus. Maintenant, l'oiseau était loin : à peine pouvait-on le suivre à l'œil nu. On sortit les jumelles. Dersou riait et se moquait des fusiliers. Dmitri Diakov, qui se considérait comme un bon tireur, mit cela sur le compte du hasard, ajoutant que lui-même ne tirait pas moins bien que le Golde. Ses camarades l'invitèrent à le prouver. Diakov s'appuya sur un genou, ce qui prit beaucoup de temps. Il visa longuement avant de presser enfin la queue de détente. La balle ricocha loin devant le canard qui plongea, mais s'exonda aussitôt. Alors Dersou leva lentement son fusil, visa et tira. Aux jumelles, cette fois encore, on vit la balle soulever une gerbe d'écume juste sous le canard.

Ce tournoi de tir eût duré longtemps, à n'en pas douter, si le canard n'y avait mis fin en s'envolant loin vers le large.

Dans la soirée, j'entendis les soldats converser bruyamment. À leur humeur, je devinai qu'ils avaient un peu bu. Le fin mot de l'histoire, c'était que Dersou avait apporté une bouteille d'alcool qu'il venait de partager avec les hommes. Échauffé par les libations, tout ce monde s'était disputé.

— Non, pas disputer, leur dit doucement Dersou. Écoutez-moi plutôt chanter chanson.

Et, sans attendre leur réponse, il se mit à leur chantonner des contes.

D'abord, personne ne l'écouta. Puis un querelleur se tut, un deuxième, un troisième… et bientôt le calme se fit sur le campement. Dersou chantait quelque chose de ténébreux, comme s'il se rappelait un passé intime et qu'il se plaignait de son sort. C'était un chant monotone, mais qui, curieusement, faisait vibrer les cordes les plus sensibles de l'âme en éveillant de bons sentiments. Assis sur une pierre, j'écoutais la triste ritournelle. Je songeai à un dicton helvète : « Va vivre où ça chante, car qui chante ne pense jamais à faire le mal. »

Le crépuscule était tombé, les étoiles allumaient leurs feux brillants, et la lune pointait de derrière les montagnes. On ne la voyait pas encore, mais sa lumière pâle se répandait déjà dans le ciel.

Les soldats avinés s'endormirent, cependant que Dersou fredonnait toujours sa chanson. Maintenant, il la chantait à mi-voix, pour lui-même. Je rentrai sous la tente et m'endormis à mon tour.

Le lendemain soir, assis devant le feu, je récitai aux soldats le *Conte du pêcheur et du petit poisson*[5]. Dersou, pendant ce temps, taillait quelque chose à la hache. Il cessa le travail, posa doucement l'outil à terre et, sans changer de position ni tourner la tête, se mit à écouter. À la fin du conte, Dersou se leva et dit :

— C'est juste. Beaucoup de bonnes femmes comme elle. (Il cracha de dépit et continua.) Pauvre vieux. Ce qu'il doit faire, c'est quitter vieille, construire canoë, nomadiser ailleurs.

Tout le monde partit d'un grand rire. C'était le point de vue d'un nomade indigène qui se faisait jour. La meilleure solution, pour lui, c'était de ramer au loin. Tard dans la soirée, je m'approchai du feu. Je lui demandai à quoi il pensait.

— Très pitié du vieux. Lui tellement docile. Aller tant de fois à la mer, appeler le poisson. Lui use ses bottes, à force.

Je sentais que le *Conte du pêcheur et du petit poisson* l'avait fortement troublé. Après un brin de causette, je regagnai ma tente.

4. PREMIÈRE MARCHE

Le départ – Dersou retrouve le détachement à la trace – Les rivières Yaotseho et Litienkeou – Des trappes à gros gibier – La taïga – Des araignées – Le travail de relevé topographique en pleine forêt – La rivière Ta-Hinantch'a et ses affluents – Des pluies interminables – Un Taza bossu et sa famille – Ils ont fui les Chinois – Le rêve de Dersou et son hommage aux morts

À LA FIN DE JUIN, après une longue attente, nos mulets sont enfin arrivés par le vapeur *Eldorado*. Ce fut un événement joyeux qui nous tira de l'inactivité et nous permit de prendre la route.

Le bateau mouilla à quelque quatre cents pas de l'embouchure du fleuve. Les mulets furent poussés directement à l'eau. Aussitôt, ils nagèrent vers la rive où les soldats les cueillirent.

Il nous fallut deux jours pour adapter les selles aux montures et régler les bâts. Le 1er juillet, la colonne s'ébranla.

Sur la rivière Yaotseho, notre détachement se scindait. Bordakov, Dessoulavi et moi prîmes la direction de la Hinantch'a[6] avec une partie des hommes, tandis que Merzliakov et les autres remontaient le Litienkeou[7]. Nous devions nous séparer près des dernières fanzas tazas, à l'angle nord-ouest de la vallée. Là, Dersou vint me voir pour me demander de rester un jour de plus chez les Tazas. Il promettait de nous rattraper le lendemain soir. J'émis la crainte qu'il ne pût nous retrouver. Le Golde rit aux éclats et me dit :

— Toi ni aiguille ni oiseau, toi pas voler, mais marcher par terre, marquer sol, laisser traces. Moi des yeux pour voir.

À cela, je n'avais pas d'objection. Sachant son don de déchiffrer les empreintes, je donnai mon accord. Nous prîmes la route, et lui resta sur le Yaotseho. Le surlendemain à l'aube, Dersou, en effet, nous rattrapa. À nos traces, il apprit tout ce qu'il s'était passé dans le détachement. Il repéra nos haltes, vit que nous avions longtemps stationné à un endroit où le sentier s'interrompait ; il vit que j'avais envoyé des hommes dans différentes directions à la recherche d'un chemin. Là, un fusilier s'était rechaussé. À voir une bribe de tissu ensanglantée traîner par terre avec un bout de coton, il avait compris que l'autre s'était meurtri le pied. Et le reste à l'avenant. J'étais habitué à ses analyses, mais, pour les soldats, c'était une révélation. Ils considéraient le Golde avec étonnement et curiosité.

Sur les cartes de marine, la rivière Yaotseho (Yieni en langue oudihée) figure sous le nom de Vladimirovka en forme de petit torrent. Large de presque 3 verstes, sa vallée possède un versant gauche escarpé, et un bord droit ourlé de pentes douces aux arbres clairsemés, trembles, bouleaux, aulnes, mélèzes et autres. On ne saurait dire où commencent les montagnes et où finit la vallée. Plus en amont, le tableau change, et le relief revêt un caractère beaucoup plus marqué.

En plus du chêne *(Quercus mongolica Fisch.)*, on trouve ici : le bouleau noir et blanc (*Betula daurica Pal.* et *B. latifolia Tausch*), le frêne chinois *(Fraxinus rhynchophylla Hanc.)*, le noyer mandchou *(Juglans mandshurica Maxim.)*, l'érable *(Acer mono Maxim.)*, le sapin *(Abies nephrolepis Maxim.)*, le liège *(Phellodendron amurense Rupr.)*, l'if *(Taxus cuspidata Sieb. & Zucc.)*, le tremble *(Populus tremula Lin.)* et le tilleul *(Tilia amurensis Rupr.)*. Côté végétation arbustive : le noisetier du Japon *(Corylus heterophylla Fisch.)*, l'aubépine *(Cratægus mandshurica H. Buck.)*, la viorne de Sargent *(Viburnum sargentii Koehne)*, la spirée à feuilles de saule *(Spiræa salicifolia Lin.)* et la lespédèze *(Lespedeza bicolor Turcz.)*.

À son embouchure, le Yaotseho éclate en une multitude de bras dont l'un tire vers le bord droit de la vallée, site d'ores et déjà repéré par les vieux-croyants pour leur prochaine installation.

Le sentier qui, de la mer, remonte la vallée laisse sur sa droite les bras du Yaotseho ; mais ensuite, face à l'embouchure du Dongkeou, il passe à gué la rivière à proximité de fanzas chinoises nichées au pied d'une large terrasse composée d'argile, de sable et de fragments rocheux.

Le Yaotseho mériterait l'hydronyme de « rivière aux chevreuils ». Nulle part je n'ai vu autant de ces animaux gracieux que dans cette vallée.

Le chevreuil de Sibérie *(Capreolus pygargus Pal.)* est plus gros que celui d'Europe. Son corps cintré aux flancs atteint une longueur de 1 mètre 50 et une hauteur de 87 centimètres. Dotée de grandes oreilles arrondies et mobiles, sa belle tête aux lignes fuyantes repose sur un long cou. Les brocards sont couronnés de bois peu ramifiés, aux terminaisons fourchues qui ne comptent pas plus de six andouillers.

L'été, la robe du chevreuil est couleur de rouille ; l'hiver, brun gris. Près de la queue, sur ses cuisses, il porte une tache blanche que les chasseurs appellent « miroir ». Quand il court, il lance haut sa croupe. La couleur de son poil tend à le rendre invisible : elle se fond à l'environnement, et l'on ne voit plus que le « miroir » blanc qui scintille.

Autrefois, à l'automne, vers le mois d'octobre, les chevreuils fuyaient par hardes nombreuses les forêts de l'Oussouri pour la Mandchourie. Au vrai, certains d'entre eux s'attardaient dans les steppes du lac Khanka. Ayant repéré l'endroit où les hardes franchissaient la rivière, les cosaques avaient pris l'habitude de s'y embusquer pour les massacrer sans distinction d'âge ou de sexe. Avec la construction de la voie ferrée et le peuplement de la vallée de l'Oussouri, le chevreuil cessa de migrer, et le carnage s'arrêta. De ces transhumances, il ne reste que des souvenirs.

Il n'en demeure pas moins que le chevreuil est un animal craintif éternellement pourchassé par l'homme et les prédateurs à quatre pattes. Il se tient toujours sur ses gardes, guettant le moindre signe de danger par le flair et l'ouïe.

Les chevreuils affectionnent particulièrement les forêts caduques dans les marécages. Ils attendent toujours le soir pour aller viander dans les clairières. Même dans le silence et le calme, ils tendent l'oreille en permanence, l'œil aux aguets. Quand ils détalent sous le coup de la frayeur, ils sont capables de faire des bonds vertigineux par-dessus les ravins, les fourrés et les bois chablis.

Dans l'Oussouri, le chevreuil est partout où se trouvent clairières et brûlis. Il ne supporte ni les reliefs parcourus d'éboulis ni les forêts épaisses de résineux.

Il est chassé pour sa viande. Les fourrures d'hiver servent à la confection de sacs de couchage, parkas et capotes. Ses bois se vendent à 1 rouble et demi la paire.

Curieusement, le chevreuil s'accommode volontiers de la présence d'autres animaux, mais ne supporte pas celle des cerfs wapitis. En cas de cohabitation forcée, il périt. Sur les terres sodiques dites *solonetz,* c'est particulièrement flagrant. Les chevreuils viennent y pâturer à l'envi tant que les cerfs ne s'y montrent pas.

Les chasseurs ont pu constater souventes fois que les chevreuils délaissaient les *solonetz* dès que des wapitis s'y aventuraient.

Les bois clairsemés d'altitude, les collines à pentes douces habillées de végétation arbustive et la vaste vallée du Yaotseho recouverte de roseaux et d'armoise… tout cela forme un milieu fortement propice à la présence de chèvres sauvages.

On en voyait souvent jaillir des herbes hautes, mais elles plongeaient si prestement dans les fourrés qu'on ne put en tuer aucune.

Çà et là, l'on tombait sur des boutis. Sachant que les Chinois tenaient les cochons domestiques enfermés dans des enclos, l'on en conclut à la présence de sangliers sauvages, ce qui ne tarda pas à se confirmer. Or, qui dit sanglier dit aussi tigre. De fait, l'on découvrit bientôt au bord de la rivière, à même le sable, les empreintes d'un énorme félin. Il avait longé la rive et s'était embusqué derrière un chablis. Cela voulait dire que le terrible fauve n'était pas venu pour se désaltérer, mais pour chasser le chevreuil et le sanglier.

Deux mois plus tôt, selon les dires des Tazas, un tigre avait enlevé un enfant près d'une fanza. Quelques jours plus tard, un autre félin avait attaqué un Chinois travaillant dans un champ, le blessant si gravement que l'homme en était mort dans le courant de la journée.

Les faisans abondaient en vallée du Yaotseho. À chaque pas que l'on faisait, ou presque, on en rencontrait. Ils avaient une préférence marquée pour les fourrés jouxtant les pavots que les Chinois cultivaient pour l'opium.

Parfois, au milieu des saules nains qui bordaient les bras morts et les lits secondaires, on tombait sur des gelinottes. Elles picoraient au sol et n'allaient aux arbres qu'en cas de danger. Quelques pygargues à queue blanche tournoyaient dans le ciel. Soudain, l'un d'eux piqua vers la rivière. Je m'avançais discrètement sur l'herbe jusqu'à la rive et me mis à l'observer. Il se posa sur un galet au bord de l'eau. Il y avait là plusieurs corneilles qui se délectaient de poisson. L'orfraie entreprit de les chasser. D'abord, les autres se défendirent; mais, après avoir reçu de méchants coups de bec, elles abandonnèrent le terrain en s'élevant dans les airs. Alors le rapace se mit à pêcher. Il entra carrément dans l'eau en y plongeant le ventre, les ailes et la queue, et commença à sautiller. En moins d'une minute, il avait déjà attrapé un poisson qu'il rapportait à la rive pour festoyer. Une fois rassasié, le rapace reprit son envol. Enfin, deux congénères le rejoignirent. Ils décrivirent de larges ronds dans les cieux. Sans se pourchasser, ils planaient tranquillement chacun à son étage, montant de plus en plus haut dans le bleu céleste infini.

Bientôt, ils se transformèrent en petits points à peine visibles que j'eusse assurément perdu de vue si je les avais quittés des yeux.

À cet instant, j'entendis qu'on m'appelait. Mes compagnons me criaient de les rejoindre. Cinq minutes plus tard, je regagnai le détachement.

Sur son cours inférieur, le Yaotseho reçoit trois petits affluents: à droite, le Hiao-Yaotseho, long de 10 verstes; à gauche, le Dongkeou dont nous avions fait la connaissance l'année d'avant, et le Litienkeou, que Merzliakov allait devoir longer. Pittoresque rivière Hiao-Yaotseho… Étroite et sinueuse, sa vallée est encadrée d'escarpements plutôt élevés. Les Chinois disent qu'on y trouve en hauteur d'importants filons de plomb argenté et de cuivre jaune.

Étrange vallée que celle du Litienkeou: ni vraiment transversale ni vraiment longitudinale. Par endroits, elle s'évase sur 1 verste et demie; par endroits, elle se resserre à 100 sagènes. En basse vallée, on trouve une multitude de clairières encombrées de pierres et impropres à l'agriculture. On traverse souvent des bois carbonisés et, ici ou là, de maigres forêts de feuillus. Plus on remonte la vallée, plus on voit défiler de résineux aux sombres silhouettes. Une fanza de trappeur se tient perchée dans les hauts du Litienkeou. Là, le sentier tourne à gauche et prend la direction de l'Iman. La montée vers le col Hongtami, du côté sud, est semée d'embûches. Vers la source, la vallée devient très étroite, jonchée de pierres et d'arbres morts. L'altitude du col, d'après les mesures de Merzliakov, atteint les 2 480 pieds.

Les riverains du Yaotseho forment une population mélangée de Chinois et de Tazas-Oudihés. Les fanzas chinoises se concentrent principalement sur la rive gauche du cours d'eau, alors que les indigènes habitent en amont, près des montagnes.

Les Mantsés d'ici sont d'un naturel très réservé. Ils refusaient de nous montrer la route et, pis, faisaient tout pour nous fourvoyer. Les indigènes, corvéables à merci, étaient tenus de les servir sans contrepartie et subissaient une exploitation éhontée. Les Chinois avaient enlevé aux Tazas leurs femmes et se les partageaient comme des biens mobiliers. Quand on leur posait des questions à ce sujet, les Tazas se muraient dans le silence, ou bien ils bottaient en touche, chuchotaient, jetaient des regards de droite et de gauche. Ils gardaient encore le souvenir de proches enterrés vifs pour avoir tenté de protester et de se venger de leurs persécuteurs. Aux dires des Tazas, le supplice était exécuté sous les yeux des femmes et des enfants des condamnés, comme l'exigeaient les Chinois.

On n'alla pas plus loin ce jour-là. Après avoir choisi une fanza aussi propre que possible, on bivouaqua dans la cour en mettant à l'abri la sellerie et l'équipement.

Le lendemain, on prit congé des Chinois qui ne cachèrent pas leur joie. Malgré les marques d'attention qu'ils s'efforçaient de nous manifester, on les sentait insincères ; ils couvaient une rancœur.

Le sentier, cette fois encore, traversa la rivière. Une demi-dizaine de verstes plus loin, il nous conduisit à un endroit où le Yaotseho éclatait en trois cours d'eau : 1/la Hinantch'a, 2/le Koulémou (dont j'ignore l'étymologie) et 3/le Hantahotse[8]. Long d'une quarantaine de verstes, le Koulémou vient de l'ouest et prend sa source dans les monts du Sikhotè-Alin. Le Hantahotse court sur une vingtaine de verstes et permet d'atteindre la Hitch'a (affluent du Sankhobé) où, l'année d'avant, j'avais été surpris par un incendie. C'est de la confluence de ces cours d'eau que naît le Yaotseho à proprement parler. Il y a là, en surplomb de la rive droite, un haut piton rocheux appelé Talatse. Le sentier passe au pied de cet escarpement. D'après les Chinois, les tigres affectionnent le site.

La Hitch'a coule par une vallée longitudinale entre le Sikhotè-Alin et une chaîne de montagnes parallèle au littoral. Longue de près de 75 verstes et large d'une quinzaine de sagènes au maximum, elle développe une vitesse de 4 verstes à l'heure. Derrière un mont rocheux s'étire une clairière marécageuse qui, plus loin, s'élève en une terrasse boisée de rares feuillus. Passé ce mont, nous couvrîmes encore une demi-verste avant de pénétrer dans une forêt opulente.

Dès que je songe à la taïga vierge, mon imagination me transporte dans la vallée de la rivière Hinantch'a.

Outre les essences habituelles – frêne *(Fraxinus mandshurica Rupr.)*, bouleau d'Erman *(Betula ermanii Cham.)* et aulne *(Alnus incana Lin.)* –, on y voit croître : l'épicéa du Japon *(Picea ajanensis Fisch.)*, originaire de la flore d'Okhotsk, l'érable à branches rouges *(Acer ukurunduense Trautv. & Mey.)* dont le feuillage n'est pas celui des érables, le cerisier de Mandchourie *(Prunus maackii M.)*, avec son écorce jaune pareille à celle du bouleau et ses ramures tirées vers le sol, à quoi les ours ont notablement contribué ; et, enfin, des saules violets sibériens, à foison, au bord de la rivière *(Salix acutifolia Willd.)*, dont les jeunes pousses ont une teinte rouge bleu. Les sous-bois sont constitués de toutes sortes d'arbustes parmi lesquels on notera le groseillier à maquereau piquant *(Ribes burejense Sr. Schmidt)*, avec ses feuilles poilues minuscules, et le cornouiller blanc *(Cornus alba Lin.)* avec ses longues branches souples et ses feuilles lancéolées – vert foncé au-dessus et blanchâtres au-dessous.

Les hautes branches s'entremêlaient si fort qu'elles obstruaient entièrement le ciel. Le peuplier *(Populus suaveolens Fisch.)*, surtout, impressionnait par ses dimensions, ainsi que le cèdre *(Pinus koraiensis Sieb. & Zucc.)*. Un jeune arbre quadragénaire qui poussait sous le couvert semblait aussi ridicule qu'un brin d'herbe. Ordinairement arbustif, le lilas *(Syringa amurensis Rupr.)* avait ici l'aspect d'un arbre de 5 sagènes de hauteur et de 2 pieds de circonférence. Richement garni de mousse, un vieux tronc couché apportait une touche décorative à l'ensemble et se mariait harmonieusement avec la végétation environnante.

Très épais, le sous-bois, composé de buissons du diable *(Eleutherococcus senticosus Maxim.)*, de vignes *(Vitis amurensis Rupr.)* et de lianes *(Schizandra chinensis Baill.)*, rendait le site difficile d'accès, et notre détachement progressait à grand-peine : il nous fallait souvent marquer un arrêt pour chercher des yeux un endroit sans trop de chablis et conduire les mulets par des voies de contournement.

Ce jour-là, N. A. Dessoulavi consigna dans son journal les plantes cryptogames et phanérogames suivantes : 1/la clintonie *(Clintonia udensis Trautv. & Mey.)* avec ses grosses feuilles juteuses et ses fleurs blanches à longue tige ; 2/la néottie nid d'oiseau *(Neottia nidus avis Rich.)* avec ses multiples fleurs violettes aromatiques ; 3/la scorsonère *(Scorzonera albicaulis Bng.)*, plante haute à longues feuilles en pleine terre avec ses fleurs blanc jaune ; 4/la fougère *(Nephrodium euspinulosum Diels)* avec ses grandes feuilles ajourées de forme triangulaire qui font de prime abord penser aux feuilles de fougère-aigle *(Pteris)* et 5/la fougère femelle *(Athyrium filix-femina Roth)*, qui possède également de grandes feuilles à la forme changeante en fonction de l'environnement.

Plus on avançait, plus les troncs morts obstruaient la forêt. Et ce chemin n'était pas fait pour des bêtes de bât. Afin d'éviter les retards, une avant-garde fut envoyée sous la conduite de Zakharov avec pour mission de déblayer ou de tailler des contournements. Parfois, un arbre restait coincé dans sa chute. Alors, l'on n'en coupait que les branches basses en forme de portail. Quant aux troncs couchés à terre, on les émondait pour empêcher les mulets de s'esquinter les jambes et de se piquer le ventre.

Passé midi, le détachement atteignit une *loudeva*. Elle coupait la vallée de la Hinantch'a et butait à l'autre bout sur un escarpement rocheux. Cette ligne de trappes étant vieille, il nous fallait faire attention où nous mettions les pieds pour ne pas tomber dans un piège. Le sentier nous conduisit à une fanza de trappeur abandonnée. Il y avait là une réserve sur pilotis pour la conservation des vivres, des fourrures, des bois de renne et autres accessoires de chasseurs. Nous y passâmes la nuit.

Au matin, nous n'eûmes pas le loisir de dormir longtemps. La bigaille attaqua. L'air en était littéralement infesté. Cessant de brouter, les mulets vinrent se serrer contre les feux. Après avoir avalé un bon thé à la va-vite, nous pliâmes les tentes et nous mîmes en route.

À partir de la fanza, le sentier s'enfonçait dans une forêt dense en sinuant fortement au milieu des chablis et d'une épaisse vigne sauvage.

Les relevés de terrain sont difficiles dans une forêt de ce genre. Sous le couvert, on ne voit pas le sentier. On ne sait jamais s'il va tourner à droite ou à gauche... Une fois, par hasard, je découvris le meilleur procédé. Un soldat partit devant et m'ouvrit ainsi le chemin. Dès lors, je décidai de faire marcher un homme devant moi, à distance, de manière à m'en tenir à lui sans le perdre de vue. De plus, je le dotai d'une clochette. Par endroits, je relevai les azimuts à son tintement.

D'un point de vue ornithologique, les forêts de la Hinantch'a sont particulièrement riches en oiseaux « grimpeurs » de la famille des *Picidæ*. Le martèlement de leurs becs et leurs cris stridents résonnaient de partout. Il y avait là des pics épeiches, des spécimens de taille moyenne à dos rouge et d'autres plus petits dans le même coloris, ou des verts à tête rouge.

Dans la seconde moitié de l'été, habituellement, l'on voit apparaître de grosses araignées noires *(Orbitelæ)*. Elles tissent des toiles en forme de roue, dont les fils porteurs peuvent atteindre 3 ou 4 sagènes de long et sont si solides que l'on peut facilement les écarter de la main. En août, ces araignées disparaissent, bientôt supplantées par d'autres, plus petites, de couleur jaune vert, avec un dessin rouge sur le ventre et le céphalothorax. À chaque pas ou presque, on tombe sur ces toiles rebutantes.

Gare à qui marche le premier. Il lui faut sans cesse ôter la toile de son visage ou faire tomber l'araignée qui s'accroche à son nez.

Ce jour-là, nous marchâmes jusqu'à la diffluence de la Hinantch'a en deux branches : la Ta-Hinantch'a[9] et la Hiao-Hinantch'a[10]. La première est le cours d'eau principal ; la seconde, son affluent.

Plus on se rapprochait de la ligne de partage des eaux et plus lugubre était la forêt, plus nombreuses étaient les traces de bêtes sauvages. Le sentier s'interrompait souvent ou passait d'une rive à l'autre, et l'on finissait par en perdre le fil.

Sur ce tronçon, la Hinantch'a reçoit les torrents P'ienelkeou et Izimlou, à droite ; Latsekeou et Honkaolien, à gauche[11]. En soi, la rivière développe un débit modeste, mais les amoncellements de troncs morts qu'elle dépose au passage attestent que, par temps de pluie, ses eaux montent au point de charrier les arbres comme des fétus de paille.

Plus on marchait, plus c'était dur. Aussi décidai-je de laisser les mulets au bivouac et de poursuivre la route avec nos balluchons sur le dos. Nous comptions atteindre la ligne de partage des eaux en deux jours. Mais cela nous en prit quatre. Et, pour couronner le tout, le temps se gâta : il se mit à pleuvoir.

Sur son cours supérieur, la Hinantch'a reçoit une série de petits torrents qui dévalent le Sikhotè-Alin.

Ayant choisi l'un d'eux, nous prîmes la montée. D'après les observations de Dersou, la pluie devait durer. De lourds nuages, qui rampaient à ras de terre, enveloppaient les montagnes à mi-hauteur. Cela voulait dire que, du haut de la chaîne, nous n'aurions vu que les abords immédiats. De plus, nous étions à court de provisions. Voilà qui nous força à regagner la vallée le lendemain.

Deux jours durant, nous tuâmes le temps sous la tente. Impossible de mettre le nez dehors. Des nuages denses semblaient se faire la course sous un ciel bas plombé, en versant de la pluie.

Enfin, à bout de patience, nous décidâmes de rejoindre la mer en dépit des rigueurs. Nous n'avions pas encore dépassé la portée acoustique d'un tir de fusil par temps clair que la pluie d'un coup cessa. Le soleil risqua un œil, et alors tout ne fut qu'allégresse comme par l'effet d'une baguette magique. Il ne restait de la tempête qu'une eau trouble dans la rivière, des herbes plaquées à terre et des étoupes de brume flottant dans les montagnes.

Harassés par les intempéries, nous plantâmes le bivouac de bonne heure. Dans la soirée, un tigre rôda en rugissant autour de notre campement. Nous fîmes un feu bien nourri toute la nuit et tirâmes plusieurs fois en l'air.

Deux jours plus tard, nous arrivâmes à l'endroit où nous avions laissé les mulets et une partie du détachement. À l'embouchure de la Hinantch'a, nous rencontrâmes une famille indigène composée d'un Taza bossu, de sa femme, de deux enfants en bas âge et d'un autre Oudihé nommé Tchang-Ling. Ils pêchaient debout sur une grève. J'avisai près de leur campement un canot retourné sur les galets. La blancheur du bois et les brûlures du bordage indiquaient qu'il était de construction récente et n'avait encore jamais vu l'eau. Le bossu nous expliqua qu'il ne savait pas construire de canots et qu'il avait invité pour ce faire un neveu de la rivière Takema.

Après un brin de conversation, nous reprîmes notre chemin, mais Dersou resta. Il nous rattrapa le lendemain et nous relata beaucoup de choses intéressantes. En vérité, les Chinois avaient décidé de ravir la femme et les enfants du bossu pour les emmener sur l'Iman. Alors le Taza avait décidé de prendre la fuite. Par la voie terrestre, les Chinois l'auraient rattrapé et tué. Aussi Tchang-Ling lui avait-il conseillé de fabriquer un canot et de s'enfuir par la mer.

Le 25 juillet, nous prîmes le chemin de fanzas chinoises situées au bord du Tongkeou dont la vallée mène à la rivière Sankhobé.

La nuit suivante fut noire et pluvieuse. Les Tazas voulurent en profiter pour s'enfuir. Or, c'était cette nuit-là que les Chinois avaient choisie non seulement pour commettre le rapt de la femme, mais aussi pour en finir une fois pour toutes avec les deux Tazas. Ayant eu vent de la menace, Dersou alerta la famille. Il prit son fusil, se rendit dans la demeure du bossu et y alluma un feu pour faire accroire aux ravisseurs que les gens étaient bien chez eux. Pendant ce temps, les fuyards mettaient discrètement le canot à l'eau avec la femme et les enfants. Mais il leur fallait passer les fanzas chinoises. La nuit était venteuse, pluvieuse, ce qui mettait toutes les chances de leur côté.

Pour camoufler le canot, Dersou le barbouilla de boue et de charbon. Toutefois, malgré les efforts des deux chasseurs, ils ne purent tromper les chiens qui poussèrent des abois. Les Chinois déboulèrent mais, le temps qu'ils atteignissent la rivière, le canot avait déjà filé. Dersou décida d'accompagner les Tazas jusqu'à la mer. Ayant vu trop souvent les Chinois supplicier les indigènes, il les détestait de toutes les forces de son âme. Une heure plus tard, le canot atteignait la mer. Là, Dersou fit ses adieux aux Tazas et débarqua. De peur de tomber sur les Chinois, il ne prit pas la route, mais la forêt, en se cachant, et ne regagna notre bivouac qu'à l'aube.

Nous passâmes la journée du 26 juillet sur le Yaotseho. Les fusiliers raccommodèrent leurs chaussures et lavèrent leur linge.

Dersou fit grise mine toute la journée. Il voulait être seul et ne parler à personne. Puis il me demanda 3 roubles et s'en alla. À 4 heures de l'après-midi, Dessoulavi et Bordakov s'en furent inspecter les environs. Pendant ce temps, je traçais notre itinéraire en vallée de la Hinantch'a.

Au crépuscule, le brouillard revint. Il s'épaississait à mesure que la nuit s'installait. Bientôt, la rive d'en face et les fanzas chinoises s'estompèrent. Un silence de mort semblait s'être abattu sur la terre en même temps que la brume; il n'était troublé que par le bruit de l'égouttement des feuilles gorgées d'eau.

Ce fut alors qu'un fusilier vint me voir, disant que Dersouk (ainsi l'appelaient-ils) était assis seul devant un feu et qu'il chantait.

Je lui demandai où.

— Loin d'ici, répondit l'autre. Dans la forêt, près de la rivière.

Le fusilier m'expliqua quel sentier suivre jusqu'à une lumière que je devais voir sur ma droite. C'était là le feu de Dersou. Je fis quelque trois cents pas dans la direction indiquée, mais je ne trouvai rien. J'allais rebrousser chemin lorsque j'aperçus à l'écart, à travers la brume, la lueur d'un feu. Je quittai le sentier. À peine cinquante pas plus loin, le brouillard se déchira soudain.

Ce que je vis me parut tellement inouï que je m'en trouvai coi. Dersou était face à moi, assis devant un feu. Il y avait à terre, près de lui, sa hache et son fusil. Il taillait des tiges fichées contre sa poitrine en chantant doucement quelque chose de monocorde et spleenétique. Il ne les taillait pas entièrement, mais les frisait en plumeaux. Il en prenait une de la main droite et, cessant brusquement de chanter, lançait une question dans le vide à je ne sais qui. Ceci fait, il tendait une oreille attentive, mais pas de réponse. Alors il jetait la ramille au feu et se mettait à en tailler une autre. Ensuite, il prit une petite tasse, y versa de l'eau-de-vie d'une bouteille, y mouilla l'index et fit tomber une goutte à terre aux quatre points cardinaux. Jeta encore un cri et tendit l'oreille. Au loin retentit le hululement d'un oiseau de nuit. Dersou se leva d'un bond.

Il entonna le même chant à pleine voix et vida la bouteille d'alcool dans le feu. Une flamme bleue jaillit, éphémère. Puis Dersou jeta au brasier des feuilles de tabac, du poisson sec, de la viande, du sel, du millet, du riz, de la farine, une bribe de coton bleu turquin, des bottes chinoises neuves en peau de renne, une boîte d'allumettes et, enfin, la bouteille vide. Dersou cessa de chanter. Il s'assit par terre, rentra sa tête et se fit songeur.

Alors je décidai de m'approcher. Je fis exprès de descendre sur la grève de galets pour qu'il entendît mes pas. Le vieux leva la tête et me toisa d'une paire d'yeux chagrins. Je lui demandai pourquoi il s'était écarté aussi loin et lui dis que je m'inquiétais pour lui. Il ne répondit rien. Je m'assis devant lui près du feu. Cinq minutes se passèrent ainsi en silence. À ce moment, l'oiseau de nuit poussa un nouveau cri. Dersou se leva aussitôt et, tourné dans sa direction, lui cria quelque chose d'une voix forte qui trahissait des accents de tristesse, de peur et de joie. Puis rien. Dersou se rassit près du feu et se mit à raviver les braises. La bouteille, incandescente, éclata et se réduit en fusion.

Je ne lui posai pas de questions, sachant qu'il m'expliquerait de lui-même, en quoi je ne me trompais pas.

— Là-bas gens beaucoup, commença-t-il. Chinois, soldats… Eux pas comprend, eux moque, ça gêne.

Je ne l'interrompis pas. Il me dit alors avoir fait un vilain rêve la nuit d'avant : une vieille yourte en ruine avec, dedans, sa famille en état de terrible pauvreté. Sa femme et ses enfants tremblaient de froid, le ventre tenaillé par la faim, le priant d'apporter du bois de chauffage et de leur procurer des habits chauds, des chaussures, des vivres et des allumettes. Ce que Dersou avait brûlé, c'étaient des offrandes à ses proches qui vivaient dans l'au-delà comme on vivait en ce monde. Prudemment, je l'interrogeai sur les cris de l'oiseau de nuit, auxquels il avait répondu par ses cris à lui.

— C'est Khaniala[12], me dit-il. Moi pense que c'est ma femme. Maintenant, elle tout reçoit. On peut aller fanza.

Dersou se leva en éparpillant les restes du feu. L'obscurité redoubla. Quelques minutes plus tard, nous suivions le sentier. Lui silencieux, et moi de même.

Alentour tout était calme. L'air, gorgé, semblait s'être figé. Le brouillard épais s'était coulé dans la vallée et commençait à givrer. À notre approche, les chiens entonnèrent la rengaine de leurs aboiements.

Fidèle à ses habitudes, Dersou passa la nuit dehors. Moi, j'entrai dans la fanza, m'y allongeai de tout mon long sur un *kang* bien chauffé et m'assoupis. Dehors, derrière le mur, j'entendais les mulets manger du foin. Les chiens furent longs à se calmer.

L'image de Dersou ne quittait pas mon esprit. J'avais horriblement pitié du vieil homme. Sa foi dans l'au-delà, son amour pour sa famille depuis longtemps disparue étaient touchants et confondants de simplicité. Chaque jour, je me sentais de plus en plus attaché à sa personne. Je crois qu'il me le rendait bien. Peut-être est-ce là ce qu'on appelle des « âmes sœurs ». Obnubilé par ces pensées, je ne m'endormis qu'à l'aube.

5. DANS LES MONTAGNES

La rivière Tongkeou – La rivière Beïa – La frontière zoogéographique des gorals – La rivière K'outiaho – La fanza Tongt'awaitse – Les rivières Fatou et Adimil – Éboulis en montagne – Petites rivières se jetant dans la mer – Un sentier côtier – Un chat sauvage – Des coléoptères attaquent

MAUSSADE FUT la journée du lendemain. Des nuages lourds et gonflés de pluie rampaient lentement dans le ciel, et l'air lui-même paraissait rembruni. Cela ressemblait à la pénombre aurorale. Hier encore si pittoresques, les montagnes paraissaient lugubres désormais.

Mes compagnons savaient que d'ordinaire, sauf s'il pleuvait à verse, on ne repoussait jamais un départ déjà prévu.

À 8 heures du matin, après avoir payé les Chinois, nous enfilâmes un sentier déjà familier que les gens du pays avaient tracé le long du Tongkeou jusqu'à la baie de Ternay.

Une sorte d'angoisse flottait dans l'air qui, immobile et chargé d'humidité, pesait de tout son poids sur la terre. Alentour, la nature semblait dans ses retranchements. Un ciel morne, une végétation détrempée, un chemin boueux, des flaques d'eau stagnante et, surtout, un silence omniprésent, tout cela annonçait un déluge qui n'avait marqué une trêve que pour repartir de plus belle d'un instant à l'autre.

À midi, l'on était à la source du Tongkeou et l'on fit une pause. On buvait le thé devant un feu quand un pygargue à queue blanche surgit de derrière une montagne. Il décrivit un large cercle et, porté par une aile habile, se posa sur un mélèze à tronc sec. Il scruta les alentours. Zakharov le tira et le rata. La détonation, relayée par un puissant écho, roula à tous les vents. L'oiseau effrayé reprit son envol en direction de la forêt.

— Pas bien, dit Dersou. Grande pluie venir.

Pressé de questions, il expliqua que si le brouillard s'élevait vers le ciel par temps calme et que l'écho se propageait avec force, cela présageait à coup sûr une pluie persistante.

Vers 1 heure de l'après-midi, N. A. Dessoulavi et P. P. Bordakov et moi-même allâmes de l'avant pendant que les fusiliers passaient les bâts aux mulets. Peu avant 3 heures, nous atteignîmes un col où la rivière Kaimbé prenait sa source. Nous aurions dû bivouaquer là, mais je cédai à mes camarades et nous poussâmes la marche plus loin. À peine étions-nous descendus que la pluie commença, qui tourna bientôt au déluge. Nous fîmes un grand feu. Nous nous mouillions en même temps que nous nous séchions. À la tombée du jour, les mulets nous rattrapèrent. Alors seulement nous nous rhabillâmes et dressâmes le camp.

Dans la soirée, la pluie s'intensifia, et ce jusqu'à l'aube. On ne dormit pas de la nuit. Pelant de froid, on rajoutait du bois au feu et, entre deux sommes, on avalait un thé.

Au matin, Dessoulavi voulut escalader le Hongtami pour herboriser sur les hauteurs pierreuses, mais n'y parvint pas. Le brouillard enveloppait le sommet. À 2 heures de l'après-midi, il se remit à pleuvoir d'une pluie fine et serrée. Dans la journée, nous réussîmes à bien nous sécher, à rajuster les tentes et à refaire le plein de sommeil.

Le lendemain 29 juillet, il pleuvait toujours. On ne distinguait plus le brouillard des nuages. Toujours aussi fine et serrée, la pluie tomba trois jours durant, sans discontinuer, avec une persévérance étonnante.

Notre patience était à bout. Dessoulavi ne pouvait plus attendre. Son congé prenant fin, il lui fallait regagner Khabarovsk. En dépit du mauvais temps, il avait décidé de se rendre en baie de Djiguit dans l'attente d'un vapeur. Je lui donnai deux mulets et deux accompagnateurs. Vers 11 heures du matin, nous prîmes congé en nous souhaitant bonne chance et bon voyage.

À midi, le temps n'avait toujours pas changé. Deux mots suffiraient à le décrire : brouillard et pluie. La journée se passa de nouveau sous les tentes. Je relisais mon journal ; les soldats dormaient et buvaient du thé. Dans la soirée, un vent fort se leva. Le silence qui régnait jusque-là dans la nature s'en trouva soudain troublé. L'air immobile se mit en mouvement et, d'un coup formidable, chassa son apathie. Les feuilles arrachées aux arbres tourbillonnèrent en s'élevant dans les airs. Les rafales étaient si fortes qu'elles brisaient les branches, faisaient plier les arbrisseaux jusqu'à terre et renversaient les arbres secs.

— Ça terminer, dit Dersou d'un air satisfait. Cette nuit, étoiles se montre, demain soleil se montre.

Vers 10 heures du soir, en effet, la voûte ténébreuse et chamarrée de millions d'étoiles fut débarrassée de ses nuages. Étincelants, comme lavés par la pluie, les astres de la nuit regardaient la terre d'un air avenant. Au matin, l'air était plus froid.

Le lendemain fut la dernière journée de juillet. Dès l'aube, il apparut qu'il ferait beau temps. Çà et là, le brouillard s'accrochait encore aux montagnes. Il se tapissait au fond des ravines comme s'il sentait sa fin prochaine. La nature exultait, la vie saluait le tout-puissant soleil, seul capable de faire cesser le déluge.

On profita de la journée pour marcher jusqu'à la fanza aux champignons que nous connaissions déjà près du lac de la Félicité. On retrouva l'enfer des marécages que les pluies avaient rendus encore plus impénétrables. On tenta bien de décrire un long détour, mais rien n'y fit. On avait beau couper arbres et buissons en aménageant des passages de fascines, nos bêtes de bât s'enfonçaient presque jusqu'au ventre à chaque pas. On eut toutes les peines du monde à franchir les sols mouvants. Quand on posa enfin un pied sur la terre ferme, le jour tombait déjà.

On repartit de bonne heure le lendemain matin. La route était longue, et je brûlais d'atteindre le Sankhobé : c'était là que mes travaux commenceraient vraiment. P. P. Bordakov prit des voies de traverse avec un fusil, Dersou et moi, comme d'habitude, allâmes de l'avant, et A. I. Merzliakov nous suivit avec les mulets. À la deuxième ravine, je m'assis pour souffler un peu. Dersou en profita pour se rechausser.

Soudain, on entendit des sons étranges qui tenaient à la fois du hurlement, du cri pointu et du râle. Dersou m'attrapa par la manche, tendit l'oreille et me dit :

— Ours !

Nous avançâmes à petits pas prudents et, bientôt, aperçûmes le fauteur du bruit. Un ours de taille moyenne s'affairait au pied d'un gros tilleul qui poussait à deux doigts d'un rocher. L'arbre portait une entaille à la hache, preuve que cet essaim avait été découvert par des humains avant nous et avant l'ours.

Car, d'entrée, je compris de quoi il retournait : l'ours avait des visées sur le miel. Il s'étirait en station debout, mais le rocher l'empêchait de mettre la patte dans une cavité du tronc. Or, l'animal ne brillait guère par sa patience. En grognant, il secouait le tilleul de toutes ses forces. Des abeilles vibrionnaient autour de sa tête et le piquaient. L'autre se frottait le crâne de ses pattes, poussait des cris perçants, se roulait à terre et reprenait son travail. Un comique acharnement. Enfin las, il s'assit par terre à la façon d'un humain et, bouche ouverte, regarda l'arbre. Apparemment, il mijotait quelque chose. Cela dura une ou deux minutes. Puis il se releva d'un bond et grimpa promptement au tilleul. Une fois là-haut, il se coula entre l'arbre et le rocher et, les quatre pattes appuyées contre la paroi rocheuse, se mit à pousser fortement le tronc avec le dos. L'arbre s'écarta légèrement. Mais l'ours, qui visiblement avait l'échine meurtrie par l'effort, changea de position. Cette fois, il s'arc-bouta le dos au rocher en appuyant ses pattes contre l'arbre. Le tilleul craqua et tomba. Ne restait plus maintenant qu'à arracher l'aubier pour piller le nid.

— Lui gens très malin, dit Dersou. Faut le chasser, sinon bientôt tout le miel mangé.

Ce qu'ayant dit, il cria :

— Quelle espèce de gens tu fais à chiper miel des autres !

L'ours se retourna, nous aperçut et déguerpit derrière le rocher.

— Faut lui faire peur, dit Dersou.

Il tira en l'air.

À ce moment, les mulets arrivèrent. Alerté par le bruit du tir, A. I. Merzliakov avait arrêté le détachement et venait voir ce qu'il en était. Pour recueillir le miel, il fut décidé de laisser deux fusiliers sur place. Il fallait donner aux abeilles le temps de se calmer avant de les enfumer pour prélever leur gelée. Ne l'eût-on pas fait que l'ours, de toute façon, aurait mangé le tout. Cinq minutes plus tard, nous reprenions la route.

Au fur et à mesure qu'on longe le littoral en direction du nord, on laisse derrière soi les différentes espèces de la flore mandchoue. Le poirier d'abord *(Pirus sinensis Lindl.)*. La dernière fois que j'en avais vu, c'était sur le Yaotseho. L'acacia de Maack ensuite *(Cladrastis amurensis Benth.)* : visiblement, la baie de Ternay est leur frontière nord. C'est le chêne mongol *(Quercus mongolica Fisch.)* qui monte le plus haut en latitude. Le mélèze *(Larix daurica Turcz.)* investit le bord de mer par petits groupes. Outre la viorne obier *(Viburnum sargentii Koehne)*, le noisetier du Japon *(Corylus heterophylla Fisch.)* et le lespédèze *(Lespedeza bicolor Turcz.)*, nous remarquâmes les feuilles à cinq folioles et les fleurs jaune pâle caractéristiques de la potentille *(Potentilla fruticosa Lin.)*, un sorbier buissonnant *(Sorbus sambucifolia Trautv.)* à petits fruits rouge clair presque sans goût, et, juste à côté, un genévrier de Dahurie *(Juniperus daurica Pal.)* rampant qui lançait en l'air ses branches vertes épaisses aux reflets bleu mat, encore lourdes des fruits secs de l'année d'avant.

Le voyage se poursuivit sans mésaventure jusqu'à la rivière Sankhobé. À 4 heures de l'après-midi, nous étions en baie de Ternay. Une heure plus tard arrivaient nos chasseurs d'abeilles avec 22 livres d'un bon miel sauvage.

Le soir, les cosaques pêchèrent dans la rivière. Mis à part le saumon rose à bosse, ils trouvèrent dans leurs filets une belle quantité de vairons *(Phoxinus lagowskii Dyb.)*.

Là, nous dîmes au revoir à Bordakov. Il avait décidé de rentrer à Djiguit dans l'intention de rattraper Dessoulavi et de regagner Vladivostok en sa compagnie. Je trouvais dommage de perdre un aussi bon camarade, mais je n'y pouvais rien. Nous nous quittâmes en amis sincères. Bordakov partit le lendemain. Un jour plus tard, le 3 août, je levai le camp et me mis en route avec mon détachement.

Sur la rivière Sankhobé, nous rencontrâmes de nouveau Tchang-Pao, chef d'une troupe de chasseurs. Nous passâmes ensemble une journée entière. Il s'avéra qu'il était au courant de bien des choses que nous avions vécues sur l'Iman. J'appris de sa bouche qu'il était allé arbitrer un conflit de territoire entre Tazas et Chinois pendant l'hiver, et qu'au printemps il avait taillé en pièces une grosse bande de *honghoutse* sur la rivière Not'o.

Grande fut ma joie d'entendre qu'il voulait marcher avec moi vers le nord, ce qui présentait un double avantage. Premièrement, il connaissait bien la géographie de la région côtière ; deuxièmement, son ascendant sur les Chinois et les indigènes me faciliterait notablement la tâche.

La petite rivière Peiya[13] (Iyelia en langue oudihée) que j'avais remontée à partir de la baie de Ternay se jette dans le Sankhobé à 2 verstes de son embouchure. Longue d'une douzaine de verstes, elle coule par une vallée marécageuse parallèle à la côte. Entre la mer et la vallée s'élève une petite chaîne de montagnes où culminent les points suivants : le Predmestnik à 416 pieds, le Tekhta à 1102 et l'Abrek à 1326. Côté droit, la vallée est bordée de collines douces ; côté gauche, de monts raides et rocheux composés de porphyre quartzique, de diabase et de diorite.

Près de sa source, la Peiya tourne vers l'est et atteint presque la mer. Le sentier, battu par les Chinois, va par les collines du côté droit. Les hauteurs environnantes sont parsemées de bois maigres où dominent l'érable, l'arbre à liège de l'Amour, le noyer, le tilleul et le bouleau noir. Saule et aulne poussent densément au bord de la rivière. Les libres espaces sont envahis de lespédèze, de fausse spirée, d'églantine et de viorne obier. Dans les bas du cours d'eau règnent le roseau, le gaillet et l'armoise. Par endroits, ces herbes supplantent toutes les autres. Seul le pois sauvage, parce qu'il s'y agrippe, se montre capable de leur disputer le droit de vivre.

En suivant la rivière, le chemin tire aussi vers l'est, mais reprend bientôt la direction du nord et gravit le col Koukialing[14], à 260 mètres[15] d'altitude. La montée, côté sud, et la descente, côté nord, sont abruptes. À gauche du col s'élève un mont en dôme que les Chinois ont baptisé Tsouenkanchan[16]. Il recèle principalement de l'andésite augitique.

Derrière le col, nous découvrîmes un petit torrent appelé Koukiaho[17], qui figure sous le nom de Koudia sur les cartes de marine et que les Tazas nomment Koudia-Biazani. Celui-ci ne se jette pas dans la mer : sable et galets en obstruent l'embouchure. En conséquence, une cuvette marécageuse s'est formée là. Aux dires des Tazas, c'est la meilleure terre sodique *(solonetz)* de la côte. De fait, l'on voyait beaucoup d'empreintes de bêtes sauvages. Le Koukiaho est séparé de la mer par de hautes montagnes rocheuses couvertes de résineux sur ses pentes exposées au vent.

D'un point de vue zoogéographique, c'est un site très intéressant. Nous sommes ici à la limite nord du territoire d'expansion des gorals *(Næmorhedus caudatus M.-Edw.)*.

De modestes vallons bordés de collines coniques où poussent des feuillus épars offrent un cadre propice au déploiement de petits hameaux. Les monts côtiers se composent de porphyrites felsiques recouvertes de tufs volcaniques.

Passé le Koukiaho, le chemin enjambe un promontoire et descend dans la vallée d'un autre torrent, le Tawaitse (Omouksi en langue oudihée), long de 7 ou 8 verstes. La descente est raide, presque ravineuse.

Encore un col, et nous voilà dans la vallée splendide et fertile de la petite rivière Adimil signalée par les cartes sous le nom d'Akma et que les Oudihés appellent Agama. À proprement parler, il y a là deux petits cours d'eau (et donc deux vallons) qui se rejoignent à 1 verste de la mer. À leur embouchure, la ligne côtière accuse un léger renfoncement qui forme une anse pittoresque.

À quelque 2 verstes de la mer, sur la rive haute – gauche – de la rivière, nous découvrîmes une coquette fanza chinoise appelée Tongt'awaitse[18]. Elle se trouve à 27 verstes de la baie de Ternay.

Deux Chinois sortirent de la fanza à notre rencontre. Ils prirent en charge nos mulets, nous aidèrent à nous dévêtir et nous invitèrent à entrer dans leur logis. Jamais je n'avais connu accueil aussi ravissant. Pas la moindre marque de servilité, rien que de la pure hospitalité. Plus tard, j'allais entendre des vieux-croyants exprimer des avis semblables. Où sont-ils à présent ? Il est possible que l'un d'eux, vieillard, ne soit plus de ce monde. Toujours est-il que nous avons gardé de ces gens un souvenir enchanté. On se sentait là si bien et si à l'aise, il y faisait si bon vivre, que je décidai d'y marquer une halte d'un jour. Assis devant un brasier, je passai la soirée à boire du thé et à manger des galettes salées en questionnant le vieux sur les voies qui menaient vers le nord.

La rivière Fatou (Fartou en langue oudihée) se jette par la gauche dans le Sankhobé à un jour de marche de son embouchure, et, du nord-est, coule parallèlement à la côte. La chaîne de montagnes qui la départage des cours d'eau se jetant directement dans la mer s'élève en moyenne à 600 mètres. On remarquera deux sommets qui en jalonnent la crête : le mont de la Bonne-Chasse (1825 pieds) et le mont de la Table (1835 pieds). D'autres rivières descendent ici du Sikhotè-Alin, la suivante étant le Bilimbé qui se jette en mer au pied du mont Jélezniak, légèrement au sud du cap Schanz.

Mon intention était de laisser marcher une partie des hommes et des mulets sur le chemin côtier, cependant que Tchang-Pao, Dersou, trois fusiliers et moi-même remonterions la vallée de l'Adimir, puis celle du Bilimbé jusqu'au Sikhotè-Alin avant de revenir à la mer le long de cette même rivière.

On se mit en route le matin du 4 août. Les Chinois ne nous laissèrent pas partir sans nous avoir copieusement sustentés. Mieux, ils nous fournirent une généreuse réserve de vivres pour la route. Je voulus les payer en retour, mais ils refusèrent tout net. Alors je laissai l'argent sur la table. Ils le rendirent furtivement aux soldats. Je le glissai subrepticement sous un plat. M'ayant vu faire, les Chinois le jetèrent sous les jambes des mulets dès que nous fûmes sortis de la fanza. De guerre lasse, je dus récupérer l'argent.

Sur son cours supérieur, la rivière Adimil naît de la confluence de deux torrents. À quelque 5 verstes de la fanza s'en trouve une autre, de trappage, habitée par trois chasseurs chinois qui vivent de la capture des cerfs.

La vallée de l'Adimil abrite des essences de feuillus dont le bois convient pour la combustion et la menuiserie. Partout la montagne porte des marques d'incendie. D'épais fourrés de spirées, de noisetiers et de lespédèzes foisonnent sur les ruisseaux et les collines. Plus loin, dans les montagnes, pousse un peu de cèdre et d'épicéa. Les larges bancs de galets qui bordent la rivière et les amas de chablis qui en encombrent le lit montrent combien le courant est impétueux par temps de pluie et avec quelle force il érode les rives, bien que les crues soient ici d'importance modeste.

Comme nous étions partis tard de Tongt'awaitse, il nous fallut marcher presque jusqu'au crépuscule. Au soir, nous arrivâmes à la source de l'Adimir et bivouaquâmes près du col sur la rivière Fatou. Bien que le ciel fût maussade et brumeux, l'air était étouffant et gorgé de vapeurs. Redoutant la pluie, je demandai à Dersou ce qu'il en pensait. Il me répondit que, pour l'instant, le brouillard lui-même n'avait pas encore décidé s'il devait se changer en nuages ou bien se dissiper. C'était formulé de telle sorte que le brouillard semblait réfléchir et se demander s'il devait tourner à la pluie ou attendre un peu.

Vers 7 heures du soir, le brouillard s'éleva brusquement vers le ciel. En même temps, il se mit à pleuvoir. Une quinzaine de minutes plus tard, la pluie cessa, et le brouillard avec elle. Les étoiles pointèrent dans le ciel.

Levés de bonne heure au matin, nous prîmes un bon thé et commençâmes l'ascension du mont au Tigre (1 957 pieds), entièrement recouvert d'éboulis.

Force est de constater que la région côtière est plus sujette aux éboulements qu'à l'ouest du Sikhotè-Alin. Les uns sont faits de morceaux d'un mètre, les autres, de pierres grosses comme une tête de cheval, d'autres encore, comme une tête d'homme. Dans la plupart des cas, les blocs sont anguleux et si bien emboîtés que l'on peut s'y mouvoir sans difficulté comme sur un escalier. Les éboulis anciens sont toujours cachés sous une épaisse couverture végétale. Il est vrai qu'il m'a souvent été donné de voir de vieux éboulis couverts uniquement de mousse, surtout au sommet des montagnes ; de loin, on dirait des taches grises. Parfois, ils envahissent la majeure partie du relief, auquel cas les zones végétales ressemblent à des taches vertes sur fond d'éboulis gris.

Quelle est l'origine de ces éboulis ? On a l'impression qu'il y a eu des tremblements de terre et que des masses rocheuses se sont brisées. En vérité, c'est un travail de longue durée, qui prend des siècles et qu'on ne voit pas s'accomplir à l'œil nu. La roche commence par se lézarder, les fissures s'accroissent en taille, la force d'accrétion cède à celle d'attraction, les pierres se rompent une à une, tombent, et petit à petit un éboulis prend la place de la masse rocheuse. Les pierres se laisseront glisser vers le bas tant qu'elles ne rencontreront pas d'obstacle.

Il est toujours difficile de marcher sur des éboulis recouverts de mousse : le pied tombe tantôt sur une arête, tantôt sur une cannelure, tantôt sur un interstice entre deux pierres. En bas, la couverture de terre et de végétation est si épaisse qu'on ne sent rien ; mais plus on monte, moins il y a de végétaux, et alors les arêtes rocheuses se font durement ressentir.

Par les chaudes journées d'été, le lédon des marais *(Ledum palustre Lin.)* libère une telle abondance d'huiles essentielles que certaines personnes, faute d'habitude, risquent même de s'évanouir. Après le lédon viennent les mousses. Si les éboulis ne représentent pas un obstacle pour les hommes, il n'en va pas de même pour les chevaux et mulets qu'il faut parfois conduire par de longues voies de contournement.

Une fois au sommet, nous prîmes la direction du nord et longeâmes un temps la ligne de crête. Nous avions maintenant à notre gauche la vallée boisée du Fatou, et, à notre droite, de petits torrents qui dévalaient vers la mer : le Sekoumou, l'Odega-1, l'Odega-2, la Taniya, le Viaztygni, le Khotzé, l'Ielia et la Chakira.

Le Sekoumou (Sektozou en langue oudihée) se présente comme une petite rivière de montagne longue de 5 verstes, qui se faufile entre des escarpements parallèles à la ligne côtière. Les deux Odega, ce qui signifie « jouvencelle » en langue oudihée (Otiekeou en chinois), ont une seule et même embouchure.

L'une fait 12 verstes de long; l'autre, 15. Le relief modéré qui les départage porte le même nom et s'élève en moyenne à 491 pieds. À l'est, il descend en douceur et se termine au bord de la mer en haute terrasse chichement boisée de mélèzes et de maigres bouleaux. La vallée de l'Odega-1 renferme des essences mixtes propres à un usage de combustion; on ne rencontre épicéa, cèdre et sapin qu'à hauteur de la source. Les incendies ont dénudé la plupart des monts environnants.

L'Odega-2 (Odèhé en langue oudihée) reçoit sur sa gauche le Lougovoï, petit torrent. D'après les Chinois, il y avait là naguère une *loudeva*, mais le feu l'a détruite. Plutôt que de la restaurer, les Mantsés ont préféré migrer vers la rivière Psoukhoun.

Les cours d'eau: Taniya (Sotoneul en chinois et Dana en oudihé), Viaztygni, Khooma, Khotèié (Hotè en oudihé) et Onektogo (Onektozo en oudihé, Milangts'ouan en chinois) sont des torrents de montagne qui courent à la mer par de petites ravines.

Vient ensuite le Taèlé (Taè en oudihé), long de 12 verstes, dont la vallée se rétrécit à l'approche de l'embouchure et qui se termine en gorge. La source de la rivière est le siège d'un nœud orographique où jaillissent d'autres cours d'eau: le Bilimbé vers le nord-est, le Fatou vers le sud et le petit torrent Ielia vers la mer.

La Chakira est longue de 10 verstes. Son embouchure est à 1 verste au sud du Bilimbé. Mais cette «embouchure» n'en est pas une à proprement parler: ses eaux se répandent en aval et s'infiltrent en mer à travers les galets côtiers. Plutôt étroite, elle tend à s'évaser vers sa source. Son lit est pierreux. Partout affleurent des éboulis. Herbeuse, la végétation consiste principalement en armoise, fougère-aigle et pois sauvage. Sur les plis du relief prolifèrent le noisetier, l'églantier, la spirée et le lespédèze. Près de la mer, les bois clairsemés sont de chêne et de mélèze; mais à mesure qu'on remonte la rivière, les essences gagnent en force et en diversité.

Un sentier court le long de la côte. Il coupe tous ces petits cours d'eau à 3-5 verstes de leur embouchure. Son sol ferme permet le passage d'animaux de bât. D'un vallon à l'autre, les cols ne dépassent pas 400 pieds de hauteur.

Du Sekoumou à la Chakira, les roches se rapportent respectivement aux variétés suivantes : calcaire, grès calcaire, granit, gneiss et schistes cristallins.

Vers 4 heures de l'après-midi, il se mit à pleuvoir. Nous descendîmes de la crête et dressâmes le bivouac au premier accès à l'eau du torrent.

Pendant que les fusiliers débâtaient les mulets, Dersou et moi partîmes en reconnaissance, comme à l'accoutumée. Je longeai le cours dans le sens montant, et Dersou, dans le sens avalant.

La pluie en forêt, c'est une double pluie. À la moindre secousse, chaque buisson, chaque arbre arrose le voyageur. Les feuilles de lespédèze, en particulier, ont le don de retenir l'eau. En cinq minutes, j'étais aussi mouillé qu'après un bain de rivière, tête comprise.

J'allais faire demi-tour quand, soudain, j'aperçus un étrange animal qui descendait d'un arbre. Je visai et tirai. L'animal se débattit à terre. Un second tir mit fin à ses souffrances. C'était un chat sauvage (*yelitse* en chinois). Sa taille me stupéfia. Je crus d'abord à un lynx, mais l'absence de pinceaux auriculaires et sa longue queue m'indiquèrent qu'il s'agissait bel et bien d'un chat sauvage *(Felis euptilura Elliot).* Sa longueur était de 3 pieds 7 pouces ; son pelage, brun jaune gris discrètement moucheté sur l'ensemble du corps ; son ventre et l'extérieur de ses pattes, d'un blanc sale. Une queue plus courte que chez les chats domestiques, et sans rayures sombres transversales. Du chat ordinaire, il se distinguait non seulement par sa taille, mais aussi par une dentition plus forte, des moustaches plus longues, une fourrure plus épaisse.

Animal solitaire, le chat sauvage préfère les forêts denses et sombres avec rochers et arbres creux. D'un naturel extrêmement prudent et peureux, il est néanmoins capable d'attaquer avec fureur pour se défendre.

Les chasseurs ont bien tenté de domestiquer des chatons, mais sans succès. Les Oudihés disent que les chatons, même capturés très petits, ne se laissent jamais apprivoiser.

Nul ne leur fait la chasse, sinon au gré du hasard. Les Chinois d'ici en confectionnent des cols et des toques de fourrure.

Partout présent dans la région de l'Oussouri, le chat sauvage affectionne particulièrement les environs de Vladivostok et l'île Russe.

Je rentrai au bivouac avec mon trophée. J'y trouvai tout le monde au complet, les tentes plantées, les feux allumés, le dîner en pleine préparation. Dersou ne tarda pas à revenir à son tour, disant qu'il avait vu quelques empreintes fraîches de tigre, certaines tout près du camp.

Vers 8 heures du soir, la pluie cessa, bien que le ciel restât maussade. Dersou se proposa de monter la garde jusqu'à minuit. Il chaussa ses *outy*, rajusta le feu et, le dos à la flamme, se mit à crier fort des paroles de son idiome à la forêt.

— Eh là ! À qui cries-tu comme ça ? lui demandèrent les fusiliers.

— *Amba*, répondit-il. Moi lui dis : beaucoup de soldats au camp, soldats tire, alors moi pas coupable.

Et de reprendre son cri puissant et traînant : «*A-ta-ta-aï, A-ta-ta-aï !*» L'écho lui répondait. C'était comme si quelqu'un parlait à la forêt en renvoyant la dernière syllabe sur tous les tons : *aï !* Les cris, qui portaient de plus en plus, mouraient dans le lointain.

Soudain, un bruit fort se répandit autour de nous, qui ressemblait à un bourdonnement. Quelque chose me heurta douloureusement le visage. Aussitôt, je sentis sur mon cou comme un corps étranger. Je l'attrapai d'un geste vif et, effrayé, le jetai à terre. Il était dur et piquant. Il s'agissait d'un lucane semblable au cerf-volant, mais sans les cornes. J'en chassai un autre identique de mon bras, puis en découvris encore un sur ma chemise. Je me levai d'un bond et m'écartai. Longtemps les scarabées atterrirent ainsi sur une couverture, un manteau, un sac. Dersou se tenait là, sur ses deux jambes, et disait :

— Moi, avant, ces gens-là (et de pointer le doigt sur un lucane) pas vois beaucoup. Un ou deux chaque année… Pourquoi maintenant beaucoup ensemble ?

J'en attrapai un. C'était un *Callipogon relictus S. T.-Ch.*, rare spécimen d'une faune oussourienne héritée du tertiaire. Il était de couleur marron, avec un duvet sur le dos et de puissantes mandibules relevées vers le haut, et ressemblait fort à un capricorne, quoique doté d'antennes plus courtes. Un corps long de 9,5 centimètres et large de 3 dans la partie supérieure du dos. De petits yeux de forme triangulaire se trouvaient de part et d'autre de la tête. Ils étaient sombres et semblaient voilés d'un filet ténu.

On s'escrima longtemps avec ces coléoptères avant de retrouver le calme à minuit passé.

6. RIVIÈRE EN CRUE

Le Bilimbé – De mauvais augures – Un lieu démoniaque – Alerte de nuit – Le Sikhotè-Alin – Intempérie – Une fanza de trappeur – Un typhon – Trois jours d'averses – Des éléments déchaînés – Une forêt inondée

Le lendemain, nous reprîmes la route de crête en direction du nord. À 10 heures du matin, nous étions au mont Pointu, haut de 2 023 pieds. Nous embrassâmes les environs du regard et suivîmes un petit torrent qui nous conduisit à la rivière Bilimbé.

Il faisait ces jours-là un temps maussade. Plusieurs fois, il bruina. Au loin, les monts nageaient dans une espèce de brume ou de substance ténébreuse. Chargé de nuages, le ciel se rainura de lumière au levant, nous laissant espérer que le temps allait s'éclaircir.

Après avoir herbagé les mulets, nous remontâmes le Bilimbé que les Oudihés appellent Bili, et les Chinois, Pinlienpei[19]. Long de 90 verstes, il prend sa source dans le Sikhotè-Alin. Trois cols en desservent la vallée : l'un à gauche (pour qui se tient à contre-courant) débouche sur le Sankhobé ; l'autre à droite, sur la Takema ; et le troisième tout droit, sur l'Iman. Le Bilimbé coule par une vallée relativement étroite. D'un bout à l'autre de sa course, il ne reçoit que quatre affluents de plus ou moins d'importance, deux sur chaque rive. Le plus gros est la rivière Oubliée qui vient s'y jeter à 26 verstes de l'embouchure. Sa source jaillit d'un nœud orographique d'où viennent aussi l'Amagou et le Kouloumbé, dont nous reparlerons.

La vallée du Bilimbé peut être considérée comme inhabitée. Elle ne compte qu'une seule fanza, celle de l'Oudihé Laïgoul, à 10 verstes de son embouchure. Dans sa moitié inférieure, la rivière est large de 10 sagènes, profonde de 7 pieds, et développe une vitesse de 8 à 10 verstes par heure. Quelques fanzas de trappage en longent le cours supérieur. Les Chinois n'y viennent que l'hiver, du Sankhobé, pour y traquer la zibeline.

Ce jour-là, nous parvînmes à couvrir une trentaine de verstes. Il en restait autant jusqu'au Sikhotè-Alin.

Le royaume des végétaux : voilà ce qu'est le Bilimbé. La forêt y est si dense sur ses deux rives qu'il semble couler par un corridor. Et les arbres se penchent si fort à certains endroits qu'ils mélangent leurs ramures en formant des voûtes pittoresques.

Les affluents sont bordés de buissons amateurs de lumière et d'humidité. Mon herbier renferme entre autres l'églantier dahur *(Rosa daurica Pal.)* à petites feuilles tombantes et à fleurs de taille moyenne, ainsi que la spirée à feuilles de saule qui, avec le lespédèze *(Lespedeza bicolor Turcz.)*, forme d'épais fourrés *(Spirea salicifolia Lin.)*. J'aperçus en outre les duvets blanc argenté de la clématite *(Clematis intricata Bunge)* à feuilles ténues et à pétioles allongés, étirés loin des tiges ; d'amples et grosses renouées *(Polygonum divaricatum Lin.)* douées d'une étonnante capacité d'adaptation et capables de fleurir en n'importe quelle circonstance, quitte à changer d'aspect au point d'en devenir méconnaissables ; une variété particulière d'aster *(Aster scaber Thunb.)* à croissance rapide ; et une haute véronique *(Veronica grandis Fisch.)* remarquable par sa taille et son inflorescence de plumeaux blancs en forme d'épis.

À partir de 4 heures de l'après-midi, on se mit à guetter un lieu où bivouaquer. À cet endroit, la rivière faisait un coude. Nous étions sur la rive basse, en pente douce ; celle d'en face montait fortement. Nous fîmes là le camp. Pendant que les soldats s'occupaient de monter les tentes, Dersou alla puiser de l'eau, une marmite à la main.

Une minute après, il revint fort mécontent.

— De quoi ? lui demandai-je.

— Mauvais endroit, voilà ce que moi pense. Quand on prend de l'eau, poisson se fâche.

Les soldats partirent d'un fou rire :

— Ah ! ça, des poissons qui se fâchent ?

— Vous rire ? fulmina Dersou. Vous pleurer bientôt.

Enfin, j'appris de quoi il retournait. Au moment où Dersou allait puiser de l'eau, un poisson avait sorti la tête du flot. Il fixait le Golde, tantôt ouvrant la bouche, tantôt la refermant.

— Les poissons être aussi des gens, dit Dersou pour conclure. Eux parle, mais doucement. Nous pas comprend.

À peine avait-on suspendu la marmite au feu qu'une pierre surchauffée éclata en faisant voler des braises à tous les vents. Un tison toucha Dersou au genou.

— Ça non ! cracha-t-il de colère. Moi bien comprends quel mauvais endroit.

Les soldats repartirent d'un grand rire.

Après le dîner, je pris un fusil et m'en fus me promener autour du bivouac. À une demi-verste, je m'assis sur un chablis et tendis l'oreille. Le silence régnait alentour, tout juste entendais-je le bruissement sourd de l'eau sur les cascatelles. De puissants cèdres se dressaient sur la rive opposée, pareils à des sentinelles herculéennes. Sévère était leur regard. On eût dit qu'ils renfermaient un secret connu d'eux seuls et qu'ils ne devaient divulguer en aucun cas.

Par suite des pluies tièdes, la terre exhala de lourdes vapeurs qui se faisaient de plus en plus denses, et ce fut bientôt toute la rivière qui plongea dans le brouillard. Une brise se levait parfois en créant un mouvement, et je voyais alors se dessiner les contours de la rive d'en face, boisée de résineux.

À ce moment, je vis sur la rivière quelque chose d'énorme se mouvoir lentement et sans le moindre bruit dans ma direction. Je sentis mon sang se glacer et mon cœur cogner fort. Mais quelle ne fut pas ma stupéfaction de voir soudain cette chose sombre s'arrêter, puis repartir en arrière pour disparaître aussi mystérieusement qu'elle était apparue. Bête sauvage ou tronc mort, je n'aurais su le dire. D'une manière indicible, le crépuscule, la forêt sinistre, la brume épaisse et, surtout, ce silence de mort brossaient un tableau horrible et angoissant. Je pris peur. Alors je me relevai et pressai le pas dans le sens du retour. Dix minutes plus tard, je revenais au bivouac.

Près du feu, les hommes se mouvaient comme de longs fantômes, s'étirant vers le haut, puis rapetissant brusquement jusqu'à terre. Je demandai à Zakharov s'il n'avait pas vu quelque chose passer au fil de l'eau. Il me répondit par la négative. Alors je lui racontai ma vision que j'essayai de mettre sur le compte du brouillard.

— Oh ! mauvais endroit.

C'était la voix de Dersou. Je me retournai. Assis devant le feu, il hochait la tête.

— Faut le chasser, dit-il en prenant une hache.

Je lui demandai :

— Qui ça ?

— Le diable, me dit Dersou le plus sérieusement du monde.

Là-dessus, il entra dans la forêt et se mit à couper un sapin humide, un tremble, un lilas, etc., c'est-à-dire des essences craquant au feu. Quand il eut recueilli des brassées de bois, il en fit un grand brasier. Une flamme vive s'élança en l'air, des myriades d'étincelles fusèrent. Une fois les bûches suffisamment carbonisées, Dersou les éparpilla en criant. Réjouis, les soldats accoururent. Ils faisaient tourner les tisons et les jetaient en l'air. Joli tableau que celui d'une fusée en toupie projetant des étincelles à tous les vents. Deux tisons tombèrent à l'eau. Ils s'éteignirent aussitôt, mais fumèrent encore longtemps. Enfin, le brasier fut anéanti. Dans la forêt, les bûches éparses finissaient une à une de brûler.

Ceci fait, on but le thé avant d'aller se coucher. Je voulais lire un peu, mais, ne pouvant résister au sommeil, je m'endormis malgré moi.

J'eus l'impression de dormir longtemps. Soudain, je sentis qu'on me secouait par la manche.

— Levez-vous vite !

— Qu'y a-t-il ? demandai-je en ouvrant les yeux.

Il faisait noir, peut-être même plus noir qu'avant. Un brouillard épais, cotonneux, nappait la forêt. Ça crachinait…

Le planton effrayé me répondit :

— De l'autre rive… une bête sauvage… a plongé.

Je me levai d'un bond et pris mon fusil. Une minute plus tard, en effet, une créature sortit de l'eau et s'ébroua fortement sur la berge.

À cet instant, Dersou et Tchang-Pao s'approchèrent. Le dos au feu, nous tentions de scruter les flots, mais le brouillard était si dense et la nuit, si noire, qu'on n'y voyait goutte.

— Ça marche quelque part, dit Dersou.

En effet, on entendait des pas feutrés sur les galets. Une minute plus tard, la bête s'ébroua de nouveau. Sans doute nous avait-elle sentis, car elle s'arrêta. Je jetai un œil sur les mulets. Serrés les uns contre les autres, les oreilles dressées, ils regardaient vers la rivière. Les chiens aussi se montrèrent inquiets. Alpa, tapie au fond de la tente, tremblait ; Léchi, la queue entre les jambes, les oreilles en arrière, jetait des regards peureux de-ci de-là. Encore un bruit de galets. Je fis réveiller les autres et tirai. La détonation déchira l'air endormi. L'écho roula sourdement à travers la forêt. On entendit un rapide battement de galets, suivi d'un clapotement dans la rivière. Les chiens déboulèrent en poussant des abois.

— C'était qui ? demandai-je au Golde. Un wapiti ?

Il fit non de la tête.

— Peut-être un ours ?

— Non, répondit Dersou.

— Alors qui ? lançai-je intrigué.

— Sais pas. Nuit finir, voir empreintes, enfin comprendre.

Après tout ce chambardement, pas moyen de fermer l'œil. Tout le monde y allait de ses hypothèses et criblait Dersou de questions. Le Golde disait que ce ne pouvait être un cerf wapiti parce qu'il aurait battu les galets d'un bruit plus marqué, et que ce ne pouvait être un ours non plus parce qu'il n'aurait pas poussé des soufflements pareils.

On parla encore un moment assis là, puis le camp se remit à sommeiller. Tchang-Pao et moi prîmes sur nous de monter la garde pour le reste de la nuit. Une demi-heure plus tard, ça dormait à poings fermés comme si de rien n'était.

Enfin pointèrent les premières lueurs d'avant l'aube. Le brouillard, maussade, tourna au bleu gris. La rosée perla sur les arbres, les buissons et les herbes. La forêt, sinistre, dormait encore de son sommeil. La rivière semblait engourdie, immobile. Alors je me coulai dans ma moustiquaire et m'endormis comme une masse.

Je me réveillai à 8 heures du matin. Ça crachinait toujours… Dersou était allé en reconnaissance, mais n'avait rien trouvé. L'animal qui avait rôdé dans la nuit près de notre bivouac s'était sauvé en repassant la rivière. La grève eût-elle été de sable que nous en aurions vu les traces. Ne restaient maintenant que des suppositions. Si ce n'était ni un élan, ni un cerf, ni un ours, ce pouvait être un tigre.

Mais Dersou avait sa petite idée :

— Poisson parler, pierre éclater, toi, capitaine, mal voir quelque chose dans le brouillard, vilaine gens rôder dans la nuit… Moi pense que diable vit ici. Prochaine fois pas dormir ici, moi !

Vers 9 heures du matin, le camp une fois levé, on entama la remontée du Bilimbé. Le temps n'était pas à l'amélioration. Il faisait humide et froid. Les arbres semblaient pleurer : de lourdes gouttes ne cessaient de tomber des branches, même les troncs étaient trempés…

Plus nous montions, plus la vallée devenait étroite. Nous passâmes quelques fanzas de trappeur vides. Comme tout observateur ordinaire, je n'y voyais rien de particulier, mais Dersou, lui, y vit bien des choses. Par exemple : à l'examen d'une peau, il dit que l'homme l'avait découpée avec un couteau mal affûté et que, ce faisant, il l'avait tenue par un bout entre ses dents. Une fourrure d'écureuil abandonnée par les trappeurs lui apprit que l'animal était mort écrasé par une bille de bois. Dans une autre fanza, Dersou vit beaucoup de souris auxquelles le maître des lieux avait livré une guerre sans merci, et ainsi de suite.

Après nous être un peu attardés dans la dernière fanza, nous atteignîmes à midi les hauts de la rivière. Comme le sentier avait pris fin depuis longtemps, nous marchions en pleine nature en passant d'une rive à l'autre.

Plus nous nous approchions du Sikhotè-Alin, plus la forêt était dense et encombrée de chablis. Nous laissions derrière nous le chêne, le peuplier et le tilleul ; et le bouleau noir cédait la place au blanc.

Sous nos pieds maintenant s'étalaient des mousses où foisonnaient le lycopode obscur *(Lycopodium obscurum Thunb.)*, la fougère

(Athyrium spinulosum Christ.), la laîche poilue *(Carex pilosa Scop.)* et l'oxalis petite oseille *(Oxalis acetosella Lin.)*.

Dans le sens montant, le cours supérieur du Bilimbé diffIue en deux branches. En suivant la droite, on enjambe un col débouchant sur la rivière Kouloumbé (affluent droit de l'Iman) ; par la gauche (au nord-ouest), on gagne l'un des affluents supérieurs de l'Armou. Nous enfilâmes le vallon de droite qui nous mena bientôt aux contreforts du Sikhotè-Alin.

Maintenant le Bilimbé avait l'aspect d'un torrent au lit encombré de grosses pierres. L'eau s'y écoulait en petits filets, courait sous les herbes et, soudain, rejaillissait plus bas près d'un tronc mort.

Côté mer, la montée du col se fait plus abrupte. Ici, la crête du Sikhotè-Alin est nue. Nous la gravîmes non sans mal. Je voulais marquer un arrêt pour scruter les environs, mais le brouillard bouchait la vue. Nous laissâmes les mulets souffler un peu, puis repartîmes. Les pentes ouest du Sikhotè-Alin sont parsemées de conifères velouteux, habillées de lédon et tapissées de mousses.

Nous établîmes le camp en contrebas de la ligne de partage des eaux, au bord du premier torrent venu.

Au soir, il faisait toujours le même temps : un épais brouillard nappait la terre comme un linceul. Ce brouillard givrant commençait à nous fatiguer. Marcher en forêt par un temps pareil, c'est comme marcher sous la pluie. Dès que l'on frôle un arbre ou un buisson, on est douché par des milliers de gouttes. Une demi-heure plus tard, on se retrouve aussi trempé qu'au sortir d'un bain de rivière.

Le dîner pris, les soldats nettoyèrent leurs fusils et se couchèrent. Je voulais revenir à mes relevés de terrain, mais le travail n'allait pas. Alors, emmitouflé dans ma capote, je me couchai près du feu et sombrai aussitôt dans le sommeil.

La journée du lendemain fut consacrée à l'inspection des versants occidentaux du Sikhotè-Alin. Ici, point de véritables torrents de montagne. L'eau s'infiltrait sans bruit sous la mousse. Les ruisseaux s'écoulaient tranquillement entre des rives basses boisées de sapins, d'épicéas et d'aulnes.

Je voulais franchir la crête du Sikhotè-Alin pour descendre vers le Kouloumbé, mais Dersou et Tchang-Pao me déconseillèrent de m'écarter de la ligne de partage des eaux, disant qu'il fallait s'attendre à de fortes pluies. À l'appui de leurs dires, ils me montraient le ciel. Le brouillard, après s'être élevé dans les airs, avait revêtu l'aspect d'un nuage gonflé d'eau. Mes deux guides m'expliquèrent que si le brouillard, en l'absence de vent, cessait de bruiner, qu'il s'élevait vers le ciel et que l'écho ne portait plus, c'était signe de fortes pluies. De fait, depuis plusieurs jours la terre s'était nappée de brume comme pour échapper à quelque chose de menaçant, mais cette brume soudain l'avait trompée et, de connivence avec le ciel, s'était retirée pour laisser les éléments célestes en découdre à leur gré.

Pour Tchang-Pao, il fallait tenter de marcher jusqu'aux fanzas de trappeur. Le conseil étant fort sage, nous fîmes demi-tour le jour même. Au matin, une jolie nuée brumeuse flottait encore sur le col ; mais maintenant c'étaient de lourds et noirs nuages qui rampaient par-dessus la crête. Dersou et Tchang-Pao marchaient devant. Ils levaient souvent les yeux au ciel en échangeant des paroles. D'expérience, je savais que Dersou se trompait rarement ; s'il s'inquiétait, c'était qu'il avait ses raisons.

Vers 4 heures de l'après-midi, nous arrivâmes à la première fanza de trappeur. Soudain, le brouillard revint, si épais qu'on éprouvait presque le besoin de le forcer pour passer. Dersou tira en l'air. Un écho retentissant roula à travers la forêt. J'avais l'impression de ne plus rien comprendre en météorologie. Je demandai des explications à Dersou qui paraissait satisfait, disant que le retour du brouillard givrant et la présence d'un écho puissant signifiaient que la pluie était reportée au moins jusqu'à l'aube du lendemain. Donc, nous pouvions marcher plus loin. Nous pressâmes le pas. Au crépuscule, nous étions à la deuxième fanza, plus grande et plus agréable que la première.

La fanza fut rendue habitable en quelques minutes. On rassembla dans un coin les biens du logis, on balaya par terre et l'on alluma le feu. En raison du brouillard, ou peut-être parce que le poêle n'avait pas marché depuis longtemps, le tirage ne venait pas, et la fumée envahissait la masure. Il fallut donc chauffer le poêle avec des braises. Le tirage ne se fit qu'au soir, une fois la nuit tombée, et la chaleur se diffusa enfin dans les *kang*. Dehors, les soldats allumèrent un grand feu de camp et mirent le thé à infuser. Ils se racontaient des choses avec force rires. Dersou et Tchang-Pao se tenaient près d'un autre feu, tous les deux silencieux, la pipe à la bouche. Je sollicitai leur avis et décidai que, sauf en cas de forte pluie, on repartirait dès le lendemain matin. Il fallait passer les « joues » à tout prix. Sinon, avec la montée des eaux dans la rivière, on allait devoir accomplir une longue marche de contournement par les collines rocheuses de l'Onkou Tchougdyni, c'est-à-dire l'« antre du diable » en langue oudihée.

La nuit se passa sans histoire.

Il faisait encore noir quand Tchang-Pao nous réveilla tous. Même sans horloge, cet homme avait le don de deviner l'heure à coup sûr. On avala un thé et l'on se mit en route sans attendre le jour. D'après la montre, le soleil s'était levé depuis longtemps, mais le ciel restait gris et bouché. Les montagnes aussi étaient enveloppées de je ne savais quoi, brume ou crachin. Bientôt, il se mit à pleuvoir, puis un bruit s'ajouta à celui de la pluie : c'était le vent.

— Ça commence, dit Dersou en montrant le ciel.

En effet, les nuages se mirent en mouvement d'une manière parfaitement visible à travers le voile déchiré de la brume. Ils filaient nord-ouest. Très vite, on se retrouva trempés jusqu'aux os. Foin de la pluie maintenant, on n'avait plus rien à craindre. Afin ne pas avoir à contourner les parois rocheuses, on descendit à la rivière pour en longer la rive caillouteuse. Tout le monde était d'excellente humeur. Les fusiliers hilares se poussaient à l'eau. Trois heures plus tard, on avait enfin passé le goulet de la gorge. Le danger était derrière nous.

Dans la forêt, on ne craignait guère le vent ; mais dès qu'on s'approchait de la rivière, on était transis. À 5 heures du soir, on atteignit la quatrième fanza de trappeur, construite au bord d'un petit affluent gauche de la rivière. On le passa à gué et l'on s'installa pour la nuit. Les soldats débâtèrent les mulets, apportèrent le bois et mirent la fanza en état.

Quiconque a traîné ses guêtres dans la taïga comprend ce que veut dire trouver une fanza de trappeur par mauvais temps. D'abord, point n'est besoin de couper beaucoup de bois; ensuite, une fanza est forcément plus chaude, plus sèche et plus sûre qu'une tente.

Pendant que les fusiliers s'affairaient auprès de la cabane, Tchang-Pao et moi montâmes sur la colline la plus proche. De là-haut, l'on pouvait voir ce qu'il se passait dans la vallée du Bilimbé.

Par rafales, un vent fort apportait de la mer des paquets de brouillard qui, pareils à des vagues géantes, roulaient sur la terre et se mêlaient dans les montagnes aux nuages pluvieux.

Nous rentrâmes au crépuscule. Le feu ronflait déjà dans la fanza. Couché sur un *kang*, je fus long à m'endormir. La pluie cinglait les fenêtres et battait le toit d'écorce. Le vent hurlait. On n'aurait su dire si c'était le bruit de la pluie ou la plainte des arbres et buissons pénétrés par le froid. La tempête fit rage toute la nuit…

Le lendemain, 10 août, je fus réveillé par un bruit intense. Nul besoin de sortir pour comprendre de quoi il retournait. Il pleuvait comme vache qui pisse. De puissantes bourrasques secouaient la fanza du sol au plafond.

Je m'habillai à la hâte et sortis. Incroyable spectacle de la nature. Pluie, brouillard et nuages, tout cela se mélangeait. D'énormes cèdres se balançaient fortement et bruissaient de colère comme pour se plaindre de leur sort.

J'avisai Dersou au bord de la rivière. Il allait et venait en scrutant l'eau.

— Qu'est-ce que tu fais ? lui demandai-je.

— Regarder pierre, eau monter, répondit-il en décochant des mots pleins de reproches au Chinois qui avait eu l'idée de construire une fanza aussi près de l'eau.

Alors seulement je constatai en effet que la fanza se trouvait sur la rive basse de la rivière et qu'en cas de crue elle risquait bel et bien d'être noyée.

Vers midi, Tchang-Pao et Dersou, après s'être concertés, s'en furent dans la forêt. Je jetai un ciré sur mes épaules et leur emboîtai le pas. Bientôt, je les vis au pied de la colline que j'avais gravie la veille. Ils se mirent à entasser du bois. Pourquoi si loin de la fanza, cela m'étonna. Sans les déranger, j'entrepris d'escalader le relief. En vain comptais-je apercevoir la vallée du Bilimbé : je ne vis rien que brouillard et pluie. « La béance des abîmes célestes » : l'expression russe correspondait à merveille au chaos qui régnait sur terre. Des hallebardes se mouvaient par vagues dans les airs en transperçant la forêt. Après de courtes trêves, la tempête semblait vouloir se rattraper et redoublait de furie.

Transi et trempé, je redescendis à la fanza. De là, j'envoyai Sabitov chercher du bois auprès de Dersou. Il revint en me rapportant que Dersou et Tchang-Pao ne voulaient pas lui en donner. Sachant que Dersou ne faisait jamais rien sans raison, je me fis accompagner de fusiliers pour aller en ramasser plus en amont.

Deux heures plus tard environ, Dersou et Tchang-Pao étaient de retour à la fanza, trempés comme une soupe. Ils se dévêtirent et se firent sécher devant le feu.

Au crépuscule, j'allai encore une fois surveiller l'eau de la rivière. Elle montait, mais avec lenteur ; visiblement, il n'y avait pas de crue à craindre avant le lendemain matin. Néanmoins, je fis rassembler le chargement pour seller les mulets. Dersou approuva la précaution. Dans la soirée, quand le noir s'installa, une averse torrentielle terrible s'abattit à grand bruit. Ça faisait horriblement peur…

Soudain, la fanza s'illumina un instant. Un éclair vif fusa, aussitôt suivi d'un violent coup de tonnerre qui roula en retentissant à travers le ciel. Les mulets tiraient tant qu'ils pouvaient sur leurs longes, les chiens poussaient des aboiements.

S'il est possible d'imaginer le tableau du déluge universel, nous y étions. Dersou ne dormait pas. Allongé sur un *kang*, il tendait l'oreille aux bruits du dehors. Tchang-Pao, assis près de la porte, échangeait avec lui de courtes phrases, de temps à autre. Je voulus dire quelque chose, mais le Chinois me fit « chut ! ». Alors, à mon tour, je me mis à l'écoute en retenant mon souffle. Mon ouïe percevait un son faible, derrière le mur, qui ressemblait à un gazouillement. Dersou se leva d'un bond et courut au-dehors. Un moment plus tard, il revint en disant qu'il fallait réveiller les hommes au plus vite, car la rivière avait quitté son lit et que l'eau entourait la fanza de toutes parts. Les fusiliers s'habillèrent précipitamment. Dans la hâte, Tourtyguine et Kalinovski échangèrent leurs chaussures, et cela les fit rire.

Alors Dersou, courroucé, leur cria dessus :

— Pourquoi rire ? Bientôt pleurer !

Le temps de se chausser, l'eau s'était déjà infiltrée à travers le mur. Elle s'engouffrait déjà dans l'âtre. Pschit ! les braises s'éteignirent. Tchang-Pao alluma une mèche de résine. À sa lueur, on plia les couches et on alla aux mulets. Ceux-ci avaient de l'eau jusqu'aux genoux et jetaient des regards effarouchés autour d'eux. À la lueur d'un lumignon d'écorce et d'une mèche de résine, on se mit à les bâter. Il était grand temps. Derrière la fanza, l'eau avait creusé un bras profond. Un instant plus tard, il eût été infranchissable. Dersou et Tchang-Pao s'éclipsèrent, et j'avoue que je pris peur pour de bon. J'ordonnai aux hommes de marcher les uns contre les autres, et me dirigeai vers l'escarpement que j'avais escaladé dans la journée. Les ténèbres, le vent et la pluie nous embrassèrent dès que nous eûmes passé le coin de la fanza.

Des trombes d'eau nous fouettaient le visage en nous empêchant d'ouvrir les yeux. On n'y voyait goutte. Dans le noir absolu, il nous semblait que le vent charriait arbres, montagnes et rivières, tout cela formant avec la pluie une masse unique qui se mouvait à une vitesse monstrueuse.

Les fusiliers furent frappés d'hébétude.

Ce fut alors que, devant moi, je vis vaciller un feu. Je devinai que c'était l'œuvre de Dersou et de Tchang-Pao. Une voie d'eau profonde se creusait autour de la fanza. J'ordonnai aux hommes de s'agripper aux mulets du côté opposé au courant. Cent cinquante pas tout au plus nous séparaient du feu, mais il nous fallut beaucoup de temps pour les parcourir. Dans l'obscurité, chablis et broussailles nous empêtraient. Puis nous eûmes de nouveau les pieds dans l'eau. Elle dévalait la pente à vive allure. J'en conclus que la forêt entière s'en trouverait inondée avant l'aube. Enfin, nous atteignîmes l'escarpement.

Alors seulement je compris combien Dersou et Tchang-Pao s'étaient montrés prévoyants, et pour quelle raison ils avaient ramassé du bois. Ils avaient disposé deux morceaux d'écorce de cèdre sur des pieux. Ceci pour allumer leur feu à l'abri de cet écran.

Sans perdre de temps, nous plantâmes les tentes. Le piton rocheux au pied duquel nous nous étions installés offrait une protection contre le vent. De sommeil, il n'était point question. Longtemps nous restâmes à nous sécher près du feu. Le temps se déchaînait. La rivière grondait de plus en plus fort.

Enfin pointa le jour. À la lumière, nous ne reconnaissions plus l'emplacement de la fanza dont il ne restait rien. La forêt entière était sous l'eau qui, déjà, léchait notre bivouac. Il nous fallait songer à déménager plus haut. Un mot suffit aux hommes pour qu'ils comprissent ce qu'ils devaient faire. Les uns se mirent à déplacer les tentes, les autres, à couper des ramures de conifères pour en tapisser la terre humide. Dersou et Tchang-Pao recommencèrent à ramasser du bois. La pluie semblait s'être quelque peu calmée. Mais courte fut la trêve. Un épais brouillard réapparut qui, très vite, monta et creva en une pluie torrentielle.

Ni avant ni après je n'aurai gardé souvenir d'une pluie pareille. Un mur de trombes d'eau cachait les montagnes et les sylves environnantes. Une fois de plus, nous allâmes nous terrer au fond des tentes.

Soudain, des cris retentirent. Le danger venait de là où nous l'attendions le moins. De l'eau s'entonnait dans la gorge au bout de laquelle nous étions réfugiés. Par bonheur, l'autre côté de la ravine se révéla plus profond. L'eau s'y jeta en y creusant une fosse. Tchang-Pao et moi défendions le feu de la pluie pendant que Dersou et les soldats se battaient contre le flot. Nul ne songeait à se sécher, s'estimant déjà heureux qu'on pût se réchauffer.

Par moments, le brouillard laissait paraître un ciel sombre couvert de nuages noirs. Ceux-ci filaient non dans le sens du vent, mais au sud-ouest.

— Ça mauvais, lâcha Dersou. Pas finir de sitôt.

Il raconta qu'un typhon semblable s'était produit en 1895. La crue l'avait surpris sur le Taopiho, près du campement d'Anoutchine. À l'aide d'un esquif, il avait alors sauvé un prêtre, un fonctionnaire des postes et télégraphe, deux femmes de soldats avec leurs enfants et quatre Chinois. Deux jours et deux nuits durant, il avait ramé dans la périssoire en recueillant les gens du haut des arbres et des maisons. Une fois sa bonne action accomplie, Dersou avait quitté Anoutchine sans attendre la décrue. On avait voulu le récompenser, mais il était introuvable dans la taïga.

On retourna chercher du bois avant la tombée du jour afin de ne pas être pris au dépourvu pendant la nuit.

À l'aube du 12 août, il souffla un fort vent du nord-est qui bientôt se calma. Il pleuvait toujours à seaux sans discontinuer. C'était à peine si l'on tenait encore debout tant on avait souffert le martyre. Il fallait empêcher la tente de s'envoler, protéger le feu, ramasser du bois, et tant d'autres choses encore. Le torrent qui dévalait la gorge nous causait bien des tracas. L'eau forçait souvent le passage jusqu'aux tentes, et nous devions la détourner en aménageant des barrages.

Détrempées, les bûches brûlaient mal et crachaient beaucoup. La fumée et le manque de sommeil nous piquaient les yeux. On avait l'impression qu'ils étaient remplis de sable. Tapis au pied d'un rocher, nos malheureux chiens ne levaient plus la tête.

Une horreur que le spectacle de la rivière. La vitesse du courant nous faisait tourner la tête. On croyait voir la rive d'en face partir dans l'autre sens à la même allure. De mont à mont, la vallée débordait. On ne reconnaissait le lit de la rivière qu'à l'impétuosité du flot. De grosses souches et de menus détritus filaient à la surface ; on eût dit qu'ils cherchaient à fuir l'irréparable qui venait de se produire, là-haut, dans les montagnes. Déracinés par l'onde, des arbres géants tombaient à l'eau en entraînant avec eux des arpents de terre et leurs arbrisseaux. Aussitôt happés par le courant, ils se laissaient porter plus loin. La rivière se débattait entre ses rives comme une bête en furie. L'eau faisait des bonds enragés dans la vallée. Là où le bois flotté restait coincé, l'on voyait tournoyer des spires d'écume jaune. Des bulles cabriolaient sur les flaques. Poussées par le vent, elles éclataient et se reformaient.

Il se passa encore une journée de la sorte. Au soir, la pluie redoubla. Le vent aussi s'intensifia. Nous fîmes la nuit dans un état de semi-somnolence. L'un se levait, les autres s'écroulaient sur leurs couches. La nature semblait vouloir nous montrer combien elle était capable d'annihiler l'homme dans sa lutte contre les éléments.

Ainsi se déroula notre quatrième nuit de tempête.

Au matin : même chose que la veille. Impossible de discerner l'origine du fracas : le vent, la pluie, la rivière… Vers 9 heures du matin, le vent tourna encore et se mit à souffler du sud-est. Les soldats se tapirent au fond des tentes. Engoncés dans leurs manteaux, ils gisaient immobiles. Ne restaient près du feu que Dersou et Tchang-Pao, mais eux aussi commençaient à donner des signes de fatigue. Quant à moi, je me sentais complètement moulu. Je n'avais plus envie ni de boire, ni de manger, ni de dormir, mais simplement d'être allongé sans bouger. Aux alentours de midi, le ciel feignit de s'éclaircir, mais la pluie ne faiblit point pour autant.

Soudain, il se produisit de brefs, mais puissants tourbillons. Après chaque rafale venait une trêve. Les tourbillons s'espaçaient dans le temps, bien que leur intensité allât grandissant.

— Bientôt finir, dit Dersou.

Les paroles du vieux requinquèrent les hommes. Tout le monde reprit du poil de la bête et se leva. La pluie perdit de sa constance, tombant par bourrasques, tantôt en averse, tantôt en bruine. Voilà qui nous apportait un peu de diversité et un espoir de changement.

À la tombée du jour, elle faiblit sensiblement et, dans le soir, cessa tout à fait. Peu à peu, le ciel s'éclaircit. Çà et là pointèrent des étoiles.

Aussi, quel plaisir mit-on à se sécher, à descendre des lampées de thé et à s'allonger sur des couches nettes. Ce fut un réel repos.

Deux hommes en armes du détachement (1906 ou 1907).

7. RETOUR À LA MER

La traversée du Bilimbé – Où l'on retrouve A. I. Merzliakov – Approvisionnement par les Chinois – L'embouchure du Bilimbé – Une queue de renne – Les oiseaux – Comment Dersou tua un tigre – La luminescence de la mer

LE LENDEMAIN, le réveil fut tardif. Le soleil se glissait à travers des trouées de ciel. Caché derrière de gros nuages, il semblait craindre de découvrir les dégâts du typhon. Une eau trouble dévalait les montagnes en bruyantes cascades. Les feuilles et l'herbe, qui n'avaient pas eu le temps de sécher, brillaient comme un vernis. Les gouttes d'eau reflétaient le soleil avec une irisation où se conjuguaient toutes les couleurs de l'arc-en-ciel. La nature revenait à la vie. Les nuages étaient partis pour l'est. Maintenant, la tempête faisait rage du côté des rives japonaises ou à la pointe sud de l'île de Sakhaline.

On ne bougea pas de la journée, qui fut consacrée au séchage et au repos. Les caprices du temps s'oublient vite. Les soldats avaient retrouvé le goût du rire et de la moquerie.

Rouge pourpre, le déclin du jour fut long. On se coucha de bonne heure. Il fallait à la fois rattraper et provisionner le sommeil.

Le lendemain 15 août, on se leva aux aurores. À l'est, une bande de nuages noirs bordait encore l'horizon. D'après mes calculs, A. I. Merzliakov n'avait pu aller loin avec l'autre partie du détachement. La crue avait dû le retenir quelque part au bord du Bilimbé. Pour le rejoindre, il nous fallait passer sur la rive droite, et ce le plus rapidement possible, car en aval les eaux seraient plus hautes et le franchissement s'en trouverait plus difficile.

Pour mettre ce plan à exécution, nous commençâmes par longer le bord de la vallée et dûmes bientôt nous arrêter : la rivière venait lécher les parois rocheuses. Les flots avaient apporté quantité de chablis qui s'amoncelaient en barrage. De l'autre côté se profilait un petit monticule non submergé. Il fallait l'inspecter. Tchang-Pao passa le premier. Les pieds dans l'eau jusqu'à hauteur de la ceinture, un bâton à la main, il arpenta la rive d'en face en sondant le fond. Il en ressortit que la rivière diffluait ici en deux bras écartés l'un de l'autre d'une quinzaine de sagènes. Le second bras se révéla plus large et plus profond que le premier ; il n'était pas encombré de bois flotté. Impossible de toucher le fond avec la perche, car le courant la poussait à l'écart. Dersou et Tchang-Pao entreprirent d'abattre un grand peuplier. Les fusiliers leur vinrent en aide avec une scie à tronçonner. Un quart d'heure plus tard, l'arbre craqua et tomba dans la rivière à grand fracas. Le pied du peuplier partit pour se laisser porter par le courant, mais quelque chose l'en empêcha. Ce fut donc par ce pont que nous franchîmes le deuxième bras. Restaient encore une vingtaine de sagènes à passer par un bois submergé. Nous revînmes sur nos pas après nous être assurés qu'il n'y avait plus de bas-fonds.

Les hommes passeraient, le fourniment et la sellerie aussi, mais les mulets ? Qu'on les mît à l'eau pour les faire nager, et la force du courant n'eût pas manqué de les jeter dans les chablis avant qu'ils n'eussent atteint l'autre rive. Partant, il fut décidé de les faire traverser à l'aide de longes. On prit le licol le plus solide et l'on y fixa une longe dont on passa l'extrémité à travers les embâcles. Quand tout fut prêt, on descendit le premier mulet à l'eau avec mille précautions. Il trébucha en eau trouble et s'immergea entièrement, tête comprise. Le courant le souleva aussitôt en l'entraînant vers les embâcles. L'eau se mit à couler par-dessus la tête du mulet. Le pauvre animal, les dents dehors, commençait à s'asphyxier. À ce moment, on le tira sur la rive. La première tentative n'avait pas été très concluante. Alors on choisit un autre endroit où l'accès à la rivière était moins abrupt. Là, les choses se firent avec plus de succès.

Il nous en coûta beaucoup de traverser la forêt inondée. Les mulets s'enlisaient dans un alluvionnement vaseux, tombaient, s'épuisaient.

On n'atteignit le pied des montagnes qu'à la tombée du jour. Les bêtes de bât avaient terriblement souffert, mais plus fatigués encore étaient les hommes. À la fatigue s'ajoutèrent les frissons. Or, on ne pouvait se réchauffer trop longtemps. Mais le plus dur était fait : le franchissement de la rivière.

Quand l'obscurité arriva, il se remit à pleuvoir d'une pluie fine et serrée. Il bruina toute la nuit.

De notre point de franchissement du Bilimbé à la mer, il restait encore une quarantaine de verstes, distance couverte sans encombre en deux jours (16 et 17 août). Comme il fallait s'y attendre, le volume d'eau augmentait en aval. Là où les petites ravines débouchaient dans la vallée, l'on voyait s'amonceler des masses de sable et d'argile. Ces obstacles devaient représenter des milliers et des milliers de tonnes, et tout cela en trois jours seulement. Par endroits, l'eau avait creusé de profonds ravins provoquant d'énormes glissements de terrain, mais, de la terre éboulée, plus rien ne restait : le flot fou furieux avait tout emporté et dispersé dans la vallée. Des torrents minuscules s'étaient transformés en cataractes abondantes et impétueuses dont le franchissement nous prit beaucoup de temps. Bon gré, mal gré, il nous fallut longer la vallée par le haut en décrivant maints détours.

À mesure qu'on se rapprochait de la mer, la forêt devenait plus pauvre et plus monotone. On tombait quelquefois sur des groupes de bouleaux, de mélèzes, d'érables, de tilleuls et de chênes propres à fournir un bois de combustion.

Le long de la rivière, les accrues de galets se prêtaient à une prolifération de saules des vanniers *(Salix viminalis Lin.)* et de saules violets sibériens *(Salix acutifolia Willd.)* dont le tronc, chez les indigènes, sert à tailler des canots. Parmi les saules, une singulière communauté végétale se développe sur les grèves inondées. Le plus souvent (ce fut le cas), on reconnaît là : des spécimens de corydale *(Corydalis ochotensis Turcz.)* à petites fleurs jaunes ; de tendres fleurs roses de dontostemon *(Dontostemon hispidus Maxim.)* dont la tige et les feuilles supérieures sont couvertes d'un fin duvet ; le *Schizopepon bryoniæfolius Maxim.*, qui s'agrippe aux saules, avec ses feuilles en cœur à la base échancrée ; la stellaire aquatique *(Stellaria aquatica Scop.)* avec son feuillage pâle si particulier et sa tige noueuse ; et, enfin, la somptueuse pétasite *(Petasites palmata Asa Gray)* qui forme d'opulents fourrés avec ses énormes feuilles grasses semblables aux empaumures des bois d'élan *(Alces palmatus Pal.)*.

Le beau temps ne nous gâta guère. Au soir du 16 août, le brouillard revint et la bruine reprit. Ce crachin dura toute la nuit et la journée du lendemain. Du matin au soir, nous eûmes de l'eau jusqu'aux genoux, ou tant s'en faut. Au crépuscule, je désespérais d'atteindre ce jour-là l'embouchure du Bilimbé quand enfin j'entendis le bruit de la mer. Il s'avéra que nous avions débouché sur la côte en plein brouillard. Nous vîmes alors à nos pieds des galets lisses et l'écume blanche laissée par le ressac.

Je voulais me diriger vers la gauche, mais Dersou me conseilla de tourner à droite, alléguant qu'il avait vu sur le sable une empreinte humaine qui allait de la rivière Chakira au Bilimbé et inversement, ce dont le Golde inférait que le bivouac de Merzliakov était à droite.

Je tirai deux coups en l'air. L'instant d'après, la réponse détonna du côté de la Chakira. Quelques minutes plus tard, nous étions auprès des nôtres.

Les questions fusèrent de part et d'autre : qui avait vécu et vu quoi. Nous veillâmes longtemps devant le feu à échanger nos impressions.

L'homme est fait bizarrement… Ce bivouac ne se distinguait en rien des autres. Même nuit à la belle étoile, mêmes tentes à simple pente devant un feu de camp, même humidité alentour, et pourtant tout le monde avait la sensation d'être de retour à la maison.

Vers 9 heures du soir survint une pluie brève, mais forte, après laquelle le brouillard disparut. Nous vîmes alors un beau ciel sombre chamarré d'étoiles. Ce ciel où s'étirait l'ample traînée de la Voie lactée et l'océan où se miraient les astres célestes semblaient d'une égale profondeur.

Il fit froid dans la nuit. Les soldats se levèrent plusieurs fois pour se réchauffer devant le feu. À l'aube, le thermomètre indiquait 7 °C.

Quand le soleil chauffa la terre, tout le monde se rendormit jusqu'à 9 heures du matin.

On ne pouvait songer à traverser le Bilimbé tant que les eaux ne baisseraient pas. C'était un mal pour un bien. Nous avions tous besoin de repos. Les mulets faisaient pitié à voir. Nous devions raccommoder nos vêtements et nos chaussures, nettoyer nos fusils. De plus, nous étions à court de provisions. Je décidai de me consacrer à la chasse et envoyai deux soldats faire des courses auprès des Chinois de la rivière Adimil.

Ces cinq derniers jours, j'avais mis le travail de côté. Il me fallait maintenant combler les manques.

Pendant que les fusiliers Sabitov et Arinine se préparaient à partir, je pris le chemin du Bilimbé pour voir dans quelle mesure le niveau de l'eau avait baissé durant la nuit. Je n'avais pas fait cent pas qu'on me rappela. Je rebroussai chemin et vis deux Chinois qui s'approchaient de notre bivouac avec des chevaux bâtés. C'étaient des employés de la fanza Tongt'awaitse où j'avais voulu envoyer mes hommes pour approvisionnement. Les Chinois dirent que leurs maîtres, sachant que nous ne pourrions pas franchir le Bilimbé, avaient décidé de nous envoyer quatre sacs de millet, 20 livres de lard, 1 poud de riz, 10 livres d'huile de soja, 10 livres de sucre et une briquette de thé. Ce disant, ils déclarèrent qu'on leur avait défendu de nous faire payer. Touché par une telle marque d'attention de la part des Chinois, je leur proposai des cadeaux qu'ils refusèrent.

Les Chinois passèrent la nuit chez nous. De leur bouche, j'appris que le Yaotseho avait subi une forte crue. Plusieurs hommes s'étaient noyés. La rivière Sankhobé avait emporté des fanzas sans faire de victimes ; par contre, un grand nombre de chevaux et de bêtes à cornes avaient péri.

Le lendemain, les Chinois repartirent en disant que si les vivres venaient encore à nous manquer, il ne fallait pas se gêner.

Quand ils furent partis, Merzliakov et moi allâmes en direction de l'embouchure du Bilimbé. La mer avait un aspect singulier : à 2 ou 3 verstes de la côte, elle était de couleur jaune sale avec, en surface, d'énormes quantités de bois flotté. De loin, on aurait dit des canots, des voiliers, des chalands… Certains arbres étaient encore verts de leurs feuilles. Dès que le vent tourna, la masse flottante se rapprocha de la côte. La mer vomissait une matière superflue, morte, étrangère à sa nature libre et vivante.

L'embouchure du Bilimbé se trouve au pied du mont Jélezniak (1532 pieds). Celui-ci se compose d'une porphyrite quartzique, veinée en profondeur d'une matière minérale verte qui se désagrège en particules rocheuses ocre jaune. Non loin de l'embouchure s'élève, à gauche, une terrasse côtière de taille modeste sur un socle de tuf à grain fin ; à droite s'étire une dépression marécageuse où passait, jadis, le lit du Bilimbé. L'embouchure était alors à l'endroit de l'actuelle Chakira. Avec le temps, le ressac a fini par araser l'ancien lit ; dès lors, la rivière s'est taillé un débouché du côté du mont Jélezniak.

En période d'eaux basses, le Bilimbé inférieur présente une largeur de 30 sagènes. Jaune et sale, le flot se déversait maintenant avec force. On avait l'impression que la rivière continuait sa course dans la mer.

Désagrégés en sable, les débris rocheux charriés par la rivière se déposent là où le courant d'eau douce est affaibli par le ressac. Conséquence, la formation d'une ligne de haut-fond devant l'embouchure du Bilimbé : une barrière qui, de la mer, coupe l'accès à la rivière.

Du 19 au 21 août, nous restâmes sur place. Les fusiliers allaient à la chasse à tour de rôle, avec d'ailleurs beaucoup de succès. Ils rapportèrent un chevreuil et deux sangliers ; et Dersou tua un wapiti. Il tira la moelle du tibia, la chauffa légèrement au feu et la versa dans un bocal. Les indigènes utilisent ce gras pour lubrifier les fusils. Après ébullition, il reste à l'état liquide et ne gèle pas l'hiver.

Au soir, Dersou me servit une queue de cerf. Il l'embrocha et la mit à griller sur des braises sans l'avoir dépecée. La queue de wapiti (*leouyipa* en chinois) se présente comme un petit sac renfermant une tige fine. Tout le reste est empli d'une matière brun blanc dont le goût rappelle à la fois la cervelle et le foie. Les Chinois considèrent la queue de cerf comme un mets gastronomique.

Je passais mes journées sous la tente à cartographier nos cheminements, à tenir mon journal et à écrire des lettres. Dans les intervalles, je me promenais au bord de la mer et j'observais les oiseaux.

Une fois, je chassai une rousserolle d'un marécage envahi par les roseaux. Elle s'écarta d'un battement d'ailes et, l'instant d'après, se nicha dans la laîche. J'eus beau la chercher ensuite, je ne pus la retrouver. Il y avait là des bécasseaux de taille moyenne à bec retroussé, peut-être des chevaliers. Sans doute la migration vers le sud avait-elle commencé. De gracieux petits bécasseaux des sables trottaient au bord de l'eau ; eux aussi se préparaient à migrer. Je voyais nager sur la mer des canards plongeurs et des mouettes blanches et bleutées. Près de l'estuaire du Bilimbé, l'air était strié d'oiseaux rapides comme l'éclair, aux ailes longues et sombres, qui ressemblaient à des hirondelles. J'eus du mal à en tirer un. C'était un martinet épineux *(Acanthillis caucaduta Lath.)*. Près des falaises, je vis des passereaux de rochers au plumage brun foncé, le dos moucheté de blanc. Ils se fondaient merveilleusement dans leur environnement rocheux.

Dans les torrents, les buissons et les trous d'eau à proximité de la rivière se nichaient des sarcelles dites élégantes. Ces petits canards pleins de confiance ne manifestaient pas de crainte à l'approche des hommes, tout au plus s'écartaient-ils un peu à coups de palme comme des canards de basse-cour.

Le soir, Dersou et moi parlâmes longtemps de la chasse, des bêtes sauvages, des incendies de forêt, etc. Ses observations étaient intéressantes et fines. Une vingtaine d'années plus tôt, notamment, il avait remarqué que les tigres, durant deux hivers d'affilée, s'étaient déplacés d'ouest en est. Il n'était pas le seul à l'avoir constaté, d'autres chasseurs aussi l'avaient noté. Toutes les empreintes de tigre allaient dans une seule et même direction. Il s'agissait selon lui d'une migration massive des tigres du Sougari au Sikhotè-Alin. Il se souvint aussi que l'année 1886 avait été marquée par des morts en série dans la faune. L'été, ce furent les cerfs sika ; puis vint le tour des wapitis ; puis, l'hiver, des sangliers.

J'avais déjà souvent tenté de questionner Dersou sur les circonstances dans lesquelles il avait tué un tigre, mais le Golde s'entêtait à éluder la question ou à détourner la conversation. Ce soir-là, pourtant, je parvins à lui soutirer le récit des faits.

C'était sur la rivière Fouking, au mois de mai. Dersou marchait dans la vallée au milieu d'une chênaie clairsemée. Il avait un petit chien qui, après avoir trotté joyeusement, avait fini par montrer des signes de nervosité. N'y prenant pas garde, Dersou pensa que le chien avait eu peur d'une empreinte fraîche d'ours, et il passa tranquillement son chemin. Mais le chien ne se calmait toujours pas. Il se serrait contre lui au point de l'empêcher carrément de marcher. Il s'avéra qu'un tigre rôdait près de là. À la vue d'un humain, il s'était caché derrière un arbre. Or, Dersou se dirigeait vers cet arbre-là. Plus il s'en approchait, plus le tigre cherchait à se cacher. Maintenant, il n'était plus qu'une boule. Ne se méfiant de rien, Dersou poussa son chien du pied. À cet instant le tigre surgit, fit un grand bond de côté et commença à battre de la queue en feulant furieusement.

— Eh quoi ! rugir comme ça ? lui cria Dersou. Moi pas toucher. Pourquoi fâché ?

Alors le tigre recula par sauts et s'arrêta en continuant de rugir. Le Golde lui cria de s'en aller. Le tigre fit encore quelques bonds et poussa de nouveaux rugissements. Voyant que le terrible fauve n'était pas décidé à partir, Dersou lui jeta :

— Eh bien tant pis ! Toi pas parti, moi tire. Pas ma faute.

Il leva son fusil et visa. À ce moment, le tigre cessa de crier. Au pas, il entra dans la broussaille et monta sur une butte. Dersou aurait dû renoncer à tirer, mais non. Il pressa la queue de détente au moment où l'animal atteignait le sommet de la butte. Le tigre se jeta dans la broussaille. Dersou poursuivit son chemin. Quelque quatre jours plus tard, il revint par la même route. En passant près de la butte, il aperçut trois corbeaux sur un arbre, dont l'un se curait le bec sur une branche.

« Moi tuer le tigre ? »

Telle fut la pensée qui lui traversa l'esprit.

À peine contourna-t-il la butte qu'il tomba sur la dépouille de la bête. Elle avait le flanc dévoré par les vers. Dersou eut peur pour de bon. Car, enfin, le fauve battait en retraite, pourquoi avoir tiré ? Dersou prit la fuite. Depuis lors, de penser qu'il avait tué un tigre ne cessait de le tourmenter. Cela l'obsédait. Il lui semblait que, tôt ou tard, il aurait à en répondre.

— Moi grande peur maintenant, conclut-il. Avant, moi toujours va seul, jamais peur. Maintenant, dès que voir quelque chose, penser ; dès que voir empreinte, penser ; dormir seul dans taïga, penser…

Il se tut et fixa le feu des yeux. Pour ma part, sous le coup de la fatigue, j'allai me coucher.

La nuit fut douce et tiède. De temps à autre, la lune perçait de sombres nuages qui l'éclipsaient aussitôt. On eût dit qu'ils voulaient lui interdire d'éclairer la terre. L'air engourdi, chargé de vapeurs de lédon, était immobile. Quelque part, de l'eau ruisselait et des criquets stridulaient.

Deux jours plus tard, le niveau de la rivière baissa. On pouvait tenter de la franchir.

Elle continuait de charrier du bois flotté, mais, une fois en mer, celui-ci s'échouait sur la barrière de sédiments.

En donnant l'ordre du départ pour le lendemain, je réjouis mes compagnons. Tout le monde s'affaira, tria, rangea.

Après la tempête, l'atmosphère s'équilibra. Le calme régnait de nouveau dans la nature. Particulièrement tranquilles étaient les soirées. Les nuits se firent fraîches.

Quand je me réveillai, le lendemain matin, le soleil était haut dans le ciel. Mes compagnons, qui avaient déjà pris un bon thé, n'attendaient plus que moi. Je pliai ma couche à la hâte, empochai un morceau de pain et, pendant que les soldats bâtaient les mulets, me dirigeai vers la rivière Bilimbé avec Merzliakov, Dersou et Tchang-Pao.

Les chiens traversèrent aussitôt à la nage, mais, voyant que nous ne les suivions pas, revinrent *illico*. Il nous fallait trouver un gué. Des langues de graviers s'étiraient d'un côté comme de l'autre. L'une d'elles en amont, l'autre plus en aval. À l'évidence, il y avait entre elles un gué transversal. L'eau était encore haute, et le courant, fort. En admettant que les hommes et les montures pussent passer, qu'en serait-il de notre chargement ? Il ne restait qu'une solution : faire un radeau pour la traversée, un travail qui nous prit presque la journée entière. Vers 7 heures du soir, épuisés et trempés, nous avions accompli le franchissement. Les mulets, échaudés par la crue, avaient rechigné à entrer dans l'eau ; alors Diakov y était allé à la nage en tenant l'un d'entre eux, et les autres avaient suivi sans renâcler.

Une terrasse haute s'élevait sur la rive d'en face. Ce fut là que nous fîmes halte.

Quand les dernières lueurs du crépuscule se furent éteintes au ponant et que les ténèbres eurent tout noyé alentour, il nous fut donné d'observer un phénomène électrométéorologique des plus intéressant : une mer luminescente sous une Voie lactée exceptionnellement vive. Pas un clapot sur la bonace dont la vaste moirure étalait une lumière pâle. Parfois, soudainement, la mer fulgurait. C'était comme un éclair qui balayait l'océan. Ces fulgurations disparaissaient ici, flamboyaient là, allaient mourir à l'horizon. Le ciel était si densément criblé d'étoiles qu'il avait l'aspect d'une masse brumeuse dont se détachait très nettement la Voie lactée. Était-ce là un effet de la transparence de l'air ou bien d'une réelle corrélation entre ces deux phénomènes, je ne saurais le dire. Nous veillâmes longtemps, admirant tantôt la mer, tantôt le ciel. Le lendemain, les hommes de garde m'apprirent que ce jeu de luminescence avait duré toute la nuit pour ne s'éteindre qu'à l'approche de l'aube.

8. UNE EXCURSION SUR LE HIAO-KEMA

Petites rivières se jetant dans la mer – Ossements de renne – Une comète – Qu'est-ce que le soleil ? – La rivière Konor – Vieux-croyants – Intempérie – La rivière Hiao-Kema – Une signalisation mal comprise – La rivière Lugubre – De la viande grillée en terre – Les montagnes à la source de la rivière Brûlée – Les loups rouges – Le retour

Le 24 août, nous fîmes nos adieux au Bilimbé et longeâmes la mer. Dans le prolongement de la crête côtière, qui sépare le Fatou de la Peitch'a – affluents du Sankhobé –, se dresse le mont Ouzlovaïa. Et au-delà, plus au nord, se jettent en mer les cours d'eau suivants : Kolgatéo (Koualigassa en langue oudihée), Haoma (Khoma), Siourigtchi (Siouliski), Guitsiroza, Vestyguine, Oïonktogo (K'ouangteou en chinois et Kouanda en oudihé), Ada, Tchourkan (Tchangwatse[20] en chinois, Ankouga en oudihé) et Konor. Ce tronçon de littoral présente des zones dénudées faites de minéraux tels que micaschistes, grès calcaire et argileux, fer oxydé et même roches calcaires, argile schisteuse, mélaphyres, basaltes et andésites. Le mont Jélezniak tombe à la mer en rocs abrupts au pied desquels s'étire une bande étroite battue par le ressac. Ici ou là, celle-ci disparaît. Par temps de fortes vagues, la plage est impraticable. Il y a, près du Kolgatéo, un rocher qui ressemble étrangement à une tête d'homme. Les Oudihés l'ont baptisé Kada-ni, ce qui signifie l'« homme de pierre ». L'esprit de la montagne et de la sylve, Onkou, aurait capturé un chasseur pour le transformer en pierre en le forçant à monter la garde devant la montagne…

De l'embouchure du Bilimbé au Konor, il y a 12 verstes en ligne droite. Ce jour-là, malgré le beau temps, on n'avança guère. On bivouaqua au bord de la rivière Siourigtchi, longue de 5 ou 6 verstes, tout au plus. Sa partie basse est marécageuse, et sa partie haute, noircie par les incendies. Jadis, il y avait là une belle forêt. Les crues récentes ont raviné les deux rives.

Non loin du bivouac, Diakov trouva les ossements de deux cerfs aux bois empêtrés. Je me rendis sur place en suivant ses indications et trouvai, en effet, des squelettes de wapitis. On voyait que des oiseaux et des carnassiers avaient festoyé de leurs dépouilles. Les deux crânes, en particulier, retinrent mon attention. Les duellistes avaient tant mêlé leurs ramures qu'ils s'étaient retrouvés dans l'incapacité de les libérer jusqu'à ce que mort s'ensuivît. Les soldats tentèrent de séparer les bois : six hommes – trois de chaque côté – n'y suffirent pas. On imagine avec quelle force les deux cerfs s'étaient télescopés. Sous le choc, les cors avaient pris du volume et enfermé les animaux dans une mortelle étreinte. Bien que nos mulets fussent déjà surchargés, je décidai de transporter la rare trouvaille jusqu'à la prochaine localité, et de la confier aux Chinois.

Dans la nuit, peu avant l'aube, je fus réveillé par l'homme de garde qui me rapporta qu'on voyait dans le ciel « une étoile à queue ». Comme je n'avais guère envie de dormir, je m'habillai bien volontiers et sortis de la tente. Le jour commençait à poindre. Le brouillard nocturne avait disparu, seul un nuage blanc flottait sur la cime du mont Jélezniak. La marée battait son plein. En montant, elle avait submergé une bonne part de la côte. On était encore loin du lever du soleil, mais les étoiles commençaient à pâlir. À l'est, au-dessus de l'horizon, se dessinait une comète à longue queue.

Bientôt réveillés, mes compagnons se demandèrent ce que pouvait bien augurer la céleste bohémienne. Ils conclurent que la terre lui devait les crues qu'elle venait de subir, et Tchang-Pao décréta qu'une guerre allait éclater du côté où elle se montrait. Voyant Dersou muet, je l'interrogeai sur le phénomène.

— Elle toujours traîne dans le ciel sans gêner personne, jamais, fit le Golde d'un ton détaché.

Tout anthropomorphisme mis à part, il avait raison et jugeait les choses pour ce qu'elles étaient dans la réalité.

Mais les feux de l'aube embrasèrent le levant, et la comète disparut. Dans la forêt, les ombres nocturnes s'évanouirent.

La lumière gris bleu du matin se déversa sur la terre. De derrière l'horizon, le soleil lança de vifs rayons qui illuminèrent d'un coup la mer entière.

— Dersou, lui demandai-je, qu'est-ce que le soleil ?

Il me jeta un regard embarrassé et me répondit par une autre question ?

— Toi jamais le voir ? Tiens, vois ! dit-il en pointant le doigt sur le disque qui, à cet instant, se détachait de l'horizon.

Tout le monde éclata de rire. Dersou n'était pas content. Comment pouvait-on demander ce qu'était le soleil quand on avait le soleil sous les yeux ? Il prit cela pour de la moquerie.

Tôt levés, tôt partis du bivouac. Le sentier continuait de longer la côte. Après la rivière Siourigtchi, on marcha longtemps sur des sols de schistes argileux métamorphiques.

D'entre toutes les petites rivières de ce tronçon, la plus intéressante est le Konor. Il est long de 10 verstes et provient de la confluence de deux riviérettes : un peu plus grande à gauche, un peu plus petite à droite. Le Konor prend sa source dans le même nœud orographique (monts de la Brume et du Dromadaire) que la rivière Oubliée, affluent du Bilimbé.

La vallée du Konor est en grande partie marécageuse et parsemée d'arbres feuillus. Peu abondantes, ses eaux n'en sont pas moins rapides. Près de son embouchure, elle éclate en deux bras qui s'écoulent par de profondes ravines avec, de part et d'autre, de hautes terrasses de littoral, résultat du mouvement de retrait de la ligne côtière.

Après un bref repos sur le Konor, on se remit en chemin. Là, le sentier s'écarta de la côte pour remonter le torrent Ada, couper la petite rivière Tchourigui et déboucher dans la vallée du Hiao-Kema que les cartes de marine mentionnent sous le nom de Sakhoma.

Sur le Hiao-Kema vivait le vieux-croyant Ivan Bortnikov, à 1 verste et demie de la mer. Sa famille se composait de deux fils adultes et deux filles, de sa femme et de lui-même. Il fallait voir la peur qu'il éprouva à notre apparition. Il se mura dans l'isba avec sa femme et ses enfants, et barra la porte. Nous passâmes devant. Ils jetaient à la fenêtre des regards effarés et se cachaient dès que nous croisions l'un d'eux des yeux. Une demi-verste plus loin, nous plantâmes le bivouac au bord de l'eau dans un vieux bois de tilleul.

Il y avait dans l'air, ce jour-là, une espèce de fond ténébreux qui, lentement, s'épaississait. Dans l'après-midi, les montagnes voisines s'y noyèrent. Le baromètre indiquait une pression de 757 millimètres par une température de 14,5 °C. À l'ouest flottait sans bouger un nuage noir aux contours nets. Le vent se montrait versatile, tantôt soufflant par bourrasques, tantôt tombant jusqu'à l'immobilité totale. Au moment où les nuages éclipsèrent le soleil, ils se mirent à irradier sa lumière par les bords comme s'ils étaient faits d'un métal en fusion. Peu après, trois rayons pourpres jaillirent en éventail du nuage noir sur un fond jaune vert. Le phénomène ne dura pas plus de deux minutes. Puis il pâlit, et, très vite, le nuage boucha le ciel.

Pour le lendemain 26 août, je m'attendais à du gros temps. Mais non, au matin le ciel s'éclaircit, et la journée fut limpide.

Les vieux-croyants Bortnikov vivaient dans l'aisance, ne devaient pas de corvée publique, cultivaient peu de terre, vivaient de pêche et de chasse à la zibeline, et se considéraient comme établis temporairement. Ils ne voulaient pas que nous prissions le chemin des montagnes et rechignaient à nous renseigner sur les environs.

Le Hiao-Kema provient de deux rivières, la Brûlée (Gorielaïa), longue de 15 verstes, la Sakhoma, longue d'environ 20-25 verstes. Celles-ci confluent à 4 verstes de la mer. Ici, la vallée s'évase, bordée de part et d'autre de collines plutôt basses faites principalement d'un basalte à structure fluide marquée, qui tend à se fracturer en feuilles sphéroïdales.

Les dernières crues ayant fortement raviné le lit de la rivière, de nouveaux bras s'étaient formés. Par endroits, on la voyait s'épandre dans la vallée en charriant sable et galets sur une terre fertile. Près de l'embouchure, la ramification va s'unifiant et décrit une espèce d'anse prolongée.

Le crépuscule présenta ce soir-là un tableau fascinant avec une stupéfiante richesse de couleurs. Au loin, l'horizon était pourpre ; plus haut, la voûte virait à l'orange, puis au jaune, au vert et, au zénith, blêmissait d'une manière trouble. C'était une toile de nuages effilochés, qui s'épaissit progressivement pour se transformer en une couche stratifiée. Vers 10 heures du soir, elle éclipsa toutes les étoiles. Le baromètre se mit à chuter.

Je fus réveillé au matin par le bruit de la pluie. Je m'habillai et sortis. Les gros nuages qui rasaient la terre, les bourrasques et la pluie me rappelèrent la tempête du Bilimbé. Dans la nuit, le baromètre baissa de 17 millimètres. Le vent tourna plusieurs fois et, au soir, se changea en tempête.

Ce jour-là, il me fut impossible de travailler. La tente claquait si fort qu'elle semblait sur le point de s'envoler à tout moment vers la mer. Vers 10 heures du soir, ça se calma. À l'aube, la pluie cessa et le ciel se dégagea.

Les 28, 29 et 30 août furent consacrés à l'exploration du Hiao-Kema. J'emmenai Dersou, deux fusiliers – Arinine et Sabitov – et un mulet. Pour le trajet, j'envisageais de remonter la Sakhoma jusqu'à la source, et demi-tour en redescendant vers la mer par la rivière Brûlée. Les fusiliers et leur mulet de bât devaient marcher avec nous tant qu'il y aurait un sentier. Ensuite, nous continuerions sac au dos pendant qu'ils rentreraient par le même chemin.

Vers 8 heures du matin, nous quittâmes le bivouac.

Le sentier part de la maison des vieux-croyants et longe la rive gauche de la rivière. Ici, le relief revêt la forme de collines à pentes longues et douces. Densément boisés de noisetiers, les bourrelets du relief entrecoupant la vallée alternent avec des terrains marécageux et pierreux dénudés de végétation. La rivière y avait creusé de multiples passes qui, depuis les pluies récentes, débordaient. Ces collines ne sont rien d'autre que des terrasses fluviales ravinées et revêtues de chênes, d'arbres à liège, d'érables, de bouleaux noirs, de peupliers, d'ormes et de tilleuls âgés de 150 à 200 ans.

Comme partout, les épais sous-bois de la vallée de la Sakhoma présentaient un foisonnement de viornes, de spirées et de lespédèzes.

Les fourrés abritaient le houblon d'Okhotsk *(Atragene ochotensis Pal.)* avec sa tige rigide, verte en hiver, qui s'agrippe à l'arbre voisin de ses griffes puissantes à aigrettes semblables à celles du pissenlit. Plus loin, les longues branches d'une clématite à fleurettes blanches empêtraient de part en part un buisson d'églantier. D'un fourré jaillissait la jolie petite tête d'une platanthère à fleurs verdâtres *(Platanthera chlorantha Custer)* ; et tout près de là, un vératre blanc toxique *(Veratrum album Lin.)* facilement reconnaissable à ses feuilles grossières et fripées, ainsi qu'à son chapeau de fleurs blanches qui avaient déjà bruni et séché.

Des ruisselets sinuent par de longues *balka*, rus de type arroyo, perpendiculaire au talweg de la vallée. À leurs embouchures, les buissons s'arrêtent et cèdent la place aux roseaux *(Phragmites communis Trin.)* et à l'armoise commune *(Artemisia vulgaris Lin.)*, d'une sagène de haut, les deux végétaux se disputant les endroits secs et dégagés.

Le mulet qu'avaient emmené Arinine et Sabitov se révéla un tantinet paresseux. En conséquence, les soldats prenaient toujours du retard, aussi Dersou et moi devions-nous souvent marquer des arrêts pour les attendre. À la faveur d'une halte, nous convînmes que là où le sentier fourchait, nous poserions des marques indiquant la direction à suivre. Nous reprîmes la route. Les fusiliers s'attardèrent à rajuster les bâts.

À son embouchure, la rivière présente une largeur de 3-4 sagènes et une profondeur ne dépassant pas les 3-4 pieds. En amont de sa confluence avec la Brûlée, sa vallée tend à se rétrécir. À droite s'élèvent de hautes montagnes densément boisées d'essences mixtes ; à gauche s'étirent de longues terrasses ravinées clairsemées de feuillus.

Là, pour la première fois, le sentier fourcha : une branche vers la rivière, l'autre quelque part à droite. Il fallait placer un signal. Dersou prit un bâton, le tailla, le planta en terre et en plia l'extrémité dans la direction à prendre. Ceci fait, nous poursuivîmes notre route, persuadés que les soldats sauraient lire nos indications et prendraient le bon chemin. Deux ou 3 verstes plus loin, nous nous arrêtâmes. Je crois me souvenir d'avoir eu besoin de quelque chose dans les bâts. Nous attendîmes les fusiliers, mais, ne les voyant pas venir, fîmes demi-tour à leur rencontre. Une vingtaine de minutes plus tard, nous étions à la fourche. Un simple coup d'œil nous suffit pour constater que les soldats, n'ayant pas remarqué notre signal, avaient enfilé l'autre chemin. Dersou pesta.

— Ah ! ces gens, lança-t-il courroucé. Ça marche tête au vent comme enfants. Ça a des yeux, mais non. Pas peut vivre dans montagnes, mourir à tous les coups.

Ce qui le choquait tant n'était pas que Sabitov et Arinine se fussent trompés : rien de grave ; mais qu'ils pussent marcher sur un sentier sans y voir d'empreintes comme si de rien n'était. Pis, ils avaient écrasé le bâton. À l'examen, Dersou vit que l'indicateur était tombé non sous le sabot du mulet, mais sous le pied d'un homme.

Il n'eût servi à rien, toutefois, de palabrer. Je pris mon fusil et tirai deux fois en l'air. Une minute plus tard, un coup retentit en réponse, qui venait de loin. Alors je tirai encore deux fois, et puis nous attendîmes en faisant un feu. Les fusiliers arrivèrent au bout d'une demi-heure. Pour se justifier, ils alléguèrent que Dersou avait planté un signal si petit qu'on pouvait facilement ne pas le remarquer. Le Golde ne chercha pas à discuter. Il avait compris. Ce qui était évident pour lui ne l'était pas pour les autres.

Le thé bu, nous reprîmes la route. En partant, j'enjoignis aux hommes de regarder attentivement où ils mettaient les pieds pour ne pas répéter leur erreur. Environ deux heures plus tard, nous atteignîmes l'endroit où la Sakhoma recevait sur sa droite la rivière Lugubre (Ougrioumnaïa). Et là, nouvel embranchement. Une branche menait à la rivière Ilimo (affluent de la Takema), l'autre allait nous conduire aux sources de la Brûlée. Dersou ôta son sac et se mit à traîner un arbre mort.

— Trop tôt pour bivouaquer, lui dis-je. Continuons.

— Moi ne ramasse pas bois, mais barre la route, me répondit-il d'un ton sérieux.

Alors, je compris. Les fusiliers lui avaient reproché de poser des signaux trop discrets ; maintenant, il avait décidé de dresser un obstacle qui les stoppât net. Cela m'amusa beaucoup. Il entassa quantité de bois mort, coupa des buissons, fit plier à la hache les arbres voisins, bref, n'érigea rien moins qu'une barricade. Le barrage fonctionna. Quand Sabitov et Arinine tombèrent dessus, ils s'engagèrent dans la bonne voie.

La rivière Lugubre coule latitudinalement. Sa vallée étroite est recouverte d'une épaisse forêt mixte. À chaque pas, on peut voir les effets dévastateurs de ses eaux.

Les troncs d'arbre couchés à terre et ensevelis sous le sable et les galets servent de barrage naturel jusqu'au jour où une nouvelle crue les emportera ailleurs.

En chemin, nous vîmes plusieurs chevreuils. Je les tirai et en tuai un. Nous atteignîmes au crépuscule les sources de la rivière, et plantâmes le bivouac.

Dans la soirée, Dersou grilla le chevreuil d'une singulière façon : il creusa un trou d'environ 1,5 pied pour y allumer un grand feu. Quand les parois du trou furent bien chaudes, il en retira les braises, puis il prit un morceau de viande, l'enveloppa dans des feuilles de pétasite palmé *(Petasites palmata Asa Gray)* et le déposa au fond du trou en le couvrant qu'une grosse pierre plate sur laquelle il fit un grand feu qui brûla pendant une heure et demie. Ainsi cuite, la viande fut étonnamment goûteuse. Aucun restaurant de première classe n'eût été capable de la cuisiner ainsi : à l'extérieur, la chair avait revêtu un film rouge brun ; mais, à l'intérieur, elle était étonnamment juteuse. Depuis lors, dès que l'occasion s'en présentait, nous apprêtâmes la viande de cette façon.

De là, le lendemain, les fusiliers Arinine et Sabitov prirent le chemin du retour avec le mulet, cependant que Dersou et moi poursuivions le voyage.

Sur son cours supérieur, la Lugubre bifurque en deux ruisselets selon un angle d'une trentaine de degrés. Nous prîmes à gauche en gravissant une chaîne qui, à cet endroit, décrivait un ample demi-cercle embrassant de toutes parts la source de la Brûlée (que la Lugubre contournait par l'ouest). De là jaillissent d'autres rivières : le Hiao-K'ongt'che (affluent de la Takema) vers l'ouest, un affluent du Bilimbé vers le sud et le Konor vers le sud-est. Si, le dos à la mer, on regarde la Brûlée dans le sens montant, les cimes de cette chaîne s'élèvent de droite à gauche dans l'ordre suivant : le Goliath (3 150 pieds), le mont de la Brume (2 870), le mont Spitz (3 080), le mont Schanz (3 300), le Dromadaire (3 480), le mont du Nuage (3 220) et le mont du Diamant (2 940)[21].

Ce dernier est de porphyre quartzique à gros grains. On y a souvent trouvé des veines de cristal de roche, d'où, selon toute vraisemblance, ce nom de mont du Diamant. Tous les reliefs environnants ont été déboisés par les incendies. Les pluies ont emporté la terre en dénudant les éboulements anciens dont il reste quelques rochers solitaires aux formes insolites, les uns semblables à des hommes, les autres, à des colonnes, d'autres encore, à des enclumes, etc.

Dersou et moi longeâmes la crête. De là-haut, à hauteur des roches nues, l'on pouvait voir loin alentour. Au sud, une rivière dont j'ignorais le nom sinuait en serpent lumineux ; à l'ouest, la haute chaîne du Sikhotè-Alin se profilait dans le bleu de la brume ; au nord aussi, de marche en marche, s'étageaient des montagnes ; dans le lointain miroitait la mer bleu foncé. Un tableau austère et majestueux.

Quand le jour se mit à décliner, nous obliquâmes vers le bas en direction de la Brûlée. Après les pluies récentes, les torrents étaient gonflés d'eau. Nous ne tardâmes pas à trouver un bel endroit où bivouaquer à une telle altitude.

Nuageux ce matin-là, le ciel s'était dégagé à l'approche du soir. Les rayons rose doré du couchant glissèrent un temps sur les pentes avant de se replier en hauteur ; puis ils délaissèrent les rochers et se mirent à jouer avec les nuages jusqu'à ce que le jeu prît fin à son tour : les feux du crépuscule s'éteignaient lentement. Le Dromadaire, le Schanz et le Diamant se détachaient nettement sur le fond clair du ciel. Maintenant, ils semblaient encore plus ténébreux et plus élevés. À mesure que la lumière du soleil faiblissait, celle de la lune s'épandait sur la terre, différente, d'un bleu pâle. Les ombres se firent plus noires et tranchées. Une abondante rosée descendit sur les pentes environnantes. Comme la nuit s'annonçait froide, nous ramassâmes autant de bois que possible. Ici, il ne manquait pas.

Allongé près du feu, j'admirais les étoiles. Dersou, assis devant moi, tendait l'oreille aux bruits de la nuit. Ces bruits, il les comprenait. Il comprenait le murmure du torrent, il comprenait le chuchotement de l'herbe sèche et du vent. Une moitié de sa face était éclairée par la lumière rouge du feu de camp, et l'autre moitié, par les rais pâles du croissant de lune. C'était comme si j'avais devant moi deux hommes, un rouge et un bleu.

Nous conversions, parlions du ciel, de la lune, des étoiles. J'étais curieux de connaître les phénomènes célestes expliqués par un homme qui avait passé sa vie entière au sein de la nature et dont l'esprit n'était encombré ni de livres ni d'axiomes. Qu'est-ce que le ciel, qu'est-ce que les étoiles ? Il s'avérait maintenant que je n'y avais jamais réfléchi. Dersou expliquait les choses avec une simplicité déconcertante. L'étoile, c'est une étoile ; la lune, chacun la voit, et rien ne sert de la décrire ; le ciel est bleu le jour, noir la nuit et gris par mauvais temps. Il s'étonna de m'entendre lui poser des questions sur des choses connues de n'importe quel enfant.

— Partout gens comprend. Comment toi ne pas voir, capitaine ? me demandait-il à son tour.

Il m'apparut alors que craindre l'infini et avoir conscience de sa propre insignifiance était inhérent aux êtres de culture. Plus l'on est instruit et plus ce sentiment est développé.

Absorbé que j'étais par la contemplation du ciel étoilé, j'avais complètement oublié où je me trouvais. La voix de Dersou me tira subitement de mes songes.

— Regarde, capitaine, cette petite *ouitka*...

Je mis beaucoup de temps à repérer l'astre qu'il me montrait. Enfin, après de nombreuses précisions, je compris qu'il me parlait de l'étoile Polaire.

— Ça être le gens le plus important, poursuivit le Golde. Lui toujours à la même place, et les autres *ouitka* tourne.

À cet instant, une étoile filante stria le ciel.

— C'est quoi Dersou ? Qu'en penses-tu ? lui demandai-je.

— Une *ouitka* tomber.

Je croyais qu'il associerait le phénomène à la naissance ou à la mort d'un homme, ou bien qu'il lui conférerait une tonalité religieuse. Nenni. C'était simple comme bonjour : l'étoile était tombée.

— Chinois dit, ajouta-t-il, là où *ouitka* tombe, faut chercher le ginseng.

Pour un être instruit, le phénomène est complexe : un éclat d'astéroïde pénètre par hasard dans la sphère de la gravité terrestre, il entre en fusion au contact de l'air, brûle par l'effet de l'oxygène, du fer météorique, de la poussière cosmique. En tombant sur la terre au fil des siècles, ils doivent influer sur le volume, le poids et la densité de la terre ; or, la moindre incidence est susceptible d'entraîner des écarts de mouvement en se répercutant par là même sur le mouvement des autres planètes, etc. Toutes considérations de ce genre laissent les penseurs hébétés. Où commencent les œuvres de la Création ? Et où finissent-elles ? L'homme instruit, si grandes que soient ses connaissances, est aussi loin de la réponse à ces questions que le sauvage des temps primitifs. L'un et l'autre sont superstitieux. À ceci près qu'il s'agit d'une superstition complexe pour celui-là, et simple pour celui-ci. Voilà sans doute qui explique que de nombreuses personnes instruites versent dans le mysticisme.

Je sortis de mes pensées. Le feu mourait. Dersou sommeillait, assis, le menton tombé sur la poitrine. Je rajoutai du bois au feu et m'installai pour la nuit.

Le lendemain matin, ce fut le froid qui nous réveilla. La rosée du soir avait givré. Après nous être réchauffés d'un bon thé, nous enfilâmes nos sacs à dos et descendîmes dans la vallée de la Brûlée, plus large que celle de la Sakhoma et creusée par les eaux de ravinement. Autre trait distinctif : l'absence de forêt dont la majeure partie a été dévastée par les incendies. Toutes les pentes tournées vers la Brûlée sont couvertes d'éboulis, reconquises par l'herbe et la broussaille, jonchées de troncs morts. La rivière va de chute en chute. Longue de 14 verstes, elle est large de 2 ou 3 sagènes à son embouchure, sa profondeur n'excédant pas les 2 ou 3 pieds.

Plus nous allions avalant, plus grosses étaient les eaux de la ravine. De petits rus s'y jetaient d'un côté comme de l'autre, et bientôt notre Brûlée prit l'allure d'un torrent de montagne plutôt fort. Le flot se ruait en grondant sur les pierres, impétueux, un grondement si monotone qu'on finissait par l'oublier, comme si la vallée entière était en proie au silence.

Quiconque a dû se frayer un passage dans la broussaille d'une forêt brûlée sait ce qu'il en coûte. Des troncs écorcés aux branches pointues jonchent pêle-mêle la terre. Comme on ne les voit guère sous l'herbe épaisse, on trébuche souvent dessus, et c'est la chute. D'ordinaire, après une journée de marche à travers des champs de chablis carbonisés, les chevaux ont les jambes meurtries, les hommes ont les vêtements en loques, les visages et les mains écorchés jusqu'au sang. Sachant d'expérience qu'il serait plus profitable de contourner les espaces carbonisés, quitte à perdre du temps, l'on descendit à la rivière pour la longer sur les galets.

À un tournant de la rivière, j'avisai un animal semblable à un chien, mais plus haut de taille. Large tête, petites oreilles droites, gueule légèrement écrasée, constitution sèche, queue longue au poil fourni, tout cela trahissait en lui les caractéristiques d'un dhole *(Cuon alpinus)* que la population locale nomme « loup rouge ». Rouge était son pelage, en effet, foncé sur le dos et clair sur le ventre. L'animal lapait de l'eau. Lorsque nous mîmes le pied sur les galets, il cessa de s'abreuver et courut par bonds à la forêt. Deux autres loups surgirent aussitôt des buissons de la rive, l'un de la même couleur que le précédent, et l'autre plus sombre. Plusieurs spécimens firent de furtives apparitions à travers la broussaille. Je tirai et blessai l'un d'eux. À cet instant, Dersou me rattrapa. Apprenant de quoi il retournait, il s'enfonça dans les fourrés en quête de quelque chose. Une ou deux minutes plus tard, je l'entendis m'apostropher. J'obliquai dans sa direction. Debout près d'un grand cèdre, le Golde me faisait un signe de la main.

En m'approchant, je vis à terre une grande tache de sang et, çà et là, des touffes de poil de renne. Dersou me dit que les loups rouges rôdaient toujours en meutes dans la taïga et qu'ils chassaient en groupe les chevreuils et les cerfs. Ce faisant, les uns jouent le rôle de batteurs pendant que les autres se tiennent embusqués. Quand ils s'en prennent à une proie, ils la déchirent en morceaux en ne laissant sur place, comme je venais de le voir, qu'une flaque de sang et des toupillons.

Aux dires des chasseurs, il est arrivé que des loups rouges s'en prissent à l'homme.

La zone d'habitat des loups rouges embrasse la vallée de l'Oussouri, la région de l'Oussouri-Sud et la bande côtière qui s'étire au nord de la baie Sainte-Olga jusqu'au cap Plitniak. Autrement dit, la frontière nord de leur territoire coïncide avec celui des chevreuils et cerfs sika. On les retrouve surtout dans les districts de Possiet, Barabach et Soueifen.

Après un bref repos au bord de la rivière, nous reprîmes la route. Au soir, nous regagnions la côte.

Nous passâmes la journée du lendemain, 31 août, au bord du Hiao-Kema, à nous reposer et à reconstituer nos forces. Les vieux-croyants, une fois convaincus que nous les laisserions vivre leur vie, changèrent d'attitude à notre égard. Ils nous apportèrent lait, beurre, fromage blanc, œufs et pain, nous demandèrent où nous allions, ce que nous faisions et si nous avions l'intention de peupler l'endroit de colons.

Le détachement au repos (1906).

9. LA TAKEMA

Les oiseaux du littoral – La population – Un relief arciforme – La rivière Ilimo – Une vieille et ses petites-filles – La rivière K'imouho – L'esprit de la sylve et les empreintes d'un tigre – Un cerf wapiti – Des rapides – Passage à gué – Le bivouac du vieux Chinois

AUJOURD'HUI, premier jour de l'automne (1er septembre). Passé midi, nous quittâmes le Hiao-Kema pour la Takema. Il n'y avait pas long à marcher : seulement 7 verstes par un sentier bien tracé le long de la côte.

Constitués de basaltes métamorphiques, d'andésite augitique et de tuf, les monts environnants présentent l'aspect de collines basses ravinées à pentes douces. Nous atteignîmes la Takema de bonne heure, mais la traversée de la rivière nous prit beaucoup de temps. Des chevaux pâturaient sur la rive droite, près de l'embouchure, sous la garde d'un vieux Chinois et d'un Taza boiteux. Ce dernier, d'après le vieil homme, était parti en canot pour des courses au village et devait revenir bientôt. Il nous fallut l'attendre. Le temps que les fusiliers fissent le thé, je me rendis au bord de la mer, par désœuvrement, pour observer les oiseaux.

La migration ne faisait que commencer. Je remarquai d'abord des canards gris et des sarcelles à bec étroit, ceux-là comme celles-ci par myriades. Les premiers, très craintifs, ne se laissaient pas approcher et s'envolaient au moindre bruit de pas ; les autres, petits canards gris à ronds bleus sur les ailes, confiants et peu farouches, s'écartaient simplement en battant l'eau de leurs palmes. Plus loin, je vis quelques fuligules. Noirs avec un dégradé bleu, le dos moucheté de blanc, ils nageaient vite et plongeaient souvent dans la lagune.

Je tuai deux oiseaux, mais il n'était pas question de les manger, leur chair sentant fortement le poisson. Sur l'autre rive grouillaient des volées de limicoles. Certains, par les airs, vinrent se poser sur notre rive. C'étaient des chevaliers arlequins à pattes rouges. Des tournepierres à collier s'affairaient près de la rive, jolis petits oiseaux bigarrés, à pattes rouges aussi. Ils couraient dans l'eau et, chaque fois qu'une vague se retirait, regardaient sous les pierres et retournaient les herbes en quête de nourriture. Plus gros et plus beaux étaient les huîtriers-pies à bec rouge et pattes gris violet, qui se pressaient près de la mer. Ils ne se laissaient approcher qu'à cent cinquante ou deux cents pas, puis prenaient leur envol un à un pour aller se poser quatre cents pas plus loin en jetant des regards craintifs autour d'eux. De gracieuses bergeronnettes sautillaient sur les pierres, chacune de son côté, près de l'embouchure de la rivière, en hochant la queue. La présence de l'homme ne les troublait pas le moins du monde. Des arlequins plongeurs nageaient en mer, complètement indifférents à la saison de migration. La venue des grands froids ne les dérangeait pas.

Bientôt la saison de la remontée des saumons kéta du Pacifique. Pour cette raison, les mouettes se serraient en masse à l'embouchure de la Takema. Plusieurs jours durant, on avait vu ces oiseaux filer un par un vers le sud. Puis ils avaient disparu, et voilà maintenant qu'ils revenaient, mais par volées entières. De la surface de la mer, les mouettes s'envolaient parfois d'un seul mouvement, survolaient la digue naturelle et se posaient sur la lagune. J'en tuai deux. C'étaient des goélands du Kamtchatka.

Point de faisans sur la Takema, bien que les Chinois cultivent ici la terre depuis dix ans déjà. Cela s'explique par le fait qu'entre le Sankhobé et la Takema, la terre est vierge de labours et de jardins. En outre-Oussouri, apparemment, la rivière Takema marque la frontière nord du territoire de la pie bavarde si répandue du côté de Sainte-Olga, mais de moins en moins nombreuse à mesure que l'on progresse vers le nord le long de la côte.

Enfin, le Taza boiteux revint, et nous nous préparâmes à franchir la rivière. Ce fut moins simple et moins aisé qu'on ne pût l'imaginer de la rive. Le courant se révéla tumultueux. Le passeur taza, à chaque traversée, remontait d'environ 150 sagènes avant de redescendre vers l'autre rive en appuyant de toutes ses forces sur la perche, et pourtant l'esquif dérivait jusqu'à l'embouchure.

Autrefois, l'embouchure de la Takema se trouvait à 12 verstes de la mer, là où la vallée se rétrécit jusqu'à former des « joues », un goulet rocheux. En témoigne nettement la présence de terrasses à gauche de la vallée, au pied de falaises en granit désormais reléguées à l'intérieur des terres.

À une dizaine de verstes de la mer, la rive droite de la rivière est rocheuse, constituée d'un granit robuste, indestructible, nervuré d'aphanite.

Une fois sur l'autre rive, on marcha vers des fanzas qu'on voyait au loin. Mélangée, la population de la Takema comprend Chinois et Tazas. On dénombre 23 fanzas chinoises et 11 tazas.

Dans les montagnes surplombant la rive droite de la rivière, en face de la fanza Hieou Fou, les Mantsés avaient pratiqué l'orpaillage, mais, constatant que le précieux métal ne justifiait pas les efforts déployés, ils y avaient renoncé.

Les Tazas de la Takema sont les mêmes que dans l'Oussouri-Sud, quoique moins sujets à l'influence des Chinois. Ils vivent dans des fanzas, savent fabriquer des canots et des skis. L'été, ils travaillent aux cultures ; l'hiver, ils chassent la zibeline. Ils parlent le chinois. En langue oudihée, dont ils ont gardé quelques mots, ils ne savent plus que compter. Les Chinois règnent ici en maîtres de la vallée. Les indigènes sont dans l'arriération et, comme partout, corvéables à merci.

À notre approche, le doyen Hieou K'ai vint à notre rencontre. C'était un vénérable vieillard à la barbe blanche.

Pour l'hébergement, je choisis la fanza du Taza Hieou-Fou, vieil homme solitaire établi derrière un bras d'eau.

Pour le lendemain, 2 septembre, on décréta une journée de repos. Les amateurs de pêche allèrent à la rivière. Ils rapportèrent trois saumons kéta *(Oncorhynchus keta Walb.)*, un saumon rose à bosse *(Oncorhynchus gorbuscha Walb.)* et deux chabots de Sibérie *(Cottus pœcilopus Heckel)*, bigarrés, à la nageoire dorsale de couleur vert olive sombre et liserée d'orange. Les autres s'occupèrent de raccommoder leurs habits et de nettoyer leurs fusils.

Après concertation avec les Tazas, je décidai de remonter la Takema avec Dersou, Tchang-Pao, Arinine et Tchang-Ling, le neveu du Taza bossu évadé du Yaotseho. À Merzliakov et aux autres, j'ordonnai de se rendre à la rivière Amagou pour y attendre mon retour.

Le départ fut fixé pour le lendemain, mais, en raison d'un temps détestable, il ne put se faire. Enfin, le 4 septembre, la pluie cessa. Alors nous fîmes nos balluchons et, à midi passé, partîmes à cinq pour un long voyage.

Au nord du cap Vidny, la ligne côtière se présente, géographiquement parlant, comme un espace tel que nous n'en avions jamais vu plus au sud. Cette partie de l'outre-Oussouri a ceci d'intéressant qu'on y trouve des plis orographiques disposés en arcs de cercle. Partant, les rivières aussi coulent en ligne arciformes. Ainsi de la Takema, du Koussoun, du Kouloumbé et de l'Amagou. Les deux premières sont enveloppantes, et les autres, enveloppées, attendu que le cours supérieur de la Takema dépasse en boucle celui du Koussoun. Le Kouloumbé et l'Amagou, à leur tour, embrassent les rivières Wantakeou, Naïna et Momoktchi. La rivière est longue d'une bonne centaine de verstes. Elle coule par une vallée transversale et, en son cours inférieur, perce une chaîne de montagnes. Elle est rapide, abondante et compte de multiples ruptures de niveau. Sa largeur, en son cours inférieur, atteint les 30 sagènes pour une profondeur allant jusqu'à 5 pieds.

À partir des fanzas tazas, un sentier de marche remonte la vallée. Il longe la rive gauche en faisant tout pour éviter les passages à gué. Là où la vallée va s'étrécissant, il faut escalader les parois rocheuses ou marcher dans l'eau. Les premières «joues» se trouvent à 12 verstes de la mer; les deuxièmes, à 2,5 verstes en amont. Quand la roche est nue, on constate la présence d'aphanite diabasique et de porphyrite fortement chlorée. Dans le renfoncement d'un rocher, les Chinois ont érigé un autel dédié à la divinité des monts et des sylves.

Passé les « joues », la vallée s'évase de nouveau. Le site s'appelle Ilimo, du nom d'une rivière abouchée à la droite de la Takema.

Longue de 35 verstes, elle provient de la source de trois torrents, le plus intéressant étant son affluent droit le Tchakou, avec un col donnant sur le Takountchi (affluent de la Takema). D'après les indigènes, il y a sur le cours supérieur du torrent un escarpement rocheux que les Chinois nomment Yang-Latse (c'est-à-dire « rocher-cheminée »). Le torrent du milieu, qui est sans nom, mènera le voyageur à la rivière Bilimbé, et le droit, à la rivière Hiao-Kema.

La vallée de l'Ilimo est droite, et sa partie inférieure, pierreuse et dégagée. À gauche, elle est bordée de terrasses par endroits marécageuses et parsemées de bouleaux noirs, de tilleuls et de mélèzes.

Près de l'embouchure de l'Ilimo, nous avons trouvé deux petites fanzas à moitié en ruine. Dans l'une d'elles vivait une vieille avec ses petits-enfants : le garçonnet avait 9 ans, et la fillette, 7. Leurs parents étaient morts de la variole deux ans plus tôt. Profitant de la vulnérabilité de la vieille, les Chinois l'avaient complètement plumée en la dépossédant de son logis, de ses potagers, de ses poules, de ses cochons et même de ses chiens. Il ne restait plus à la malheureuse qu'à migrer ici, sur l'Ilimo, et à s'installer dans l'isolement le plus total. Je trouvai la famille dans un état d'atroce pauvreté. Le garçon pêchait, et c'était là toute la nourriture qu'il pouvait donner à la vieille et à la petite.

Nulle part la perte d'un mari ne suscite un tel malheur que chez les Tazas. À la mort du soutien de famille, les créanciers rappliquent. Comme des rapaces, ils se jettent sur les biens du défunt et dépouillent littéralement la veuve. À sa souffrance morale s'ajoutent la peur d'être expulsée de son logis, la misère, la séparation d'avec ses enfants que les Chinois vont vendre ailleurs comme esclaves.

Je pris la vieille en pitié et lui donnai 3 roubles. Confuse, elle pleura en me priant de ne rien dire aux Chinois.

Nous lui dîmes adieu et reprîmes notre route. Le garçonnet nous accompagna jusqu'à la rivière K'imouho.

À partir de l'embouchure de l'Ilimo, la Takema prend la direction du nord et la garde sur 6 ou 7 verstes. Elle court sur le bord droit de la vallée au pied d'escarpements couverts d'éboulis et presque dénués de végétation. Ce relief est fait de schistes argilo-siliceux et de porphyre granitique. Sur le bord gauche de la rivière s'étire une bande de terre large et dénudée. On peut voir ici des terrasses doubles bien conservées. Épars ou en boqueteaux, les arbres leur confèrent un aspect pittoresque.

La vallée du K'imouho donne l'impression de prolonger celle de la Takema. D'une forêt verdoyante, près de son embouchure, on voit émerger un piton rocheux solitaire, sans nom. C'est un point de repère remarquable. Au loin se profile une haute chaîne de montagnes qui ourle le bassin de la Takema du côté nord-est, et qui est complètement déboisée.

Passé le K'imouho, la Takema vire brusquement à l'ouest et se faufile à travers une gorge constituée de porphyre feldspathique émaillé de chlorite ; à droite, on observe à nu des felsites et du porphyre quartzique piqué d'épidote. Beaucoup de rochers, par l'effet de l'eau, revêtent des contours fantasques. Certains d'entre eux ressemblent à des portails ; d'autres, à d'étranges animaux antédiluviens à petites têtes ; d'autres encore, à des poteaux sculptés, etc. Ils s'alignent ainsi sur 2 ou 3 verstes. Puis la vallée s'élargit. Pendant les pluies, l'eau s'y accumule d'une manière considérable, et alors la rivière en crue inonde la forêt.

Il y a, dans la vallée de la Takema, d'impressionnantes forêts vierges que la main de l'homme n'a jamais touchées, comme si la nature avait jeté son dévolu sur cet endroit pour montrer la puissance productive de la terre.

Le cèdre *(Pinus koraiensis Sieb. & Zucc.)*, le peuplier *(Populus suaveolens Fisch.)*, l'érable *(Acer mono Maxim.)*, l'aulne *(Alnus fruticosa Rupr.)*, le cerisier de Mandchourie *(Prunus padus Maackii.)*, l'églantier *(Rosa acicularis Lindl.)*, le sorbier-sureau *(Sorbus sambucifolia Trautv.)*, l'épine-vinette de l'Amour *(Berberis amurensis Rupr.)* et l'angélique de Chine *(Aralia chinensis Rupr. & Maxim.)*, où viennent s'empêtrer la vigne sauvage *(Vitis amurensis Rupr.)*, l'actinidier panaché

(Actinidia kolomikta Maxim.) et la baie aux cinq saveurs *(Schizandra chinensis Baill.),* forment ici un antre à ce point inextricable qu'on ne peut s'y tailler un passage que le couteau à la main, au prix d'efforts considérables et au risque d'y laisser ses habits.

Nous marchions avec force bruits. Dersou contait je ne sais quoi, Tchang-Pao et Tchang-Ling riaient. Soudain, Léchi s'arrêta net et, la queue entre les jambes, le dos rond, les oreilles rabattues, se mit à regarder autour de lui d'un air farouche. Il laissa passer les hommes et, doucement, recula. La cause de sa peur ne tarda pas à se faire jour. Des empreintes de tigre marquaient le sol vaseux. Le fauve était là, mais, entendant nos voix, s'était retranché dans les fourrés. À ce moment, ma chienne Alpa qui allait à la traîne – surtout intéressée par les bêtes à plumes – courut pour nous rattraper. Et Léchi, ayant entendu quelqu'un courir, déboula en jetant des cris aigus et heurta si fort les jambes de Dersou qu'il le renversa à terre. Nous aussi prîmes peur et nous mîmes sur nos gardes. Dersou se releva et s'adressa à Léchi :

— Non, toi pas fait pour marcher avec hommes. Moi pas camarade. Marcher avec chien comme toi, c'est mourir à coup sûr.

Pour conclure sa phrase, il cracha par terre en direction du chien. C'était vrai : à la chasse, un chien comme celui-ci devenait très dangereux. Il risquait de jeter la bête dans les jambes du chasseur au moment du tir, et de le faire tomber.

Nous fîmes le bivouac à 4 ou 5 heures de l'après-midi. À cause de nos lourdes besaces, nous étions très fatigués. Il y avait partout de l'herbe et des arbres morts sur pied pour le combustible. Ne voulant pas mettre le feu à la forêt, nous fîmes halte sur les galets au bord de l'eau.

Bientôt l'automne. Le jour tombait vite, les nuits se faisaient plus longues, la rosée descendait en abondance. C'était la nature qui pleurait le printemps et l'été, période de jeunesse et de volupté.

Le soir, après le dîner, j'allai battre mes semelles sur les galets de la grève. Une fois arrivé au bout, je m'assis sur une souche apportée par l'eau, et contemplai la rivière. La nuit était claire. La moitié du cours d'eau baignait dans la lumière, l'autre dans l'ombre.

Sous le clair de lune, le feuillage devenait argenté, les troncs d'arbres, blanc bleu, et les ombres, noires. Des saules nains se penchaient bas sur le flot comme pour cacher quelque chose à terre.

Alentour, la nature était silencieuse, muette, à peine entendait-on la rivière gazouiller dans les turbulences.

Soudain, un bruissement parvint jusqu'à moi. Ça venait des buissons. Me souvenant de notre rencontre avec le tigre, je pris peur. D'expérience, toutefois, je savais que bruissement ne signifiait pas encore danger. Ce pouvait être un petit animal comme il y en avait tant, un mulot ou une grenouille, par exemple. Je me repris en main et me forçai à rester. Une minute plus tard, le bruissement se reproduisit, puis ce fut un craquement de branches, et, l'instant d'après, un cerf apparut sur le banc de galets éclairé par la lune. Il entra dans l'eau et se mit à boire avidement. Je n'osais pas bouger. Durant une ou deux minutes, j'admirai le superbe animal. Ce fut alors que les chiens sentirent sa présence et jetèrent des abois. Le wapiti tressaillit, sortit de l'eau au trot et, les ramures ramenées sur le dos, se fondit dans la forêt. Je me levai de ma souche et regagnai le bivouac.

Nous veillâmes encore longuement devant le feu à parler de chasse.

Le lendemain matin, tout le monde fut debout de bonne heure. Les premiers rayons du soleil nous trouvèrent déjà en chemin.

Maintenant, la rivière tournait à l'ouest. Ici, elle était large de 30 à 40 sagènes et profonde de 6 ou 7 pieds. La Takema est considérée comme la plus tumultueuse de la région côtière. De fait, il ressortit de quatre mesures une vitesse moyenne de 8 verstes par heure. Voilà qui explique l'absence de peuplement indigène en ces lieux.

Grâce aux riches forêts de la Takema, la faune s'y est conservée. De l'écureuil au tigre, on trouve ici tous les représentants des quadrupèdes. Particulièrement nombreux sont les cerfs wapitis. Tout au long du chemin, nous rencontrâmes des huttes de chasseur et des pièges à zibeline.

Nous allions par des pistes de bêtes sauvages le long de la rive gauche. Ici, ces coulées sont nombreuses. Mal battues, elles se perdent souvent dans la broussaille. Si les quadrupèdes s'y déplacent aisément, il n'en va pas de même pour les humains. Il faut beaucoup d'agilité pour sauter de pierre en pierre avec une charge sur le dos, ou bien crapahuter par des pentes déclives d'une quarantaine de degrés et davantage.

Plus nous allions de l'avant, plus un bruit se faisait insistant. Tchang-Ling dit que c'étaient des rapides. On en comptait six sur la Takema. La plus forte turbulence était près de la rivière Takoutchi, la plus faible, près de l'embouchure de l'Okhotkhè et du T'ient'chkeoutse.

Là, nous devions passer sur l'autre rive de la Takema.

Il n'est pas si facile de passer à gué une rivière profonde et rapide. Si l'eau est basse, peu importe; mais si elle monte à hauteur de la ceinture, il faut s'y engager avec mille précautions.

Les rivières de la contrée se caractérisent par leur basse température, aussi convient-il de les traverser habillés. Un corps nu grelotte, surtout aux jambes. Ensuite, ne pas marcher en ligne droite, et encore moins à contre-courant, mais de biais dans le sens du courant. Surtout, ne pas faire face à l'eau, ne pas lui tourner le dos non plus, car alors le courant vous emportera. Pour éviter cela, il faut se tenir bien ancré sur ses deux jambes, ce qui n'est possible que chaussés. Il arrive que les gens se lestent de sacs et qu'ils les lestent même de pierres. D'un autre côté, ces sacs-là sont dangereux: que l'on tombe à l'eau et l'on ne se relèvera plus. De nager, il ne saurait alors être question…

Il fut décidé que nous passerions tous ensemble. Que l'un de nous faiblît, et les autres lui viendraient en aide. Tchang-Ling s'avança le premier, suivi de Tchang-Pao. Je fus placé au milieu. Dersou fermait la marche. Les chiens nageaient près de nous, mais le courant les poussa au loin. Nous entrions encore dans l'eau qu'ils s'ébrouaient déjà sur la rive d'en face.

Dès les premiers pas, je sentis que, sans mon sac à dos et le robuste bâton que j'avais à la main, je n'aurais pu contrer le courant. La vitesse de l'eau me donnait le vertige, je vacillai et manquai de tomber, mais Tchang-Pao me retint de son bras puissant. Ce fut alors qu'en levant le bâton je fis voler ma casquette. Pas le temps d'y penser. Une minute plus tard, je rassemblai mes forces et continuai ma progression. Il me parut bientôt plus facile de marcher. Encore quelques pas, et la profondeur se réduisit, ce qui arracha un soupir de soulagement à mes compagnons : en l'entendant, je compris que nous l'avions échappé belle.

Dès que je mis pied à terre, je commençai à me déshabiller à la hâte, mais Tchang-Pao dit que nous n'irions pas plus loin aujourd'hui et que nous passerions la nuit ici.

Il y avait sur la berge une trace de feu de camp. La suie, le charbon, le bois carbonisé... j'avais remarqué tout cela. Mais Dersou remarqua bien davantage. Premièrement, il vit que le feu avait été allumé plusieurs fois au même endroit. C'était donc un point de passage habituel à travers la rivière. Ensuite, Dersou dit qu'un homme avait passé la nuit là près du feu, récemment, trois jours plus tôt ; que c'était un vieil homme, chinois, trappeur ; qu'il n'avait pas dormi de la nuit ; et qu'au matin, ne pouvant se résoudre à franchir le gué, il avait fait demi-tour. Que cet homme fût seul, cela se voyait à l'empreinte unique portée sur le sable ; qu'il n'eût point dormi, on le devinait à l'absence de litière près du feu ; qu'il fût trappeur, Dersou le comprit à l'examen d'un bâtonnet à entailles qu'on utilisait ordinairement pour les pièges à petits quadrupèdes ; qu'il fût chinois, il l'apprit au vu d'une paire éculée de chaussures chinoises laissées là, des *ouly,* ainsi qu'à la disposition du bivouac... Tout cela s'expliquait. Mais un vieillard ? Comment Dersou le savait-il ? Étant incapable de trouver la clé de l'énigme, je lui posai la question.

— Comment toi pas comprends après tant d'années dans taïga ? me renvoya-t-il.

Sur ce, il ramassa les *ouly.* Elles étaient vieilles, mille fois raccommodées, trouées. La seule chose que je comprenais, c'était que le Chinois les avait jetées comme inutilisables.

— Vraiment pas comprends ? (Dersou n'en finissait pas de s'étonner.) Homme jeune use pointe, homme vieux use forcément talon.

Comme c'était simple ! De fait, il suffit d'observer la démarche d'un jeune et d'un vieux pour voir que le jeune allonge un pas léger, presque sur la pointe, alors que le vieux pose la plante du pied entière, avec appui sur le talon. Pendant que Dersou et moi inspections le bivouac, Tchang-Pao et Tchang-Ling avaient allumé le feu et dressé les tentes. Après m'être un peu séché, je descendis le long de la rivière avec le fragile espoir de retrouver ma casquette. Après tout, le courant aurait pu la pousser sur la rive. Je marchai ainsi jusqu'à la tombée du jour, mais pas de casquette, et je dus la remplacer par un mouchoir noué sur ma tête. Ce fut accoutré de la sorte que j'accomplis la suite du voyage.

J'étais sur le chemin du retour quand la nuit tomba sur la terre. La lune se leva, jetant sa clarté sur l'autre rive, derrière les monts. La forêt se détachait si nettement sur la crête qu'on pouvait discerner chaque arbre. Par une telle clarté, les ombres semblaient des trous dans la forêt, et le feu paraissait plus rouge qu'en réalité. Un cerf brama quelque part, mais mollement, et, son cri s'abrégea avant la chute. Nul ne lui répondit. Le brouillard se forma sur la rivière. Il s'étira au-dessus de l'eau en dessinant d'étranges contours. À un endroit, je crus voir un vieillard drapé d'un linceul, assis sur des pierres ; plus loin, une nymphe accrochée aux ramilles d'un saule.

Je n'avais pas envie d'aller au bivouac. Assis sur la rive, j'observai longuement les rais de lune en train de jouer avec les ombres de la nuit. Inquiets de mon absence, Tchang-Pao et Dersou m'appelèrent. Une quinzaine de minutes plus tard, j'étais déjà parmi eux.

Paysage oussourien (1906 ou 1907).

10. LI TS'ONG PING

La loutre – Les harpons oudihés – La vallée du Takongtche – Les oiseaux forestiers – Une fanza isolée – Le vieux Chinois – Petit service rendu – L'histoire d'une vie – Douloureux souvenirs – Confession – Un bouleversement intérieur – La décision et les adieux – Une amulette

Aux premiers feux de l'aube, nous pliâmes le camp et prîmes le chemin qui longeait la rive droite de la Takema. La rivière tourna de nouveau vers le nord. Entre ses affluents Khoumo, Hiao-K'ongt'che et Takongtche se dressent des arêtes qui, en s'approchant de la vallée, se changent en hautes terrasses fluviales à socles massifs. Là où les arêtes rocheuses traversent la rivière se sont formées des ruptures de niveau, la dernière ayant l'aspect d'une véritable cascade. L'eau s'entonne avec fracas dans un passage étroit, battant les pierres avec force écume. Près de la chute s'est creusée une profonde vasque où l'eau, plus tranquille, revêt des éclats émeraude sous les rayons du soleil. J'aurais admiré longtemps cette chute d'eau si mon attention n'avait été détournée.

Non loin de nous, quelque chose émergea soudainement à la surface d'une eau tranquille : une tête de loutre *(Lutra vulgaris)* que les paysans russes appellent couramment *poriechnia*[22]. L'animal possède un long corps (1,20 m), une longue queue (40 cm) et de courtes pattes, une tête ronde aux yeux expressifs, un pelage luisant – brun foncé sur le dos et les flancs, gris argenté à la base inférieure du cou et sur le ventre.

En mode de locomotion terrestre, l'animal rapproche ses pattes antérieures et postérieures. De là vient que son corps s'arque en hauteur.

Dans la région de l'Oussouri, la loutre, omniprésente, se répartit d'une manière égale. Elle affectionne les rivières poissonneuses, surtout les zones qui ne gèlent pas et celles où des cavités subsistent sous la glace près des berges. Il a été constaté que la loutre, pour ses besoins naturels, sort de l'eau et regagne toujours le même endroit, quand bien même il lui faudrait pour ce faire couvrir une grande distance. C'est là, dans le sable, que les chasseurs posent habituellement leurs pièges à mâchoire. Après avoir éliminé le poisson dans tel endroit, l'animal migre en amont ou en aval de la rivière en marchant le long de la berge. Son sens de l'orientation est remarquablement développé. Là où la rivière décrit un méandre, la loutre coupe la boucle par le segment le plus court. Parfois, elle passe d'une rivière à une autre. Des indigènes ont pu en tuer dans les montagnes, loin de tout cours d'eau. Cet animal craintif et rusé aime accomplir ses sorties de chasse par les nuits de lune et se montre rarement dans la journée.

La loutre que j'observais tenait un poisson entre ses dents et nageait vers la rive opposée. Une minute plus tard, elle se hissait sur une pierre plate. Son corps mouillé luisait au soleil. À cet instant, elle m'aperçut en se retournant. Alors elle lâcha le poisson et, lestement, se coula dans le flot de la rivière. Je priai mes compagnons de se cacher dans les buissons avec l'espoir de la voir réapparaître, mais elle ne voulait plus se montrer. J'allais me lever quand, soudain, une ombre fendit l'air. L'instant d'après, quelque chose de lourd et de grand se posa sur la pierre plate. C'était un pygargue à queue blanche. Il se saisit du poisson et reprit les airs avec aisance. À ce moment, la loutre s'exonda, mais beaucoup plus loin. Visiblement, elle ne faisait surface que pour remplir ses poumons d'air. Là-dessus, elle disparut.

Environ 3 verstes plus loin, nous atteignîmes l'embouchure du Takongtche où nous bivouaquâmes. Tchang-Pao et Dersou s'occupèrent du bois pendant que Tchang-Ling s'en fut pêcher au harpon.

Petit de taille, le harpon oudihé est doté d'une lanière. On le porte à la ceinture et, quand le besoin s'en fait ressentir, on l'emmanche. En général, le coup est porté à partir de la berge. Pour cela, il faut s'approcher discrètement. Une fois le coup porté, la pointe sort de son manche, et le poisson l'entraîne, mais, du fait de la lanière, le poisson aussi se retrouve attaché.

Tchang-Ling maniait le harpon à merveille. Il tua six truites qui nous firent un dîner somptueux.

Le lendemain, 18 septembre, nous prîmes congé de la Takema pour entamer la remontée du Takongtche. Longue d'une bonne quarantaine de verstes, cette rivière coule transversalement du nord-ouest à l'est. Elle pousse une eau trouble teintée d'un bleu opale.

Le Takongtche se présente comme une vallée de ravinement typique, étranglée à son embouchure et évasée en amont. La présence de collines pointues, isolées, à contours réguliers et à pentes douces témoigne d'incessants processus de dénudation.

Quelques mots sur la géologie du Takongtche : près de son embouchure y baigne une haute terrasse dont le socle est constitué de jolis schistes argileux entrecoupés de grès gris. Un peu plus en amont, du côté droit, des conglomérats très anciens affleurent. À les voir, on a l'impression qu'ils ont séjourné dans le feu. Vient ensuite, à gauche, un granit d'aspect feuilleté et, plus haut, encore des schistes argileux à pliures très marquées.

D'entre tous les affluents du Takongtche, les plus intéressants sont deux petits cours d'eau sans nom, côté droit, et la rivière Talda, plus grande, à gauche. Le premier mène à un col donnant sur l'Ilimo ; le deuxième, à la Sakhoma ; et le troisième, à la Takema. À l'embouchure de chaque affluent se trouve une fanza de trappeur.

Nous eûmes tôt fait d'atteindre la première fanza. Après un bref repos et un bon thé, nous reprîmes la route. La vallée du Takongtche, tout comme celle de la Takema, est boisée d'une épaisse forêt mixte. Fortement raviné et encombré de chablis, le lit de la rivière porte les marques de ses crues.

Nous fîmes la seconde moitié du chemin sans encombre jusqu'à la fanza suivante, où nous descendîmes pour la nuit en prenant nos aises.

Le soleil faisait des siennes. Il ne brillait plus comme en été, se levait tard et avait hâte de se coucher. L'herbe commençait à sécher et à jaunir. Le feuillage aussi tendait à pâlir. La vigne et l'érable furent les premiers à sentir l'approche de l'hiver. Ils se paraient de teintes orangées, pourpres et violettes.

Au crépuscule, Dersou et moi allâmes à la chasse aux cerfs wapitis. Ils avaient déjà formé les hardes. Les mâles rechignaient à se battre, mais répondaient aux brames. Ils se tenaient à l'arrière du troupeau et, à coups de bois, écartaient les femelles d'un rival éventuel.

Le dîner pris, on se mit au chaud sur le *kang*. Dersou commença le récit de l'une de ses aventures. Tchang-Pao et Tchang-Ling, assis à ses côtés, écoutaient attentivement. À entendre leurs exclamations, je compris que c'était quelque chose de très intéressant, mais le sommeil s'empara de moi et, incapable de résister, je m'endormis comme une masse.

Le 9 septembre, nous reprîmes notre progression vers le Sikhotè-Alin. Dans les belles forêts, il y a toujours beaucoup d'oiseaux. Outre les espèces familières à la taïga oussourienne – pic, pic épeiche, geai des chênes, pigeon ramier, corbeau, aigles et sittelle torchepot –, on voyait ici près de la rivière, sur des aires naguère incendiées, des pics cendrés isolés. Les indigènes les nomment « pics de terre », car ils se nourrissent au sol et non dans les arbres. À notre approche, ils poussèrent des cris frénétiques et cherchèrent à se dissimuler dans la brande. Dans l'herbe, j'aperçus des monticoles à ventre marron. Dès qu'ils entendaient bruisser nos pas, ils se perchaient sur des branches en gazouillant comme pour échanger leurs impressions sur l'événement. Dos rainuré et tête blanche, de petits oiseaux sympathiques grouillaient dans les buissons. C'étaient des gobemouches de Sibérie. La disparition des insectes les pousserait bientôt à partir pour des contrées plus chaudes. Ce jour-là approchant, ils se groupaient en volées. Deux faucons tournoyaient au-dessus d'une zone d'éboulis, affriandés par des pikas. Mais ces rongeurs, très prudents, ne s'éloignaient guère de leurs terriers et, à la moindre alerte, se nichaient sous les pierres. Malgré tout, à force de savantes manœuvres, les rapaces ne repartirent pas bredouilles.

Le travail allant, je ne vis pas la journée passer. Le soleil se préparait déjà pour le repos. Ses rayons dorés pénétraient dans la forêt en profondeur, ce qui la rendait particulièrement séduisante.

À peine visible, le sentier qui nous guidait n'arrêtait pas de tourner. Il passait sans cesse d'une rive à l'autre. De plus en plus étroite, la vallée s'élargit soudain. Le relief revêtit un caractère diffus. C'étaient les hauteurs du Takongtche. Ici, trois torrents convergeaient. Je compris que je me trouvais au pied du Sikhotè-Alin.

Parce qu'elles étaient ravinées et percées de torrents, les arêtes de la chaîne de montagnes ressemblaient à des collines coupées les unes des autres. Derrière se profilait la crête de partage des eaux qui enceignait les sources du Takongtche comme une haute muraille. On eût dit que la nature avait voulu tracer une démarcation nette entre la région côtière et le bassin de l'Iman.

Il y avait, à la confluence des trois torrents, un coin de clairière plantée d'une petite fanza à la toiture d'écorce et d'herbes sèches.

Près de la masure, nous surprîmes un vieux Chinois. Quand nous sortîmes de la broussaille, son premier mouvement fut de fuir. Mais il faut croire que l'amour-propre, la force de l'âge et le devoir coutumier d'hospitalité l'en dissuadèrent. Confus, le vieillard ne savait que faire.

À cette époque, on commençait à pourchasser les braconniers et à les expulser hors de la région. Peut-être le Chinois avait-il cru que nous allions l'arrêter et le conduire sous escorte en baie Sainte-Olga. Sous le coup de l'émotion, il s'assit sur une souche et mit du temps à se calmer. Il avait la respiration difficile et saccadée. Son visage s'embua de sueur.

Là-dessus, le soleil plongea derrière les montagnes. La lumière magique s'éteignit dans la forêt; la fraîcheur et la pénombre s'abattirent d'un coup.

L'endroit me parut si sympathique que je décidai d'y passer la nuit.

Dersou et Tchang-Pao saluèrent le vieillard à leur manière, puis se mirent à préparer le feu et le dîner.

Du coin où je m'étais assis, j'observai longuement le Chinois.

Haut de taille, un peu voûté, l'œil noir et trouble, il portait une barbe grise, longue, effilochée. Un cou noueux, une face mate et ridée, un nez arqué, tout cela le faisait ressembler à une momie. Il était vêtu d'une vieille chemise de coton bleu, grossièrement rapiécée et délavée depuis longtemps, chemise cintrée d'une non moins vieille écharpe à laquelle pendaient de côté un couteau de chasseur, une baguette à déraciner le ginseng et une blague à silex et briquet. Pantalon bleu foncé, chaussures basses en peau d'élan, fabriquées de sa main et lacées de ficelles. Sur sa tête, une simple guenille noircie de crasse et de suie.

Ce vieux Chinois ne ressemblait pas aux employés mantsés ordinaires. Ce profil, ce nez busqué, cette expression singulière du visage, tout indiquait que l'homme s'était retrouvé dans la taïga par hasard. Il y avait en lui quelque chose de distingué.

« Sans doute un exilé politique », me dis-je.

Il me vint à l'esprit que j'étais la cause de sa peur. Je me sentis gêné. À cet instant, Arinine m'apporta une timbale de thé et deux morceaux de sucre. Je me levai, m'approchai du Chinois et lui tendis le tout. Le vieux perdit tant de contenance qu'il renversa le thé et fit tomber le sucre par terre. Ses mains tremblèrent, ses yeux s'emplirent de larmes. Il tomba à genoux et lâcha d'une voix étouffée :

— *T'ao hie pa, t'a lai ya* ("merci, capitaine").

Je le relevai et lui dis :

— *Pou p'a, pei hai p'a, lao t'eou eul* ("c'est bon, n'aie crainte, vieux").

Chacun vaqua à ses occupations. J'entrepris de cartographier notre trajet du jour pendant que Dersou et Tchang-Pao préparaient le dîner.

Petit à petit, le vieux se rassura.

Après le thé, devant le feu, je lui demandai comment il s'était retrouvé là sur le Takongtche.

L'homme s'appelait Li Ts'ong Ping, il avait 74 ans, était natif de Tientsin, issu d'une riche lignée chinoise. Jeune homme, il s'était brouillé avec sa famille. Son frère cadet lui fit une offense terrible.

Une femme était impliquée dans l'affaire. Le père prit le parti de son frère. Alors Li quitta le toit parental et partit pour le Songhua ; de là, il gagna l'Oussouri et finit par s'installer sur le Taopiho. Par la suite, à l'arrivée des colons russes, il migra vers le Woulaho, puis le P'ousong, le Wai-Fouking et, enfin, la Takema, où il vécut trente-quatre ans d'affilée. Autrefois, il vivait de la chasse. Sa première arme fut un fusil à mèche pour lequel il avait donné trente belles peaux de zibeline. Il devint aussi chercheur de ginseng, valeureuse racine. La vieillesse venue, ne pouvant plus chasser, il décida de poser des pièges, ce qui l'obligea à se fixer en un lieu isolé, loin des hommes. S'y étant plu, il s'établit sur le Takongtche. Li Ts'ong Ping vivait là depuis plusieurs années, seul comme un oiseau sous la pluie. Parfois, un indigène passait là par hasard. Lui-même se rendait sur la Takema une ou deux fois par an. Puis le vieux évoqua le souvenir de sa mère, de son enfance, de son jardin et de sa maison au bord d'une rivière.

Enfin, il se tut, le menton sur la poitrine, profondément songeur. Je me retournai. Nous n'étions plus que deux, lui et moi. Dersou et Tchang-Pao étaient partis chercher du bois.

La nuit s'annonçait froide. La Voie lactée s'étala sur un ciel constellé. Un vent mordant de nord-ouest se leva. J'entrai dans la fanza en grelottant. Le Chinois resta seul près du feu.

Je remarquai que Dersou passait devant le vieux à pas feutrés, en chuchotant, en veillant à ne pas faire de bruit.

De temps à autre, je glissais un œil par la porte et voyais le vieux dans la même pose. La flamme du feu de camp éclairait son visage. Des ombres rouges et noires dansaient sur lui. Sous cet éclairage, il avait l'air d'un homme de fer en incandescence. Tout à ses songes, le Chinois en avait oublié jusqu'à notre présence.

À quoi songeait-il ? Sans doute à sa jeunesse, aux autres choix qu'il aurait pu faire pour sa vie, à une femme aimée, à son destin de solitude dans la taïga…

Tard dans la soirée, je jetai encore un coup d'œil à la fenêtre. Le vent attisait les braises mourantes. Une flamme livide jeta un instant sa clarté sur sa maigre silhouette. Il se tenait toujours assis au même endroit, la tête appuyée sur ses mains, les yeux fixés sur les tisons, transporté en souvenir vers un lointain passé. Je voulus l'appeler, mais, curieusement, n'en fis rien.

Quand enfin j'eus terminé mon travail, je refermai mon cahier et m'apprêtai à me coucher. Me souvenant du vieux, je sortis de la fanza. Il n'y avait plus que des braises à la place du feu. Le vent les dispersait en escarbilles au ras du sol. Or, le Chinois était toujours sur sa souche, comme une heure auparavant, abandonné à ses pensées.

Je dis à Dersou de l'inviter à entrer.

— Faut pas, capitaine, me répondit doucement le Golde en insistant sur ce *faut pas*, et en m'expliquant qu'il ne fallait jamais déranger quelqu'un qui se remémorait sa vie.

Je compris. Une telle contemplation intérieure est un acte éminent en soi. Les faits refont surface, les images remontent, le passé se clarifie, des actes reviennent à l'esprit, dont on se sent fier ou honteux.

En effet, on ne dérange pas quelqu'un à un tel moment. Conscient de cela, je rentrai dans la fanza et me couchai sur le *kang*.

Le vent hurlait, lugubre, dans la cheminée, et faisait bruisser les herbes sèches sur le toit. Au-dehors, quelque chose grattait le mur : peut-être la branche d'un buisson voisin ou d'un arbre. Bercé par ces bruits, je sombrai dans un sommeil délicieux.

Le lendemain matin, à mon réveil, le soleil était déjà haut dans le ciel. Je m'habillai à la hâte et sortis.

Alentour, tout était blanc de givre. Dans les flaques, l'eau avait gelé. Des bulles d'air se pressaient sous une fine pellicule de glace. L'herbe sèche, jaune brun, jetait mille paillettes au point de faire mal aux yeux. Les branches, les pierres, la terre battue du sentier… tout s'était voilé d'un glacis mat.

En regardant autour de moi, je constatai que les affaires qui, la veille, traînaient pêle-mêle à côté de la fanza, se trouvaient maintenant rangées sous l'avant-toit. Près du feu, Tchang-Pao, Dersou et Tchang-Li se parlaient à voix basse.

— Où est le vieux ? leur demandai-je.

Tchang-Pao pointa la main vers la forêt. Alors seulement je remarquai, en bordure de clairière, un petit oratoire charpenté de rondins et couvert d'écorce. Le vieux y priait à genoux. Ne voulant pas le gêner, j'allai me laver au torrent. Une vingtaine de minutes plus tard, le Chinois revint à la fanza et se mit à faire son balluchon pour la route.

— Où va-t-il ? demandai-je à mes compagnons.

Tchang-Pao me dit que le vieillard avait décidé de rentrer au pays, de se réconcilier avec son frère – s'il était encore en vie – et de finir là-bas ses jours.

Quand il eut bouclé son sac, le vieux ôta de son poignet gauche un bracelet en bois et me le tendit en disant :

— Tiens, capitaine, c'est pour toi. Prends-en soin, il te portera bonheur !

Je le remerciai du présent et, aussitôt, enfilai le bracelet.

Puis le vieil homme se prosterna aux quatre points cardinaux et fit ses adieux aux montagnes, à la fanza et au torrent qui avait étanché sa soif.

Deux mélèzes poussaient près de la fanza avec, à leur pied, un petit banc. Li Ts'ong Ping fit aux mélèzes un discours émouvant, leur disant qu'il les avait plantés de ses mains et qu'ils étaient devenus de grands arbres. De longues années durant, il s'était reposé là, sur le banc, dans la fraîcheur vespérale, mais maintenant il devait les quitter à jamais. Le vieillard versa une larme et, de nouveau, se prosterna.

Puis il prit congé de mes compagnons, lesquels, à leur tour, le saluèrent jusqu'à terre, l'aidèrent à enfiler son balluchon sur le dos, lui mirent son bâton dans la main et l'accompagnèrent jusqu'à la lisière de la forêt.

Du fond de la clairière, le vieil homme se retourna pour un dernier regard sur le lieu où il avait vécu tant d'années dans la solitude. Me voyant, il me fit un signe auquel je répondis de la même façon en sentant son bracelet sur ma main.

Quand Dersou, Tchang-Pao et Tchang-Ling revinrent, nous fîmes les sacs et nous nous mîmes en chemin. De la lisière de la forêt, je me retournai comme l'avait fait le vieillard.

Il y avait quelque chose de cassé ! Cette clairière et cette fanza, qui hier encore me semblaient si coquettes, m'apparurent soudain vides et sans âme.

Une maison abandonnée ! La vie en fin de course, ne restait qu'un cadavre !

11. MACABRE DÉCOUVERTE

La pente douce du Sikhotè-Alin – Les hauts de la rivière Armou – Des squelettes – Un phénomène de luminescence lunaire – Le mont Tienk'inglatse – Le Sikhotè-Alin – Le cèdre nain

LA MONTÉE SUR LE SIKHOTÈ-ALIN partait de la petite fanza. Douce d'abord, raide ensuite. Le versant de la chaîne est boisé d'essences mixtes; essentiellement: cèdre, sapin, épicéa, mélèze, érable et bouleau à l'écorce jaune et soyeuse. La végétation herbeuse est constituée de fougère, vératre, muguet, molène à fleurs denses appelée « sceptre du tsar », trèfle, oxalis petite oseille et différentes espèces de carex.

L'ascension fut si raide qu'il nous fallut nous agripper aux rochers et aux racines des arbres. En haut du col, l'anéroïde indiqua une altitude de 2 870 pieds au-dessus du niveau de la mer. Côté ouest, la végétation se révéla plus uniforme qu'à l'orient; et les forêts, par leurs caractéristiques, présentaient un contraste saisissant. Au sommet, je m'attendais à trouver un paysage de pierres nues. Eh bien, non: j'avais devant moi une plaine d'altitude en forme de plateau parsemé de velouteux mélèzes sans le moindre sous-bois. Ni buissons ni herbes, rien que de la mousse, et, çà et là, des fourrés de lédon. Pour extraire un échantillon de roche, il me fallut gratter la mousse. Je tombai sur du porphyre quartzique et de la rhyolite.

Je mis à mon herbier: du cornouiller du Canada *(Cornus canadensis Lin.)* qui s'étalait sur la mousse, avec ses rosettes à six feuilles et ses baies rouges; du maïanthème du Canada aussi *(Maianthemum canadense Des.)* avec ses doubles feuilles juteuses en cœur, très luisantes; une variété particulière de lycopode

(Lycopodium annotinum Lin.) et, enfin, des fougères (*Pephrodium dilatatum Des.* et *Polypodium vulgare Lin.*), la première ressemblant vaguement à la fougère-aigle, dotée d'une fronde à la structure assez simple.

Après un bref repos pris sur le col, on continua la route. Je décidai de couper le plateau pour redescendre vers l'eau de l'autre côté. Mais l'on avait beau marcher, on ne voyait pas la fin d'une plaine déserte, marécageuse, chichement boisée. Ah ! s'il y avait eu ne fût-ce qu'une colline, une butte ou une cuvette ! Me croyant sur un plateau, j'ignorais si on le traversait dans le sens de la longueur ou par le chemin le plus court. Soudain, j'entendis un bruissement d'eau. Mon étonnement n'en fut que plus grand. Bientôt, tout s'éclaircit : à cet endroit, les pentes occidentales du Sikhotè-Alin sont si douces qu'on n'en remarque pas la déclivité à l'œil nu. Nous avions devant nous l'Armou, le plus gros affluent de l'Iman qui le recevait sur sa droite à mi-course. Je consultai le baromètre. L'aiguille indiquait 697 millimètres, ce qui correspondait à une altitude absolue de 2 530 pieds au-dessus du niveau de la mer. C'était donc que l'on n'était descendu que de 280 pieds, soit une moyenne de 5 sagènes par verste. Côté ouest, le lit de la rivière se révéla de 770 pieds plus haut qu'à l'est du Sikhotè-Alin.

À sa source, l'Armou provient de deux torrents d'égale grandeur. On venait justement de déboucher à la confluence. Tchang-Ling estimait leur longueur respective à deux jours de marche. Après lui avoir demandé conseil, je décidai de suivre le torrent gauche (le plus proche du Sikhotè-Alin) pour gravir ensuite la ligne de partage des eaux, longer un peu la crête et déboucher sur la source de la Takema.

Ici, l'Armou est large de 3 sagènes et profond de près de 1,5 pied. L'eau tire sur le rouge et n'a pas la fraîcheur propre aux torrents de montagne. Son lit est encombré de troncs morts, ce qui, par un courant relativement tranquille, apparaît parfaitement logique : l'arbre reste couché là où il est tombé.

Au bord de l'eau, la forêt gagne beaucoup en densité. Elle se compose d'aulnes, de bouleaux blancs, de sapins et d'épicéas. De nombreux mélèzes, surtout. La taïga au plein sens du mot :

sauvage, inhabitée, hostile, désertée par tout ce qui vit sur terre. Pas une trace de bête. En deux jours, on ne rencontra pas un seul oiseau. Une taïga de ce type affecte le moral des hommes, comme je pus le constater sur mes compagnons qui marchaient, muets, sans s'adresser la parole.

Comme à l'accoutumée, on se mit à chercher un endroit où bivouaquer vers 3 heures de l'après-midi. Dersou et Tchang-Pao obliquèrent à droite, je ne sais pourquoi, tandis que Tchang-Ling, Arinine et moi longeâmes la rive. Soudain, un cri : Dersou nous appelait. Nous fîmes demi-tour sur-le-champ. En me frayant un chemin dans la brande, je découvris une petite clairière. Il y avait là quelque chose de blanc. Dersou et Tchang-Pao examinaient ce quelque chose de près. D'abord, je crus qu'il s'agissait de mottes, mais, à voir les faces graves de mes compagnons, je devinai que c'était plus sérieux que de simples mottes. En m'approchant, je reconnus des crânes humains, au nombre de six. Des ossements jonchaient le sol à proximité.

Six squelettes ! Par suite de quel drame ces gens avaient-ils péri ?

Il est de ces secrets que la taïga renferme dans sa rudesse !

Dersou inspecta longtemps les ossements. Ce faisant, il parlait avec Tchang-Pao. D'après lui, ces hommes n'avaient pas été tués, car aucun crâne ne portait de lésion. Ils étaient morts, mais pas de maladie. La maladie emporte les gens un par un, et non tous ensemble : l'un meurt, les autres passent leur chemin. Dersou se mit à scruter les troncs des arbres. À la brûlure de l'écorce, il put établir le moment du dernier incendie. Deux ans plus tôt. Comme les ossements aussi portaient des marques de feu, il apparaissait à l'évidence qu'ils gisaient là lors du passage du feu. La fournaise avait brûlé ce qu'ils avaient d'habits. Toutefois, il aurait dû rester près des squelettes des objets que l'incendie n'eût pas détruits, mais qui fussent susceptibles de nous renseigner sur la nationalité des défunts. Dersou et Tchang-Pao se mirent à fouiller la mousse. Ils ne tardèrent pas à découvrir une petite marmite en fer, une hache, un couteau rouillé dont le manche était fait d'une cartouche de fusil, un briquet, une pipe, une boîte en fer-blanc et une bague en argent. Ces objets indiquèrent à Dersou que les hommes étaient des chercheurs d'or coréens. Visiblement, ils s'étaient perdus dans la taïga en tentant de trouver un passage vers la mer, et la faim les avait emportés.

Le salut était pourtant proche : une journée de marche, et ils se fussent retrouvés dans la fanza de l'ermite chinois où nous avions passé la nuit d'avant. Les arbres qui enceignaient la clairière, témoins muets de la mort de six personnes, se tenaient toujours là, silencieux. La taïga me parut plus lugubre encore.

Comme d'un commun accord, nous ôtâmes nos sacs. Tchang-Pao et Tchang-Ling arrachèrent une souche et enlevèrent ce qu'il restait dessous de terre et de pierres, tandis que Dersou et moi y déposions les ossements. Puis on les recouvrit de mousse et, après avoir remis la souche en place, on alla se laver à la rivière.

Il était temps de trouver un endroit où dormir. Tchang-Pao et Tchang-Ling ne voulaient pas bivouaquer ici. On reprit donc les balluchons et, une demi-verste plus loin, ayant trouvé un replat au bord de l'eau, on y planta le camp.

Au crépuscule apparut le brouillard. Il s'était laissé glisser par-dessus la ligne de partage des eaux et, maintenant, s'étalait sur le versant ouest du Sikhotè-Alin.

Dans la soirée, j'eus l'occasion d'observer un curieux phénomène météorologique. La lune se leva vers 10 heures du soir, blême, ne versant presque pas de lumière. Sur ce, le brouillard se dissipa, et le disque lunaire darda vers le haut et le bas deux longs rayons en pointe. Cela dura une quinzaine de minutes, puis le brouillard revint, et la lune reprit sa forme trouble aux contours estompés. Il se mit à bruiner d'un crachin qui dura toute la nuit jusqu'à l'aube.

Au matin du 11 septembre, le ciel sembla tourner à l'amélioration. Pour ne pas perdre inutilement de temps, on plia les sacs et l'on se mit aussitôt en chemin le long de l'Armou dans le sens montant. Un paysage si monotone et régulier que j'en oubliai complètement qu'on se trouvait au pied du Sikhotè-Alin. Ici, la forêt de résineux, aux essences médiocres pour le bois de combustible, se développait d'une manière chaotique : clairières marécageuses entrecoupées de bois intermédiaires aux cimes desséchées et aux innombrables branches mortes.

Vers 11 heures du matin, on quitta l'Armou pour obliquer plein est. La pente était là aussi douce qu'en face du Takongtche. L'on monta le Sikhotè-Alin sans même s'en rendre compte et l'on déboucha sur son versant oriental, abrupt. À ce moment, le brouillard s'échevela et l'on put s'orienter.

Une grande montagne se profilait à une quinzaine de verstes à gauche. Tchang-Ling, qui connaissait bien le pays, dit que ce relief n'avait pas de nom et qu'il se trouvait à la source de la Hitch'a. On était justement en face de la vallée du Tienk'ingkeoutse[23] qui débouchait sur la rive droite de la Takema, en amont du Takongtche. Par sa taille, la première est un peu plus grande que la seconde. La présence d'une boulaie à sa source indique qu'un incendie, naguère, y dévasta une forêt de résineux. La partie contiguë du Sikhotè-Alin, côté Takema, présente l'aspect d'une longue table. Les Chinois l'appellent Tienk'inglatse[24].

On n'eut pas le loisir d'admirer longtemps le panorama. De gros nuages assaillirent de nouveau le Sikhotè-Alin, et il se remit à pleuvoir d'une pluie fine et serrée.

Il est difficile de procéder aux relevés de terrain par temps pluvieux. Le papier se ramollit, les manches trempées diluent le trait du crayon. Je n'avais pas de parapluie sur moi, ce que je regrettai amèrement. Pour protéger ma planchette de la pluie, dès que je l'ouvrais, Tchang-Ling dépliait un mouchoir au-dessus. Mais il s'avéra bientôt que cela ne suffisait pas : du mouchoir trempé, l'eau se mettait à goutter.

— Attends voir, capitaine ! me dit Dersou.

Il s'écarta pour écorcer un bouleau, puis tailla quelques tiges et eut tôt fait de me confectionner un parapluie.

L'ingéniosité du Golde ne cessait de m'étonner. Aucune situation critique ne semblait lui résister. Il trouvait toujours, à portée de main, ce dont il avait besoin.

Les gens qui se consacrent à l'agriculture, tels que les Coréens, par exemple, valent moins que le chasseur d'un point de vue intellectuel. La terre, en attachant l'homme à un lieu donné, émousse son intelligence et borne son horizon. Le chasseur, au contraire, a le don de la mobilité, de l'énergie et de l'initiative.

Selon le trajet préétabli, on tourna au nord et l'on se mit à longer le Sikhotè-Aline vers une grande montagne à dôme qui se profilait au nord-est.

On n'avança guère. Craignant de me perdre à cause du brouillard, je décidai de bivouaquer de bonne heure. Par chance, Tchang-Pao trouva un fossé rempli d'eau de pluie entre des pierres et, près de là, des pins nains secs. On dressa une tente à pente unique, on fit un feu et l'on commença à se sécher.

Avant le soir, Dersou alla à la chasse et tua un porte-musc *(Moschus moschiferus)*. Cet animal aux sabots à deux doigts, qui ressemble à une antilope, est long de 1 mètre et haut de 50 centimètres. Ses pattes postérieures étant un peu plus longues que les antérieures, il a la croupe légèrement surélevée. Un cou long, une tête plutôt petite, élégante, aux yeux noirs expressifs, et un museau mobile. Il ne possède ni cornes ni fosse lacrymale. En revanche, la nature l'a gratifié de crocs : petits chez la femelle et ne sortant pas de la bouche, longs chez le mâle, effilés, et dépassant de deux pouces vers le bas. Pendant le rut, les mâles se battent entre eux en se blessant méchamment. À la différence des autres ongulés porteurs de sabots à deux doigts, le porte-musc est doté d'une vésicule biliaire et d'une glande à musc. Son pelage est coloré, tendant vers le brun foncé. Un cri perçant et lancinant. Les mâles en rut répandent autour d'eux une odeur forte.

Chinois et Coréens capturent le porte-musc en posant des pièges à nœuds sur les coulées. C'est un procédé barbare, car ce sont souvent les femelles pleines qui se font prendre. Les Chinois les laissent sur place comme n'ayant aucune valeur.

Pour le dîner, on fit donc bouillir la viande de porte-musc. Elle sentait quelque chose. Tchang-Ling dit que ça sentait la mousse, Tchang-Pao penchait pour la résine, et Dersou parla du lédon. Dans les aires de répartition du porte-musc, on trouvait les trois végétaux. Mais sans doute était-ce là l'odeur du musc.

On resta sur place toute la journée du lendemain, 12 septembre, en raison des pluies. Il fallait patienter. Les pluies automnales ne s'éternisent jamais dans l'Oussouri ; en revanche, elles sont très violentes. Je ne quittai pas la tente où je portais mes relevés sur les cartes. Un vent fort se leva dans la nuit, qui soufflait par bourrasques. Des étoiles se montrèrent çà et là. Comme toujours en pareil cas, le gel frappa fort à l'approche de l'aube. Tout se para de blanc alentour. La mousse humide, givrée, craqua sous nos pas. Nos pieds laissaient des empreintes profondes, au grand dam de Dersou et de Tchang-Pao.

La prudence constituait le fil rouge de leur comportement, même quand nous étions très loin des habitations et que le risque d'une rencontre avec d'autres humains était fort improbable.

En prenant nos repères, nous comprîmes que nous nous trouvions juste en face de la source de la Hitch'a.

À partir du Tienk'inglatse – la « montagne en table » –, le Sikhotè-Alin va d'abord vers le nord-est, puis tourne au nord-ouest. À cet angle se dresse une hauteur conique pointue. Dans la mesure où les indigènes ne lui avaient pas donné de nom, nous le baptisâmes « pic du 17-Octobre » en l'honneur du manifeste de 1906 ayant institué la Douma de Russie. D'après les relevés barométriques, son altitude est de 5 630 pieds. Plus loin, le Sikhotè-Alin s'étire vers le nord. À quelque 5 verstes du pic du 17-Octobre, il tourne à l'est en formant une montagne à deux bosses que nous baptisâmes mont du Chameau (5 565 pieds). Puis la chaîne décrit une nouvelle torsion vers l'ouest à une altitude moyenne de 5 600-5 700 pieds. À partir de là, elle reprend sa direction initiale jusqu'à la cime la plus haute que, la veille, nous avions aperçue de loin.

Cette partie du Sikhotè-Alin est complètement nue. Visiblement, il n'y a jamais eu là de forêt. Quand on regarde les cimes du fond des vallées, on croit voir l'herbe verdoyer à l'étage rocheux. Le marcheur inexpérimenté se presse alors de traverser la zone forestière pour atteindre au plus vite l'étage alpin. Las, en fait d'herbe il se retrouve dans une aire de pins nains *(Pinus pumila Regel)*. Les racines de cet arbre se développent à l'air, tandis que son tronc et ses branches tapissent la pente en courant à la rencontre de qui la monte. Il est très difficile de se frayer un chemin parmi les pins nains : sans hache, c'est peine perdue. Le pied glisse sur les ramures. Quand on chute, on se retrouve à cheval sur une branche, les deux jambes ballant sans toucher terre. On ne peut non plus les contourner, car elles enceignent la cime circulairement.

Plus haut viennent les végétaux suivants : lédon *(Ledum palustre Lin.)*, airelle rouge *(Vaccinium vitis idæa Lin.)*, rhododendron *(Rhododendron dauricum Lin.)*, mousses ; et plus haut encore : lichen ; au-dessus commence l'étage rocheux.

Ce jour-là, on arriva au pied d'une grande montagne et l'on bivouaqua dans un encaissement.

12. DANGEREUSE TRAVERSÉE

Le mont Chaïtan – La rivière Hitch'a – La source de la Takema – La montée des eaux – Traversée en radeau – Dersou en danger – Un arbre attaché – Retour à la mer – Un quiproquo amusant

ON DORMIT MAL dans la nuit. On grelottait. Et l'on se réjouit fort de voir enfin pointer les premiers rayons du jour. Le soleil se cachait encore derrière l'horizon, mais, sur terre, on voyait déjà clair.

Un paysage montagneux vu à vol d'oiseau ! Une splendeur !

Où que l'on portât le regard, partout des montagnes dont les cimes, tour à tour pointues, en crête de coq, planes, en plateau ou en dôme, fuyaient au loin comme pour se fondre aux ténèbres.

Mais le soleil aimable se montra, couvrant la terre de sa tiédeur. Le givre disparut, et l'herbe, couleur de cendre argentée, se montra de nouveau sèche et brun jaune.

Dès que les sacs furent bouclés, on attaqua l'ascension du relief le plus haut. On dut s'asseoir plusieurs fois pour se reposer avant de reprendre l'escalade et l'on n'atteignit la cime que sur le coup de midi. Les relevés barométriques indiquèrent une altitude de 6 790 pieds. Je baptisai mont Chaïtan ce point le plus élevé de la partie centrale du Sikhotè-Alin. Pentes orientales pierreuses et raides, pentes occidentales peu déclives. Les pierres couvrant le sommet du Chaïtan étaient si serrées les unes contre les autres qu'elles semblaient avoir été disposées ainsi et ancrées dans le sol par des mains d'homme. La descente aussi nous prit beaucoup de temps. Dans l'ensellement qui suivit, le baromètre indiqua une altitude de 3 500 pieds. De là, le Sikhotè-Alin tournait au nord-est.

On cessa de longer la crête pour entamer la descente dans la vallée de la Hitch'a.

La descente d'une grande montagne requiert toujours beaucoup de prudence. Surtout, ne pas se précipiter, mais marquer des arrêts fréquents, prendre le temps de se reposer et de bien regarder autour de soi.

Les éboulis, les mousses, les cèdres nains… c'était derrière nous maintenant. Ici, à 3 290 pieds d'altitude, je trouvai des cassissiers duveteux. Plus bas, à 3 000 pieds, des sorbiers, de petits mélèzes, des bouleaux nains. Et plus bas encore, des cèdres, des bouleaux noirs et des chênes, entre autres essences.

À midi, on marqua une halte. Le temps de préparer le thé, je pris plusieurs photographies.

La Hitch'a provient de deux rivières, chacune jaillissant à son tour de deux torrents, et ainsi de suite. Tous ces torrents s'entonnent dans un vaste encaissement creusé de ravins. Nulle part la chaîne du Sikhotè-Alin ne culmine avec autant de majesté et de netteté que sur la haute Hitch'a. Ici, elle a vraiment l'allure d'une chaîne de montagnes d'altitude.

Toutes les dénudations présentaient des schistes cristallins et des quartz marqués d'oxyde de cuivre. On dit que la Hitch'a renferme de l'or, et les montagnes, du cristal de roche. Autrefois, la vallée était boisée de riches forêts résineuses et mixtes, depuis lors incendiées. Des bouleaux vieux d'un quart de siècle ont poussé sur les cendres.

La vallée est considérée comme un excellent territoire de chasse. De fait, on y rencontre des empreintes de cerf à chaque pas, ou tant s'en faut. Sols criblés de sabots, buissons abîmés, fragments de ramure, tout cela témoignait de combats épiques.

Au soir, l'on atteignit une petite fanza de trappeur bâtie, d'après Tchang-Ling, par un chercheur d'or coréen. Il n'avait pas trouvé d'or, mais piégé beaucoup de zibelines cette année-là. On était à 2 520 pieds au-dessus du niveau de la mer. On s'arrêta pour la nuit. À la tombée du jour, Dersou et Tchang-Ling allèrent à la chasse et tuèrent un faon wapiti. Ils passèrent la nuit à en sécher la viande à tour de rôle.

Il nous fallait suivre la Hitch'a dans le sens avalant. Deux sagènes de largeur, 2 pieds de profondeur… Le bas de la rivière est turbulent et jalonné de rapides. Plus on s'éloignait de la ligne de partage des eaux, plus la vallée se faisait étroite au point de se changer en une gorge profonde. Là s'élevaient deux puissantes terrasses fluviales, anciennes, faites de schistes argileux entrecoupés d'un grès jaune à grain fin et d'un quartz à la blancheur lactescente. Fortement érodés, les schistes avaient un aspect tuilé.

Côté gauche se dressait un piton rocheux pareil à une tour antique. Tchang-Ling et moi l'escaladâmes pour scruter les hauts de la Takema. De là jusqu'aux sources, il y avait encore loin. Elle décrivait une torsion vers le nord et enveloppait le départ du Koussoun. À peine formée, la Takema reçoit deux affluents, l'un à droite et l'autre à gauche. Celui de droite s'appelle Tch'enchenkeou[25] et celui de gauche, Hiaotongtch'a[26]. D'après Tchang-Ling, il existe en amont de l'embouchure de ce dernier, sur la rive gauche de la Takema, un mont rocheux où les Oudihés redoutent de s'aventurer : des pierres tombent de ses pentes où se trouve le repaire de Kakzamou, mauvais esprit.

Il en ressort que la chaîne du Sikhotè-Alin forme d'abord un angle avec la Takema, d'entrée assez large, puis grandissant de plus en plus au sud.

Le cours supérieur de la Takema est extrêmement tumultueux. Par endroits, on remarque même à l'œil nu les ruptures de niveau. Pareille à une bête enchaînée, elle se débat frénétiquement entre ses rives rocheuses, comme si des esprits maléfiques avaient dressé des obstacles à chaque pas pour en entraver la course, mais qu'une force puissante – la force des eaux vives – les renversait au passage.

Après avoir admiré le panorama de montagne, nous descendîmes la Takema le long de sa rive droite et, peu avant l'embouchure de la Hiatongnantch'a, dressâmes le bivouac.

La grisaille du matin creva le soir en forte pluie. Aux premières gouttes, il apparut qu'elle allait durer. On planta les tentes solidement et l'on ramassa beaucoup de bois sec, aussi la nuit fut-elle tranquille. Au matin, la pluie repartit de plus belle. Il fallut passer la journée sur place. Mes compagnons tuaient le temps en conversations, dormaient, faisaient du thé, pendant que je remplissais mes tâches ordinaires. À 11 heures du matin, il y eut un bref orage. Pas d'éclairs visibles. Le tonnerre grondait quelque part dans les airs. Les nuages filaient en désordre, le vent tournait souvent. Il plut toute la journée et toute la nuit avec une constance étonnante. À l'aube du 17 septembre, le couvercle nuageux se dispersa, et le gel frappa de nouveau. Les cimes blanchirent, coiffées de neige, exhibant un air de fête. La terre, attiédie par les rayons du soleil, se mit à fondre. L'eau engourdie reprit vie et dévala les pentes en fins filets. Plus elle descendait, plus elle s'emportait. Tout le monde s'en trouva requinqué. Comme d'un commun accord, nous bouclâmes prestement nos sacs et allongeâmes un pas alerte.

Après l'orage, le beau temps s'installait. Nous progressions plutôt vite.

Je remarquai que chaque fois que le sentier se rapprochait de la rivière, mes compagnons se disaient des choses avec des accents d'inquiétude. Je ne tardai pas à comprendre : gonflées des dernières pluies, les eaux de la Takema montaient plus qu'à l'ordinaire, ce qui risquait de nous empêcher de la franchir à gué. De deux choses l'une : ou bien nous poursuivions notre chemin sur la rive droite de la rivière jusqu'au Hiao-K'ongt'che pour accéder ensuite à la vallée de l'Ilimo en passant un col ; ou bien nous tentions la traversée de la Takema en amont du Takongtche. Le passage par l'Ilimo s'annonçait difficile en longueur et en détours. Nous tînmes conseil et décidâmes de risquer le franchissement de la rivière en radeau ; en cas d'échec, nous marcherions vers les hauts de l'Ilimo pour regagner ensuite l'embouchure de la Takema.

Pour ce faire, il nous fallait trouver un bief naturel où l'eau fût lente et suffisamment profonde. Un endroit de ce genre se présenta juste en amont de la dernière chute. Le lit passait là près de la rive opposée. De notre côté s'étirait une longue langue de pierre désormais submergée. Trois gros sapins furent abattus, débarrassés de leurs branches, fendus en deux et liés en un radeau plutôt robuste. Ayant achevé la besogne au crépuscule, on remit la traversée au lendemain matin.

On se consulta dans la soirée. Il fut décidé qu'au moment où le radeau se mettrait à dériver le long de la rive gauche, Arinine et Tchang-Pao sauteraient les premiers, et que je commencerais à larguer le chargement. Tchang-Ling et Dersou conduiraient l'embarcation. À mon tour ensuite de sauter à terre, suivi de Dersou. Tchang-Ling serait le dernier.

Ce qui fut fait le lendemain. On posa les sacs au milieu du radeau avec les fusils par-dessus, chacun prenant place sur les bords. À peine eut-on écarté le radeau de la rive que le courant l'emporta. On eut beau faire, on dériva plus bas que le point prévu de débarquement. Dès que le radeau frisa la berge d'en face, Tchang-Pao et Arinine prirent deux fusils et, d'un saut, mirent le pied à terre. La secousse repoussa l'embarcation vers le milieu du lit. Le temps que le courant la ramenât au plus près de la rive, je m'apprêtai à jeter nos sacs au sec. Dersou et Tchang-Ling faisaient des prodiges pour rapprocher le radeau de la berge afin que je pusse débarquer. J'allais me lancer quand, soudain, Tchang-Ling brisa sa perche et tomba à l'eau la tête la première. Quand il refit surface, il nagea vers la rive. Alors j'attrapai la perche de secours et me précipitai pour aider Dersou. Une saillie rocheuse surgit non loin de là. Dersou me cria de sauter au plus vite. Ignorant ses intentions, je continuai de manier la perche. Par surprise, il me souleva et me jeta à l'eau. Je me raccrochai à un buisson et me hissai sur la berge. À cet instant, le radeau heurta le rocher, tournoya et se retrouva au milieu du cours d'eau. Dersou restait seul dessus.

Nous courûmes à perdre haleine pour tendre une perche au Golde, mais la rivière, à cet endroit, faisait une boucle, et nous fûmes dépassés par le radeau. Dersou déployait des efforts désespérés pour se rapprocher de la rive, mais que valait sa force contre celle du courant ? La chute d'eau grondait en aval à une quinzaine de sagènes. Il apparut à l'évidence que le canot, devenu ingouvernable, allait se fracasser dans la cataracte. La branche d'un peuplier immergé, non loin de là, sortait de l'eau. Plus le radeau se rapprochait de la chute, plus rapide était le flot. Dersou allait périr, c'était inéluctable. Je courais le long de la rive en criant je ne sais quoi.

À travers un écran d'arbres, je le vis lâcher sa perche, se placer au bord du radeau et, à l'instant où l'embarcation filait près du peuplier, sauter sur la branche comme un chat en s'y agrippant avec les mains.

Une minute plus tard, le radeau arriva à la chute. Par deux fois l'on vit les rondins sortir de l'eau, puis ils volèrent dans tous les sens. Un cri de joie s'échappa de ma poitrine. Mais une nouvelle question, pleine d'angoisse, se posa aussitôt : comment sauver Dersou de sa branche, et aurait-il la force de tenir longtemps ? Cette branche sortait de l'eau dans le sens du courant sur un angle d'une trentaine de degrés. Dersou s'y accrochait par les bras et les jambes. Malheureusement, nous n'avions plus la moindre corde : le tout était passé à l'assemblage du radeau et avait sombré avec lui. Que faire ? Pas question de lanterner. Les mains de Dersou pouvaient céder au froid et à la fatigue, et alors… Nous nous consultâmes. Tchang-Ling remarqua que Dersou nous faisait des signes de la main. Le grondement du flot couvrait ses cris. Enfin, nous comprîmes : il nous priait de couper un arbre. Il eût été dangereux d'en abattre un face à lui, car alors il risquait en tombant de faire lâcher prise au Golde. Donc, il fallait œuvrer en amont. Nous choisîmes un grand peuplier et commençâmes à le couper, mais Dersou fit non de la main. Nous passâmes à un tilleul. Dersou fit encore non. Enfin, nous nous arrêtâmes au pied d'un grand sapin. Dersou réagit par l'affirmative. Maintenant, nous l'avions compris. Le sapin, n'ayant pas de longues branches, n'allait pas rester coincé en travers du courant. Il se laisserait dériver. Je vis à cet instant que Dersou nous montrait sa ceinture. Tchang-Pao comprit le signe : il fallait attacher le sapin. Précipitamment, je débouclai les havresacs, rassemblant tout ce qui pouvait, de près ou de loin, tenir lieu de lanière. Ceinturons, bandoulières de fusil, lacets de chaussure, tout y passa. Dans le sac de Dersou, je dégotai encore une ceinture. Nous les fixâmes ensemble et en nouâmes une extrémité à la base du tronc.

Ceci fait, nous prîmes les haches à l'unisson. Le sapin entamé vacilla. Encore un effort, et il se mit à tomber à l'eau. Alors Tchang-Pao et Tchang-Ling saisirent l'autre extrémité de l'attache pour la passer autour de la souche. Aussitôt, le courant entraîna l'arbre vers la cascade en lui faisant décrire un mouvement circulaire du milieu de la rivière à la rive et, au moment précis où la cime frôla Dersou, il s'y agrippa des deux mains. Puis je lui tendis un bâton et le tirai à terre.

Je me sentis délivré d'un poids terrible que j'avais sur la conscience. Je remerciai Dersou de m'avoir poussé à l'eau au bon moment. Gêné, il me répondit qu'il avait dû le faire parce que, s'il avait sauté du radeau en me laissant dessus, j'aurais péri à coup sûr. Or, maintenant, nous étions là tous ensemble. Il disait juste, et pourtant il avait risqué sa vie pour m'empêcher de risquer la mienne.

On a tôt fait d'oublier le danger. À peine lui a-t-on tourné le dos qu'on se remet à plaisanter… Tchang-Ling riait tant qu'il pouvait en singeant Dersou agrippé à sa branche. Tchang-Pao disait que c'était à se demander si l'autre n'avait pas d'ours dans sa famille, vu sa façon d'embrasser l'arbre. Dersou n'était pas en reste, qui se moquait de Tchang-Ling tombant à l'eau. J'en pris aussi pour mon grade, moi qui m'étais retrouvé sur la berge sans comprendre comment. Là-dessus, nous commençâmes à récupérer nos effets dispersés. Quand tout fut fini, le soleil déclinait déjà derrière la forêt. Dans la soirée, on veilla longtemps près du feu. Tchang-Pao et Tchang-Ling racontèrent moult souvenirs de noyades évitées. Puis, petit à petit, la conversation s'épuisa. Les conteurs grillèrent en silence une dernière pipe et se préparèrent pour la nuit pendant que je m'attelais à mon journal de route.

Alentour, le noir était d'encre. Dans la rivière, l'eau semblait un abîme sans fond. Les étoiles s'y miraient. Là-haut, elles étaient immobiles, mais, en bas, elles flottaient avec le courant, tremblotaient et, soudain, reprenaient leur place. J'étais heureux qu'il ne fût rien arrivé de mal à personne. Sur ces pensées agréables, je m'assoupis.

Le lendemain, nous reprîmes la descente de la vallée. Trois jours et demi plus tard, nous arrivions au bord de la mer sans mésaventure. C'était le 22 septembre. Avec quel plaisir je m'allongeai sur une natte bien propre dans la fanza des Tazas ! Hospitaliers, les indigènes nous prodiguèrent leurs égards : les uns apportèrent de la viande, les autres, du thé, d'autres encore, du poisson séché. Je me lavai, enfilai des habits propres et me mis au travail.

Les deux journées suivantes furent pluvieuses, et particulièrement la deuxième. Étendu sur le *kang*, je me prélassais sous la couverture. Le soir, avant de dormir, les Tazas sortirent une dernière fois les braises des fours pour les déposer dans une marmite pleine de cendres. Dans la nuit, je fus réveillé par un bruit fort. Dehors, les éléments se déchaînaient, la pluie cinglait les fenêtres. J'avais complètement oublié où je me trouvais. Je me voyais dormir dans la forêt, près d'un feu de camp, à ciel ouvert. Dans l'obscurité, j'aperçus la lueur des braises mourantes, et je pris peur.

— Dersou, Dersou ! Debout ! La pluie va noyer le feu.

Dersou se leva de sa couche.

— Pas grave, pas grave, capitaine ! Refaire feu plus près de nous, dit Dersou en cherchant sa hache.

Puis j'entendis sa voix :

— Hé ! Toi blagues, capitaine ! Toi trompes ! Nous dormir dans fanza.

Alors seulement je me rappelai que je ne dormais pas dans la forêt, mais dans une fanza, sur un *kang*, sous une couverture bien chaude. Je m'en trouvai fort aise, regagnai ma couche et, sous le martèlement de la pluie, m'endormis d'un sommeil bienheureux, bienheureux.

13. AU BORD DE LA MER

Torrents côtiers – Le rocher Wanhinglatse – Le phoque annelé – Bivouac à l'embouchure du Kouloumbé – Un mirage – L'ombre et l'âme – Le cerf sika

Au matin du 25 septembre, nous fîmes nos adieux à la Takema et poursuivîmes notre route vers le nord. J'incitai Tchang-Ling à venir avec nous, mais il refusa. Bientôt la saison de la chasse à la zibeline. Il lui fallait apprêter les filets et les accessoires. Le chasseur devait se préparer à hiverner. Je lui offris un petit Berdan, et nous nous quittâmes bons amis[27].

Deux chemins vont au nord à partir de la Takema : l'un par les montagnes, loin de la mer ; l'autre par la bande côtière, où bat le ressac. A. I. Merzliakov et les chevaux enfilèrent le premier ; je pris le second.

La route de Merzliakov partait de la fanza Hieou Fou droit vers l'est. Après avoir franchi la petite rivière Choomi, il tourna au nord-est et, trois jours plus tard, déboucha sur le Kouloumbé. Là, près du rocher Mafa (ce qui signifie « ours »), il trouva du charbon et en préleva un échantillon. Il passa un col en remontant un torrent sans nom et regagna directement les fanzas coréennes de la rivière Naïna.

Je pris le départ un peu plus tard. Une fois à l'embouchure de la Takema, je constatai qu'elle s'était déportée d'au moins un demi-kilomètre vers la gauche de la vallée. Ces migrations d'estuaire sont fréquentes dans la région côtière et résultent aussi bien des crues que de l'action du ressac.

Au nord de la Takema, de vastes surfaces rocheuses dénudées laissent apparaître principalement des laves avec leurs tufs, mais aussi des schistes feldspathiques et de la diorite.

Nous rencontrâmes en chemin une multitude de petites rivières insignifiantes. Seul le Choomi, qui se jette en mer près du cap Bolchev, est digne de retenir l'attention.

Le bord de mer a l'aspect d'une « côte à coulisses », car les promontoires se suivent comme des coulisses au théâtre. Pas une île. Près des promontoires attaqués par le ressac, nous rencontrâmes ici ou là des arches côtières. Quand les voûtes s'effondrent, il n'en reste que les colonnes, qui servent opportunément de perchoirs aux oiseaux.

Passé la Takema, on tombe sur les torrents suivants : le Koami (Agana en langue oudihée, Loaenkeou d'après les cartes de marine), le Choomi (Soami en chinois, Somi en oudihé). À l'approche de la mer, leurs vallées se confondent en une vaste dépression parsemée d'arbres. Le Choomi est long de 12 verstes. Il prend sa source au mont Toumannaïa (1 051 pieds) vers un col donnant sur la rivière Takemou à hauteur du lieu-dit Ilimo.

La vallée du Choomi présente une largeur disproportionnée, particulièrement dans sa partie haute. Côté gauche, le relief est tellement raviné que l'on passe sans même le remarquer dans la vallée du Kouloumbé, rivière voisine. On peut y voir des aires pierreuses, comme sur la rivière Aokhobé. Des cratères d'un diamètre de près d'une sagène et d'une profondeur de 2 ou 3 pieds remplissent la fonction de réservoirs. L'eau s'y entonne sous terre pour ne réapparaître au grand jour qu'à l'approche de l'embouchure.

Au nord du Choomi, le caractère montagneux de la contrée est très marqué. Mais peut-être n'est-ce là qu'une impression par contraste avec les collines pointues et la surface plane de la mer.

Entre la Takema et le Choomi se trouve le cap Dingala-Douoni. Chez les Oudihés, une légende y est associée. Autrefois, une grande arche côtière se dressait à cet endroit. Un homme vivait là sur la rive, qui avait tant et tant de poux que ceux-ci l'emportèrent au large. Or, en le traînant, ils heurtèrent l'arche qui, sous le choc, s'écroula…

La forêt clairsemée qui habille les pentes se compose principalement de chêne mongol, de tilleul de l'Amour et de bouleau de Dahurie. La majeure partie de la végétation arbustive est faite de viornes, spirées, lespédèzes, églantiers et noisetiers. J'ai prélevé là, sur un versant pierreux, une campanule qui n'a pas de nom russe *(Platycodon grandiflorus A. DC).* Cette plante compte parmi les plus courantes et les plus belles dans les noiseraies et les prairies issues des forêts incendiées. Comme son nom latin l'indique, ses fleurs sont de grande taille. Je prélevai aussi du thym *(Thymus serpyllum Lin.)* qui portait des fleurs violettes dures et desséchées, de la véronique *(Veronica grandis Fisch.),* qui possède des tiges veloutées basses et des feuilles courtes, pointues, dentelées. Pour sa fleur, je ne saurais dire. À en juger par ses couronnes fanées, il me sembla qu'elles étaient blanches et non bleues. Ensuite, de l'aconit d'automne *(Aconitum Fischeri Rchnb.),* végétal opulent, haut, duveteux sur la partie supérieure de sa tige, avec de grandes feuilles à l'aspect du velours. Ses fleurs desséchées, en forme de gros pinceaux, avaient sans doute été d'un bleu clair profond. Et, enfin, le silène à petite feuille *(Silene filiosa Maxim.)* dont les fleurs étaient déjà tombées : n'en restaient que des calices se terminant par des dents longues.

L'exploration du Choomi nous demanda du temps. À midi passé, nous tournâmes les talons en direction de la mer et prîmes le chemin des hauteurs à gauche de la vallée, que les Oudihés nomment Sakhadouoni et Kandouoni (cap du diable Kanda) et qui, l'un comme l'autre, culminent à près de 800 pieds.

Après deux heures et demie de marche, nous étions au bord du Kouloumbé. Large de 4 à 5 sagènes près de son embouchure, il présente une profondeur de 3 à 4 pieds et développe une vitesse de courant de 6 verstes à l'heure. À droite, le cap sud mérite toute l'attention des géologues. On peut y observer des exemples magnifiques de désagrégation de basalte colonnaire. À gauche de la rivière s'élève une haute terrasse, témoin du retrait de la ligne côtière.

Sur les rives et les îles pousse un saule à tronc fin ; sur les terrasses, des bois clairsemés de tilleul et de chêne. Le tout surplombé d'un haut rocher baptisé Yentonglatse[28].

Après avoir franchi le Kouloumbé à gué, on gravit la terrasse, on fit un feu et l'on se fit sécher. D'en haut, on voyait à travers l'eau.

La migration d'automne du saumon kéta venait de commencer. Des dizaines de milliers de poissons tapissaient le fond de la rivière. Parfois, le kéta se tenait immobile, puis, soudainement, comme effrayé par on ne savait quoi, partait d'un brusque mouvement de côté et, ensuite, nageait lentement à reculons.

Tchang-Pao tira et tua deux poissons. Pour notre dîner, cela suffisait amplement.

En bordure nord de la vallée, là où la terrasse côtière jouxte les montagnes, le chemin est coupé par une haute barrière rocheuse. Il faut l'escalader sans s'accrocher aux pierres, car elles branlent et se détachent. De l'autre côté du rocher, le sentier avance en corniche à une vingtaine de mètres au-dessus de la mer. La marche est dangereuse, car le passage est étroit ; on ne peut progresser que de côté, face au mur, en se tenant aux aspérités de la roche. La corniche est irrégulière et présente une inclinaison vers la mer. Beaucoup d'hommes ont péri à cet endroit. Les Oudihés appellent ce rocher le Koule-Gapani, et les Chinois, le Wanhinlatse, du nom de la première victime par imprudence. Passer en bottes présente un risque : les gens, en général, font le passage en chaussures souples et sèches. De même, on ne peut longer le Wanhinlatse ni par temps pluvieux, ni le matin après la rosée, ni sur le verglas.

Or, après le gué du Kouloumbé, nos chaussures étaient mouillées : nous remîmes donc au lendemain le passage du Wanhinlatse et commençâmes à chercher un endroit où bivouaquer. À ce moment, nous vîmes un animal émerger près de la rive. Il leva la tête et nous observa avec une curiosité manifeste. C'était un phoque *(Phoca fœtida Fabr.)*, de l'ordre des pinnipèdes *(Pinnipedia)*. Long d'environ 6 pieds, il pèse près de 6 pouds. Omniprésents le long du littoral oussourien, ils sont d'autant plus nombreux que l'on va vers le nord, terre inhabitée. Son pelage est gris clair à reflets argentés avec des taches annulaires très marquées. L'animal passe la majeure partie de son temps dans l'eau, mais, parfois, sort se reposer sur un rocher côtier. Un sommeil vigilant : il se réveille souvent pour regarder autour de lui. Il a l'ouïe et la vue plus développées que les autres sens. Aussi leste dans l'eau que balourd sur terre.

Dans son élément naturel, il se montre audacieux jusqu'à l'insolence et peut même s'en prendre à l'homme. La curiosité et l'amour de la musique comptent parmi ses traits de caractère. Les chasseurs indigènes les attirent en sifflant ou en percutant un objet métallique à coups de baguette.

Dersou cria quelque chose au phoque. Celui-ci plongea, mais refit surface au bout d'une minute. Alors il lui jeta une pierre. Le phoque s'immergea de nouveau pour s'exonder peu après en regardant vers nous avec insistance. Voilà qui excéda le Golde. Il s'empara du premier fusil qui lui tomba sous la main et tira. La balle fit floc ! en frôlant l'animal.

— Eh ! mon vieux, tu l'as raté, lui dis-je.

— Juste lui faire peur, répondit-il, sans vouloir le tuer.

Je lui demandai pourquoi. Il dit que le phoque était là pour compter le nombre d'hommes présents sur la rive. Or, si un homme pouvait se permettre de compter les animaux, un phoque, non... Cela froissait son amour-propre de chasseur.

Le reste de la journée s'organisa comme suit : Tchang-Pao et Dersou s'en furent inspecter le rocher pour faire tomber les pierres branlantes et aménager des degrés là où c'était possible. Pendant ce temps, je portai notre chemin sur les cartes presque jusqu'à la tombée du jour.

Le travail terminé, je sifflai mon chien, pris un fusil et partis faire un tour sur la côte.

La journée finissait. Dans le ciel, des rayons rouges jouaient avec les nuages. Quand ils s'éteignirent, la nuit s'abattit sur la terre. Au-dessus de la mer et du continent, l'atmosphère se trouvait en état d'équilibre. Le silence régnait, troublé de temps à autre par un clapotis de poisson. Là-haut, dans le ciel, des oies volaient. On ne les voyait pas, mais je les entendais échanger des cris.

Arrivé au bord du Kouloumbé, je m'assis sur une pierre et tendis l'oreille aux sons à peine audibles – des chuchotements presque – dont la taïga s'emplit à l'heure du crépuscule. L'océan infini, la terre endormie et le ciel noir profond constellé de millions d'astres inconnus, tout paraissait majestueux d'une égale façon.

Il est de ces instants où l'homme s'emplit de vertu et entre en communion avec Dieu. Cela ne peut s'exprimer par les mots, il faut l'avoir ressenti dans sa chair, privilège réservé à qui sait placer la contemplation de la nature au-dessus des plaisirs de la ville. J'avais le cœur léger, conscient du fait que le bonheur ne consistait pas dans l'accumulation des richesses, mais dans la santé, la liberté, l'intimité avec la nature[29].

Assise à mes côtés, ma chienne, les oreilles dressées, tendait l'ouïe aux bruits de la sylve. Soudain elle tressaillit et tourna les yeux en amont de la rivière. Puis j'entendis un soufflement. Je me retournai brusquement. Une masse sombre se mouvait au bord de la rivière. C'était un grand ours. La leçon que j'avais reçue l'année d'avant sur le Mout'oho restait gravée dans ma mémoire, et je me gardai bien de tirer. Mais Alpa ne put s'empêcher d'aboyer. L'ours s'arrêta, éventa et s'en retourna sous les saules en grognant.

Je me levai et pressai le pas vers le bivouac. Le feu de camp brûlait d'une flamme vive qui jetait une lumière rouge sur le rocher Wanhinlatse. Les hommes s'y affairaient. Je reconnus Dersou qui arrangeait les bûches. Les étincelles, pareilles à un feu d'artifice, s'envolaient en gerbes, retombaient en pluie et s'éteignaient lentement dans l'air.

Un quart d'heure plus tard, j'étais parmi mes camarades. Après le dîner, nous veillâmes longtemps à converser devant le feu. C'étaient surtout Dersou et Tchang-Pao qui parlaient; moi, j'écoutais. On ne voyait pas le temps passer. Quand la causerie prit fin, la constellation des Gémeaux montrait déjà minuit. Nous rajoutâmes encore quelques bûches au brasier et, enroulés dans nos couvertures, nous couchâmes. Ce bivouac-là, étrangement, m'aura marqué à jamais.

Il se trouva que, le lendemain 26 septembre, on se leva de bonne heure. L'aube fut pourpre, et le soleil monta déformé: 758, disait le baromètre, par une température de 6 °C.

On buvait le thé en se chauffant près du feu. Tout à coup, Tchang-Pao cria quelque chose. Je me retournai et vis un mirage. Un bateau à vapeur flottait dans l'air, légèrement au-dessus de l'onde, ainsi que deux goélettes, toutes voiles dehors, des montagnes, une construction qui ne ressemblait ni à une maison russe ni à une fanza chinoise. Le phénomène dura quelques minutes, puis il s'évanouit peu à peu dans l'air.

Tout le monde y alla de son commentaire. Tchang-Pao dit que, dans la zone côtière, les mirages se produisaient à l'automne, surtout le matin. Je tentai d'expliquer à mes compagnons de quoi il s'agissait, mais je voyais bien qu'ils ne me comprenaient pas. À la tête de Dersou, je sentais qu'il n'était pas d'accord avec moi, mais que, par délicatesse, il n'osait m'apporter la contradiction. Je décidai d'en parler avec lui en chemin.

Quand on eut quitté le bivouac, je l'entrepris. D'abord, il esquiva mes questions. Je commençais à désespérer d'en tirer quelque chose, mais un mot tombé de ma bouche débloqua la situation. Je dis « ombre » et je fis mouche. Il avait interprété ce mot dans son acception astrale, au sens d'*âme*. Et de m'expliquer le phénomène du mirage d'une manière extrêmement complexe. Selon lui, l'ombre-âme *(khania)* n'était pas seulement le propre de l'homme, de l'animal ou des oiseaux, mais aussi des végétaux, des pierres et de tous les objets inanimés.

— Gens dort, me dit Dersou, *khania* vient ; *khania* repart, gens se réveille.

L'âme quittait le corps, allait son chemin et voyait bien des choses pendant que l'homme dormait. Ainsi s'expliquaient les rêves. L'âme des objets inanimés aussi quittait sa matière. Le mirage auquel nous avions assisté, du point de vue de Dersou, c'étaient des ombres *(khania)* de choses au repos. Telle était l'explication simple qu'un homme des temps primitifs, en dotant la nature d'une âme, donnait d'un phénomène optique aussi complexe que le mirage.

Le passage du rocher Wanhinlatse se révéla effectivement très dangereux. J'essayais de ne pas regarder en bas et portais mes pieds d'un point à l'autre avec la plus grande prudence. Dersou fermait la marche. Quand il eut posé la semelle sur la grève, je poussai un soupir de soulagement.

Derrière le rocher jaillit une petite source : Dzaliankouni (Taliankouni sur les cartes). Puis c'est le mont Ouongou avec deux petites rivières : Momoktchi et Assektani (Ostegni sur les cartes). De l'embouchure du Kouloumbé à l'Assektani, la distance est de 10 verstes.

D'un point de vue zoogéographique, la contrée est très intéressante. C'est là que se trouve la dernière aire de répartition naturelle des cerfs sika *(Cervus dybowskii Tasz.)*.

Par sa taille, cet animal occupe une position intermédiaire entre le chevreuil et le wapiti. C'est l'unique représentant des cervidés à queue. Une robe d'été extrêmement colorée, avec une dominante rouge brique. Sur ses flancs s'alignent six rangées de taches blanches grosses comme des pommes. Une rainure noire lui passe sur le dos. Sa queue, qu'il ne cesse d'agiter, est ornée de longs poils noirs. L'hiver, ce cerf se fait brun gris, et ses taches disparaissent complètement. Son cou musclé est recouvert de poils longs, plus sombres sur la poitrine qu'ailleurs. Les bois des mâles ne possèdent pas d'andouillers de massacre, contrairement aux wapitis. Les bois de velours sont très cotés : de 800 à 1 200 roubles la paire.

Dans la région de l'Oussouri, le cerf sika se répartit au sud. La frontière nord de son territoire semble passer par la rivière Iman et, côté mer, par la rivière Amagou (cap de l'Arche). Ces vingt dernières années, l'aire de répartition des cerfs a été divisée par dix. Là où naguère ils allaient en hardes, l'on a vu s'installer des colons venus des steppes de Petite-Russie qui ont dévasté les forêts. Les pauvres bêtes ont dû se replier vers le nord, mais, ne pouvant s'acclimater aux bois résineux, n'ont pas tardé à dépérir. À l'heure actuelle, on ne compte plus que trois aires de répartition naturelle : 1/l'île Askold dans le golfe Pierre-le-Grand ; 2/le site montagneux de la rive droite du Soutseho (lieu-dit Youmbeihi) ; et 3/un petit tronçon côtier de la mer du Japon entre les rivières Kouloumbé et Naïna (cap de l'Arche). Dès que les chasseurs auront vent de la chose, ils s'empresseront de les exterminer. Les autorités locales seraient bien inspirées de travailler à la sauvegarde des aires de répartition actuelles avant qu'il ne soit trop tard.

14. DES CORÉENS TRAPPEURS DE ZIBELINE

Petites rivières de la côte – Une fanza coréenne – Un pilon à eau – La rivière Naïna – Le piège à zibeline coréen – Les effets de la colonisation sur la contrée – Le cap de l'Arche – La rivière Kuandagou

Plus on va vers le nord, plus les terrasses s'élèvent au bord de la mer. Elles sont particulièrement développées aux embouchures des rivières Gappaksi, Kouloumbé, Momoktchi et Naïna, où elles atteignent 50 pieds de hauteur. Devant le Momotchi, elles s'enfoncent dans la vallée et le bordent sous la forme de corniches bien dessinées. Le socle des terrasses est massif; leur structure supérieure se compose d'éclats rocheux mêlés d'argile, d'où leur état constamment marécageux. C'était la première fois que je voyais des mélèzes au bord de la mer, par petits groupes.

Quelques mots sur la géographie du littoral entre le Momoktchi et la Naïna. Le Gabadi, haute chaîne de montagnes, s'étire perpendiculairement à la ligne côtière. De l'autre côté, il verse dans le bassin du Kouloumbé; et, côté sud, vers de petites rivières qui ne portent de noms qu'oudihés: Yachou (Yagassou sur les cartes), Ouïakhgti-Biazani, Sankè, Kapouty, Yanouja, et d'autres encore. Trois sommets méritent d'être cités ici: le Gabadi, le Dioukhanè et le Yandoyouza, ainsi que le rocher solitaire Kada-Boudi-Douoni à l'embouchure du Yachou. Sur les cartes de marine, il figure sous le nom de pic de l'Attente, cote 603.

Du Kouloumbé à la Naïna, en direction du nord, la géologie se présente comme suit: de l'andésite d'abord, qui subit une forme de désagrégation colonnaire, légèrement en éventail; puis l'on passe à la dacite avec de la tridymite et des schistes silexés. À l'embouchure du Momoktchi (cap Alexandre), les montagnes sont faites d'une porphyrite quartzique et d'une roche dense très proche du greisen. Elle comporte de rares traces de brillance soufrée. Entre le Yachou et le Momoktchi, deux caps à la toponymie oudihée se détachent de la masse rocheuse pour faire saillie dans la mer : l'Oukhé-Douoni et le Kopotchi-Douoni. Enfin, près de la rivière Naïna, la dénudation côtière laisse apparaître une roche complexe fortement métamorphisée.

Au pied des terrasses de la Naïna, face à la mer, nous découvrîmes une fanza coréenne dont les habitants vivaient de la pêche au crabe et du trappage de la zibeline. Elle hébergeait neuf Coréens célibataires. Deux d'entre eux étaient vêtus à la chinoise, et un à la façon oudihée. Ils portaient des nattes et avaient le front rasé. Longtemps je les pris pour ceux qu'ils faisaient semblant d'être avant de comprendre qui ils étaient en réalité.

Comme braconniers rapaces, les Coréens surpassaient les Chinois. Le gouverneur-général P. F. Unterberger, qui déjà n'était plus en fonction, leur avait livré une lutte sans merci. Maintenant, ils se voyaient forcés de changer d'apparence pour cacher leur nationalité.

À l'approche de la fanza, j'entendis un bruissement d'eau. Ensuite, quelque chose de lourd chuta. D'abord, je n'y prêtai guère attention, mais quand le bruit se répéta une deuxième, une troisième, une dixième fois, je demandai ce que c'était. Tchang-Pao me répondit que c'était un pilon à eau coréen.

Installé au bord d'un torrent, le mécanisme possède un moyeu sur deux appuis, en libre rotation. Ce moyeu est traversé d'un long balancier à bras d'inégales longueurs. Au bras court est fixé un pilon lourd au-dessus d'un gros mortier en bois. Le bras long se termine par un godet. L'eau coule par une goulotte en remplissant le godet qui, ainsi alourdi, lève le pilon. Dès que le godet s'incline, l'eau s'en échappe. Alors, le balancier bascule du côté du pilon qui tombe dans le mortier.

D'entre tous les peuples orientaux du continent asiatique, les Coréens sont les premiers à avoir domestiqué la force vive de l'eau. Les Chinois n'ont pas ce genre de mécanisme. Parfois, les pilons sont installés à l'intérieur de la fanza. Dans ce cas, le godet est remplacé par une pédale, et c'est le pied qui met la machine en mouvement, travail généralement réservé aux femmes.

Sur le chemin de la fanza, j'entendis un autre bruit qui venait d'une grange. C'était des Coréens qui moulaient de la farine avec deux meules manuelles posées l'une sur l'autre. La meule du bas était fixe, celle du haut, tournante. Une manivelle était fixée dans celle-ci pour la mise en mouvement. Le grain se trouvait dans une caisse en bois d'où il se déversait vers un réceptacle pratiqué dans la pierre supérieure. De là, il se coulait entre les meules.

Comme il fallait s'y attendre, notre venue mit les Coréens aux abois. La fanza étant spacieuse, nous prîmes place sur l'un des *kang*. Dersou fit mine de ne pas comprendre leur langue, mais tendit une oreille attentive à ce qu'ils se disaient. De ces conversations, il ressortit qu'il y avait parmi ces Coréens quelques chercheurs de minéraux, les autres étant des chasseurs venus se ravitailler. Leurs fanzas se trouvaient sur la rivière Kouloumbé.

La journée du 27 septembre fut consacrée à l'exploration de la rivière Naïna que les cartes de marine désignent bizarrement sous le nom de Yakhodéi-Sanka. Longue de 20 verstes, cette rivière prend sa source dans les monts du Tsar dont nous reparlerons plus loin. D'abord, la Naïna coule du nord au sud, puis elle tourne au sud-est et, sur les dix derniers kilomètres, court à la mer dans le sens latitudinal. Une fanza de trappeur se nichait dans le coude de la rivière. De là partait le sentier de l'ouest emprunté par Merzliakov et son détachement.

La fanza de trappeur coréenne se présente comme une modeste construction montée sur rondins avec un toit à deux pentes douces en écorce de cèdre. Elle possède deux ou trois fenêtres, à raison d'une de chaque côté, et deux portes qui donnent toujours sur la rivière. Son intérieur est le même que dans les fanzas chinoises : un âtre avec une marmite en fer, un *kang* chauffé par des conduits de fumée. Un aménagement grossier, mal équarri : ainsi, pas de regrets quand il faut le quitter. De l'intérieur comme de l'extérieur, la fanza coréenne se distingue toujours de la chinoise.

On était à l'automne, et les Coréens avaient déjà commencé la saison de chasse à la zibeline. Non loin de la fanza, nous tombâmes sur des pièges appelés « ponts ». Pour les construire, les Coréens utilisent les troncs des arbres tombés en travers d'un cours d'eau. Parfois, ils en abattent exprès s'ils jugent l'endroit convenable et qu'ils n'ont pas de chablis à portée de main. Au milieu du tronc, ils confectionnent une sorte de barrière à l'aide de fines baguettes, à travers laquelle ils ménagent un étroit passage doté d'un nœud coulant vertical, en crin. Sur les côtés, le tronc est aminci à la hache pour empêcher la zibeline de contourner la barrière. Le nœud est suspendu à une chevillette en bois dont le bout est à peine tenu par une accroche sommaire. À cette chevillette, on attache un poids de 6 à 8 livres. Quand la zibeline enfile le « pont », elle se heurte à la barrière et s'efforce de la contourner, mais la taille lisse du tronc l'en empêche ; alors elle tente de passer le nœud, s'y empêtre, le tire et arrache la cheville à sa fixation. La charge tombe à l'eau en entraînant la valeureuse petite bête avec elle. Les Coréens considèrent que c'est la meilleure méthode qui soit, parce que le piège marche à tous les coups et qu'on n'a jamais vu un animal en réchapper. Autre avantage, la zibeline se conserve bien sous l'eau où elle ne risque pas d'être entamée par les corbeaux ou les geais. Les pièges coréens, comme d'ailleurs les pièges chinois, attrapent souvent des écureuils, des grives ou autres petits oiseaux.

Toute la vallée de la Naïna a été dévorée par le feu. L'incendie remonte à plusieurs années. Maintenant, elle est régénérée de bouleaux, mélèzes et trembles.

Au soir, nous fîmes demi-tour.

Dersou ne portait pas les Coréens dans son cœur, aussi refusa-t-il tout net de dormir dans leur fanza, bien que le temps fût froid et venteux. Il se fit un bivouac au bord de la mer, à l'abri d'une terrasse.

Le soir, après dîner, j'allai voir ce qu'il faisait. Assis sur ses talons, il fumait la pipe. Comme l'endroit remplissait d'aise, je ne résistai pas au plaisir de me chauffer près du feu en discutant le bout de gras avec lui, une timbale de thé à la main.

— Dersou, lui dis-je, je m'ennuyais de toi. Dès que tu n'es pas là près de moi, je sens que tu me manques.

— Merci, capitaine, répondit-il en souriant. Moi pareil. Quand toi marche seul dans montagnes, moi grosse peur.

Il me fit une place. Je m'assis près de lui et lui demandai pourquoi il n'aimait pas les Coréens.

— Mauvaises gens, répondit-il. Toujours trompeurs. Quand d'autres gens arrive, eux se fâche, pas fait manger.

Dersou disait juste. Les Coréens avaient ceci de caractéristique qu'ils ignoraient les besoins des autres et se montraient inhospitaliers. Le Golde prenait cela pour une offense. Il ne pouvait admettre qu'on refusât l'hospitalité au voyageur.

Dersou se rappela les années de son enfance où l'on ne voyait jamais de Coréens. Puis vinrent les Chinois, suivis des Russes. D'année en année, la vie devenait de plus en plus dure. Vinrent ensuite les Coréens. Les forêts se mirent à brûler. La zibeline s'éloigna, les bêtes se firent rares. Et maintenant, c'étaient les Japonais. Et après ? Comment vivre ?

Dersou se tut, songeur. Il revoyait sa lointaine jeunesse, tout entier plongé dans ses souvenirs. Moi aussi je m'abandonnai au songe. La colonisation de l'Oussouri allait grand train. Encore un peu, et il ne resterait plus rien de la taïga vierge et primaire. Les bêtes sauvages disparaîtraient ; de larges routes perceraient les forêts ; là où jadis rugissait le tigre sifflerait la locomotive. Je me pris de pitié pour cette contrée qui allait subir la violence de l'homme. Nous étions là, silencieux, chacun à sa façon songeant à la même chose.

— Comment vivre maintenant ? prononça encore Dersou.

Et de pousser un profond soupir.

Je lui répondis :

— T'en fais pas, mon ami. On en profitera encore dans nos vieux jours.

À cet instant, Tchang-Pao nous rejoignit, rapportant en riant qu'un Coréen venait de marcher sur la tête de l'un des siens, dans le noir, et que l'autre, pour se venger, lui avait tartiné la face d'une platée de millet. Et la conversation changea de sujet.

Le lendemain, nous poursuivîmes notre marche vers le nord. Le ciel, maussade, menaçait de crever en pluie.

Après la Naïna vient la rivière Tytchenga (Tèyenga en langue oudihée). Longue de 20 verstes, elle aussi prend sa source dans les monts du Tsar. La haute Tchtchenga s'écoule par une gorge étroite et profonde dont les bords inférieurs, couverts d'éboulis, tombent à l'eau à 60-90°.

Passé la Tytchenga, de nombreux petits torrents viennent à se succéder : la Vatenga (Batountcha sur la carte), la Kalma (Kalama en langue oudihée, ce qui signifie « baleine ») et l'Antchi. Puis ce sont les rivières Koua, Sangassou, Tchongomi et Lamouksi. Là, le chemin abandonne le littoral et gravit un col donnant sur le Wantakeou[30] (affluent de l'Amagou). Celui-ci court sur près d'une trentaine de verstes. Sa source jaillit sur les mêmes pentes que le Koudiakhè et la Naïna. D'abord, le Wantakeou suit une gorge profonde encombrée de blocs rocheux, puis la vallée s'évase. Venant du nord-ouest dans sa moitié supérieure, il tourne ensuite brusquement au nord-est et file le long du littoral dont il reste séparé par l'arête montagneuse Tchangotykalani. Il y a 15 verstes de l'Antchi à l'Amagou.

De la Naïna à l'Amagou, en direction du nord, les andésites se succèdent avec des tufs quartzo-porphyriques. Près de la rivière Amagou (cap Belkine, cap de l'Arche), les roches dénudées sont dignes d'une attention particulière. On peut voir ici, dans les strates colorées du tuf, des interstices avec des concrétions de feldspath calcaire et d'une certaine roche verte à la consistance molle.

Les cartes de marine font figurer ici deux arches côtières. L'une petite, à même la côte, et l'autre grande, les pieds dans l'eau. Aujourd'hui, il ne reste que la petite. Les Oudihés l'appellent Sangassou, ce qui signifie « pierre à trou », et les Chinois, K'eouleoutsouei[31].

Ces deux « pierres à trou » ont leur légende.

Des gens vivaient sur la rivière Nakhtokhou, d'autres sur la rivière Choomi. Ces derniers prirent femme sur le Nakhtokhou, mais la coutume leur interdisait de donner aux autres, en retour, leurs filles à marier. Alors les Oudihés du Nakhtokhou se rendirent sur le Choomi et, profitant de l'absence des hommes, enlevèrent autant de filles que besoin. Les gens du Choomi les poursuivirent en canot. En passant le cap Sangassou, au lieu de prier, ils entrèrent sous l'arche en criant des bordées d'injures. Ils virent alors un plongeon huard perché en haut, mais c'était bien plus qu'un oiseau ordinaire : un Tèma, maître des mers. L'un des Oudihés tira dessus et le rata. Alors la voûte de pierre s'écroula en coulant les deux canots avec vingt-deux hommes à bord.

Les deux caps suivants s'appellent Nioummy-Douoni et Lamtchi-Douoni. Le dernier cap, enfin, où se termine la rivière Amagou, porte le nom russe de Belkine, près de la baie de la Déception.

En sortant des montagnes, le courant du Wantakeou se fait tranquille. La rivière va cheminant d'un bord à l'autre de la vallée, se ramifie en plusieurs bras loin en amont de l'embouchure et conflue avec l'Amagou juste avant la mer.

La descente de la vallée du Wantakeou me parut interminable. On se reposa une ou deux fois, en reprenant la marche dans l'espoir d'entrevoir bientôt la mer. Enfin, la forêt se raréfia. Le sentier gravit une colline, et l'on vit s'étendre à nos pieds la vaste et pittoresque vallée de l'Amagou, où se nichait le village des vieux-croyants de l'autre côté de la rivière. On cria. Les gamins nous amenèrent un canot. Merzliakov s'inquiétait de notre longue absence. Les fusiliers voulaient déjà partir à notre rencontre, mais les vieux-croyants les en avaient dissuadés.

Quelques minutes plus tard, j'étais déjà à table, dans l'isba, buvant du lait et écoutant le compte rendu de Merzliakov.

La nouvelle de mon arrivée se répandit dans le village comme une traînée de poudre. Les vieux-croyants me réservèrent un accueil très avenant. Je dus recevoir et rendre moult visites.

Les trois jours qui suivirent furent consacrés au repos et à la reconstitution de nos forces. Quotidiennement, j'allais à la mer et j'explorais les alentours.

Paysage oussourien (1906 ou 1907).

15. LES VIEUX-CROYANTS D'AMAGOU

La rivière K'outiaho – Un village de vieux-croyants – Les Oudihés – Le climat de la bande côtière – Phénologie – Les frontières botaniques et zoogéographiques – La rivière Amagou – L'élan

L'Amagou (Amouli en langue oudihée) se forme à partir de trois rivières : l'Amagou à proprement parler, le Wantakeou que nous avions longé et le K'outiaho dont l'embouchure se situe légèrement en amont, côté droit. Vu de la mer, pour cette raison, on prend erronément le K'outiaho pour la rivière principale ; or, elle vient du nord et, de ce fait, sa vallée est cachée par les montagnes.

Long d'une vingtaine de verstes, le K'outiaho est une petite rivière tumultueuse et jalonnée de rapides. Il coule par une vallée large et prend sa source dans le massif du Kartou. Des bois brûlés sur pied couvrent les hauts de la vallée. La régénération se fait surtout par des trembles, des mélèzes et des bouleaux blancs. Du côté de la mer, ce sont les essences de résineux qui dominent sur le relief.

On voit que la basse vallée de l'Amagou, où sont implantés les vieux-croyants, se présentait jadis comme une anse de mer. Il fut un temps où le K'outiaho et le Wantakeou s'y jetaient séparément l'un de l'autre. Puis il se produisit un processus habituel d'alluvionnement de la baie, entraînant le recul de la mer. Il subsiste encore, côté gauche, un long marécage tourbeux, mais en voie d'assèchement.

Désormais l'Amagou se jette dans la mer près du cap Belkine. À son embouchure, il décrit une boucle qu'un bras d'eau rattache à la mer.

Le village de vieux-croyants d'Amagou comptait 18 feux. Les premiers colons (7 familles) arrivèrent ici en 1900. Ils venaient de la rivière Taopiho. C'étaient des gens bien, des gens sains. Ils se regardaient avec joie et franchise en se disant ouvertement leurs qualités et leurs défauts. Bien que loin de tout dans les montagnes, les vieux-croyants ont su préserver la pureté de caractère des Russes qu'ils étaient. L'organisation patriarcale de la famille, l'habillement, les ustensiles, les vêtements brodés, la sculpture sur bois, etc., tout cela rappelait la Russie ancienne. Je me sentais comme transporté plusieurs siècles en arrière et j'éprouvais beaucoup de curiosité à les regarder vivre « le présent dans le passé » : un événement, pour eux, est un fait révolu auquel plus personne ne s'intéresse en Russie.

Les vieux-croyants recevaient la visite de bateaux japonais et, très rarement, de bateaux russes. Ainsi faisaient-ils leurs achats au Japon. Ils ne se rendaient en baie Sainte-Olga qu'en cas d'extrême nécessité, par voie terrestre, au prix d'un long voyage. Leurs ressources consistaient dans l'agriculture et la zibeline qu'ils piégeaient de toutes les façons possibles : méthode chinoise, coréenne, indigène. Ils pratiquaient aussi la chasse au cerf, tiraient l'élan, pêchaient le poisson. Ni leur habillement, ni leur habitat, ni le reste ne trahissait le luxe, mais tout signait l'aisance. Ils possédaient surtout beaucoup de chevaux et de vaches. J'en dénombrai respectivement 82 et 84.

Vivait aussi sur l'Amagou une famille d'Oudihés composée d'un vieil homme – le mari –, de sa femme et de leurs trois fils adultes. Il faut bien reconnaître que les vieux-croyants, et c'est tout à leur honneur, ne commirent aucune brimade à l'égard des indigènes ; au contraire, ils leur apportèrent de l'aide, les initièrent à l'élevage et à l'agriculture. Les Oudihés ont appris à parler le russe, se sont dotés de bétail et de chevaux, ont construit un bain avec étuve.

À l'orée d'une forêt de mélèzes, près d'un marécage, les vieux-croyants trouvaient souvent dans la terre, à peu de profondeur, des perles, des boucles d'oreilles, des bracelets, des boutons, des flèches, des javelots et des ossements humains. En inspectant le site, j'y découvris des traces d'habitation. Les vieilles cartes de marine font figurer à l'embouchure de l'Amagou un grand nombre de yourtes indigènes. Le vieux me raconta qu'une trentaine d'années plus tôt, en effet, les Oudihés étaient fort nombreux à cet endroit, mais que la variole les avait tous emportés. En 1870, d'après Bogolioubski, on comptait 6 fanzas indigènes au bord de la mer à proximité de la rivière Amagou.

Climatiquement, cette partie du littoral contraste avec les contreforts ouest du Sikhotè-Alin. Ici, l'été est humide et froid, l'automne long et tiède, l'hiver sec, rude, et le printemps, tardif. La première moitié de l'hiver ne voit pas la neige qui ne commence à tomber qu'aux mois de février et mars. Par contre, novembre et décembre sont terriblement venteux. Habituellement, les vents viennent des monts Kartou. Les vieux-croyants ont observé qu'un ciel bleu à l'ouest, dans les montagnes, annonçait un temps calme ; mais que si l'on voyait s'y amonceler de gros nuages à l'aube, c'était le signe tangible d'un vent fort de nord-ouest. Sur trente jours, ils comptaient à peu près cinq journées de ciel calme, « plombé », dix journées de vents forts, les quinze journées restantes se passant sous des vents que l'on pouvait qualifier simplement de frais. À l'aube régnait toujours le calme : le vent se levait avec le soleil en s'amplifiant pour atteindre sa force maximale vers 2 heures de l'après-midi. Puis il allait faiblissant pour tomber tout à fait après minuit.

D'après les observations des vieux-croyants, les températures d'hiver vont comme suit : de -14 à -16 °C le matin, de -9 à -11 °C dans la journée. Au soir, elles redescendent à -12°, -14 °C.

Dans l'Oussouri-Sud, la matière végétale enfouie sous terre a vite fait de pourrir et de se bonifier, mais, sur le littoral, elle ne pourrit pas même en trois ans. Cela s'explique par le fait que, l'été, les brouillards froids empêchent la terre de respirer.

La première chute de neige sur l'Amagou se fait à la mi-décembre. L'automne est long et tiède. En conséquence, les herbes fanent au lieu de sécher. Dans les endroits humides où l'herbe pousse en touffes, sa partie inférieure reste longtemps verte. Cela donne au bétail la possibilité de pâturer le plus clair de l'année. Les chevaux ne reçoivent de fourrage d'appoint qu'au printemps. Les vieux-croyants disent que, l'année de leur installation, ils avaient laissé les vaches et les chevaux pacager tout l'hiver sans les voir s'amaigrir le moins du monde.

Le printemps étant tardif, les vieux-croyants ne labourent ici qu'en mai et font les foins au mois d'août. Les céréales aussi tardent à mûrir, en raison d'un été froid et brumeux. On ne les moissonne qu'à la fin de septembre, et parfois jusqu'à la mi-octobre. Tous les légumes poussent bien, à l'exception des pastèques et des melons. La floraison et la fructification accusent presque un mois de retard sur le bassin de l'Oussouri à la même latitude.

Côté botanique, l'Amagou ne présente pas moins d'intérêt que côté climat. Dans les montagnes, on rencontre beaucoup d'ifs *(Taxus cuspidata Sieb. & Zucc.)*. Dans la zone côtière, curieusement, cet arbre ne pousse que par petits groupes, et pas partout. Au sud de la rivière Mout'oho, on ne le retrouve en forêt que sporadiquement. Ici, le tilleul *(Tilia amurensis Kom.)* n'atteint pas les dimensions qu'on lui connaît dans l'Oussouri-Sud ; en revanche, son tronc est massif et sans cavité. Aux sources de l'Oussouri et plus au sud, on observe l'effet inverse. Le tilleul fait de gros arbres presque toujours creux à l'intérieur… L'aulne aussi, sur l'Amagou, grandit considérablement, peuplant non seulement les rives des cours d'eau, mais encore l'ubac des montagnes. Le chêne, qui n'est pas grand, présente une écorce blanchâtre (mais foncée côté sud). Ses glands, une fois mûrs, ne tombent pas d'eux-mêmes à terre : ce sont les violents vents d'automne qui les jettent au sol. Il apparaît que les forêts d'ici comptent moins d'arbres à broussins ligneux qu'à l'ouest du Sikhotè-Alin, encore ne les voit-on qu'aux sources des rivières. Dans l'Oussouri-Sud, en revanche, ces excroissances atteignent des proportions démesurées. Près de l'Amagou, le cèdre, le mélèze, le sapin, l'épicéa, le bouleau et le tremble prospèrent ; par contre, le frêne, l'érable et toutes les essences dures en général tendent à végéter. L'éleuthérocoque dit buisson du diable *(Eleutherococcus senticosus Maxim.)* ne se répand guère ici. D'aspect chétif, il présente des extrémités desséchées. L'Amagou peut être considéré comme la frontière nord de la vigne sauvage et du noyer mandchou. Celle-là, de taille naine, ne croît qu'à la condition d'être exposée au soleil et au vent, mais ne donne pas de fruit. À partir du Koussoun (bien plus au nord), elle disparaît du paysage. Quant au noyer mandchou *(Juglans mandshurica Maxim.)*, les paysans de l'Amagou n'en ont pas vu, mais un jour, à la faveur d'une crue, la rivière leur en apporta une branche dotée de feuilles fraîches. Ils en déduisirent que cet arbre poussait quelque part en amont.

Il est fort intéressant d'observer l'influence de la mer sur la végétation. Par exemple, le poison du millepertuis, du casque de Minerve ou du vératre est incomparablement plus faible sur la côte que dans les montagnes. Il en va de même des morsures de serpent, de frelon et de guêpe.

Si les abeilles domestiques peuvent encore s'acclimater aux rives de l'Amagou, elles requièrent beaucoup de soins. Il faut les mettre précautionneusement à l'abri pour l'hiver en leur laissant largement de quoi se nourrir. Les abeilles apportées d'ailleurs ont du mal à faire leur miel. Elles accomplissent de longs trajets dans les airs en quête de plantes mellifères. Les vieux-croyants ont observé qu'en l'absence de véritable nectar les abeilles vont butiner sur d'autres végétaux, y compris le vératre *(Veratrum album Lin.)*. Mais ce miel les rend malades. Qu'on leur en donne un meilleur, et elles s'empressent de se débarrasser de l'autre. Plus au nord, les tentatives déployées par les vieux-croyants pour élever des abeilles domestiques se sont soldées par des échecs.

De même, le naturaliste ne manquera pas de s'intéresser au district de l'Amagou d'un point de vue zoogéographique. Par exemple, l'ours à collier ne monte pas plus au nord qu'au Kouloumbé. Les tigres y font des apparitions périodiques. Nul n'y a rencontré de panthère. En sept ans, les vieux-croyants n'en ont vu les traces qu'une seule fois dans les rochers, encore subsiste-t-il un doute : panthère ou jeune tigre ? Les « chiens sauvages » de type chacals ne se montrent que très rarement.

Dans la mesure où le froid hivernal s'installe ici plus tôt qu'à l'ouest, zibelines et écureuils refont leur fourrure près d'un mois plus tôt qu'au bord de la mer.

Les vieux-croyants rapportent qu'à leur arrivée ils trouvèrent de grandes outardes. En 1904-1905, on en voyait encore, puis leurs migrations cessèrent tout à fait. Un jour – un ou deux ans plus tôt –, quelques faisans firent leur apparition. D'où venaient-ils, on l'ignorait. Mais, l'année d'après, ils avaient disparu. Une fois, ils aperçurent un gros aigle brun foncé au long cou déplumé en train de festoyer d'une charogne au bord de la mer. D'après leur description, il s'agissait d'un vautour moine *(Vultur monachus Lin.)*. Apparemment, il venait d'Asie centrale et s'était retrouvé là par hasard. L'Amagou est la frontière sud de l'aire de propagation du tétras, et la frontière nord pour le pivert.

Les vieux-croyants sont à mes yeux un peuple plein de raison. Ils manifestent beaucoup d'égards à leur environnement et portent un regard attentionné sur les végétaux, les animaux, les poissons, les oiseaux et même les insectes. À leur façon, ce sont des naturalistes. Par exemple, ils ont pu établir que les abeilles sauvages de la côte étendaient leur territoire du sud au nord jusqu'à la rivière Kouloumbé, et le *Papilio maackii*, jusqu'à la rivière Koussoun ; il apparaît rarement sur l'Amagou et, par sa taille, est deux fois moins grand que dans l'Oussouri-Sud.

Le 4 octobre, j'ordonnai le départ. Je voulais maintenant remonter l'Amagou jusqu'à la source, puis franchir la chaîne du Kartou et redescendre le Kouloumbé jusqu'au littoral.

Les vieux-croyants me disaient que les deux rivières étaient jalonnées de nombreux rapides et qu'il y avait beaucoup d'éboulis dans les montagnes. Ils me conseillèrent de laisser les mulets au village et de voyager avec nos havresacs sur le dos. Alors je décidai de faire l'expédition en la seule compagnie de Dersou. Tchang-Pao et le fusilier Fokine marcheraient deux jours avec nous, puis nous continuerions sans eux en emportant des réserves de nourriture. Sur ce, ils feraient demi-tour.

Avec ces provisions, je pensais pouvoir tenir les deux tiers du chemin. En conséquence, je m'arrangeai avec Merzliakov pour qu'il dépêchât l'Oudihé Salé au rocher Wanhinlatse pour y déposer du ravitaillement bien en évidence. Le lendemain, 5 octobre, nous prîmes la route avec de lourdes charges sur le dos.

La rivière Amagou est longue d'une cinquantaine de verstes. Elle prend sa source sur le Kartou et le contourne par l'ouest. Elle coule d'abord sur le nord-est, puis suit un cours latitudinal pour ne piquer vers le sud qu'à l'approche de la mer. La Tongnantch'a, longue de 19 verstes, est le seul de ses affluents qui mérite d'être cité ; en la remontant, on débouche par un col sur le Koussoun. Toute la vallée de l'Amagou et les monts qui l'encadrent sont recouverts d'une forêt mixte propre à fournir du bois de charpente et de menuiserie.

On arrivait presque à la fin du cycle végétatif. La plupart des plantes à fleurs avaient fané, à l'exception de quelques-unes dans lesquelles la vie trépidait encore, et notamment : *Anaphalis margaritacea Benth.*, dont les feuilles, par-dessous, semblent de feutre ; une variété particulière d'aster *(Aster trinervius Rox.)* à la tige foncée soyeuse avec une fleur au capitule violet d'aspect écailleux ; l'oreille de lapin *(Bupleurum longeradiatum Turcz.)*, plante ombellifère aux feuilles dotées de nervures saillantes arciformes, et, enfin, l'ail des ours *(Allium victorialis)* aux feuilles semblables à celles du muguet.

Une sente à peine tracée nous amena à l'endroit où la Tongnantch'a se jette dans l'Amagou, à une dizaine de verstes de la mer. Non loin de là se dressait un rocher que les vieux-croyants appelaient Laza, à la chinoise[32], associant le mot au verbe russe *lazit'*, « ramper ». De fait, on ne passait ce rocher qu'à plat ventre et en s'agrippant aux pierres avec les mains. À cet endroit, l'Amagou est large de 4 sagènes et profond de 3 pieds à l'étiage ; même vitesse de courant que sur le Kouloumbé.

Encore 1 verste, et l'on bivouaqua sur un banc de galets.

Ayant encore plus d'une heure devant moi jusqu'au coucher du soleil, j'en profitai pour aller à la chasse en amont de la Tongnantch'a.

Monté sur la première colline venue, je m'assis sur un tronc mort et regardai alentour. De là-haut, je voyais les vallées des rivières Amagou, Koudiakhè et K'ouantakeou, ainsi que le littoral.

On était en pleine saison de chute de feuilles. Chaque jour, la forêt semblait abandonnée par la vie et revêtait un aspect de plus en plus monotone et gris, annonciateur d'un hiver déjà proche. Seules les chênaies conservaient leur feuillage, mais jaunissant lui aussi, ce qui le rendait plus triste encore. Privés de leurs opulentes parures, les buissons se ressemblaient étonnamment. La terre – noire, refroidie, tapissée de feuilles mortes – sombrait dans un profond sommeil. Docile, impavide, la végétation se résignait à mourir.

Absorbé par mes songes, j'en oubliai la raison de ma présence en ce lieu à la tombée du jour. Soudain, un bruit retentit derrière mon dos. Je me retournai et vis un animal insolite, bossu, à pattes blanches. Il trottait dans la forêt, sa grosse tête tendue droit devant lui. Je levai mon fusil pour le mettre en joue, mais quelqu'un me devança. Une détonation, et l'animal, frappé d'une balle, s'écroula. Une minute plus tard, je vis Dersou qui descendait des roches à l'endroit où la bête était tombée.

C'était un élan *(Alces machlis Ogilby)*, un jeune mâle de 3 ans. Sa longueur atteignait 2,20 mètres, et sa taille, 1,70 ; son poids, près de 14 pouds. Cet animal lourdaud de prime abord possède un cou puissant et une grande tête prolongée par un gros museau recourbé vers le bas. Un pelage long, luisant, collant au corps. Une robe brun foncé, presque noire. Des pattes tirant sur le blanc. Un animal vigilant : il suffit qu'on le dérange une fois pour qu'il délaisse durablement l'endroit qu'il affectionne. Quand il fuit le chasseur, il file toujours au trot et jamais au galop. Il n'aime rien tant que de se baigner dans les petits lacs marécageux. Blessé, il tend à s'enfuir. Mais, à l'automne, il devient méchant : non content de se défendre de l'homme, il l'attaque. Ce faisant, il se cabre et, croisant les pattes antérieures, s'efforce de renverser l'ennemi. Puis il le piétine avec véhémence.

Au sud de l'Amagou, l'élan ne s'aventure plus au bord de la mer. Quand les froids s'installent, il migre vers l'ouest. En novembre, on peut le surprendre au pied du Sikhotè-Alin ; en décembre, il se retire dans le bassin du Bikin où le manteau neigeux ne s'encroûte pas dans les forêts épaisses, et où il trouve suffisamment de fourrage dans un environnement propice à sa survie.

Physiquement, l'élan oussourien ne se distingue guère de son congénère européen, bien que ses bois soient différents : dépourvus d'empaumures, ils ressemblent davantage à ceux des cerfs wapitis.

Dersou entreprit de le dépecer et de le découper en quartiers. Rebutant spectacle, et pourtant je ne pus m'empêcher d'admirer mon ami à l'œuvre. Une maîtrise impeccable du couteau : pas un coup de lame superflu, pas un geste superflu. On voyait bien qu'il avait la main rompue à la tâche.

On décida de prendre un peu de viande pour la route. Tchang-Pao et Fokine rapporteraient le reste au village pour les vieux-croyants et le détachement.

Une ravine en Oussouri (1906 ou 1907).

16. CHUTES D'EAU

Une histoire de tigre – Un endroit défendu – Dersou et le corbeau – Le haut Amagou – Les chutes – Une offrande – La chaîne du Kartou – L'airelle rouge – Une nuit dans les montagnes – Le mont du Tsar – Descente vers la vallée du Kouloumbé – Les égards dus aux animaux

À LA VEILLÉE, après le dîner, il fut question de chasse. Dersou parlait, nous l'écoutions. Le Golde avait connu une vie pleine d'aventures. Il nous raconta qu'un jour, une dizaine d'années plus tôt, il avait chassé le cerf wapiti à la saison des bois de velours. C'était aux sources de l'Eultakeou (affluent du Tapiho). Là-haut, dans les montagnes, l'eau avait creusé de longs et profonds ravinements dont les pentes rondes s'étaient reboisées. Dersou avait sur lui son fusil, un couteau de chasse et six cartouches. Non loin du bivouac, il vit un cerf à bois de velours, le tira et ne le blessa que légèrement. L'animal allait tomber, mais il se ressaisit et courut vers la forêt. Le Golde le rattrapa et tira quatre fois. Les blessures, toutefois, ne furent pas fatales au cervidé qui poursuivit sa course. Alors, Dersou tira sa sixième et dernière cartouche. L'animal se terra dans un creux entre deux ravins, le corps baignant dans l'eau du torrent. Seuls son cou, son épaule et sa tête étaient posés sur des pierres. Blessé, il essayait de relever le museau. Visiblement, il faisait ses adieux à la vie. Le Golde s'assit sur une pierre et se mit à fumer, en attendant que sa proie mourût. Il dut griller deux pipes avant que le cerf ne poussât son dernier souffle. Alors Dersou s'approcha pour lui couper la tête porteuse de bois. L'endroit ne s'y prêtait guère, car un gros aulne poussait là au bord de l'eau. Malgré tous ses efforts, il ne trouva qu'une position possible. Appuyé sur le genou droit, il posa le gauche dans le torrent, sur une pierre, jeta son fusil sur son dos et se mit à dépecer le cerf. Il n'avait pas fait deux entailles qu'il entendit un bruissement à travers le bouillonnement de l'eau. Au moment où il allait se retourner, il vit un tigre près de lui. Le fauve voulut mettre la patte sur une pierre, mais glissa à l'eau. Le Golde savait qu'au moindre mouvement qu'il ferait, il serait mort. Statufié, il suspendit son souffle. Le tigre lui jeta un regard en coulisse, mais, voyant une forme immobile, continua son chemin. Pourtant, il sentit que cette masse inerte n'était ni une souche ni une pierre ; c'était quelque chose de vivant. Il se retourna deux fois en humant l'air avec force. Pour le bonheur de Dersou, le vent allait à lui et non au tigre. Sans avoir flairé l'odeur du sang de cerf, le terrible félin escalada un rocher. Sous sa patte, pierres et sable roulaient dans le torrent. Enfin, il se hissa au sommet. Là, il sentit une odeur d'homme. Son poil se hérissa, il rugit fort et se mit à battre de la queue. Dersou cria tant qu'il put et courut à fond de train. Le tigre se jeta sur le cerf et se mit à le renifler. Cela sauva Dersou qui s'extirpa du ravin et prit ses jambes à son cou, aussi vite et longtemps qu'un chevreuil pourchassé par des loups.

Ce fut alors qu'il comprit que le cerf qu'il avait tué appartenait au tigre, et non à lui, Dersou. Voilà pourquoi il n'avait pu l'abattre, malgré ses six coups de fusil. Que ne l'avait-il deviné plus tôt ? Depuis, il ne descendait plus dans les ravins. Ces lieux lui étaient à jamais défendus. Il avait reçu un avertissement…

Le dîner pris, le fusilier Fokine et moi nous couchâmes, tandis que Tchang-Pao et le Golde s'installèrent à l'écart, prenant sur eux le soin du feu.

Je me réveillai dans la nuit. Une tache mate nimbait la lune, un signe qui ne trompait pas : il gèlerait le lendemain matin. Et en effet, peu avant l'aube, la température chuta brusquement, et l'eau, dans les flaques, fut prise en glace. Tchang-Pao et Dersou se levèrent les premiers. Ils rajoutèrent du bois au feu, firent le thé et, après seulement, nous réveillèrent, Fokine et moi.

Étonnants oiseaux que les corneilles… Il faut voir à quelle vitesse elles flairent la présence de la viande ! À peine les rayons du soleil avaient-ils doré les cimes que plusieurs de ces oiseaux apparurent près du bivouac. Ils se jetaient des cris et, en quelques coups d'aile, passaient d'un arbre à l'autre. L'un d'eux se percha près de nous et se mit à crailler.

— Maudite ! Je vais te faire descendre de là-haut, moi, attends un peu ! lança Fokine en tendant la main vers son fusil.

Dersou l'arrêta :

— Faut pas tirer. Corneille dérange pas. Corneille aussi veut manger. Et vient voir si gens sont là. Si pas possible, elle repart. Après nous, elle saute par terre, mange reste.

Comme pour confirmer ses dires, la corneille s'envola. L'argument convainquit Fokine qui rangea son fusil et cessa de pester après les corneilles bien qu'elles se fissent encore plus pressantes que la première fois.

À n'en pas douter, Dersou avait raison. « Faire descendre » les corneilles des arbres était un jeu cruel des chasseurs. Même les gens cultivés, parfois, s'adonnent au tir à la corneille comme si c'était du tir à la bouteille, car la corneille noire offre une cible parfaite.

Les corneilles se rapportent à la catégorie des oiseaux utiles plutôt que nuisibles. En débarrassant la taïga de ses charognes, poissons crevés au bord de l'eau, mollusques rejetés par les vagues, mais aussi des détritus provenant des habitations humaines, elles remplissent une fonction sanitaire indispensable et jouent un rôle énorme dans l'équilibre de la nature. Sans elles, qui sait, l'eau serait peut-être contaminée par les immondices. Les nuisances causées par les corneilles sont peu de chose au regard des bénéfices qu'elles apportent.

Après ce bivouac, on se sépara. Tchang-Pao et le fusilier Fokine rebroussèrent chemin ; Dersou et moi nous mîmes en route.

La vallée de l'Amagou se fit plus étroite, et la rivière, tumultueuse. Les montagnes présentaient des éboulis et des étendues pelées par les incendies. Plus en aval, en revanche, la vallée verdoyait. Aux feuillus s'ajoutaient beaucoup de résineux.

À une vingtaine de verstes de la mer, la rivière fourcha. Une branche (la plus grande) contournait le Kartou par l'ouest, et l'autre (plus petite), par le sud. En amont de leur confluence, tout avait brûlé. Par deux fois nous passâmes la rivière à gué jusqu'à nous retrouver finalement sur la rive droite.

Plus haut, la vallée prend l'aspect d'une gorge. Certains pitons rocheux revêtent des formes fantasques. Peu à peu, à force d'érosion, ils tombent en éboulis. Parfois, un bloc en entraîne d'autres en se détachant. C'est alors qu'une avalanche de gravier et de troncs secs déferle dans la vallée. Que les Oudihés soient effrayés par le site n'a rien d'étonnant : le mauvais esprit y a ses quartiers !

En marchant, Dersou et moi parlions chasse quand, soudain, il me fit signe de m'arrêter. Nous tendîmes l'oreille. Quelque chose mugissait au loin : on aurait dit un grondement souterrain ou le roulement du tonnerre.

— Une cascade, dit Dersou en pointant le doigt sur la rivière.

Je levai les yeux et vis de l'écume flotter sur l'eau.

Nous pressâmes le pas. Une demi-heure plus tard, en effet, nous approchions d'une chute d'eau.

De toutes les cascades qu'il me fut donné de voir, celle de l'Amagou est assurément la plus belle. Imaginez un étroit corridor aux parois supérieures resserrées de telle façon que l'eau semble s'écouler par un conduit. À un endroit, le conduit s'interrompt, faisant jaillir une chute d'environ 4 sagènes de haut. Pourtant, les bords supérieurs du corridor ne s'arrêtent pas là. L'on peut en conclure qu'à l'origine la cascade était plus en aval. Si l'on arrivait à calculer l'érosion par l'eau du lit de la cascade à l'année, l'on pourrait dire à quelle époque celle-ci a commencé son œuvre, quel est son âge et combien de temps il lui reste à vivre sur terre. La roche dans laquelle l'eau a taillé sa route est un grès glauconite brun rouge fortement cimenté. L'eau, dans sa masse, est de couleur émeraude. Sous l'éclat du soleil, l'écume blanche de la cascade produisait un effet spectaculaire avec cette eau bleu-vert et ces rochers brun rouge envahis de lichens aux couleurs riches et de mousses vert clair. Sous la chute, l'eau subit un mouvement tourbillonnaire. De longues années durant, elle a travaillé la roche en creusant une marmite. Je m'approchai du bord du précipice. Il me sembla que la masse d'eau, dans sa chute, imprimait une secousse à la terre.

À ce moment, je subodorai une odeur de fumée. Je me retournai et vis Dersou allumer un feu. Puis il déboucla son sac. Croyant qu'il voulait planter le bivouac, je tentai de le convaincre de marcher encore un peu. Le Golde acquiesça tout en continuant de défaire son sac. Il en sortit un morceau de sucre, deux allumettes, un bout de pain et une feuille de tabac. Il prit le tout dans une main. De l'autre, il préleva une fine braise ardente, et se mit à parler. Le visage grave, les yeux rivés à terre. Je ne pus distinguer ce qu'il disait par-dessus le bruit de la cascade. Enfin, il s'approcha du bord et jeta tout à l'eau.

— Qu'as-tu fait ? lui demandai-je.

— Faire toujours comme ça, répondit-il. Lui (il montra la chute d'eau) comme tonnerre, chasser diable.

J'étais, moi aussi, tout à la fois effrayé et subjugué par la cascade. Il y avait en elle quelque chose de vivant, une puissance naturelle. Que dire alors de l'impression qu'elle pouvait produire sur l'âme d'un homme qui tenait toute chose pour vivante et humaine !

En silence, Dersou se mit à boucler son sac. Désireux de lui montrer que je partageais ses pensées, je pris ce qui me tomba sous la main : un bout de *youkola* (poisson séché) et un gros tison, puis me dirigeai vers la cascade. Alors, voyant que j'allai les jeter à l'eau, Dersou accourut en agitant les bras, l'air affolé. Je compris qu'il voulait m'arrêter.

— Non, pas ça, capitaine ! s'empressa-t-il de me dire.

Je lui tendis le tison et le *youkola*. Il jeta le tison au feu et le *youkola* à la forêt. Ceci fait, il enfila son havresac, et nous reprîmes la route. En chemin, je lui demandai pourquoi il n'avait pas voulu que je misse à l'eau la braise et le poisson séché. Réponse immédiate de Dersou : on ne pouvait jeter à l'eau que ce dont elle était privée, et pareillement à la terre. Il était permis de jeter un peu de feu à l'eau, juste une braisette, mais interdit de verser de l'eau dans le feu ou, à l'inverse, de lancer un gros tison dans l'eau. Sinon, l'eau et le feu se fâcheraient. Dès lors, je pris la ferme décision de ne plus me mêler de ce genre de choses, car cela vaudrait mieux pour nous deux, comme lui-même me le dit. Une demi-verste plus loin, nous plantions le bivouac.

Quand j'ouvris les yeux, le lendemain 7 octobre, Dersou était déjà debout. Sans doute avais-je dormi longtemps, car son havresac était déjà bouclé et il attendait impatiemment mon réveil.

— Et pourquoi ne m'as-tu pas réveillé ?

Il me répondit qu'on allait monter haut sur les crêtes et qu'il fallait, par conséquent, refaire des forces en dormant bien.

Avant de partir, je consultai le baromètre. Il indiquait une altitude de 1505 pieds. La journée promettait d'être douce et tiède. On attaqua aussitôt l'ascension du Kartou dont la crête s'étire de nord-est en sud-ouest. Plus on montait, plus l'horizon s'élargissait. Aussi loin que portât le regard, on ne voyait de forêt nulle part, pas un arbre, fût-il mort sur pied. Un paysage de montagnes d'une tristesse infinie. Avec les forêts disparurent les sous-bois et les mousses, les pluies avaient emporté la fine couche de terre végétale et mis la roche à nu. Où que l'on regardât, c'était partout le même tableau terne et monotone : rochers gris, éboulis gris. La chaîne du Kartou, ce désert sans eau et sans vie.

Le premier mont que nous gravîmes s'élevait à 2 980 pieds. Après un moment de repos au sommet, nous reprîmes la route. Le deuxième mont culminait à la même altitude (3 080 pieds), mais, étant précédé d'un profond ensellement, il nous parut beaucoup plus haut. À la troisième cime, le baromètre afficha 3 330 pieds.

Je consultai ma montre : les deux aiguilles pointaient midi. C'était donc que nous n'avions « pris » que trois sommets en trois heures et demie, alors que la chaîne principale se trouvait encore devant nous.

Je mourais de soif quand, soudain, j'avisai de l'airelle rouge. Elle avait gelé. Je me mis à la manger avec avidité. Dersou me regardait d'un œil curieux.

— C'est quoi son nom ? demanda-t-il en tenant quelques baies dans le creux de sa main.

— Airelle rouge, dis-je.

— Ça se mange ? Toi sais ?

— Oui, ça se mange. Vraiment, tu ne connaissais pas ce fruit ?

Il répondit qu'il l'avait vu souvent, mais qu'il ignorait s'il était comestible.

Par endroits, l'airelle foisonnait tant que de vastes étendues semblaient peintes en rouge bordeaux. Nous avancions progressivement tout en grappillant l'airelle, et ce fut ainsi que nous atteignîmes, sans nous en rendre compte, une hauteur de 4 235 pieds d'altitude. Là, nous foulâmes notre première neige, d'un demi-pied de profondeur.

D'après les observations des vieux-croyants, la première chute de neige s'était produite le 20 septembre sur le Sikhotè-Alin en cette année 1907, et le 3 octobre sur le Kartou. Elle avait tenu. Le 7 octobre, la ligne d'enneigement était descendue à 4 200 pieds au-dessus du niveau de la mer.

De là, nous tournâmes au sud et attaquâmes une quatrième hauteur (4 970 pieds). La montée fut particulièrement pénible. Nous avalions souvent de la neige pour étancher la soif qui nous dévorait.

Très abrupte à l'est, la chaîne du Kartou est en pente douce à l'ouest. On y voit nettement la montagne s'éroder. De petits cailloux ne cessent de rouler vers le bas, comblant progressivement la vallée et ensevelissant les terres fertiles et les jeunes pousses. Telle est la conséquence des feux de forêt.

En dépit de nos efforts pour atteindre ce jour-là le point culminant, nous échouâmes. Un vent froid de nord-ouest allait encore souffler avec le coucher du soleil. Il fallait songer à bivouaquer. Nous délaissâmes donc le fil de la crête pour descendre un peu à l'ouest en quête d'un lieu où dormir dans le triple souci de trouver de l'eau, du combustible et un coin à l'abri du vent. Nous eûmes la chance de tomber sur un endroit réunissant ces trois conditions. À 1 verste de l'ensellement moutonnait un bois de cèdre nain. Nous pénétrâmes en son cœur et nous installâmes non sans un certain confort. La neige remplaça l'eau. Il y avait beaucoup de bois mort parmi les cèdres vivants. Dersou et moi ramassâmes de quoi nourrir un feu ardent. Nous tendîmes une toile de tente contre le vent, fîmes une litière de branches à aiguilles en la recouvrant de peaux de chèvre.

Sous la lune, la nuit fut froide. Dersou avait vu juste : dès que le soleil se cacha à l'horizon, un vent mordant et glacé se leva. La tente claquait comme une voile, et je craignais fort qu'elle ne fût arrachée de ses piquets.

La pleine lune versait sa clarté sur la terre. La neige pailletait et brasillait. Le sommet nu du Kartou semblait encore plus désert.

Harassés par une journée de marche, nous nous couchâmes de bonne heure sans nous attarder devant le feu.

Au réveil, la première chose qui me frappa fut le brouillard. Bientôt, tout s'expliqua : il neigeait. Encore heureux que nous eussions pris nos repères la veille, car cela nous permit de marcher aussitôt dans la bonne direction en quittant le bivouac.

Après un bon thé accommodé de pain séché, nous reprîmes l'ascension du plus haut sommet. Celui-ci, visible de la mer, a été baptisé « cime rocheuse de l'Amagou » par les marins. Soit que ce fût grâce à nos forces fraîches, soit que la neige nous obligeât à presser l'allure, il se trouva que nous gagnâmes assez vite le sommet. Altitude, 5 460 pieds.

Le Kouloumbé prend sa source à la cime rocheuse de l'Amagou. Les vieux-croyants estiment sa longueur à 45-50 verstes. Comme l'Amagou, mais dans le sens inverse, il coule en décrivant une courbe vers le sud et le sud-est.

Quand nous fûmes redescendus à 4 200 pieds, la neige tourna à la pluie, ce qui fut fort désagréable. Mais il fallait endurer.

Nous traversâmes une aire de bois incendié sur quelque 5 verstes avant de tomber enfin dans une forêt vivante. Il s'agissait d'une étroite bande côtière de végétation boisée principalement de bouleaux, d'épicéas et de mélèzes.

Vers midi, la pluie s'intensifia. La pluie d'automne n'est pas la pluie d'été : on a tôt fait d'attraper un refroidissement. Comme nous grelottions, nous dûmes bivouaquer de bonne heure. Par chance, nous trouvâmes une cabane d'écorce dont le mode de construction et les objets abandonnés nous indiquèrent qu'elle était coréenne. Après l'avoir retapée d'une façon sommaire, nous y apportâmes du bois pour y mettre nos habits à sécher.

À 4 heures de l'après-midi, la pluie cessa. Le rideau nuageux, lourd, se déchira, nous laissant voir le Kartou recouvert de neige.

Quand le soleil se cacha à l'horizon, le crépuscule empourpra la voûte au ponant. Puis la lune se leva, auréolée, cette fois encore, d'une épaisse tache mate et d'une ample couronne, signe qu'il allait repleuvoir le lendemain.

Pendant que je consacrais la soirée à consigner mes observations dans mon journal, Dersou faisait griller à la broche de la chair d'élan. Pendant le dîner, je jetai au feu un morceau de viande. Voyant cela, Dersou le retira du brasier d'un geste rapide et le lança de côté.

— Pourquoi jeter viande au feu ? me tança-t-il. Comment griller ça pour rien ! Nous partir demain, autres gens venir et manger. Jeter viande au feu, c'est la gaspiller.

— D'autres gens ? Qui ça ? lui renvoyai-je.

— Comment qui ? s'étonna-t-il, raton laveur venir, blaireau venir ou bien corneille. Si pas corneille, alors mulot ; si pas mulot, alors fourmi. Beaucoup de gens dans taïga.

Je compris que Dersou ne s'inquiétait pas seulement des hommes, mais aussi des animaux, fussent-ils aussi minuscules que la fourmi. Il prodiguait mille égards à cette taïga qu'il aimait avec tous ceux qui la peuplaient.

La conversation tourna sur la chasse, les braconniers, les feux de forêt. Il m'apparut que ce sauvage veillait davantage à la protection de la nature et à l'usage raisonné de ses fruits que de nombreux Européens soi-disant instruits et cultivés.

On parla ainsi jusqu'à minuit sans s'en rendre compte. Enfin, Dersou s'assoupit. Je refermai mon cahier, me blottis sous ma couverture au plus près du feu et m'endormis. Dans la nuit, à travers les vapeurs du sommeil, je l'entendis arranger le feu et me couvrir de sa toile de tente.

Scène de bivouac (1906 ou 1907).

17. RUDE TRAVERSÉE

Le Kouloumbé, vallée de dénudation – Les gués – Le rocher Mafa – Nos forces diminuent – Verglas – Une forêt abattue par la tempête – Frappés par la fièvre – Une situation cauchemardesque – La faim au ventre – Le littoral – Le Wanhinlatse – Déception – Le torpilleur Grozny – Sauvés – Retour sur l'Amagou – Le départ de A. I. Merzliakov

À l'aube, le gel frappa encore : la terre mouillée s'était changée en une glace qui croustillait sous nos pieds. La rivière libérait de la vapeur. C'était donc que la température de l'eau était plus haute que celle de l'air. Avant de partir, nous fîmes le point sur nos réserves de nourriture. Nous avions encore du pain pour deux jours. Cela ne m'inquiéta guère. D'après mes estimations, la mer ne devait plus être très loin, et puis nos fusiliers, conduits par l'Oudihé Salé, étaient censés nous avoir laissé des provisions de bouche au pied du rocher Wanhinlatse.

À l'aube aussi, nos chaussures avaient séché. Quand le soleil pointa le bout du nez, Dersou et moi nous habillâmes et partîmes d'un pas alerte.

Jamais je n'avais vu vallée de dénudation plus caractéristique que celle du Kouloumbé. La rivière, ourlée de montagnes, allait sinuant entre les parois rocheuses. On avait l'impression que le relief faisait tout pour entraver la course de l'eau, mais que celle-ci prenait le dessus et qu'elle se taillait en force un chemin vers la mer.

Les montagnes environnantes s'étaient entièrement dévêtues de leur végétation sylvaine. La forêt ne persistait qu'en bordure de rivière. Les essences dominantes sont ici le mélèze *(Larix daurica Turcz.)*, l'épicéa *(Picea ajanensis Fisch.)*, le bouleau *(Betula ermanii Cham.)* et l'aulne *(Alnus hirsuta Turcz.)*. Les pentes les plus dégagées abritent l'églantier *(Rosa daurica P.)*, le sorbier des oiseleurs *(Sorbus aucuparia Lin.)* et sa voisine l'armoise pierreuse

(Artemisia keiskerna Miq.) aux feuilles disposées à la base de la tige. De prime abord, nul ne reconnaîtrait en elle sa sœur l'armoise des champs. Nous mîmes aussi le pied dans le lédon et une multitude de fougères (*Nephrodium euspinulosum Diels, N. fragrans Richards.* et *Polypodium vulgare Lin.*). La première variété possède une fronde ajourée de taille modeste ; la deuxième, une feuille brun vert au revers rougeâtre ; la troisième est simple de forme, mais non sans élégance.

Sachant qu'aucun sentier ne parcourait la vallée du Kouloumbé, nous dûmes marcher en pleine nature. Comme nous répugnions à traverser la rivière à gué, nous tentâmes d'en longer la rive, mais force fut de constater que c'était impossible. Le premier rocher que nous rencontrâmes nous força à passer de l'autre côté. Lorsque je voulus me rechausser, Dersou me conseilla de garder mes chaussures mouillées en forçant l'allure pour me réchauffer. Et en effet : à peine une demi-verste plus loin, il nous fallut gagner la rive droite, puis la gauche, et ainsi de suite. L'eau était froide. J'avais les mollets meurtris, comme pris dans un étau.

Des escarpements abrupts surplombaient la vallée, tombant à la rivière en parois rocheuses impossibles à contourner, car cela nous eût rallongé le voyage d'environ quatre jours, ce qui n'était pas souhaitable en situation de manque de vivres. Dersou et moi décidâmes de marcher droit, dans l'espoir que les rochers feraient place à une vallée dégagée. Nous ne tardâmes pas à déchanter : nous allions de rocher en rocher, ce qui nous forçait à passer d'une rive à l'autre.

— Oooh ! bougonna Dersou. Nous marche comme loutres. Un peu marcher au bord, puis plonger dans l'eau, encore marcher, encore plonger…

Heureuse comparaison : les loutres se déplacent vraiment ainsi.

Peut-être était-ce un effet d'accoutumance à l'eau, à moins que le soleil nous eût réchauffés, ou bien les deux à la fois, toujours est-il que ces traversées finirent par nous sembler moins terribles, et l'eau, moins froide. Je cessai de jurer, et Dersou cessa de bougonner. Au lieu d'aller en ligne droite, nous cheminions en zigzags. Ainsi jusqu'à midi. Mais, au soir, nous entrâmes dans une véritable gorge qui s'étirait sur plus de 200 sagènes. Il nous fallut marcher au beau milieu du lit de la rivière. Parfois, nous montions sur un banc de galets pour nous réchauffer au soleil, puis nous redescendions à l'eau. Jusqu'au moment où je ressentis la fatigue.

Le jour tombait, l'air se faisait froid. Alors je proposai à mon compagnon d'arrêter. À un endroit, on trouva un replat entre deux rochers, où la rivière avait drossé beaucoup de bois flotté. L'on s'y jucha et l'on commença par allumer un grand feu avant d'apprêter le dîner.

Dans la soirée, je fis l'addition des traversées à gué. En 15 verstes, nous avions accompli 32 traversées sans compter le passage de la gorge. Dans la nuit, le ciel se couvrit de gros nuages. À l'aube, une pluie fine et serrée se mit à bruiner.

On se leva plus tôt que d'habitude, on grignota, on avala un thé et on se mit en route.

Les six premières verstes se firent dans l'eau plus souvent que sur terre.

Le cours moyen du Kouloumbé n'en finit pas de serpenter. Il rase les parois rocheuses en y creusant de profondes cavités. Souvent, son cours est bouché de pierres et de chablis. On imagine l'œuvre des crues. Moi une fois, Dersou une autre fois, nous dérapâmes tous deux dans un trou d'eau. Nous étions mouillés jusqu'à l'os.

Enfin, nous laissâmes derrière nous le tronçon abrupt et étroit. C'était à croire que les montagnes s'écartaient. Je m'en réjouis, pensant la mer toute proche, mais Dersou pointe du doigt un oiseau qui, me dit-il, ne vivait que dans les forêts vierges, loin de la côte. Je ne tardai pas à me convaincre de la justesse de son observation. Les passages à gué se multiplièrent, de plus en plus profonds. Par deux fois, nous dûmes faire un feu, surtout pour nous réchauffer.

Sur le coup de midi, nous étions au pied du gros rocher Mafa, « ours » en langue oudihée. De fait, par sa forme, il ressemble beaucoup à un ours. Il se compose d'un grès très dense entrecoupé de quartz et de spath calcaire. Un sentier fraîchement tracé passait par là, qui traversait le Kouloumbé et se dirigeait vers le nord.

Derrière le rocher, Dersou trouva un bivouac. À voir les marques, il conclut que Merzliakov avait passé là une nuit en allant de la Takema à l'Amagou.

Nous jugeâmes qu'en suivant le sentier, nous aboutirions à la rivière Naïna, chez les Coréens ; et qu'en continuant tout droit, nous arriverions au bord de la mer, au rocher Wanhinlatse. Nous ignorions tout du chemin de la Naïna, comme nous ignorions tout du temps de marche nécessaire à ce voyage. Quant à la mer, nous comptions l'atteindre sinon dans la journée, du moins le lendemain avant midi.

Après avoir déjeuné du reste de viande, nous poussâmes plus loin la marche. Vers 2 heures de l'après-midi, la bruine tourna à l'averse, ce qui nous obligea à nous arrêter plus tôt que prévu pour chercher le salut sous la tente. Terriblement transi, j'avais les mains engourdies, les phalanges raides, les dents qui claquaient. Comme par un fait exprès, le bois, trop humide, brûlait mal. Quand, enfin, tout fut prêt, nous séchâmes nos habits. Je sentais mes forces m'abandonner et le froid m'engourdir. Dersou sortit du sac un dernier morceau de pain séché qu'il me conseilla de manger. Mais je n'avais pas le cœur à cela. Après un bon thé, je me couchai contre le feu. Il me fut impossible, pourtant, de me réchauffer.

Vers minuit, la pluie cessa, mais la bruine tombait toujours.

Dersou ne dormit pas de la nuit. Il n'arrêtait pas de nourrir le feu.

Aux alentours de 3 heures du matin, il se produisit quelque chose d'inattendu dans la nature. Le ciel s'éclaircit soudainement. La température chuta si brusquement que l'eau de pluie se figeait en stalactites avant même de tomber des branches. L'air se fit limpide. La lune, argentée par les rais du levant, exhibait une telle clarté qu'elle semblait s'être parée pour la fête. Le soleil monta, pourpre et froid…

Au matin, en me levant, j'avais mal à la tête et toujours les mêmes frissons, les os moulus. Dersou aussi se plaignait d'un état d'affaiblissement. Nous n'avions plus rien à manger, mais l'envie non plus n'était pas là. Nous bûmes un peu d'eau chaude, et en route.

Bientôt, il nous fallut encore entrer dans l'eau. Elle me parut particulièrement froide. Une fois sur l'autre rive, nous dûmes marquer un long repos. Mais voilà que le soleil se leva de derrière les montagnes, et l'air engourdi se mit à tiédir sous ses rayons vivifiants.

Nous avions beau chercher à éviter les passages à gué, rien n'y fit. Et pourtant ils s'espaçaient. Au bout d'une demi-dizaine de verstes, la rivière éclata en plusieurs bras entre lesquels se formaient des îles envahies de saules. Il y avait beaucoup de gelinottes. Nous tirâmes sans faire mouche : nos mains tremblaient, nous n'avions plus la force de bien viser. Nous marchions, penauds, l'un derrière l'autre, sans presque nous parler.

Soudain, un trou de lumière. « La mer », me dis-je. Mais grande fut notre déception lorsque nous fûmes sur les lieux. Une forêt entière était couchée par terre, abattue par une tempête de l'année d'avant, ce fameux blizzard qui nous avait surpris les 20, 21 et 22 octobre en passant le Sikhotè-Alin. L'œil du typhon, apparemment.

Il nous fallait tourner ce vaste champ de chablis, ou bien passer par les îles à travers les saules. Ignorant la longueur et la largeur du champ, nous optâmes pour les îles. La rivière étant partout encombrée de bois flottant, on pouvait passer aisément d'une rive à l'autre. Cet embâcle ininterrompu s'étendit sur au moins 5 verstes. Je comptai encore 23 gués, puis je perdis le fil du calcul. J'avançai sans me poser de questions.

Passé midi, nos jambes nous portaient à peine. Je me sentais fourbu. Dersou aussi était malade. Une fois, nous vîmes un sanglier, mais le moment n'était pas à la chasse. Nous établîmes le bivouac de bonne heure.

Là, je m'écroulai. Pris d'une fièvre violente, j'avais le visage, les pieds et les mains curieusement enflés. Dersou travailla seul toute la soirée. Puis je perdis connaissance. Je croyais voir une espèce de toile d'araignée fine. Elle m'empêtrait en grossissant et finit par prendre des dimensions monstrueuses. Il me semblait que le mont Kartou fonçait sur moi à une vitesse effroyable et m'écrasait de tout son poids. Dans l'horreur, je me levais et criais. Alors le

Kartou disparaissait aussitôt, remplacé par la toile d'araignée qui recommençait à grossir avec un mouvement de rotation éperdue. Confusément, je sentais de l'eau froide sur ma tête.

Combien de temps je restai dans cet état, je ne saurais le dire. Quand je rouvris les yeux, j'avais sur moi la veste du Golde comme couverture.

C'était le soir. Les étoiles resplendissaient dans le ciel. Dersou était assis près du feu, l'air fourbu.

Il s'avéra que j'avais passé une douzaine d'heures à délirer. À mon chevet, Dersou ne s'était pas couché de tout ce temps. Il m'appliquait un chiffon mouillé sur la tête en chauffant mes pieds avec le feu.

Je demandai à boire. Dersou me donna une décoction de je ne sais quelle herbe au goût douceâtre et rebutant. Il insistait pour que j'en busse le plus possible. Puis nous nous couchâmes ensemble sous une même toile de tente qui nous servait de couverture, et nous endormîmes.

Le lendemain, on était le 13 octobre. Le sommeil avait un peu requinqué Dersou, mais je me sentais en marmelade. Pas question, pourtant, de passer la journée ici. Nous n'avions plus une miette à manger. Alors, à notre corps défendant, nous nous levâmes et poursuivîmes à pied la descente de la rivière.

La vallée s'élargissait de plus en plus. Nous laissions derrière nous chablis et bois brûlés. Sapins, cèdres, épicéas cédaient la place aux bouleaux, aux saules et à des mélèzes aux allures d'arbres de charpente.

J'avançais en titubant. Dersou aussi se faisait violence en allongeant un pas laborieux. Ayant aperçu de hautes parois rocheuses, du côté gauche, nous passâmes aussitôt sur la rive droite. Là, le Kouloumbé se scindait en huit bras, ce qui nous facilita notablement la traversée. Dersou faisait tout pour me rasséréner. Parfois, il essayait de plaisanter, mais, à son visage, je voyais bien que lui aussi souffrait le martyre.

— *Kaza, kaza!* (c'est-à-dire "mouette"), s'écria-t-il soudain en levant le doigt sur un oiseau qui fendait l'air. Donc, mer pas loin!

Comme en confirmation de ses dires, on aperçut à gauche, à un tournant de la rivière, le rocher Yentonglatse, celui-là même que nous avions vu près de l'embouchure du Kouloumbé en marchant de la Takema à l'Amagou. L'espoir de voir enfin la fin de nos souffrances me redonna des forces. Mais il nous fallait repasser sur la rive gauche de la rivière qui, à cet endroit, ne coulait qu'en un seul flot rapide. Un long mélèze était couché en travers du courant. Il se balançait fort. La traversée nous prit beaucoup de temps. D'abord, Dersou porta d'une rive à l'autre les fusils et les sacs ; puis il revint pour m'aider.

Enfin, nous approchâmes du rocher Yentonglatse. Là, à l'orée d'une chênaie, nous prîmes un temps de repos. La mer était encore à 1 verste et demie. La vallée marquait un virage serré au sud-est. Nous rassemblâmes nos dernières forces et, clopin-clopant, allongeâmes le pas. Bientôt les chênes se firent plus clairsemés, et la mer, devant nous, se mit à jeter des éclats.

La fin de nos épreuves. C'était ici que les fusiliers devaient avoir déposé des vivres. On ne bougerait pas le temps de se refaire une santé.

À 6 heures du soir, nous étions au pied du Yentonglatse. Mais une déception, plus amère encore que les précédentes, nous y attendait : point de provisions. Nous fouillâmes tous les recoins, regardâmes sous les chablis et les grosses pierres, rien. Ne restait qu'un seul espoir : que les fusiliers eussent laissé les vivres de l'autre côté du rocher. Le Golde se proposa d'y aller voir. Il en gravit le sommet, mais, de là-haut, constata que la corniche qui longeait la paroi était verglacée. Dersou n'osa pas continuer. Il inspecta la côte du regard et ne remarqua rien de particulier. Une fois redescendu, il me dit la triste nouvelle et s'efforça aussitôt de me consoler.

— Pas grave, capitaine, près de la mer toujours trouver à manger.

Sachant combien mes hommes étaient consciencieux, je ne pouvais m'expliquer pourquoi ils n'avaient pas acheminé la nourriture à l'endroit convenu. Le lendemain, il nous faudrait tenter le passage du Wanhinlatse pour marcher ensuite par la côte jusque chez les Coréens, sur la rivière Naïna.

Nous allâmes au bord de la mer et retournâmes une pierre. Une multitude de petits crabes *(Heterograpsus penicillatus de Haan)* s'en échappa. Ils se dispersèrent et, *presto*, filèrent se cacher sous d'autres pierres. À la main, nous en recueillîmes une vingtaine. Dans la foulée, nous trouvâmes aussi deux protomollusques *(Chiton squamosus)* et près d'une centaine de bigorneaux *(Littorina littorea).* Ceci fait, nous choisîmes un lieu où bivouaquer et allumâmes un grand feu. Chitons et bigorneaux furent mangés crus, mais nous fîmes bouillir les crabes. C'était peu de chose, à vrai dire ; assez toutefois pour calmer les premiers spasmes de la faim.

Je n'avais plus de fièvre, mais la faiblesse était toujours là. Dersou se coucha tout de suite, ayant l'intention de courir dès l'aube à la chasse. Moi, je restai longtemps à me réchauffer près du feu.

La nuit fut claire et froide. Les étoiles brillaient fort au firmament. Leur scintillement se reflétait sur les flots. Alentour régnait un silence inhabité. On n'entendait pas même battre le ressac. La demi-lune rouge se leva tard. Songeuse, elle regardait la terre endormie. Les montagnes hautes, l'océan infini, le ciel bleu profond, c'était majestueux et grandiose. Le chuchotement de Dersou me tira de mon rêve : il délirait dans son sommeil.

Harassé par les rudesses du voyage, accablé par les suites de la fièvre, je me couchai près de lui et m'endormis.

Les premières et timides lueurs… Les ténèbres luttaient encore avec l'aube, mais on sentait bien qu'elles n'avaient plus la force d'empêcher le point du jour. Une lumière diffuse éclairait l'onde plane et la côte déserte.

Notre feu, mourant, allait s'éteindre. Je réveillai Dersou, et nous soufflâmes sur les braises. À cet instant, deux sons rauques parvinrent à mes oreilles. Ça ressemblait à un cri bestial.

— Un cerf qui brame, dis-je à mon ami. Vas-y vite, tu le tueras peut-être.

Dersou se prépara en silence, mais s'arrêta, réfléchit un instant, et dit :

— Non, pas cerf. Cerf peut pas crier maintenant.

À cet instant, les sons retentirent de nouveau. Ça venait de la mer. C'était un bruit familier, mais je n'arrivais pas à me souvenir où je l'avais entendu.

J'étais assis près du feu, le dos à la mer, et Dersou devant moi. Soudain, il se leva d'un bond et, tendant la main, me dit :

— Regarde, capitaine !

Je me retournai et vis le torpilleur *Grozny* se profiler derrière un promontoire.

Comme d'un commun accord, on tira deux coups en l'air, puis on se précipita sur le feu pour y jeter des algues. Une fumée blanche s'éleva. Le *Grozny* émit plusieurs sifflements perçants et vira vers nous. Il nous avait repérés… L'on se sentit aussitôt libérés d'un poids énorme et l'on reprit du poil de la bête.

Quelques minutes plus tard, nous étions déjà à bord du vaisseau où P. G. Tigerstedt nous réserva un accueil affable. Il s'avéra qu'au retour des îles Chantar il avait fait escale sur l'Amagou, où Merzliakov lui avait appris que j'étais parti dans les montagnes et que je devais regagner la mer du côté de la rivière Kouloumbé. Les vieux-croyants lui avaient dit que l'Oudihé Salé et deux fusiliers devaient m'acheminer des vivres au Wanhinlatse, mais qu'en route, dans la tempête, leur canot avait été drossé sur des rochers et que leur chargement avait sombré. Ils étaient donc rentrés pour repartir aussitôt à notre rencontre avec des vivres. Alors Tigerstedt s'était résolu à se lancer à notre recherche. Dans la nuit, il avait atteint la Takema, puis demi-tour vers le Kouloumbé où il était arrivé à l'aube en donnant les coups de sirène que j'avais pris pour un bramement de cerf.

Tigerstedt se proposa de me ramener au détachement. Devant une table garnie de riches agapes et un bon verre de thé, nous ne vîmes pas le temps passer. Déjà nous arrivions sur l'Amagou.

Là, Merzliakov, alléguant ses rhumatismes, me demanda la permission d'embarquer pour Vladivostok. J'y consentis bien volontiers. Je libérai aussi en sa compagnie les fusiliers Diakov et Fokine, et lui ordonnai de revenir à notre rencontre sur le Bikin avec des réserves de nourriture et des vêtements chauds.

Une heure plus tard, le *Grozny* levait l'ancre.

Mes adieux avec P. G. Tigerstedt et A. N. Poehl se firent dans l'amitié. Debout sur la côte, je vis le commandant du vaisseau aposté à la passerelle. Il m'adressait des signes avenants en agitant sa casquette. Quand le *Grozny* se fut tant éloigné qu'on n'y distinguait plus les silhouettes humaines, je rentrai au village des vieux-croyants.

Désormais, le détachement ne comptait plus que sept hommes : moi-même et Dersou, Tchang-Pao, le sous-officier Zakharov, les fusiliers Arinine, Tourtyguine et Sabitov. Car les fusiliers n'avaient pas souhaité rentrer à Vladivostok, se portant volontaires pour rester avec moi jusqu'à la fin de l'expédition. Assurément, c'étaient les meilleurs hommes du détachement, les plus dévoués.

18. LE COURS INFÉRIEUR DU KOUSSOUN

La chaîne du Karaminski – Sables mouvants – La rivière Soyen – Petits torrents – La rivière Witouho – Les derniers oiseaux migrateurs – Poules volantes – Tribus indigènes sur le Koussoun – Un arbre sacré – Le logis du chaman – Maître de marine – Adieu Tchang-Pao – Le départ

Je me reposai durant les cinq jours qui suivirent en préparant une nouvelle expédition côtière en direction du nord.

L'hiver approchait. Les arbres, squelettes nus, semblaient sans vie. Leur joli feuillage, bruni et jauni, jonchait le sol à l'état de déchet. Qu'étaient devenues leurs flamboyantes couleurs dont la nature oussourienne est si riche au début de l'automne ? Dans la sylve et les prés, sur la mer et les cimes rocheuses, bref, où que s'arrêtât le regard, partout transpirait un sentiment de résignation au destin et d'une nostalgie chagrine, intraduisible dans le langage des hommes.

Il devenait de plus en plus difficile de nourrir les mulets, aussi décidai-je de les laisser aux vieux-croyants jusqu'au printemps.

Le 20 octobre au matin, nous nous mîmes en chemin. Le villageois Nefiod Tchérépanov se proposa de nous accompagner jusqu'à la rivière Soyen.

Plusieurs petites rivières se jettent ici à la mer, dont les hydronymes sont tous indigènes : Mèyakou, Naïna, Kalama, Guiakouni et Lossi.

Elles prennent leur source dans une chaîne de montagnes que les vieux-croyants appellent Karaminski et qui, parallèle à la côte, s'élève en ligne de partage des eaux entre l'Amagou et les rivières citées ci-dessus. Les cimes les plus hautes du Karaminski sont : le Kigankouni (1 225 pieds), la Renarde (832 pieds), le Verseau (2 648 pieds) et les Trois Frères (2 437 pieds). Toutes ont des contours aplanis et se composent de mélaphyres, de basaltes et de tufs.

Arbustive ou herbeuse, la végétation y est opulente. Par contre, elle est pauvre en arbres, comme sur l'ensemble du littoral. Il y pousse des bois clairsemés de mélèzes, d'aulnes, de chênes, de bouleaux noirs et blancs.

Ayant quitté l'Amagou à une heure plutôt tardive, nous ne pûmes aller bien loin. Nous passâmes la nuit au bord du Soyen.

Cette rivière (Soua ou Soaga en langue oudihé) provient de deux ruisseaux, la Gaga et l'Ogomi, chacun long de 7 ou 8 verstes, qui se rejoignent à 1,5 verste de la mer. La Gaga a deux affluents : à droite, le Noungui, qui reçoit le Dagassou, et le Douni ; à gauche, un seul torrent appelé Ada qui descend d'un col donnant sur le Koussoun. L'Ogomi aussi a deux affluents : la Kankhodia et le Tsagdamou. Près de son embouchure, le Soyen décrit une boucle plutôt courte, mais profonde, rattachée à la mer par un bras étroit. Cette anse, avec le marécage de sables mouvants qui la jouxte, se présente comme le vestige d'une ancienne lagune.

Quand nous arrivâmes à la rivière, il était près de 2 heures de l'après-midi. Un vent fort soufflait de la mer. Les vagues battaient la rive avec fracas dans une course écumante. Une langue de sable allait de la rivière à la mer. Je m'y engageai sans crainte. Or, soudain, je ressentis comme une lourdeur dans les jambes. Je voulus tourner les talons mais, horreur, me sentis cloué sur place. Je m'enfonçais lentement dans l'eau…

Je m'égosillai :

— Des sables mouvants !

Je m'agrippai à mon fusil, mais déjà la terre commençait de l'avaler à son tour.

Interdits, les fusiliers me regardaient sans comprendre. Mais Dersou et Tchang-Pao accoururent à cet instant. Ils se précipitèrent à ma rescousse : Dersou me tendit son bâton de marche pendant que Tchang-Pao me jetait du bois flotté. En me rattrapant par le bras à un tronc mort, je libérai d'abord une jambe, puis l'autre, et, non sans mal, parvins à me hisser sur la terre ferme.

D'après Tchérépanov et Tchang-Pao, les lises sont monnaie courante au bord de la mer. Le ressac brasse le sable et le rend dangereux pour le marcheur. Quand la mer se calme, alors la plage devient praticable – par les hommes et même les chevaux bâtés. Dans cette attente, nous n'eûmes pas d'autre choix que de nous encroûter sur la plage, c'est le cas de le dire.

À 5 verstes de la mer, il y a sur la Gaga, juste en face de l'embouchure de l'Ada, une source chaude. La roche qui l'entoure est la diabase. Disons plutôt deux sources : une froide et une chaude. Les deux se déversent par le bas dans un petit réservoir long de 7 pieds, large de 5 et profond de 2, dont le fond libère en chuintant du sulfure d'hydrogène. La température de l'eau y était de 28,1 °C contre 12 °C au sol près du réservoir, et 7,5 °C dans l'air.

Dans la nuit, la mer se calma. Tchérépanov avait dit vrai : au matin, le sable était devenu si dense que même les pieds n'y laissaient plus d'empreintes.

Près du Soyen, le Karaminski tend à reculer à l'intérieur des terres. Au nord, il gagne progressivement en altitude ; vers la mer, il déroule une chaîne de collines dont l'axe de prolongement est travaillé par les eaux.

Dans l'ordre : le mont Soïa (236 pieds), le mont Pelé (475), le mont des Trois-Rochers (793) et le mont Crêté (1 220).

D'ici au Koussoun, plusieurs torrents se jettent dans la mer, qui ont pour nom : Tioukhè, Ada, Omoulounga, Tchoualia, Ala, Èkhè.

Bien des promontoires ont inspiré des légendes indigènes, et notamment les deux que voici : Omoulen-Gakhani et Sougème-Onogoni. Le ressac a creusé là des grottes profondes, la roche s'est effondrée en laissant des aiguilles de pierre solitaires.

À une dizaine de verstes du Soyen, le sentier quitte la côte et, par un petit col, débouche sur le Witouho, premier affluent droit du Koussoun. Longue de presque 18 verstes, cette rivière coule le long de la côte du sud-ouest au nord-est. En chemin, elle reçoit un seul petit torrent sans nom. Les montagnes environnantes sont couvertes de bouleaux, chêneaux, épicéas sibériens.

La saison était déjà bien avancée, automnale, mais l'air était encore si chaud que les hommes marchaient vêtus de leurs seules tuniques. Le matin, il gelait. Mais, dans l'après-midi, la température montait jusqu'à 4-5 °C. L'automne long et tiède est la singularité de l'outre-Oussouri.

Bien que la saison fût très avancée, on voyait encore dans la forêt des oiseaux migrateurs ou non migrateurs. Dans les champs où pâturaient les chevaux des vieux-croyants, des étourneaux gris fourmillaient dans l'herbe sèche, l'air joueur et joyeux. Plus loin, dans un bois clairsemé, j'avisai un pic épeiche, oiseau très répandu et riche de ses multiples couleurs. Des mésanges à ventre blanc, remuantes, voletaient de-ci, de-là. D'autres oiselets les rejoignirent, parmi lesquels je reconnus le bruant à tête blanche. Ce dernier aurait dû migrer vers le sud depuis longtemps, mais l'automne était long et le printemps, tardif, aussi les migrations tardaient-elles d'autant. Nous croisions en chemin d'autres petits oiseaux bigarrés, qui avaient la tête tachetée de rouge. Des sizerins flammés, peut-être. Que ces visiteurs du nord fissent déjà leur apparition signifiait possiblement que les incendies de forêt de l'outre-Oussouri avaient fait naître de nombreuses boulaies où les oiseaux trouvaient une nourriture abondante. Il est probable que l'Amagou et le Koussoun marquent la frontière sud de leur aire de répartition en outre-Oussouri. Cet oiseau rose affectionne les forêts de montagne où il mène un mode de vie secret. Puis je vis deux buses asiatiques. Ces habiles rapaces tournoyaient dans les airs en décrivant de larges cercles. À notre approche, ils fondaient vers nous en poussant des cris perçants et en faisant des ronds au-dessus de nos têtes. Au bord d'un torrent, une pie bavarde était perchée sur un arbre. Je la reconnus à son plumage noir et blanc ainsi qu'à sa façon de jacasser. Quand notre détachement se fut approché d'elle, on la vit s'envoler gauchement, sa longue queue déployée.

Passé le col, le sentier s'engage dans la vallée marécageuse du Witouho. Au passage, il coupe quatre ravines aux marais envahissants, où poussent de rares mélèzes. Au sec, c'est le règne du chêne, du tilleul et du bouleau noir avec des sous-bois de spirées et de viorne dahure. Le sentier nous mena au bord d'un haut précipice, ancienne terrasse fluviale. Les arbres épars et les arbustes disparurent, nous avions devant nous la large vallée du Koussoun. À 1 verste de là se profilaient des fanzas chinoises.

Quand on tombe sur des habitations au bout d'un long voyage, hommes, chevaux et chiens se mettent à marcher d'un pas plus alerte. Ma chienne allait devant en fouillant les buissons du regard de part et d'autre du chemin. Bientôt, nous débouchâmes sur un champ. Le blé était moissonné et les meules, dressées. Soudain, Alpa marqua l'arrêt. « Des faisans, peut-être ? » me dis-je en préparant mon fusil.

J'avais remarqué qu'Alpa était très troublée : elle se retournait souvent comme pour me demander si elle devait continuer ou non. Je lui fis signe, elle s'avança prudemment en éventant fortement. À voir ses arrêts, je compris qu'il ne s'agissait pas de faisans, mais d'autre chose. Soudain, trois oiseaux s'envolèrent à grand bruit. Je tirai et ratai mon coup. Ils volaient avec une étrange lourdeur, battant courtement des ailes, avec une manière un peu gauche de planer pour se poser. En les suivant des yeux, je vis qu'ils avaient atterri dans la cour de la fanza la plus proche. C'étaient des poules domestiques. Comme les indigènes ne les nourrissaient pas, elles devaient se débrouiller elles-mêmes en plein champ. Pour ce faire, elles allaient loin des habitations. À l'évidence, elles avaient développé leur capacité de voler petit à petit, à force d'exercice. Quand des animaux leur faisaient peur, il leur fallait chercher le salut dans la fuite, y compris par la force des ailes.

Les poules et le sentier nous amenèrent à la fanza du vieil Oudihé Liourl, dont la famille comptait 5 hommes et 4 femmes.

Sur le Koussoun, les indigènes ne travaillent pas eux-mêmes aux cultures, mais s'attachent les services de Chinois. Ils s'habillent pour moitié à la chinoise, pour moitié à leur façon, et se parlent en langue mantsée, sauf pour se dire des secrets, auquel cas ils recourent à leur idiome natal. Le costume des femmes est remarquable par la richesse colorée des broderies ; la gorge, les bas de cotte et les manches sont ornés de boutons clairs, de petits coquillages, de grelots et clochettes, de telle sorte qu'à chaque mouvement la porteuse de cet accoutrement répand un chuintement sonore.

Je brûlais de connaître de plus près des Oudihés du Koussoun. Aussi, malgré l'invitation insistante des Chinois, je descendis chez les indigènes. Bientôt, je parvins à gagner leur confiance. Ils répondaient volontiers à mes questions et faisaient tout pour me rendre service. Dersou jouissait d'égards particuliers.

Quarante ans plus tôt, les Oudihés étaient si nombreux sur le littoral qu'aux dires de Liourl, les cygnes blancs qui migraient de la Samarga à la baie Sainte-Olga, en survolant leurs yourtes, devenaient noirs à cause de la fumée qui s'en échappait. Nombreux, les indigènes l'étaient surtout sur les rivières Tadouchou et Tioutikhé. Sur le Koussoun, il y avait 22 yourtes ; sur l'Amagou, 3 seulement ; et sur la Takema, 18. À l'époque, la frontière de leur territoire s'étendait jusqu'à la rivière Soutseho, voire plus au sud encore.

Comme partout, les Oudihés du Koussoun croulaient sous les dettes au profit des Chinois. Leur honnêteté originelle tendait à se déliter. Ils ne disaient plus combien ils avaient capturé de zibelines, mais refilaient les moins belles à leurs créanciers pour écouler les meilleures en douce à leur avantage. Cette forme de tromperie est le seul moyen qu'ils ont de lutter contre les Chinois qui les exploitent impitoyablement. De même, ils s'arrangent pour contracter le plus de dettes possible afin que le prêteur, craignant de ne pas recouvrer son avance, consente à des rabais. Parfois, ça marche ; mais parfois les Chinois, à bout de patience, en décousent cruellement avec leurs emprunteurs.

Je consacrai la journée du lendemain à l'exploration des alentours.

La rivière Koussoun (K'ousongkeou en chinois, Koui ou Kougui en oudihé) se jette à la mer au nord du cap Maximov. Il s'est formé, entre l'embouchure du Witouho et celle du Koussoun, une longue anse séparée de la mer par une digue de sable et de gravier d'une quarantaine de sagènes de large. Là viennent se réfugier les canots chinois surpris par la tempête. Autrefois, les pêcheurs japonais aussi, véritables rapaces, s'y mettaient à l'abri. À n'en pas douter, la vallée inférieure du Koussoun fut jadis une lagune, comme en bien d'autres points du littoral.

Le Koussoun s'en tient au bord gauche de la vallée. Il coule en un lit unique en formant de part et d'autre une multitude de bras morts secs qui jouent le rôle de canaux d'évacuation, grâce à quoi la rivière échappe aux crues en période de pluie. Pas un seul débordement depuis trente ans, d'après le témoignage des Oudihés.

La rive gauche, haute, étagée sous forme de terrasse, s'élève à 100 pieds et se compose d'une argile blanche émaillée de calcédoine. Quelque part dans les montagnes, les indigènes trouvent des morceaux d'obsidienne d'assez belle taille. La végétation du bas Koussoun est indigente et peu variée. Au bord de l'eau, sur les îles et dans les bras morts foisonnent des saules (*Salix acutifolia Willd.* et *S. viminalis Lin.*) pareils à de hauts peupliers pyramidaux dont les branches partent presque des racines en se dressant vers le ciel. On y rencontre aussi des trembles *(Populus tremula Lin.)* et beaucoup d'aulnes *(Alnus hirsuta Turcz.).*

Fertiles, les terres ne le sont que sur le bord droit de la vallée où le sol, riche, est composé de limons et de tchernoziom dans lesquels s'agglomèrent des galets et du sable. Conséquemment, il y pousse une herbe grasse avec, en particulier, des roseaux de type *Phragmites communis Trin.* pouvant atteindre une hauteur de 9 à 10 pieds. L'armoise commune *(Artemisia vulgaris Lin.)* évolue sur de vastes arpents dans le même environnement, ou bien séparément. Sur les alluvionnements de sable et de galets, c'est une autre armoise qui prolifère, l'*Artemisia campestris Lin.*, richement pennée, à la tige haute et ramifiée. Il y avait là d'autres fleurs et graminées à foison, mais tellement fanées qu'on ne pouvait les identifier de quelque manière. Il eût été inutile d'herboriser davantage.

Entre la chasse et la culture, les indigènes du Koussoun traversaient un stade transitoire. Pour cause d'éloignement, l'influence chinoise ne jouait guère, aussi pus-je observer bien des choses désormais inexistantes au sud de l'Oussouri. Près d'un étang profond, par exemple, je vis la figuration d'un arbre sacré appelé Tkhoun, entièrement sculpté, chamarré d'idoles représentant des humains, des oiseaux et des bêtes sauvages. C'est un lieu interdit : ici vit Ogzo, un esprit maléfique.

Et voici l'histoire de l'arbre : il y a quelques années, une famille oudihée s'installa près de l'étang, 3 hommes, 3 femmes et 7 enfants. Une nuit, l'un des frères, en sortant de la fanza, entendit un soufflement et un clapotement dans les eaux de l'étang. Quand il se fut rapproché, il vit un gros animal qui ressemblait à une otarie de Steller. Or, l'étang n'était rattaché ni à la mer ni à la rivière. Pris de peur, l'Oudihé rentra vivement à la maison. Là, tout le monde jugea que c'était le diable. Un peu plus tard, les enfants moururent un à un. On fit venir le chaman. Au bout du deuxième jour d'incantations, il montra un lieu où planter une sculpture d'arbre sacré, mais, là encore, sans résultat. La mort les emportait l'un après l'autre. À l'évidence, le diable avait pris ses quartiers dans la maison même. Ne restait qu'à lui céder la fanza, ce que l'on fit. Avec les biens qu'on avait, on migra sur le Woulengkeou.

Le logis du chaman se trouvait à 1 verste de l'arbre d'ornement. À voir le décor, je le reconnus tout de suite. Quatre pieux bordaient le chemin, affublés de grossières figurations humaines. C'étaient des *tzaïgda*, les gardiens de la route. S'ils portaient des couteaux sur la tête, c'était pour repousser le diable. Des crânes d'ours et des figurines en bois pavoisaient les arbres. Des souches étaient fichées en terre, à l'envers, les racines en l'air, elles aussi porteuses de sommaires figurations humaines. À l'entrée du logis se dressait une grande idole en bois, Mangni-Sevokhi, une épée et un javelot dans les mains, avec, à ses côtés, deux mélèzes ébranchés, dont l'écorce était découpée en rondelles.

L'intérieur de la fanza ne se distinguait en rien de celui des autres fanzas indigènes. Un tambour pendait au mur, avec sa baguette, une ceinture et ses grelots, une tunique de chaman avec ses ornements et un masque en bois frangé d'une peau d'ours. Le chaman le met à son visage pendant les incantations dans le dessein d'effrayer le diable.

Le vieux Liourl m'apprit que le Koussoun était, sur le littoral, la rivière la plus au sud par laquelle on pouvait accéder au col du Bikin, la plus au nord étant le Yedin (cap Gladki). Par ce dernier, l'on pouvait déboucher tant sur le Bikin que sur le Khor selon celui des deux affluents que l'on choisissait de remonter. Il me dit aussi que, sur le littoral de l'outre-Oussouri, l'automne traînait toujours en longueur et que l'embâcle commençait un mois, voire un mois et demi plus tard qu'à l'ouest de la ligne de partage des eaux. Pour cette raison, je décidai de longer le littoral aussi longtemps que les rivières ne seraient pas prises par les glaces, et, après seulement, de prendre la direction du Sikhotè-Alin.

Nous tombâmes, dans les boucles du Koussoun, sur un vieux canotier, le Mandchou Heipat'eou, ce qui signifie « doyen de la mer ». C'était un marin aguerri qui naviguait en mer du Japon depuis l'âge le plus tendre. Son père, qui vivait de la mer, l'avait initié tout petit. Autrefois, il sillonnait les eaux côtières de l'Oussouri-Sud, mais, sous la pression des Russes, il avait dû migrer au nord.

Heipat'eou envisageait de faire un dernier aller et retour jusqu'à la rivière Samarga. Tchang-Pao le convainquit de nous accompagner le long de la côte : lui en mer et nous sur terre. Il fut décidé que, dès le lendemain, les Oudihés achemineraient nos affaires à l'embouchure du Koussoun pour les charger dans le canot de Heipat'eou en fin de journée.

À notre retour, le crépuscule était déjà bien avancé. Les fanzas s'illuminèrent. Presque tous les Chinois et les indigènes s'entassèrent sous notre toit. On était très à l'étroit avec tout ce monde. Dersou m'annonça que « tous les gens » étaient là pour rendre hommage à notre expédition qui avait manifesté beaucoup de bienveillance à leur endroit. Les Chinois, qui avaient apporté vodka, viande de porc, farine et légumes, apprêtèrent le dîner.

Je me couchai tôt sans attendre la fin des agapes. Dans la nuit, je vis un rai de lumière sous la porte et j'entendis des voix, mais point de disputes ni de beuveries, les Mantsés parlaient tranquillement des choses à venir.

Levé de bonne heure, je m'attelai aussitôt aux préparatifs. D'expérience, je savais que les indigènes prendraient du temps à se mettre en route si je ne les aiguillonnais pas. J'avais vu juste. Les Oudihés commencèrent par raccommoder leurs chaussures, puis ils réparèrent les canots, et nous ne pûmes partir que sur les coups de midi.

Là, sur le Koussoun, il nous fallut prendre congé de Tchang-Pao qui était appelé par des obligations sur le Sankhobé. Il refusa d'être payé et me promit son aide pour le cas où j'aurais à revenir sur le littoral l'année suivante. Une poignée de main, et chacun prit sa route. J'allais vers l'ouest, et lui vers le sud. Une fois le Koussoun franchi, nous gravîmes une terrasse et prîmes la direction du Takhobé, à 7 verstes du Koussoun.

De là au Takhobé, le littoral est fait de tufs et de laves basaltiques. Les tufs, par l'action de l'eau douce et des rayons du soleil, revêtent une belle et riche coloration.

À l'aube, le gel fut plutôt mordant (-10 °C), mais la température monta avec le soleil. À 1 heure de l'après-midi, elle atteignit 3 °C. Au bord de la mer, l'automne est très particulier : on avance carrément en bras de chemise dans la journée, on enfile le molleton dans la soirée et l'on s'emmitoufle dans les fourrures pour la nuit. J'envoyai donc nos vêtements chauds par la mer, en canot. Ainsi, nous n'emportions que nos armes et nos provisions de la journée. Heipat'eou devait naviguer jusqu'à l'embouchure du Takhobé pour nous y attendre.

Sur les 7 verstes qui séparent le Koussoun du Tabokhé, plusieurs torrents de montagne se jettent à la mer. Les indigènes les appellent Dogou, Tokhonksi, Sioudy et Diensou.

19. LA TRIBU DES SOLONS

La rivière Takhobé – Offense à l'écureuil – Le logis du diable – Orage et neige – Agdy (dieu de la foudre) – Le régal des Solons – Un col enneigé – La résistance des indigènes au froid – La rivière Koumoukhou – Les élans – Retour à la mer

L'EMBOUCHURE DU TAKHOBÉ se situe entre les caps Maximov et de l'Olympiade. Autrefois, elle s'appuyait sur le bord droit de la vallée, puis elle se déporta en laissant un bras mort qui, par la suite, se transforma en marécage.

Le bas Takhobé est modiquement boisé d'ormes, de tilleuls, de chênes et de bouleaux noirs. Les espaces ouverts, dégagés et propres au peuplement se trouvent plus haut, à 2 ou 3 verstes de la mer, où nous découvrîmes une petite fanza. D'abord, je pris ses habitants pour des Oudihés ; mais, au soir, j'appris que c'étaient des Solons.

En apparence, ces gens ne se distinguaient guère des indigènes, à peine me parurent-ils plus petits de taille et dotés d'une ossature plus développée. De plus, ils se révélèrent plus remuants, plus expansifs. Ils parlaient le chinois, mais aussi un dialecte moitié solon, moitié golde. Leurs vêtements non plus ne se distinguaient pas du costume oudihé, avec peut-être moins de chamarrures et d'ornementations.

La famille se composait de 10 personnes, le vieux père, 2 fils adultes, leurs femmes et 5 enfants en bas âge.

Comment, venant de Mandchourie, s'étaient-ils retrouvés ici ? De mes questions, il ressortit ce qui suit. Autrefois, ils vivaient sur le Songhua, puis s'étaient établis sur le Nor, affluent de l'Oussouri. Quand les *honghoutse* déferlèrent en meutes dans la région, le gouvernement chinois y envoya ses troupes. Nos Solons furent pris entre deux feux : d'un côté, les *honghoutse* ; de l'autre, les troupes régulières qui massacraient tout le monde sur leur passage. Alors ils fuirent sur le Bikin, franchirent ensuite le Sikhotè-Alin et finirent par se fixer sur la côte.

Je passai les quatre jours qui suivirent à explorer les rivières Takhobé et Koumoukhou.

Le cadet des Solons, nommé Datsarl, se proposa de nous accompagner. C'était un jeune homme de robuste constitution, sans moustache ni barbe. De fière allure, il regardait les soldats de haut. Je notai malgré moi la légèreté de sa démarche, l'habileté et l'élégance de ses mouvements.

On se mit en chemin le 23 octobre au matin.

Long de près de 60 verstes, le Takhobé coule d'ouest en est en tirant légèrement vers le sud. Ses deux rives, éloignées l'une de l'autre de 150 sagènes, déroulent des bandes de galets jonchés de chablis et de souches.

Il reçoit dans sa course nombre de torrents. À droite, le Kodé avec ses affluents Khouaty, Bonoksé et Boulania ; puis le Khoulialigui, le Bali, l'Onioukhi, l'Anmali et la Taksa. Entre eux s'élève le mont Angoukhi à la cime coiffée d'un rocher de forme singulière qui exalte l'imagination des Solons ; viennent ensuite l'Onioukhi, l'Anmali, le Dadassou et la Ta-a. À gauche, le Takhobé reçoit le Kantchou, l'Agdykhé-1 et l'Agdykhé-2 dont les vallées sont brûlées de part en part.

Le 24, nous étions à la rivière Bali ; le 25, nous approchions de la ligne de partage des eaux. Les montagnes perdaient de leur relief, remplacées par de modestes collines aux pentes peu déclives.

En 1907, le cèdre (pin de Sibérie) donna beaucoup de pignons dans la région côtière, mais pas à l'ouest du Sikhotè-Alin ; en revanche, beaucoup de glands dans le bassin de l'Oussouri, alors qu'à l'inverse les chênes du district oussourien ne donnèrent rien.

Nous marchions le long de la rive gauche du cours d'eau. Datsarl, Dersou et moi allions devant, Zakharov et Arinine fermaient la marche à une cinquantaine de pas en arrière.

Soudain, un écureuil se montra sur un chablis. Assis sur son postérieur, la queue sur le dos, il rongeait un cône de cèdre.

À notre approche, il saisit son butin et fila sur un arbre. De là-haut, il jetait sur nous des regards curieux. Le Solon s'approcha du cèdre à pas feutrés, lança un cri et, de toutes ses forces, frappa le tronc avec un bâton. Effrayé, l'écureuil lâcha son butin et monta plus haut. Le Solon n'attendait que ça. Il ramassa la pomme de pin et, sans accorder la moindre attention à l'animal offensé, continua son chemin. Nous rîmes de bon cœur. Dersou, qui ignorait cette façon de récupérer les cônes, décida d'employer à l'avenir la méthode des Solons.

— Te fâche pas, dit-il pour consoler l'écureuil. Nous marche par terre, comment trouver pignons ? Toi regarde là-haut, pignons beaucoup.

Il pointa le doigt sur un grand cèdre. L'écureuil, qui sembla le comprendre, s'élança dans la direction indiquée.

À ce propos, quelques mots sur l'écureuil. Celui de la région a pour appellation scientifique *Sciurus vulgaris mandshuricus.* Ce rongeur possède un corps allongé et une longue queue bien fournie. Sa jolie tête, plutôt petite, est ornée de grands yeux noirs et d'oreilles arrondies, ténues, qui se terminent par une touffe de longs poils noirs disposés en éventail. Robe gris cendré, queue et tête noires, ventre blanc. On rencontre parfois de rares spécimens à taches jaunes.

L'écureuil est un animal tantôt sédentaire, tantôt nomade, selon que la nourriture abonde ou pas dans le quartier qu'il s'est choisi. Capable d'anticiper les pénuries et les excédents, il migre tour à tour dans les chênaies, les cédraies, les sous-bois de noisetiers. De toute la journée, il ne cesse de bouger. Même par temps de pluie, il sort de son trou et court de branche en branche. On peut dire qu'il ne supporte pas la tranquillité. Il ne se couche qu'à la nuit, sur le flanc, en pelote, la queue sur la tête. Dès qu'il fait jour, il est sur pattes. À croire que le mouvement lui est aussi indispensable que l'eau, la nourriture et l'air.

Il y a une vingtaine d'années, une peau d'écureuil coûtait 20 kopecks. Son prix augmente avec la demande. Aujourd'hui, elle est d'environ 2,5-3 roubles pièce.

Les principaux prédateurs de l'écureuil sont la martre, la zibeline et l'homme.

Toute la journée, l'air fut ténébreux. Une toile d'araignée de nuages étagés et filandreux bouchait le ciel. Des « couronnes » nimbèrent le soleil, qui se resserraient au point de ne plus former qu'une tache uniforme. Le silence régnait dans les bois, mais le couvert forestier donnait déjà prise au vent.

Cela, manifestement, inquiéta Dersou et le Solon qui se disaient des choses en levant les yeux vers le ciel.

— C'est mauvais, dis-je, voilà le vent qui souffle du sud.

— Non, soupira Dersou, plutôt souffler par là.

Là-dessus, il pointa le doigt vers le nord-est.

Croyant qu'il se trompait, j'allai pour lui donner la réplique quand il me coupa :

— Regarde oiseau ! Se tient face au vent.

En effet, une corneille perchée sur un sapin faisait face au nord-est. Pour que le vent lui glissât sur les plumes, c'était la position la plus appropriée. Se fût-elle placée de dos ou de côté que la bise lui aurait traversé le plumage, et alors elle eût été transie.

Au soir, le ciel se couvrit de lourds nuages, la tiède irradiation du sol alla diminuant, et la température de l'air monta de 2 à 10 °C. C'était mauvais signe. À toutes fins utiles, nous veillâmes à bien ancrer les tentes et à ramasser le plus de bois possible. Vaines craintes, car la nuit se passa sans encombre.

À peine réveillé, je jetai un œil sur le ciel. Les nuages s'étiraient en bandes parallèles dans le sens nord-sud.

Il n'y avait pas de temps à perdre. Nous fîmes prestement nos sacs pour attaquer la remontée du Takhobé.

Je comptais atteindre le Sikhotè-Alin le jour même, mais le mauvais temps nous en empêcha.

Vers midi, d'épaisses ténèbres s'infusèrent dans l'air. Les montagnes, bleu foncé, devinrent lugubres. Sur le coup de 4 heures, une pluie violente tomba en trombes, qui se changea bientôt en une neige dense et mouillée. Le sentier blanchit aussitôt : on le voyait maintenant courir au loin parmi les fourrés et les chablis. Le vent se fit mordant, à rafales.

Il fallait bivouaquer. Un rocher solitaire se dressait là non loin de la rivière, côté droit, pareil aux ruines d'un château aux angles plantés de tours. À ses pieds poussaient de jeunes bouleaux. L'endroit me parut convenir et, d'un signe, j'ordonnai l'arrêt.

Les fusiliers allèrent ramasser du bois pendant que le Solon s'occupait de tailler des piquets pour la tente, dans la forêt. Une minute plus tard, je le vis revenir en courant. À une centaine de pas du rocher, il s'était arrêté, avait levé les yeux, puis pris encore un peu de recul, et maintenant, de retour au bivouac, il racontait quelque chose à Dersou avec des accents d'inquiétude. Le Golde, à son tour, leva les yeux sur le rocher, cracha par terre et jeta sa hache.

Là-dessus, les deux hommes vinrent me voir en me priant de déménager le bivouac. Quand je demandai pourquoi, le Solon me répondit qu'en taillant du bois au pied du rocher il avait été lapidé deux fois par le diable. Dersou et le Solon y mettaient tant de persuasion, et avec une telle expression d'angoisse sur le visage, que je cédai en leur proposant de descendre d'une ou deux centaines de sagènes. Là, nous trouvâmes un endroit encore plus propice que le précédent.

Comme un seul homme, tout le monde se mit au travail : on ramassa du bois et l'on fit de grands feux. Dersou et le Solon s'appliquèrent à construire une sorte de clôture, ce qui prit beaucoup de temps. Ils abattaient des arbres, les fichaient en terre, les étayaient par des bâtons. Même leurs couvertures y passèrent.

En réponse à mes questions, Dersou me dit qu'ils avaient érigé la clôture pour empêcher le diable de voir ce que l'on faisait au bivouac. Je trouvai cela drôle, mais n'en fis rien paraître pour ne pas froisser mon ami.

Près de là, mes fusiliers ne se souciaient guère de savoir si le diable les épiait d'en haut ou pas. Leur grande préoccupation, c'était plutôt le dîner.

Dans la soirée, le mauvais temps s'accentua. Les hommes se retranchèrent au fond des tentes en buvant du thé pour se réchauffer.

Vers 11 heures du soir, soudain, il neigea. Puis une lumière stria le ciel.

— Un éclair ! s'exclamèrent les soldats à l'unisson.

Je n'eus pas le temps de répondre qu'un brutal coup de tonnerre retentit.

Cet orage mêlé de neige dura jusqu'à 2 heures du matin. Les éclairs fulguraient souvent avec des éclats rouges. Le tonnerre frappait en roulant, ample et puissant. On sentait l'air et la terre se convulser.

Neige et orage… C'était tellement inhabituel que tous les regards se tournaient vers le ciel, mais un ciel si noir que seules les fulgurations laissaient entrevoir les lourds nuages qui filaient vers le sud-ouest.

Il y eut un coup de tonnerre particulièrement assourdissant, et la foudre frappa le fameux rocher. Au fracas s'en ajouta un autre : c'était un éboulement. Il fallait voir l'émoi du Solon qui crut que le diable, courroucé, cassait l'escarpement. Il fit encore un feu et se cacha derrière la clôture. Je regardai Dersou. Il me parut troublé, étonné, voire effrayé : le diable jetant des pierres de son rocher, l'orage et la neige, la montagne qui s'écroulait… tout était lié dans son esprit.

— Èndouli[33] chasser diable, dit-il d'une voix satisfaite.

Exalté, il se mit à parler au Solon.

Puis l'orage s'éloigna, mais les éclairs zébrèrent encore longtemps le ciel en jetant à l'horizon une opalescence rutilante qui, à ces instants, éclairait nettement dans le lointain le contour des montagnes et les lourds nuages d'où jaillissait une pluie mêlée de neige.

Le tonnerre roulait sourdement de loin en loin en secouant la terre et l'air.

Le thé bu, les fusiliers se couchèrent. Quant à moi, je veillai encore longtemps près du feu à questionner Dersou sur le diable et l'orage neigeux. Il s'y prêta de bonne grâce.

Le tonnerre, c'était Agdy. Quand le diable s'attardait quelque part, le dieu Èndouli lui envoyait l'orage, et Agdy chassait le diable. Le diable logeait donc bien là où la foudre avait frappé. Une fois le diable parti, c'est-à-dire après l'orage, la paix régnait alentour :

les animaux, les oiseaux, les poissons, les herbes et les insectes aussi comprenaient que le diable était parti, et cela leur rendait la joie de vivre…

À propos de l'orage neigeux, il me dit qu'autrefois le tonnerre et les éclairs ne venaient qu'à l'été ; c'étaient les Russes qui avaient apporté les orages d'hiver. Celui-là était le troisième qu'il voyait de son vivant.

En parlant, on ne vit pas le temps passer.

L'aube parut… L'on vit se détacher de l'obscurité des montagnes couvertes de forêts, le « rocher du diable » et les buissons penchés sur la rivière, le tout présageant un temps maussade… Mais au levant, soudain, perça une aurore pourpre qui mit le feu au ciel gris. Et ce rayonnement rose doré découpa nettement les formes de chaque arbuste, de chaque branche.

Médusé, je regardais les rais du soleil levant jouer de leur lumière.

— Et maintenant, mon vieux, il est temps de piquer un petit somme, dis-je à mon compagnon, mais Dersou dormait déjà, la tête appuyée sur un tronc d'arbre qui traînait par terre, près du feu.

Le lendemain, tout le monde dans son sommeil laissa filer les premières heures du jour. On se leva très tard.

Les nuages se mouvaient encore dans le ciel, mais n'avaient plus le même air terrifiant que dans la nuit.

On mangea un morceau, on but un bon thé et l'on continua la marche en amont du Takhobé qui devait nous conduire au Sikhotè-Alin.

Du bivouac à la principale chaîne du massif, il restait une journée de marche. De l'autre côté, l'on trouverait la rivière Mykhé, affluent du Bikin. Celle-ci coule le long du Sikhotè-Alin.

Plutôt que de suivre ce chemin, je tournai à droite le long du torrent Ada dans l'intention de déboucher ainsi sur l'un des affluents supérieurs du Koumoukhou et de le descendre jusqu'à la mer.

À l'heure du crépuscule, l'on n'avait toujours pas atteint la ligne de partage des eaux ; aussi fit-on le bivouac en pleine forêt.

Dans la soirée, le Solon tua un écureuil. Il le dépiauta, puis l'empala et le mit à rôtir en fichant la broche en terre près du feu. Ceci fait, il prit l'estomac de l'animal et le posa sur les braises, puis il commença d'en déguster le contenu dès que le mets eut rosi. Les fusiliers crachaient de dégoût, mais cela ne troubla guère le Solon qui dit que l'écureuil était un animal pur ne se nourrissant que de noisettes, noix, pignons et champignons. Il nous offrit d'en goûter. Tout le monde refusa…

À ce moment, Arinine, en arrangeant le feu, fit tomber le rôti d'écureuil. Alors le fusilier le remit en place, mais, cette fois, la tête en bas. Le Solon s'agita et le retourna aussitôt la tête vers le haut. Ce faisant, il dit qu'un écureuil ne pouvait être rôti que de la sorte, car sinon il se fâcherait, et alors la malchance marquerait le chasseur. Pour le poisson, c'était le contraire : la tête en bas, côté feu, et la queue en haut.

Le 28 octobre fut un jour aussi gris que la veille. Les torrents grondaient encore dans les montagnes, mais déjà les premiers signes du gel se faisaient ressentir. Les eaux charriaient une soupe de cristaux, des glaces se formaient sur les rives et dans les fonds.

L'ascension commença dès le départ du bivouac. Plus nous montions, plus il y avait de neige. Sur le col, elle nous arrivait aux genoux. La forêt vert sombre s'était parée de blanc, ce qui lui donnait un air de fête. Alourdies de neige, les ramures des sapins tiraient vers le bas, tendues, jusqu'à ce qu'une ramille ou un cône leur tombât dessus en secouant leurs opulentes étoupes blanches, ce qui ne manquait pas, au passage, d'arroser les marcheurs d'une poudre de cristaux fins.

Une pleine et entière sensation d'hiver.

Un silence étonnant régnait dans la forêt…

Les données barométriques indiquaient une altitude de col de 2 900 pieds.

Le Solon nous pressait, disant qu'il allait bientôt souffler un vent de nord-ouest, et malheur à nous si la tempête nous prenait là.

Le blizzard est un phénomène courant dans les montagnes si le vent se lève sur une neige fraîche et poudreuse.

Les signes avant-coureurs d'un tel vent étaient bien là : les nuages filaient plein est, plus fins, plus transparents, laissant déjà voir la position du soleil.

Obéissant au Solon, je pressai le pas.

La descente du col vers le Koumoukhou se révéla aussi abrupte que la montée, côté Takhobé.

La forêt qui habillait la pente nord de la crête de partage des eaux entre les bassins de ces deux rivières est mixte, morne, jonchée de chablis.

La prédiction du Solon se vérifia dans les faits. Quand nous fûmes en bas, un bruit retentit dans les hauteurs et dévala en s'amplifiant.

Je me retournai : les sommets enneigés soulevaient des panaches. Le blizzard se levait.

Un petit torrent nous conduisit à une rivière pierreuse et encombrée de chablis, le Tsaoni, qui se jetait dans le Koumoukhou par la droite.

Après la pause méridienne, nous sortîmes de ce cimetière de troncs morts et, au soir, débouchâmes sur les hauts du Khoumoukhou, lequel, à cet endroit, ne dépasse guère en largeur le Tsaoni et ne s'en distingue pas fondamentalement. Sa largeur ici n'excède pas les 2 sagènes pour une profondeur de moins de 2 pieds.

En remontant de là au Sikhotè-Alin, le col donnait sur le même Mykhé, mais à hauteur de ses sources. Les indigènes comptent un jour de marche.

Comme toujours, nous bivouaquâmes au bord de la rivière.

Au soir, le ciel se purgea de ses nuages. La nuit promettait d'être froide. Comptant sur ma couverture, je me couchai à l'écart du feu pour céder la place au Solon, lequel était vêtu de piètres hardes. Vers 3 heures du matin, je me réveillai transi. J'eus beau m'envelopper davantage, rien n'y fit : le froid s'insinuait de partout et me soufflait soit à l'épaule, soit dans les jambes. Je dus me lever.

Alentour, le noir était d'encre. Plus de feu. J'attisai les braises mourantes. Au bout d'une minute, une flamme se leva, éclairant les environs. Zakharov et Arinine avaient fait leur couche à l'abri de la tente, et Dersou dormait assis.

En ramassant du bois, je trouvai le Solon endormi à l'écart, loin du feu. Ni couverture ni vêtements chauds. Il dormait sur une litière de ramures de sapin, couvert d'une simple tunique en tissu. Craignant qu'il ne prît froid, je le secouai à l'épaule, mais l'autre était dans un sommeil de plomb, si profond que je dus le réveiller de force. Datsarl se leva, se gratta la tête, bâilla, puis se coucha à la même place et ronfla comme un sonneur.

Les indigènes supportent le froid avec une étonnante endurance. Ils y sont habitués tout petits, du jour où ils aspirent leur première bolée d'air.

Je me réchauffai un peu près du feu avant de rejoindre les fusiliers sous la tente. Alors seulement je m'endormis tranquillement.

Le lendemain matin, on se leva de bonne heure. Comme nous étions à court de vivres, il fallait faire vite. On déjeuna du rôti d'écureuil, de restes de galettes cuites sur les cendres et d'une timbale de thé bien chaud.

Quand on se mit en route, le soleil se levait à peine. Lumineux et radieux, il monta au-dessus de la forêt en éclairant les cimes enneigées.

Le Koumoukhou (Koummou en langue oudihée), baptisé Kouznetsova par les Russes, prend sa source sur les hauteurs du Sikhotè-Alin et coule dans le sens latitudinal pour ne tirer vers le sud que dans son cours inférieur. Il se jette dans la mer du côté du cap de l'Olympiade (46° 12,5' de latitude nord et 138° 20' de longitude et d'après le méridien de Greenwich). En chemin, il reçoit : à gauche, les rivières Yaassa-1, Yaassa-2, Ousmaga, Tapkou, Nogo, Tagdy, Khandiami, Dyongo ; à droite, outre le Tsygoni par lequel nous étions arrivés, les rivières Ligo, Tsaolosso, Boutytché et Amoukty. Cette dernière conduit à un col donnant sur le Svaïn qui se jette dans la mer plus au nord que la Kouznetsova.

Les Oudihés remontent en canot jusqu'au Tagdy. Plus haut, le voyage n'est faisable que sur les glaces du Koumoukhou, en traîneau. Sur le cours moyen, entre le Tagdy et la Yaassa, l'on aperçoit des traces d'anciens incendies. Comme partout, les forêts ont souffert en altitude et ne se sont conservées que dans les vallées.

Intéressante, la rivière Koumoukhou l'est aussi parce qu'elle se trouve à cheval entre deux flores, celles de la Mandchourie – par les vallées – et de l'Okhotsk – par les montagnes. Comme si l'une entrait en coin dans l'autre. Maintenant que les feuilles des arbres étaient tombées, on voyait nettement, du haut du massif, où s'arrêtaient les feuillus et où commençaient les résineux. Les vallées semblaient grises, et les montagnes, gris foncé.

On trouve encore ici où là dans la végétation arbustive des spécimens de la flore mandchoue. Par exemple, 1/le noisetier mandchou *(Corylus mandshurica Maxim.)* dont les involucres s'étirent en longs cornets et possèdent un tissu dense de « cheveux » piquants; 2/la rose aciculaire *(Rosa acicularis Lindl.)* aux fruits très allongés qui tiennent aux branches presque tout l'hiver; 3/la viorne au feuillage d'érable *(Viburnum sargentii Koehne)* qui produit pléthore de fruits rouges translucides et juteux; 4/dans la famille des iridacées, la dioscorée grimpante *(Dioscorea quinqueloba Thunb.)* dont les spécimens mâles et femelles présentent des différences notables; 5/l'actinidier panaché *(Actinidia kolomikta Maxim.)* qui forme d'épais fourrés dans les sous-bois; et 6/la liane aux cinq saveurs *(Schizandra chinensis Baill.)* avec ses grappes de baies rouges qui laissent à la bouche une légère brûlure poivrée.

Le cours moyen du Koumoukhou est large de 10 sagènes et profond de 3 pieds au milieu de son lit. Quand les eaux sont basses, la vitesse du courant est en moyenne de 8 verstes par heure.

D'après les indigènes, il y a près de la mer des veines de charbon qui affleurent la surface.

Malgré nos efforts, nous ne pûmes aller plus loin qu'à la rivière Tagdy ce jour-là. Nous étions encore à une vingtaine de verstes de la mer.

Quand un voyage tire à sa fin, on presse toujours le pas, car on brûle d'arriver. Dans les faits, nous ne gagnions rien à atteindre la mer. De l'embouchure du Koumoukhou, nous remonterions de nouveau une énième rivière dans des montagnes où nous bivouaquerions comme ici en ramassant du bois pour la nuit. Et pourtant, chaque fin de voyage a son charme. On se coucha donc de bonne heure pour se lever au plus tôt.

Le lendemain, au premier rougeoiement des feux du levant, tout le monde se leva comme un seul homme, et l'on se prépara pour la route. Je pris une serviette pour aller me laver à la rivière.

Paisible, ensommeillée, la nature goûtait encore au repos d'avant l'aube. La rivière exhalait des vapeurs froides. Une abondante rosée descendait sur la terre. Mais voilà qu'une brise matinale traversa la forêt. La brume se mit en mouvement et laissa voir la rive d'en face. Le bruit du bivouac retomba : les hommes se sustentaient. Soudain, un roulement de galets parvint à mes oreilles. Quelqu'un marchait là. Je me retournai et vis deux ombres : l'une haute, l'autre plus basse. Des élans, la mère et son petit de 1 an. Ils s'approchèrent de la rivière et s'y abreuvèrent avec avidité. La femelle secoua la tête et, de ses dents, se gratta le flanc. J'étais en arrêt devant ces animaux admirables, et craignais que les soldats ne les vissent. Tout à coup, elle sentit le danger et se mit à regarder vers nous, ses grandes oreilles bien dressées. En tombant de ses lèvres, l'eau faisait des ronds sur la moirure tranquille de la rivière. L'animal tressaillit, émit un son rauque et fila vers la forêt. À cet instant, la brise reprit, qui plongea la rive opposée dans le brouillard. Zakharov tira sans faire mouche, ce dont je me réjouis secrètement.

Enfin, le soleil se leva. L'étoupe brumeuse revêtit une teinte orangée. À travers, on devinait les buissons, les arbres, les montagnes...

Une demi-heure plus tard, nous battions le sentier de nos semelles en bavardant joyeusement.

En basse vallée, le Koumoukhou éclate en bras et forme des îles. Il y a là deux espaces dégagés propres au peuplement. Les clairières sont séparées les unes des autres par une épaisse forêt de hêtres, bouleaux, tilleuls, peupliers noirs, chênes, etc. Près de son embouchure, la rivière dessine une large anse de 9 à 11 pieds de profondeur. Plus à gauche s'étend un marécage, signe que cette anse, autrefois plus grande, se présentait comme une lagune. Les hautes falaises côtières (cap de l'Olympiade) sont faites de basaltes à la stratification arciforme originale.

Un vieux-croyant nommé Dolganov s'était installé dans une clairière proche de la mer. Il vivait de l'exploitation des indigènes établis sur les rivières voisines. Comme je n'avais guère envie de descendre chez un homme qui prospérait sur le dos des pauvres, nous allâmes droit à la mer où nous retrouvâmes Heipat'eou et son canot. Il avait atteint le Koumoukhou le jour même où il était parti du Koussoun et nous attendait là depuis bientôt une semaine.

Dans la soirée, les fusiliers firent de grands feux. Ils avaient l'humeur aussi joyeuse que s'ils étaient de retour à la maison. Habitués à courir la nature, ils ne remarquaient plus les rigueurs d'une telle existence.

Nous fîmes une halte de vingt-quatre heures. Il fallait récupérer et remettre nos effets en état.

Ainsi vint le 1er novembre, premier mois d'hiver. Au matin, il gelait à -10 °C par un vent de 120 à l'anémomètre.

De quelque côté que le vent souffle – de la terre à la mer, ou inversement – il circulera toujours par les vallées. Quand celles-ci sont orientées au nord-ouest, le vent souffle avec une telle force qu'il renverse les arbres et emporte les toitures. En général, le vent se calme au lever du soleil pour reprendre vers 4 heures de l'après-midi.

Du Takhobé au Koumoukhou, il existe un sentier de marche. Il passe par les montagnes et longe la mer d'assez près, à une distance d'une quinzaine de verstes. D'un point de vue topographique et géologique, l'espace compris entre les deux rivières se présente comme un vaste manteau de lave. Ce sont désormais de hautes collines ravinées en profondeur. Jadis, il y eut ici une belle forêt. Maintenant, il n'en reste que des souches et de rares troncs morts sur pied. Lesdites ravines envoient à la mer les torrents Tsalla, Ankouga, Lolobinga, Takhaloun, Kalam et Koumoloun.

Canot à voile en manche de Tatarie (1907).

20. AU CŒUR DE L'OUTRE-OUSSOURI

Petits fleuves côtiers – Brume sèche et son acoustique – L'odorat du chasseur – Inquiétude et doutes – Col débouchant sur la rivière Nakhtokhou – Les empreintes d'un homme – L'Oudihé Yanseli

Sur la rivière Kouznetsova, nous fîmes nos adieux au Solon. Il s'en retourna chez lui, sur le Takhobé, et nous reprîmes la route du nord. Ordre fut donné à Heipat'eou de longer la côte par la mer et de nous attendre à l'embouchure de la rivière Kholonkou.

Après le Koumoukhou, cinq petits torrents se succèdent, tous porteurs de noms oudihés. Respectivement : le Siouyen (Svaïn en russe, Babkova sur les cartes), l'Omosso, l'Iliantou et le Yaktyga. Aux sources de l'Omosso se dresse un mont au sommet pelé qui, pour cette raison, s'appelle le mont Nu. Une autre montagne dite la Haute (Vyssokaïa) se trouve non loin de la mer, entre l'Omosso et l'Iliantou. Du Koumoukhou au cap Sossounov, en direction du nord, le littoral est fait de granits, de gneiss et de syénites.

La rivière Svaïn, près de la mer, forme un petit lac que les vieux-croyants appellent lac aux Canards. Le terrain, alentour, y est fort marécageux.

De neige, plus une trace. Et pourtant la température était plutôt basse. Point de signes de dégel au sol, mais il ne restait rien de blanc, ceci en raison de l'extrême sécheresse des vents d'hiver du nord-ouest qui anéantissent toute humidité et continentalisent à cette saison le climat de l'outre-Oussouri.

Ici, la végétation est aussi rabougrie que partout ailleurs sur la côte. Les essences résineuses deviennent prédominantes. De plus en plus de mélèzes entrent en scène, alors que les chênes se voient relégués au second plan.

Passé le Svaïn, on tombe sur plusieurs torrents successifs ayant pour noms Youksa, Guéou, Sounia (Souner), Sigbali, Balen et Bizissou. Ce dernier, en russe, est appelé la Pierreuse.

Le sentier qui jusqu'alors nous avait menés le long de la mer s'arrêtait au Koumoukhou. Du cap de l'Olympiade à la Samarga, sur 150 verstes à vol d'oiseau et 230 verstes de marche réelle, la côte est escarpée et totalement inhabitée. Telle une brosse à chiendent bien drue, la forêt de résineux mousse de verdure partout sur les montagnes en descendant jusqu'au bord de la mer. Un parcours considéré comme particulièrement difficile. Même les indigènes évitent de s'y hasarder. Un canot couvre en une demi-journée par la mer la distance qu'un marcheur aura peine à couvrir en quatre jours par la côte.

Nous n'avançâmes guère dans la journée et plantâmes le bivouac au bord de la Babkova. On y voyait des terrasses fluviales bien dessinées, hautes de près de 5 sagènes. La rivière s'y était creusé un lit étroit semblable à un canyon. Bouleaux blancs, mélèzes et chêneaux parsemaient un vaste plateau marécageux.

Le canot de Heipat'eou ne pouvait accoster que dans les embouchures sans récifs offrant ne fût-ce qu'une crique. Comme la Babkova ne présentait pas de telles caractéristiques, Heipat'eou la passa sans s'arrêter dans l'intention de faire escale près du cap Sossounov.

Le ciel était, depuis l'aube, d'un calme étonnant. Une brume sèche emplissait l'air. Dans l'après-midi, elle alla s'épaississant. Du blanc, le soleil passa au jaune, puis à l'orange, au rouge enfin, et rouge il se coucha. Le crépuscule fut bref : je remarquai que la nuit noire tomba tout de suite. La mer était d'huile, pas le moindre clapot. Elle semblait plongée dans le sommeil. Vers 10 heures du soir, la lune se leva, très grosse de taille, étrange d'aspect, et qui, même à minuit, ne se départait toujours pas de ce rougeoiement propre à sa gravitation basse au ras de l'horizon. Les falaises surplombant la mer, la forêt dans les montagnes, les arbres et les buissons solitaires, tout cela ne ressemblait à rien d'habituel. À minuit, la brume s'épaissit tant qu'on ne voyait plus rien près de soi, et ce n'était point de la fumée, car elle ne sentait pas le brûlé. En même temps, l'air acquit une acoustique étonnamment pénétrante :

une voix normale, à distance, retentissait comme un cri ; et le bruissement d'un mulot dans l'herbe faisait un tel fracas qu'on ne pouvait s'empêcher de se retourner en tressaillant. On se sentait transporté dans un autre monde éclairé non par la lune, mais par un astre pâle inconnu. Puis l'air se chargea de bruits semblables à des roulements de tonnerre, des explosions sourdes, des salves lointaines de canon. Ça venait de la mer. Pour la première fois de notre vie peut-être, nous entendions un grondement souterrain. Le phénomène fit peur aux hommes. Dersou disait qu'il n'avait jamais rien entendu de tel depuis qu'il était sur terre.

Il me parut opportun de consulter les instruments : 759 au baromètre, -3 °C au thermomètre, calme plat à l'anémomètre. Ce curieux phénomène dura jusqu'à l'aube. Une fois la brume disparue, le vent froid du nord-ouest se remit à souffler.

Au nord de la Babkova, la côte décrit une légère courbe. Dans le souci de raccourcir la marche, on remonta l'un des affluents de la Pierreuse et l'on passa un col de 1460 pieds pour déboucher sur la rivière Kholonkou, non loin de l'embouchure, où l'on retrouva Heipat'eou avec son canot.

Après le calme plat de la nuit, le vent semblait vouloir se rattraper. Maintenant, il soufflait fort : 215, disait l'anémomètre.

Je passai le reste de la journée à explorer la basse vallée du Kholonkou, où je découvris, cette fois encore, une lagune large de 1 verste et longue de 5, séparée de la mer par un double brisant. À son embouchure, le Kholonkou se révèle d'une largeur et d'une profondeur disproportionnées, correspondant au point le plus profond de l'ancienne lagune. La longueur des deux brisants atteint les 250 sagènes. L'un d'eux est constitué de gros blocs lisses habillés de mousses, signe que ces pierres se trouvent depuis longtemps au repos. Le brisant le plus proche de la mer est de moindre dimension. Apparemment plus récent, il est l'œuvre du ressac. Un marécage verdoyant de mousse recouvre désormais la lagune. On y voit pousser la myrtille des marais *(Vaccinium uliginosum Lin.)*, le lédon *(Ledum palustre Lin.)* et la plaquebière *(Rubus chamæmorus Lin.)*.

Côté sud, la basse vallée du Kholonkou est ourlée de montagnes hautes de 750 (« montagne la Joyeuse ») à 1 652 pieds (« montagne la Ronde »). Près de la mer, ces reliefs sont nus. Côté nord, c'est un alignement de collines plutôt petites, boisées de résineux.

Au matin, je donnai les consignes que voici : Heipat'eou devait gagner en canot la rivière Nakhtokhou pour nous y attendre pendant que nous remonterions le Kholonkou avant de redescendre par le Nakhtokhou jusqu'à la mer.

J'ordonnai aux hommes de récupérer dans la soirée ce dont ils avaient besoin à bord du canot, sachant que Heipat'eou devait appareiller le lendemain à l'aube.

Réveillé le premier le lendemain 3 novembre, je m'habillai et sortis de la tente.

Le tableau qui s'offrit à mon regard était d'une exceptionnelle beauté : l'aurore flamboyait à l'orient. Illuminée par les rais du levant, la mer s'étirait immobile, étale comme un métal en fusion. Une légère brume montait de la rivière. Je vis une volée de canards s'arracher à la surface de l'eau, effrayée par mes pas, et s'envoler du côté des marécages.

Quand le soleil se fut hissé au-dessus de l'horizon, j'aperçus au large la voile de Heipat'eou.

Je préparai le thé et réveillai mes camarades.

Quand on eut l'estomac bien calé, on boucla les sacs et on se mit en route dans la direction prévue.

Sur les cartes, le Kholonkou (Khallankou en langue oudihée) figure sous le nom de Svetlaïa. Long de près de 80 kilomètres, il coule dans le sens latitudinal et prend sa source dans le Sikhotè-Alin. En le remontant, on tombe successivement sur les affluents suivants : à droite, le Khoundy et la Dia, celui-là légèrement plus grand que celle-ci ; le saumon kéta ne remonte que jusqu'à la Dia, mais lui préfère massivement le Khoundy ; à gauche, le Kholonkou ne reçoit qu'un seul affluent : le Talmaksi, lequel permet de déboucher sur la Piya qui se jette dans la mer à 18 verstes au nord du cap Plitniak. Autrefois, la vallée du Kholonkou renfermait de belles forêts, désormais anéanties par les incendies. La sylve ne subsiste plus que par îlots dans les hauts de la rivière.

Étant partis assez tard ce matin-là, nous ne pûmes aller bien loin. Au premier coup d'œil, Dersou détermina que la vallée du Kholonkou était inhabitée, que les indigènes ne s'y aventuraient que rarement et que des Coréens y avaient trappé la zibeline deux ans plus tôt.

Plus nous allions au nord, plus répandues étaient les essences telles que le mélèze *(Larix daurica Turcz.)*, le bouleau d'Erman *(Betula ermanii Cham.)* et l'épicéa du Japon *(Picea ajanensis Fisch.)*. Se raréfiaient, par contre, des espèces comme le peuplier *(Populus suaveolens Fisch.)*, l'orme *(Ulmus campestris Lin.)* et le tilleul *(Tilia amurensis Kom.)*. Quant à l'arbre à liège et au noyer, ils avaient complètement disparu. En revanche, la nature faisait la part belle aux saules (*Salix viminalis L.* et *S. acutifolia Willd.*) et à l'aulne *(Alnus hirsuta Turcz.)*. Le bouleau arbustif *(Betula fructicosa Pal.)* présentait ici l'apparence d'un arbre véritable. La lespédèze *(Lespedeza bicolor Turcz.)* cédait le terrain à la fausse spirée à feuilles de sorbier *(Sorbaria sorbifolia A. Br.)*, végétal à feuilles poilues. Plus près de la mer, rive droite, les pentes pierreuses se révèlent propices à la croissance d'un groseillier à maquereau original *(Ribes horridum Rupr.)* piquant de partout – tiges, fruits et feuilles – ainsi que d'une variété singulière de genévrier *(Juniperus sp.)* qui tapisse le sol en longues boucles dotées de petites feuilles à aiguilles.

De jour en jour, le froid allait s'accentuant. La température moyenne descendit à -6,3 °C, et les journées raccourcissaient notablement. La nuit, pour nous défendre du vent, il nous fallait nous retrancher dans l'antre de la forêt. Le travail de collecte du bois nous obligeait à bivouaquer de bonne heure. Pour cette raison, nous n'avancions guère. Pour un trajet qui nous eût pris vingt-quatre heures en été, nous mettions deux fois plus de temps.

Au matin du 4 novembre, ce fut le froid qui nous réveilla tous : -11 °C, disait le thermomètre, et le vent soufflait fort.

Après nous être un peu réchauffés devant le feu, nous bûmes le thé et reprîmes la route.

De la mer aux montagnes, d'un côté comme de l'autre, partout la terre portait des marques d'incendie.

À notre gauche s'élevait la Plate, une montagne haute de 1324 pieds que les gens d'ici nommaient Kiamo. Trois affluents du Kholonkou prennent leur source dans le massif auquel se rapporte ce relief : le Pouïmou, le Sololi et le Dagdy. C'est le seul site du bassin du Kholonkou où l'on croise encore des sangliers et des cerfs wapitis. Le Sololi est l'unique cours d'eau que l'on puisse remonter en canot. À l'embouchure du Pouïmou, nous trouvâmes une fanza de trappeur coréen en ruine avec, près de là, un vieux canot de planches. Voilà qui prouvait la justesse des observations de Dersou.

Après avoir choisi un endroit pour la nuit, j'ordonnai à Zakharov et Arinine de planter la tente, puis Dersou et moi allâmes chasser. Là subsistaient encore, de part et d'autre de la rivière, d'étroites bandes de forêt saine avec tremble, aulne, cèdre, saule, bouleau, érable et mélèze. Nous marchions en bavardant tranquillement, lui devant et moi légèrement en retrait. Soudain, Dersou me fit signe de m'arrêter. Je crus d'abord qu'il tendait l'oreille, mais non : sur la pointe des pieds, se balançant d'un côté, puis de l'autre, Dersou humait intensément l'air.

— Ça sent, chuchota-t-il. Y a des gens.

— Quelles gens ?

— Sangliers, répondit le Golde. Moi reconnais odeur.

J'avais beau renifler l'air, je ne sentais aucune odeur. D'un pas prudent, Dersou s'avança vers la droite. Il s'arrêtait souvent pour flairer. Et ce sur environ cent cinquante pas. Soudain, un grouillement. C'était une truie sauvage et son cochonnet de 6 mois. D'autres sangliers détalèrent à la débandade. Je fis feu et abattis le porcin.

Sur le chemin du retour, je demandai à Dersou pourquoi il n'avait pas tiré sur les cochons sauvages. Le Golde me répondit qu'il ne les avait pas vus, mais seulement entendus dans la dispersion. Il était fâché, jurait à voix haute, ôta même sa toque pour se taper la tête avec le poing. J'éclatai de rire en lui disant qu'il voyait mieux avec le nez qu'avec les yeux. J'ignorais alors que cet incident dérisoire était le signe annonciateur d'événements tragiques qui surviendraient par la suite.

Le porcin pesait près d'un poud et demi et tombait à pic. Dans la soirée, on se délecta de viande fraîche, c'était joyeux, ça blaguait, ça riait ; seul Dersou broyait du noir. Il ronchonnait et se posait toujours la même question : comment avait-il pu ne pas voir les sangliers ?

Après dîner, les fusiliers fixèrent les tours de garde et se mirent à sécher la viande au feu. Moi, je m'attelai à mon journal.

Le 5 novembre au matin, il gelait par -14 °C. Le baromètre était haut. Un ciel pur. Le soleil levant donnait beaucoup de lumière, mais peu de chaleur. Le froid tonifiait et nous revigorait tous. Une ou deux fois, il nous fallut passer d'une rive à l'autre. Le Kholonkou y était large de presque 3 sagènes. Du chablis encombrait son lit.

Dans la journée, nous franchîmes encore trois affluents gauches : le Moningui-1, le Moningui-2 et le Tigdamougou, qui, eux aussi, prenaient leur source au Kiamo. Les vallées des deux Moningui offrent un habitat aux élans : nous en trouvions souvent les empreintes, mais, ayant largement de quoi manger, nous passâmes notre chemin. Du Tigdamougou à l'Olossou (affluent supérieur gauche du Kholonkou), on compte un jour de marche. Par le Kholonkou et l'Olossou, il est possible d'atteindre la ligne de partage des eaux dans la journée. Cette partie du Sikhotè-Alin est nue du côté est, et boisée de résineux du côté ouest.

Nous marchions sans guide, désormais, en prenant nos repères d'après les indications données par le Solon. Rivières et montagnes se ressemblaient tant qu'on risquait fort de se perdre. Cela m'inquiétait au plus haut point. Dersou, au contraire, se montrait indifférent à tout, si familier de la forêt qu'il semblait ne pouvoir imaginer autre chose. Peu lui importait de dormir ici ou là !

Conformément aux consignes du Solon, nous passâmes la rivière Tigdamougou et, au deuxième torrent (qui ne portait pas de nom), bivouaquâmes. C'était par ce torrent que nous devions monter au col donnant sur le Nakhtokhou.

Je dormis mal cette nuit-là, taraudé par une seule et même pensée : étions-nous sur le bon chemin ? Et si nous avions suivi le mauvais torrent ? Dans ce cas, nous étions perdus ! Je me tournais et me retournais sur ma couche jusqu'au moment où, n'y tenant plus, je me levai et m'approchai du feu. Là, Dersou dormait assis, les deux chiens à ses pieds. L'un d'eux faisait un rêve et aboyait doucement. Dersou aussi divaguait. Au bruit de mes pas, il dit à voix haute dans un demi-sommeil : « Quelles gens va là ? » Et de se rendormir aussitôt.

Au-dessus de la terre plongée dans les ténèbres de la nuit, la voûte céleste, noire, s'étirait à perte de vue, parsemée de millions d'étoiles qui brillaient en s'irisant. De part en part, la Voie lactée déroulait sa large traînée. Sur l'autre rive, la forêt muette se dressait comme un rempart. Alentour régnait le silence, un silence très profond… Je m'assis près du feu. Une demi-heure passa, et mon inquiétude disparut. Je regagnai la tente, m'enroulai dans ma couverture et m'endormis. Au matin, je ne me réveillai qu'au moment où mes compagnons se préparaient déjà pour la route. Le soleil, qui décollait à peine de l'horizon, envoyait ses rayons aux cimes des montagnes.

La montée partait du bivouac. Du haut du premier col, nous vîmes la vallée de la Piya. Derrière se profilaient une autre chaîne de montagnes aux étages pierreux, puis une troisième, enneigée. Tout là-bas, sans doute, coulait le Nakhtokhou.

Nous tombions en chemin sur de nombreux ruisseaux, peut-être des affluents de la Piya. C'est dur d'aller sans guide : on se sent aveugle.

Au soir, nous arrivâmes à une rivière inconnue ; le lendemain, à 2 heures de l'après-midi, nous étions au troisième col.

Une ascension longue, mais sans pente raide. Au pied de la chaîne pousse une forêt mixte qui, en altitude, tend à se clairsemer et à se détériorer. Les résineux supplantent bientôt les feuillus, et les buissons ou sous-bois herbeux laissent la place aux mousses et aux lédons.

Plus nous montions, plus il y avait de neige. Je me réjouis de voir le relief s'éclaircir, croyant que la cime n'était plus loin, mais je dus déchanter : c'étaient des pins nains qui, fort heureusement, ne s'étendaient guère. Dès que nous les eûmes surmontés, nous passâmes à l'étage rocheux, dénué de toute végétation. Je consultai le baromètre : l'aiguille indiquait 2 473 pieds.

De là s'ouvrait, tous azimuts, une vue majestueuse. Au nord-ouest se profilait le col bas et marécageux qui séparait le Nakhtokhou du Bikin. De l'autre côté, aussi loin que portait le regard, c'était une succession de montagnes qui, pareilles à des vagues géantes à crêtes blanches, filaient vers le nord et s'abîmaient dans la brume. Au nord-est se dessinait la rivière Nakhtokhou et au sud, dans le lointain, la mer.

Froid et pénétrant, le vent nous empêcha d'admirer davantage le merveilleux tableau et nous força à redescendre dans la vallée. À chaque pas, la neige diminuait. Maintenant, nous marchions sur de la mousse gelée. Elle croustillait sous nos pieds et restait collée à la terre.

J'allais devant, et Dersou derrière. Soudain, il me dépassa en courant et se mit à scruter le sol. Alors seulement je remarquai des empreintes d'homme, qui s'égrenaient dans le même sens que nous.

— Qui a marché là ? demandai-je au Golde.

— Petit pied. Pas Russe, pas Chinois, pas Coréen. C'est *ounty*[34], pointe en haut. Y a pas longtemps. Bientôt le rattraper, moi pense ça.

D'autres signes, qui nous échappaient complètement, lui révélèrent que cet homme était un Oudihé, trappeur de zibeline, qu'il avait à la main un bâton, une hache, un piège à filet et qu'il s'agissait d'un homme jeune, à en juger par sa démarche. Il marchait droit à travers la forêt, préférant aux fourrés les endroits dégagés, ce dont Dersou inféra qu'il regagnait probablement son bivouac au retour de la chasse. Après concertation, nous décidâmes de suivre ses pas, d'autant plus qu'ils allaient dans la même direction que nous.

La forêt prit fin, laissant de nouveau la place à des étendues de bois brûlés. Ainsi pendant une heure de marche. Tout à coup, Dersou s'arrêta en disant qu'il sentait une odeur de fumée. De fait, une dizaine de minutes plus tard, nous descendîmes à une petite rivière où nous découvrîmes une cabane indigène et, près de là, un feu de camp.

Quand nous fûmes à une centaine de pas de la cabane, un homme en sortit d'un bond avec un fusil entre les mains. C'était l'Oudihé Yanseli, du Nakhtokhou. Il revenait de la chasse et préparait son repas. Sa besace traînait par terre, à laquelle s'appuyaient un bâton, une hache et un fusil.

Comment Dersou avait-il établi que Yanseli possédait un filet à zibeline ? La question m'intriguait. Le Golde me répondit qu'il avait vu en chemin une tige de sorbier fraîchement coupée, avec un anneau de filet jeté là. De toute évidence, la tige avait servi à la confection d'un anneau neuf. Et Dersou demanda à l'Oudihé s'il avait un filet à zibeline. L'autre déboucla son sac en silence et montra ce qu'on lui demandait. En effet, l'un des anneaux du filet était neuf.

De Yanseli, nous apprîmes que nous étions sur la rivière Dagdy, affluent du Nakhtokhou. Non sans mal, nous parvînmes à le convaincre de nous servir de guide en l'appâtant non par l'argent, mais par les cartouches de Berdan que nous lui promettions à notre arrivée à la mer.

En chemin, je le questionnais sur les lieux que nous passions.

21. LA VALLÉE DU NAKHTOKHOU

Les affluents – L'Oudihé Mongouli – Un Chinois voleur de zibeline – La population indigène – Le cimetière – Une nouvelle inquiétante – La disparition de Heipat'eou – Une situation sans issue

La rivière Nakhtokhou (Naktou ou Naktan en langue oudihée, baptisée Lébédev par les topographes) est de même grandeur que le Kholonkou et prend aussi sa source dans le Sikhotè-Alin qu'on appelle ici le Kounka-Kiamani. Dans sa moitié supérieure, elle se compose de deux cours d'eau : le Nounguini et le Dagdy qui confluent à mi-chemin entre la source et la mer. Côté droit, le Nakhtokhou reçoit l'Amoukty et le Khagdygui. Entre le Dagdy et le Nounguini, l'espace est rempli par de hauts escarpements rocheux que dominent deux sommets, l'Ada et le Tioungoni. Aussi grande que le Nounguini, la rivière Dagdy reçoit encore sur sa droite deux ruisseaux, le Maly-Sagdy et la Maly-Niassa, ainsi que deux torrents : l'Èïfou et l'Adani qui viennent du mont homonyme (Adani) ; et, sur sa gauche, plusieurs petits cours d'eau : Djeidja, Ada 1, Ada-2 et Tioungoni. De l'embouchure du Dagdy, on peut atteindre le Sikhotè-Alin en trois jours.

En 1898, l'ingénieur des mines J. S. Edelstein était passé par là. Yanseli en ignorait le nom de famille, mais se rappelait son nom et patronyme.

Sur son cours inférieur, le Nakhtokhou a 7 sagènes de largeur, 3 pieds de profondeur, et développe une vitesse de 4 verstes par heure.

À droite du Dagdy, le paysage est entièrement dévasté par les incendies. Ce lit de cendres s'étire jusqu'à la rivière Loktoliagui. Du côté gauche, tout n'est que conifères. Plus en aval, les aires incendiées alternent avec des bois d'essences mixtes où s'imposent les résineux.

Nous vivions des journées particulièrement froides. Des glaces bordières se formaient sur les rives, ce qui facilitait notablement notre progression. Tous les bras secondaires étaient gelés. Nous les empruntions comme raccourcis pour atteindre au plus vite la confluence du Dagdy et du Nounguini, où commence le Nakhtokhou à proprement parler.

Depuis deux jours, il soufflait un fort vent de nord-ouest qui brisait les branches des arbres et les transportait comme des fétus de paille. Au soir du 6 novembre, brusquement, il se calma. Nous étions tant habitués à l'entendre que le silence nous parut suspect.

Dans une fosse de la rivière, Yanseli trouva un omble malma qui, dans l'outre-Oussouri, remplace la truite. Ce poisson nous fit un dîner succulent. Après un bon thé, nous nous couchâmes de bonne heure en laissant aux chiens le soin de garder le camp.

Au matin, le ciel se couvrit de nuages. Ayant appris à prévoir le temps grâce à Dersou, je pouvais dire à peu près ce qu'auguraient les nuages à cette saison : de longs stratus dans un ciel calme – surtout s'ils étiraient en longs rubans – annonçaient du vent ; et plus le temps calme durait, plus fort serait le vent.

Nous prîmes un copieux petit-déjeuner pour ne pas avoir à manger à la mi-journée, et nous mîmes en marche.

Passé la confluence du Nounguini et du Dagdy, le Nakhtokhou devint sinueux. Mais, en l'absence d'un guide expérimenté, on coupa les boucles en ligne droite là où c'était possible. On avançait plutôt vite.

Là, le Nakhtokhou reçoit, sur sa gauche, la Biya et le Loktoliagui dont les cols donnent sur l'Èkhé, petit fleuve côtier. Une cime se détache des monts les plus notables, le Kiagassougani, d'où jaillit un torrent du même nom. À droite, le Nakhtokhou reçoit le petit Khodè dont le col, en amont, donne sur la Piya. D'après Yanseli, l'on ne peut remonter en canot par le Nakhtokhou que jusqu'à la rivière Maly-Sagdy : quatre jours dans le sens montant, un jour dans le sens avalant. Il nous dit aussi que le saumon kéta, le saumon rose à bosse et l'omble marin remontaient le Nakhtokhou. En général, le kéta migre vers le Loktoliagui, l'omble malma, jusqu'aux rapides du Dagdy, et le saumon à bosse, jusqu'au Nounguimini.

Dans l'après-midi, Yanseli nous conduisit par un sentier qui, le long de la rivière, desservait les pièges à zibeline. Je lui demandai qui trappait ce gibier dans ce périmètre. Il me répondit que c'était là, et depuis fort longtemps, le territoire de l'Oudihé Mongouli, et qu'on allait probablement le croiser. En effet, l'on n'avait pas encore parcouru 2 verstes que l'on aperçut un homme en train d'examiner de près un piège. Voyant des gens venir du Sikhotè-Alin, il prit peur; mais, quand il eut reconnu Yanseli, il se calma aussitôt. Comme toujours en pareil cas, tout le monde s'arrêta. Les fusiliers fumèrent. Une fiévreuse discussion s'engagea entre Dersou et les Oudihés.

Je demandai à Dersou :

— Qu'y a-t-il ?

— Mantsé voler zibeline, répondit-il.

Selon Mongouli, un Chinois qui était passé par ce même chemin deux jours plus tôt avait extrait une zibeline de son piège avant de remettre celui-ci en état. J'émis l'hypothèse que le piège était resté vide. Alors Mongouli me montra une trace de sang, preuve tangible que le piège avait bien fonctionné.

Je persistai :

— C'était peut-être un écureuil plutôt qu'une zibeline ?

— Non, répondit Mongouli. Quand le billot a écrasé la zibeline, elle a commencé à mordiller les piquets en y laissant des marques de dents.

Alors je lui demandai ce qui lui faisait dire que le voleur était chinois. L'autre répondit que l'auteur des faits portait des chaussures chinoises et qu'il manquait un clou[35] au talon gauche.

Des arguments irréfutables.

L'on reprit la route après un bref repos. Vers 5 heures, on était déjà à l'embouchure du Khodè.

Le soir, devant le feu de camp, j'eus tout le loisir d'observer mes nouvelles connaissances. Plutôt petits de taille, les Oudihés du Nakhtokhou ont le corps sec, le visage ovale, les pommettes saillantes, le nez camus, les yeux marron, écartés, aux paupières légèrement bridées à la mongole, la bouche assez grande, la denture irrégulière, les mains et les pieds petits.

— On dirait des pieds d'enfant ! disaient mes compagnons en observant leurs chaussures en peau d'élan pareilles à des *olotchi* à pointes relevées.

La couleur de peau des Oudihés peut être qualifiée de vert olive avec une légère nuance de jaune. Ils bronzent si fort en été qu'on dirait des Peaux-Rouges, impression renforcée par les riches couleurs de leurs costumes. Leurs cheveux longs, droits, noirs comme du goudron, tressés en deux courtes nattes, étaient pliés en deux et fortement noués par des lacets rouges. Ces nattes leur descendent sur la poitrine à hauteur des épaules. Pour ne pas gêner celui qui les porte quand il se penche, on les attache entre elles par-derrière, plus bas que la nuque, par un cordon orné de perles et de coquillages.

L'habillement des Oudihés du Nakhtokhou se compose principalement de trois tuniques : deux près du corps, en toile, et la troisième par-dessus, faite d'une peau fine de cerf wapiti apprêtée comme pour le daim. Les blouses s'agrafent sur le côté, à hauteur de l'épaule droite, à la façon d'une capote, et flottent autour de la taille. Aux poignets, des volants particuliers tiennent les manches serrées. Autre attribut de l'accoutrement : le pantalon et ses genouillères lacées à la ceinture. Le couvre-chef consiste en un capuchon blanc qui redescend sur le dos et les épaules, ainsi qu'en un petit bonnet auquel on fixe verticalement une queue d'écureuil et quelques cordons rouges à freluches.

De la tête aux pieds, de l'avant à l'arrière, le costume est orné de rainures colorées et richement chamarré d'enjolivures en forme de spirales, de poissons stylisés, d'oiseaux, d'animaux.

Les Oudihés affectionnent les bijoux métalliques, en particulier les bagues et les bracelets. Certains vieux portent encore des boucles d'oreilles, une coutume qui n'est plus de mode aujourd'hui. Chaque homme, chaque garçon doit avoir deux couteaux à la ceinture : un couteau de chasse ordinaire, et un autre plus petit, recourbé, dont ils usent avec une grande habileté et qui tient lieu tout à la fois d'alêne, de rabot, de vrille, de burin, etc.

On conversa presque jusqu'à minuit. Maintenant, l'heure était au repos. Les indigènes prirent sur eux de surveiller le bivouac.

Quant à moi, je m'installai près de Dersou, le dos au feu, et ne tardai pas à m'endormir.

Le lendemain, nous levâmes le camp de bonne heure et enfilâmes le sentier qui longeait la rive droite du Nakhtokhou. Ici, la rivière avait 5 sagènes de largeur, 4 pieds de profondeur en son milieu pour une vitesse de courant de 7 verstes à l'heure. Elle recevait deux affluents à droite : le Khoulemi et le Gobbiliagui ; et un seul ruisseau à gauche, le Khodè. La basse vallée du Nakhtokhou est envahie de bouleaux dahurs et de chênes mongols. À partir du Loltiliagui, elle tire vers le sud pour ne se redresser vers l'est qu'à hauteur du Khoulemi.

En aval du Khodè, la vallée tend à s'élargir. Les forêts de résineux se développent d'un côté comme de l'autre, dans les montagnes ; plus bas, ce sont des bois mixtes avec une nette prédominance du peuplier et du bouleau d'Erman. On y trouve aussi d'autres essences, telles que : l'érable à petites feuilles *(Acer mono Maxim.)* avec son écorce grise et sa couronne épaisse ; l'orme de montagne *(Ulmus montana Wither.)*, bel arbre élancé à l'écorce gris clair ; et l'if *(Taxus cuspidata Sieb. & Zucc.)*, résineux original à fruits rouges. Viennent ensuite des variétés dont je ne saurais dire si elles se rapportent aux arbres ou aux arbustes, par exemple : le fusain à larges feuilles *(Euonymus macroptera Rupr.)* et l'aulne arbustif *(Alnus fruticosa Rupr.)* à l'écorce foncée brillante. Le Nakhtokhou est riche en sorbiers à feuilles de sureau *(Sorbus sambucifolia Trautv.)* et en camérisiers *(Lonicera edulis Turcz.)* qui donnent des fruits acides, noirs, à peau bleutée.

Ces deux derniers jours, le temps avait été froid et venteux. À bien des endroits, les glaces bordières se rejoignaient en formant des ponts naturels grâce auxquels on pouvait librement passer d'une rive à l'autre.

À une dizaine de verstes de la mer, la forêt laisse la place à des espaces dégagés. Dans la dernière clairière, nous découvrîmes 3 fanzas oudihées.

Les indigènes de la contrée n'avaient adopté l'habitat chinois que très récemment. Quelques années plus tôt, ils vivaient encore dans des yourtes. À chaque maisonnette son potager cultivé par des Chinois payés pour leurs services. Ces derniers servaient aussi d'intermédiaires aux Oudihés dans le marché de la pelleterie.

Je leur posai mille questions. Il en ressortit que le Nakhtokhou était au nord le dernier avant-poste d'expansion de l'influence mantsée par le sud. Ici, les Mantsés n'étaient que 5 : 2 habitants permanents, et 1 visiteur venu du Koussoun.

Les Oudihés qui nous accompagnaient se précipitèrent vers lui pour examiner ses chaussures : il y manquait un clou. Alors ils ouvrirent son sac et y trouvèrent la zibeline. Quand ils lui contèrent les détails du larcin, le Chinois passa aux aveux, pensant avoir été surveillé de derrière les buissons.

Heureux d'avoir retrouvé leur butin, les Oudihés se retirèrent. Mais les autres Chinois ne virent pas la chose du même œil. Ils tinrent une messe basse, puis déclarèrent au coupable qu'il les avait tous déshonorés et que, pour cette raison, il devait quitter à jamais le Nakhtokhou pour une autre destination. Debout, tête nue, le fautif écouta le verdict et promit de quitter la vallée dès le lendemain pour ne plus y revenir.

Entre les fanzas indigènes et la mer, la distance était inférieure à 8 verstes. Près de la dernière cabane, le sentier fourchait. Arinine prit à gauche, et nous à droite directement vers la rivière. Bientôt, Arinine revint sur ses pas en disant qu'un « dieu de la mer » gisait dans un petit canot au beau milieu d'une saulaie. Je lui ordonnai d'apporter la divinité, mais changeai bientôt d'avis et décidai d'y aller moi-même. Le « dieu de la mer » dans son canot, c'était un nourrisson dans son cercueil. La dépouille s'était momifiée. Il y avait là tout un cimetière. Certains cercueils se trouvaient montés sur pilotis courts à l'abri d'un toit ; d'autres avaient été glissés entre des troncs de saule. Canots fendus, traîneaux brisés, filets de pêche déchirés, rames et barques jonchaient le sol près des tombes.

Je m'apprêtais à ouvrir l'un des cercueils lorsque j'entendis des voix vers lesquelles je me dirigeai. Une minute plus tard, je vis surgir des buissons deux Oudihés qui venaient d'arriver de la rivière Yedin.

Ils m'apprirent une nouvelle des plus regrettables : notre canot avait quitté le Kholonkou le 4 novembre, et, depuis, pas un signe de vie.

Je me souvins que, ce jour-là, il soufflait un vent fort. Pougouï (ainsi s'appelait l'un des Oudihés) avait vu un canot en mer lutter contre lui, mais qui dérivait de plus en plus vers le large. Était-ce Heipat'eou ? Pougouï l'ignorait.

Pour nous, cela signifiait un malheur irréparable. Le canot contenait nos équipements, nos habits chauds, nos réserves de nourriture. Nous n'avions sur nous que ce qu'on pouvait transporter à dos d'homme : un habillement léger pour l'automne, une paire d'*ounty*, des couvertures, des toiles de tente, des fusils, des cartouches et un stock très limité de vivres. Je savais qu'il y avait encore des Oudihés au nord du Yedin, mais si loin, et ils étaient si pauvres, qu'on ne pouvait espérer qu'ils pussent accueillir un détachement.

Que faire ?

Sur ces pensées, nous arrivâmes insensiblement à un bois de résineux nains qui séparait la clairière de la mer.

D'habitude, on allait au canot avec la joie au cœur, comme en rentrant chez soi ; mais, maintenant, la rivière Nakhtokhou nous semblait aussi étrangère et déserte que les autres. On avait pitié de Heipat'eou, ce marin remarquable qui avait peut-être péri en mer.

Nous avancions en silence avec une seule question en tête : que faire ? Les fusiliers avaient conscience de la gravité de la situation d'où il m'appartenait de les tirer.

Enfin, le bois s'éclaircit : on passa les derniers arbres, et la mer se montra.

La rivière Aniouï (1906).

22. LE TESTAMENT

Les préparatifs de l'hivernage – La rivière Yedin – La recherche du canot – Un glouton – Le littoral entre les fleuves Koumoukhou et Nakhtokhou – La rivière Piya – Un coup de feu fatidique – La frayeur de Dersou – Un accord – Le chemin du retour

La rivière Nakhtokhou se terminait autrefois par une lagune qu'un brisant séparait de la mer. C'est maintenant un marécage plein de mousses envahi par : un lédon *(Ledum palustre Lin.)* à branches enveloppées d'une espèce de laine d'aspect ferreux aux vives couleurs de rouille ; la myrtille des marais *(Vaccinium uliginosum Lin.)* aux feuilles à reflets bleutés ; la camarine noire *(Empetrum nigrum Lin.)* aux feuilles abondantes et drues, fines, spiralées. Parmi ces arbrisseaux, j'en remarquai d'autres déjà fanés : le comaret des marais *(Comarum palustre Lin.)* aux racines rampantes ; la plaquebière *(Rubus chamæmorus Lin.)* avec ses tiges piquantes à moitié couchées et ses fruits jaunes ; la gesse des marais *(Lathyrus palustris Lin.)* d'apparence semblable au pois sauvage, à la tige ailée et aux fèves plates ; l'iris d'eau *(Iris lævigata Fisch.)* avec ses grossières feuilles sèches ; et, enfin, grande habituée des marais : la linaigrette à feuilles larges *(Eriophorum latifolium Hoppe)*, belle plante haute et blanche.

Les promontoires qui encadrent la petite baie où se jette le Nakhtokhou sont faits de tufs volcaniques et portent des noms oudihés : Tchaalin Douoni au nord, Maassa Douoni au sud.

Là, au pied des falaises, nous installâmes notre bivouac…

Dans la soirée, près du feu, Dersou et moi tînmes conseil. Quatre jours s'étaient écoulés depuis la disparition du canot. S'il était encore là, quelque part, il serait déjà réapparu depuis longtemps. Je disais qu'il nous fallait regagner l'Amagou pour hiverner chez les vieux-croyants, mais Dersou n'était pas de cet avis. Il me conseillait de rester sur le Nakhtokhou, d'y vivre de la chasse, d'y recueillir des peaux et de fabriquer de nouvelles chaussures. D'après lui, on pouvait se procurer du poisson séché *(youkola)* et du millet auprès des indigènes. Cela n'allait pas sans difficulté : les gels devenaient chaque jour de plus en plus forts et, d'ici deux ou trois semaines, nos vêtements d'automne légers n'y suffiraient plus. Et pourtant le projet de Dersou était le plus raisonnable, et je m'y rangeai.

Quand on eut dîné, les fusiliers se couchèrent. Longtemps Dersou et moi, assis devant le feu, discutâmes de la situation.

Je pensais m'installer dans les fanzas des Oudihés, mais Dersou me conseilla de rester au bord de la mer. D'abord parce qu'il était ici plus facile de trouver de la nourriture ; ensuite parce qu'il espérait encore voir revenir Heipat'eou. Si le marin était en vie, il ne manquerait pas de faire demi-tour à notre recherche. Or, en ne nous voyant pas, il risquait de passer son chemin, auquel cas nous nous retrouverions sans rien. Je ne pouvais que lui donner raison. Mille pensées, toutes plus noires les unes que les autres, ne cessaient de me dévorer.

Un vent froid, à rafales, agitait bruyamment l'herbe sèche et secouait furieusement un jeune arbrisseau qui poussait là, solitaire. Des sons étranges, hurlants, résonnaient dans le noir, du côté des falaises.

L'angoisse me tenailla toute la nuit.

Rentrer avant d'avoir mené l'affaire à bien ? C'était rageant à pleurer. D'un autre côté, se lancer dans une expédition hivernale sans équipement approprié sortait du raisonnable. Eussé-je été seul avec Dersou que je serais allé de l'avant sans hésiter une seconde, mais j'avais avec moi des hommes dont je me sentais moralement responsable.

À l'aube, je finis par m'assoupir.

Le lendemain, le vent fut particulièrement fort : l'anémomètre indiquait 242 pour une température de l'air de -6 °C et une pression barométrique de 766 millimètres.

En apprenant que nous étions là pour longtemps et peut-être même pour tout l'hiver, les fusiliers se mirent à apporter du bois flotté que la mer avait drossé sur la côte et à construire une cabane semi-enterrée. C'était une idée judicieuse. Ils construisirent un poêle de pierres plates en installant une cheminée à la coréenne, au moyen d'un arbre creux. Pour boucher l'entrée, ils prirent une toile de tente comme rideau ; et, pour le toit, de la mousse avec une couche de terre herbeuse. À l'intérieur, ils étalèrent un sol d'herbes sèches et de branches de sapin. Au bout du compte, l'abri se révéla plutôt confortable.

Le 10 novembre, nous eûmes au bivouac la visite d'Oudihés de la rivière Samarga. Je les questionnai sur la région côtière au nord du camp Sossounov. L'un d'eux prit une baguette et, d'une main habile, traça un plan sur le sable. Lorsque je dépliai sous ses yeux une carte de 40 verstes[36], il prit rapidement ses repères et m'indiqua des rivières, des montagnes et des caps sans se tromper sur leur nom. Je fus stupéfait de voir à quelle vitesse il avait su interpréter l'échelle, comprenant d'entrée la notion de projection. Je me souviens du mal que je m'étais donné pour apprendre à lire les cartes topographiques ; or, là, un simple sauvage qui n'en avait jamais vu de sa vie s'y retrouvait aussi facilement que s'il n'avait fait que ça depuis toujours. Je m'explique cela par le fait que les gens contraints d'arpenter les montagnes ont l'habitude de voir la surface de la terre sous forme de projection. Ainsi développent-ils un sens intuitif de l'échelle.

Du récit des Oudihés, je retins que, plus au nord, plusieurs petits torrents se jetaient dans la mer : le Kioumo, la Naïna, l'Ègueï-bé, le Biapou et la rivière Yedin, laquelle se trouve à 20 verstes au nord du Nakhtokhou. La chaîne de montagnes séparant leurs bassins s'appelle le Matamaï et s'élève à une altitude moyenne de 1 000 pieds. Un peu plus loin, une autre chaîne de montagnes part en angle de la côte, le Kamouran, avec pour sommets le Kourkhaï, 1155 pieds, et l'Ouo, 980 pieds. Puis c'est la Samarga, grande rivière, où vivent beaucoup d'indigènes.

La rivière Yedin (Idi-bé en langue oudihée) figure sur les cartes sous le nom de Teretytchina. Longue de près de 150 verstes, elle prend sa source dans le Sikhotè-Alin. Elle reçoit de nombreux affluents. De la source à la mer : du côté droit, la Daka et la Tounga, qui communiquent par des cols avec le Bikin, la Bania, la Piougota, l'Amdassou, le Sologoïé, l'Otchjoura (avec le Khounimiktchi pour affluent et un débouché sur l'Èkhé par un col), l'Oulikha (avec le Yango pour affluent et un débouché sur la mer par un col) ; du côté gauche, le Tali et la Bia (avec le Tchoktchi pour affluent et un débouché sur la Yaa, affluent du Khor, par un col), le Tzagdassou (avec le Khoïmo pour affluent), l'Olo et le Youguikhé (avec pour affluents le Diougo-Youguikhé-1 et le Diougo-Youguikhé-2), puis le Yessyngou et l'Ada (avec le Kiou pour affluent). À partir du Tzagdassou, tous les cols débouchent sur le bassin de la Samarga.

Le Yedin coule dans le sens latitudinal. Entre les embouchures des rivières Talma, Ada et Oulikha, il marque un tournant prononcé vers le nord, mais, plus loin, se redresse.

D'après les Oudihés, on peut le remonter loin en canot : jusqu'à la Tounga. On estime à une journée de voyage le temps de parcours : 1/de la mer à l'Oulikha ; 2/de l'Oulikha au Sessyngou ; 3/ du Sessyngou au Tzagdassou ; 4/du Tzagdassou à la Bia ; 5/de la Bia à la Tounga. Puis une journée de marche jusqu'au Sikhotè-Alin.

Les rivières les plus rapides du bassin du Yedin sont le Tali et la Tounka ; la plus paisible est le Talma. Il y a, le long du Tali, des montagnes rocheuses flanquées de pitons dont les formes évoquent des hommes et des animaux. Sur les rivières Bia, Amdassou, Olo, Youguikhé et Tzagdassou, les forêts ont brûlé complètement. Le saumon kéta monte jusqu'au Tali, et le rose à bosse, jusqu'à l'Amdassou. L'omble malma et le poisson rouge tchoumo bravent le courant plus loin que les autres.

Le lendemain, Dersou et moi décidâmes de longer la côte vers le sud pour nous assurer qu'on n'y trouverait aucune trace de Heipat'eou ; au passage, nous en profiterions pour chasser. Zakharov et Arinine, eux, marcheraient vers le nord dans le même but. Quant à Sabitov et Tourtyguine, ils remonteraient la rivière jusqu'à l'embouchure du Khodè.

Nous quittâmes le Nakhtokhou de bon matin en suivant la bande côtière battue par les vagues sous un ciel maussade, et l'on n'aurait su dire si ce couvercle était de brume ou de nuages. Une fois, un rai du soleil perça et glissa sur l'eau comme le pinceau lumineux d'un projecteur, éclairant une colline de bord de mer avant de se fondre de nouveau dans la nébulosité. Puis il se mit à neiger de menus flocons. Craignant un blizzard, je fus tenté de rentrer, mais l'éclaircie qui pointait à l'ouest et le mouvement des cumulus vers le sud-est me donnait l'assurance que le temps allait tourner. Dersou partageait cet avis, et nous partîmes en allongeant un pas alerte. Deux heures plus tard, la neige cessait et la brume s'échevelait. La journée s'annonça belle, tiède et tranquille.

Dans les torrents, l'eau bougeait encore, mais à entendre son bruit s'étouffer l'on devinait qu'elle ne tarderait pas à se couvrir d'une croûte de glace et à se figer tout à fait. Là où, dans les pierres, elle suintait des fissures sans que cela se vît auparavant, l'on observait désormais des dépôts de glace qui ne cessaient de grandir et finissaient par ressembler à des cascades gelées.

Dersou et moi marchions le long de la mer en parlant de ce qu'il risquait d'advenir et de la disparition de Heipat'eou. Nous avions déjà discuté la question une centaine de fois pour en arriver toujours à la même conclusion : il fallait se confectionner des chaussures et rejoindre les vieux-croyants de l'Amagou.

Ma chienne Alpa courait devant nous à quelque cent cinquante pas. Tout à coup, je vis deux créatures vivantes : l'une était Alpa, et l'autre, un animal qui ressemblait à un chien, mais à la robe sombre, pleine de poils, et court sur pattes. Il courait au pied des falaises, par bonds gauches et lourds, pour rattraper le chien. Quand la bête pleine de poils eut atteint Alpa, elle se mit en position défensive. C'était un glouton *(Gulo luscus)*, le plus gros représentant de l'espèce des mustélidés. La taille de ce plantigrade balourd et poilu peut aller jusqu'à 1 mètre de longueur et 45 centimètres de hauteur. Une robe brun foncé, un dos noir. Deux larges rainures gris clair lui courent sur les flancs de l'épaule à la croupe. En haut des pattes comme en bas du corps, son poil est plus fourni qu'ailleurs. Un cou court, une tête grosse et allongée, des pattes armées de griffes solides et fortes…

Le glouton affectionne les forêts de montagne habitées par les chevreuils et, surtout, par les porte-muscs. Il peut passer des heures immobile sur un arbre ou une pierre à proximité d'une coulée de cervidés dans l'attente d'une proie. Très au fait des habitudes de ses victimes, il en connaît les chemins et les manières. Par exemple, il sait qu'un porte-musc fait toujours la même ronde dans la neige profonde pour ne pas avoir à travailler du sabot. Aussi, quand le glouton met en fuite un porte-musc, il se perche sur un arbre en attendant que l'autre finisse la boucle. En cas d'échec, il le prend à l'usure en le pourchassant jusqu'à le faire tomber d'épuisement. Si, ce faisant, il en rencontre un autre, il s'abstient de l'attaquer et persiste dans la poursuite, quand bien même il aurait perdu de vue l'animal pourchassé. Le glouton est d'une nature vandale : quand il grimpe dans les réserves sur pilotis des indigènes, il saccage tout ce qu'il voit et ne s'en va jamais sans avoir souillé la viande et le poisson séchés. Autrefois, les indigènes attachaient plus de prix à la fourrure des gloutons qu'à celle des zibelines. Il fallut l'arrivée des Chinois et des Russes pour qu'ils comprissent leur erreur. Il y a une vingtaine d'années, une peau de glouton ne valait pas plus de 3 roubles. Maintenant, on ne lui fait plus la chasse : on ne le tue que s'il se trouve à portée de fusil.

L'aire de répartition du glouton s'étend vers le sud à l'ensemble du territoire de l'Oussouri, environ jusqu'au 44e parallèle. On ne le trouve pas dans les districts du Soueifen, de Possiet et de la Barabachevka, ni non plus près de Nikolsk-Oussouriïsk. Dans les monts du Sikhotè-Alin, on le rencontre assez souvent.

Alpa s'arrêta et se mit à observer sa nouvelle connaissance avec une curiosité manifeste. Je voulus tirer, mais Dersou m'en empêcha, disant avec raison qu'il fallait économiser les cartouches. Alors j'appelai Alpa. Le glouton détala dans un ravin.

Entre le Kholonkou et le Nakhtokhou, la côte se présente comme une ligne légèrement tordue, jalonnée par les caps : Plitniak, des Cormorans et Sossounov, qui s'avancent assez loin dans la mer. Au-delà, le rivage se creuse de nouveau vers le nord-ouest pour se redresser à l'embouchure de la Piya et à hauteur du cap de l'Olympiade. Les cartes de marine ne mentionnent ici qu'un relief, le mont Batourine, haut de 952 pieds.

Sur ce segment, la mer reçoit les petits cours d'eau suivants : la Niansa et l'Èkhé, que les cartes mentionnent sous l'hydronyme Skovorodkina, la Piya (10 verstes plus loin, Bachkirka en russe), puis l'Outougou, le Sèyen, le Kansou (K'antchou en chinois) et l'Ogomi. Entre le Nakhtokhou et la Piya, une modeste crête haute en moyenne de 900 pieds court parallèlement à la mer, à 5 verstes environ.

Du Nakhtokhou à l'Ountougou, les roches se succèdent de la façon que voici : chaille d'abord, tuf palagonitique ensuite, puis andésite et, par endroits, basalte vitreux. Au sud du Kansou s'étire une étrange matière rocheuse verte, en profondeur, avec, par-dessus, de l'andésite basaltique, mais aussi de la porphyrite. Les roches friables sont faites de couches alternées de tufs colorés. Le rocher Khadis présente ici un intérêt tout particulier avec sa stratification verticale et arciforme. Au-delà du cap Dioukh-Douoni, près du torrent Nianssou, on rencontre de la diorite quartzeuse et, enfin, au sud du Kholonkou, de l'aplite.

Près de la Piya se dressent deux rochers, les Sadzassou Mamassa-Ni, qui ont des formes humaines. Les Oudihés disent que, jadis, c'étaient des hommes, mais que le tout-puissant Temou, patron des poissons et des animaux marins, les avait changés en pierre en les forçant à monter la garde pour défendre les montagnes côtières.

La grève était jonchée de bois flotté sec. Après avoir choisi un endroit où bivouaquer, on laissa les affaires, et chacun partit à la chasse de son côté.

Extrêmement sinueuse, la Piya serpente sans fin. Vue du ciel, elle produirait l'impression d'une dentelle. En basse vallée, le sol est exclusivement alluvionnaire : la vase et les traînées de sable frais qui ont envahi les herbes et les buissons attestent que ces terres ont été submergées deux fois durant l'été. On voit croître près de la mer l'aulne arbustif et le saule à tronc haut. Plus en amont, c'est le mélèze, le bouleau blanc, le tremble et le peuplier, puis, plus haut encore, l'érable, le peuplier noir, le frêne et, çà et là, le sapin et le cèdre. Les pentes ourlant la vallée sont habillées de chênes nains, du côté ensoleillé, et d'une vieille forêt qui mousse de résineux, du côté nord.

Nous n'eûmes pas à chasser longtemps. Quand nous nous retrouvâmes, le jour déclinait. Le soleil versait déjà derrière les montagnes et ses rayons perçaient la sylve en mordorant les troncs des peupliers, les cimes pointues des sapins, le couvert foisonnant des cédraies. Un cri pénétrant retentit près de nous.

— Porte-musc ! murmura Dersou en réponse à mon regard interrogatif.

Quelque deux minutes plus tard, j'aperçus un animal semblable à un chevreuil, mais beaucoup plus petit de taille et plus foncé de pelage. Deux crocs fins lui sortaient de la bouche, tendus vers le bas. Dersou leva doucement son fusil, scruta encore une fois attentivement l'endroit où se trouvait l'animal et tira en manquant sa cible. La détonation roula d'un bout à l'autre de la forêt et s'en fut mourir dans le lointain. Le porte-musc effrayé fit un bond de côté et plongea dans l'antre de la forêt.

— Bien toucher ? me demanda Dersou.

À ses yeux, je compris qu'il n'avait pas vu le résultat de son tir.

— Cette fois, tu l'as bien loupé, lui répondis-je. Il a décampé.

D'un air épouvanté, il me dit alors :

— Comment moi rater ?

Nous allâmes à l'endroit où s'était montré l'animal. Point de sang par terre. Aucun doute : Dersou avait manqué son coup. Je me moquai gentiment de mon ami, mais lui s'assit par terre, posa son fusil sur ses genoux et se fit songeur. Soudain, il se releva d'un bond, fit une grosse entaille au couteau sur un arbre, puis attrapa son fusil et s'éloigna en courant d'environ cent cinquante pas. Je crus qu'il voulait se justifier à mes yeux en me prouvant le caractère accidentel d'un raté pareil. À une telle distance, toutefois, la marque était à peine visible, aussi dut-il se rapprocher. Quand il eut choisi le bon endroit, il posa son bâton et se mit à viser. Il visa longtemps et détacha par deux fois la tête de la crosse comme s'il ne pouvait se résoudre à presser la queue de détente. Enfin, il tira et se précipita vers l'arbre. À le voir baisser les bras je compris qu'il n'avait pas touché la marque. Je m'approchai. Sa toque traînait par terre, son fusil aussi. Ses yeux grands ouverts vaguaient dans le vide. Je lui mis la main sur l'épaule. Dersou tressaillit et se mit à parler vite vite :

— Autrefois, personne trouve gibier avant moi. Toujours moi premier. Moi tirer, toujours trouer robe. Balle jamais perdue. Cinquante-huit ans maintenant. Œil faible, mal voir. Tirer porte-musc, raté. Tirer l'arbre, raté. Aller chez les Chinois ? Non, car pas comprends leur travail. Comment vivre maintenant ?

Alors seulement je compris combien mes plaisanteries étaient déplacées. Pour lui qui subvenait à ses besoins par la chasse, l'altération de sa vue signifiait la mort. Situation d'autant plus tragique que Dersou vivait dans une solitude absolue. Où aller ? Que faire ? Où pourrait-il appuyer dans ses vieux jours sa tête blanchie par les ans ?

Je fus pris d'une immense pitié pour le vieux.

— Rien de grave, lui dis-je. Tu m'as tellement aidé, et tant de fois tiré du péril. J'ai une dette envers toi. Chez moi, tu auras toujours un toit et un morceau de pain. Nous vivrons ensemble.

L'air affairé, Dersou ramassa son fourbi, prit son fusil et le regarda comme une chose devenue inutile.

À cet instant, le soleil venait à peine de disparaître à l'horizon. L'ombre étirée des montagnes s'allongea vers l'est. L'eau de la rivière, que le gel n'avait pas encore prise, brillait comme un miroir où se reflétaient les arbres et les buissons de la côte. On aurait pu croire qu'il existait sous l'eau un monde pareil au nôtre, avec un ciel tout aussi clair…

Près de la rivière, on se sépara : Dersou revint au bivouac ; moi, je voulais chasser encore un peu. J'errai longtemps dans la forêt, sans rien voir, jusqu'au moment où, fatigué, je fis enfin demi-tour.

À l'ouest, les feux du soir s'éteignaient doucement. L'air bleuissant s'emplit d'une langueur immobile. La vallée prit un air lugubre, telle une crevasse béant dans les montagnes.

Soudain, quelque chose bougea dans les buissons. Statufié, j'armai mon fusil. Encore un léger craquement, et je vis un chevreuil sortir d'une aulnaie à pas feutrés. Il se mit à brouter l'herbe. Apparemment, il ne m'avait pas vu. Je visai et tirai. Le malheureux animal fit un bond en avant et s'écroula, le museau fiché dans la terre. Une minute plus tard, la vie l'abandonnait. Je pris ma ceinture, le ligotai par les pattes et le jetai sur mes épaules. Quelque chose de tiède me coula le long du cou. C'était du sang. Alors, posant mon trophée à terre, je me mis à crier. Bientôt, en réponse, j'entendis les cris de Dersou. Il venait sans fusil. À deux, nous emportâmes le chevreuil suspendu à un bâton.

Nous rentrâmes au bivouac en fin de soirée. La lune se leva et, de ses rayons phosphorescents, éclaira la mer, les rochers de la côte, la sylve et la rivière. Le calme régnait alentour, seule une légère brise nocturne peignait l'herbe d'un bruissement si monotone qu'une oreille habituée ne l'eût nullement remarqué. Le feu de camp flambait. Sa lumière envoyait au sol des éclats rouges, elle se mêlait aux ombres noires et aux rais blêmes du croissant qui se faufilaient entre les branches des arbustes. Au loin se profilait le cap aux Cormorans, nimbé de vapeurs marines.

Après la chasse, je me sentis fatigué. Au dîner, je parlai à Dersou de la Russie en lui conseillant d'abandonner sa vie de taïga, pleine de dangers et de privations, et de s'installer avec moi à la ville, mais, tout à ses songes, il continuait de se murer dans le silence.

Enfin, je sentis mes paupières s'alourdir. Je m'enroulai dans ma couverture et sombrai dans le sommeil.

Je me réveillai dans la nuit. La lune flottait haut dans le ciel. Les étoiles qui frisaient l'horizon étincelaient comme des diamants. On avait largement passé minuit. La nature semblait entièrement plongée dans un état de somnolence. Rien n'est plus beau qu'une mer infinie baignant dans la clarté de la lune sous un ciel profond parsemé d'étoiles muettes et brillantes. L'eau sombre, la masse énorme des falaises et la sylve silencieuse dans les montagnes se fondaient en une parfaite harmonie, offrant un tableau des plus majestueux.

Dersou était assis près du feu. Je compris tout de suite qu'il ne s'était pas couché. Réjoui de me voir réveillé, il mit l'eau à chauffer pour le thé. Je notai l'émotion du vieil homme qui me couvrait d'égards pour m'empêcher de me rendormir. Dersou rajouta du bois au brasier. Quand le feu reprit, il se leva et me dit avec solennité :

— Capitaine ! Maintenant, moi parle. Et toi écoute.

Il commença par me raconter sa vie d'avant, rappelant comment il s'était retrouvé seul et comment il chassait pour vivre. Son fusil le tirait toujours d'affaire. Auprès des Chinois, il troquait des bois de velours contre des cartouches, du tabac et de quoi se fabriquer des vêtements. Jamais il n'avait pensé que ses yeux pouvaient le trahir. Or, les yeux ne s'achetaient pas avec de l'argent, fût-ce avec tout l'or du monde. Depuis près d'un an qu'il sentait sa vue faiblir, il se disait que ça passerait, mais, aujourd'hui, il venait de comprendre que c'en était fini de la chasse. Et cela l'effrayait. Puis il se rappela ma parole : qu'il trouverait toujours un toit et un morceau de pain chez moi.

— Merci, capitaine, dit-il, merci très fort !

Soudain, il se mit à genoux en se prosternant à terre. Je me précipitai pour le relever, lui disant que non, au contraire, je lui devais la vie et que, s'il vivait avec moi, je n'en serais que plus heureux. Pour le détourner de ses idées noires, je lui proposai de passer au thé.

— Attends, capitaine, dit Dersou. Moi pas fini de parler.

Il continua de raconter sa vie, disant que, dans sa jeunesse, un vieux Chinois lui avait appris à chercher le ginseng et à en reconnaître les particularités. Il n'en avait jamais vendu les racines, préférant les transplanter aux sources du Liefou. La dernière fois qu'il s'était rendu à sa plantation, c'était une quinzaine d'années plus tôt. Les racines poussaient bien. Vingt-deux au total. Il ignorait si elles s'étaient conservées ou pas, sans doute que oui, car il les avait plantées dans un endroit sauvage qui ne portait nulle trace humaine.

— C'est tout pour toi ! me dit-il pour terminer son long discours.

Interloqué, je voulus le persuader de vendre les racines et d'en garder le bénéfice, mais Dersou n'en démordait pas.

— Moi pas besoin. Peu reste à vivre. Mourir bientôt. Et très envie t'offrir *pantsouï*[37].

Il me regardait avec des yeux si suppliants que je ne pus lui résister. Un refus l'eût offensé. Je lui donnai mon accord, mais en lui faisant promettre qu'à la fin de l'expédition il irait avec moi à Khabarovsk. Il me dit oui à son tour. Nous décidâmes d'aller sur le Liefou au printemps à la recherche des précieuses racines.

La lune argentée se pencha vers l'ouest. À l'orient, de nouvelles constellations apparurent dans le ciel. L'humidité qui flottait dans l'air tomba sur terre en la pailletant de givre, signe tangible que l'aube approchait.

Dersou ajouta encore une fois du bois au feu. Une flamme vive et trépidante s'élança vers le ciel en jetant des lueurs rougeoyantes sur les buissons et les falaises, témoins silencieux des engagements que nous venions de contracter l'un envers l'autre.

Mais voilà qu'une traînée rose se fit jour au levant: l'aube pointait. Les étoiles pâlirent. Le tableau magique de la nuit s'évanouit et, dans l'air d'un gris bleu sombre, la lumière incertaine de l'aurore s'infusa. Les braises blêmirent et se recouvrirent de cendre. Les tisons fumaient. On aurait dit que le feu rentrait à l'intérieur.

— Dormons un brin, dis-je à mon compagnon.

Il se leva et arrangea la tente. Puis lui et moi, tombant de sommeil, nous couchâmes sous une même couverture.

Au réveil, le soleil était déjà haut dans le ciel. Ce fut une matinée de grand gel et de belle clarté. L'eau des petits lacs se couvrit d'une pellicule de glace fine et brillante. Seules les polynies formaient des taches sombres.

On déjeuna de viande froide, sur le pouce, on avala un thé, puis, une fois les sacs bouclés, l'on fit demi-tour en direction du Nakhtokhou.

Là, nous trouvâmes l'équipe au complet. Arinine avait tué un lion de mer, et Zakharov, un phoque. On disposait donc d'une réserve substantielle de cuir et de viande

Du 12 au 16 novembre, on ne bougea pas. Les fusiliers cueillirent de l'airelle rouge et récoltèrent des pignons de cèdre.

Dersou échangea auprès des Oudihés les deux peaux fraîches contre une peau d'élan apprêtée. Il pria les femmes indigènes de nous tailler des *ounty* que chacun cousit ensuite à son pied.

Le 17 au matin, nous fîmes nos adieux au Nakhtokhou et prîmes le chemin du retour, vers le village des vieux-croyants. Je jetai un ultime coup d'œil à la mer dans l'espoir de voir poindre le canot de Heipat'eou, mais rien. Comme le vent soufflait des terres, la côte était calme ; au loin, pourtant, l'on voyait battre de fortes vagues. D'un geste de la main, je donnai le signal du départ. Un chagrin que d'avoir à rebrousser chemin, mais on n'avait pas le choix.

Le retour se passa sans encombre.

Géologiquement, ce segment de côte ne présente guère d'intérêt. Entre l'Ountougou et la Kouznetsova, les minéraux se succèdent de la façon suivante : près du torrent Ountougou-Sagdy, du côté droit, à l'emplacement de l'ancienne pêcherie japonaise n° 33, l'on voit affleurer des conglomérats de petits galets lisses qui s'étirent du nord-ouest au sud-ouest à 51°, par un angle de chute à 18° ; puis ce sont des laves métamorphosées à hauteur du cap Khorlo-Douoni ; plus au sud, près de la rivière Kansou, on trouve des strates alternées et colorées de tuf basaltique de quelque 120-130 mètres, et, plus loin encore, une roche verte rainurée produite par une éruption ; près du torrent Koua s'élèvent de hautes terrasses côtières sur le socle massif d'une roche à la fissuration irrégulière ; et enfin, près du rocher Khodiè, la même roche inconnue, mais stratifiée verticalement.

Le 22 novembre, nous arrivâmes au Takhobé et, le 23 au matin, à la rivière Koussoun.

Un passage à gué avec chevaux bâtés sous l'œil de la chienne Alpa (1906 ou 1907).

23. LE RETOUR DE HEIPAT'EOU

Un vent fort – Les aventures de Heipat'eou – L'équipement de marche hivernale – Le traîneau – La pêche – L'endurance des Oudihés au froid – Les syrrhaptes paradoxaux

DEPUIS LA VEILLE, le temps se gâtait. Le baromètre indiquait 756 par une température de -10 °C. Le ciel se couvrait de nuages. Vers 10 heures du matin, il se mit à neiger d'une petite neige qui dura jusqu'à midi.

Après un bref repos que nous fîmes chez les indigènes du Koussoun, je voulus reprendre la route, mais ils me conseillèrent de passer la nuit sous leur toit, dans les fanzas. Les Oudihés disaient qu'après une longue accalmie et un temps nébuleux, on ne pouvait qu'attendre un vent fort. Les Chinois aussi paraissaient inquiets. Ils jetaient d'incessants coups d'œil à l'ouest. Je leur demandai pourquoi. Ils me montrèrent les cimes enneigées du Kiamo. Alors seulement je remarquai que la crête, jusqu'ici bien dessinée, revêtait maintenant des contours incertains et flous : on aurait dit que les montagnes fumaient. Du Kiamo à la mer, d'après leurs dires, il fallait au vent deux heures pour venir.

Les Chinois arrimaient les toits des fanzas aux souches et aux arbres les plus proches, et fixaient les meules de céréales avec des filets tressés d'herbes.

Et en effet, vers 2 heures de l'après-midi, le vent se mit à souffler, d'abord faible et régulier, puis de plus en plus fort. Il charriait une espèce de brume, un mélange de neige, de poussière et de feuilles mortes tourbillonnantes. Au soir, le vent atteignit son paroxysme. Je sortis avec l'anémomètre pour en mesurer la force, mais une rafale brisa le moulinet de l'appareil et faillit même me jeter à terre. J'entrevis, fusant dans l'air, une planche et un morceau d'écorce arrachés à un toit. Il y avait, près d'une fanza, un araba chinois à deux roues. Le vent lui fit traverser la cour et l'écrasa contre une clôture. Une meule de foin mal attachée fut anéantie en moins d'une minute.

À l'aube, le vent se calma. Les rafales s'espacèrent. Quand pointa le jour, je ne reconnus pas les lieux. Une fanza rasée de fond en comble, l'autre au mur défoncé… Beaucoup d'arbres arrachés avec leurs souches jonchaient le sol. Au lever du soleil, le vent tomba tout à fait. Il reprit une demi-heure plus tard, mais venant du sud.

Il fallait continuer la marche, mais je n'en brûlais pas d'envie : mes compagnons étaient fatigués, et les Chinois, si hospitaliers… Je décidai de marquer chez eux une journée de repos, et bien m'en prit. Dans la soirée, un jeune Oudihé accourut de la côte en nous apportant une heureuse nouvelle : Heipat'eou était de retour, et toute notre cargaison se trouvait intacte. Mes compagnons lancèrent des hourras en se serrant la main. Il y avait de quoi être heureux, en effet. Pour un peu, j'en aurais dansé moi-même.

Le lendemain matin, le jour pointait à peine que nous étions déjà tous au bord de la mer. Heipat'eou n'était pas moins heureux que nous. Les soldats le questionnaient à qui mieux mieux. Il s'avéra qu'un vent violent l'avait surpris près de la rivière Kansou et emporté vers l'île de Sakhaline. Heipat'eou ne s'était pas laissé dépasser par les événements, faisant tout pour rester le plus près possible de la côte, car, dans le cas contraire, il aurait dérivé vers le Japon. De Sakhaline, il avait regagné le continent et, de là, s'était dirigé vers le sud le long du littoral. Une fois arrivé sur le Nakhtokhou, il apprit de la bouche des Oudihés que nous faisions route sur l'Amagou. Alors il avait mis les voiles pour nous rattraper, laissant passer la tempête de la veille sur le Kholonkou ; et de là, en une journée, avait regagné le Koussoun.

Un nouveau plan s'échafauda aussitôt dans ma tête : je décidai de remonter le Koussoun jusqu'au Sikhotè-Alin et de rejoindre ainsi le Bikin. Provisions, instruments, vêtements chauds, chaussures, équipement et cartouches : nous avions tout désormais.

Heipat'eou aussi décida d'hiverner sur le Koussoun. La navigation devenait difficile sur la mer. Les rives étaient encombrées de glaçons flottants, et les rivières gelaient aux embouchures.

Sans plus tarder, les fusiliers déchargèrent le canot. Quand ils en eurent ôté le mât, le gouvernail et les voiles, ils le tirèrent sur la grève et le posèrent sur des cales de bois en l'étayant par des pieux d'un bord comme de l'autre.

Le lendemain, on s'attaqua à la préparation de six traîneaux[38]. On en trouva trois chez les indigènes et l'on dut fabriquer les trois autres. Zakharov et Arinine savaient menuiser. Deux Oudihés leur furent attribués en renfort. Dersou se vit confier la direction des travaux. Toutes ses consignes tombaient à propos, les fusiliers avaient l'habitude de les exécuter sans piper et ne faisaient rien sans son approbation.

Ce travail prit dix jours. De temps en temps, les fusiliers allaient à la chasse et revenaient souvent bredouilles, parfois chanceux. L'on se prit d'amitié pour les Oudihés du Koussoun que l'on connaissait tous de vue et de nom.

Le 25 novembre, Dersou, Arinine et moi allâmes pêcher avec des indigènes à l'embouchure du Koussoun. Les Oudihés emportèrent des torches de roseaux et de lourds gourdins en bois.

Entre des bras de la rivière, sur une île boisée de trembles, d'aulnes et de saules, l'on vit d'étranges habitations couvertes d'herbes. Je reconnus aussitôt la signature des Japonais. C'étaient des pêcheries sauvages qu'on ne remarquait ni de la mer ni de la terre. On prit possession de l'une de ces huttes.

L'eau avait bien gelé dans l'évasement de l'estuaire. Lisse comme un miroir, la glace était pure et transparente. Elle laissait voir les hauts- et bas-fonds, les algues, les pierres, le bois noyé. Les Oudihés y firent plusieurs trous pour y plonger un double filet. À la tombée de la nuit, ils allumèrent les torches de roseaux et coururent vers les trous en donnant des coups de gourdin à la glace. Effrayé par la lumière et le bruit, le poisson fou partait en trombe et s'empêtrait dans les filets. Heureuse pêche : en une seule prise ils attrapèrent 1 taïmen, 3 ombles talma, 4 ombles chevaliers et 11 rotengles.

Ensuite, les Oudihés remirent les filets à l'eau pour rabattre le poisson de l'autre côté. Puis ils allèrent successivement à un petit lac, à un bras de rivière, au Koussoun et de nouveau à l'évasement.

Vers 10 heures du soir, on arrêta la pêche. Une partie des indigènes rentra, les autres restèrent dormir sur place. Parmi ces derniers se trouvait l'Oudihé Logada que je connaissais depuis l'année d'avant. La nuit fut glaciale et venteuse. Même devant le feu, le froid mordait. À près de minuit, je songeai à Logada et demandai où il était. L'un de ses camarades me répondit qu'il dormait dehors. Je m'habillai et sortis de la cabane. Dans le noir, le vent froid lançait au visage des lames de couteau. J'arpentai le bord de la rivière et revins à la hutte en disant que je n'avais vu aucun feu. Les Oudihés me répondirent que Logada dormait sans feu.

— Comment ça sans feu ?

— Comme ça, répondirent-ils d'un ton détaché.

Craignant qu'il n'arrivât quelque chose à Logada, j'allumai ma petite lanterne et repartis à sa recherche. Deux Oudihés se proposèrent de m'accompagner. Nous le trouvâmes au bord de l'eau, à une cinquantaine de pas de la hutte. Il dormait sur une brassée d'herbes sèches.

Il était vêtu d'un sarrau et d'un pantalon en cuir de cerf, chaussé de bottes en peau d'élan, coiffé d'un capuchon blanc et d'un petit bonnet avec une queue de zibeline. Ses cheveux avaient givré, son dos aussi était recouvert d'un film blanc. Je me mis à le secouer fortement à l'épaule. Il se leva et, de la main, chassa le givre de ses paupières. Ne le voyant ni trembler ni rentrer le cou dans les épaules, je compris qu'il n'était pas transi.

Étonné, je lui demandai :

— Et tu n'as pas froid ?

— Non, dit-il, en ajoutant : Qu'est-ce qui se passe ?

Les Oudihés lui expliquèrent que je m'inquiétais de savoir où il se trouvait et que je l'avais longtemps cherché dans le noir. Logada répondit qu'il y avait trop de monde entassé à l'intérieur de la hutte et que, pour cette raison, il avait préféré dormir dehors. Là-dessus, il s'engonça dans son sarrau, se coucha sur l'herbe et se rendormit.

De retour à la cabane, je racontai tout cela à Dersou.

— C'est rien, capitaine, commenta le Golde. Ces gens pas peur du froid. Ça court toujours après zibeline dans les montagnes. Et ça dort où vient la nuit. Ça se chauffe le dos à la lune.

Quand le jour se leva, les Oudihés repartirent pêcher. Cette fois, ils employèrent une autre méthode. Une petite tente en peau occultée de toutes parts était dressée au-dessus d'un trou dans la glace. Les rayons du soleil éclairaient la rivière à travers la surface gelée, laissant voir distinctement les galets, les coquillages, le sable et les algues. On utilisait un harpon qui, plongé dans l'eau, ne touchait pas tout à fait le fond. Ainsi dressa-t-on quatre tentes juxtaposées, avec un homme assis dans chacune. Les autres se dispersèrent aux quatre coins de la surface et se mirent à rabattre doucement le poisson. Quand celui-ci arrivait à portée d'un harpon, le chasseur l'empalait. La méthode se révéla bien plus fructueuse que la précédente. En une nuit et un jour, les Oudihés attrapèrent 22 taïmens, 136 ombles chevaliers, 240 truites de mer et un très grand nombre de rotengles.

Sur le chemin du retour de la mer aux fanzas, ma chienne délogea quatre oiseaux que je ne sus reconnaître, la plupart posés sur le sable, parés d'un plumage qui s'accordait tellement avec leur environnement qu'on ne pouvait les remarquer, même de près : je ne les vis qu'au moment de leur envol. J'en tuai un au fusil. Il s'agissait d'un syrrhapte paradoxal *(Syrrhaptes paradoxus Pal.)* que le hasard avait probablement amené de Mongolie orientale au gré des vents. C'était la première fois que je voyais cet oiseau en outre-Oussouri. Je le montrai aux indigènes qui exprimèrent leur étonnement avec force bruits, disant qu'ils n'en avaient jamais vu de pareils. Et de le baptiser aussitôt à leur façon : *mafa*, ce qui signifie « ours ». Je ne tardai pas à constater que ce spécimen n'était pas le seul de son espèce en ce lieu. En chemin, nous en aperçûmes quelques volées. J'appris par la suite qu'on en avait repéré en novembre de la même année du côté de la baie Sainte-Olga et de la rivière Samarga. Au bout d'une semaine, ils disparurent d'une façon aussi inattendue qu'ils étaient apparus.

Le temps qu'on préparât traîneaux et skis, je faisais des excursions dans les environs, mais passais le plus clair de mon temps à la maison. Il fallait tout vérifier, tout prévoir. D'expérience, je savais qu'on ne devait en aucun cas négliger les pratiques indigènes. Plus tard, j'eus maintes occasions de remercier le ciel d'avoir tenu compte de leurs conseils et de m'être rangé à leur avis plutôt que de faire le malin.

Le détachement embarque dans un canot monoxyle indigène (1907).

24. MARCHE D'HIVER

La veille du départ – La préparation du traîneau – Le Koussoun et ses affluents – Une empreinte de tigre – Les roches – Des forêts mangées par le feu – Les oiseaux sylvestres – La nationalisation des diables – L'Oudihé Sountsaï

Le 2 décembre, les fusiliers achevèrent l'ensemble des travaux. Ils eurent une journée de plus pour boucler les préparatifs. Un vieil homme, le Mandchou Tch'echewou, décida de nous accompagner jusqu'au premier village chinois de la rivière Bikin.

Le 4, à midi passé, on chargea les traîneaux. Ne restait plus qu'à y ranger nos couches le lendemain matin.

Dans la soirée, les Oudihés firent des incantations, priant les esprits de nous protéger pour la route et la chasse. Beaucoup de monde s'entassa dans la fanza. Les Chinois, comme toujours, apportèrent *khanchine* et sucreries. Le vin produisit un effet excitant sur les indigènes qui passèrent la nuit à danser devant les feux et à chanter au son des tambours. Peu avant l'aube, je m'en fus piquer un somme dans la fanza chinoise la plus éloignée.

Il gela fort dans la matinée du 4 décembre : -19 °C. Le baromètre stagnait à 756 millimètres. Il soufflait un léger vent d'ouest sous un ciel serein, bleu, profond. Les montagnes exhibaient des pentes enneigées.

En voyage, le premier départ se fait toujours plus tard que prévu, ordinairement par la faute des accompagnateurs : soit qu'ils n'aient pas de chaussures prêtes, soit qu'ils n'aient pas encore mangé, soit qu'ils n'aient pas de tabac pour la route, etc. Le détachement ne put enfin s'ébranler qu'après d'interminables rappels au retardataire. Les Chinois sortirent nous accompagner avec des drapeaux, des crécelles et des fusées.

Durant les quatre derniers jours, la rivière avait bien gelé. Une glace régulière, lisse et brillante comme un miroir. Par suite de la formation d'une glace de fond, le niveau avait monté au moment de l'embâcle, et tous les bras secondaires s'étaient remplis. Cela nous permit de prendre des raccourcis en coupant directement les boucles de la rivière et en contournant les hummocks.

Notre équipée se composait de huit traîneaux, chacun portant 6 pouds de chargement. Nous n'avions pas de chiens pour les tirer parce que je manquais d'argent. Du reste, je doutais d'en trouver sur le Koussoun. Il nous fallait donc haler les traîneaux nous-mêmes.

Le mode indigène de locomotion des traîneaux chargés consiste en une corde ou une lanière sanglée à l'avant et qui se termine par une bandoulière. Sur le flanc, une longue perche est fixée à un montant du patin : on l'appelle la barre. L'homme tient la barre de la main droite pour conduire le traîneau. Dans les tournants serrés, il appuie dessus.

Le beau temps nous souriait. Les traîneaux volaient sur la glace. Les hommes avançaient joyeux, hardis, badins, hilares.

Le Koussoun est long de presque 100 verstes. Il prend sa source dans le Sikhotè-Alin et coule en courbe vers le nord-est, faisant preuve d'un caractère non moins impétueux et turbulent que la Takema. Dans le sens montant, on rencontre les affluents suivants : à droite (dans le sens du courant), les rivières Ègué, Tyanga, Kouanssou, Tzagdaï-1, Tzagdaï-2, Odo, Baganty, Agdynia, Tagdyni-1, Tagdyni-2, Tchjolia-1, Tchjolia-2, Sidèksi-1, Sidèksi-2, Oddègué, Tzagda, Khoïma et Niaobiazani ; à gauche, les rivières Ioniou-1, Ioniou-2 (*alias* Bokhté), Ioniou-3, Olosso, Bolounia, Bouï, Khazasso, Fougou, Biagamou, Sololi, Biaïa, Tchigali, Tché (avec le Kholonkou pour affluent), Tzava-1, Tzava-2, Tzava-3 et Tzava-4. D'entre tous, le Tché est le plus grand. Viennent ensuite de petits torrents qui constituent les sources du Koussoun et qui n'ont pas de nom. Les Oudihés les désignent par le mot de Dooni Koui, c'est-à-dire les sources du Koussoun. La rivière la plus haute qui permette d'atteindre le Bikin par un col est le Sololi, peut-être aussi le Tché. Les quatre Tzava mènent à un col donnant sur les sources de la Takema. Le Bouï est la rivière la plus proche de la mer par laquelle on puisse basculer dans la vallée du Bikin. C'était par là que j'envisageais de passer. L'affluent le plus paisible du Koussoun est le Biagamou. En canot, les indigènes remontent la rivière jusqu'au Tché. Il faut quatre ou cinq jours pour l'atteindre à contre-courant. Le parcours se découpe comme suit : premier jour, de la mer à la Ionia-3 ; deuxième jour, jusqu'au Bouï ; troisième jour, jusqu'au Biagamou ; quatrième jour, jusqu'au Tzagda ; et cinquième jour, jusqu'au col. En amont de l'embouchure du Tché, le Koussoun est jalonné de maints rapides, son lit parsemé de grosses pierres et de troncs déracinés. À partir de là, il faut monter à pied avec les balluchons sur le dos. En hiver, par la glace, on peut gagner le col en deux jours. Dans les monts rocheux qui encadrent la vallée du Tché, les éboulements sont fréquents. Les Oudihés tiennent ces lieux pour le repaire du mauvais esprit Kakzamou.

Entre les rivières Tché et Tzava s'élève un piton solitaire que les indigènes appellent Tchjelé-Kadani. Des vieux me racontèrent un souvenir. Une fois qu'ils chassaient en ces lieux, ils bivouaquèrent longtemps au pied de ce rocher. Or, l'un des Oudihés remarqua qu'un tigre s'y trouvait couché sur le flanc, immobile. Les hommes passèrent là plusieurs jours. Il neigea deux fois pendant ce temps. La neige recouvrit entièrement le fauve. Soudain, au matin du sixième jour, à leur plus grande surprise, l'animal se leva, s'ébroua et descendit à la rivière. Alors les hommes comprirent que, mort, le tigre ne l'avait été qu'un temps. (Il pouvait toujours faire le mort quand il le souhaitait.) Son âme *(khania)* avait délaissé son corps pour errer quelque part au loin, puis elle s'en était revenue, et le tigre avait renoué avec la vie. Épouvantés, les Oudihés avaient décampé. Depuis, le rocher Tchjelé-Kadani est regardé comme totémique, lieu interdit et sacré. Il est un autre roc empreint de mystère sur la rive gauche du Koussoun inférieur, qui exhibe une face d'homme. Les Oudihés l'appellent Kada-Dèlini, c'est-à-dire « Tête de pierre ». C'est un géant pétrifié et enfoncé dans la terre. Parfois, il bouge, et alors les montagnes s'ébranlent en répandant un bruit sourd dans les hauteurs environnantes.

Indigènes et Chinois ont observé que les salmonidés ne remontaient pas le Koussoun de la même manière : le kéta va jusqu'au Sololi, le rose à bosse jusqu'au Biagamou et le malma, comme toujours est celui qui monte le plus haut, particulièrement en nombre dans l'Agdynia.

Du Koussoun, l'on peut voir les arêtes les plus proches du Sikhotè-Alin. Aux sources des trois Ionia et de l'Olosso se dressent les monts Ionia-Kiamoni. On les voit bien de la mer. Les Oudihés disent qu'entre les trois cimes, dans un ensellement, se niche un lac d'eau douce.

En remontant le Koussoun de la mer aux sources, on constate que le relief environnant est constitué des roches que voici : basaltes d'abord, andésites et porphyrites ensuite, puis une espèce de lave avec des creux remplis de concrétions vert vif, basalte à grain fin et, près du Woulienkeou, une andésite augitique. À une dizaine de verstes en amont du Bouï, le sol renferme du minerai de charbon qui a brûlé il y a une vingtaine d'années par suite d'un feu de forêt et qui, depuis, ne cesse de couver sous terre. D'autres gisements affleurent à la surface le long du torrent Neobé, sur le côté gauche de la rivière, à 25 verstes de la mer.

Encore récemment, d'épaisses forêts mixtes boisaient de part en part la vallée du Koussoun. Mais deux gros incendies successifs les ont anéanties de fond en comble. Maintenant, cette vallée n'est plus qu'un champ de cendres, surtout sur les rivières Bouï, Kholossou, Fou, Biagamou et Tzava-3. Pour trouver une forêt encore vivante, il faut aller sur l'Odo, l'Agdynia et le Sidèksi (dit aussi Sigengueï).

Côté faune, la vallée du Koussoun offre un habitat à des espèces telles que le cerf wapiti, le bouquetin, le porte-musc, la martre, la belette, la zibeline, le glouton, le loup rouge, le renard, l'ours brun, le lynx et le tigre.

On n'avança guère ce jour-là et l'on planta le bivouac de bonne heure. À ce premier bivouac, chacun s'installa au hasard sous la tente. Le Mandchou Tch'echewou, Dersou et moi prîmes place d'un côté du feu, et les fusiliers de l'autre. Il en fut ainsi tout au long du voyage.

C'est tout un art que de planter en hiver une tente à double pente, surtout sous les vents forts. Son ossature est faite de piquets de saule, qui prolifère toujours au bord de l'eau. Elle est ensuite tendue de toiles de part et d'autre. On y ménage en haut une ouverture qui tient lieu de cheminée. Pour assurer le tirage, il convient de surélever l'une des toiles, en général du côté de l'entrée. Le résultat, par contre, est que l'air propre apporte aussi le froid. Ce fut encore Dersou, ingénieux, qui nous tira d'affaire. Il alla chercher un tronc creux dont il plaça un bout à portée du feu et l'autre à l'extérieur. Cela produisit un effet de cheminée, et l'air se purifia aussitôt sous la tente. Les fusiliers disposèrent sur les litières des branches de sapin coupées qu'ils recouvrirent d'herbes sèches. Tout le monde dormit à poings fermés.

Le lendemain 5 décembre, je me réveillai le premier, m'habillai et sortis de la tente. La lueur aurorale chassa vers l'ouest les ténèbres de la nuit. L'aube pointait. La forêt craquait fort sous l'effet du gel, -20 °C au thermomètre. Sur la rivière, les polynies exhalaient de la vapeur. Les arbres de la rive, parés de givre, ressemblaient à de blancs coraux. Deux loutres folâtraient près d'un trou dans la glace. Elles se mouvaient d'une étrange façon, comme des serpents, en émettant des sons semblables à des sifflements ou des ricanements. Parfois, l'une d'elles se dressait sur ses pattes postérieures pour surveiller les alentours.

Je les observais de derrière un buisson, mais elles finirent par me remarquer et plongèrent à l'eau.

Sur le chemin du retour, il me plut de chasser la grive. Je revins au bivouac du côté opposé à mon point de départ. De la tente s'échappaient d'épaisses volutes, mélange de fumée et de vapeur. Je vis mes compagnons s'affairer, vraisemblablement réveillés par mes coups de feu.

On but le thé et l'on se chaussa chaudement. Au bout d'à peine une demi-heure, on était déjà en route. Le soleil se leva, pourpre, d'entre les ténèbres brumeuses.

Les îlots de forêt qui subsistaient de part et d'autre de la rivière sous forme d'oasis permettaient d'établir les essences propres à ces lieux. Le cèdre *(Pinus koraiensis Sieb. & Zucc.)* et le peuplier *(Populus suaveolens Fisch.)* poussaient à foison. Çà et là se balançaient des ramilles gris brun d'érable arbustif *(Acer ginnala Maxim.)* avec leurs fruits secs rosâtres, côtoyant le lilas de l'Amour *(Syringa amurensis Rupr.)* que l'on ne pouvait reconnaître à cette saison qu'à ses grappes de fruits desséchés à l'extrémité de branches nues à l'écorce gris foncé. Je pus aussi examiner de plus près un arbuste de jasmin (*Philadelphus tenuifolius Rupr. & Maxim.*) et une épinevinette de l'Amour *(Berberis amurensis Rupr.)* qui avait conservé ses fruits.

À l'approche de l'hiver, les bêtes à plumes diminuèrent notablement en nombre dans l'outre-Oussouri. Le plus souvent, l'on tombait sur des loxia, jolis passereaux à becs croisés. Ils se rassemblaient par petites volées, mais les mâles, de couleur rouge, se démarquaient des femelles, au plumage jaune gris. Ils descendaient souvent à terre pour y picorer et se laissaient approcher de si près qu'on pouvait en examiner leur plumée. Même effarouchés, ils ne s'envolaient jamais bien loin et revenaient se poser à proximité. Dans l'ordre décroissant, je dois citer ensuite les sittelles que je reconnus aussi bien à leurs plumes qu'à leur cri semblable à un doux piaillement. À un moment, je remarquai deux roitelets japonais, oiselets qui se cachaient des vents dans la ramure des sapins. Je vis se montrer ici ou là des pics épeiches avec leur empennage noir et blanc et leur plumée rouge sur le dos. Aussi gaillards que criards, ces petits oiseaux ne semblent craindre ni le froid ni le vent. Les geais roux, bavards en été et muets en hiver, s'étaient réfugiés dans l'antre de la forêt. En nous voyant, ils se mettaient à pousser des cris perçants pour prévenir leurs congénères d'un danger imminent. Je tombai aussi sur des corneilles à grosse tête et des rapaces de jour qu'en raison des distances je ne pus examiner. Deux ou trois fois, nous fîmes peur à des harles bièvres retranchés dans des bras de la rivière ou dans des trous de fonte. Ils allaient par deux, sans doute le mâle et la femelle. Sabitov en tua un au fusil, mais la balle le déchiqueta, et je regrettai beaucoup de ne pouvoir recueillir sa livrée pour l'identifier.

Vers 4 heures, nous arrivâmes au torrent Olosso, où commençaient des arpents de bois brûlé. Nous n'allâmes pas plus loin ce jour-là : après avoir choisi un îlot boisé, nous y pénétrâmes jusqu'au cœur pour y aménager notre bivouac.

Le soir, les fusiliers se contèrent toutes sortes d'épouvantes, des histoires de fantômes, de maisons hantées, autant de choses qu'ils disaient avoir vues ou vécues.

Chose étrange, les soldats croyaient dans l'existence des diables de chez eux, mais considéraient les diables indigènes avec incrédulité et moquerie… Même chose à l'égard de la religion : je dus constater plus d'une fois que les indigènes manifestaient plus de tolérance envers la religion des autres que les Européens. Le peu d'attention que les premiers attachent à la foi d'autrui ne dépasse jamais le stade de l'indifférence. Cela, j'avais pu l'observer chez Dersou : lorsque les fusiliers racontaient leurs histoires à faire peur, mon ami golde écoutait en fumant tranquillement la pipe, sa face ne trahissant ni sourire, ni crédulité, ni doute.

Le matin du 6 novembre, nous nous levâmes avant l'aube. -21 °C au thermomètre. Le vent de la nuit tomba au point du jour, et l'on crut sentir le temps se réchauffer.

Autrefois, quand la vallée du Koussoun était couverte de forêt, la zibeline y abondait. Maintenant, c'est un désert. Tremblaies et boulaies investissent les hauteurs, tandis que les espaces inondables se laissent gagner par les saules à tiges fines, les aulnaies, le jeune mélèze.

Ce jour-là, on marcha jusqu'à l'embouchure du Bouï que les Chinois appellent Woulienkeou[39]. C'était là qu'on devait quitter le Koussoun en tournant vers le Sikhotè-Alin.

À l'embouchure du Woulienkeou vivait un Oudihé nommé Sountsaï, représentant typique de son peuple. De son père, il tenait ses dons de chaman. Une foule d'idoles ornait son gîte. De plus, il était réputé bon chasseur et canotier habile, énergique et fort sur courant rapide. Je lui proposai de nous accompagner jusqu'au Sikhotè-Alin, ce qu'il accepta à la condition que l'on fît chez lui une halte d'un jour, disant qu'il devait encore envoyer son frère à la chasse, soigner sa vieille mère et boucler ses propres préparatifs.

La malade avait dans les 50 ans. Gardienne des anciennes traditions, coutumes et pratiques rituelles, elle connaissait nombre de légendes, savait dire à quels cas s'appliquaient quelles punitions *(baïta)* et faisait autorité dans les litiges liés à l'octroi de la rançon due aux familles des filles à marier quand un mariage se nouait ou se dénouait.

J'acceptai de séjourner sous le toit de Sountsaï durant toute la journée du lendemain et n'eus pas à m'en repentir. Le maître de maison et sa mère se montrèrent très avenants, et je pus, grâce à cela, consigner quelques légendes et apprendre bien des choses intéressantes.

Dans la soirée, il nous servit du *stroganina*, fines tranches de poisson congelé cru. C'était un saumon lenok *(Brachymystax lenok Pal.)* à peine plus petit qu'un jeune rose à bosse. Foin de nos préjugés d'Européens à l'égard du poisson cru, nous lui fîmes pleinement honneur.

25. À TRAVERS LE SIKHOTÈ-ALIN

La rivière Woulenkeou – Des bois carbonisés – Les glaces de ruissellement – Le cadavre d'un Chinois – Un horst – Le col Maack – Nuages et neige – Le versant occidental du Sikhotè-Alin – Le tétras de Sibérie

Nous employâmes les quatre jours suivants, du 9 au 12 décembre, à suivre le Woulenkeou. Cette rivière prend sa source dans le Sikhotè-Alin et coule d'abord vers le sud-est sur environ 5 verstes, puis vers le sud sur une dizaine de verstes, puis de nouveau vers le sud-est sur une trentaine de verstes avant de repiquer vers le sud sur les cinq dernières verstes. Sa largeur est de 2 ou 3 sagènes à l'embouchure, sa profondeur, d'environ 2 pieds, et son courant file à la vitesse ordinaire des petits torrents de montagne. À mi-course, le Woulienkeou éclate en une multitude de ruisselets qui vont se perdre dans la forêt parmi les pierres et les troncs morts.

D'année en année, par suite d'incendies incessants, la forêt de montagne a été complètement dévastée. Elle ne subsiste plus que le long des rives et sur les îles parmi les bras secondaires.

À voir les bras gelés du Woulienkeou, l'on est tenté de croire qu'il regorge d'eau même en été. En vérité, il n'en est rien. L'eau qui dévale les montagnes ne laisse guère de trace derrière elle. En hiver, c'est autre chose. L'eau remplit les cavités, les creux, les bras, et gèle. Des glaces de ruissellement se forment par-dessus, qui ne cessent de croître et de s'élargir. Voilà qui facilita considérablement notre progression. Si les grands cours d'eau emportent les chablis, les petits les laissent là où ils sont tombés. Sachant cela, nous transportions quelques haches et deux scies à tronçonner que les fusiliers utilisaient pour nous tailler rapidement un chemin à travers les encombrements.

Après le 1er décembre, les vents du nord-ouest se calmèrent. Nous avions parfois des journées parfaitement sereines. L'anémomètre balançait entre 10 et 75, mais le gel allait s'accentuant.

Plus nous approchions du col, plus les glaces étaient épaisses. On les repérait de loin à la vapeur qui s'en dégageait. Pour les contourner, il nous fallait marcher à flanc de montagne, ce qui nous prenait beaucoup de force et de temps. L'essentiel était de ne pas se mouiller les pieds. Les chaussures indigènes en peau de poisson cousue de tendons se révélèrent irremplaçables.

Là survint un incident qui nous retarda de presque une journée. Dans la nuit, nous n'avions pas vu que de l'eau était montée jusqu'au bivouac. L'un de nos traîneaux se retrouva bientôt scellé dans les glaces. On dut le dégager à coups de hache, puis en faire fondre les patins sur le feu pour réparer les dégâts. Échaudés par cette expérience, on cessa par la suite de parquer les traîneaux à même la glace ; désormais, nous les montions sur des cales en bois.

Chaque jour il devenait de plus en plus difficile de marcher. On tombait tantôt sur des bois inextricables, tantôt sur des champs de pierres jonchés de chablis. Dersou et Sountsaï marchaient en tête, une hache à la main. Ils coupaient les buissons et les arbrisseaux qui gênaient le passage des traîneaux, ou bien les plaçaient au bord des ravins pour empêcher les traîneaux de verser.

Plus on pénétrait dans les montagnes, plus il y avait de neige. Où que l'on posât les yeux, tout n'était que troncs carbonisés sans écorces ni branches. Des espaces charbonneux d'une immense tristesse. Pas la moindre empreinte, pas le moindre oiseau…

Sountsaï, Dersou et moi marchions devant. Les fusiliers avançaient lentement. Nous entendions leurs voix dans nos dos. À un moment, je m'arrêtai pour examiner des roches qui sortaient à nu de la neige. Quand je rattrapai mes amis, quelques minutes plus tard, je vis qu'ils courbaient le dos en scrutant le sol à leurs pieds. Je demandai à Sountsaï :

— Qu'y a-t-il ?

— Un gens chinois marcher là trois jours en arrière, répondit Dersou. Nous trouver traces.

En effet, on devinait par endroits une empreinte d'homme presque entièrement recouverte de neige. Dersou et Sountsaï avaient noté une singularité : le Chinois avançait d'une façon irrégulière, en zigzags, et s'asseyait souvent par terre. Il avait laissé deux bivouacs à peu de distance l'un de l'autre.

— Malade, conclurent-ils.

Les traces ne quittaient pas la rivière. Elles montraient que le Chinois n'essayait même plus d'enjamber les troncs, mais les contournait. Et ainsi durant encore une demi-heure. Mais bientôt les traces tournèrent brusquement. Nous les suivîmes. Soudain, deux corneilles s'envolèrent d'un arbre proche.

— Aah !... fit Dersou en s'arrêtant. Gens mourir ici.

De fait, à une cinquantaine de pas de la rivière, nous vîmes le Chinois. Il était assis par terre, appuyé contre un arbre, le coude du bras droit posé sur une pierre, la tête pendant à gauche. Une corneille était perchée sur son épaule droite. À notre approche, elle prit peur et abandonna le défunt.

Les yeux du mort étaient ouverts et emplis de neige. À l'examen des lieux, mes compagnons établirent que le Chinois, se sentant mal, avait décidé de bivouaquer. Il avait ôté sa besace et s'apprêtait à planter sa tente, mais ses forces s'étaient envolées. Alors, assis sous un arbre, il avait succombé. Le Mandchou Tch'echewou, Sountsaï et Dersou restèrent pour l'enterrer. Les autres et moi-même passâmes notre chemin.

Après une journée d'efforts sans relâche ni même une halte pour le déjeuner, nous n'avions pas fait plus de 10 verstes. Les chablis, les glaces de ruissellement, les marécages bosselés, les failles recouvertes de neige, tous ces obstacles firent qu'en huit heures nous n'avions parcouru que 4,5 verstes à raison de 280 sagènes à l'heure. Au soir, nous atteignîmes le Sikhotè-Alin. Le baromètre indiquait une altitude de 700 mètres.

Le lendemain 14 décembre commença par une matinée calme et gelée. Une fois levé, le soleil rouge fut long à répandre sa chaleur. Aux cimes des montagnes, la neige était dans les roses tendres, tandis qu'à l'ombre elle tirait sur le bleu.

En scrutant les environs, je remarquai des spires de vapeur qui s'élevaient de la terre.

J'appelai Dersou et Sountsaï, et nous partîmes voir ce dont il s'agissait.

C'était une source chaude ferreuse et sulfureuse, entourée d'une roche rouge, avec un dépôt blanc à base de calcaire. Une eau à 27 °C. Les indigènes connaissaient parfaitement la source du Woulienkeou comme un lieu toujours peuplé d'élans, mais ils prenaient soin d'en cacher l'existence aux Russes.

Par l'effet de l'évaporation, tout scintillait de givre. Pierres, saules arbustifs, chablis brasillaient d'ornements insolites qui brillaient au soleil comme du diamant. En raison du froid, malheureusement, je ne pus emporter de l'eau pour son analyse chimique.

Le temps qu'on eut visité la source, les fusiliers avaient déjà plié la tente et ficelé les sacs de couchage.

La montée du Sikhotè-Alin partait du bivouac. D'abord, nous coltinâmes au sommet le chargement, puis nous tirâmes les traîneaux vides.

Il y avait sur le col un petit oratoire chinois qui portait l'écriteau *Hi-je k'i kouo wei Ta Soungai. Ts'ing Tsang Ta Tchen Chan-lin*, c'est-à-dire : « Jadis, dans l'État, Hi fut le commandant en chef. Et maintenant sous la dynastie Tsing il règne sur les forêts et les monts. »

Vue du ciel, cette partie du Sikhotè-Alin se présente comme une ligne tordue qui va d'abord au nord-est, puis marque une torsion vers le sud et repart ensuite vers le nord-nord-est. Ici, nous avons affaire à un horst. Au fil du temps, des éboulements se sont répétés, l'eau s'est accumulée à la faveur des glissements de terrain et des lacs ont vu le jour.

Du côté oriental, la montée du Sikhotè-Alin est très raide. Le Woulienkeou jaillit de plusieurs petits torrents convergents. Ces ravines rendent les lieux extrêmement accidentés.

D'après les mesures barométriques rapportées au niveau de la mer, le col s'élève à une altitude absolue de 2 900 pieds. Je le baptisai col Maack, en hommage à celui qui, en 1855, travailla dans la région de l'Amour. Deux cimes voisines du col portent des noms indigènes : à droite, l'Atakseoni, haut de 3 700 pieds, et à gauche, l'Adakhounaliangzian, à 3600 pieds. Mes compagnons les baptisèrent le mont Brûlé et le mont Crêté.

Le versant oriental du Sikhotè-Alin est complètement nu. L'on ne saurait imaginer lieu plus inhospitalier que les sources du Woulienkeou. Et l'on a même peine à croire qu'une vraie forêt eût prospéré jadis ici. Peu d'arbres sont encore debout sur pied. Sountsaï raconta qu'autrefois l'élan abondait sur ces pentes, d'où le nom de la rivière Bouï, « élan » dans l'idiome oudihé, mais, depuis les feux dévastateurs, la vallée du Woulienkeou n'est plus qu'un désert.

Le soleil avait déjà parcouru dans le ciel le plus gros de son chemin quand les fusiliers amenèrent au col le dernier traîneau.

La journée fut belle, claire et ensoleillée du matin au soir : -17,5 °C, disait le thermomètre. Le baromètre stagnait à 685. Une légère brise d'est poussait quelques nuages boursouflés. De loin, ils paraissaient hauts dans le ciel, mais, à mesure qu'ils se rapprochaient du Sikhotè-Alin, ils semblaient descendre à terre. Ils passaient la ligne de partage des eaux en la rasant et revêtaient alors une curieuse teinte gris jaune. Chaque nuage crevait en une fine poussière de neige qui lançait des étincelles. À ces instants, des couronnes irisées auréolaient le soleil, mais l'irradiation cessait dès que le nuage avait passé son chemin.

Le versant ouest du Sikhotè-Alin est en pente douce, quoique plus raide qu'aux sources de l'Armou. Juste derrière le col, c'est la forêt qui commence avec ses épicéas *(Picea ajanensis Fisch.)*, ses sapins *(Abies nephrolepis Maxim.)* et ses mélèzes *(Larix daurica Turcz.)*. Le long des rivières et ruisseaux, l'on voit pousser des bouleaux à écorce jaune et velouteuse *(Betula ermanii Cham.)*, des érables d'altitude *(Acer mono Maxim.)* et surtout beaucoup d'aulnes *(Alnus hirsuta Turcz.)*. L'abondance de mousse et d'humidité a empêché les incendies de s'étendre au-delà du col, malgré la présence de pelades brûlées sporadiques : l'on voyait bien à la jumelle qu'il s'agissait de bois carbonisé.

Dès qu'on eut chargé les traîneaux, on se remit en chemin.

La forêt qui habille le Sikhotè-Alin est faite d'arbres anciens et ténus, propres à fournir du bois de combustible. Il est toujours difficile de choisir un coin où bivouaquer dans une telle forêt tant on risque de tomber soit sur des pierres prises dans un enchevêtrement de racines, soit sur un tronc couché sous les mousses. C'est encore pire avec le bois pour le feu. La chose semblera étrange à un citadin : comment peut-on ne pas trouver de bûches dans une forêt qu'on traverse ? Et pourtant, c'est le cas. Le sapin, l'épicéa et le mélèze crachent des étincelles et mettent le feu à la tente, aux vêtements, aux couvertures. L'aulne est une essence putréfiable qui donne plus de fumée que de feu. Ne reste que le bouleau d'Erman, mais dont on ne trouve que de rares spécimens parmi les résineux du Sikhotè-Alin. Sountsaï, qui connaissait bien les lieux, ne tarda pas à repérer ce qu'il nous fallait pour le bivouac. Alors je donnai le signal de l'arrêt.

Pendant que les fusiliers dépliaient les tentes, Dersou et moi allâmes chasser dans l'espoir de débusquer un élan.

Non loin du bivouac, j'avisai trois oiseaux semblables à des gelinottes. Ils marchaient sur la neige sans nous payer de leur attention. J'allais tirer quand Dersou m'arrêta.

— Pas la peine, s'empressa-t-il de me dire. Attraper ça facilement.

Je fus étonné de le voir s'approcher des oiseaux sans crainte, et plus étonné encore de constater que les oiseaux n'avaient pas peur de lui. Ils se contentaient de s'écarter aussi nonchalamment que des poules domestiques. Bientôt, il n'y eut plus que 2 sagènes entre les volatiles et nous. Alors Dersou sortit son couteau et, sans leur accorder un regard, se mit à abattre un sapineau qu'il débarrassa de ses branches et à l'extrémité duquel il accrocha une ficelle en boucle. Ceci fait, il s'approcha des oiseaux et passa la boucle au cou de l'un d'eux qui se débattit en agitant les ailes. Les deux autres, comprenant qu'il fallait déguerpir, s'envolèrent pour se percher sur un mélèze voisin, l'un sur une branche basse, l'autre à la cime. Croyant que, cette fois, l'on ne les y reprendrait plus, je voulus faire feu, mais Dersou m'en empêcha encore, disant qu'il était plus facile de les attraper sur un arbre qu'à terre. Il s'approcha du mélèze et, doucement, leva sa perche en s'efforçant de ne pas faire de bruit. En enfilant le nœud au cou de l'oiseau de la branche basse, il lui toucha malencontreusement le bec. L'oiseau secoua la tête, se redressa et continua de nous fixer des yeux. Une minute plus tard, il se débattait désespérément à terre. Le troisième oiseau était si haut perché qu'on ne pouvait l'atteindre d'en bas. Dersou grimpa à l'arbre. C'était un mélèze ténu et peu fourni qui bougeait dangereusement. Ce nigaud d'oiseau, au lieu de s'envoler, restait bien cramponné à son perchoir en se balançant pour assurer son équilibre. Dès qu'il fut à portée de bâton, Dersou lui passa le nœud et le ramena à terre. Ainsi avait-on attrapé les trois oiseaux sans brûler la moindre cartouche ! Ce fut alors que je constatai qu'ils étaient plus gros que des gelinottes et possédaient un plumage plus foncé. De plus, le mâle avait les yeux surmontés de sourcils rouges, comme les tétras-lyres. C'étaient des *dikouchka*, tétras de Sibérie *(Canace falsipennis)* dont l'aire de répartition dans la région de l'Oussouri se limite strictement aux forêts de résineux du Sikhotè-Alin, vers le sud et jusqu'aux sources de l'Armou. Cet oiseau ne justifie absolument pas le sobriquet[40] dont l'affublent les vieux-croyants. Sans doute l'ont-ils baptisé ainsi parce qu'il affectionne les lieux les plus sauvages et reculés. Les Chinois l'appellent « grand tétras ». L'étude du gésier de la *dikouchka* montre qu'elle se nourrit d'airelles rouges et d'aiguilles de sapin.

Le crépuscule était déjà bien avancé lorsqu'on arriva au bivouac. Le feu brûlait à l'intérieur de la tente, ce qui la faisait ressembler à une grosse lanterne allumée. Fumée et vapeur, illuminées par la flamme du brasier, s'échappaient en volutes épaisses. Des ombres noires se mouvaient derrière la toile : je reconnus Zakharov, la bouilloire à la main, et le Mandchou Tch'echewou, la pipe à la bouche. Les chiens, entendant quelqu'un venir, se jetèrent à notre rencontre avec force aboiements, mais, dès qu'ils nous reconnurent, se laissèrent cajoler. Sous la tente, les travaux étaient finis. Les fusiliers buvaient le thé. Sountsaï appela les tétras à sa façon, disant que Dieu avait créé exprès cet oiseau peu farouche en lui commandant de vivre dans les endroits les plus reculés pour que le chasseur égaré par hasard ne mourût pas de faim.

Dans la soirée, nous fêtâmes le franchissement du Sikhotè-Alin. Pour le dîner, on servit les tétras, puis on fit fondre du chocolat et l'on but du thé au rhum. Enfin, avant de dormir, je contai aux fusiliers une histoire d'horreur de Gogol.

L'équipée se composait de huit traîneaux (1907).

26. LA YOURTE DU DIABLE

Les rivières Myghé et Biagamou – Tempête de neige – Le cours moyen du Bikin – Une yourte abandonnée – L'exorcisation du diable – Peurs – Des bruits dans la nuit

Au matin, nous sentîmes tout de suite que le Sikhotè-Alin nous avait coupés de la mer : -20 °C, disait le thermomètre. Ce fut là que nous prîmes congé de Sountsaï. Plus loin, nous pouvions marcher sans lui : la rivière nous conduirait au Bikin dans le sens avalant. Néanmoins, Dersou lui posa mille questions sur la route à suivre.

Dès que le soleil se leva, nous pliâmes les tentes, chargeâmes les traîneaux et commençâmes de longer le Leaolengkeou, torrent jalonné de rapides au lit encombré de pierres et de chablis. À une quinzaine de verstes du col Maack, ce torrent conflue avec une autre rivière qui vient du nord-est et que les Oudihés appellent Myghé. Par celle-ci, l'on peut gagner le Takhobé où vivent les Solons. D'après Sountsaï, ce passage se fait par un col bas aux pentes douces et longues, dans le sens de la montée comme de la descente.

Très sinueux, le Myghé court sur une cinquantaine de verstes. Les forêts environnantes se caractérisent par des essences employables comme combustible, principalement résineuses.

Dès l'aube, l'humeur du temps se fit maussade. De la poudre de neige emplissait l'air. Le vent se leva avec le soleil. À midi, il se mit à souffler violemment, par rafales. Des tourbillons neigeux tournoyaient sur la rivière. Ils se formaient soudainement, de concert, et disparaissaient pareillement. De puissants cèdres veillaient d'un air austère. Ils se balançaient en grondant. On aurait dit qu'ils se gendarmaient contre le mauvais temps.

Quand il gèle, il est très difficile de marcher contre le vent. On s'arrêtait souvent pour se réchauffer devant un feu. Résultat, on ne fit guère plus d'une dizaine de verstes dans la journée. On bivouaqua à l'endroit où la rivière se diffluait en trois bras.

À cause du vent, la tente était pleine de fumée. Cela nous obligea à nous coucher de bonne heure.

Dans la nuit, la lune s'auréola d'une tache mate, diffuse et floue.

Au matin du 17 décembre, le temps n'avait pas tourné à l'amélioration. Le vent soufflait toujours avec force : 220 à l'anémomètre, -30 °C au thermomètre. Malgré tout, on se remit en route. Il y avait beaucoup plus de neige à l'ouest du Sikhotè-Alin que du côté du littoral.

À mi-course, le Myghé présente une largeur de 3 ou 4 sagènes et une profondeur de 3 pieds en son milieu. De fines corniches de glace se formaient çà et là sur les rives, parce que les eaux s'étaient retirées dans la rivière après avoir gelé en surface.

Le cours moyen du Myghé emprunte une large vallée habillée d'une épaisse forêt mixte. Parmi les feuillus, notons l'aulne, le merisier, le saule, le tremble, le peuplier noir et le bouleau. À en juger par les empreintes parsemant notre chemin, l'on pouvait conclure que le site offrait un habitat à nombre de mammifères : élan, porte-musc, loup, loutre, écureuil, zibeline et (vraisemblablement) ours.

Le 19 décembre, notre détachement atteignit le Biagamou, qui vient du sud-est et par lequel on peut gagner le Koussoun. Par sa taille et l'abondance de ses eaux, le Biagamou est deux fois plus grand que le Myghé. Près de son embouchure, sa largeur est de 10 sagènes, et sa profondeur, de 4 pieds environ. Les indigènes disent que la vallée du Biagamou a brûlé de part en part et que la forêt ne subsiste qu'à l'approche du Bikin. Autrefois, le Biagamou comptait parmi les plus giboyeux. Particulièrement nombreux y étaient les élans. Maintenant, c'est un désert. Après les incendies, la faune a migré sur l'Armou et le Kouloumbé, affluent de l'Iman.

On marcha encore 1 verste le long du Biagamou et l'on bivouaqua sur la rive gauche dans un bois épais de sapins. C'était notre douzième bivouac depuis que nous avions quitté la mer.

Au crépuscule, Zakharov alla chasser, mais en fait de gibier il rapporta des poissons trouvés dans un trou sous la glace. C'étaient des rotengles *(Culter mongolicus Basil.)*, des carpes argentées *(Hypophthalmichthys molitrix Valenciennes)* et des saumons lenok *(Brachymystax lenok Pal.)*, au nombre de neuf au total.

L'on passa la journée du 20 décembre à marcher jusqu'au Bikin. La rive droite du Biagamou est escarpée ; la rive gauche, basse et boisée. Ces montagnes s'appellent le Peihilatse[41] et le Tangts'angtse. Enneigées, leurs cimes nues juraient par leur blancheur avec le fond vert des résineux.

Le Biagamou contourne le Peihilatse par le sud, puis il oblique vers l'ouest. En son cours inférieur, il éclate en bras doubles formant des îles boisées. Les rives supérieures sont habillées de mélèzes, de sapins et d'épicéas ; les rives moyennes, de cèdres ; les rives inférieures, de belles forêts variées comprenant hêtres, ormes rouges, peupliers communs et noirs, aulnes, merisiers, lilas, fusains, tilleuls et saules à tronc fin.

Je mesurai quelques sapins. Sur quarante mesures effectuées à quatre endroits différents (à raison de dix mesures sur chaque site), j'obtins les chiffres suivants : 44, 80, 103 et 140 centimètres de tour, signe que, plus on s'éloigne du Sikhotè-Alin, meilleure est la santé de l'arbre.

Les gros mammifères des rives supérieures du Biagamou sont : l'élan, le lynx, l'ours brun et le glouton ; plus bas, ce sont le cerf wapiti, le sanglier et le tigre. Côté bêtes à plumes, je trouvai sur la neige des marques de tétras. Je vis aussi plusieurs fois des corneilles à grand bec, des geais, des casse-noix mouchetés, des mésangeais imitateurs, des pics épeiches, des pics noirs, des sittelles et des bouvreuils pivoines.

Dersou m'apprit que l'hiver, à l'embâcle, les gros oiseaux rapaces migraient en aval des rivières pour trouver plus facilement de quoi se nourrir.

Poissonneux, le Biagamou ne l'est guère : il abrite le saumon lenok et l'ombre. Le saumon kéta remonte jusqu'à l'affluent Tch'enkeou.

Quand le Biagamou rencontre le Bikin, c'est une belle rivière large de 50 sagènes et profonde de 15 pieds.

Le Bikin (Biki en langue oudihée et Tikiho en chinois[42]) est l'une des plus grosses rivières de la région de l'Oussouri. Long de presque 500 verstes, il prend sa source dans les monts du Sikhotè-Alin à la latitude du cap Gladki. Le Bikin supérieur se compose de deux cours d'eau : le Biki-Niouni et le Biki-Tchjafa. Celui-là vient du nord-est (le long du Sikhotè-Alin), et celui-ci, de l'est, sous un angle d'une trentaine de degrés. Leur confluence se produit à 55 verstes du Biagamou. Si l'on remonte le Biki-Niouni, l'on peut accéder au Yedin par un col ; et par le Biki-Tchjafa, l'on débouche sur les rivières Nakhtokhou, Kholonkou, Koumoukhou et Takhobé.

Une yourte oudihée solitaire se dressait non loin de l'embouchure du Biagamou. On voyait bien qu'elle n'était plus habitée. Dans la conscience indigène, ces yourtes abandonnées servent toujours de repaires aux mauvais esprits.

C'était l'heure de bivouaquer. Au moment où j'allais entrer dans la yourte, Dersou me pria d'attendre un peu. Il enroula une écorce de bouleau à un bâton, l'alluma et, en introduisant la torche dans la yourte, se mit à l'agiter dans tous les sens en criant fort. Zakharov et Arinine riaient aux éclats, mais le Golde leur déclara le plus sérieusement du monde que le feu, aussitôt entré, emportait le diable avec la fumée par le trou ménagé dans le toit. Alors seulement un homme pouvait y pénétrer sans crainte.

Les soldats balayèrent l'intérieur, tendirent une toile de tente pour occulter l'entrée et allumèrent un feu de camp. Aussitôt, l'on se sentit bien. Une agréable tiédeur s'infusa dans la yourte.

Tard dans la soirée, les soldats se racontèrent encore des histoires d'horreur. Ça parlait de morts, de cimetières, de maisons vides et de fantômes. Soudain, *boum !* on aurait dit un coup de canon sur la rivière. Le conteur s'arrêta en pleine phrase. On échangea des regards effrayés.

— La glace s'est rompue, dit Zakharov.

Dersou tourna la tête vers le bruit et se mit à crier fort dans son idiome.

— À qui cries-tu comme ça ? lui demandai-je.

— Nous chasse diable de la yourte, et lui maintenant fâché, casse la glace, répondit le Golde.

Là-dessus, il glissa la tête au-dehors et se remit à jeter des proférations dans le vide :

— Nous même pas peur. Va ailleurs. Là-haut, autre yourte vide.

Quand Dersou eut regagné sa place, son visage reprit un air d'indifférence concentrée. Les fusiliers riaient sous cape. Ils manifestaient pourtant la même naïveté avec leurs maisons hantées que Dersou avec son diable.

À cet instant, la glace craqua encore au loin.

— Lui parti, dit Dersou d'un ton satisfait avec un geste du bras en direction du bruit.

Je m'habillai et sortis de la yourte. La nuit était claire. La lune pleine flottait dans un ciel sans nuages. La neige étincelait sur la glace, ce qui la rendait encore plus claire. Le silence régnait de nouveau dans l'air de la nuit…

Bois chablis sous la neige (1907).

27. NOËL

Le cours moyen du Bikin – Chasse d'hiver au sanglier – Veillée dans la yourte – Méprise sur la monnaie – La notion de distance chez les indigènes – Un sapin dans la forêt – Jeux sur glace – Tombola

COMME IL FALLAIT S'Y ATTENDRE, le gel s'accentua à l'aube jusqu'à -32 °C. Plus on s'éloignait du Sikhotè-Alin, plus la température baissait. Fait notoire, l'air est très souvent plus chaud sur les cimes qu'au fond des vallées dans les contrées côtières. Et maintenant qu'on était loin de la mer, on entrait manifestement dans le « lac d'air froid » qui emplissait la vallée de l'Oussouri.

On se mit en route au lever du soleil.

À partir de l'embouchure du Biagamou, le Bikin file toujours vers l'ouest, mis à part quelques sinuosités. Sa rive droite est bordée d'une longue et haute terrasse fluviale en plateau, connue sous le nom de Laopeilatse[43]. C'est un gros manteau de lave. La couche supérieure de basalte s'est transformée en argile, ce qui a rendu la terrasse marécageuse en influant sur la végétation. Aussi ne voit-on là que des boulaies, des tremblaies et de maigres mélèzes.

Deux torrents dévalent le Laopeilatse : le Kiamtou et le Siguimi-Biassa. Plus loin, le Bikin reçoit sur sa droite : le Peihilatse, venu d'une montagne homonyme, le petit torrent Woukie[44] et le Laohoukieng[45] qui doit son nom au mot *laohou*, « tigre ». Aux dires des Oudihés, il y avait là un tigre qui ne cessait de faire le tour des pièges à zibeline, de les saccager et de manger ce qu'ils renfermaient.

À gauche, le Bikin reçoit les rivières : Yaouga, Imagassigtchi, Khoutoungué et Khovanda (Hantakeou en chinois[46]). Cette dernière débouche par un col sur l'Armou. En amont du lieu-dit Laohoukieng, le Bikin lèche la base d'un mont rocheux appelé Piankoulaktchi, sur sa droite, et du Tants'antse, sur sa gauche.

Aucune rivière ne se diffluе autant que le Bikin. Les Oudihés disent qu'il y a des endroits où l'on dénombre jusqu'à vingt-deux bras. Le courant du Bikin est autrement tranquille que celui de l'Iman, mais son cours est encombré de bois noyé, ce qui entrave le canotage.

De l'embouchure du Biagamou à la voie ferrée, la distance est de 350 verstes.

En aval du Laohoukieng se trouve un modeste campement oudihé du même nom, composé de 3 yourtes.

On y arriva à la tombée du jour. L'apparition d'inconnus venus « d'en haut » fit peur aux indigènes, mais, apprenant que Dersou faisait partie du détachement, ils se calmèrent et nous réservèrent un accueil des plus amènes. Point ne fut besoin, cette fois, de planter la tente : on nous logea sous les yourtes.

Dans la soirée, j'interrogeai les indigènes sur leur vie dans la vallée du Bikin et leurs relations avec les Chinois.

M. Venioukov, qui voyagea dans la région de l'Oussouri en 1857, rapporte qu'il n'y avait alors aucun Chinois et que les Oudihés en étaient les seuls habitants (il les appelait Orotchones). Les enfants de l'Empire céleste apparurent bien plus tard, apportant la variole qui fit des ravages tels que personne n'y survécut dans les campements. En 1895, la population indigène du Bikin ne comptait plus que 306 âmes des deux sexes. Les Chinois installés sur le Bikin ne tardèrent pas à surpasser les indigènes en nombre, ils les soumirent et s'imposèrent en maîtres de la vallée. Alors les Oudihés, criblés de dettes, furent réduits à la condition d'esclaves. Ce que l'on raconte du traitement inhumain que les Chinois leur infligèrent représente le comble de l'horreur : ils tuaient, vendaient comme du bétail, rossaient à coups de trique… Pour leur soutirer des renseignements sur le nombre de zibelines capturées, il n'était pas rare que les Chinois les soumissent à la question. Et ce jusqu'à l'arrivée de Yastrebov, commissaire paysan[47], qui vint à la rescousse des indigènes. Il remonta le Bikin à la tête d'un groupe d'hommes en armes pour en expulser tous les Mantsés à l'exception des vieillards et des infirmes. Si la mesure permit aux indigènes de souffler en leur apportant un brin de liberté, il n'en demeure pas moins que, ces dernières années, l'on assiste au retour des Chinois dans la vallée. Cette fois, ils ont colonisé le lieu-dit Hikeou.

Deux jours déjà que nous marchions à travers la taïga. À voir l'empressement des fusiliers à regagner les lieux habités, je compris qu'ils avaient besoin d'un repos plus long qu'une simple nuit de bivouac. Pour cette raison, j'ordonnai une halte d'un jour chez les indigènes. Apprenant cela, les hommes prirent leurs aises sous les yourtes. Trêve de corvées de bivouac : nul besoin de couper des branches de sapin, d'apporter du bois, etc. Ils se déchaussèrent et passèrent aussitôt à la préparation du dîner.

Deux jeunes Oudihés rentrèrent de la chasse au crépuscule, disant qu'ils avaient trouvé des traces de sanglier non loin du campement et qu'ils iraient faire une battue le lendemain. La chasse promettait d'être intéressante, et je décidai de les accompagner.

L'hiver, quand les neiges sont profondes, les indigènes chassent le sanglier à skis. Les cochons sauvages courent loin, mais se fatiguent vite. Alors les chasseurs les rattrapent pour les achever à coups de pique, renonçant aux fusils pour économiser les cartouches, toujours très précieuses en pleine taïga. L'occasion, pour les jeunes, de prouver leur force et leur habileté.

Les Oudihés se préparèrent le soir même, resserrant les sangles et affûtant les piques.

Le départ étant prévu avant l'aube, tout le monde se coucha de bonne heure, une fois le dîner pris.

Il faisait encore nuit quand je sentis quelqu'un me toucher à l'épaule. Je me réveillai. Un feu vif brûlait sous la yourte. Les indigènes, qui étaient prêts, n'attendaient plus que moi. Je m'habillai promptement, glissai dans ma poche deux morceaux de pain séché et descendis au bord de la rivière.

L'aube pointait à peine. Les étoiles s'éteignirent. Un pâle croissant de lune se laissait glisser vers des nuages éthérés. Les feux de l'aurore perçaient à l'autre bout du ciel. Une matinée froide : le mercure était descendu à -36 °C. Un silence majestueux régnait alentour. Pas un brin d'herbe ne frémissait. La forêt sombre, telle une muraille, semblait écouter les branches craquer sous le gel. On aurait dit le bruit d'un fléau sonnant les cymbales dans l'air du matin. Les Oudihés marchaient devant, et moi derrière. On longea un moment le Laohoukieng, puis l'on s'en écarta, l'on escalada une crête plutôt basse et l'on bascula dans la ravine d'à côté. Après s'être parlé un brin, les hommes reprirent la marche, mais sans échanger une parole cette fois.

Une demi-heure plus tard, il se fit jour. Les rais du soleil éclairèrent les cimes, annonçant au peuple de la sylve qu'une journée nouvelle commençait. On arrivait justement à l'endroit où les jeunes, la veille, avaient repéré des empreintes de sanglier.

Précisons que, l'été, les cochons sauvages se reposent le jour, et s'alimentent la nuit. L'hiver, c'est le contraire, ils veillent le jour et se couchent pour la nuit. Donc, les sangliers de la veille n'avaient pu aller bien loin.

La battue commença.

Pour la première fois de ma vie, je pus constater la vélocité avec laquelle les indigènes se déplaçaient à skis dans la forêt. Inutile de chercher à les rattraper : je me contentai d'allonger un pas tranquille sur leur piste. Au bout d'une demi-heure, fatigué, je m'assis pour souffler un peu. Soudain, un bruit résonna derrière moi. Je me retournai et vis deux sangliers qui, au petit trot, me coupèrent la route. Je levai vite le fusil et tirai, mais ratai mon coup. Effrayés, les animaux détalèrent. Ne trouvant pas de sang sur la neige, j'entrepris de les poursuivre. Quinze ou vingt minutes plus tard, je les rattrapai. Harassés, ils semblaient avoir du mal à marcher dans la neige profonde. Soudain, flairant le danger, comme d'un commun accord, ils firent volte-face. À les voir remuer les mâchoires et à entendre le son cliquetant qui parvenait à mes oreilles, je compris qu'ils aiguisaient leurs défenses. Yeux de braise, narines dilatées, écoutes dressées. Y en eût-il un seul que j'aurais sûrement fait feu. Mais j'avais devant moi deux verrats.

À n'en pas douter, ils allaient charger. Je m'abstins donc et décidai d'attendre une occasion plus propice. Les sangliers cessèrent de se frotter les dents, levèrent leurs hures et se mirent à éventer intensément, les boutoirs à l'air. Puis ils reprirent leur chemin. Je décidai alors de les contourner. Ils s'arrêtèrent de nouveau. L'un d'eux commença de déchirer l'écorce d'un tronc mort avec ses défenses. Soudain, ils se mirent sur leurs gardes, poussèrent un grognement bref et se frayèrent une voie dans la neige à ma gauche. À cet instant, j'aperçus quatre Oudihés. À l'expression de leurs visages, je compris qu'ils avaient remarqué les sangliers. Je les rejoignis et les suivis. Les animaux ne pouvaient pas aller loin. Ils s'immobilisèrent sur la défensive. Les indigènes entreprirent de resserrer le cercle, ce qui obligea les cochons à se tourner tantôt d'un côté, tantôt de l'autre. Enfin, n'y tenant plus, ils foncèrent à droite, prêtant le flanc aux Oudihés qui les piquèrent de leurs armes avec une étonnante agilité. Un sanglier fut touché sous l'omoplate, l'autre au cou. Ce dernier partit en trombe. Le jeune Oudihé s'efforça de le retenir avec sa pique, mais un craquement se fit entendre à cet instant. Le sanglier avait broyé la hampe avec ses défenses comme une brindille. Le chasseur perdit l'équilibre et tomba la tête la première. Le sanglier se jeta sur moi. D'instinct, je levai mon fusil et tirai presque à bout portant. Le hasard fit que la balle alla se loger droit dans la hure. Alors seulement je remarquai que l'Oudihé dont le sanglier avait rompu la pique était assis dans la neige, la main serrée sur une blessure à sa jambe qui saignait abondamment. Quand le verrat avait-il trouvé le temps de l'écharper, même le blessé n'aurait su le dire. Je lui fis un bandage. Les autres aménagèrent un bivouac de fortune et ramassèrent du bois. Un homme resta avec le malade, un deuxième partit chercher un traîneau, les autres reprirent la chasse.

La blessure du chasseur ne suscita pas d'inquiétude au campement : la femme de l'intéressé riait de bon cœur en se moquant de son mari. Ces incidents sont si fréquents que nul n'y fait attention. Chaque homme porte sur son corps des marques de défenses de sanglier et de griffes d'ours.

Dans la journée, les fusiliers remirent les traîneaux en état, et les femmes oudihées nous raccommodèrent bottes et vêtements. Dans l'intention de délester les hommes, je m'attachai les services de deux indigènes avec chiens et traîneaux pour nous accompagner jusqu'au campement suivant.

Le lendemain, 23 décembre, nous reprenions la route.

Le Bikin poursuivait sa course vers le nord-ouest. Sa vallée tantôt s'étranglait à une centaine de sagènes, tantôt s'évasait à 3 verstes et davantage.

Dans les montagnes, il poussait principalement un bois résineux de charpente; dans la vallée, c'étaient des essences mixtes faites de hêtre, de peuplier, d'orme commun et d'orme rouge, d'érable, de chêne, de tilleul et d'arbre à liège.

Passé le Laohoukieng, le Bikin reçoit les cours d'eau suivants: Sagdé-Oula, Kangatou et Khabatoou, à droite; Tchougouliankouni, Davassigtchi et Sagdé-guè (Hiqiho en chinois), à gauche. Le Davassigtchi, lui aussi, débouche sur le cours moyen de l'Armou. Deux hauts monts en surplombent la rive droite, qui ont pour noms Laopeilatse et Sseufangt'ai.

Il y avait, à l'embouchure du Davassigtchi, un autre campement oudihé de quatre yourtes. Tous les hommes étant à la chasse n'y restaient que les femmes et les enfants. J'avais l'intention de relever ici mes guides, mais, en l'absence d'hommes, il m'était impossible d'en recruter d'autres. J'appris avec joie que les Oudihés de Laohoukieng acceptaient de continuer avec nous.

Dans l'après-midi, nous passâmes encore un campement, Kangotou. Là, nous prîmes congé du Mandchou Tch'echewou. Je lui laissai vivres et argent.

À l'approche du crépuscule, peu avant la rivière Hapakeou, on tomba sur une autre yourte près de laquelle on bivouaqua. Il y avait là une jeune femme avec ses deux enfants en bas âge, et dont le mari se trouvait lui aussi à la chasse. Cette fois, je restai sous la tente avec mes soldats. Dersou vint me voir dans la soirée, disant que la femme souhaitait m'inviter. Or, d'ordinaire, les femmes indigènes sont extrêmement sauvages et farouches. Méfiantes, maussades, elles ne parlent pas aux étrangers ni ne répondent aux questions qu'on leur pose, pas même laconiquement. À l'inverse, notre nouvelle connaissance paraissait très avenante, naturelle et décontractée. Elle nous questionna sur les Tazas du Koussoun, la vie en ville, le chemin de fer… Après le dîner, je lui demandai de me faire la monnaie de 10 roubles. La femme chuchota à l'oreille de Dersou qui lui répondit en riant de toutes ses dents. Je compris par la suite qu'elle n'y entendait rien en la matière et qu'elle s'en inquiétait : n'allais-je pas la tromper si elle m'apportait son argent pour que je fisse moi-même les comptes ? Rassurée par la réponse, elle rapporta de la réserve une jolie boîte en écorce de bouleau parée d'ornements. La boîte renfermait une quarantaine de roubles en billets de banque. En me la tendant, elle me dit que son mari préférait les pièces d'argent aux billets parce qu'on pouvait les cacher sous terre, et qu'elle avait la même préférence parce qu'on pouvait les coudre sur les vêtements.

Je posai sur ses genoux une coupure de 10 roubles et sortis en échange dix petits billets de 1 rouble. Soudain, je vis ses yeux s'embuer de larmes.

— Qu'est-ce qu'elle a ? demandai-je à Dersou.

Elle dit, me répondit-il en substance, que tu lui as donné un seul billet, mais que tu en as pris dix dans la boîte.

Je la priai de ne pas s'inquiéter en lui assurant que je ne la tromperais pas. Quand son mari rentrerait, il constaterait que j'avais bien fait. Mais l'Oudihée répondit que son mari non plus ne savait pas compter l'argent. Elle continua de verser des larmes. Pour la rassurer, je renonçai au change, remis les petits billets dans la boîte, repris ma coupure de 10 roubles et lui offris une pièce d'argent toute neuve de 50 kopecks. Le désarroi s'effaça d'emblée de son visage : elle sourit à travers les larmes. Puis elle nous servit une bouillie de millet avec des œufs de poisson et me posa encore mille questions sur les Tazas qui vivaient de l'autre côté du Sikhotè-Alin.

Quand je sortis de la yourte, à 10 heures du soir, mon regard se porta vers le ciel. Grâce à un air particulièrement pur – à moins que ce ne fût pour quelque autre raison – les étoiles, par leur taille et l'éclat de leurs branches, semblaient plus grandes, ce qui rendait la voûte plus lumineuse que la terre. Les contours de la montagne voisine et les cimes pointues des sapins se détachaient avec beaucoup de netteté, tandis qu'en bas la nature baignait dans les ténèbres. Des sons confus, à peine perceptibles à l'ouïe, emplissaient l'air somnolent : le bruissement d'un vol d'oiseau de nuit, de la neige tombant d'une branche à l'autre, le froufrou d'une herbe sèche caressée par la légère brise, rien de tout cela ne pouvait troubler le silence qui régnait dans la nature.

Je m'approchai de la tente. Les fusiliers dormaient depuis longtemps. Je restai un moment assis devant le feu, puis je me déchaussai, me glissai sur ma couche et m'endormis aussitôt.

Le 24 décembre était la veille de Noël, et pourtant je me remis en route. Seul écart : je décidai de planter le bivouac plus tôt qu'à l'accoutumée.

En aval du campement Hapakeou, le Bikin continue sa course vers le nord-ouest, recevant au passage les affluents : Ganou, Sagdy-Oula[48], Sankèri, Moudian, Soumouguè, Khatangué et Tonkeoutse[49].

Près du lieu-dit T'angts'angtse, la vallée du Bikin tend vers le sud-ouest. De part et d'autre, les montagnes étalent de somptueuses cédraies ; au fond de la vallée, par contre, les résineux disparaissent petit à petit, supplantés par des essences décidues qui affectionnent les sols vaseux et l'abondance d'humidité.

Ces forêts-là abritent une faune des plus variée : tigre, lynx, chat sauvage, écureuil, tamia, cerf wapiti, chevreuil, porte-musc, glouton, zibeline, belette, écureuil volant. L'ours noir d'Asie ne se montre sur le Bikin inférieur que jusqu'à la rivière Hapakeou ; en amont, c'est le fief de l'ours brun. Quand la saison est riche en pignons de cèdre, les sangliers montent jusqu'au Biagamou ; quand elle est maigre, ils vont en aval en passant les rochers Sigonkou-Gouliani.

Le Bikin est considéré à juste titre comme l'une des rivières les plus poissonneuses de la région. L'on y voit proliférer : en amont, l'ombre et le saumon lenok, voire, dans les eaux limoneuses des bras secondaires, la carpe, la lotte et le brochet ; en aval, près de l'embouchure, le taïmen et le silure. Le saumon kéta remonte frayer presque jusqu'aux sources.

Des Oudihés avaient établi leur campement au pied des rochers Sigonkou. Ils m'apprirent qu'on recherchait quelqu'un et que les autorités avaient envoyé des hommes, mais que ceux-ci s'en étaient retournés à cause des neiges trop profondes. J'ignorais alors que cela me concernait.

D'après les indigènes, il y avait plus loin deux yourtes vides. Ce fut dans ce campement abandonné que je décidai de passer Noël.

— À quel endroit ? demandai-je aux Oudihés.

— Peihilatse-Datani, répondit l'un d'eux.

— Combien de verstes ? lui demanda Zakharov.

— Deux, répondit l'autre, l'air sûr de lui.

Je le priai de nous accompagner, à quoi il consentit volontiers. Nous lui achetâmes de la viande d'élan, du poisson et de la graisse d'ours.

Passé 3 verstes, je demandai à notre guide si les yourtes étaient encore loin.

— Pas loin, dit-il.

L'on couvrit encore quatre bonnes verstes, et le campement, comme par magie, se dérobait devant nous. Il fallait bivouaquer, mais c'était vexant de se terrer dans la neige quand des yourtes se trouvaient là tout près. À chaque fois qu'on lui posait la question – encore loin ? – l'autre jetait brièvement :

— Tout près.

À chaque tournant de la rivière, je pensais entrevoir les yourtes, mais les tournants succédaient aux tournants, les éperons rocheux aux éperons rocheux, et toujours pas de campement en vue. Ainsi pendant encore 8 verstes. Il me vint brusquement à l'idée de demander à notre guide à combien de verstes était le Peihilatse-Datani.

— Sept, répondit-il d'un ton tout aussi péremptoire.

Les soldats, qui en restèrent babas, se mirent à pester. Il s'avérait que la notion de verste échappait complètement à notre guide.

C'est une question à ne jamais poser aux indigènes. Ceux-ci mesurent les distances en temps de route : une demi-journée, un jour, deux jours, etc.

Alors j'ordonnai l'arrêt. L'Oudihé disait que les yourtes étaient proches, mais plus personne ne le croyait. Les soldats se mirent à déneiger, à ramasser du bois et à planter les tentes. On avait laissé le temps courir. Le crépuscule nous surprit en plein travail. Mais ce fut un bivouac agréable à vivre.

À la veillée, j'offris le rhum et le chocolat à mes compagnons. Puis je leur parlai de la Rome antique, du Colisée et des gladiateurs qui devaient divertir de leurs souffrances l'aristocratie dépravée. Or, à l'heure où les malheureux plébéiens n'avaient d'autre perspective que l'horreur et la mort, une « aube nouvelle » avait pointé à l'Orient, en Palestine. Cette aube nouvelle, c'était la parole du Christ.

Les fusiliers m'écoutaient avec une grave attention. Puis je leur montrai la constellation de Cassiopée où se trouvait l'étoile qui, de l'avis des savants, avait conduit les mages auprès du Sauveur.

Le jour, à la lumière du soleil, nous ne voyons que la terre ; la nuit, nous voyons le monde entier. Comme si une poussière éclatante de lumière pailletait la voûte céleste. La paix sur terre semblait irradier des étoiles étincelantes et muettes, et cela rendait la nature pleine de quiétude et de solennité.

Nous passâmes ici même la journée du lendemain.

En quittant Vladivostok, j'avais emporté des parures de sapin : papillotes à pétards, cônes dorés, pinces à bougies de paraffine, cotillons d'or, figurines en pain d'épices, etc. Et des cadeaux : un verre à vodka en argent, un canif à manche de nacre, un fume-cigarette en ambre… Le tout caché dans mes boîtes à échantillons en prévision de la fête de la Nativité.

Il y avait, près de notre tente, un petit sapin. Nous le décorâmes de boîtes à bonbons et de breloques en glaçons. Dersou, qui observait ces préparatifs sans les comprendre, demanda à Tourtyguine de quoi il retournait. Le fusilier se mit à lui raconter gauchement la Bible en mélangeant tout, disant dans la foulée qu'une femme du nom de Marie avait enfanté Dieu.

— Nigaud de toi, commenta Dersou en se détournant.

Dans la journée, sur la rivière, on organisa un jeu. À un pieu fiché dans la glace, on fixa deux cordes aux extrémités attachées à la ceinture de deux hommes aux yeux bandés. L'un portait une clochette, l'autre une lanière taillée dans une serviette. L'homme à la clochette devait la faire sonner, et l'autre s'en approcher en se guidant au bruit pour le fustiger à coups de lanière. Tel était le principe de ce jeu, qui amusa tout le monde.

Les indigènes, tordus de rire, se roulaient tellement par terre que je m'inquiétai sérieusement pour leur santé.

À la tombée du jour, je fis allumer des feux de Bengale. C'était par une soirée claire et douce.

Il était une fois un petit sapin qui poussait loin du monde dans une épaisse forêt… Soudain des hommes arrivèrent, qui le décorèrent et l'illuminèrent de mille feux. Ainsi chamarré dans ce décor de pleine nature, il produisait un bel effet.

À la tombola, Dersou gagna une pipe qui tomba à point nommé. Puis l'on tira au sort des confiseries dans la satisfaction et la joie générale. Le chant des soldats roulait dans la vallée, réveillant l'écho et les bêtes sauvages.

Sur le coup de minuit, les fusiliers regagnèrent leur tente. Couchés sur l'herbe sèche, ils firent fuser des historiettes, des mots d'esprit et des rires. Puis, peu à peu, les voix s'éteignirent, les répliques s'espacèrent. Le fusilier Tourtyguine tenta bien de relancer la conversation, mais personne ne lui répondit.

Un concert de ronflements annonça bientôt que tout le monde dormait.

Scène de bivouac en hiver (1907).

28. UN TIGRE ATTAQUE

Change d'argent – L'embâcle – Le Taza Kitenbou – La rivière Katè-Tabaouni – Le col du Khor – Bivouac dans la neige – Dersou et ma chienne Alpa – Tempête – Des sangliers – Une nuit d'angoisse – Un tigre – L'aube – On pourchasse le fauve – Ses empreintes – Retour au bivouac – Les gloutons

Au matin, je pris congé des indigènes. À cette occasion, il se passa quelque chose de plutôt cocasse. Je donnai 10 roubles à chacun : un billet de 10 à l'un, deux billets de 5 à l'autre. Le premier se vexa. Croyant qu'il n'était pas content de son salaire, je lui montrai son camarade qui exprimait une satisfaction manifeste. Mais il s'agissait de tout autre chose : l'Oudihé était vexé parce que je ne lui avais donné qu'un billet contre deux à son camarade, oubliant que ni l'un ni l'autre n'avait la notion de l'argent. Pour faire plaisir au premier, j'échangeai son billet de 10 contre trois de 3 et un de 1 rouble. Alors ce fut l'autre qui se vexa, avec ses deux billets de 5. Pour les contenter, je finis par donner à l'un comme à l'autre des billets de même valeur. Il fallait voir avec quel air satisfait ils repartirent chez eux.

Après une journée de repos, l'humeur était belle. Les hommes marchaient d'un pas alerte et joyeux.

Les indigènes m'avaient appris que l'orage neigeux que nous avions observé le 26 novembre sur la rivière Nakhtokhou avait aussi sévi sur le Bikin où la première neige était tombée le 11, au début de l'embâcle. La glace recouverte de neige n'avait point épaissi ; à l'inverse, la rivière était gelée en profondeur là où les vents avaient balayé la neige. Voilà pourquoi les glaces des rivières de la contrée présentaient tant d'irrégularités. Leur épaisseur pouvait varier de 1 centimètre à 3 pieds. Aussi, dans les endroits où la neige avait été précoce, il fallait marcher prudemment en sondant la glace avec un gros bâton. En pareil cas, les skis étaient indispensables. Quand la glace résistait aux coups de bâton, l'on pouvait marcher librement sans skis. Faisant fi du conseil des indigènes, les fusiliers avaient d'abord avancé au petit bonheur la chance ; mais, après quelques baignades forcées, ils se rendirent à l'évidence qu'on ne pouvait négliger ce genre de mise en garde.

L'on couvrit environ 18 verstes en une journée et l'on posa le bivouac au bord de la petite rivière Katètabaouni.

À cet endroit, le Bikin court vers l'ouest-nord-ouest et reçoit sur sa droite : le Mangou, le Dougui (Tongkiakeou[50] en chinois) avec le Yabkè pour affluent, le Gounieto et le Katètabaouni déjà cité, long d'une dizaine de verstes. Là se trouve le point de passage le plus proche sur le Khor, par un col. En amont du Gouniego se dressent les rochers Sigankou-Gouliani, lieu chéri des chamans oudihés. À gauche, le Bikin reçoit la petite rivière Tongkeoutse et les torrents Kaïliouet et Chouiet'akeou[51], où vivaient deux vieillards : un Taza et un Chinois trappeur de zibeline. Très hospitaliers, les maîtres de la fanza firent tout pour nous être agréables.

Ayant très envie de gravir le col du Khor, je m'enquis du chemin. Le Taza Kitenbou (ainsi s'appelait notre nouvelle connaissance) accepta de nous servir de guide. Sans doute approchait-il de la soixantaine. Des fils d'argent parcouraient déjà ses cheveux, et des rides labouraient son visage. Physiquement, rien ne le différenciait d'un Chinois. Seul son idiome parlé attestait son état d'indigène. Il expliqua qu'après avoir vécu sur l'Oussouri, il avait migré sur le Bikin où il vivait depuis plus de dix ans.

Kitenbou se prépara sur-le-champ. Il emportait une couverture rapiécée, une peau de bouquetin et un vieux Berdan maintes fois réparé. De mon côté, je pris une bouilloire, un calepin et un sac de couchage ; et Dersou, une toile de tente, une pipe, des provisions.

Nous trois mis à part, le détachement comprenait deux créatures : ma chienne Alpa et une autre, qui appartenait au Taza – Kady, robe grise, museau pointu, oreilles dressées.

Le Katè-Taban (Katètabaouni) est une rivière de montagne qui coule par un vallon rétréci à l'embouchure, mais plutôt élargi aux sources. Le relief qui l'entoure est boisé d'une vieille forêt d'essences mixtes. Nous vîmes en chemin des empreintes de sanglier, de bouquetin et, plus rarement, de tigre.

Il faisait un temps splendide depuis l'aube. Nous pensions arriver le soir même à une fanza de trappeur qui se trouvait de l'autre côté de la ligne de partage des eaux. Las, il était écrit que nos vœux ne s'exauceraient pas. Dans l'après-midi, le ciel se boucha de cumulus. Le soleil revêtit des cernes et le vent se leva. Je voulus faire demi-tour, mais Dersou tint à me rassurer, disant qu'il n'y aurait pas de blizzard, juste un vent fort qui tomberait le lendemain. En effet, cela se vérifia. Vers 4 heures de l'après-midi, le soleil se cacha dans les nuages, ou peut-être dans la brume. Une poussière de neige sèche emplissait l'air. La tempête battait… Le vent de face nous cinglait le visage à coups de lame de couteau. Le crépuscule nous trouva sur la ligne de partage des eaux. Là, Dersou s'arrêta pour se concerter avec le vieux Taza. En m'approchant, j'appris que le bonhomme s'était un peu égaré. Ayant peur de se perdre, ils avaient décidé de passer la nuit ici, à ciel découvert.

— Capitaine ! me dit Dersou, fanza pas pour aujourd'hui ; faut bivouac.

— Bon, dis-je, choisissons un endroit.

Mes deux compagnons se concertèrent encore une fois, s'écartèrent d'une vingtaine de pas et ôtèrent leurs sacs.

Ils avaient choisi un replat boisé qui n'était pas des plus heureux pour bivouaquer. De là partait une longue arête terminée par une cime conique. De part et d'autre du replat foisonnaient des cèdres et des arbustes aux feuilles sèches encore accrochées à leurs branches. L'on pénétra dans l'antre du bois pour se mettre à l'abri du vent et l'on s'installa au pied d'un cèdre géant, haut peut-être d'une dizaine de sagènes. Dersou, la hache à la main, s'en fut chercher du bois pendant que le vieux taillait des rameaux pour les litières et s'occupait d'allumer le feu de camp.

Très fatigués, nous achevâmes les travaux du bivouac à 6 heures et demie du soir. Dès que le feu lança ses premières flammes, la douceur s'installa. Maintenant, on pouvait se rechausser, sécher les affaires et songer à dîner. Une demi-heure plus tard, on buvait le thé en parlant du temps qu'il faisait.

Ma chienne Alpa n'avait pas le pelage aussi chaud que Kady. Transie, exténuée par la route, elle se tenait sur son arrière-train, les yeux mi-clos, et semblait somnoler. La chienne du Taza, habituée depuis toute petite à endurer les privations, ne faisait guère attention aux rigueurs de la marche. Lovée dans un coin, elle s'endormit aussitôt avec la neige pour couverture. Parfois, elle se levait pour s'ébrouer, piétinait sa reposée, se recouchait en boule sur l'autre flanc, la truffe dans son ventre pour se réchauffer de sa propre haleine.

Dersou prenait toujours Alpa en pitié. Chaque fois, avant de se déchausser, il lui faisait une litière de branches et d'herbes sèches. Sinon, il lui cédait sa veste, et Alpa comprenait le sens de son geste. Lors des haltes, elle cherchait Dersou, sautait près de lui et le touchait de ses pattes, faisant tout pour attirer son attention. Et quand Dersou s'emparait de sa hache, elle attendait patiemment, rassurée, qu'il lui rapportât une brassée de branches de sapin.

Nous-mêmes n'étions pas moins harassés que nos chiens. Aussi, dès que le thé fut bu, nous jetâmes au feu autant de bois que possible, et au lit.

On se mit devant le feu chacun de son côté. Je me couchai le dos au vent, et Dersou prit place près de moi en s'aménageant une espèce de tente et en enveloppant ses épaules de son manteau. Le vieux Taza s'assit au pied du cèdre, sous sa couverture. Il se dévoua pour monter la garde et entretenir le feu toute la nuit. Je coupai des rameaux de sapin, dépliai mon sac de couchage par-dessus et m'installai tout à mon aise, défendu du vent par un tronc mort d'un côté, et par le feu de l'autre.

En pleine forêt, la tempête inspire toujours l'horreur. On a l'impression que l'arbre sous lequel on dort est là pour nous tomber dessus. Malgré la fatigue, je fus long à m'endormir.

Quelqu'un avait mis le vent dans un tel état de furie qu'il se jetait, telle une bête sauvage, sur tout ce qu'il rencontrait. Premiers martyrs, les arbres. C'était une lutte à mort des géants de la sylve contre les éléments déchaînés de l'air. Le vent soufflait par bourrasques, dévastait ce qu'il trouvait, puis fuyait en poussant, de loin en loin, des hurlements plaintifs. On avait l'impression d'être pris au cœur d'un tourbillon gigantesque. Le vent décrivait une boucle et revenait à la charge sur le bivouac pour renverser le vieux cèdre. Peine perdue. Le géant, morose, se balançait avec assurance. Me vint à l'esprit le poème de Pouchkine *La Tempête*, puis je pensai au blizzard que nous avions essuyé sur le lac Khanka et aux déferlements neigeux qui nous avaient assaillis lors de notre traversée du Sikhotè-Alin. J'entendais le Taza nourrir le feu de bûches et le bruit de la flamme attisée par le vent. Ensuite, tout cela se confondit, et je cédai au sommeil. Je me réveillai vers minuit. Dersou et Kitenbou, qui ne dormaient pas, conversaient. À l'inflexion de leurs voix, je les devinai inquiets.

« C'est le cèdre, sans doute, qui vacille et menace de tomber. » Telle fut la pensée qui me traversa l'esprit.

J'ôtai d'un geste rapide la capuche de mon sac de couchage et demandai ce qu'il se passait.

— Rien, rien, capitaine, me répondit Dersou.

Mais je le jugeai insincère. C'était simplement qu'il ne voulait pas m'inquiéter.

Le feu du bivouac brûlait d'une flamme épanouie. La main sur le visage pour se défendre de la chaleur, Dersou arrangeait les bûches et rassemblait les braises. Le vieux Kitenbou caressait son chien. Alpa, assise à mes côtés, semblait trembler de froid.

On aurait dit que les mauvais esprits s'étaient massés là pour en découdre les uns avec les autres à travers la taïga dans les cris et les pleurs. Comme s'ils voulaient détruire l'ordre établi par Dieu dans la nature et ramener le chaos sur terre. C'étaient tantôt des lamentations frénétiques, tantôt un rire hurlant sauvage. Soudain, le silence se faisait un instant, et alors on pouvait regarder autour de soi, assez pour en déduire que la tempête allait se calmer.

Le bois nourrissait un feu vif. Ombres noires et paillettes rouges dansaient par terre et se relayaient, parfois s'éloignant, parfois se rapprochant, sautant sur les buissons et les congères.

— Rien grave, capitaine, répéta Dersou. Toi dors. Nous comme ça, parler.

Je ne me fis pas prier et replongeai la tête dans mon sac de couchage pour m'endormir aussitôt.

Une demi-heure plus tard, des voix me réveillèrent.

« Quelque chose ne tourne pas rond », me dis-je. Et je m'extirpai de mon sac de couchage.

La tempête se calmait peu à peu. Des étoiles, çà et là, se montrèrent dans le ciel. Chaque rafale jetait à terre des paquets de neige sèche avec un bruit de sable. Je vis mes amis près du feu. Le Taza, debout, tendait l'oreille. Près de là, Dersou, la main en visière pour faire écran à la lumière du feu, fouillait la nuit du regard. Les chiens non plus ne dormaient pas. Collés au feu, ils n'arrivaient pas à se tenir assis, bondissaient à chaque instant, changeaient de place. Ils flairaient quelque chose, le regard fixé dans la direction où se portait le regard de Dersou et du vieux Taza.

Le vent attisait le feu en soulevant des myriades d'étincelles qu'il faisait tourner en l'air et emportait dans l'antre de la forêt.

— Qu'y a-t-il, Dersou ?

— Sangliers bouge, répondit-il.

— Et alors ?

Des sangliers dans la forêt ! Quoi de plus naturel : les animaux étaient tombés sur notre bivouac en cheminant et, maintenant, manifestaient bruyamment leur mécontentement.

Dersou esquissa un geste de dépit et me dit :

— Comment toi tellement marcher dans taïga et pas comprendre ! L'hiver, sanglier bouge pas la nuit.

Du côté où Dersou et Kitenhou regardaient, on entendait des branches craquer et des cochons sauvages pousser leur « grouinement » caractéristique. Avant d'atteindre notre bivouac, les sangliers quittèrent le replat et contournèrent le piton conique.

Désengourdi, je n'avais plus envie de dormir.

— Et pourquoi les sangliers vont dans la nuit ?

— Eux jamais bouge sans raison. Autres gens les pourchasse.

Je crus qu'il s'agissait de chasseurs oudihés, mais je trouvais étonnant que ceux-ci pussent aller à skis en pleine nuit dans la taïga. Puis je me rappelai que les « gens », pour Dersou, ce n'étaient pas que les humains, et je compris tout de suite que les sangliers étaient traqués par un tigre. Donc, un fauve rôdait dans les parages.

Une vingtaine de minutes plus tard, les sangliers s'éloignèrent.

L'ordre revint peu à peu dans la nature. Une autre force était en train de dompter le vent. Pourtant, à voir les vieux cèdres se balancer, on devinait que, là-haut, tout n'était pas rose.

Plutôt que d'attendre le thé, je rapprochai mon sac de couchage du feu, m'engonçai dedans et me rendormis. J'eus l'impression de dormir longtemps.

Soudain, quelque chose de lourd me tomba sur la poitrine. Dans un même temps, j'entendis un chien pousser un cri perçant et Dersou tonner :

— Vite, vite !

Je me débarrassai aussitôt de la capuche de mon sac de couchage en fourrure. La neige et des feuilles sèches m'assaillirent le visage. À cet instant, je vis une forme longue se glisser dans les buissons. J'avais Alpa sur la poitrine.

Le feu était presque éteint : seuls deux tisons achevaient de se consumer. Le feu attisait les braises en répandant des étincelles sur la neige. Assis par terre, appuyé sur un coude, Dersou se tenait la poitrine de sa main gauche comme pour refréner le battement de son cœur. Étendu dans la neige de tout son long, à plat ventre, le vieux Taza ne bougeait plus.

Il me fallut quelques instants pour comprendre ce qu'il se passait et ce que je devais faire. Non sans mal, je me débarrassai de ma chienne, sortis de mon sac et m'approchai de Dersou.

En lui secouant l'épaule, je lui demandai :

— Qu'y a-t-il ?

— Amba ! Amba ! cria-t-il plein d'effroi. Amba entrer dans bivouac. Et saigner un chien.

Ce fut alors que je remarquai l'absence de la chienne du Taza.

Dersou se leva et s'occupa du feu. Quand la flamme s'anima, le Taza revint à lui. L'air fou, il jetait des regards effarouchés autour de lui. Dans une autre situation, c'eût été plutôt drôle.

Cette fois, je manifestai plus de maîtrise que les autres, cela parce que je n'avais rien vu dans mon sommeil. Bientôt, pourtant, les rôles changèrent : dès que Dersou se reprit en main, ce fut à mon tour de céder à la peur. Et si le tigre revenait au bivouac et qu'il se jetait sur un homme ?

Comment tout cela s'était-il passé ? Et pourquoi personne n'avait-il tiré ?

Il s'avéra que Dersou s'était réveillé le premier à cause des chiens qui n'arrêtaient pas de tourner autour du feu. Pour échapper au tigre, Alpha s'était jetée sur la tête de Dersou qui, dans un demi-sommeil, l'avait repoussée. En ouvrant les yeux, il avait vu le tigre tout près de lui. Le terrible animal s'était emparé de la chienne du Taza et l'avait emportée dans la forêt, lentement, sans hâte, comme s'il comprenait que personne ne pouvait l'en empêcher. Quant à Alpa, effrayée, elle avait sauté par-dessus le feu et s'était laissé tomber sur ma poitrine. À cet instant précis, j'avais entendu le cri de Dersou.

D'instinct, je brandis mon fusil sans savoir où tirer.

Soudain, quelque chose bruissa derrière moi dans les fourrés.

— Ici, murmura le Taza en pointant le doigt à la droite du cèdre.

— Non, ici, dit Dersou en montrant le point opposé.

Le bruissement se répéta, mais des deux côtés à la fois. Le vent, qui soufflait sur le couvert, nous empêchait d'écouter. Il me semblait parfois que j'entendais un craquement de branche ou que je voyais le fauve lui-même, mais je ne tardai pas comprendre que c'était autre chose : un chablis, un sapineau… Alentour, la brande était si dense que même en plein jour on n'y eût rien vu.

— Dersou ! dis-je au Golde. Grimpe donc à l'arbre. De là-haut, tu verras mieux.

— Non, me répondit-il, moi peux plus, vieux maintenant. Grimper arbre… plus savoir.

Le vieux Taza aussi refusa. Alors je décidai de grimper moi-même au cèdre. Il avait le tronc droit, lisse, couvert de neige du côté exposé au vent. Au prix de bien des efforts, je montai d'à peine 3 archines. J'eus bientôt les mains gelées, ce qui me força à redescendre.

— Pas besoin, dit Dersou, nuit bientôt finir.

Il prit son fusil et tira en l'air. À cet instant, une bourrasque souffla. La détonation alla se perdre non loin de là.

Nous fîmes un grand feu avant de mettre le thé en route. Alpa n'arrêtait pas de se frotter tantôt contre moi, tantôt contre Dersou. Au moindre bruit, elle tressaillait et jetait des regards apeurés autour d'elle.

Durant une quarantaine de minutes, assis devant le feu, nous échangeâmes nos impressions.

Enfin pointa le jour. L'air s'emplit d'ombres aurorales. Les étoiles s'éteignaient: on aurait dit qu'elles se retiraient dans les profondeurs du ciel. Bientôt l'aube étala au levant ses feux d'un rouge sanguin. Le vent se calma, le gel s'accentua. Dersou et Kitenbou s'enfoncèrent dans le sous-bois. Aux empreintes, ils purent établir que neuf sangliers avaient contourné le bivouac et que le tigre était gros et vieux. Il avait longtemps rôdé autour du camp, attendant que le feu s'éteignît complètement pour attaquer les chiens.

Je proposai à Dersou de laisser nos affaires au camp et de suivre le tigre à la trace. Persuadé qu'il allait refuser, je fus étonné de son accord.

Le Golde se mit à deviser. Selon lui, la taïga donnait largement de quoi manger au tigre. Ce tigre-là pourchassait des sangliers, mais en chemin, voyant des hommes, il avait attaqué le bivouac et volé un chien. Dersou acheva son long discours par ces mots:

— Un Amba comme ça, tirer dessus pas péché.

Après avoir avalé un morceau de viande froide et bu un thé chaud, on chaussa les skis et on s'élança sur les traces du tigre.

Le temps s'était presque calmé. Cèdres et sapins centenaires avaient perdu leurs blanches parures. En revanche, la tempête avait levé de nombreuses et grosses congères. Le soleil y étalait ses rayons, ce qui apportait de la lumière à la forêt et la mettait en fête.

De notre bivouac, le tigre avait remonté ses propres traces qui nous conduisirent à un chablis. Les empreintes s'y enfonçaient.

— Pas te presser, capitaine, me dit Dersou. Pas aller tout droit, plutôt faire le tour et bien regarder.

On se mit à contourner le chablis.

— Lui parti ! s'écria soudain Dersou qui s'élança sur la nouvelle piste.

Là, on vit que le tigre s'était assis un long moment. La neige avait fondu sous lui. Il avait posé le chien devant lui, l'oreille aux aguets : était-il poursuivi ? Puis il avait porté sa proie plus loin.

On le pista ainsi pendant trois bonnes heures.

Le tigre n'allait pas droit. Il choisissait les endroits les moins enneigés, les fourrés les plus épais, les chablis les plus denses.

Une fois, il s'était perché sur un tronc renversé à terre où, dressé sur ses pattes, il était resté longtemps. Mais, effrayé par on ne savait quoi, il avait sauté sur la neige pour y ramper à plat ventre sur plusieurs sagènes. De temps en temps, il s'arrêtait et tendait l'oreille. À notre approche, il s'éloignait. Par bonds d'abord, au pas et au trot ensuite.

Enfin, Dersou marqua un arrêt. Le vieux Taza et lui se consultèrent. Selon le Golde, il valait mieux faire demi-tour parce que le tigre n'était pas blessé, que la neige manquait de profondeur pour ralentir sa course et que nous perdions inutilement notre temps.

Je trouvais étrange et totalement incompréhensible que le tigre portât le chien au lieu de le manger. Dersou, qui sembla deviner mes pensées, répondit que ce n'était pas un tigre, mais une tigresse et qu'elle avait des petits. Le chien, c'était pour eux. Elle n'allait pas nous conduire à son repaire, mais nous mener en rond dans les montagnes jusqu'à ce qu'on abandonnât. Des arguments irréfutables.

Quand il fut décidé de rentrer au bivouac, Dersou se tourna dans la direction où le fauve était parti en lui criant :

— Amba ! Vilaine face. Toi voleur pire que chien. Pas peur de toi. Prochaine fois, pan !

Ceci dit, il alluma sa pipe et fit demi-tour par la piste de ski que nous venions de tracer.

À l'approche du bivouac, il advint que je pris un peu d'avance sur Dersou et le Taza. Du haut du col, il me sembla que quelqu'un quittait notre bivouac en dévalant la pente.

Une minute plus tard, on était au camp.

On y trouva tous nos effets éparpillés et déchirés. De mon sac de couchage, il ne restait que des lambeaux. Les marques imprimées sur la neige attestaient que le pillage était l'œuvre de deux gloutons. C'étaient eux, vraisemblablement, que j'avais aperçus à l'approche du bivouac.

On rassembla ce qui pouvait l'être, et l'on descendit du col par le chemin du retour.

La descente fut aisée parce que la vieille piste, bien que recouverte de neige, avait durci en croûte. On ne marchait pas : on filait. Au soir, on rejoignit le détachement.

Un traîneau (spatulé à l'avant comme à l'arrière) avec son chargement (1907).

29. LA FIN DU VOYAGE

Le cours moyen du Bikin – Une nuit dans une yourte abandonnée – Le lieu-dit Hikeou – Le Nouvel An – L'accueil des Chinois – Rencontre avec Merzliakov – Olon – Une population vicieuse – Tabando – Le cours inférieur du Bikin – La rivière Altchan – La gare ferroviaire

Le 29 décembre, on reprit la descente du Bikin qui, à cet endroit, coulait droit vers l'ouest.

Plus elle descend, plus la rivière se difflue en une multitude de bras. Si l'on s'y prend bien, cela permet des raccourcis considérables.

Puis le Bikin se fait très sinueux et forme des bras morts. D'entre tous les lits secondaires de son cours inférieur, on retiendra surtout : à droite, le Tsentchekeoutse[52] et l'Oulema ; à gauche, le torrent Khakkè, les rivières Mitakhèza (Mout'akeoutse[53] en chinois) et Peitehotse[54]. La première de celles-ci court sur une distance de 45 verstes et donne par un col sur le Taïtziberi (affluent gauche de l'Iman) ; la deuxième est un peu plus longue et plus abondante, mais la navigation y est difficile en raison de nombreux rapides et d'amoncellements de troncs morts.

D'entre les torrents qui dévalent les pentes de la vallée du Bikin, on remarquera : à droite, le Khoïtoun, le Taïtchin, le Djogdaï ; et, à gauche, le Tchougountaï, le Sioudontaï (Sseufongt'ai en chinois) et le Pomotingtse[55].

Sur les îles émergeant des bras de la rivière, dans les lieux-dits Houeit'ong et Mit'ahotse, nous trouvons des indigènes issus d'unions d'hommes chinois et de femmes oudihées. Nous avons ici affaire à ces mêmes *Tsakoupai* (en chinois : « sang-mêlés ») que dans les vallées des rivières Tadouchou, Tioutikhè et Sankhobé. Ils occupent des fanzas de type chinois et vivent de pêche, de chasse et de jardinage. Quant à savoir si ces gens pratiquent l'agriculture depuis longtemps, la réponse est que la terre qu'ils cultivent n'a pas encore été essouchée.

Le Bikin a la réputation d'être la rivière la plus boisée. Montagnes, vallées et îles, la forêt est partout. La taïga s'étire à l'infini à des centaines de verstes à la ronde. On ne s'étonnera pas que la contrée soit tenue pour la plus giboyeuse du bassin de l'Oussouri.

Près du mont Pomotingtse, sur la rive droite du Bikin, on trouva une yourte oudihée abandonnée. Après inspection, Dersou comprit la raison de l'abandon : la malfaisance du diable. Quelqu'un était mort, quelqu'un d'autre s'était cassé la jambe, un tigre avait enlevé des chiens… On s'y mit à l'aise pour y passer la nuit.

Pendant que les soldats ramassaient du bois, Dersou s'occupa, comme à l'accoutumée, de chasser le diable de la yourte avec de la fumée. Quant à moi, je pris un fusil et descendis en éclaireur le long de la rivière.

Dans la matinée, le ciel maussade avait crevé en une grossière neige mouillée dans un air sans vent. Les cèdres géants pétrifiés, la lumière vespérale, les flocons paresseux, tout cela vous forçait à songer au principe éphémère de l'existence et vous mettait du vague à l'âme.

Une chouette me frôla sans bruit de son aile, un lièvre apeuré plongea dans les buissons, et la chouette fondit vers lui.

Je restai un moment assis au bord de l'eau et revins sur mes pas.

Quelques minutes plus tard, j'arrivai en vue de la yourte. Des panaches d'une fumée chargée d'étincelles s'en échappaient par le toit. J'en déduisis que mes compagnons avaient terminé l'installation et qu'ils mettaient le dîner sur le feu.

En buvant le thé, on reparla des fantômes et des mauvais esprits. Zakharov voulait faire dire à Dersou à quoi ressemblait le diable chez les Goldes. L'autre lui expliqua que le diable changeait toujours d'aspect, de « chemise ». À la question de savoir si le diable se battait avec la bonne divinité Andouri, il répondit le plus sérieusement du monde :

— Sais pas, jamais vu.

Après le thé, quand tout le monde fut couché, je travaillai encore une petite heure, mis mon journal à jour et finis par m'endormir.

Le 30 décembre, notre détachement arriva au lieu-dit Tougoulou, peuplé d'indigènes « métissés ». Plus on approchait de l'Oussouri, plus on rencontrait de Chinois et plus le type oudihé perdait de son caractère.

Ici, le Bikin reçoit les petites rivières : Amba, Fongtselatse[56], Ougolikokoli, Rokholo et Toulougou. Côté relief, mentionnons les monts granitiques : Fongtselatse, Rokholo, Djara-Kholkoni, Vanzikami, rive droite ; Vambaboza (avec les pics d'Amban), Outoli et Lansolgoï (avec le roc Banga, constitué de mélaphyre), rive gauche.

En aval du Sseufongt'ai, le Bikin atteint une largeur de 100 sagènes pour une profondeur de presque 7 pieds et une vitesse de courant de 4 verstes par heure. La vallée s'élargit jusqu'à 5 verstes.

Soit que la Terre eût changé d'écliptique par rapport au Soleil, soit que ce fût par l'effet de l'éloignement grandissant de la mer (les deux, peut-être), le fait est que les journées rallongèrent et que le climat prit un tour plus régulier. C'en était fini des vents forts. Le baromètre montait lentement à près de 770. Basse le matin (-30 °C), la température de l'air grimpait doucement dans la journée pour retomber au soir à -25 °C.

L'on passa la dernière journée de 1907 à marcher jusqu'à Hikeou (« vallée occidentale »), la localité la plus peuplée du Bikin. Ne vivent ici que des Chinois. En 1882, ce village s'appelait Hiaomaotingtse[57]. En 1894, il comptait 70 habitants : une moitié d'hommes chinois et l'autre moitié de femmes oudihées enlevées aux indigènes en contrepartie de leurs dettes. À deux petites verstes en amont de Hikeou se trouvent deux villages : Ts'aomoudingtse[58] et Tafatsekeou (aujourd'hui abandonné). Les habitants de Hikeou vivent de la cueillette du ginseng, de la chasse, du trappage de la zibeline, de la distillation d'alcool et de l'exploitation des indigènes. Au prix de gros efforts, ils arrachent des terres à la forêt pour y cultiver le blé et le maïs.

Passé le Tougoulou, le Bikin marque un tournant plutôt net vers le sud, puis il remonte vers le nord-ouest et prend ensuite la direction de l'ouest pour ne plus la quitter. En aval du Tougoulou, le Bikin reçoit : à droite, les rivières Tsohali, Tsomat'ikeoutse[59], Matakeou (grande ravine de la famille Ta), Rakhaouza et Tsamodynza ; à gauche, les rivières Khoubiassa (Tch'ouenkoutsai[60] en chinois) et Daouden (Tayangkeou en chinois, « grande vallée ensoleillée »).

Du côté droit de la rivière, la chaîne de montagnes s'appelle Olontsynza et possède deux cimes : la Dagonza et la Tsamodynza, dont les contreforts finissent en parois rocheuses abruptes à l'approche du Bikin – le Tchjagali-Khonkoni et le Tayakeou[61].

Une grande rivière, l'Altchan, coule non loin du Bikin et presque en parallèle. Le mont Nieousseutengtse, qui se présente comme un col entre les deux rivières, porte un lac naturel de forme ovale de presque 70 sagènes de circonférence.

Que les autorités eussent dépêché un commissaire à ma rencontre releva mon prestige aux yeux des Chinois. Pour cette raison sans doute, ils nous réservèrent un accueil solennel avec drapeaux, crécelles, fusées et lampions. Nous entrâmes en grande pompe dans Hikeou.

Les Chinois saignèrent un cochon et me prièrent instamment de passer chez eux la journée du lendemain. Nous étions à court de vivres, et la perspective de fêter la nouvelle année dans un milieu plus civilisé qu'un simple bivouac souriait à mes compagnons. J'acceptai l'invitation des Chinois, mais fis promettre aux fusiliers qu'ils ne boiraient pas beaucoup de vin. Ils tinrent parole : je n'en vis aucun en état d'ivresse.

Le lendemain fut une journée de soleil et de gel. Le matin, je rassemblai mon détachement et prononçai un toast en l'honneur du général-gouverneur P. F. Unterberger et de tous ceux qui avaient œuvré à notre expédition. En conclusion, j'eus un mot pour saluer mes hommes et les remercier de leur service exemplaire. Une salve de hourras se répandit dans la forêt. Les Chinois sortirent d'un bond des fanzas voisines. Apprenant de quoi il retournait, ils remirent leurs crécelles en action.

À peine avions-nous regagné nos quartiers dans les fanzas pour passer au déjeuner qu'une cloche tinta au-dehors. Les Chinois accouraient pour annoncer l'arrivée du commissaire. Quelques minutes plus tard, un homme en pelisse s'engouffra dans ma fanza. Et, soudain, ce commissaire se transforma en A. I. Merzliakov. Les questions fusèrent. Il s'avéra que c'était lui – et non point un commissaire – qui avait voulu marcher à ma rencontre, mais que les neiges, trop profondes, l'avaient forcé à différer l'entreprise.

Mon voyage touchait à sa fin. Nous quittâmes Hikeou avec des chevaux amenés par A. I. Merzliakov. Il y avait trois traîneaux au total.

De Hikeou à la gare de Bikin, la distance de cent cinquante et quelques verstes est desservie par une bonne piste à traîneaux tracée par les bûcherons. Nous la couvrîmes en trois jours.

Sur une carte à grande échelle, le Bikin présente un entrelacs labyrinthique de bras dont certains s'étirent sur plusieurs verstes en faisant de lointains détours et en formant des îles boisées de hêtres, arbres à liège, tilleuls, peupliers, érables, noyers, etc. Ces bras portent des noms tantôt oudihés, chinois ou russes. Par exemple : Maoumassa, Agamou, Kagalatoun, K'ingtap'ou[62], Zatiajnaïa, etc.

L'on ne saurait dire la largeur de la rivière à cet endroit, ni non plus calculer la vitesse du courant qui varie d'un bras à l'autre. La profondeur moyenne est de quelque 12 pieds.

Le Bikin inférieur charrie beaucoup de bois flotté. Et bien que son lit en soit débarrassé chaque année par des travaux de nettoyage, les embarcations n'y ont pas la circulation aisée. Nombre de radeaux vont se fracasser au pied des rochers Tchjagali, Khonkoni et Daïgou.

En aval du Hikeou, on rencontre les affluents droits : Olon, dont l'embouchure se situe au pied du mont homonyme, Tchintafou, Tchintaïssou et Gaanou (Huangkuolatse en chinois) ; et les affluents gauches : Salassou-mangou, Mamoubiassani, Tchambana (ou bien Potamtchi), Siata-Biassani (ou bien Tchamben), Chet'ouho, mais aussi les torrents Tchongt'aitse, Lienhingkeou, Sant'ong et Fongtachouei[63] (Khoundali en langue oudihée). Long de quelque

25 verstes, le Chet'ouho est large de 2 ou 3 sagènes et profond de 3 pieds. Il donne sur un col par lequel on verse dans la rivière Taïtziberi, affluent de l'Iman.

La haute chaîne de montagnes qui s'étire à droite du Bikin s'appelle, nous l'avons dit, Olontsynza. Elle se prolonge au sud sous la forme d'une île massive qui se termine par le mont Olongou-Ouoni.

Le Bikin la contourne par le sud avant de tourner vers l'ouest. La crête est hérissée de quelques cimes remarquables qui ont pour noms : Peikaolatse[64], Tchongt'aitse et Kaoyanghantse[65] ; dont les pentes finissent à la rivière en parois rocheuses nommées Hingtafou et Kousantse. Du lignite affleure à l'air libre au pied du Tchongt'aitse.

À une quinzaine de verstes en aval du Hikeou, le Bikin débouche sur un espace libre de forêts et riche d'une terre propre à la culture. Des Goldes sinisés s'y trouvent installés.

Les Chinois d'ici connaissent des mœurs particulièrement dépravées. La plupart sont des vagabonds ayant vécu de pillage et de brigandage. Amateurs d'argent facile, ils fument de l'opium et se livrent à des jeux de hasard qui dégénèrent souvent dans le sang.

La pire engeance de la population mantsée de l'Oussouri a élu domicile sur le Bikin inférieur. Ici, dans l'entrelacs des bras de la rivière, sous des yourtes d'écorce construites à la façon des indigènes, ils trouvent des conditions fort propices à leur mode de vie.

La population indigène n'eut pas d'autre choix que de se soumettre et de les approvisionner en nourriture. Pis, les Chinois exigèrent que viande et poisson leur fussent apportés par des femmes. Tyrannisés, les Tazas s'exécutèrent.

Voilà qui force l'étonnement : comment les autorités russes ont-elles pu laisser faire sans prendre de mesure pour soulager la condition des indigènes asservis ?

En aval du Hikeou, on tombe souvent sur des cabanes d'hivernage construites par des bûcherons russes. Elles sont espacées de 25 verstes l'une de l'autre. Après une journée de piste bien remplie, nous passâmes la nuit à l'embouchure de la rivière Gongoulaza.

Le 3 janvier, nous prîmes la route bien avant le lever du soleil. Les cochers cosaques nous pressaient, et nous-mêmes brûlions de regagner la voie ferrée.

Quand on est encore loin du but, on avance généralement sans trop se presser. Mais plus on approche et plus l'émotion grandit. Alors on se dépêche, on commet des erreurs, on se fourvoie. Dans ce genre de situation, il faut se ressaisir et prendre son mal en patience sans presser l'allure.

De l'Olon à Tabando, l'on compte une quarantaine de verstes. Ici, la rivière s'appuie sur le bord droit de la vallée, laissant la place à un énorme marécage sur la gauche. Les montagnes reculent et vont se perdre au loin dans la brume au sud-ouest.

Le Bikin, sur ce tronçon, reçoit sur sa droite les affluents : Alaïtchi, Langjehotse-1 (« la rivière aux céréales »), Langjehotse-2, Matchetsoueitse[66] et Naminial avec le Khoïaki comme affluent qui prend sa source dans le mont Ts'eungaomaikiutse[67] ; et sur sa gauche : Gokhzanzafar (nom golde), Huangnihotse[68], Nioudergou (Niengeounihotse[69] en chinois) et Chankiakamou[70].

À droite du Bikin, l'Altchan est son dernier affluent et le plus grand de tous. Il prend sa source dans les monts Olo (Olontch'ouentingtse en chinois, « le mont aux Orotches »). Long d'une centaine de verstes, il jaillit de deux cours d'eau : le Songo (« ours » en langue oudihée) et l'Altchan à proprement parler qui, là-haut, coule dans le sens latitudinal. Une fois qu'il a reçu sur sa droite le torrent Daïangou, l'Altchan devient une grande rivière qui tire vers le sud avec maintes diffluences. Ses affluents supérieurs sont : à gauche, l'impétueux Lioussou, ou Liouchouho[71] ; et, à droite, le Benedzé (ou Penihotse). À cet endroit, l'Altchan atteint une largeur de 25 sagènes et devient très sinueux. Puis la trajectoire du lit épouse une chaîne de montagnes plutôt basse, toute en largeur, qui s'étire du nord-nord-est au sud-sud-ouest. Appelée Tayout'ai[72], elle s'arrête au Bikin en un lieu nommé Tabando, c'est-à-dire « portage », car on y coltine ordinairement les canots d'une rivière à l'autre, ce qui fait gagner du temps et raccourcit notablement la route.

Pour les cosaques, Tabando est de sinistre réputation. C'est le repaire permanent des « barbes rouges », les *honghoutse*, qui tendent des embuscades aux indigènes en chemin vers l'Oussouri pour les détrousser de la tête aux pieds. Les *honghoutse* n'épargnent pas non plus les Russes qui se hasardent dans les parages sans garde armée.

Montagneuse à droite, peu déclive à gauche, telle est la vallée de l'Altchan. À hauteur du chemin de portage, sa largeur s'étrécit à 1 verste. C'était là, jadis, qu'elle s'abouchait au Bikin. Puis l'Altchan coule en puissante rivière large de 30-40 sagènes et profonde de 13-14 pieds. Au fil de sa course, on observe des formations de diorites, de mélaphyres, de basaltes et d'andésite avec tufs.

Après avoir tourné le Dayoutaï, comme nous l'avons déjà noté, l'Altchan s'entonne dans l'ancien lit du Bikin et reçoit sur sa droite trois autres affluents aux eaux abondantes : l'Oldou (Koutouho en chinois), le T'awoutaho[73] et le Petit-Koultoukhé.

L'Altchan se jette dans le Bikin à 10 verstes au sud de la gare ferroviaire du même nom.

Depuis toujours, sa vallée est réputée giboyeuse et propice à l'exploitation du ginseng.

Côté faune, on y recense des espèces telles que : cerf wapiti, bouquetin, porte-musc, sanglier, tigre, glouton, raton laveur, zibeline et lynx, ce dernier fréquentant surtout la rivière Koultoukhé. Depuis 1904, l'Altchan est largement exploité pour l'abattage des arbres et leur flottage, avec pour conséquence un fort dépeuplement animal. Malgré tout, les cosaques vont encore y chasser par habitude et n'en reviennent jamais bredouilles.

Si la largeur du Bikin se réduit à 40 sagènes à Tabando, sa profondeur, en revanche, se creuse à 20 pieds sur un fond sableux, vaseux et graveleux. Les bras acquièrent ici une telle ampleur qu'on ne saurait dire où passe le lit principal.

Nous arrivâmes à Tabando au crépuscule. On y comptait 8 fanzas habitées par quelque 70 Chinois qui nous accueillirent hostilement en nous disant qu'il n'y avait pas de place. Merzliakov les adjura longtemps de nous loger pour la nuit. N'y tenant plus, j'agitai des menaces et j'ordonnai à mes hommes de décharger les traîneaux. Les fusiliers prirent leur paquetage en brandissant les armes. L'effet fut immédiat. Les Chinois se firent tout miel et nous invitèrent à entrer chez eux. De les voir ainsi passer de l'hostilité à l'obséquiosité énerva les cosaques qui les dispersèrent avec force roustes et se dirigèrent vers la fanza la plus proche.

D'entre tous, Dersou était le plus indigné. Il pestait, crachait par terre, disait qu'il n'avait jamais vu de sa vie « des gens mauvais comme ça ». Pour la nuit, à tout hasard, on posta des sentinelles à l'intérieur de la fanza. Je craignais moins une attaque qu'un pillage : nos fusils de 7,62 risquaient fort de les appâter.

Le 4 janvier fut le dernier jour de notre voyage. Les cosaques me réveillèrent de bon matin.

Il faisait encore nuit, mais les étoiles dans le ciel nous annonçaient déjà la venue du soleil. Un air gelé. Le thermomètre affichait -34 °C. Crinières, croupes et museaux des chevaux étaient couverts de givre. Quand on se mit en route, le jour pointait à peine.

Il y avait si peu de neige sur la piste de portage qu'il nous fallut descendre à terre et coltiner le chargement.

Jadis, nous l'avons dit, l'Altchan avait son embouchure du côté de Tabando. Son cours inférieur emprunte désormais l'ancien lit du Bikin qui, par suite d'une crue si ancienne que les indigènes n'en ont plus souvenir, se détourna jusqu'à rencontrer la rivière Hilan, venue du sud, et à utiliser son lit pour former le nouveau Bikin.

Le Hilan que je viens de nommer provient de la confluence de trois rivières : le Hilan-Chan[74], le Grand-Hilan et le Petit-Hilan. De Tabando aux sources du Grand-Hilan, la rivière Dziagombo trace une droite qui fait charnière entre les montagnes et la large vallée de l'Oussouri. Le site se présente comme une plaine où se dressent çà et là des collines coniques solitaires appelées Tienchantse[75]. Une maigre forêt de feuillus propres uniquement à fournir du bois de combustion pousse sur les bourrelets du relief, le reste de l'espace n'étant qu'une dépression marécageuse. Lugubre, ce paysage l'est surtout en hiver.

En aval de Tabando et jusqu'au Tienchantse, les deux rives du Bikin sont faites de diorites, diabases, porphyrites, tufs et brèches.

En aval du Hilan, le Bikin réunit tous les bras en un seul et unique lit large de 120 à 150 sagènes. En plaine, comme les autres rivières, le Bikin serpente fortement. Il coule longtemps vers le nord, puis vers le nord-ouest et, après avoir contourné par la droite la chaîne très érodée du Samour (avec, à gauche, les monts granitiques Goumi et Bakoumana et leur cime Tahidingtse[76]), tourne brusquement vers l'ouest. Du Hilan à l'embouchure du Bikin[77], on compte près de 75 verstes. Là, à gauche, il recueille encore un affluent : le Khondervezou (la Sambourova en russe).

Sable et vase constituent le fond du Bikin. L'on voit souvent saillir près des rives des bourrelets de terre sèche avec de petits lacs entre eux. Plus loin s'étend un marécage chichement boisé de mélèzes et de bouleaux blancs malingres.

Peu après midi, nous arrivâmes à Guéorguievski, localité cosaque. Après un bref repos chez le chef du village, nous repartîmes pour la gare ferroviaire de l'Oussouri.

Je ne peux pas ne pas évoquer l'accueil chaleureux que me réserva le capitaine Khabalov au sein du bataillon ferroviaire. Nous passâmes une journée entière à converser en toute amitié. Il me fit part des dernières nouvelles, et je lui racontai mes aventures.

La vie est belle de ses contrastes. Quel bonheur serait-ce que de passer directement d'une yourte indigène à une riche maison de ville. Malheureusement, ce passage se fait toujours par degrés : la yourte d'abord, une fanza chinoise ensuite, puis une isba paysanne et, enfin, la ville.

Quel plaisir que de boire un bon thé dans un verre après avoir avalé pendant des mois un thé de briquette bon marché dans une timbale en fer qui sentait la fumée ! Et quel plaisir ce fut pour moi que d'aller chez le coiffeur, de me laver aux bains de vapeur et de me glisser dans des draps propres avec un oreiller bien douillet… Mes fusiliers et Dersou furent placés à la caserne du bataillon.

Le lendemain, nous prîmes congé du bon capitaine Khabalov et montâmes dans le train pour Khabarovsk.

30. LA MORT DE DERSOU

NOUS ARRIVÂMES À KHABAROVSK le 7 janvier au soir. Les fusiliers regagnèrent leurs casernes, cependant que je me rendis à mon appartement en compagnie de Dersou. Là, mes amis proches nous rejoignirent.

Tous jetèrent sur Dersou des regards aussi curieux qu'interloqués. Lui non plus n'était guère à son aise. Il mit beaucoup de temps à s'adapter à sa nouvelle vie.

Je lui réservai une petite pièce avec un lit, une table en bois et deux tabourets, lesquels ne lui servaient à rien, car il préférait s'asseoir par terre ou en tailleur sur le lit. Assis de la sorte, il ressemblait un peu à une divinité bouddhique.

En se couchant, comme d'habitude, il dépliait sous lui une peau de chèvre par-dessus son matelas de paille et son édredon.

Son coin préféré était devant le poêle. Assis sur les bûches, il posait longuement les yeux sur le feu. Dans cette pièce où tout lui était étranger, seules les bûches ardentes lui rappelaient la taïga. Quand elles brûlaient mal, il s'en prenait au poêle :

— Mauvaises gens, pas vouloir brûler.

Il me vint un jour l'idée de graver la voix de Dersou sur un phonographe. Il comprit vite de quoi il retournait et, devant le cornet, conta une longue histoire qui occupa presque un cylindre entier. Puis je posai une membrane de lecture et remis la machine en marche. En écoutant son propre discours restitué par l'appareil, Dersou ne marqua pas le moindre étonnement. Aucun muscle ne tressaillit à son visage. Il écouta attentivement jusqu'au bout et me dit en pointant le doigt sur le phonographe :

— Lui bien parler. Pas sauter un mot.

Animiste incorrigible, Dersou anthropomorphisait même le phonographe.

Parfois, je venais m'asseoir près de lui, et nous brassions les souvenirs de nos voyages. À l'un comme à l'autre, ces conversations procuraient un vif plaisir.

Au retour d'expédition, il y a toujours beaucoup de travail : rapports financiers et comptes rendus de service, cartographie des itinéraires, inventaire des collections, etc. Dersou remarqua que je passais mes journées assis à mon bureau en train d'écrire.

— Moi pense avant : capitaine assis comme ça (là-dessus, il mima le « capitaine » assis) ; manger, juger, pas d'autre travail. Maintenant oui, comprends : dans taïga, capitaine travaille ; retour à la ville, capitaine travaille. S'amuse jamais.

Il était naturel que les indigènes se fissent une telle idée du travail des chefs. On reconnaissait dans le propos de Dersou l'image des fonctionnaires chinois qui exerçaient principalement la fonction de juge punissant et disculpant à plaisir. Sans doute lui-même n'en avait-il pas vu, mais les Goldes ayant séjourné à Sansing lui en avaient assurément parlé.

Un jour, en entrant dans sa chambre, je le trouvai habillé avec son fusil à la main.

— Où vas-tu ?

— Tirer, répondit-il.

Voyant mes yeux étonnés, il m'expliqua que le canon de son arme s'était encrassé et que la balle, une fois tirée, nettoierait le rainurage. Il n'y aurait plus alors qu'à passer un chiffon.

Que les coups de feu fussent interdits en ville le contraria. Il tripota son fusil et le remit à sa place, dans un coin. La chose le dépita fortement.

Le lendemain, en passant devant la chambre de Dersou, je vis sa porte entrouverte. Malgré moi, j'y entrai sans bruit. Debout devant la fenêtre, il se parlait à lui-même à mi-voix. On sait que les gens qui vivent longtemps seuls dans la taïga prennent l'habitude d'exprimer leurs pensées à voix haute.

— Dersou, l'apostrophai-je.

Il se retourna. Un sourire amer parcourut son visage. Je lui demandai :

— Qu'as-tu ?

— Rien, dit-il. Moi là comme canard. Des gens en boîte, là, comment possible ? (Il montra les murs, le plafond.) Les gens doivent marcher dans taïga, doivent tirer...

Dersou se tut, se tourna vers la fenêtre et se remit à regarder au-dehors. Il s'ennuyait de sa liberté perdue.

« Bah ! me dis-je, il finira par s'habituer. »

Il se trouva que l'on dut entreprendre de menus travaux dans sa chambre : réparer le poêle, reblanchir les murs. Je lui dis de s'installer pour deux jours dans mon bureau. Une fois l'affaire terminée, il regagnerait sa pièce.

— Pas grave, capitaine. Moi dormir dehors : monter tente, allumer feu, pas gêner.

Tout était si simple à ses yeux... Il m'en coûta beaucoup de l'en dissuader. Il n'en prit pas ombrage, mais tant de contraintes l'affligeaient : pas de tente, pas de feu dehors, pas de tir au fusil... parce que cela dérangeait les passants.

Une fois, Dersou me vit acheter du bois. Que cela fût payant le stupéfia.

— Comment ? s'écria-t-il. Beaucoup de bois dans forêt, pourquoi donner bêtement argent ?

Il chapitra l'employé, le traita de « gens mauvais », tenta de me prouver que j'étais dupé. Je voulus lui expliquer que je ne payais pas le bois, mais le service. Peine perdue... Inconsolable, Dersou n'alluma pas le poêle ce soir-là. Le lendemain, pour ne pas me faire supporter de frais, il alla lui-même chercher du bois. Il fut arrêté et verbalisé. Il protesta à sa manière, fit un esclandre. Alors on le conduisit au poste de police. Quand on m'en avisa par téléphone, je tentai d'arranger l'affaire. J'eus beau lui expliquer ensuite pourquoi il ne fallait pas couper de bois autour de la ville, il n'en démordait toujours pas.

L'incident l'impressionna fortement. Il comprit qu'en ville on ne vivait pas à son propre gré, mais au gré d'autrui. Les autres le cernaient de toutes parts et l'entravaient à chaque pas. Le vieux se replia dans ses songes, se ferma et s'émacia. Il semblait même avoir encore vieilli.

Survint un autre petit incident qui le mina définitivement : il me vit donner de l'argent pour de l'eau. Et de se récrier de nouveau :

— Comment ! Argent pour eau aussi ? Vois la rivière (un geste vers le fleuve Amour), beaucoup d'eau. Terre, eau, air, don gratuit de Dieu. Comment possible…

Il regagna sa chambre sans même terminer sa phrase.

Assis à mon bureau, je faisais ce soir-là des travaux d'écriture. Soudain, j'entendis la porte grincer doucement. Je me retournai et vis Dersou debout sur le seuil. D'entrée je compris qu'il voulait me demander quelque chose. Son visage exprimait gêne et anxiété. Je n'avais pas encore ouvert la bouche qu'il se mit à genoux et me dit :

— Capitaine ! S'il te plaît, laisse-moi rentrer dans taïga. Vivre en ville impossible : acheter bois, acheter eau, moi coupe arbre et eux se met en colère.

Je le compris et le fis asseoir.

— Et où vas-tu aller ?

— Là-bas !

Là-dessus, il tendit le bras vers la ligne bleue des monts Khekhtsir.

J'éprouvais autant de peine à le laisser qu'à le retenir. Il me fallut céder. Je lui fis promettre qu'il reviendrait un mois plus tard et que nous irions ensemble sur l'Oussouri où je voulais le placer chez des Tazas de ma connaissance.

J'espérais que Dersou resterait encore deux jours chez moi, car je voulais lui remettre de l'argent, des provisions et des vêtements. Mais il en fut autrement.

Le lendemain matin, en passant devant sa chambre, je vis sa porte ouverte. J'y glissai un œil, elle était vide.

Le départ de Dersou m'atterra. Quelque chose se déchirait dans ma poitrine, et je fus pris d'un mauvais pressentiment. Une crainte de je ne savais quoi, l'intuition que je ne le reverrais plus jamais. Contrarié, je n'avais pas le cœur à travailler. Enfin, n'y tenant plus, je posai la plume, m'habillai et me rendis au camp.

Déjà le printemps : la neige fondait vite. De blanche, elle devenait sale, comme recouverte de suie. Dans les congères se formaient de fines cloisons de glace au gré des rayons du soleil ; elles fondaient le jour et se reconstituaient la nuit sous l'effet du gel. De l'eau courait dans les caniveaux en un joyeux gazouillis qui semblait annoncer à chaque brin sec qu'elle s'était réveillée et que, maintenant, elle allait veiller à faire revivre la nature.

Des fusiliers rentrant d'une mission de terrain me dirent avoir vu en chemin un bonhomme avec havresac sur le dos et fusil à la main. Il allongeait un pas joyeux en fredonnant une chanson. D'après leur description, c'était Dersou.

Malheureux sauvage ! Il ne lui venait même pas à l'esprit qu'on pût attenter à ses jours. Il advint pourtant ce que je redoutais le plus.

Une quinzaine de jours après son départ, je reçus de mon ami Joseph Dzioul le télégramme que voici :

« Homme envoyé par vous dans taïga retrouvé assassiné. »

Je vis fulgurer un éclair : Dersou ! Je me souvins de lui avoir donné une carte de visite, précisant au verso qu'il était domicilié à mon adresse pour que la police ne l'arrêtât pas. Sans doute avait-on trouvé la carte sur lui, et maintenant l'on m'en informait par le télégraphe.

Le lendemain, je me rendis à la gare de Korfovski située au sud des monts Khekhtsir. J'y appris que des ouvriers avaient vu Dersou marcher sur une route de forêt. Le fusil à la main, il parlait à une corneille perchée sur un arbre. Les autres en avaient conclu qu'il était ivre.

La nuit tombait presque quand le train arriva en gare.

Comme il se faisait tard, J. Dzioul et moi décidâmes de nous rendre sur les lieux du drame le lendemain matin.

Je ne dormis pas de la nuit. Une tristesse infinie me serrait le cœur. Le sentiment m'habitait que je venais de perdre un proche.

Que de choses vécues ensemble ! Combien de fois m'avait-il tiré d'affaire au moment où lui-même se trouvait à deux doigts de la mort !

Pour me changer les idées, j'ouvris un livre. Rien n'y fit. Mes yeux passaient mécaniquement d'une lettre à l'autre, mais c'était l'image de Dersou qui se dessinait dans mon cerveau, le Dersou qui, pour la dernière fois, m'avait prié de le rendre à sa liberté. Je m'en voulais de l'avoir amené en ville. Mais pouvait-on imaginer que les choses finiraient ainsi ?...

Je m'assoupis avant l'aube et fis un rêve étrange : Dersou et moi bivouaquions quelque part dans la forêt. Il bouclait son havresac et s'apprêtait à partir ; moi, je l'adjurais de rester. Quand tout fut prêt, il me dit qu'il allait rejoindre sa femme et prit aussitôt le chemin de la forêt. En proie à la peur, je m'élançai sur ses talons, mais m'empêtrai dans le lédon. Apparurent alors des feuilles à cinq folioles de ginseng. Elles se transformèrent en mains qui m'attrapèrent et me jetèrent au sol. Je poussai un cri étouffé et, d'un mouvement vif, sortis la tête de ma couverture. Une lumière vive m'éblouit. J'avais devant moi J. Dzioul qui me secouait par l'épaule.

— Ah ! me dit-il, le beau dormeur que vous faites. Debout !

Nous partîmes vers 9 heures du matin.

Fin mars. Haut dans le ciel, un soleil amical dardait sur la terre des rayons lumineux. On sentait encore dans l'air la fraîcheur du gel de la nuit, surtout à l'ombre, mais à voir la neige fondre, l'eau courir dans les torrents et les arbres déployer joyeusement leurs parures de fête, on comprenait que la froidure nocturne n'intimiderait plus personne.

Un petit sentier nous emmena dans la taïga. Nous le suivîmes longtemps sans presque échanger une parole. Au bout d'une verste et demie environ, j'avisai trois silhouettes autour d'un feu, dont celle d'un policier. Deux hommes creusaient une tombe. Un corps gisait là, par terre, recouvert d'une toile de jute. Aux chaussures, qui m'étaient si familières, je reconnus le défunt.

Bien malgré moi, je laissai échapper un cri :

— Dersou ! Dersou !

Les fossoyeurs me jetèrent un regard ébahi. Pour ne pas étaler mes sentiments devant des inconnus, je m'assis à l'écart sur une souche et m'abandonnai à ma tristesse.

Le sol étant durci par le gel, les ouvriers le faisaient fondre avec du feu et, à la pelle, sortaient ce qu'ils pouvaient de terre. Au bout de cinq minutes, le policier vint me voir. Il affichait un air joyeux et guilleret comme s'il était à la fête. Soit qu'il eût l'habitude, par la force de choses, de supprimer les cadavres abandonnés et qu'il en fût désabusé, soit parce qu'il s'agissait d'enterrer un indigène inconnu, je compris à voir l'expression de son visage qu'il n'allait pas s'embarrasser à rechercher les meurtriers et qu'il se contenterait de dresser le procès-verbal. Il me raconta que Dersou avait été trouvé mort près d'un feu de camp. Apparemment, on l'avait tué dans son sommeil. Les brigands voulaient de l'argent et avaient emporté son fusil.

Une demi-heure plus tard, la tombe était prête. Les fossoyeurs s'approchèrent de Dersou et enlevèrent le jute. Un rai de soleil tombé à travers l'épaisse ramure des résineux éclaira la face du mort. Elle n'avait presque pas changé. Ses yeux grands ouverts regardaient le ciel. À son expression, on aurait dit que Dersou avait oublié quelque chose et qu'il essayait maintenant de se souvenir. Les autres le déposèrent dans sa tombe et se mirent à le couvrir de terre.

— Adieu, Dersou ! murmurai-je. Né dans la forêt, c'est encore dans la forêt que tu as quitté la vie.

Une vingtaine de minutes plus tard, un monticule s'élevait déjà à l'endroit où l'on avait déposé la dépouille du Golde.

La besogne une fois terminée, les ouvriers allumèrent leurs pipes, ramassèrent leurs outils et reprirent le chemin de la gare sur les talons du policier.

Quant à moi, assis par terre, je songeai longtemps à mon ami défunt.

Comme au cinématographe, je voyais défiler des images du passé : ma première rencontre avec Dersou sur le Liefou, le lac Khanka, le tigre sur le Li-Fouking, le feu de forêt sur le Sankhobé, la crue du Bilimbé, la traversée de la Takema en radeau, notre périple le long de l'Iman, la faim endurée sur le Kouloumbé, le Bikin…

Vint alors une sittelle qui se percha sur un buisson près de la tombe, me regarda d'un air crédule et se mit à babiller.

« Gens doux », m'avait dit Dersou de ces petites bêtes à plumes de la taïga. Tout à coup, l'oiseau s'envola et disparut dans les fourrés. Et de nouveau mon cœur se serra de chagrin.

— Adieu, Dersou ! répétai-je à voix haute en me levant.

Le disque avait déjà fait beaucoup de chemin dans le ciel. Ses rayons ne dardaient plus la terre, mais le bleu infini de la voûte. Dans la forêt, on entendait le ramage des oiseaux. À un moment, je vis un papillon précoce qui se baignait dans les traits du soleil. Assurément, il mourrait à la tombée du jour.

La tombe de Dersou, la neige fondante, ce papillon qui allait voletant jusqu'à périr au crépuscule, le chant du torrent, le silence de la forêt majestueuse, tout cela disait que la mort absolue n'existait pas ; n'existait que la mort relative, et la loi de la vie sur terre était aussi la loi de la mort.

Deux énergumènes qui se prétendaient européens avaient perpétré un meurtre infâme à des fins de brigandage en tuant un pauvre sauvage à la conscience pure qui n'avait jamais fait de mal à personne.

La civilisation fabrique des criminels. Fais ton bonheur sur le dos d'autrui, tel est le mot d'ordre du XXe siècle. La tromperie commence par le commerce, viennent ensuite l'usure, l'esclavage, le vol, le pillage, l'homicide, la guerre enfin avec la révolution et leur cortège d'horreurs. Est-ce bien cela la civilisation ?

Je fis quelques pas et me retournai pour mémoriser le lieu du dernier repos de Dersou. On voyait de loin les deux grands cèdres qui l'abritaient de leur ramée.

— Adieu, Dersou ! lui dis-je une dernière fois.

Là-dessus, j'allongeai le pas vers la gare.

Un quart d'heure plus tard, je rattrapai J. Dzioul qui s'était arrêté à la baraque des ouvriers pour négocier avec eux une livraison de bois à son domicile. Encore une demi-heure, et nous arrivions à la gare.

À l'été 1908, je partis pour un troisième voyage qui dura deux ans.

En 1910, je revins dans l'hiver à Khabarovsk et me rendis aussitôt à la gare de Korfovski pour me recueillir sur une tombe qui m'était chère. Je ne reconnus pas les lieux tant tout avait changé : une bourgade entière était sortie de terre autour de la gare, des carrières de granit béaient dans le Khekhtsir, on rasait le bois pour fabriquer des traverses. Plusieurs fois, J. Dzioul et moi tentâmes de retrouver la tombe de Dersou, mais en vain… Les cèdres qui servaient de repère avaient disparu au profit de nouvelles routes, de remblais et de fossés. Alentour, tout portait les marques de la civilisation.

Apprenant la mort de Dersou, mon compagnon de voyage P. P. Bordakov, que j'ai mentionné ici, me demanda l'autorisation de rédiger un ouvrage sur l'idée que le Golde se faisait de l'au-delà. Connaissant sa sympathie pour la personne du défunt, je l'encourageai à se mettre au travail sans surseoir. Bordakov, qui ignorait les circonstances de la mort de Dersou, le décrivit gelé dans la taïga par une nuit de Noël. À qui souhaite découvrir ce que Dersou trouva outre-tombe, je suggère la lecture de « Dersou Ouzal, Récit de Noël ».

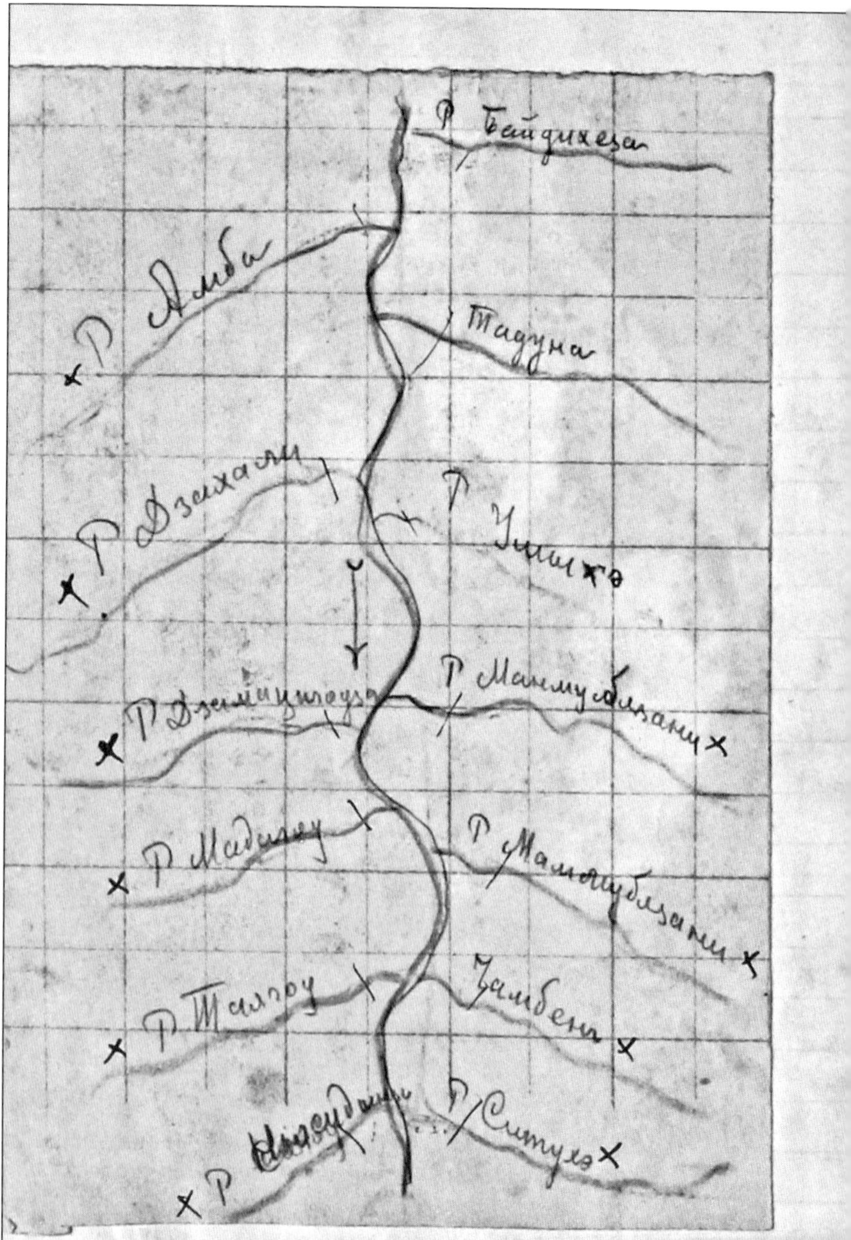

Cahier de route de V. Arseniev : à gauche : segment de la rivière Bikin

avec ses affluents ; à droite : schéma altimétrique du Sikhotè-Alin (1907).

Dersou Ouzala (1906).

NOTES

Les notes en droit sont celles de l'édition originale que viennent parfois compléter des mentions en italique du traducteur.

PREMIÈRE PARTIE : p. 33-94

1. Monts Ta-Tien-Chan : « grands monts à cimes pointues ».
2. Souch'ang : « aire semée de *sou-tse* (dont les Chinois tirent l'"huile d'herbe") ».
3. Maiho : « rivière où l'on sème beaucoup de blé ».
4. D. N. Mouchketov. *Description géologique de la région du chemin de fer de Souch'ang.*
5. *Les* honghoutse – *« barbes rouges » – briguaient en bandes armées dans le nord de la Chine à la charnière des XIXe et XXe siècles. Majoritairement chinois, ils harcelaient rudement les Russes au temps de leur expansion en Extrême-Orient.*
6. N. M. Prjevalski, *Voyage au pays de l'Oussouri*, 1869, p. 135-136.
7. En 1902, la localité comptait 88 familles.
8. Du chinois *fangtse*, maison. *Le mot russifié en* fanza *émaille ordinairement la littérature consacrée aux marches extrême-orientales de la Russie.*
9. Les fenêtres grillagées des fanzas chinoises sont obturées de papier fin.
10. Les noms scientifiques des animaux me viennent du conservateur du musée de Vladivostok A. I. Tcherski.
11. Wou-la-ho, rivière où pousse abondamment le *wou-la*, herbe utilisée pour les chaussures de chasse chinoise. *Segment de la rivière Oussouri entre l'embouchure de la Matveïevka et l'Arsenievka.*
12. *Les textologues font observer que le « mes » sera biffé par l'auteur dans les éditions ultérieures, soviétiques.*

13. Bottes cousues en peau d'élan ou de renne corroyée comme un daim.
14. Tissu bleu très solide dont les Chinois se taillent des vêtements.
15. *Ici et* infra, *il s'agit du* Setaria italica, *céréale vivrière.*
16. *En Sibérie : des pins* (Pinus sibirica).
17. Le village de Kazakiévitchevo fut fondé en 1872.
18. Fondé en 1883.
19. Fondé en 1885.
20. *Rappelons que le méridien de Ferro, décrété en son temps par le roi français Louis XIII, est un « méridien origine » qui passe par l'île de Fer (El Hierro, archipel des Canaries) par 17° 39' 46 W par rapport au méridien de Greenwich.*
21. Voir A. Mitchi, *Voyage à travers la Sibérie orientale*, 1868, p. 339. L'auteur nomme la rivière Soungatcha Zougatchan.
22. Ainsi les Goldes dénomment-ils les monts Sikhotè-Alin.

DEUXIÈME PARTIE : p. 97-430

1. Le détachement comprenait : les cosaques Bélonojkine, Mourzine, Èpov et Kojevnikov ; les fusiliers Diakov, Vakouchev, Egorov, Aouzine, Tatarinov, Bourmatov, Melian, Kazantsev, Boloban, Zagourski, Tourtyguine et Botchkarev.
2. *Un « fusil à trois lignes » est de calibre 7,62 (1 ligne = 2,54 mm). Il s'agit là de fusils russes de la marque Mossine-Nagant.*
3. Appellation locale des îlots surélevés qui dominent la plaine marécageuse.
4. *À la fin des années 1910, la notion d'écologie n'est pas encore affirmée. L'auteur l'emploie ici dans son acception étymologique grecque.*
5. Pour identifier les végétaux cités dans le présent ouvrage, j'ai utilisé la matière suivante : 1/les échantillons prélevés par mes soins ; 2/l'herbier du musée Grodekov (Khabarovsk) ; 3/les renseignements fournis par le botaniste, géographe et chef forestier N. A. Paltchevski (1862-1909) et le botaniste, professeur de français et de latin N. A. Dessoulavi (Khabarovsk) ; 4/la liste des essences d'arbres et d'arbustes mise à ma disposition par le botaniste T. P. Gordeïev (1875-1967) et 5/les écrits du botaniste V. L. Komarov (1869-1945) : *Flore de Mandchourie* en 3 vol., 1901-1907.
6. Chet'ouho : « rivière Pierreuse ». *Hydronyme actuel : Krylovka. Segment de la rivière Arsenievka allant de la confluence du Taopiho (cours supérieur de*

l'Arsenievka) avec le Souch'ang (hydronyme actuel: Partizanskaïa) jusqu'à l'Eultakeou (actuellement Mouraveïka, Rivière-Fourmi).

7. *La longitude est signifiée en ces termes dans l'édition de 1921. Les rédacteurs des éditions postérieures pointent une « erreur flagrante ».*
8. « Typhon » vient de la déformation de deux mots chinois : *t'ai fen* (« grand vent »). Ainsi appelle-t-on les cyclones du Pacifique.
9. *Chez les vieux-croyants, le* Florilège *(« Livre des fleurs ») est un recueil non liturgique de préceptes moraux et religieux. La* Sainte Colombe *traduit la commisération du Christ.*
10. *La longitude est signifiée en ces termes dans l'édition de 1921. Les rédacteurs des éditions postérieures pointent une « erreur flagrante ».*
11. *Mikhaïl Venioukov (1832-1901), grand géographe, fut le premier à décrire et à cartographier l'Oussouri.*
12. *Les Mantsés, ou Manzas, sont des Chinois oussouriens établis dans la région dès avant l'arrivée des Russes.*
13. *Souli* : eau-de-vie en coréen. C'est-à-dire le *soju*.
14. Ouly *: chez les Oudihés, peuple toungouse, bottes en peau d'élan à la fourrure retournée vers l'intérieur.*
15. Paniers tressés de tiges et recouverts d'un certain matériau semblable à du papier, mais si robuste qu'il est même étanche à l'alcool. Les *toulouz* ressemblent à des bouteilles basses à goulot large.
16. *Ts'aitong* : détenteur de capital, maître de la vallée, créancier.
17. Tchoukiamakeou : « vallée de la famille Tchou, où pousse le chanvre ».
18. *Boudichtchev Alexandre (1830-1868), ingénieur des forêts, officier du Corps des sylviculteurs, fut l'un des premiers explorateurs de la taïga de l'Oussouri, faisant beaucoup avec peu de moyens ; Maximovitch Karl (1827-1891), savant botaniste qui, après avoir couru les mers du monde, concentra ses recherches sur la Transbaïkalie et le bassin de l'Amour.*
19. *P'ousong, fleuve côtier.*
20. *Au sens où le toponyme Tazovskaïa est dérivé de Taza, ethnonyme qui désigne tout indigène sinisé qui avait là son territoire de chasse. Toponyme actuel mont Polovinkina, altitude : 1101 mètres.*
21. Selon d'autres sources, la croix fut érigée par le moine Philarète en 1860.
22. Che-min, « porte de pierre en chinois ».
23. *Date rajoutée de la main de l'auteur à la fin de sa vie lors d'une ultime révision.*

24. *Ainsi les Russes appelaient-ils l'eau-de-vie chinoise.*
25. Loudevaïa*: dérivé russe du chinois* lou tie *(« renne, tomber »), trappe à renne.*
26. *Toponyme désormais consacré : col Venioukov.*
27. *L'ébullition de l'eau est indispensable à l'opération de mesure hypsométrique.*
28. *Pin sibérien.*
29. *C'est-à-dire en aspergeant les pierres surchauffées d'eau.*
30. Kheï ba-tou : « marinier noir ».
31. Selon une autre version : Mou-t'o-ho, « rivière où (l'on coupe) beaucoup de bois ».
32. *Aussi appelée Loudevaïa, de* loudeva, *« barrière à trappes ».*
33. *Port de pêche de Yantai, en Chine.*
34. *Vulgairement appelée renouée amphibie.*
35. *Blizzard.*
36. *Rappelons que le mot cèdre désigne improprement le pin sibérien* (Pinus sibirica).
37. Par ce mot, les Oudihés désignent les brigands. *Le terme, à l'étymologie incertaine, désigne historiquement les descendants des pionniers russes de la Sibérie, les conquérants de la première heure.*
38. Hi kia t'ouen : « base (militaire) de Hi-kia (commune de l'ouest) ».
39. *Laolieou : depuis 1972, rebaptisé Dersou.*
40. *Chair de poisson (plus rarement de renne) séchée sur étendoir chez les peuples indigènes du Grand Nord et de l'Extrême-Orient russe. Denrée très proche du* stockfish *d'origine scandinave. Nutritif et transportable.*

TROISIÈME PARTIE : p. 433-736

1. Mon compagnon P. P. Bordakov, qui passa deux mois au sein de notre détachement, publia le récit de notre voyage dans la revue *Younaïa Rossia*, 1914. « Sur le littoral de la mer du Japon » est un article plein de justesse et de vie. Une petite erreur s'y est glissée subrepticement : Dersou se vit dépossédé de son argent à Anoutchino, et non à Khabarovsk.
2. La flottille comprenait cinq torpilleurs : le *Grozny*, le *Gremiachtchi*, le *Stérégouchtchi*, le *Beschoumny* et le *Boïki*.
3. Soutseho : « rivière où pousse le *soutse* (plante oléagineuse) ».
4. Yongpeiche : « pierre précieuse *yong* (blanche à veinules noires) ».
5. Rappelons que ce conte d'Alexandre Pouchkine (1833), inspiré de la tradition folklorique, relate l'histoire d'un vieux pêcheur capturant puis

relâchant de bonne grâce à la mer un petit poisson d'or qui lui promettait, en échange de sa liberté, d'exaucer n'importe quel vœu. La femme du pêcheur reprochera au vieux ce geste gratuit et le forcera à solliciter le même poisson avec des vœux chaque fois renchéris. Mais au dernier vœu (que la vieille soit transformée en reine de la mer et que le poisson devienne son sujet), le poisson d'or se fâche.

6. Hi nan tch'a : « branche sud-ouest ».
7. Li-tien-keou : « vallée intérieure en gouttière ».
8. *Handa* : l'« élan » (en mandchou) ; *hotse* : la « rivière » (en chinois).
9. Ta-Hi-nan-tch'a : « gros affluent du sud-ouest ».
10. Hiao-Hi-nan-tch'a : « petit affluent du sud-ouest ».
11. P'ien-el-keou : « vallée déclive » ; La-tse-keou : « vallée rocheuse » ; Honkaolien : « vallée du sorgho rouge ».
12. *Khaniala* : « ombre », « âme ».
13. Pei-ya : « branche nord ».
14. Kou-kia-ling : « col (ou chaîne) de la famille Kou ».
15. *Arseniev emploie de plus en plus le système métrique en cours d'officialisation au moment où il rédige ces pages.*
16. Tsouen-kan-chan : « mont d'où partent les routes principales ».
17. Kou-kia-ho : « ruisseau de la famille Kou ».
18. Tong-ta-wai-tse : « grande baie orientale ».
19. Pin-lien-pei : « froid comme un monument de pierre ». Il s'agit à l'évidence d'un mot indigène fortement dénaturé.
20. Tchang-wa-tse : « longue flaque ».
21. Les monts Spitz et du Schanz ont été ainsi baptisés par les marins, et leur altitude, établie au moyen d'instruments de mesure d'angles. Les autres reliefs ont été baptisés par les vieux-croyants. Leur altitude a été calculée par l'auteur à l'aide de deux baromètres anéroïdes.
22. Poriechnia *: appellation populaire de la loutre dont il n'existe pas d'étymologie savante avérée, mais que la tradition associe au mot* poriétchié, *c.-à-d. « du bord de la rivière ».*
23. Tien-k'ing-keou-tse : « vallon de couleur céleste ».
24. Tien-k'ing latse : « rocher de couleur céleste ».
25. Tch'en-chen keou : « vallée devenue sacrée ».
26. Hiao-tongtch'a : « petite ramification orientale ».

27. En 1925, Tchang-Ling périra d'une manière tragique sur la même rivière Takema, au lieu-dit Ilimo.
28. Yen tong-la-tse : « rocher oriental dangereux ».
29. *Bel exemple de paragraphe coupé dans toutes les éditions suivantes.*
30. Wan-ta-keou : « grande ravine sinueuse ».
31. K'eou leou-tsouei : « extrémité à trou ».
32. En traduction : « rocher ».
33. Le dieu du Ciel, si haut qu'il ne descend presque jamais parmi les hommes.
34. Chaussure indigène. *Voir note 13 p. 744.*
35. Les chaussures chinoises *(ouly)* ont chacune au talon deux clous dotés de grosses têtes plates.
36. Soit 40 verstes pour 1 pouce, échelle 1/1 680 000.
37. Ginseng.
38. Il s'agit de traîneaux légers, longs de 3,60 m, larges de 0,70 m et hauts de 0,60 m avec des patins recourbés vers le haut à l'avant comme à l'arrière pour leur permettre de passer par-dessus un tronc d'arbre couché au sol et recouvert de neige en retombant sans heurt.
39. Wou Lien keou : « cinq vallées convergentes ».
40. En russe, *dikouchka* signifie « sauvage », « farouche ».
41. Pei-xi-la-tse : « rocher nord-ouest ».
42. L'astronome Gamov l'appelle Bikin, mais Boudogosski, Ts'euying. Voir les *Cahiers de la Société impériale russe de géographie*, 1862, livre 1 et 2.
43. Lao-pei la tse : « vieux rocher du nord ».
44. Woukie(ho) : « petite rivière aux mollusques ».
45. Laohoukieng : « tigre craignant (ces lieux) ».
46. Hanta keou : « vallée (mandchoue) aux élans ».
47. De 1902 à 1917 : titre de rang modeste attribué aux fonctionnaires en charge de la colonisation et du peuplement des terres de Sibérie à l'échelle locale.
48. Sagdy-Oula : « grande rivière » en langue mandchoue.
49. Tong keou-tse : « vallée orientale ».
50. Tong-kia-keou : « vallée de la famille Tong ».
51. Chouei-t'a-keou : « vallée aux loutres ».
52. Tsen-tche-keou-tse : « vallée droite ».

53. Mou-t'a-keou-tse : « vallée au bois de feu ».
54. Pei-ta-hotse : « grande vallée du nord ».
55. Po-moting-tse : « cime au maïs ».
56. Fong-tse la-tse : « rocher du fou ».
57. Hiao-mao ting tse : « cime en petit chapeau ».
58. Ts'ao-mou ding-tse : « hauteur couverte de chênes ».
59. Tso-ma-t'i keou-tse : « où la boue porte des empreintes de sabots de chevaux ».
60. Tch'ouen-kou-tsai : « où des vers apparaissent ».
61. Ta ya keou : « grande vallée ramifiée ».
62. K'ing-ta p'ou : « grand espace propre ».
63. Tchong tai-tse : « lieu médian (tour) » ; Lien-hing keou : « vallée aux deux familles » ; San-t'ong : « trois grottes » ; Fong-ta chouei : « le vent pousse l'eau ».
64. Pei-kao la-tse : « haut rocher nord ».
65. Kao-yan hang-tse : « passage entre deux pics ».
66. Ma tche tsouei tse : « bouche d'agate (grotte) ».
67. Ts'eungao mai-kiu-tse : « cime au sarrasin ».
68. Huang-ni-ho-tse : « rivière argileuse ».
69. Nie-ngeou ni ho-tse : « rivière où les vaches se roulent dans la boue ».
70. Chan kia ka mou : « haut pâturage de la famille Chan ».
71. Liou-chou ho : « rivière aux saules ».
72. Ta-you-t'ai : « grande tour ancienne ».
73. T'awou-ta-ho : « première grande rivière ».
74. Hi-lan-chan : « montagne bleue de l'ouest ».
75. Tien-chan-tse : « montagnes célestes ».
76. Ta hi ding-tse : « grande cime occidentale ».
77. L'astronome Gamov situe l'embouchure par 46° 51' N et 8° 56' E par rapport au méridien de Greenwich.

Musée régional de Khabarovsk, section « Archéologie » (1930).

TABLE DE CONVERSION DES MESURES

1 pouce/verchok	=	2,54 cm	(1/12 de pied)
1 pied	=	30,48 cm	
1 archine	=	71,12 cm	(1/3 de sagène)
1 sagène	=	2,13 m	(7 pieds)
1 li	=	500 m environ	
1 verste	=	1 067 m	(500 sagènes)

1 once	=	28,35 g
1 poud	=	16,38 kg

Musée régional de Khabarovsk, section « Paléontologie » (1930).

INDEX DES HYDRO- ET TOPONYMES ANCIENS ET ACTUELS

Cet index est un outil à l'usage des voyageurs, des géographes et de tous ceux qui, curieux des territoires traversés par Arseniev, souhaiteraient suivre l'explorateur dans ses voyages. En nous appuyant sur l'édition russe définitive de *Dersou Ouzala* (2007), nous nous sommes efforcés de fournir au lecteur le nom actuel des lieux – hydronymes et toponymes – par lesquels Arseniev est passé. Les entrées, classées par ordre alphabétique, donnent ainsi la translitération latine de noms russes contemporains. Elles sont suivies des noms utilisés par Arseniev dans son œuvre, pour la plupart toponymes ou hydronymes russifiés du chinois, ici en italique, et complétés parfois de leur traduction entre guillemets. Cet index n'est pas un outil exhaustif: tous les lieux reconnus, décrits et nommés par Arseniev n'ont pu être identifiés. Soit parce qu'ils ont disparu, comme certains villages ou campements, soit parce que la géographie mouvante des cours d'eau donne à voir aujourd'hui un paysage différent de celui observé en 1902, 1906 et 1907. Les lieux cités par Arseniev et qui n'ont pu être retrouvés ne figurent donc pas dans cet index. Seul le texte et la voix de son auteur portent trace de leur existence, à un moment donné de l'histoire de l'Extrême-Orient russe. Les traductions fournies reprennent celles qu'Arseniev donne lui-même dans le texte ou en note. Nous nous sommes aussi appuyés sur l'édition russe de *Dersou Ouzala* de 2007. Ces traductions, parfois austères, révèlent la façon dont les Russes ont progressé en Sibérie, en suivant les fleuves, rivières, torrents et autres cours d'eau. D'où les hydronymes détaillant les embranchements ou l'organisation de bassins hydrographiques : « bifurcation nord-ouest », « deuxième grande vallée », etc.

D'autres toponymes témoignent de façon plus poétique des circonstances de la découverte d'un lieu. Leur nom recèle alors l'éclat d'un événement lointain, souvent anonyme et oublié : le moment où des hommes ont pour la première fois posé leur regard sur un espace qu'ils entendaient reconnaître et, peut-être, occuper. Pour cette raison mémorielle, nous avons souhaité, quand cela était possible, fournir leur traduction.

V. Arseniev dessiné par lui-même (1902).

TABLE

DERSOU OUZALA

A ÉTÉ COMPOSÉ EN CASLON ET EN AVENIR NEXT. IMPRIMÉ SUR OFFSET, IL EST SORTI DES PRESSES DE LA NOUVELLE IMPRIMERIE LABALLERY, SITUÉE À CLAMECY, DANS LA NIÈVRE, POUR LE COMPTE DES ÉDITIONS TRANSBORÉAL EN JUILLET DEUX MILLE VINGT-DEUX.

NUMÉRO D'IMPRESSION : 207149